周边军情

日本军情

石 宏 著

中国财政经济出版社

图书在版编目（CIP）数据

日本军情／石宏著．—北京：中国财政经济出版社，2014.6
（周边军情）
ISBN 978－7－5095－5446－3

Ⅰ．①日…　Ⅱ．①石…　Ⅲ．①军情－概况－日本　Ⅳ．①E313

中国版本图书馆 CIP 数据核字（2014）第 113795 号

策　　划：戴　鹰　　　　责任编辑：武志庆
责任校对：王　英　　　　封面设计：郑森予

中国财政经济出版社出版
URL：http：//www.cfeph.cn
E－mail：cfeph＠cfeph.cn

社址：北京市海淀区阜成路甲 28 号　邮政编码：100142
发行处电话：88190406　财经书店电话：64033436
北京中兴印刷有限公司印刷　各地新华书店经销
787×1092 毫米　16 开　28.75 印张　523 000 字
2014 年 7 月第 1 版　2014 年 7 月北京第 1 次印刷
定价：78.00 元
ISBN 978－7－5095－5446－3/E・0004
（图书出现印装问题，本社负责调换）
本社质量投诉电话：010－88190744
打击盗版举报热线：010－88190492，QQ：634579818

目录

第一章 日本自卫队的建立

第一节 二战后日本军队的状况

日本投降后，在本土和境外还有 201 个师团、150 个旅团和 20 支舰队，总人数达 700 万。为了清除日本发动战争的根源，1945 年 10 月 15 日，盟军占领当局——联合国军最高司令官总司令部（GHQ）撤销了旧日军的参谋本部和军令部；11 月 30 日，盟军占领当局又令日本发布敕令第 680 号，撤销了旧日本陆军省和海军省，令旧日军所有人员就地待命，等候复员转业安置。12 月 1 日，日本政府按照盟军占领当局的命令，将旧陆军省和海军省改为第一复员省和第二复员省，负责安置复员的旧陆海军军人。

第一复员省和第二复员省的最高长官分别为第一复员大臣、第二复员大臣，均由日本首相兼任。由此，日本第 44 任首相，也是战后第一任首相币原重喜郎成为第一任第一、第二复员大臣。1946 年 5 月 22 日吉田茂内阁组建之后，第一、第二复员大臣改由吉田茂兼任。

1946 年 6 月 12 日，旧日本陆海军人员的复员工作大部结束，于是第一和第二复员省合并为复员厅，原第一复员省改为复员厅第一复员局，局长为上月良夫，继续负责剩余旧日本陆军人员的复员事务；原第二复员省改为复员厅第二复员局，局长为前田稔，继续负责剩余旧日本海军人员的复员事务。1947 年 10 月 15 日，复员厅被撤销，将第一复员局移交给厚生省，第二复员局则由总理府直辖。1948 年 1 月 1 日，第一和第二复员局合并为厚生省复员局，负责最后的旧日本陆海军人员的复员工作。

而在解散旧日军的同时，盟军占领当局还在麦克阿瑟的授意下，采取了一系列根除日本武装的措施，并开始对日本实行全面改造，包括：清洗军国主义分子和审判战犯；销毁日本军事装备（注1）；撤销限制思想、信仰、集会和言论自由的一切法令；撤销日本特别高等警察；罢免内务大臣山崎岩；释放所有政治犯；修改宪法（注2）；扩大选举权，承认妇女的参政权和工人的权力；推行民主化；实行政教分离（注3）；解散财阀（注4）；改革日本银行体制、财政体制和税收制度；进行农地改革（注5）等。

然而，就在日本将被彻底解除武装以及一切支撑军事重建的基础之际，1946年3月丘吉尔的“铁幕演说”拉开了东西方冷战的序幕，随后美国总统杜鲁门1947年在国会正式提出“对苏联发动冷战以遏止共产主义”，成为冷战正式打响的标志。由此开始，美国对日占领方针开始发生变化，重新武装日本的声音在美国政府中日益增多。1950年元旦，麦克阿瑟发表《告日本国民的声明》，为重新武装日本制造舆论和法律依据。而1950年6月25日朝鲜战争的爆发，促使美国对日占领政策发生根本性改变，日本得以重新武装。

第二节　陆上自卫队的建立

朝鲜战争爆发后，美军决定全面介入。驻日本九州地区的美军第8集团军第24步兵师率先开拔，进入朝鲜半岛参战。1950年7月上旬，驻日美军第8集团军司令部及所辖第7步兵师、第25步兵师和骑兵第1师全部从日本奔赴朝鲜战场，驻日美军总人数只剩下数千人，使日本的防卫兵力和治安维持兵力出现严重不足。

为了解决驻日美军兵力不足的问题，麦克阿瑟在1950年7月8日向日本首相吉田茂递交了一份信件（盟军占领当局内部资料称为Increase in Japanese Security Agencies），指令日本迅速组建7.5万人的警察预备队，以应对可能出现的“事变”或“暴动”。7月18日，日本政府通过了《关于创立警察预备队大纲》。8月10日，日本政府发布昭和25年政令第260号，正式开始组建警察预备队。8月14日，日本政府任命刚刚卸任的香川县知事增原惠吉和退休的前劳动省次官江口见登留分别为警察预备队的本部长、本部次长。警察预备队的本部设在东京都江东区越中岛驻屯地，在行政上受日本内阁国务大臣领导（实际上只是在1951年12月26日—1952年7月31日受国务大臣大桥武夫领导）。

警察预备队的人员募集从1950年8月13日开始，至10月12日共募集了74158人，全部进入日本各都道府县的警察学校培训，并且全部被授予二等警查的警衔（相当于现在陆自的二等陆士）。但当时对于警察预备队干部的选任条件不明确，导致干部人员奇缺。日本政府原拟让旧日本陆军大佐服部卓四郎担任警察预备队参谋长，并且从旧日军将佐中选了400人来担任干部，但后因政治因素考虑作罢，改由从公职人员中选拔。最终采取的措施是一般公募800人、各官公署推荐募集200人，总共募集1000名干部。10月9日，林敬三接替增原惠吉为警察预备队中央本部长（相当于现在的陆上幕僚长），警衔为警察监（相当于现在的陆将）。1950年12月29日，警察预备队中央本部长改称警察预备队总队总监。

就在日本紧张组建警察预备队的时候，朝鲜半岛的军事形势发生了重大变化。中国人民志愿军入朝参战之后，在1950年11月7日—12月24日的第二次战役中重创了美国第8集团军和南朝鲜军队，在整个世界引起了巨大震动。美国感到远东局势相当严峻，开始进一步放宽对日本重新武装的限制，而日本则趁机向美国提出允许日本警察预备队重武装化，也就是要从只装备手枪和步枪的准军事力量向着装备火炮、坦克装甲车辆的正规军事力量转变。

1951年1月3日，也就是汉城（今首尔）被中国人民志愿军占领前一天，日本政府向美国提出了采购包括307辆M26坦克在内的760辆履带式装甲车的请求。美国参谋长联席会议对此基本表示同意，但是美国国务院表示反对，于是警察预备队的重武装化被迫推迟。

不过，美国对日本警察预备队走向正式军事力量却开了绿灯。1951年1月29日至2月7日，麦克阿瑟与吉田茂单独就媾和问题进行密谈，答应由美国负担日本重整军备的部分费用。另外，日本警察预备队在人事方面的限制也基本被解除。1951年6月1日，旧日本陆军士官学校58期毕业生加入警察预备队，同时招收245名干部候补生入校学习。此后，招募旧日本陆军人员的层次逐渐从尉官扩大到佐官。1951年10月1日，允许405名旧日本陆军中佐级（副联队长级别）以下军官加入警察预备队；1951年12月5日，允许407名旧日本陆军尉级军官加入警察预备队。1952年年中又进一步解除了对旧日本陆军大佐级军官的追诉，到同年夏招募了10名旧日本陆军大佐级（联队长级别）军官。

日本警察预备队的训练在美国军事顾问指导下进行，从1950年8月23日到1952年9月30日共进行了6个阶段的训练。

第1阶段训练从1950年8月23日到1951年1月14日，为期13周，以单兵训练为主，目的是具备基本的治安能力。在此期间，美国向警察预备队提供了大量M1卡宾枪以及480辆非装甲车辆（主要是吉普车）。

第2阶段训练从1951年1月15日到1951年5月19日，为期18周，以中队战术训练为主。其间，美国向日本警察预备队提供了M1919型7.62毫米机枪、M2型60毫米迫击炮、M20型75毫米无后坐力炮、16辆M15A1和48

辆 M16 半履带式自行高炮。

第 3 阶段训练从 1951 年 5 月 20 日到 1951 年 10 月 6 日，为期 18 周，以大队战术训练为主。1950 年 7 月，美国向日本警察预备队提供了 2130 辆各式非装甲车辆，9 月提供了大量 M1911 型 11.43 毫米手枪、勃朗宁 M1918 型 7.62 毫米自动步枪和 450 门 M1 型 81 毫米迫击炮。

第 4 阶段训练从 1951 年 10 月 8 日到 1952 年 1 月 19 日，为期 13 周，主要是在驻日美军基地进行专业技术训练。

第 5 阶段训练从 1952 年 2 月 4 日到 1952 年 6 月 19 日，为期 19 周，主要是进行大队规模的战术训练和专业技术训练为主。其间，美国向日本警察预备队提供了 443 门 89 毫米无后坐力炮。

第 6 阶段训练从 1952 年 6 月 23 日到 1952 年 9 月 30 日，为期 13 周，主要是进行联队规模的战术训练。1952 年 8 月，美国向日本警察预备队提供了 40 辆 M24 轻型坦克、154 门 M2 型 105 毫米榴弹炮和 15000 辆各式车辆。

就在日本警察预备队进行第 5 阶段训练期间，以美国为主导的所谓盟国《对日和平条约》（通称《旧金山和约》）在 1952 年 4 月 28 日正式生效，日本被盟军占领状态结束，而原警察预备队令原则上将在 180 天内失效。于是日本政府在 1952 年 7 月 10 日向国会提出《保安厅法》，设置保安厅。7 月 31 日，日本国会批准了《保安厅法》。8 月 1 日，统合了警察预备队、海上保安厅及名义所属海上警备队的日本保安厅成立。首相吉田茂兼任保安厅长官。10 月 15 日，警察预备队改称保安队，归属保安厅第一幕僚监部（陆上幕僚监部前身），林敬三任第一幕僚长，同日编成保安队北部方面队。10 月 30 日，国务大臣木村笃太郎接替吉田茂担任保安厅长官。

1954 年 6 月 9 日，日本政府又公布防卫二法，即《防卫厅设置法》（昭和 29 年 6 月 9 日法律第 164 号）和《自卫队法》（昭和 29 年 6 月 9 日法律第 165 号）。这两部法律于 1954 年 7 月 1 日开始实施，因此保安厅便于同日改为防卫厅，保安队于同日改为陆上自卫队（简称“陆自”），实有官兵 11 万人。木村笃太郎成为第一任防卫厅长官，筒井竹雄担任第一任陆上幕僚长，而林敬三则成为第一任统合幕僚会议议长。

由于日本陆上自卫队的主要干部来自于旧日本帝国时代的内务官僚和旧日本陆军，因此在军政、军令、教育等方面都继承了很多旧日本陆军的传统。如日本陆自的队旗、连队旗——八条旭日旗是从旧日本陆军的十六条旭日旗改变而成；日本陆自的军歌则完全沿用了旧日本陆军的军歌“陆军分列行进曲（拔刀队）”，陆自第 1 空挺团的团歌则沿用了旧日本陆军第 1 挺进团的军歌“空中神兵”。在每年的富士火力演习演奏会上，陆自的音乐队（军乐队）都会演唱和演奏战前的日军军歌和军乐；陆自的驻屯地（卫戍地）也都是旧日本陆军部队的军营，连队番号也都基本沿用旧日本陆军联队番号。例如驻大阪的陆自第 37 普通科连队就是沿用旧日本陆军第 37 步兵联队的番号，并且连“菊水”部队的绰号也一并继承（使用楠木正成的菊水纹图案）。再如驻北海道北惠庭驻屯地的第 11 战车（坦克）大队则沿用了旧日本陆军战车第 11 步兵联队的番号和“士魂”步兵的绰号。

第三节 海上自卫队的建立

在日本三个自卫队中，海上自卫队的雏形出现最早，而且旧日军色彩也最为浓厚。在日本战败后，为了扫除二战末期布设于日本沿岸的大量水雷(当时日军为了防御盟军在其本土登陆、美军为了封锁日本迫其投降，都在日本沿岸密布水雷)，旧日本海军的扫雷部队被保留下来（有扫雷舰艇 360 艘、人员 1900 名)，由旧日本海军大佐田村久三任扫雷部队指挥官。

1946 年 7 月 1 日，日本政府得到盟军占领当局的同意，在运输省（现国土交通省）海运总局设置了“不法入国船舶监视本部”，以强化对非法入境船只的监视，本部长为大久保武雄。1948 年 5 月 1 日，日本政府又以取缔走私和非法入境、海上警备、救难、海上交通维持为名，在运输省下设了一个外局——海上保安厅（总部位于东京都千代田区霞关 2 丁目 1 番 3 号)。但是盟军占领当局对海上保安厅提出了六点要求：

1. 人员总数不准超过 1 万。
2. 舰艇总数在 125 艘以下，总吨位不能超过 5 万吨。
3. 每艘舰艇吨位不能超过 1500 吨。
4. 舰艇航速不能超过 15 节。
5. 海上保安队员的武器只能是轻武器。
6. 活动范围仅限于日本沿岸。

尽管如此，日本却借此保留了一批旧日本海军人员。1950 年朝鲜战争爆发后 2 个多月，麦克阿瑟指挥美军实施了“烙铁行动”，于 9 月 15 日在仁川登陆成功，一举扭转了战争初期不利的战局。随后，麦克阿瑟又计划于 10 月 15 日在朝鲜东海岸的元山实施第二次登陆作战，可是朝鲜人民军已经在元山沿岸布设了大量水雷，而美军的扫雷艇大部分还在国内，时间上根本赶不及，远东美军的 4 艘钢制扫雷艇、6 艘木制扫雷艇在 15 天内只扫除了 200 枚水雷，占人民军布雷总数的 1/10。于是，美军想到利用日本扫雷部队来帮忙。当时日本海上保安厅拥有木制 250 吨、125 吨扫雷艇 78 艘，人员 1500 人，而且在过去几年间一直在日本沿岸进行扫雷作业，既有经验，也有技术和能力进行新的扫雷作业。但是日本当时还处于被盟军占领状态，不具备国际行为能力，如果调用日本扫雷队到朝鲜半岛实施扫雷作业明显属于非法，于是美军决定秘密征召。

1950 年 10 月 2 日，美国远东海军司令部（COMNAVFE）副参谋长阿利·伯克少将向日本海上保安厅长官大久保武雄提出日本扫雷艇到元山配合美军作战的要求。大久保在得到吉田茂首相的批准后，同意秘密出动扫雷艇。于是，分散在各地的日本扫雷艇统一集结到下关，临时组建了包括 25 艘舰艇在内、共分四队的“特别扫雷队”，由海上保安厅航路开启（扫雷）本部长担任特别扫雷队总指挥官。

10 月 10 日，日本特别扫雷队到达元山，2 天后开始帮助美军进行扫雷作业。第 2 扫雷队在 12 日当天扫除 3 枚水雷的同时，日本扫雷队员亲眼目睹了美军两艘扫雷艇相继触雷沉没的场景，心理大受打击。10 月 17 日，第 2 扫雷队的 MS14 扫雷艇触雷沉没，艇员 1 人失踪（炊事长中谷坂太郎）、18 人受伤。这下子就让此前已经目睹美军扫雷艇触雷沉没的第 2 扫雷队士气进一步滑向了谷底。第 2 扫雷队幸存的 3 艘扫雷艇在没有得到美军司令部批准的情况下，就由队长能势省吾（第 5 管区航路开启部长、旧日本海军中佐）率领擅自返回日本。这让美军司令部大为光火，要求日本严惩责任者。大久保一边请示吉田茂首相，一边于 10 月 20 日派石飞矼（第 9 管区航路开启部长、旧日本海军中佐）率领第 3 扫雷队（5 艘扫雷艇）到元山海面继续实施扫雷作业。至 12 月 4 日，日本特别扫雷队在元山海面总共扫除了 8 枚水雷（包括第 2 扫雷队扫除的 3 枚在内）。

除元山海面之外，日本特别扫雷队还在仁川、镇南浦、群山海域实施了扫雷作业。12 月 15 日，“联合国军”远东海军司令部下达结束扫雷作业，日本特别扫雷队就此解散。在为期 2 个月的扫雷作业中，日本共出动 46 艘扫雷艇，1200 名人员，扫除水雷 27 枚。由于这次行动属于非法，所以日本政府一直缄口不谈。

而就在日本派出特别扫雷队赴朝鲜半岛扫雷的同时，旧日本海军大将野村吉三郎、海军中将保科善四郎开始在第二复员省召集一些旧海军军人私下商讨复活日本海军的计划。

1951 年 1 月，野村吉三郎、保科善四郎以及第二复员省的旧日本海军少将山本善雄、富冈定俊以及旧日本海军大佐吉田英三等人初步商定了重新复活日本海军的计划方案，并交给美国远东海军司令部副参谋长伯克少将过目。经过伯克修改后，这些人又在 2 月份向首相吉田茂进行了说明。

1951 年 10 月 19 日，吉田茂和“联合国军”司令李奇微上将进行了会谈，吉田提出希望美国能租借给日本18艘巡逻艇、50艘登陆支援艇，李奇微当场答应。于是在第二天，吉田内阁官房长官冈崎胜男根据吉田茂的指示，召集海上保安厅长官柳泽米吉、旧日本海军少将山本善雄碰头，讨论如何运用这些将要到手的舰艇，并提出成立一个政府咨询委员会。

1951年10月31日，一个名为“Y委员会”的秘密组织成立了。Y委员会直属日本内阁管辖，其作用就是仔细研究如何重建日本海上防卫力量。Y委员会成立之初共有10名委员，其中旧海军人员就占了8名，分别是山本善雄（主席委员）、秋重实惠（副主席委员，旧日本海军少将）、吉田英三、初见盈五郎（旧日本海军大佐）、永井太郎（旧日本海军大佐）、长泽浩（旧日本海军大佐）、森下陆一（旧日本海军中佐）、寺井义守（旧日本海军中佐），2名公职人员是海上保安厅长官柳泽米吉、警备救难监三田一也。

在成立的当天下午，Y委员会在位于霞关的海上保安厅临时办公室召开了第1次会议。此后Y委员会每周都要召开一次例会，到1952年4月25日之前共召开了19次会议。在第2次例会上，增加了1名临时委员——海上保安厅次长山崎小五郎。

由于美国的态度决定着能否复活日本海军，因此Y委员会对美国不隐瞒其想法，并且还在1951年10月26日和美国远东海军司令部商讨成立日美共同委员会。11月2日，日美共同委员会成立，美方委员是海岸警卫队将校2人、文官2人、海军将校2人（临时委员），日方委员是Y委员会的全体委员。

1952年1月10日，山本善雄代表日方向美国远东海军司令部提交了一份名为《新空海防卫力量建设之所见》的报告，要点是：在最初两年租借60艘舰艇、组建定员8000人的新机构，并以此作为未来空海军的骨干；新机构将从海上保安厅分离；在8年内组建起10万人的海空兵力，拥有飞机1800架、舰船28万吨。美方对这份报告基本表示赞同。

在1952年2月4日召开的日美共同委员会会议上，通过了新机构在海上保安厅名下但独立运行的方案，不过日方提出的新机构名称“海上保安预备队”被否决。2月15日，日方又提出了海上警备队的名称，这次获得了通过。1952年2月20日，海上保安厅改正案要纲正式发表。

1952年4月26日，海上警备队正式成立，同日还设立了海上警备队总监部，由海上保安厅次长山崎小五郎担任海上警备队总监。成立之初的海上警备队定编为6038人（海上警备官兵5947人、事务人员91人），实有人员1122人（海上警备官兵1045人、事务人员77人），其中99%以上的警备干部、98%以上的士官都是旧日本海军军人。由此不难看出，日本战后的海上军事力量从一开始就被旧海军军人所掌控。在海上警备队成立不久，美国租借的第一批2艘巡逻艇和1艘登陆支援艇交付，从而使海上警备队能够组织骨干展开训练。

1952年8月1日，海上警备队并入新设立的保安厅，改称警备队，归属保安厅第二幕僚监部（海上幕僚监部前身），山崎小五郎任第二幕僚长。

1954年7月1日“防卫二法”正式施行后，警备队改称海上自卫队（简称“海自”），实有官兵7590人。山崎小五郎成为第一任海上幕僚长，但仅担任1月就被长泽浩所接替。

由于其完全是由旧日本海军军人主导建立的，因此其编制形式、军中礼仪、号令、日常课操、用语、队旗、舰旗、军歌军乐等等全部继承自旧日本海军（队旗、舰旗为旧日本海军的十六条旭日旗，军歌为《军舰进行曲》），形成了“传统墨守、唯我独尊”的独特风气。

第四节　航空自卫队的建立

在日本帝国时代并没有独立的空军，所有空中力量被分置在陆军和海军中，也就是陆军航空兵和海军航空兵。这点与美军很相似，因为美军在一战、二战期间也都没有独立的空军，只有陆军航空兵和海军航空兵。直到二战之后的1947年9月18日，美国陆航才从陆军中独立出来，成为美国空军。

日本战败之后，旧日本陆军航空兵的三好康之、原田贞宪、谷川一男、秋山纹次郎、田中耕二等人聚在一起，商讨日本要重新恢复武装，必须建立独立的空军。1951年春，日本警察预备队开始接收一些美制轻型飞机（L机）从事联络、侦察和观察弹着点之用，这使得三好康之等人对于建立日本空军的欲望愈加强烈。与此同时，旧日本海军的山本善雄等人也在筹划重建日本海军，他们在1952年1月所提出的《新空海防卫力量建设之所见》对空中力量的推崇令三好康之等人兴奋不已，于是在1952年7月末，旧日本陆、海军的两拨人马开始合作研讨如何重建日本的空中力量。与此同时，三好康之等人还向美远东空军司令威兰提交了《关于建立日本空军的意见书》，得到了威兰的认可。

1952年10月15日，警察预备队改为保安队，同时在滨松设立了航空学校，由旧日本陆航的中佐汾阳光文担任校长，幕僚、事务人员也都是来自旧日本陆海军。不过，滨松航校的教育训练却是由美国顾问主持。

1952年11月，三好康敏向吉田茂呈送了《空军建设要纲》。吉田内阁经过研究，决定成立航空部队。1954年2月，航空准备室成立。3月，招募航空人员的计划确定。此外，日本还开始与美国协商有关航空基地的返还或共同使用。5 月，日本保安队的航空人员开始在松岛基地接受美军的飞行训练。

1954 年 7 月 1 日“防卫二法”正式施行后，航空自卫队（简称“空自”）正式成立。旧内务省官僚出身、前保安厅官房长官上村健太郎成为第一任航空幕僚长。航空自卫队的其他人员都来自旧日本陆海军，为了平衡，采取了陆海同数的人员配置模式。到 1954 年年底，空自拥有 T－34 教练机 56 架、T－6 教练机 63 架、T－33A 教练机和 C－46 输送机 16 架、KAL－2 连络机 1 架。

由于航空自卫队属于日本在战后新成立的军种，虽说是由旧日本陆海军人员主导，但并没有什么传统可继承，所以一切都是参照美国空军，从而成为日本自卫队里美军色彩最浓厚的军种。例如在空自成立之后的 40 年里一直没有自己的军歌军乐，每逢检阅或其他活动场合，都使用美国空军的军歌军乐。直到 1994 年空自成立 40 周年时，才选定由矢部政男创作的《空中精锐》作为军歌。

此外，空自由于经常和美军一切训练和演习，主战装备也都来自美国，所以对英语水平的要求比海自和陆自高得多。35 岁以下空自官兵每年都要进行英语能力测试，而像学习指挥幕僚课程的空自学员英语水平要达到空自规定的 3 级标准才具备入学资格。

注 1：消除日本军事装备的任务是由艾克尔伯格指挥的美国陆军第 8 集团军来完成，美军在进驻日本之后用了几个月的时间去寻找一切能发现的旧日军武器，炸毁了弹药库，烧掉了飞机，把步兵武器扔进大海，关闭军工厂，摧毁海军基地和军用机场等军事设施，总值达数十亿美元。

注 2：修改宪法的制定工作始自 1945 年 10 月，当时币原内阁组织了一个以国务大臣松本烝治为首的宪法问题调查委员会。经过三个月的酝酿，松本向内阁会议提交了一份宪法修改草案。但该草案基本承袭了原来的帝国宪法，仍维护天皇的统治大权，只不过把“天皇神圣不可侵犯”改为“天皇至尊不可侵犯”。在草案正式提交盟军占领当局之前，《每日新闻》于 1946 年 2 月 1 日抢先披露了草案内容。对这一极为保守的草案，麦克阿瑟当然是不能接受的。在他的密友、头号政治顾问兼盟军占领当局民政局局长考特尼·惠特尼的鼓动下，他决定采取“冲击疗法”，于 2 月 3 日下令由惠特尼领导的民政局亲自拟定修改方案，并提出修改三原则：A. 天皇处于国家元首地位，皇位世袭；天皇依据宪法所行使的职能要体现国民的基本意志。B. 日本要废止运用国家权力发动战争，放弃以战争作为解决争端的手段；日本不拥有军队和交战权。C. 废除日本的封建制度；贵族的权利只限于尚在的一代。

1946 年 11 月 3 日，日本战后新宪法正式颁布，并于第二年（（1947 年）5 月 3 日起施行。新宪法的颁布保障了日本向现代资产阶级民主制度的平稳过渡，对战后日本的复兴起了重大作用。特别是宪法第二章明确规定放弃战争，本章只有一条内容，也就是第九条

【放弃战争，战争力量及交战权的否认】：①日本国民衷心谋求基于正义与秩序的国际和平，永远放弃以国权发动的战争、武力威胁或武力行使作为解决国际争端的手段。②为达到前项目的，不保持陆海空军及其他战争力量，不承认国家的交战权。正因如此，这部宪法也称称为“和平宪法”。

注 3：政教分离主要是对奉为日本国教的神道教开刀。神道教从日本原始宗教发展而来，最初以祖先崇拜为主要内容，信仰多神，特别是作为太阳神的皇祖神——天照大神。天皇被认为是天照大神的后裔并是其在人间的代表，皇统就是神统，即所谓“神皇一体、祭政一致”。日本军国主义分子利用该教煽动民族主义狂热情绪，鼓吹以日本为中心，建立以神道教为统治思想的“大东亚新秩序”，并宣称每个臣民一生中的最高目标就是为天皇效忠至死，死后便可以成神。为了铲除日本军国主义的这一思想根基，盟军占领当局于 1945 年 12 月 15 日下令禁止日本政府对国家神道的保护、支持和资助，并希望天皇自己出面声明他不是神。

1946 年 1 月 1 日，昭和天皇裕仁以新年诏书方式发表凡人宣言，宣布：朕与尔等国民之间的关系始终是立足于相互信任和爱护之上的。这种关系并非简单地产生于神话和传说，也不是因把天皇奉为神圣，从而使日本国民优于其他民族并注定要统治世界这种空想观念而产生的。同一天，麦克阿瑟也发表新年致辞，对日本天皇的“凡人宣言”表示欢迎，指出它将对日本国民的民主化发挥指导作用，同时声明：军国主义、封建主义禁锢人们身心的枷锁已被解除，思想控制和教育的滥用已不复存在。现在人人都享有宗教信仰自由和言论自由的权利而不受无理的压抑了。很快，一切有关神道教的宣传品、标志物、纪念碑和节日等都被禁止或拆除。麦克阿瑟之所以灭神道教，目的是要彻底给日本人换脑子，用西方的基督教来填补这一空白。

注 4：日本明治维新之后到二战日本战败投降这段时间内，日本约 80% 的工业和金融财富控制在像三菱、三井、住友、安田这样的大财阀手中。麦克阿瑟及盟军占领当局其他人员认为，这些大垄断公司是 20 世纪 30 年代一切罪恶之源，是专制主义、军国主义的化身。它们利用战争牟取暴利，左右国家政治和国民生活。要使日本非军事化，就必须解散财阀。但这项措施起初之却遭到日本方面的抵制。1945 年 10 月 19 日，时任日本外相吉田茂在一次记者招待会上称，日本的经济机构是由这些财阀建立起来的，日本国家的繁荣也是这些财阀带来的，没有财阀日本的经济就不能运行。由于日方所持的这种消极立场，此项工作迟迟未能展开。直到 1946 年 4 月，在盟军占领当局的逼迫下，日本政府才成立“持股公司整理委员会”，开始对主要财阀的财产进行调查和核算。根据调查结果，日本政府分批公布了持股公司名单。同时，盟军占领当局也公布了财阀家族名单，并规定财阀必须交出所控制的股票，其家族成员一律退出财界，免去其在公司中的职务。但这项工作可谓雷声大、雨点小。面对日本经济的缓慢复苏和日本政府的消极立场，美国人逐渐改变了原来的强硬态度。最后，实际上被解散的财阀和公司与原定的数字相差甚远。1951 年 7 月，日本政府宣布解散财阀的工作结束。此后，许多相关的法令也相继被废止。虽然这项工作进行得虎头蛇尾，但通过限制财阀的经济活动，还是达到了改变其原有功能与结构、削弱其原有权势的目的。

注 5：农地改革也就是土改。战前日本的土地制度是寄生地主制，约有一半耕地集中在少数靠收取高额地租过活的地主手中。麦克阿瑟称这种土地所有制为“实质上的奴隶制”。这种制度一方面严重阻碍了资本主义在农村中的发展，造成生产力水平低下，农民生活极为困苦；另一方面又严重加剧了农村中的阶级矛盾，引起农民的普遍不满和反抗，租佃纠纷比比皆是，搅得社会动荡不安。麦克阿瑟从进占日本之初，即确定了解放农民的方针，并就此向日本政府发出过指令。币原内阁曾于1945年12月提出一项农地改革方案，但该方案所制订的改革措施极不彻底。它允许地主把土地分成若干份给家属，并有权以自耕名义收回出租土地，因此，它实际上是一个保护地主过关、维护地主阶级利益的方案。对这样一个方案，麦克阿瑟及其领导的盟军占领当局显然不能接受。1946年5、6月间，对日理事会的苏联和英国代表先后提出各自的改革方案。在此基础上，麦克阿瑟于6月向日本政府提出自己的土改方案。该方案规定，由国家征购不在村地主的全部出租土地，然后以分期付款方式转卖给佃农；在村地主保有的土地为1町步（约合0.4英亩），超过部分也由国家收购；每一农户的自耕地不超过3町步；残存出租地的地租改以货币支付。

这场彻底的革命性改革，堪称战后日本最成功的改革。至1950年，共有约500万英亩的土地被征购，475万余户佃农（相当于农户总数的75%）买到了土地，85%以上的可耕地转到自耕农手中。这样，日本农村中的阶级关系通过改革发生了巨大变化：大地主阶层被完全消灭了，纯粹的佃农仅占600万农户的5%。租佃关系已不再是农村中的基本生产关系，而代之以自耕农为主的小农经济体制。麦克阿瑟称他的土改是“占领当局所取得的最有深远意义的成就之一”。的确，日本战后的土地改革具有划时代的历史意义。它彻底地完成了清除封建土地制度的历史使命，打破了使日本农民处于奴隶化地位的经济桎梏，解放了农村生产力，调动了广大农民的积极性；为日本农业的发展开辟了真正解放的道路，为日本经济的重建确立了新的基础。土改后，日本的农业生产很快恢复到战前水平，到1960年农产量增长了60%。

第二章
日本自卫队目前概况

第一节　指挥体制

日本自卫队实行文官治军原则，在文官组成的内阁和负责立法的国会管辖之下。内阁总理大臣（首相）是自卫队最高统帅，对自卫队有着最高指挥监督权。防卫大臣在首相的领导下统括自卫队的日常事务。内阁重要成员组成的国家安全保障会议负责审议与防卫有关的重要事项。自卫队的防卫出动、治安出动等在事前要征得国会的批准，时候也要向国会通报。国会通过决议决定自卫队的定员（编制人员）、预算、组织等重要事项。

陆上自卫队、海上自卫队、航空自卫队属于防卫大臣直接管辖的军种，各自卫队的日常事务由防卫大臣的幕僚机关——陆上幕僚监部、海上幕僚监部、航空幕僚监部负责。各自卫队的统合运用则由统合幕僚监部负责，统合幕僚长从各自卫队幕僚长中选拔。

日本自卫队的指挥体制见下表。

第二节　自卫队人员

日本自卫队实行的是募兵制，也就是志愿役制度，兵员来源完全依赖招募考选而来。兵役分为“现役”和“预备役”两种。这种兵役制度有三个主要特点：一是适龄青年在自愿的基础上自由应募，任何人不得强迫其参军；二是所有军人都称为“自卫官”，其身分为“特别职国家公务员”，其待遇参

防衛省の組織図

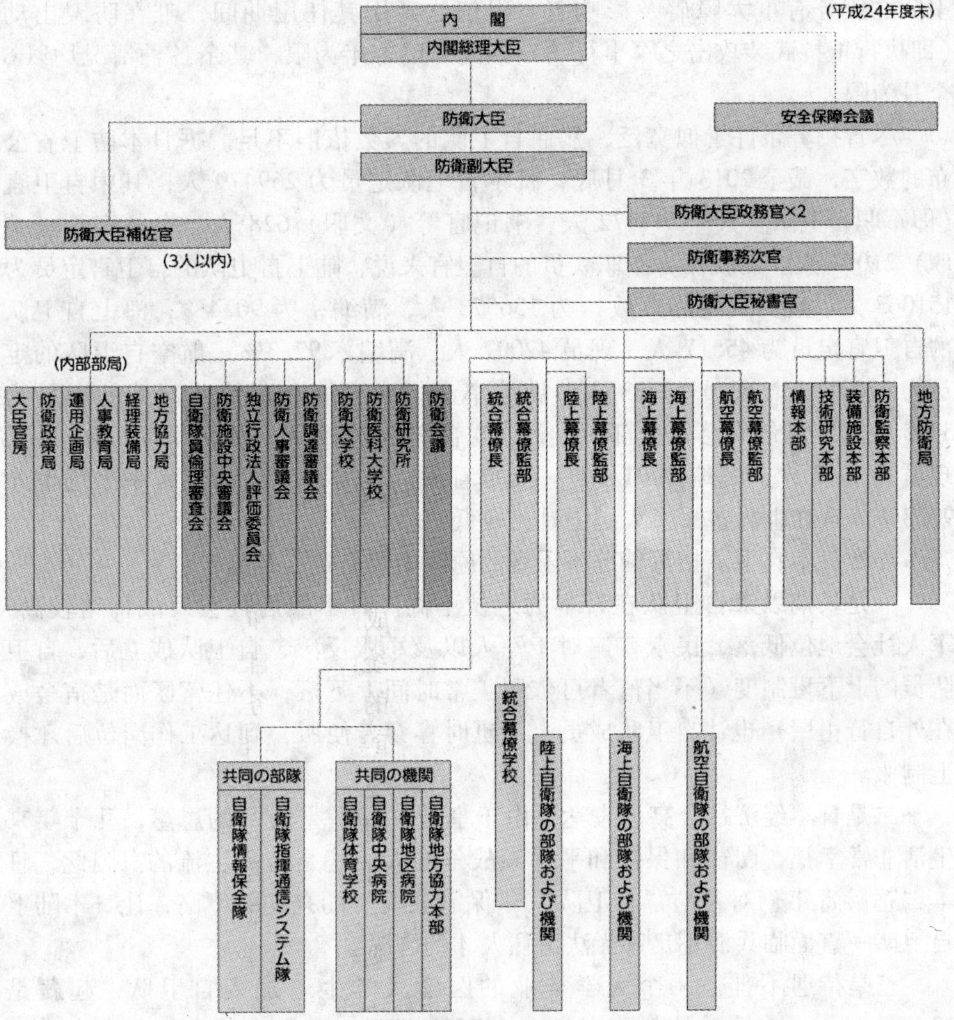

照国家公务员的标准适当提高；三是士（兵）为任期制，曹（士官）、准尉（高级士官）及干部（军官）实行退休制（注1），非任期制职业军人占总人数的77.5%。

日本自卫队分为现役和预备役两种。现役招募标准为：凡是具有日本国籍、神智正常、身体健康、未参与组织或参加反政府暴力政党及团体（服刑期满也可以）、年龄17岁—27岁的男女公民，均可到自卫队应募。其役期规定：陆上自卫队陆士长（上等兵）、一等陆士（一等兵）、二等陆士（二等兵）、三等陆士（学生阶段）之任用期间为2年，海上自卫队、航空自卫队及志愿担任特殊技术职务者为3年。但志愿充任军曹者不在此限。任用期间届满后，志愿继续担任时，得延续任用期间 2 年。役期届满退伍时，如对于自卫队之任务有重大障碍及影响者，得依法延用其任用期间，唯在防卫出动（即执行抵抗武装攻击之军事行动）期间，以 1 年为限，其余各种情况均以 6 个月为限。

尽管招募条件看似宽泛，然而自卫队的人数依旧不足。据日本防卫省公布的数字，截至 2013 年 3 月底，日本自卫队定员为 269479 人，其中自卫官（即军职自卫队官兵）247172 人、书记官等（文职）628 人、事务官等（文职）21051 人。而就作为军职人员的自卫官来说，陆上自卫队的自卫官定员为 151063 人、现员（实际人数）为 136573 人，满编率为 90.4%；海上自卫队的自卫官定员为 45517 人、现员 42007 人，满编率 92.3%；航空自卫队的定员为 47097 人、现员 42733 人，满编率 90.7%；统合幕僚监部等的定员为 3495 人（包括统合幕僚监部 361 人、联合部队 1227 人、情报本部 1907 人），现员为 3213 人，满编率 91.9%。不难看出，日本自卫队的满编率平均也才 90.8%，这在世界各军事大国中是比较低的。

导致日本自卫队招募情况不乐观的原因主要有这么几点：

一是长期以来自卫队在日本的地位不高。日本战后社会反战情绪较高，军人社会地位低落，民众普遍对于军人以及军服反感，自卫队成立后，自卫队员的上下班制度（不当值者可依照正常时间上下班，不住营区而是宿舍或在外自行租屋）也让自卫队成员上下班时喜穿着便服，到达工作岗位后才换上制服。

二是日本经济社会高度发达，由于享受“和平宪法”的恩惠，几十年来生活非常幸福，向往和保持和平远离战争的人们还是占据主流的。因此，日本“适龄青年”对参与“自卫队”、“保家卫国”的兴趣并不高，让日本陆上自卫队一直面临兵源不足和无法留住人才的窘况。

三是待遇不佳。一个大学毕业的医学大学生若加入自卫队，起薪是 227700 日元，二等兵的起薪则只有 157500 日元，而日本社会的薪资水准是 280000 日元，所以曾有自卫队队员下班后，偷偷跑到便利商店打工的情况发生。

四是日本多数年轻人是抱着把自卫队当成学习技术的途径才加入的，而且他们认为这份职业是不会有生命危险的，毕竟日本的和平宪法、美日安保的保护伞让他们认为除了意外，在自卫队是不会有打仗造成的生命危险的。但是自从日本派出自卫队参加国际维和行动，开始出现伤亡后，自卫队的续签役期人数便大幅滑落，很多现役自卫队士兵更以退役来逃避参加海外维和行动。

自卫队招募人员情况不佳不仅表现在现役，同样也表现在预备役。防卫省公布的2013年数字为：预备自卫官47900人、即应预备自卫官8467人、预备自卫官补4600人。对于拥有1.27亿人口、适龄男性2000多万（若加上女性则有4000多万）的日本来说，仅能招募这么点儿预备役人员着实尴尬。

2014年1月13日，日本共同社发表了题为《安倍政府的安全政策令防卫第一线感到困惑》的文章称，主张“强大的日本”和“积极和平主义”的安倍晋三政府正在切实强化防卫力。在修改宪法解释以解禁集体自卫权后，安倍政府还考虑修改宪法。“安倍色彩”浓厚的安全政策令国防领域出身的议员们感到了振奋，同时也让防卫第一线感到困惑。的确，当日本右翼政客高呼“加油”强军，并且借此增加军费（美国人在2014年就成功收到日本1000多亿美元的武器订单）的时候，很多自卫队的基地也喊叫“应对紧急情况”的“人员安排非常紧张。”防卫第一线的自卫队官兵的疲劳感正逐渐增加。

第三节　防卫预算

日本的防卫预算在2002年达到了历史上的顶点——49560亿日元（按当时汇率计算约为392.3亿美元），此后连续10年下降，到2012年降到了谷底——46453亿日元（但按当时的汇率计算约为595.22亿美元）。然而从2013年开始，防卫预算爬出谷底上涨，达到了47538亿日元（按当年汇率计算约461.5亿美元），上涨了2.34%；2014年的防卫预算则进一步涨至48848亿日元（按2014年3月的汇率计算约477亿美元），上涨幅度2.8%。

在防卫预算的分配上，按照军种和部门分，陆上自卫队一般占36%左右，海上自卫队占24%左右，航空自卫队占22%左右，其他部门占18%左右；按照防卫预算类别分，人员生活费占42.5%左右，岁出化经费（主要是日常训练费用）占35.5%左右，一般物件费（活动经费）占22%左右。

注：三曹、二曹的退休年龄为53岁，一曹、曹长、准尉、三尉、二尉、一尉的退休年龄为54岁，三佐、二佐的退休年龄为55岁，一佐的退休年龄为56岁，将补、将的退休年龄为60岁。但是也有一些例外，如军衔为陆将、海将或空将的统合幕僚长、陆上幕僚长、海上幕僚长、航空幕僚长的退休年龄为62岁，医生、齿科医生、药剂师等自卫官以及担任音乐、警务、情报综合分析、图像地理、通信情报等方面职务的自卫官退休年龄为60岁。

第三章
日本陆上自卫队

第一节　日本陆上自卫队编制

日本陆上自卫队最高指挥机构是陆上幕僚监部，下辖北部方面队、东北方面队、东部方面队、中部方面队、西部方面队、中央即应集团、其他部队和机关。构成见下表。

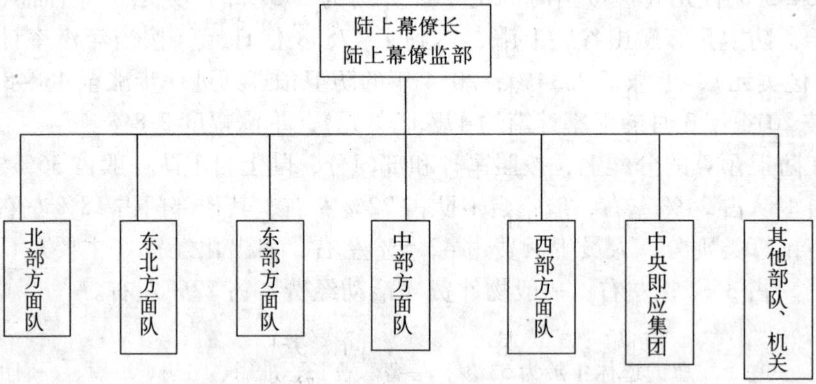

一、陆上幕僚监部编制

陆上幕僚监部位于东京都新宿区市谷本村町 5 番（日语中，“番”类似于中国的门、条）1 号，设陆上幕僚长和陆上幕僚副长各一人。陆上幕僚监部相当于欧美国家海军的参谋部，陆上幕僚长和陆上幕僚副长相当于欧美国家海军参谋长和副参谋长。其中陆上幕僚长是海自的最高指挥官，直接领导陆上幕僚监部，并负责海自的全盘事务。

陆上幕僚长的军衔为陆将（相当于欧美海军的中将），但与其他陆将军衔标记为3颗樱花星不同的是，陆上幕僚长的军衔标记为4颗樱花星，实际上相当于欧美海军的上将。

陆上幕僚监部下设监理部、人事部、防卫部、装备部、教育训练部、运用支援·情报部、卫生部、监察官、法务官、警务管理官、开发官等，分别协助陆上幕僚长管理陆自的日常运作、作战、装备采购及维护、训练、后勤保障、情报搜集、法务、医疗等工作。

监理部设部长一人，军衔为陆将补（二）。总务部下设总务课（注：课相当于科）和会计课。

人事部设部长一人，军衔为陆将补（一）。人事部下设人事计划课、补任课、厚生课（相当于民政科）、募集·援护课。

防卫部设部长一人，军衔为陆将补（一）。防卫部下设防卫课、情报通信·研究课。

装备部设部长一人，军衔为陆将补（一）。装备部下设装备计划课、武器·化学课、通用电子课、飞机课、需品课、施设课（工程科）。

教育训练部设部长一人，军衔为陆将补（二）。教育训练部下设教育训练计划课、教育训练课。

运用支援·情报部设部长一人，军衔为陆将补（二）。运用支援·情报部部下设运用支援课、情报课。

卫生部设部长一人，军衔为陆将补（二）。卫生部下设企划室。

监察官一人，军衔为陆将补（二）。

法务官一人，军衔为陆将补（二）。

警务管理官一人，军衔为一等陆佐。

开发官一人，军衔为陆将补（二）。

二、北部方面队

在陆自中，方面队是承担某个战略方向防务的战略单位。北部方面队，顾名思义，就是承担日本北部，即北海道全境防务的战略单位。其最高指挥机关是北部方面总监部，设在北海道札幌市。

北部方面队在冷战时期是日本战略最前方，所以驻有重兵，辖4个师团、5万人，装备600辆坦克和400门/辆火炮，而且日本防卫厅采购的新型地面武器装备也总是优先配发北部方面队。冷战结束后，北部方面队的兵力大幅缩减，目前缩至冷战时期的一半，辖有2个师团、2个旅团，3万人，装备坦克300辆、火炮200门/辆。具体来说，北部方面队现辖第7师团、第2师团、第5旅团、第11旅团、第1特科团（炮兵团）、第1高射特科团、北部方面混成团、北部方面施设队、第1电子队、北部方面通信群、北部方面航空队、北部方面后方支援队、北部方面会计队、北部方面卫生队、北部方面音乐队、北部方面指挥所训练支援队、北部方面情报队、北部方面反舟艇/反坦克队、北海道补给处。

下面介绍一下北部方面队骨干作战部队编制：

1. 第7师团：

该师团是日本陆上自卫队唯一的装甲师团和唯一的机动打击师团。该师团编制员额为5860人，司令部设在千岁市东千岁驻屯地（日本陆自将基地称为驻屯地，与海自、空自有所区别）。

师团司令部的构成包括：师团长、副师团长（协助师团长指挥，一旦师团长发生意外或阵亡，将代师团长职务）、幕僚长（受师团长之命令管辖各部长、课长、医务官、监察官及法务官等军官，负责司令部内部事务。一旦副师团长发生意外或阵亡，将代副师团长职务）、幕僚干事（参谋）、第1部长（负责人事）、第2部长（负责情报）、第3部长（负责运用）、第4部长（负责补给，也就是负责后勤保障）、总务课长、广报室长（相当于发言人）、会计课长、施设课长（通常由施设大队长兼任）、通信课长（通常由通信大队长兼任）、医务官、监察官、法务官、副官、师团直属队、车辆小队、管理小队、化学防护队（小队级别）、司令部勤务班。

第7师团下辖第71战车连队、第72战车连队、第73战车连队、第11普通科连队（步兵团）、第7侦察队、第7特科连队、第7高射特科连队、第7飞行队、第7施设大队、第7后方支援连队、第7通信大队、第7化学防护队、第7音乐队。其中3个战车连队和1个普通科连队构成了第7师团的核心作战兵力。

第71坦克连队绰号“铁牛”部队，部署在北千岁驻屯地，下辖连队部及直属中队，第1、2、3、4、5坦克中队，主要装备包括90式主战坦克、73式装甲车、87式装甲侦察车、73式4轮吉普、73式4轮中型军用卡车、73式6轮重型军用卡车、89式5.56毫米突击步枪、9毫米手枪。

第72战车连队绰号“白马”部队，部署在北海道惠庭市北惠庭驻屯地，编制与第71坦克连队相同。

第73战车连队绰号“胜兜”部队，部署在北海道惠庭市南惠庭驻屯地，编制与第71坦克连队相同。

第11普通科连队是陆自唯一采用全履带装甲车辆的普通科连队，相当于其他国家陆军的重装机械化步兵团，部署在北海道千岁市东千岁驻屯地，下辖连队部及直属中队（辖中队部、侦察小队、通信小队、施设小队、补给小队、卫生小队）、第1中队（装备89式步兵战车）、第2中队（装备73式装甲车）、第3中队（装备89式步兵战车）、第4中队（装备73式装甲车）、第5中队（装备89式步兵战车）、第6中队（装备73式装甲车）、重迫击炮中队（装备96式120毫米自行迫击炮、73式装甲车）。

第7侦察队部署在东千岁驻屯地，下辖队本部及本部付队、第1战斗侦察小队、第2战斗侦察小队、第3战斗侦察小队、斥候小队、电子侦察小队，装备侦察用两轮摩托车、轻型雪地车、90式坦克、74式坦克、73式装甲车、轻型装甲车、87式装甲侦察车、L16型81毫米迫击炮、JTPS－P11雷达、JGSQ－S2野战情报探知装置。

第7特科连队部署在东千岁驻屯地，辖连队部及直属中队，情报中队，第1大队（辖大队部及直属中队、第1中队和第2中队），第2大队（辖大队部及直属中队、第3中队和第4中队），第3大队（辖大队部及直属中队、第5中队和第6中队），第4大队（辖大队部及直属管理中队、第7中队和第8中队）。其中4个大队的8个中队全部装备99式155毫米自行榴弹炮。

第7高射特科连队部署在北海道日高郡新日高町静内驻屯地，辖连队部及直属中队、第1高射中队、第2高射中队、第3高射中队、第4高射中队、第5高射中队、第6高射中队，主要装备87式自行高炮、81式近程防空导弹系统、79式对空雷达系统（JTPS－P9）、73式装甲车、73式4轮吉普、73式4轮中型军用卡车、73式6轮重型军用卡车等。

2. 第2师团：

该师团属于陆自的沿岸配备师团，绰号“北镇”师团，负责北海道海岸守备及救灾。编制员额8100人，司令部设在旭川市旭川驻屯地。在陆自各师（旅）团中，该师团是除第7师团之外唯一编有战车连队的师团。

第2师团的师团部构成与第7师团相似，师团下辖第3普通科连队、第25普通科连队、第26普通科连队、第2战车连队、第2侦察队、第2反舟艇/反战车中队、第2特科连队、第2高射特科大队、第2飞行队、第2施设大队、第2后方支援连队、第2通信大队、第2化学防护队、第2音乐队。

第3普通科连队部署在北海道名寄市名寄驻屯地，辖连队部及直属中队、第1中队（装备96式轮式装甲车）、第2中队（装备高机动车）、第3中队（装备高机动车）、第4中队（装备高机动车）、重迫击炮中队（装备81毫米和120毫米迫击炮）。

第25普通科连队部署在北海道纹别郡远轻町远轻驻屯地，辖连队部及直属中队、第1中队（装备96式轮式装甲车）、第2中队（装备高机动车）、第3中队（装备高机动车）、第4中队（装备高机动车）、重迫击炮中队（装备81毫米和120毫米迫击炮）、教育队。

第26普通科连队部署在北海道留萌市留萌驻屯地，辖连队部及直属中队、第1中队（装备96式轮式装甲车）、第2中队（装备高机动车）、第3中队（装备高机动车）、第4中队（部署在旭川，装备高机动车）、重迫击炮中队（装备81毫米和120毫米迫击炮）、教育队。

第2战车连队部署在北海道空知郡上富良野町上富良野驻屯地，辖连队部及直属中队、第1中队（装备90式和74式坦克）、第2中队（装备90式和74式坦克）、第3中队（装备90式和74式坦克）、第4中队（装备10式坦克）、第5中队（装备90式和74式坦克）。

第2侦察队部署在名寄驻屯地，下辖队本部及本部付队、第1小队、第2小队、第3小队、第4小队、电子侦察小队，装备侦察用两轮摩托车、轻型雪地车、73式装甲车、轻型装甲车、87式装甲侦察车。

第2特科连队部署在旭川驻屯地，辖连队部及直属中队，情报中队，第1大队（辖大队部及直属中队、第1中队和第2中队），第2大队（辖大队部及直属中队、第3中队和第4中队），第3大队（辖大队部及直属管理中队、第5中队和第6中队），第4大队（辖大队部及直属中队、第10中队、第11中队和第12中队），第5大队（辖大队部及直属中队、第13中队、第14中队、第15中队和第16中队）。其中第1、4、5大队的9个中队全部装备75式155毫米自行榴弹炮，第2、3大队的4个中队全部装备99式155毫米自行榴弹炮。

另外值得一提的是，第4大队实际上是作为教育大队运用，承担着重要的炮手教育和训练任务。

第2高射特科大队部署在旭川驻屯地，人数约300人，辖大队部及直属中队、第1高射中队（装备93式近程防空导弹）、第2高射中队（装备81式近程防空导弹）、第3高射中队装备87式自行高炮。

3. 第5旅团：

该旅团是在2004年3月29日由原第5师团缩编而成，属于陆自的沿岸配备旅团，负责北海道道东守备和救灾。编制员额3600人，司令部设在带广市带广驻屯地。

旅团司令部的编成包括：旅团长、副旅团长（协助旅团长指挥，一旦旅团长发生意外或阵亡，将代旅团长职务）、幕僚长（受旅团长之命令管辖各部长、课长、医务官、监察官及法务官等军官，负责司令部内部事务。一旦副旅团长发生意外或阵亡，将代旅团长职务）、幕僚干事（参谋）、第1部长（负责人事）、第2部长（负责情报）、第3部长（负责运用）、第4部长（负责补给，也就是负责后勤保障）、总务课长、广报室长（相当于发言人）、会计课长、施设课长（通常由施设中队长兼任）、通信课长（通常由通信中队长兼任）、医务官、监察官、法务官、副官、旅团直属队、管理班、化学防护队

（小队级别）、司令部勤务班。

第5旅团下辖第4普通科连队、第6普通科连队、第27普通科连队、第5战车大队、第5侦察队、第5特科队、第5高射特科中队、第5飞行队、第5施设队、第5后方支援队、第5通信队、第5化学防护队、第5音乐队。

第4普通科连队部署在带广驻屯地，编制人数约650人，辖连队部及直属中队、第1中队（装备96式轮式装甲车）、第2中队（装备轻型装甲车和高机动车）、第3中队（装备轻型装甲车和高机动车）。

第6普通科连队部署在带广驻屯地，编制人数约650人，辖连队部及直属中队、第1中队（装备96式轮式装甲车）、第2中队（装备轻型装甲车和高机动车）、第3中队（装备轻型装甲车和高机动车）。

第27普通科连队部署在北海道钏路郡钏路町钏路驻屯地，编制人数约650人，辖连队部及直属中队、第1中队（装备轻型装甲车和高机动车）、第2中队（装备轻型装甲车和高机动车）、第3中队（部署在别海驻屯地，装备96式轮式装甲车）。

第5战车大队部署在北海道河东郡鹿追町鹿追驻屯地，辖大队部及直属中队、第1中队、第2中队、第3中队，主要装备90式坦克、90式坦克抢修车、96式装甲车、73式装甲车、73式4轮吉普、73式4轮中型军用卡车、73式6轮重型军用卡车、89式5.56毫米步枪等。

第5特科队部署在带广驻屯地，辖队部及直属中队、第1中队、第2中队、第3中队，主要装备75式155毫米自行榴弹炮。

4. 第11旅团：

该旅团是在2007年6月8日由原第11师团缩编而成，属于陆自的沿岸配备旅团，负责北海道道央和道南守备和救灾。编制员额3600人，司令部设在北海道札幌市真驹内驻屯地。

第11旅团司令部的编成与第5旅团相同。第11旅团下辖第10普通科连队、第18普通科连队、第28普通科连队、第11战车大队、第11侦察队、第11特科队、第11特殊武器防护队、第11高射特科中队、第11飞行队、第11施设队、第11后方支援队、第11通信中队、第11音乐队。

第10普通科连队部署在北海道滝川市滝川驻屯地，辖连队部及直属中队、第1中队、第2中队、第3中队。装备包括轻型装甲车、高机动车、96式轮式装甲车、73式4轮吉普、73式4轮中型军用卡车、73式6轮重型军用卡车、89式5.56毫米步枪、62式机枪、米尼米机枪、“铁拳3”型110毫米无后坐力炮、01式反坦克导弹、M24狙击步枪等。

第18普通科连队部署在真驹内驻屯地，编制人数约600人，辖连队部及直属中队、第1中队、第2中队、第3中队。装备与第10普通科连队相同。

第28普通科连队部署在北海道函馆市函馆驻屯地，编制人数约600人，辖连队部及直属中队、第1中队、第2中队、第3中队。装备与第10普通科连队相同。

第11战车大队绰号“士魂”部队，编制人数约350人，部署在北惠庭驻屯地，辖大队部及直属中队、第1中队、第2中队，主要装备90式坦克、73式装甲车、73式4轮吉普、73式4轮中型军用卡车、73式6轮重型军用卡车、89式5.56毫米步枪等。

第11侦察队部署在真驹内驻屯地，下辖队本部及本部付队、第1小队、第2小队、第3小队、电子侦察小队。装备侦察用两轮摩托车、轻型雪地车、轻型装甲车、87式装甲侦察车、JTPS－P11雷达。

第5特科队部署在真驹内驻屯地，辖队部及直属中队、第1中队、第2中队、第3中队，主要装备99式155毫米自行榴弹炮、99式弹药补给车、JMPQ－P7反炮兵雷达、JMPQ－P13反迫击炮雷达。

5. 北部方面混成团：

该团是北部方面队的一个基本教育部队，2011年4月22日组建，团部设在东千岁驻屯地，下辖第52普通科连队、第1陆曹教育队、第120教育大队（真驹内驻屯地）、冬季战技教育队（真驹内驻屯地）。

第52普通科连队的队部设在真驹内驻屯地，下辖连队部直属中队、第1中队（部署在真驹内驻屯地）、第2中队（部署在旭川驻屯地）、第3中队（部署在带广驻屯地）、第4中队（部署在真驹内驻屯地）、重迫击炮中队（部署在真驹内驻屯地）。其中第4中队和重迫击炮中队是2014年3月才编成的，2017年还将增设战车中队。

第1陆曹教育队部署在东千岁驻屯地，辖共通教育中队、普通科教育中队、特科教育中队、上级陆曹教育中队（俱知安驻屯地）。

除了承担北部方面队日常的教育训练任务之外，北部方面混成团还是陆自为北部方面队组建的一支即应（快速反应）预备役部队。一旦“有事”发生，该混成团将迅速征召即应预备役人员，支援第2师团、第5和第11旅团作战。

6. 北部方面航空队：

队部设在札幌市丘珠驻屯地，辖队部直属中队、第1反坦克直升机队、北部方面直升机队、北部方面管制气象队、北部方面航空野外整备队。

第1反坦克直升机队部署在带广驻屯地，辖队部及直属队、第1飞行队、第2飞行队，主要装备AH－1S武装直升机、OH－6D和OH－1侦察直升机。

北部方面直升机队部署在丘珠驻屯地，辖队部及直属部队、第1飞行队、第2飞行队，主要装备UH－1J/H通用直升机、OH－6D和OH－1侦察直升机、LR-2 联络侦察机。

北部方面管制气象队辖基地队、第 1 派遣队（旭川驻屯地）、第 2 派遣队（带广驻屯地）。

北部方面航空野外整备队辖整备队、补给队。

7. 第 1 特科团：

团部设在北千岁驻屯地，辖团部直属中队，第 1 特科群，第 4 特科群，第 1、第 2、第 3 地对舰导弹连队，第 301 观测中队。

（1）第 1 特科群：

司令部设在北千岁驻屯地，辖群司令部直属中队、第 101 特科大队、第 102 特科大队、第 129 特科大队、第 133 特科大队。

第 101 特科大队部署在美幌驻屯地，辖大队部及直属中队、第 1 中队、第 2 中队、第 3 中队，主要装备 203 毫米自行榴弹炮。

第 102 特科大队部署在北千岁驻屯地，辖大队部及直属中队、第 1 中队、第 2 中队、第 3 中队，主要装备 203 毫米自行榴弹炮。

第 129 特科大队部署在北千岁驻屯地，辖大队部及直属中队、第 1 中队、第 2 中队、第 3 中队，主要装备美制 M270 型 227 毫米火箭炮。

第 133 特科大队部署在真驹内驻屯地，辖大队部及直属中队、第 1 中队、第 2 中队、第 3 中队，主要装备美制 M270 型 227 毫米火箭炮。

（2）第 4 特科群：

司令部设在北海道空知郡上富良野町上富良野驻屯地，辖群司令部直属中队、第 104 特科大队、第 120 特科大队、第 131 特科大队。

第 104 特科大队辖大队部及直属中队、第 1 中队、第 2 中队、第 3 中队，主要装备 203 毫米自行榴弹炮。

第 120 特科大队辖大队部及直属中队、第 1 中队、第 2 中队、第 3 中队，主要装备 203 毫米自行榴弹炮。

第 131 特科大队辖大队部及直属中队、第 1 中队、第 2 中队、第 3 中队，主要装备美制 M270 型 227 毫米火箭炮。

第 1 地对舰导弹连队部署在北千岁驻屯地，编制人员 400 人，辖连队部及直属中队，第 1、第 2、第 3、第 4 中队，主要装备 88 式岸舰导弹。

第 2 地对舰导弹连队部署在北海道美呗市美呗驻屯地，编制与第 1 地对舰导弹连队相同。

第 3 地对舰导弹连队部署在上富良野驻屯地，编制与第 1 地对舰导弹连队相同。

8. 第 1 高射特科团：

团部设在千岁市东千岁驻屯地，辖团部直属中队、第 1 高射特科群、第 4

高射特科群、第101无人侦察机队。

第1高射特科群司令部设在东千岁驻屯地，辖群司令部直属中队、第301高射中队、第302高射中队（北千岁驻屯地）、第303高射中队（岛松驻屯地）、第304高射中队（岛松驻屯地）、第301高射搬送通信中队。

第4高射特科群司令部设在名寄驻屯地，辖群司令部直属中队、第315高射中队、第316高射中队、第317高射中队、第318高射中队、第304高射搬送通信中队。

第101无人侦察机队部署在静内驻屯地。

9. 北部方面通信群：

这个通信群主要任务是负责保障北部方面队内部，以及北部方面队与陆上幕僚监部及其他各方面队之间的通信联络。群司令部设在北海道札幌市札幌驻屯地。下辖群司令部直属中队、第101系统通信大队、第101指挥所通信大队、第101中枢交换通信队。

群司令部直属中队辖映像伝送（图像传输）小队（丘珠驻屯地）、教育队。

第101基地系统通信大队是北部方面通信群的通信主力部队，大队部及其直属队设在札幌驻屯地，下辖第301基地系统通信中队、第301基地通信中队、第302基地通信中队、第313基地通信中队、第314基地通信中队。

第301基地通信中队队部设在旭川驻屯地，下辖上富良野派遣队（上富良野驻屯地）、名寄派遣队（名寄驻屯地）、远轻派遣队（远轻驻屯地）、留萌派遣队（留萌驻屯地）、稚内派遣队（稚内分屯地）、礼文派遣队（礼文分屯地）、多田派遣队（多田分屯地）、近文台派遣队（近文台分屯地）、沼田派遣队（沼田分屯地）。

第302基地通信中队队部设在带广驻屯地，下辖钏路派遣队（钏路驻屯地）、美幌派遣队（美幌驻屯地）、鹿追派遣队（鹿追驻屯地）、别海派遣队（别海驻屯地）、足寄派遣队（足寄分屯地）、标津派遣队（标津分屯地）。

第313基地通信中队队部设在东千岁驻屯地，下辖北千岁派遣队（北千岁驻屯地）、岛松派遣队（岛松驻屯地）、北惠庭派遣队（北惠庭驻屯地）、南惠庭派遣队（南惠庭驻屯地）、静内派遣队（静内驻屯地）、白老派遣队（白老驻屯地）、幌别派遣队（幌别驻屯地）、安平派遣队（安平驻屯地）、早来派遣队（早来分屯地）、日高派遣队（日高分屯地）。

第314基地通信中队队部设在真驹内驻屯地，下辖丘珠派遣队（丘珠驻屯地）、函馆派遣队（函馆驻屯地）、滝川派遣队（滝川驻屯地）、岩见泽派遣队（岩见泽驻屯地）、美呗派遣队（美呗驻屯地）、倶知安派遣队（倶知安驻屯地）、豊平派遣队（豊平驻屯地）、苗穗派遣队（苗穗分屯地）。

10. 北部方面后方支援队：

主要任务是负责北部方面队直辖部队的后勤支援以及抢险救灾。队部设在北海道惠庭市岛松驻屯地，队部所辖直属队也部署在这里。该支援队下辖第101全般支援大队、第102全般支援大队、第103全般支援大队、第101特科直接支援大队、第101高射特科直接支援大队、第101施设直接支援大队、第101通信直接支援大队（札幌驻屯地）、第301反舟艇/反坦克直接支援大队（倶知安驻屯地）、第305普通科直接支持中队（真驹内驻屯地）、北部方面运输队（真驹内驻屯地）。

第101全般支援大队部署在岛松驻屯地，辖大队部及大队部直属队、补给中队、整备中队。

第102全般支援大队部署在真驹内驻屯地，辖大队部及大队部直属队、补给中队、整备中队。

第103全般支援大队部署在上富良野驻屯地，辖大队部及大队部直属队、补给中队、整备中队。

第101特科直接支援大队的大队部设在北千岁驻屯地，大队部直属队也部署在这里。大队下辖：第1直接支援中队（北千岁驻屯地），下辖第1直接支援小队（美幌驻屯地）、第5直接支援小队（真驹内驻屯地）；第2直接支援中队（上富良野驻屯地）；第3直接支援中队（北千岁驻屯地）；第4直接支援中队（美呗驻屯地）；第5直接支援中队（上富良野驻屯地）；整备队。

第101高射直接支援大队的大队部设在东千岁驻屯地，大队部直属队也部署在这里。大队辖第1直接支援中队（岛松驻屯地）、第2直接支援中队（名寄驻屯地）、整备队。

第101施设直接支援大队部署在南惠庭驻屯地，辖大队部直属队、整备中队、第2直接支援中队（部署在岩见泽驻屯地，辖部署在钏路驻屯地的钏路派遣队）、第3直接支援中队（部署在幌别驻屯地，辖部署在倶知安驻屯地的倶知安派遣队）。

11. 北部方面施设队：

主要负责北部方面队的施设作业（工程作业），队部设在南惠庭驻屯地。下辖本部中队，第12施设群（辖群本部及本部直属中队、第335施设中队、第336施设中队、第337施设中队、第342施设中队、第312施设器材中队、第302坑道中队），第13施设队（本部直属中队、第360施设中队、第361施设中队、第383施设中队），第105施设器材队，第301坑道中队，第302水际障碍中队，第303自卸车辆中队。

三、东北方面队

东北方面队主要承担日本东北地区的防务和救灾。其最高指挥机关是东北方面总监部，设在宫城县仙台市宫城野区仙台驻屯地。

东北方面队现辖第 6 师团、第 9 师团、第 5 旅团、第 2 施设团、第 5 高射特科群、东北方面混成团、东北方面特科队、东北方面通信队、东北方面航空队、东北方面后方支援队、东北方面会计队、东北方面卫生队、东北方面音乐队、东北方面指挥所训练支援队、东北方面情报处理队、东北补给处。

下面主要介绍一下东北方面队骨干作战部队编制：

1. 第 6 师团：

该师团属于以轮式化车辆为主的轻型机械化师团，也是陆自的即应（快速反应）师团，负责东北 3 县（宫城、山形、福岛）的守备和救灾。编制员额 7000 人，司令部设在山形县东根市神町驻屯地。第 6 师团下辖第 20 普通科连队、第 22 普通科连队、第 44 普通科连队、第 6 战车大队、第 6 侦察队、第 6 特科连队、第 6 高射特科大队、第 6 飞行队、第 6 施设大队、第 6 后方支援连队、第 6 通信大队、第 6 特殊武器防护队、第 6 音乐队。

第 20 普通科连队绰号“升竜”部队，编制人员 1100 人，部署在神町驻屯地，辖连队部及直属中队、第 1 中队、第 2 中队、第 3 中队、第 4 中队、重迫击炮中队。其中第 1、2、3、4 中队均装备轻型装甲车和高机动车，重迫击炮中队装备 L16 型 81 毫米和法制 120 毫米迫击炮。

第 22 普通科连队绰号“重弁瓦”部队，部署在宫城县多贺城市多贺城驻屯地，编制与第 20 普通科连队相同。

第 44 普通科连队绰号“狮子”部队，部署在福岛县福岛市福岛驻屯地，编制与第 20 普通科连队相同。

第 6 战车大队部署在宫城县黑川郡大和町大和驻屯地，辖大队部及直属中队、第 1 中队、第 2 中队，装备 74 式坦克、78 式装甲抢修车和 96 式轮式装甲车。

第 6 特科连队部署在福岛县郡山市郡山驻屯地，辖连队部及直属中队，情报中队，第 1 大队（辖大队部及直属中队、第 1 中队和第 2 中队），第 2 大队（辖大队部及直属中队、第 3 中队和第 4 中队），第 3 大队（辖大队部及直属中队、第 5 中队和第 6 中队），主要装备 FH－70 型 155 毫米牵引榴弹炮、JTPS－P16 反炮兵雷达、JMPQ－P13 反迫击炮雷达。

第 6 高射特科大队部署在郡山驻屯地，辖大队部及直属中队、第 1 高射中队、第 2 高射中队，装备 93 式、81 式近程防空导弹和 JTPS－P14、JTPS－P18 对空雷达。

2. 第 9 师团：

该师团是与第 6 师团相似的以轮式车辆为主的轻型机械化师团，同样也是陆自的即应师团，负责北东北 3 县（青森、岩手、秋田）的守备和救灾。

编制员额7000人，司令部设在青森县青森市青森驻屯地。

第9师团下辖第5普通科连队、第21普通科连队、第39普通科连队、第9战车大队、第9侦察队、第9特科连队、第9高射特科大队、第9飞行队、第9施设大队、第9后方支援连队、第9通信大队、第9特殊武器防护队、第9音乐队。

第5普通科连队编制人员1100人，部署在青森驻屯地，辖连队部及直属中队、第1中队、第2中队、第3中队、第4中队、重迫击炮中队。其中第1、2、3、4中队均装备96式轮式装甲车、轻型装甲车和高机动车，重迫击炮中队装备81毫米和120毫米迫击炮。

第21普通科连队编制人员1100人，部署在秋田县秋田市秋田驻屯地，辖连队部及直属管理中队、第1中队、第2中队、第3中队、第4中队、重迫击炮中队。其中第1中队装备轻型装甲车，第2、3、4中队均装备高机动车，重迫击炮中队装备81毫米和120毫米迫击炮。

第39普通科连队部署在青森县弘前市弘前驻屯地，编制与第5普通科连队相同。

第9战车大队部署在岩手县滝泽市岩手驻屯地，辖大队部及直属中队、第1中队、第2中队，装备74式坦克、78式装甲抢修车和96式轮式装甲车。

第9特科连队部署在岩手驻屯地，辖连队部及直属中队，情报中队，第1大队（辖大队部及直属中队、第1中队和第2中队），第2大队（辖大队部及直属中队、第3中队和第4中队），第3大队（辖大队部及直属中队、第5中队和第6中队），第5大队（辖大队部及直属中队、第9中队、第10中队和第11中队），主要装备FH－70型155毫米牵引榴弹炮、JTPS－P16反炮兵雷达、JMPQ－P13反迫击炮雷达。

第9高射特科大队部署在岩手驻屯地，辖大队部及直属中队、第1高射中队、第2高射中队，装备93式、81式近程防空导弹和JTPS－P14、JTPS－P18对空雷达。

3. 东北方面混成团：

该团是东北方面队的一个基本教育部队，2006年3月27日以原方面队第1教育连队、第2陆曹教育队以及第6师团所辖的第38普通科连队组建而成。团部设在宫城县仙台市仙台驻屯地，下辖第38普通科连队、第2陆曹教育队（仙台驻屯地）、第119教育大队（多贺城驻屯地）。

第38普通科连队的连队部设在部署在多贺城驻屯地，下辖连队部直属中队、第1中队（部署在多贺城驻屯地）、第2中队（部署在多贺城驻屯地），第3中队（部署在八户驻屯地）、第4中队（部署在八户驻屯地）。

除了承担北部方面队日常的教育训练任务之外，东北方面混成团还是陆自为东北方面队组建的一支即应（快速反应）预备役部队。一旦“有事”发生，该混成团将迅速征召即应预备役人员，支援第6、第9师团作战。

4. 东北方面航空队：

队部设在仙台市霞目驻屯地，辖队部直属中队、第2反坦克直升机队、东北方面直升机队、东北方面管制气象队、东北方面航空野外整备队。

第2反坦克直升机队部署在八户驻屯地，辖队部及直属队、第1飞行队、第2飞行队，主要装备AH－1S武装直升机、OH－6D和OH－1侦察直升机。

东北方面直升机队部署在霞目驻屯地，辖队部及直属部队、第1飞行队、第2飞行队，主要装备OH－6D、OH－1侦察直升机，UH－1J/H通用直升机。

东北方面管制气象队辖基地队、第1派遣队（八户驻屯地）、第2派遣队（神町驻屯地）。

东北方面航空野外整备队辖整备队、补给队。

5. 东北方面特科队：

队部设在仙台驻屯地，辖队部直属中队，第130特科大队，第4地对舰导弹连队，第304观测中队。

第130特科大队部署在仙台驻屯地，辖大队部及直属中队、第1中队、第2中队、第3中队，主要装备美制M270型227毫米火箭炮。

第4地对舰导弹连队部署在八户驻屯地，编制人员400人，辖连队部及直属中队，第1、第2、第3、第4中队，主要装备88式岸舰导弹。

6. 第5高射特科群：

司令部设在八户驻屯地，辖群司令部直属部队、第319高射中队、第320高射中队（北千岁驻屯地）、第321高射中队、第322高射中队、第305高射搬送通信中队、第303无线电遥控靶机队。

7. 东北方面通信群：

这个通信群主要任务是负责保障东北方面队内部，以及东北方面队与陆上幕僚监部及其他各方面队之间的通信联络。群司令部设在仙台市仙台驻屯地。下辖群司令部直属中队、第103系统通信大队、第102指挥所通信大队、第301中枢交换通信队。

群司令部直属中队辖映像伝送（图像传输）小队（霞目驻屯地）、教育队。

第103基地系统通信大队是东北方面通信群的通信主力部队，大队部及其直属队设在仙台驻屯地，下辖第303基地系统通信中队、第305基地通信中队、第315基地通信中队。

第303基地系统通信中队队部设在仙台驻屯地，下辖反町派遣队（反町分屯地)、大和派遣队（大和驻屯地)、多贺城派遣队（多贺城驻屯地)、霞目派遣队（霞目驻屯地)、船冈派遣队（船冈驻屯地)。

第305基地通信中队队部设在青森驻屯地，下辖弘前派遣队（弘前驻屯地)、八户派遣队（八户驻屯地)、秋田派遣队（秋田驻屯地)、岩手派遣队（岩手驻屯地)。

第315基地通信中队队部设在神町驻屯地，下辖福岛派遣队（福岛驻屯地)、郡山派遣队（郡山驻屯地)。

8. 东北方面后方支援队：

主要任务是负责东北方面队直辖部队的后勤支援以及抢险救灾。队部设在仙台驻屯地，队部所辖直属队也部署在这里。该支援队下辖第108全般支援大队、第102特科直接支援大队（仙台和八户驻屯地)、第303高射特科直接支援大队（八户驻屯地)、第105施设直接支援大队、第303通信直接支援大队（驻屯地)、第301普通科直接支持中队（多贺城和八户驻屯地)、东北方面运输队。

第108全般支援大队部署在仙台驻屯地，辖大队部及大队部直属队、补给中队、整备中队。

第105施设直接支援大队的大队部设在仙台驻屯地，辖整备队、第1直接支援中队（部署在船冈和岩手驻屯地)、第2直接支援中队（部署在福岛和秋田驻屯地)。

东北方面运输队部署在霞目驻屯地，辖队部及直属队、第105运输业务队、第309运输中队、第302运输队。

9. 第2施设团：

主要负责东北方面队的施设作业（工程作业)，团部设在船冈驻屯地。下辖团部直属中队，第10施设群（辖群本部及本部直属中队、第384施设中队、第385施设中队、第386施设中队、第387施设中队、第301水际障碍中队，其中第387中队部署在岩手驻屯地)，第11施设群（辖群本部直属中队、第356施设中队、第357施设中队、第377施设中队、第378施设中队，其中第357施设中队部署在秋田驻屯地)，第104施设器材队，第312自卸车辆中队。

四、东部方面队

东部方面队主要承担日本关东地区、甲信越地区和静冈县的防务和救灾。其最高指挥机关是东部方面总监部，设在东京都练马区朝霞驻屯地。

东部方面队现辖第1师团、第12旅团、第1施设团、东部方面混成团、第2高射特科群、东部方面通信群、东部方面航空队、东部方面后方支援队、东部方面会计队、东部方面卫生队、东部方面音乐队、东部方面指挥所训练支援队、东部方面情报处理队、陆上自卫队关东补给处。

下面主要介绍一下东部方面队骨干作战部队编制：

1. 第1师团：

该师团属于以轮式车辆为主的轻型机械化师团，也是东部方面队所辖的政经中枢师团，负责首都圈（东京都、神奈川县、埼玉县、静冈县、山梨县、千叶县、茨城县）的守备和救灾。编制员额6300人，司令部设在东京都练马区练马驻屯地。

第1师团下辖第1普通科连队、第32普通科连队、第34普通科连队、第1战车大队、第1侦察队、第1高射特科大队、第1特科队、第1飞行队、第1施设大队、第1后方支援连队、第1通信大队、第1特殊武器防护队、第1音乐队。

第1普通科连队部署在练马驻屯地，绰号"头号连队"，辖连队部及直属中队、第1中队、第2中队、第3中队、第4中队、第5中队、重迫击炮中队。其中第1、2、3、4、5中队均装备高机动车，重迫击炮中队装备81毫米和120毫米迫击炮。

第32普通科连队部署在埼玉市大宫驻屯地，编制与第1普通科连队基本相同，区别在于装备方面除了高机动车，还有轻型装甲车。

第34普通科连队绰号"橘"部队，部署在静冈县御殿场市板妻驻屯地，编制与第1普通科连队相同。

第1战车大队部署在静冈县御殿场市驹门驻屯地，辖大队部及直属中队、第1中队、第2中队，装备74式坦克、10式坦克和96式轮式装甲车。

第1侦察队部署在练马驻屯地，下辖队本部及本部付队、第1小队、第2小队、第3小队、电子侦察小队，装备侦察用两轮摩托车、轻型装甲车、87式装甲侦察车。

第1高射特科大队部署在驹门驻屯地，辖大队部及直属中队、第1中队、第2中队，装备93式、81式近程防空导弹和JTPS-P14、JTPS-P18对空雷达。

第1特科队部署在山梨县南都留郡忍野村北富士驻屯地，辖队部及直属中队、情报中队、第1中队、第2中队、第3中队和第4中队，主要装备FH-70型155毫米牵引榴弹炮、JTPS-P16反炮兵雷达、JMPQ-P13反迫击炮雷达。

2. 第12旅团：

该旅团属于陆自的即应近代化旅团，也是陆自唯一的空中机动旅团，负责群马县、枥木县、新潟县、长野县的守备和救灾。编制员额4000人，司令部设在群马县榛东村相马原驻屯地。

第 12 旅团下辖第 2 普通科连队、第 13 普通科连队、第 30 普通科连队、第 12 对战车（反坦克）中队、第 12 侦察队、第 12 特科队、第 12 高射特科中队、第 12 直升机队、第 12 施设大队、第 12 后方支援队、第 12 通信队、第 12 化学防护队、第 12 音乐队。

第 2 普通科连队编制人员 650 人，部署在新潟县上越市高田驻屯地，辖连队部及直属中队、第 1 中队、第 2 中队、第 3 中队，装备轻型装甲车、高机动车、78 式雪地车、轻型雪地车、9 毫米手枪和冲锋枪、89 式突击步枪、M24 狙击步枪、M2 和 M3 型 84 毫米无后坐力炮、“铁拳 3”型 110 毫米无后坐力炮、米尼米机枪、81 和 120 毫米迫击炮、87 式反坦克导弹、中程多用途导弹、73 式 4 轮吉普、73 式 4 轮中型军用卡车、73 式 6 轮重型军用卡车等。

第 13 普通科连队部署在长野县松本驻屯地，编制与第 2 普通科连队相同。

第 30 普通科连队部署在新潟县新发田市新发田驻屯地，编制与第 2 普通科连队相同。

第 12 特科队部署在栃木县宇都宫市宇都宫驻屯地，辖队部及直属中队、第 1 中队、第 2 中队、第 3 中队和第 4 中队，主要装备 FH－70 型 155 毫米牵引榴弹炮、JTPS－P16 反炮兵雷达、JMPQ－P13 反迫击炮雷达。

第 12 直升机队队部设在相马原驻屯地，辖队部直属中队、第 1 和第 2 飞行队，共有 UH－60J 中型通用直升机、UH－47J/JA 重型直升机、UH－1J 通用直升机 34 架。

3. 东部方面混成团：

该团是东部方面队的一个基本教育部队，2011 年 4 月 22 日组建，司令部设在神奈川县横须贺市武山驻屯地，下辖第 31 普通科连队、第 48 普通科连队、第 3 陆曹教育队、第 117 教育大队、第 1 机甲（装甲）教育队、女性自卫队员教育队。

第 31 普通科连队是在 2011 年 4 月 22 日从第 1 师团转隶而来，绰号“振武”部队。该连队司令部设在武山驻屯地，辖直属中队、第 1 中队（板妻驻屯地）、第 2 中队（朝霞驻屯地）、第 3 中队（朝霞驻屯地）、第 4 中队（习志野驻屯地）、第 5 中队（朝霞驻屯地）、重迫击炮中队（北富士驻屯地）。

第 48 普通科连队司令部设在相马原驻屯地，辖连队部直属中队、第 1 中队（高田驻屯地）、第 2 中队（松本驻屯地）、第 3 中队（新发田和宇都宫驻屯地）、第 4 中队（相马原驻屯地）、重迫击炮中队（相马原驻屯地）。

除了承担东部方面队日常的教育训练任务之外，东部方面混成团还是陆自为东部方面队组建的一支即应（快速反应）预备役部队。一旦“有事”发生，该混成团将迅速征召即应预备役人员，支援第1师团、第12旅团作战。

4. 东部方面航空队：

队部设在东京都立川市立川驻屯地，辖队部直属中队、第4反坦克直升机队、东部方面直升机队、东部方面管制气象队、东部方面航空野外整备队。

第4反坦克直升机队部署在木更津驻屯地，辖队部及直属队、第1飞行队、第2飞行队，主要装备AH－1S武装直升机、OH－6D和OH－1侦察直升机。

东部方面直升机队部署在立川驻屯地，辖队部及直属部队、第1飞行队、第2飞行队，主要装备OH－6D、OH－1侦察直升机，UH－1J/H通用直升机。

东部方面管制气象队辖基地队、第1派遣队（霞浦驻屯地）、第2派遣队（滝原驻屯地）、第3派遣队（木更津驻屯地）、第4派遣队（北宇都宫驻屯地）、第5派遣队（相马原驻屯地）。

东部方面航空野外整备队辖整备队、补给队。

5. 第2高射特科群：

司令部设在千叶县松户市松户驻屯地，辖群司令部直属部队、第334高射中队（下志津驻屯地）、第335高射中队（朝霞驻屯地）、第336高射中队（柏训练场）、第337高射中队（古河驻屯地）、第302高射搬送通信中队，主要装备03式防空导弹、JTPS－P14对空雷达、通信用高机动车等。

6. 东部方面通信群：

这个通信群主要任务是负责保障东部方面队内部，以及东部方面队与陆上幕僚监部及其他各方面队之间的通信联络。群司令部设在东京都练马区朝霞驻屯地。下辖群司令部直属中队、第105系统通信大队、第106通信运用大队、第304搬送通信中队。

群司令部直属中队辖映像伝送（图像传输）小队（辖小队部及其直属的地面传输班、立川驻屯地的空中传输班）、通信群教育队。

第105基地系统通信大队是东部方面通信群的通信主力部队，大队部及其直属队设在朝霞驻屯地，下辖第305基地系统通信中队、第316基地通信中队、第317基地通信中队、第320基地通信中队。

第305基地系统通信中队队部设在朝霞驻屯地，下辖大宫派遣队（大宫驻屯地）、座间派遣队（座间驻屯地）、小平派遣队（小平驻屯地）、东立川派遣队（东立川驻屯地）、立川派遣队（立川驻屯地）、北富士派遣队（北富士驻屯地）、富士派遣队（富士驻屯地）、驹门派遣队（驹门驻屯地）、滝原派遣队（滝原驻屯地）、板妻派遣队（板妻驻屯地）。

第316基地通信中队队部设在练马驻屯地，下辖十条派遣队（十条驻屯地)、三宿派遣队（三宿驻屯地)、用贺派遣队（用贺驻屯地)、横滨派遣队（横滨驻屯地)、武山派遣队（武山驻屯地)、久里滨派遣队（久里滨驻屯地)、目黑派遣队（目黑驻屯地)。

第317基地通信中队队部设在相马原驻屯地，下辖新町派遣队（新町驻屯地)、吉井派遣队（吉井分屯地)、宇都宫派遣队（宇都宫驻屯地)、北宇都宫派遣队（北宇都宫驻屯地)、新发田派遣队（新发田驻屯地)、高田派遣队（高田驻屯地)、松元派遣队（松元驻屯地)。

第320基地通信中队队部设在霞浦驻屯地，下辖古河派遣队（古河驻屯地)、胜田派遣队（胜田驻屯地)、土浦派遣队（土浦驻屯地)、松户派遣队（松户驻屯地)、习志野派遣队（习志野驻屯地)、下志津派遣队（下志津驻屯地)、木更津派遣队（木更津驻屯地)。

7. 东部方面后方支援队：

主要任务是负责东部方面队直辖部队的后勤支援以及抢险救灾。队部设在朝霞驻屯地，队部所辖直属队也部署在这里。该支援队下辖第101全般支援大队、第104全般支援大队、第105全般支援大队、第301高射直接支援中队、第102施设直接支援大队、第301通信直接支援队、第302普通科直接支援中队（武山驻屯地)、第303普通科直接支援中队（相马原驻屯地)、东部方面运输队、富士教育直接支援大队（富士驻屯地)、高射教育直接支援中队（下志野驻屯地)、施设教育直接支援中队（胜田驻屯地)、通信教育直接支援中队（久里滨驻屯地)、第102不发弹（哑弹）处理队。

第101全般支援大队部署在霞浦驻屯地，辖大队部及大队部直属队、补给中队、整备中队、整备中队木更津派遣队（木更津驻屯地)。

第104全般支援大队部署在朝霞驻屯地，辖大队部及大队部直属队、补给中队、整备中队、整备中队化学整备小队（大宫驻屯地)。

第105全般支援大队部署在富士驻屯地，辖大队部及大队部直属队、补给中队、整备中队。

第301高射直接支援中队的中队部设在朝霞驻屯地，下辖第1直接支持中队（古河驻屯地)、第3直接支持中队（柏训练场)、第4直接支持中队（下志津驻屯地)、通信电子整备班（松户驻屯地)。

第102施设直接支援大队的大队部设在古河驻屯地，辖大队部直属队、整备队、第1直接支援中队（队部设在座间驻屯地，辖古河派遣队和驹门派遣队)、第2直接支援中队（高田驻屯地)、第1直接支援队（松本驻屯地)、第2直接支援队（宇都宫驻屯地)。

东北方面运输队部署在朝霞驻屯地，辖队部及直属队、第102运输业务队、第301运输中队、第302运输中队、第301运输队。

8. 第1施设团：

主要负责东部方面队的施设作业（工程作业），团部设在茨城县古河市古河驻屯地。下辖团部直属中队、第4施设群、第5施设群、第101施设器材队、第301自卸车辆中队、第306施设队、第307施设队。

第4施设群司令部设在神奈川县座间市座间分屯地，辖群本部及本部中队、第364施设中队（驹门驻屯地）、第388施设中队（座间分屯地）、第389施设中队（古河驻屯地）、第390施设中队（座间分屯地）。

第5施设群部署在高田驻屯地，辖群本部中队、第308施设中队、第309施设中队、第310施设中队、第353施设中队、第307施设器材中队。

五、中部方面队

中部方面队承担日本东海、北陆、近畿、中四国地区2府19县（约占日本国土面积的30%）的防务和救灾。其最高指挥机关是中部方面总监部，设在兵库县伊丹市伊丹驻屯地。

中部方面队现辖第3师团、第10师团、第13旅团、第14旅团、中部方面混成团、第4施设团、第8高射特科群、中部方面通信群、中部方面航空队、中部方面后方支援队、中部方面会计队、中部方面卫生队、中部方面音乐队、中部方面指挥所训练支援队、中部方面情报队、关西补给处。

下面主要介绍一下中部方面队骨干作战部队编制：

1. 第3师团：

该师团属于以轮式车辆为主的轻型机械化师团，也是中部方面队所辖的政经中枢师团，负责近畿2府4县（京都府、大阪府、滋贺县、兵库县、奈良县、和歌山县）的守备和救灾。编制员额7000人，司令部设在兵库县伊丹市千僧驻屯地。

第3师团下辖第7普通科连队、第36普通科连队、第37普通科连队、第3战车大队、第3侦察队、第3特科队、第3高射特科大队、第3飞行队、第3施设大队、第3后方支援连队、第3通信大队、第3特殊武器防护队、第3音乐队。

第7普通科连队部署在京都府福知山市福知山驻屯地，辖连队部及其直属中队、第1中队、第2中队、第3中队、第4中队、第5中队、重迫击炮中队。其中第1、2、3、4中队均装备高机动车，第5中队装备轻型装甲车，重迫击炮中队装备81毫米和120毫米迫击炮。

第36普通科连队部署在伊丹驻屯地，编制与第7普通科连队相同。

第37普通科连队绰号“菊水”部队，部署在大阪府和泉市信太山驻屯地，编制与第7普通科连队相同。

第3战车大队部署在滋贺县高岛市今津驻屯地，辖大队部及直属中队、第1中队、第2中队，装备74式坦克和96式轮式装甲车。

第3侦察队部署在千僧驻屯地，下辖队本部及本部付队、第1小队、第2小队、第3小队、电子侦察小队，装备侦察用两轮摩托车、轻型装甲车、87式装甲侦察车。

第3特科队部署在兵库县姬路市姬路驻屯地，辖队部及直属中队、情报中队、第1中队、第2中队、第3中队和第4中队，主要装备FH－70型155毫米牵引榴弹炮、JTPS－P16反炮兵雷达、JMPQ－P13反迫击炮雷达。

第3高射特科大队部署在姬路驻屯地，辖大队部及直属中队、第1中队（装备93式近程防空导弹，JTPS－P14、JTPS－P18对空雷达）、第2中队（装备81式近程防空导弹，JTPS－P14、JTPS－P18对空雷达）。

2. 第10师团：

该师团属于陆自的沿岸配备师团，绰号“金鯱”师团，2014年3月26日改编为即应近代化师团，也就是成为快速反应的轻型机械化师团，员额比以前减少了1个普通科连队，所以现在编制员额约在7000人左右。该师团主要负责第10警备区（爱知县、岐阜县、三重县、福井县、石川县、富山县）的守备及救灾。司令部设在爱知县名古屋市守山驻屯地。

第10师团下辖第14普通科连队、第33普通科连队、第35普通科连队、第10战车大队、第10侦察队、第10特科连队、第10高射特科大队、第10飞行队、第10施设大队、第10后方支援连队、第10通信大队、第10特殊武器防护队、第10音乐队。

第14普通科连队部署在石川县金泽市金泽驻屯地，编制人员1100人，辖连队部及其直属中队、第1中队、第2中队、第3中队、第4中队、重迫击炮中队。其中第1、2、3中队均装备高机动车，第4中队装备轻型装甲车，重迫击炮中队装备81毫米和120毫米迫击炮。

第33普通科连队部署在三重县津市久居驻屯地，编制与第14普通科连队相同。

第35普通科连队绰号“龙”部队，部署在名古屋市守山驻屯地，编制与第14普通科连队相同。

第10战车大队部署在滋贺县高岛市今津驻屯地，编制人员450人，辖大队部及直属中队（装备74式坦克和96式轮式装甲车）、第1中队（装备74式坦克）、第2中队（装备74式坦克）。

第10侦察队部署在爱知县春日井市春日井驻屯地，下辖队本部及本部付队、第1小队、第2小队、第3小队、电子侦察小队，装备侦察用两轮摩托车、轻型装甲车、87式装甲侦察车。

第 10 特科连队部署在爱知县豊川市豊川驻屯地，辖连队部及直属中队，情报中队，第 1 大队（辖大队部及直属中队、第 1 中队和第 2 中队），第 2 大队（辖大队部及直属中队、第 3 中队和第 4 中队），第 3 大队（辖大队部及直属中队、第 5 中队和第 6 中队），主要装备 FH－70 型 155 毫米牵引榴弹炮、JTPS－P16 反炮兵雷达、JMPQ－P13 反迫击炮雷达、82 式指挥通信车、91 式便携式防空导弹、“铁拳 3”型 110 毫米反坦克无后坐力炮等。

第 10 高射特科大队部署在豊川驻屯地，编制人员 250 人，辖大队部及直属中队、第 1 中队、第 2 中队，主要装备 93 式、81 式近程防空导弹，JTPS－P14、JTPS－P18 对空雷达。

第 10 飞行队部署在三重县伊势市明野驻屯地，编制人员 75 人，装备 OH－6D 和 OH－1 侦察直升机。

3. 第 13 旅团：

该旅团是 1999 年 3 月 29 日由原第 13 师团缩编而成，2008 年 3 月 26 日又改变为即应近代化（快速反应现代化）旅团，负责山口县、广岛县、冈山县、岛根县、鸟取县的守备和救灾。编制员额 3700 人，司令部设在广岛县安芸郡海田町海田市驻屯地。第 13 旅团下辖第 8 普通科连队、第 17 普通科连队、第 46 普通科连队、第 13 战车大队、第 13 侦察队、第 13 特科队、第 13 高射特科中队、第 13 飞行队、第 13 施设队、第 13 后方支援队、第 13 通信中队、第 13 化学防护队、第 13 音乐队。

第 8 普通科连队部署在鸟取县米子市米子驻屯地，编制人数约 650 人，辖连队部及直属中队、第 1 中队（装备高机动车）、第 2 中队（装备高机动车）、第 3 中队（装备轻型装甲车）。

第 17 普通科连队部署在山口县山口市山口驻屯地，编制与第 8 普通科连队相同。

第 46 普通科连队部署在海田市驻屯地，编制与第 8 普通科连队相同。

第 13 侦察队部署在岛根县出云市出云驻屯地，下辖队本部及本部付队、第 1 小队、第 2 小队、第 3 小队、电子侦察小队，装备侦察用两轮摩托车、82 式指挥通信车、轻型装甲车、87 式装甲侦察车、JTPS－P11 雷达。

第 13 特科队部署在冈山县胜田郡奈义町日本原驻屯地，辖队部及直属中队、第 1 中队、第 2 中队、第 3 中队，主要装备 75 式 155 毫米自行榴弹炮、JTPS－P16 反炮兵雷达、JMPQ－P13 反迫击炮雷达、73 式 4 轮吉普、73 式 4 轮中型军用卡车、73 式 6 轮重型军用卡车、89 式 5.56 毫米突击步枪等。

4. 第 14 旅团：

该旅团是在 2006 年 3 月 27 日由原第 2 混成团改编而成的即应近代化旅团，负责四国 4 县（德岛县、香川县、爱媛县、高知县）的守备和救灾。编制员额2800人，司令部设在香川县善通寺市善通寺驻屯地。

第14旅团下辖第15普通科连队、第50普通科连队、第14战车大队、第14侦察队、第14特科队、第14高射特科中队、第14飞行队、第14施设队、第14后方支援队、第14通信中队、第14化学防护队、第14音乐队。

第15普通科连队部署在善通寺驻屯地，编制人员650人，辖连队部及直属中队、第1中队、第2中队、第3中队。其中第1、第2中队装备高机动车，第3中队装备轻型装甲车，各中队其他装备包括73式4轮吉普、73式4轮中型军用卡车、73式6轮重型军用卡车、89式5.56毫米步枪、米尼米机枪、“铁拳3”型110毫米无后坐力炮、87式反坦克导弹、01式轻型反坦克导弹、M24狙击步枪等。

第50普通科连队部署在高知县相南市高知驻屯地，编制人数约650人，编制人员650人，辖连队部及直属中队、第1中队、第2中队、第3中队。其中第1、第2中队装备高机动车，第3中队装备轻型装甲车，各中队其他装备包括73式4轮吉普、73式4轮中型军用卡车、73式6轮重型军用卡车、89式5.56毫米步枪、米尼米机枪、M2和M3型84毫米无后坐力炮、01式轻型反坦克导弹、81毫米和120毫米迫击炮等。

第11侦察队部署在真驹内驻屯地，下辖队本部及本部付队、第1小队、第2小队、电子侦察小队，装备侦察用两轮摩托车、82式指挥通信车、轻型装甲车、87式装甲侦察车、JTPS－P11雷达。

第14特科队部署在爱媛县松山市松山驻屯地，辖队部及直属中队、第1中队、第2中队、第3中队，主要装备FH－70型155毫米牵引榴弹炮、JMPQ－P7反炮兵雷达、JMPQ－P13反迫击炮雷达。

5. 中部方面混成团：

该团是中部方面队的一个基本教育部队，2008年3月26日组建，司令部设在滋贺县大津市大津驻屯地，下辖第47普通科连队、第49普通科连队、第4陆曹教育队、第109教育大队、第110教育大队。

第47普通科连队原属于第13旅团，2008年3月26日转隶给该团。连队部设在海田市驻屯地，辖连队部直属中队、第1中队（善通寺驻屯地）、第2中队、第3中队、重迫击炮中队。其中第1、2中队装备高机动车，第3中队装备轻型装甲车，重迫击炮中队装备81毫米和120毫米迫击炮。

第49普通科连队原属第10师团，2014年3月26日转隶给该团，连队部设在豊川驻屯地，辖连队部直属中队、第1中队、第2中队、第3中队、第4中队、重迫击炮中队。其中第1、2、3中队装备高机动车，第4中队装备轻型装甲车，重迫击炮中队装备81毫米和120毫米迫击炮。

除了承担中部方面队日常的教育训练任务之外，中部方面混成团还是陆自为东中方面队组建的一支即应（快速反应）预备役部队。一旦“有事”发生，该混成团将迅速征召即应预备役人员，支援第3师团、第10师团和第13旅团作战。

6. 中部方面航空队：

队部设在大阪府八尾市八尾驻屯地，辖队部直属中队、第5反坦克直升机队、中部方面直升机队、中部方面管制气象队、中部方面航空野外整备队。

第5反坦克直升机队部署在明野驻屯地，辖队部及直属队、第1飞行队、第2飞行队，主要装备AH－1S武装直升机、OH－6D和OH－1侦察直升机。

中部方面直升机队部署在八尾驻屯地，辖队部及直属部队、第1飞行队、第2飞行队，主要装备UH－1J/H通用直升机、OH－6D和OH－1侦察直升机、LR－2联络侦察机。

中部方面管制气象队辖基地队、第1派遣队（明野驻屯地）、第2派遣队（防府分屯地）、第3派遣队（北德岛分屯地）。

中部方面航空野外整备队辖整备队、补给队。

7. 第8高射特科群：

群司令部设在兵库县小野市青野原驻屯地，辖群司令部直属中队、第338高射中队、第339高射中队、第340高射中队、第308高射搬送通信中队，主要装备03式防空导弹、JTPS－P9对空雷达、73式4轮吉普、73式4轮中型军用卡车、73式6轮重型军用卡车、64式7.62毫米步枪等。

8. 中部方面通信群：

这个通信群主要任务是负责保障中部方面队内部，以及中部方面队与陆上幕僚监部及其他各方面队之间的通信联络。群司令部设在兵库县伊丹市伊丹驻屯地。下辖群司令部直属中队、第104系统通信大队、第104指挥所通信大队、第303中枢交换通信中队。

群司令部直属中队辖映像伝送（图像传输）小队（辖小队部及其直属的地面传输班、八尾驻屯地的空中传输班）、通信群教育队。

第104基地系统通信大队是中部方面通信群的通信主力部队，大队部及其直属队设在伊丹驻屯地，下辖第304基地系统通信中队、第306基地通信中队、第312基地通信中队、第318基地通信中队、第323基地通信中队。

第306基地通信中队队部设在守山驻屯地，下辖岐阜派遣队（岐阜分屯地）、富山派遣队（富山驻屯地）、金泽派遣队（金泽驻屯地）、鲭江派遣队（鲭江驻屯地）、春日井派遣队（春日井驻屯地）、豊川派遣队（豊川驻屯地）、久居派遣队（久居驻屯地）、明野派遣队（明野驻屯地）。

第312基地通信中队队部设在练马驻屯地，下辖米子派遣队（米子驻屯地）、出云派遣队（出云驻屯地）、日本原派遣队（日本原驻屯地）、三轩屋派遣队（三轩屋驻屯地）、山口派遣队（山口驻屯地）、防府派遣队（防府分屯地）。

第318基地通信中队队部设在千僧驻屯地，下辖八尾派遣队（八尾驻屯地）、宇治派遣队（宇治驻屯地）、祝园派遣队（祝园分屯地）、桂派遣队（桂驻屯地）、福知山派遣队（福知山驻屯地）、大久保派遣队（大久保驻屯地）、信太山派遣队（信太山驻屯地）、大津派遣队（大津驻屯地）、今津派遣队（今津驻屯地）、青野原派遣队（青野原驻屯地）、姫路派遣队（姫路驻屯地）、和歌山派遣队（和歌山驻屯地）。

第323基地通信中队队部设在善通寺驻屯地，下辖高知派遣队（高知驻屯地）、松山派遣队（松山驻屯地）、德岛派遣队（德岛驻屯地）、北德岛派遣队（北德岛分屯地）。

9. 中部方面后方支援队：

主要任务是负责中部方面队直辖部队的后勤支援以及抢险救灾。队部设在京都府京都市桂驻屯地，队部所辖直属队也部署在这里。该支援队下辖第107全般支援大队、第302高射直接支援中队、第104施设直接支援大队、第302通信直接支援队、第306普通科直接支援中队（豊川驻屯地）、第307普通科直接支援中队（海田市驻屯地）、中部方面运输队、第103不发弹处理队。

第107全般支援大队部署在桂驻屯地，辖大队部及大队部直属队、补给中队、整备中队（善通寺驻屯地）。

第104施设直接支援大队的大队部设在大久保驻屯地（京都府宇治市广野町风吕垣外1－1），辖大队部直属队、整备中队、第1直接支援中队（分散部署在豊川驻屯地、鲭江驻屯地、岐阜分屯地）、第2直接支援中队（分散部署在大久保驻屯地、和歌山驻屯地、富士驻屯地）、第1直接支援队（出云驻屯地）、第2直接支援队（三轩屋驻屯地）。

中部方面运输队部署在桂驻屯地，辖队部及直属队、第104运输业务队、第306运输中队、第305运输队。

10. 第4施设团：

主要负责中部方面队的施设作业（工程作业），团部设在大久保驻屯地。下辖团部直属中队、第6施设群、第7施设群、第102施设器材队（大久保驻屯地）、第307自卸车辆中队（大久保驻屯地）、第304施设队（出云驻屯地）、第305施设队（三轩屋驻屯地）。

第6施设群司令部设在豊川驻屯地，辖群本部及本部直属中队、第369施设中队（岐阜分屯地）、第370施设中队（豊川驻屯地）、第371施设中队（豊川驻屯地）、第372施设中队（鲭江驻屯地）。

第7施设群部署在大久保驻屯地，辖群本部直属中队、第379施设中队、第380施设中队、第381施设中队、第382施设中队（富士驻屯地）、第304水际障碍中队（和歌山驻屯地）。

六、西部方面队

西部方面队主要承担日本九州地区、冲绳的防务和救灾。其最高指挥机关是西部方面总监部，设在熊本县熊本市东区东町1丁目1-1健军驻屯地。

西部方面队现辖第4师团、第8师团、第15旅团、西部方面混成团、第2高射特科团、西部方面特科队、西部方面普通科连队、西部方面反舟艇/反坦克队、第5施设团、西部方面通信群、西部方面航空队、西部方面后方支援队、西部方面会计队、西部方面卫生队、西部方面音乐队、西部方面指挥所训练支援队、西部方面情报队、九州补给处。

下面主要介绍一下西部方面队骨干作战部队编制：

1. 第4师团：

该师团属于以轮式车辆为主的轻型机械化师团，也是陆自的即应（快速反应）师团，负责九州北部（大分县、福冈县、佐贺县、长崎县）的守备和救灾。冷战结束后，俄罗斯对日本的威胁急剧减弱，所以日本西部方面队便将目光转到了朝鲜半岛。由于第4师团是日本陆自距离朝鲜半岛最近的部队，所以就成为应对朝鲜半岛“有事”的不二之选。特别是近年来朝鲜半岛局势一直处于紧张状态，所以第4师团在陆自的地位也一直看涨。

第4师团编制员额7500人，司令部设在福冈县春日市福冈驻屯地。第4师团下辖第16普通科连队、第40普通科连队、第41普通科连队、对马警备队、第4战车大队、第4侦察队、第4特科连队、第4高射特科大队、第4飞行队、第4施设大队、第4后方支援连队、第4通信大队、第4特殊武器防护队、第4音乐队。

第16普通科连队编制人员1100人，部署在长崎县大村市大村驻屯地，辖连队部及直属中队、第1中队、第2中队、第3中队、第4中队、重迫击炮中队。其中第1、2、3中队均装备高机动车，第4中队装备轻型装甲车，重迫击炮中队装备L16型81毫米和法制120毫米迫击炮。

第40普通科连队部署在福冈县北九州市小仓驻屯地，编制与第16普通科连队相同。

第41普通科连队部署在大分县别府市别府驻屯地，编制与第16普通科连队相同。

对马警备队编制人员约350人，部署在长崎县对马市对马驻屯地。辖本部中队（辖队本部班、情报小队、通信小队、施设作业小队、卫生班、反坦克小队，装备轻型装甲车），普通科中队（4 个步枪小队、1 个迫击炮小队，装备轻型装甲车），后方支援队（本部班、整备小队、补给小队、管理小队）。

第 4 战车大队部署在大分县玖珠郡玖珠町玖珠驻屯地，辖大队部及直属中队、第 1 中队、第 2 中队，装备 74 式坦克、73 式装甲车。

第 4 特科连队部署在福冈县久留米市久留米驻屯地，辖连队部及直属中队，情报中队，第 1 大队（辖大队部及直属中队、第 1 中队和第 2 中队），第 2 大队（辖大队部及直属中队、第 3 中队和第 4 中队），第 3 大队（辖大队部及直属中队、第 5 中队和第 6 中队），主要装备 FH－70 型 155 毫米牵引榴弹炮、JTPS－P16 反炮兵雷达、JMPQ－P13 反迫击炮雷达。

第 4 高射特科大队部署在久留米驻屯地，辖大队部及直属中队、第 1 高射中队、第 2 高射中队，装备 93 式、81 式近程防空导弹和 JTPS－P14、JTPS－P18 对空雷达。

第 4 飞行队部署在佐贺县神埼郡吉野里町目达原驻屯地，装备 OH－6D 侦察直升机和 UH－1J 通用直升机。

2. 第 8 师团：

该师团绰号“镇西师团”，是日本陆上自卫队编制规模最大的师团，员额达 9000 人，同时也是以轮式车辆为主的即应轻型机械化师团，负责九州南部（熊本县、宫崎县、鹿儿岛县）的守备和救灾。司令部设在熊本县熊本市北熊本驻屯地。

在冷战结束后，日本的防卫战略重点逐渐从北部转向西南方向，以应对“西南有事”，这使得第 8 师团的地位陡增。该师团的规模之所以最大，一个很重要的原因是要负责西南方向 900 多个离岛的防御。该师团经常与驻冲绳的美国海军陆战队进行岛屿防卫作战演习，而这种特殊的岛屿作战特性还使得第 8 师团的人员地域色彩非常浓厚——近三分之二的人员都来自熊本县（2600 人）、宫崎县（1700 人）、鹿儿岛县（1500 人）。

第 8 师团下辖第 12 普通科连队、第 24 普通科连队、第 42 普通科连队、第 43 普通科连队、第 8 战车大队、第 8 侦察队、第 8 特科连队、第 8 高射特科大队、第 8 飞行队、第 8 施设大队、第 8 后方支援连队、第 8 通信大队、第 8 化学防护队、第 8 音乐队。

第 12 普通科连队编制人员 1400 人，部署在鹿儿岛县雾岛市国分驻屯地，辖连队部及直属中队、第 1 中队、第 2 中队、第 3 中队、第 4 中队、重迫击炮中队、反坦克中队。其中第 1、2 中队装备高机动车，第 3、4 中队装备轻型装甲车，重迫击炮中队装备 81 毫米和 120 毫米迫击炮，反坦克中队装备 79 式反舟艇/反坦克导弹、87 式反坦克导弹、01 式轻型反坦克导弹、M2 和 M3 型 84 毫米无后坐力炮。

第24普通科连队编制人员1400人，部署在宫崎县虾市虾驻屯地，编制与第12普通科连队相同。不过，该连队的士兵主体不是现役自卫队员，而是即应预备自卫官（也就是快速征召的预备役人员）。

第42普通科连队部署在北熊本驻屯地，编制与第12普通科连队相同。

第43普通科连队绰号“雾岛”部队，部署在宫崎县都城市都城驻屯地，编制与第12普通科连队相同。

第8战车大队编制人员450人，部署在玖珠驻屯地，辖大队部及直属中队、第1中队、第2中队、第3中队和第4中队，其中大队部直属中队装备74式坦克、73式装甲车，第1、2、3、4中队均装备74式坦克。

第8特科连队部署在北熊本驻屯地，编制人员1400人，辖连队部及直属中队，情报中队，第1大队（辖大队部及直属中队、第1中队和第2中队），第2大队（辖大队部及直属中队、第3中队和第4中队），第3大队（部署在虾驻屯地，辖大队部及直属中队、第5中队和第6中队），第4大队（辖大队部及直属中队、第7中队和第8中队），第5大队（辖大队部及直属中队、第9中队、第10中队、第11中队和第12中队），主要装备FH－70型155毫米牵引榴弹炮、JTPS－P16反炮兵雷达、JMPQ－P13反迫击炮雷达。

第8高射特科大队部署在北熊本驻屯地，辖大队部及直属中队、第1中队、第2中队，装备93式、81式近程防空导弹和JTPS－P14、JTPS－P18对空雷达。

第8飞行队部署在熊本县上益城郡益城町高游原分屯地，主要装备OH－6D侦察直升机和UH－1J通用直升机。

3. 第15旅团：

该旅团是2010年3月26日由部署在冲绳的原第1混成团扩编而成，属于陆自的离岛型旅团，负责冲绳地区的守备和救灾。现有兵力2100人，司令部设在冲绳那霸驻屯地。

第15旅团下辖第51普通科连队、第15高射特科连队、第15施设中队（由第1混成群第301施设中队独立改编而成）、第15侦察队、第15通信队（原第1混成团团部直属通信小队独立扩编而成）、第15直升机队（原第101飞行队改编而成）、第15后方支援队（原第101后方支援队改编而成）、第101不发弹（哑弹）处理队、第15音乐队（原第1混成团音乐队改编而成）、第15特殊武器防护队。

第15普通科连队部署在那霸驻屯地，编制人数约700人，辖连队部及直属管理中队、第1中队、第2中队、第3中队，装备轻型装甲车、高机动车、73式4轮吉普、73式4轮中型军用卡车、73式6轮重型军用卡车、89式5.56毫米步枪、米尼米机枪、M2和M3型84毫米无后坐力炮、01式轻型反坦克导弹、81 毫米和 120 毫米迫击炮等。

第 15 高射特科连队的连队部设在八重濑分屯地，连队部直属中队也部署在这里。该连队下辖第 1 中队（部署在知念分屯地，装备 03 式中程防空导弹）、第 2 中队（部署在胜连分屯地，装备 03 式中程防空导弹）、第 3 中队（部署在白川分屯地，装备 03 式中程防空导弹）、第 4 中队（部署在南与座分屯地，装备 11 式近程防空导弹）、高射搬送通信中队（八重濑分屯地）。

4. 西部方面普通科连队：

属于陆自西部方面队直属的普通科连队，简称“西普连”，编制员额 660 人。一个连队能够直辖于方面队，可以想见其地位的重要性。的确，西普连在 2002 年 3 月 27 日组建时定位就是能够在岛屿、山岳丛林地形从事侦察、秘密渗透的特种部队。近年来，西普连又将重点放到了两栖作战上，不断派骨干到美国彭德尔顿海军陆战队基地受训，并且和美国海军陆战队进行联合两栖登陆演习。

从 2014 年开始，西普连将根据《平成 26 年以降防卫计划大纲》（大纲）确定新设的水陆两栖团进行改编，将成为水陆两栖团第 1 连队。

目前，西普连部署在长崎县佐世保市相浦驻屯地，辖连队部及直属小队（60 人）、第 1 中队（200 人）、第 2 中队（200 人）、第 3 中队（200 人）。

5. 西部方面混成团：

该团是西部方面队的一个基本教育部队，2013 年 3 月 26 日以原第 4 师团所辖的第 19 普通科连队为主体组建而成。团部设在相浦驻屯地，下辖第 19 普通科连队、第 5 陆曹教育队、第 113 教育大队（国分驻屯地）、第 118 教育大队。

第 19 普通科连队的连队部设在福冈县春日市福冈驻屯地，下辖连队部直属中队、第 1 中队、第 2 中队、第 3 中队、第 4 中队、重迫击炮中队。其中第 1、2、3、4 中队均装备轻型装甲车，重迫击炮中队装备 81 毫米和 120 毫米迫击炮。

除了承担西部方面队日常的教育训练任务之外，西部方面混成团还是陆自为西部方面队组建的一支即应（快速反应）预备役部队。一旦“有事”发生，该混成团将迅速征召即应预备役人员，支援第 4 师团和第 15 旅团作战。

6. 西部方面航空队：

队部设在高游原分屯地，辖队部直属队、第 3 反坦克直升机队、西部方面直升机队、西部方面管制气象队、西部方面航空野外整备队。

第 3 反坦克直升机队部署在目达原驻屯地，辖队部及直属队、第 1 飞行队、第 2 飞行队，其中第 1 飞行队装备 AH－1S 武装直升机、OH－6D 和 OH－1 侦察直升机，第 2 飞行队装备 AH－64DJP 武装直升机、OH－6D 和 OH－

1 侦察直升机。

西部方面直升机队部署在目达原驻屯地，辖队部及直属部队、第 1 飞行队、第 2 飞行队、第 3 飞行队（高游原分屯地），主要装备 UH－1J/H、UH－60JA 通用直升机，CH－47J/JA 重型运输直升机，OH－6D、OH－1 侦察直升机，LR－2 侦察联络机等。

西部方面管制气象队辖基地队、第 1 派遣队（目达原驻屯地）。

西部方面航空野外整备队辖整备队、补给队。

7. 西部方面特科队：

编制员额 1100 人，队部设在大分县由布市汤布院驻屯地，辖队部直属中队、第 112 特科大队、第 132 特科大队、第 5 地对舰导弹连队，第 302 观测中队。

第 112 特科大队部署在汤布院驻屯地，辖大队部及直属中队、第 1 中队、第 2 中队、第 3 中队，主要装备 203 毫米自行榴弹炮。

第 132 特科大队部署在汤布院驻屯地，辖大队部及直属中队、第 1 中队、第 2 中队、第 3 中队，主要装备美制 M270 型 227 毫米火箭炮。

第 5 地对舰导弹连队部署在健军驻屯地，编制员额 400 人，辖连队部及直属中队，第 1、第 2、第 3、第 4 中队，主要装备 88 式岸舰导弹。

8. 第 5 施设团：

主要负责西部方面队的施设作业（工程作业），团部设在福冈县小郡市小郡驻屯地。下辖团部直属中队、第 2 施设群、第 9 施设群、第 103 施设器材队、第 305 自卸车辆中队、第 303 水际障碍中队。

第 2 施设群司令部设在福冈县饭塚市饭塚驻屯地，辖群本部及本部直属中队、第 365 施设中队、第 366 施设中队、第 367 施设中队、第 368 施设中队（汤布院驻屯地）、第 304 坑道中队。

第 9 施设群部署在小郡驻屯地，辖群本部直属中队、第 375 施设中队、第 376 施设中队（都城驻屯地）、第 391 施设中队。

9. 西部方面通信群：

这个通信群主要任务是负责保障西部方面队内部，以及西部方面队与陆上幕僚监部及其他各方面队之间的通信联络。群司令部设在健军驻屯地。下辖群司令部直属中队、第 102 系统通信大队、第 103 指挥所通信大队、第 302 中枢交换通信中队。

群司令部直属中队辖映像伝送（图像传输）小队（辖小队部及其直属的地面传输班、目达原驻屯地的空中传输班）、通信群教育队。

第 102 基地系统通信大队是西部方面通信群的通信主力部队，大队部及其直属队设在健军驻屯地，下辖第 302 基地系统通信中队、第 304 基地通信中队、第319基地通信中队、第321基地通信中队、第322基地通信中队。

302基地系统通信中队部署在健军驻屯地，下辖熊本派遣队（熊本驻屯地）。

第304基地通信中队队部设在福冈驻屯地，下辖春日派遣队（春日驻屯地）、小仓派遣队（小仓驻屯地）、富野派遣队（富野分屯地）、饭冢派遣队（饭冢驻屯地）、小郡派遣队（小郡驻屯地）、对马派遣队（对马驻屯地）、别府派遣队（别府驻屯地）、大分派遣队（大分分屯地）、汤布院派遣队（汤布院驻屯地）、玖珠派遣队（玖珠驻屯地）。

第319基地通信中队队部设在北熊本驻屯地，下辖虾派遣队（虾驻屯地）、都城派遣队（都城驻屯地）、川内派遣队（川内驻屯地）、国分派遣队（国分驻屯地）、高游原派遣队（高游原分屯地）。

第321基地通信中队队部设在目达原驻屯地，下辖鸟栖派遣队（鸟栖分屯地）、久留米派遣队（久留米驻屯地）、前川原派遣队（前川原驻屯地）、相浦派遣队（相浦驻屯地）、大村派遣队（大村驻屯地）、竹松派遣队（竹松驻屯地）。

第322基地通信中队队部设在那霸驻屯地，下辖八重濑派遣队（八重濑分屯地）。

10. 西部方面后方支援队：

主要任务是负责西部方面队直辖部队的后勤支援以及抢险救灾。队部设在目达原驻屯地，队部所辖直属队也部署在这里。该支援队下辖第106全般支援大队、第101特科直接支援队、第102高射直接支援大队、第103施设直接支援大队、第301通信直接支援中队（健军驻屯地）、第301普通科直接支援队（相浦驻屯地）、第304普通科直接支援中队（福冈驻屯地）、第302反舟艇/反坦克直接支援中队（玖珠驻屯地）、第104不发弹处理队（目达原驻屯地）、西部方面运输队。

第106全般支援大队部署在目达原驻屯地，辖大队部及大队部直属队、补给中队、整备中队。

第101特科直接支援队部署在汤布院驻屯地，辖队部及队部直属队、第1直接支援小队、第2直接支援小队、整备队、中队（健军驻屯地）。

第102高射直接支援大队的大队部设在饭塚驻屯地，辖第1直接支援中队、第2直接支援中队（竹松驻屯地）、整备队。

第103施设直接支援大队的大队部设在小郡驻屯地（福冈县小郡市小郡2277），辖大队部直属队、整备队、第1直接支援中队（饭塚驻屯地）、第2直接支援中队（小郡驻屯地）。

西部方面运输队部署在健军驻屯地，辖队部及直属队、第103运输业务队、第307运输中队、第304运输队。

七、中央即应集团

属于陆上自卫队编制，但归日本防卫大臣直接指挥的机动运用部队，2007年3月28日组建，编制员额4500人，司令部设在神奈川县相模原市座间驻屯地。

中央即应集团的司令部和司令部直属队总员额为395人，下辖第1空挺团、第1直升机团、中央即应连队、特殊作战群、中央特殊武器防护队、对特殊武器卫生队、国际活动教育队。

1. 第1空挺团：

该团是陆上自卫队唯一的空降部队，编制员额1900人，团部设在千叶县船桥市习志野驻屯地。该团的口号是“精锐无比”，辖团部及团部直属中队（下辖侦察小队、空降引导小队）、第1普通科大队、第2普通科大队、第3普通科大队、空挺特科大队、空挺后方支援队、通信中队、施设中队、空挺教育队。

第1普通科大队编制员额380人，辖大队部及直属中队（下辖情报小队、侦察小队、反坦克小队）、第1中队、第2中队、第3中队，装备轻型装甲车、高机动车、73式4轮吉普、73式4轮中型军用卡车、73式6轮重型军用卡车、89式5.56毫米步枪、米尼米机枪、M24型7.62毫米狙击步枪、9毫米冲锋枪、01式轻型反坦克导弹、L16型81毫米迫击炮等。

第2普通科大队编制员额380人，辖大队部及直属中队（下辖情报小队、侦察小队、反坦克小队）、第4中队、第5中队、第6中队，装备与第1普通科大队相同。

第3普通科大队编制员额380人，辖大队部及直属中队（下辖情报小队、侦察小队、反坦克小队）、第7中队、第8中队、第9中队，装备与第1普通科大队相同。

空挺特科大队编制员额240人，辖大队部及直属中队、第1中队、第2中队，装备高机动车、73式4轮吉普、73式4轮中型军用卡车、73式6轮重型军用卡车、89式5.56毫米步枪、MO－120－RT－61型120毫米迫击炮、JMPQ－P13反迫击炮雷达等。

2. 第1直升机团：

中央即应集团下辖的陆航部队，2008年3月28日组建，编制员额900人，团部设在木更津驻屯地，辖团部直属中队、第1运输直升机群（辖第103、104、105、106飞行队，装备CH－47J/JA重型运输直升机）、第102飞行队（装备UH－60JA通用直升机、OH－6D侦察直升机）、特别运输直升机队（装备 EC-225LP 要人运送直升机）、第 1 直升机队野外整备队、联络侦察飞行队（装备 LR-2 联络侦察机）。

3. 中央即应连队：

中央即应集团下辖的快速反应部队，2008 年 3 月 26 日组建，编制员额 700 人，连队部设在宇都宫驻屯地。

中央即应连队在编制、作战模式等方面完全仿照美国陆军第 75 游骑兵团，辖连队部及直属中队、第 1 中队、第 2 中队和第 3 中队。

4. 特殊作战群：

中央即应集团下辖的特种部队，2008 年 3 月 26 日组建，编制员额 300 人，群本部设在习志野驻屯地。

特殊作战群辖群本部及直属中队、第 1 中队、第 2 中队、第 3 中队、特殊作战教育队，其中群本部下设第 1 科（总括、庶务等）、第 2 科（情报）、第 3 科（作战方案制定、部队运用、训练计划）、第 4 科（补给）。

特殊作战群主要从事特种作战，所以装备以轻武器为主，包括 P220 型 9 毫米手枪、USP 型 9 毫米手枪、89 式 5.56 毫米突击步枪、M4 卡宾枪、米尼米机枪、M24 型 7.62 毫米狙击步枪等，车辆为轻型装甲车。

5. 中央特殊武器防护队：

专门用来防护核生化武器的部队，2008 年 3 月 26 日组建，编制员额 155 人，队部设在大宫驻屯地，辖第 102 特殊武器防护队、第 103 特殊武器防护队。

6. 对特殊武器卫生队：

主要任务是医治受到核生化武器攻击的伤病员，2008 年 3 月 26 日组建，编制员额 70 人，队部设在朝霞驻屯地，辖第 101 对特殊武器治疗队、第 102 对特殊武器治疗队。

7. 国际活动教育队：

负责对陆上自卫队海外维和活动进行教育、训练、研究的部队，通常是为派驻到海外进行维和的陆上自卫队员讲授维和活动的知识和技能。2008 年 3 月 26 日组建，编制员额 80 人，队部设在驹门驻屯地。

八、其他防卫大臣直辖部队和陆上自卫队学校

1. 其他防卫大臣直辖的部队包括：

通信团（新宿区市谷驻屯地）。

中央情报队（新宿区市谷驻屯地）。

陆上自卫队警务队（新宿区市谷驻屯地）。

陆上自卫队中央会计队（新宿区市谷驻屯地）。

陆上自卫队中央输送业务队（横滨市横滨驻屯地）。
陆上自卫队中央业务支持队（新宿区市谷驻屯地）。
陆上自卫队中央管制气象队（新宿区市谷驻屯地）。
陆上自卫队会计监查队（新宿区市谷驻屯地）。
陆上自卫队中央音乐队（练马区朝霞驻屯地）。
2. 陆上自卫队的学校包括：
陆上自卫队干部学校（目黑区目黑驻屯地）。
陆上自卫队干部候补生学校（久留米市前川原驻屯地）。
陆上自卫队富士学校（骏东郡小山町富士驻屯地）。
陆上自卫队高射学校（千叶市若叶区下志津驻屯地）。
陆上自卫队航空学校（伊势市明野驻屯地）。
霞浦校（土浦市霞浦驻屯地）。
宇都宫校（宇都宫市北宇都宫驻屯地）。
陆上自卫队施设学校（胜田驻屯地）。
陆上自卫队通信学校（横须贺市久里滨驻屯地）。
陆上自卫队武器学校（土浦驻屯地）。
陆上自卫队需品学校（松户市松户驻屯地）。
陆上自卫队输送学校（练马区朝霞驻屯地）。
陆上自卫队小平学校（小平市小平驻屯地）。
陆上自卫队卫生学校（世田谷区三宿驻屯地）。
陆上自卫队化学学校（大宫驻屯地）。
陆上自卫队高等工科学校（横须贺市武山驻屯地）。
陆上自卫队研究本部（练马区：朝霞驻屯地）。
陆上自卫队补给统制本部（十条驻屯地）。

九、陆上自卫队军衔

日本陆上自卫队设立的军衔很有特色，与其他国家陆军有较大不同，下面括号前是陆上自卫队的军衔名称，括号里前为相对应的美国陆军军衔、后为相对应的中国人民解放军陆军军衔。

陆将（中将，中将）（注1）。
陆将补（少将，少将）（注2）。
一等陆佐（上校，上校）。
二等陆佐（中校，中校）。
三等陆佐（少校，少校）。
一等陆尉（上尉，上尉）。

二等陆尉（中尉，中尉）。

三等陆尉（少尉，少尉）。

准陆尉（准尉，无对应）。

陆曹长（军士长，军士长）。

一等陆曹（上士，上士）。

二等陆曹（中士，中士）。

三等陆曹（下士，下士）。

陆士长（一等兵，上等兵）。

一等陆士（无对应，无对应）。

二等陆士（二等兵，列兵）。

三等陆士（无对应，无对应）。

注1：陆上幕僚长的军衔虽然也称为陆将，但与其他陆将的军衔标记为3颗樱花星不同，陆上幕僚长的军衔标记为4颗樱花星，实际上相当于欧美陆军的上将。

注2：陆将补按照担任职务的不同分为陆将补（一）和陆将补（二）。其中陆将补（一）担任的职务包括陆上幕僚监部防卫部长、人事部长、教育训练部长、装备部长，方面总监部幕僚长，旅团长，自卫队福冈医院院长；陆将补（二）担任的职务包括陆上幕僚监部监理部长、运用支持·情报部长、卫生部长，陆上幕僚监部监察官、法务官、开发官，方面总监部幕僚副长、副师团长、中央即应集团副司令，团长（方面混成团长除外），警务队长，中央情报队长，中央业务支持队长，中央会计队长，各职种学校校长（陆上自卫队干部学校、富士学校校长除外），自卫队体育学校校长，陆上自卫队干部候补生学校校长，陆上自卫队高等工科学校校长，陆上自卫队干部、富士、小平学校副校长，富士学校普通科（步兵）、特科（炮兵）、机甲科（装甲兵）部长，补给统制本部副本部长、补给处长（关东补给处长除外），研究本部干事、总合研究部长，自卫队东京、大阪、冲绳地方协力本部长，自卫队仙台、熊本阪神医院院长，自卫队中央医院第1齿科部长。

附表一：　日本陆上自卫队职种

职种	专业分科	特性
战斗职种	普通科	地面作战的步兵，同时还对迫击炮、反坦克导弹进行操作
	特科	炮兵、防空导弹操作
	机甲科	坦克装甲车辆操作
	施设科	构筑防御工事、铺路架桥、布设地雷等
后勤职种	航空科	直升机操作
	通信科	通信、电子战和信息战
	武器科	武器与车辆保养、弹药库管理
	需品科	补给品经营、仓管
	输送科	陆海空运输驾驶培训（包括铁路）
	化学科	核生化防护
	警务科	宪兵
	会计科	财务管理
	卫生科	医官、医务兵训练
	情报科	地理调查、情报员
	音乐科	军乐队

附表二：　日本陆上自卫队编制单位对照

日本陆上自卫队	其他国家军队
方面队	战区、军区
师团	师
旅团	旅
团	旅或团
混成团	合成旅
连队	团
大队	营
中队	连
小队	排
分队	班
队	连或排级单位
群	团级单位

第二节　日本陆上自卫队的驻屯地

（●代表主要驻屯地、○代表分屯地）

一、北部方面队

●札幌驻屯地（北海道札幌市中央区南26条西10丁目）：北部方面总监部、北部方面通信群、北部方面会计队、北部方面情报队、北部方面警务队。

●旭川驻屯地（北海道旭川市春光町国有无番地）：第2师团司令部、第26普通科连队（一部）、第2特科连队、第2高射特科大队、第2施设大队、第2通信大队、第2化学防护队、第2后方支援连队、第2飞行队、第2音乐队、第52普通科连队（一部）。

●带广驻屯地（北海道带广市南町南7线31番地）：第5旅团司令部、第4普通科连队、第5特科队、第5后方支援队、第5施设队、第5飞行队、第1反坦克导弹队、第5化学防护队、第5音乐队、第52普通科连队（一部）、第5高射特科中队。

●东千岁驻屯地（北海道千岁市祝梅1016）：第7师团司令部、第1高射特科团本部、北部方面混成团本部、第11普通科连队、第7特科连队、第7高射特科连队（一部）、第7侦察队、第7施设大队、第7通信大队、第7化学防护队、第7后方支援连队、第1高射特科群、第101高射直接支援大队、第1电子队、第7音乐队。

●真驹内驻屯地（北海道札幌市南区真驹内17）：第11旅团司令部、第18普通科连队、第11特科队、第11高射特科中队、第11战车（坦克）大队、第11侦察队、第11施设中队、第11通信中队、第11后方支援队、第52普通科连队、第120教育大队、第1陆曹教育队、冬季战技教育队、北部方面卫生队、北部方面音乐队、第102全般支援大队、第11特殊武器防护队、第11音乐队、北部方面后方支援队、第1特科群（一部）。

●丘珠驻屯地（北海道札幌市东区丘珠町161番地）：北部方面航空队、第7飞行队、第11飞行队。

●岩见泽驻屯地（北海道岩见泽市日出台4丁目313）：第12施设群。

●豊平驻屯地（北海道札幌市豊平区平岸1条12丁目1－32）：自卫队札幌医院。

●北千岁驻屯地（北海道千岁市北信浓724番地）：第1特科团本部、第

1 特科群、第 71 战车连队、第 1 地对舰导弹连队、第 101 特科直接支援大队、第 1 高射特科群（一部）。

●北惠庭驻屯地（北海道惠庭市柏木町 531 番地）：第 11 战车大队、第 72 战车连队、第 313 基地通信中队北惠庭派遣队。

●南惠庭驻屯地（北海道惠庭市惠南 63 番地）：北部方面施设队本部、第 73 战车连队、第 101 施设直接支援大队。

●岛松驻屯地（北海道惠庭市西岛松 308）：北海道补给处（本处）、第 1 高射特科群（一部）、北部方面后方支援队。

●安平驻屯地（北海道勇拂郡早来町字安平番外地）：北海道补给处安平弹药支处。

●白老驻屯地（北海道白老郡白老町字白老 782－1）：北海道补给处白老弹药支处。

●幌别驻屯地（北海道登别市绿町 3－1）：第 13 施设队。

●名寄驻屯地（北海道名寄市字内渊 84）：第 3 普通科连队、第 2 特科连队（一部）、第 2 侦察队、第 4 高射特科群。

●留萌驻屯地（北海道留萌市绿丘町 1 丁目 6 番地）：第 26 普通科连队。

●远轻驻屯地（北海道纹别郡远轻町向远軽 272 番地）：第 25 普通科连队。

●上富良野驻屯地（北海道空知郡上富良野町南町 4 丁目 948）：第 4 特科群、第 2 战车连队、第 2 对舟艇对战车（反舟艇/反坦克）中队、第 3 地对舰导弹连队、第 103 全般支援大队。

●美幌驻屯地（北海道网走郡美幌町字田中国有地）：第 6 普通科连队、第 1 特科群（一部）。

●钏路驻屯地（北海道钏路郡钏路町字别保 112 番地）：第 27 普通科连队。

●鹿追驻屯地（北海道河东郡鹿追町笹川北 12 线 10 番地）：第 5 战车大队。

●别海驻屯地（北海道野付郡别海町西春别 42－1）：第 5 侦察队、第 27 普通科连队（一部）。

●美呗驻屯地（北海道美呗市南美呗町上 1 条 4 丁目）：第 2 地对舰导弹连队。

●滝川驻屯地（北海道滝川市泉町 236）：第 10 普通科连队。

●俱知安驻屯地（北海道虻田郡俱知安町字高砂 232－2）：北部方面对舟艇对战车队、北部方面后方支援队、第 301 对舟艇对战车直接支援队、第 13 施设队（一部）。

●函馆驻屯地（北海道函馆市广野町6番18号）：第28普通科连队。

●静内驻屯地（北海道日高郡新日高町静内浦和125）：第7高射特科连队、方面无人侦察机队、第101无人侦察机队。

○近文台分屯地（北海道旭川市字近文5线2号）：北海道补给处近文台燃料支处。

○稚内分屯地（北海道稚内市惠比寿5丁目2番1号）：第301沿岸监视队。

○足寄分屯地（北海道足寄郡足寄町平和173番地）：北海道补给处足寄弹药支处。

○早来分屯地（北海道勇拂郡安平町东早来番外地）：北海道补给处早来燃料支处。

○标津分屯地（北海道标津郡标津町南2条西5丁目3番1号）：第302沿岸监视队。

○苗穗分屯地（北海道札幌市东区苗穗町7丁目1－1）：北海道补给处苗穗支处。

○日高分屯地（北海道沙流郡日高町字千荣75）：北海道补给处日高弹药支处。

○礼文分屯地（北海道礼文郡礼文町大字船泊村字沼卢泽）：第301沿岸监视队派遣队。

○多田分屯地（北海道空知郡上富良野町字上富良野）：北海道补给处多田弹药支处。

○沼田分屯地（北海道雨竜郡沼田町字沼田1142番1）：北海道补给处沼田弹药支处。

二、东北方面队

●仙台驻屯地（仙台市宫城野区南目馆1－1）：东北方面总监部、东北方面混成团本部、东北方面特科队、东北方面通信群、第2陆曹教育队、东北补给处（本处）、东北方面卫生队、东北方面会计队、东北方面音乐队、自卫队仙台医院、北部方面情报处理队、东北方面警务队。

●神町驻屯地（东根市神町南3－1－1）：第6师团司令部、第20普通科连队、第6施设大队、第6通信大队、第6飞行队、第6特殊武器防护队、第6后方支援连队、第6音乐队。

●青森驻屯地（青森市浪馆字近野45）：第9师团司令部、第5普通科连队、第9通信大队、第9后方支援连队（一部）、第9化学防护队、第9音乐队。

●船冈驻屯地（宫城县柴田郡柴田町大字船冈字大沼端1－1）：第2施设团本部、第10施设群、东北补给处船冈弹药支处。

●福岛驻屯地（福岛市荒井字原宿1）：第44普通科连队、第11施设群。

●霞目驻屯地（仙台市若林区霞目1－1－1）：东北方面航空队、东北方面输送队。

●多贺城驻屯地（多贺城市丸山2－1－1）：第22普通科连队、第38普通科连队、第119教育大队、东北补给处多贺城燃料支处。

●大和驻屯地（宫城县黑川郡大和町吉冈字西原21－9）：第6战车大队、第6侦察队。

●郡山驻屯地（郡山市大槻町字长右エ门林1）：第6特科连队、第6高射特科大队。

●秋田驻屯地（秋田市寺内字将军野1）：第21普通科连队、11施设群（一部）。

●弘前驻屯地（弘前市大字原ヶ平字山中18－117：第39普通科连队、第9侦察队。

●八戸驻屯地（八戸市大字市川町字桔梗野官地）：第4地对舰导弹连队、第38普通科连队（一部）、第5高射特科群、第9施设大队、第2对战车（反坦克）直升机队、第9飞行队、第9后方支援连队。

●岩手驻屯地（岩手县滝泽市后268－433）：第9特科连队、第9高射特科大队、第9战车大队、第10施设群（一部）。

○反町分屯地（宫城县宫城郡松岛町初原字樋泽16）：东北补给处反町弹药支处。

三、东部方面队

●朝霞驻屯地（东京都练马区大泉学园町）：东部方面总监部、东部方面通信群、第1施设大队、女性自卫官教育队、东部方面后方支援队、东部方面卫生队、东部方面会计队、对特殊武器卫生队、中央音乐队、输送学校、东部方面音乐队、研究本部、体育学校、东部方面情报处理队、现地情报队、东部方面警务队、第2高射特科群（一部）。

●练马驻屯地（东京都练马区北町4－1－1）：第1师团司令部、第1普通科连队、第1侦察队、第1通信大队、第1特殊武器防护队、第1后方支援连队、第1音乐队。

●相马原驻屯地（群马县北群马郡榛东村大字新井1017－2）：第12旅团司令部、第48普通科连队、第12直升机队、第12侦察队、第12高射特科中队、第12化学防护队、第12音乐队、第303普通科直接支援队。

●市谷驻屯地（东京都新宿区市谷本村町5－1）：陆上幕僚监部、中央业务支援队、通信团本部、中央管制气象队、中央情报队本部、中央会计队、会计监查队、警务队本部、中央警务队、第302保安警务中队、系统开发队、基础情报队、情报处理队。

●胜田驻屯地（ひたちなか市胜仓3433）：施设学校、施设教导队。

●土浦驻屯地（茨城县稻敷郡阿见町青宿121－1）：武器学校、武器教导队。

●霞浦驻屯地（土浦市右籾町2410）：关东补给处（本处）、航空学校霞浦分校。

●大宫驻屯地（さいたま市北区日进町1丁目40番地7）：化学学校、第32普通科连队、化学教导队、中央特殊武器防护队。

●北宇都宫驻屯地（宇都宫市上横田町1360）：航空学校宇都宫校、第12直升机队（一部）。

●松户驻屯地（松户市五香六实17）：需品学校、需品教导队、关东补给处松户支处、第2高射特科群。

●下志津驻屯地（千叶市若叶区若松町902）：高射学校、高射教导队、第2高射特科群（一部）。

●木更津驻屯地（木更津市吾妻地先）：第1直升机团、第4对战车（反坦克）直升机队

●十条驻屯地（东京都北区十条台1－5－70）：补给统制本部。

●三宿驻屯地（东京都世田谷区池尻1－2－24）：卫生学校、卫生教导队、自卫队中央医院。

●用贺驻屯地（东京都世田谷区上用贺1－20－1）：关东补给处用贺支处。

●小平驻屯地（小平市喜平町2－3－1）：小平学校。

●东立川驻屯地（立川市荣町1－2－10）：地理情报队。

●横滨驻屯地（横滨市保土谷区冈泽町273）：中央输送业务队。

●久里滨驻屯地（横须贺市久比里2－1－1）：通信学校、通信教导队、中央野外通信群。

●武山驻屯地（横须贺市御幸滨1－1）：高等工科学校、第31普通科连队、东部方面混成团本部、第117教育大队、第302普通科直接支援队。

●富士驻屯地（静冈县骏东郡小山町须走481－27）：富士学校、富士教导团、开发实验团本部、富士教育直接支援大队、自卫队富士医院。

●滝原驻屯地（御殿场市中畑2092－2）：普通科教导连队、教育支援施设队、教育支援飞行队（一部）。

●板妻驻屯地（御殿场市板妻40－1）：第34普通科连队、第3陆曹教育队。

●古河驻屯地（茨城县古河市上边见1195）：第1施设团本部、关东补给处古河支处、第102施设直接支援大队、第2高射特科群（一部）。

●习志野驻屯地（船桥市药丹台3－20－1）：第1空挺团、特殊作战群。

●北富士驻屯地（山梨县南都留郡忍野村忍草3093）：第1特科队、部队训练评价队。

●驹门驻屯地（御殿场市驹门5－1）：国际活动教育队、第1机甲（装甲）教育队、第1高射特科大队、第1战车大队、第4施设群（一部）。

●宇都宫驻屯地（宇都宫市茂原1－5－45）：中央即应连队、第12特科队、第307施设队。

●新町驻屯地（高崎市新町1080）：第12后方支援队、第12施设队、第12对战车（反坦克）中队。

●新发田驻屯地（新发田市大手町6－4－16）：第30普通科连队。

●高田驻屯地（上越市南城町3－7－1）：第2普通科连队、第5施设群。

●松元驻屯地（松元市高宫西1－1）：第13普通科连队、第306施设队。

●立川驻屯地（立川市绿町5）：东部方面航空队、第1飞行队。

●目黑驻屯地（东京都目黑区中目黑2－1－1）：干部学校。

●座间驻屯地（座间市陆上自卫队座间驻屯地）：中央即应集团司令部、第4施设群。

○朝日分屯地（茨城县稻敷郡阿见町うずら野3丁目47）：关东补给处朝日燃料支处。

○吉井分屯地（群马县高崎市吉井町马庭2529）：关东补给处吉井弹药支处。

四、中部方面队

●伊丹驻屯地（伊丹市绿丘7－1－1）：中部方面总监部、第36普通科连队、中部方面通信群、中部方面情报队本部、中部方面卫生队、中部方面会计队、中部方面音乐队、中部方面警务队。

●千僧驻屯地（伊丹市广畑1－1）：第3师团司令部、第3侦察队、第3通信大队、第3后方支援连队、第3特殊武器防护队、第3音乐队。

●守山驻屯地（名古屋市守山区守山3丁目12－1）：第10师团司令部、第35普通科连队、第10通信大队、第10特殊武器防护队、第10音乐队。

●海田市驻屯地（广岛县安芸郡海田町寿町2－1）：第13旅团司令部、第46普通科连队、第47普通科连队、第13后方支援队、第13化学防护队、第 13 音乐队、第 13 施设中队、第 13 通信中队。

●善通寺驻屯地（善通寺市南町 2－1－1）：第 14 旅团司令部、第 15 普通科连队、第 14 后方支援队、第 14 侦察队、第 110 教育大队、第 14 化学防护队、第 14 音乐队、第 47 普通科连队（一部）、第 14 通信中队。

●八尾驻屯地（八尾市空港 1－81）：中部方面航空队、第 3 飞行队。

●春日井驻屯地（春日井市西山町无番地）：第 10 施设大队、第 10 侦察队、第 10 后方支援连队。

●明野驻屯地（伊势市小俣町明野 5593－11）：航空学校、第 10 飞行队、第 5 对战车（反坦克）直升机队、教育支援飞行队、飞行实验队。

●宇治驻屯地（宇治市五ヶ庄官有地）：关西补给处（本处）。

●大久保驻屯地（宇治市广野町风吕番外 1－1）：第 4 施设团本部、第 3 施设大队、第 7 施设群。

●三轩屋驻屯地（冈山市北区宿 978）：关西补给处三轩屋弹药支处、第 305 施设队。

●川西驻屯地（川西市久代 4－1－50）：自卫队阪神医院。

●松山驻屯地（松山市南梅本町乙 115）：第 14 特科队、第 14 高射特科中队。

●今津驻屯地（高岛市今津町今津平乡国有地）：第 3 和第 10 战车大队、中部方面无人侦察机队、第 3 特科连队（一部）（削除）、中部方面移动监视队。

●大津驻屯地（大津市际川 1－1－1）：中部方面混成团本部、第 109 教育大队、第 4 陆曹教育队。

●福知山驻屯地（福知山市天田无番地）：第 7 普通科连队。

●桂驻屯地（京都市西京区川岛六坪）：关西补给处桂支处、中部方面后方支援队、中部方面输送队。

●信太山驻屯地（和泉市伯太町官有地）：第 37 普通科连队。

●姫路驻屯地（姫路市峰南町 1－70）：第 3 特科队、第 3 高射特科大队。

●金泽驻屯地（金泽市野田町 1－8）：第 14 普通科连队。

●豊川驻屯地（豊川市穗卢原 1－1）：第 10 特科连队、第 6 施设群、第 10 高射特科大队、第 49 普通科连队。

●久居驻屯地（津市久居新町 975）：第 33 普通科连队。

●米子驻屯地（米子市両三柳 2603）：第 8 普通科连队。

●出云驻屯地（出云市松寄下町 1142－1）：第 13 侦察队、第 304 施设队。

●山口驻屯地（山口市大字上宇野令 784）：第 17 普通科连队。

●德岛驻屯地（德岛县阿南市那贺川小延 413－1）：第 14 施设队。

●日本原驻屯地（冈山县胜田郡奈义町滝本官有无番地）：第 13 特科队、第 13 和第 14 战车中队、第 13 高射特科中队。

●富山驻屯地（富山县砺波市鹰栖出 935）：第 382 施设中队、第 7 施设群（一部）。

●鲭江驻屯地（鲭江市吉江町 4－1）：第 372 施设中队、第 6 施设群（一部）。

●和歌山驻屯地（和歌山县日高郡美浜町和田 1138）：第 304 水际障碍中队。

●高知驻屯地（高知县香南市香我美町上分字坂川 3390）：第 50 普通科连队。

●青野原驻屯地（小野市樱台 1 番地）：第 8 高射特科群。

○岐阜分屯地（各务原市那加官有无番地）：第 369 施设中队。

○祝园分屯地（京都府相乐郡精华町大字北稻八间小字绳田 259）：关西补给处祝园弹药支处。

○防府分屯地（防府市大字田岛无番地）：第 13 飞行队。

○北德岛分屯地（德岛县板野郡松茂町住吉字住吉开拓 38 番）：第 14 飞行队。

五、西部方面队

●健军驻屯地（熊本市东町 1－1－1）：西部方面总监部、西部方面通信群、西部方面输送队、九州补给处健军支处、西部方面会计队、西部方面情报队本部、西部方面音乐队、第 5 地对舰导弹连队、西部方面卫生队、西部方面通信情报队、西部方面警务队。

●福冈驻屯地（春日市大和町 5－12）：第 4 师团司令部、第 19 普通科连队、第 4 侦察队、第 4 通信大队、第 4 特殊武器防护队、第 4 后方支援连队、第 4 音乐队。

●北熊本驻屯地（熊本市八景水谷 2－17－1）：第 8 师团司令部、第 42 普通科连队、第 8 特科连队、第 8 侦察队、第 8 通信大队、第 8 化学防护队、第 8 后方支援连队、第 8 高射特科大队、第 8 音乐队。

●春日驻屯地（春日市小仓东 1－61）：自卫队福冈医院。

●小郡驻屯地（小郡市小郡 2277）：第 5 施设团本部、第 9 施设群、第 103 施设直接支援大队。

●前川原驻屯地（久留米市高良内町 2728）：干部候补生学校。

●目达原驻屯地（佐贺县神崎郡吉野里町立野 7）：九州补给处（本处）、

西部方面直升机队、第 4 飞行队、西部方面后方支援队、第 3 对战车（反坦克）直升机队、第 106 全般支援大队。

●相浦驻屯地（佐世保市大潟町 678）：西部方面混成团本部、西部方面普通科连队、第 5 陆曹教育队、第 118 教育大队。

●熊本驻屯地（熊本市东本町 15 –1）：自卫队熊本医院。

●玖珠驻屯地（大分县玖珠郡玖珠町大字帆足 2494）：第 4 · 8 战车大队、西部方面对舟艇对战车队。

●小仓驻屯地（北九州市小仓南区北方 5 –1 –1）：第 40 普通科连队。

●久留米驻屯地（久留米市国分町 100）：第 4 特科连队、第 4 高射特科大队。

●大村驻屯地（大村市西干马场町 416）：第 16 普通科连队、第 4 施设大队。

●竹松驻屯地（大村市富原 1 –1000）：第 7 高射特科群、第 102 高射直接支援大队（一部）。

●别府驻屯地（别府市大字鹤见 4548 –143）：第 41 普通科连队。

●南别府驻屯地（别府市大字别府 3088 –24）：自卫队别府医院。

●汤布院驻屯地（由布市汤布院町川村 941）：西部方面特科队、第 368 施设中队。

●都城驻屯地（都城市久保原町 1 街区 12 号）：第 43 普通科连队、第 376 施设中队。

●国分驻屯地（雾岛市国分福岛 2 –4 –14）：第 12 普通科连队、第 113 教育大队。

●饭冢驻屯地（饭冢市大字津岛 282）：第 2 高射特科团本部、第 3 高射特科群、第 2 施设群、第 102 高射直接支援大队、第 103 施设直接支援大队（一部）、西部方面无人侦察机队。

●虾驻屯地（虾市大字大河平 4455 –1）：第 24 普通科连队、第 8 特科连队（一部）。

●川内驻屯地（萨摩川内市冷水町 539 –2）：第 8 施设大队。

●那霸驻屯地（那霸市镜水 679）：第 15 旅团司令部、第 51 普通科连队、第 15 侦察队、第 15 施设中队、第 15 通信队、第 15 直升机队、第 15 特殊武器防护队、第 15 后方支援队、第 101 不发弹（哑弹）处理队、第 15 音乐队。

●对马驻屯地（对马市严原町栈原 38）：对马警备队。

○富野分屯地（北九州市小仓北区大字富野官有无番地）：九州补给处富野弹药支处。

○鸟栖分屯地（鸟栖市村田町 1089 –1）：九州补给处鸟栖燃料支处。

○大分分屯地（大分市大字鸳野129）：九州补给处大分弹药支处。

○高游原分屯地（熊本县上益城郡益城町大字小谷1812）：西部方面航空队、第8飞行队、西部方面直升机队（一部）。

○白川分屯地（冲绳市字白川119）：第323高射中队。

○胜连分屯地（うるま市胜连内间2530）：第324高射中队。

○知念分屯地（南城市知念1177-2）：第341高射中队。

○八重濑分屯地（冲绳县岛尻郡八重濑町字富盛2608）：第6高射特科群本部。

○南与座分屯地（冲绳县岛尻郡八重濑町字安里569）：第326高射中队。

第三节　日本陆上自卫队主战坦克

日本陆上自卫队现役主战坦克共三型：74式、90式和10式。

一、74式坦克

在日本战后研制的坦克中，74式属于第二代，由三菱重工从1964年开始研制，重点是针对第一代61式坦克火力弱的缺点，大幅强化火力。但是74式没有在装甲防护方面下多大功夫，这主要是因为日本当时受法国的坦克设计思想影响较深，认为在20世纪50年代开始出现的爆炸成型反坦克弹药面前，单纯依靠装甲硬扛作用不大，而应该在避免被击中方面下功夫，即通过降低车高、采用流线型装甲外形以及提高机动力来降低坦克被敌方反坦克弹药击中的概率，从而达到增强坦克生存能力的目的。基于这种认识，日本陆自对英、美、德、俄等国发展的复合装甲情况漠不关心，仍然坚持采用均质钢装甲，但将坦克的高度降低至2.25米，这是世界第二代主战坦克中最低的高度。

第二代坦克的研制代号为STB，意思为“日本第二代国产坦克样车”。1964-1967年间，三菱重工完成了新坦克的设计工作并制造了一些用于实验的台架车。在此期间，火炮稳定装置、自动装弹机、液气悬挂装置等坦克部件也试制成功。1967年，在完成部件研制任务后，开始正式研制坦克样车。1969年9日，三菱重工制造出了2辆新型坦克的样车，称为STB-1和STB-2。到1971年12月，三菱重工总共制造出了6辆STB坦克样车。1974年，研制了10年的日本第二代主战坦克定型，并被命名为74式坦克。1975年，74式坦克正式投入批量生产并交付陆上自卫队。截止到1990年停产，74式坦克共生产了873辆，单价3.5亿~4亿日元（约340万~390万美元）。

74式坦克共有4名乘员，其中驾驶员位于车体前左侧，车长位于炮塔内部左前侧，炮长位于炮塔内部右侧，装填手位于炮塔内部左后侧。由于车内空间太小，所以乘员的工作环境比较恶劣。

74式坦克的发动机为1台三菱重工10ZF22WT两冲程水冷涡轮增压柴油机，最大功率为720马力（2200转/分）。该坦克的一个比较显著的特点是采用了液气悬挂装置，可降低车高20毫米，进一步减少被发现和中弹概率。而且液气悬挂装置还能让车体前后俯仰6度、左右侧倾9度。在日本到处是林山野峦、斜坡弯道的地形下，这种能力非常有助于坦克进行棱线（是指平地或高地上的线形凸棱部分，如平地上的堤坝、田埂、土坎，高地上的山背、山脊的分水线等。在军事上，较低的棱线可隐蔽身体、发扬火力；较大的棱线可形成一定死角，利于进攻部队隐蔽接敌）射击。在使用初期，74式坦克的液气悬挂装置暴露出了低温适应能力差的缺点，在北海道部署的74式坦克在冬天常常出现液压油被冻住而导致液气悬挂装置失效的情况。后来日本为74式坦克换装了防冻的液压油，才解决了低温环境适应问题。74式坦克的行走装置为后置主动轮、前置诱导轮、6对等距大直径负重轮，无托带轮，整体结构与苏制T-62坦克相似。此外，74式坦克的车体密封性较好，所以能够进行潜渡。

74式坦克的主炮为一门英国特许日本制钢所生产的L7A1式51倍口径105毫米线膛炮（弹药基数55发），方向射界360度，回旋速度24度/秒，俯仰速度4度/秒。该炮全重1282公斤，全长5.89米，身管内膛有28条右旋膛线，膛压511兆帕，初速1490米/秒，射速10发/分，直射距离1700米。初期配脱壳穿甲弹、榴弹、破甲弹和碎甲弹，现在配用93式定装尾翼稳定脱壳穿甲弹和91式多用途破甲弹，并且还配有供演习使用的00式穿甲弹和77式空包弹。辅助武器为1挺装在炮塔左上侧的美制M2型12.7毫米高射机枪（弹药基数660发）、1挺62式7.62毫米并列机枪（弹药基数4500发）。此外，车内乘员还配有2支美制M3型11.4毫米冲锋枪（备弹150发）、2支64式7.62步枪（备弹200发）、1支53式21.5毫米信号枪（备弹10发）、8枚手榴弹。

74式坦克的火控系统为扰动式，就是瞄准镜与火炮用平行四边形（也称四联杆）机构连接，瞄准线和炮轴线是平行的。当炮长用手控装置调转火炮时瞄准镜就随动于火炮，因此炮长可以通过瞄准镜捕获和跟踪目标，并且在跟踪过程中测定目标距离和角速度。火控计算机根据输入的目标距离、角速度、倾斜角和各种弹道修正量，计算出射击提前角，然后将信号传输给瞄准线偏移装置，使瞄准线产生偏移。其偏移量相应于射击提前角，偏移方向和火炮运动方向相反。当炮长发现瞄准线偏离目标后，就用手控装置调转火炮使偏离的瞄准线重新对准目标。这时火炮就调转到提前位置上，可以进行射击。这个从“偏移”到“重新对准”的过程，叫做扰动过程，而这种瞄准控制方式就称为扰动式。准确地说，74 式坦克采用的是扰动式自动调炮火控系统，火控计算机算出的射击提前角不但传输给瞄准镜，而且通过按压自动瞄准开关同时传输给火炮。整套火控系统组成包括双向稳定器、激光测距仪和弹道计算机，能选择相应的弹种，修正因身管磨损、药温、风速、风向、气温、湿度等所造成的偏差，并具有行进间射击能力。

然而，74 式坦克的夜视能力较弱，早期采用的是红外夜视仪和大型白光/红外探照灯（装在炮塔左前侧），后者夜视通道的作用距离为 1500 米。但这种夜视装置容易暴露自己，所以在世界上已经很少继续使用。然而，日本并未对其进行大规模更换，主要是因为红外夜视装置很适合在低温环境下进行探测，特别是对灾害救助非常有用，可以帮助搜救人员。而日本是个自然灾害比较频繁的国家，因此对于搜救很重视。在 20 世纪 80 年代末 90 年代初的云仙岳、普贤岳火山喷发时，74 式坦克上的红外夜视装置在搜救过程中就发挥了很大作用。

74 式坦克的车体和炮塔均由均质钢装甲焊接而成，装甲厚度为：车首为 80 毫米装甲板倾斜布置（对零度着角的穿甲弹防护力，车首上方相当于 189 毫米、车首下方相当于 139 毫米厚的均质钢装甲）、车体两侧 35 毫米、车体后部 25 毫米、炮塔正面 189 – 195 毫米、炮塔两侧 75 毫米、炮塔后部 50 毫米、炮塔顶部 40 毫米。除装甲防护外，74 式坦克还装有核生化三防装置、灭火抑爆装置以及炮塔两侧靠后位置安装的 2 具三联装 74 式 60 毫米烟幕弹发射器。

以现在的标准衡量，74 式坦克显然已经过时。但在冷战结束后，日本觉得北面苏联对其本土进行入侵的可能性已经消除，所以没必要维持大量坦克。为节省成本，日本就一直继续使用老旧的 74 式，但是数量进行了大幅削减。同样，性能先进却过于昂贵的 90 式主战坦克采购数量也比原先计划大大减少。

日本继续使用 74 式坦克还有一个重要原因，就是没有相近尺寸和重量的新坦克可以替代。因为 90 式坦克虽然性能先进，但整车尺寸和重量都太大，比较笨重，在城市化程度很高的本州地区的道路上通行受到极大限制，所以只能部署在人烟稀少的北海道地区。这样一来，老旧的 74 式坦克只能继续“站岗”。

74 式坦克在日本陆自现役的数量与最高峰相比少了四分之三以上。截至 2014 年 3 月，日本陆自现役的 74 式坦克共 200 辆。而按照日本陆自此前每年退役大约40辆74式坦克的速度计算，现役74式将在2018年左右全部退役，其留下的位置将由新的10式坦克来填补。

74式坦克的基本数据：乘员4人，战斗全重38吨，车全长9.41米（炮向前），车体长6.7米，车体宽3.12米，车高2.25米（标准状态），主油箱装油量780升，辅助油箱装油量200升，发动机耗油量2.5升/公里·小时，公路最大速度53公里/小时，越野速度35公里/小时，最大公路行程312公里，涉水2米，潜渡4~5米，爬坡度为30度，过垂直墙高1米，越壕宽2.7米，最小转弯半径6米。

二、90式坦克

1977年，日本防卫厅技术研究本部第4研究所开始着手74式后继坦克的概念论证工作，1979年开始设计具体研制工作，研制代号为STC（意思为"日本第三代国产坦克样车"），后改为TK-X。与此同时，日本制钢所开始试制火炮（由于一直无法解决高膛压技术，最后只好引进德国火炮仿制生产）、弹药、自动装弹机等子系统，而三菱重工则开始试制车体、炮塔、发动机、悬挂装置等子系统。1982年试制了2辆坦克样车，经过3年的试验（2辆样车总计行驶11000公里，发射了1220发炮弹），三菱重工在1985-1986年间生产了4辆改进型样车。按照计划，TK-X坦克应于1988年定型并命名为88式坦克，后因定型工作遇到了些波折，TK-X坦克最终在1990年定型（在之前的试验中，4辆改进型样车总计行驶20500公里，发射3100发炮弹），遂被命名为90式坦克。1991年，90式坦克正式开始进入陆自服役。至2009年停产，90式坦克总共生产了341辆，初期生产单价高达11亿日元（约1000万美元），后来逐渐下降，最后一批的单价降为8亿日元（约780万美元）。90式坦克主要装备于部署在北海道的陆自第7装甲师团，少量装备于陆上自卫队武器学校、富士教导团坦克教导队和东部方面队混成团第1装甲教育队。

90式坦克在研制时充分借鉴了国外坦克设计思想，其不仅在外形设计上参考了德国"豹"2A4坦克，而且吸取了德国"豹"2坦克重视火力和机动性的优点。另外，90式坦克在设计上还借鉴了苏联坦克总体布置紧凑、战斗全重较低的设计思想。由此一来，90式就成为一款融合了东西方特色的先进第三代坦克，在火力、机动性、防护能力三大指标上都很出色，综合性能达到了世界顶尖水平，在1997年世界坦克排行榜上名列榜首，其后数年，90式坦克也均居排行榜前三名。

90式坦克的动力装置是发动机、传动装置一体化的动力包，其中发动机为1台三菱重工自研的10ZG32WTmb两冲程水冷涡轮增压柴油机（布局为90

度V型10缸，全长1.43米，全宽1.19米，全高1.01米，重2565公斤，排量为 21.47 升），最大功率 1500 马力（2400 转/分）。不仅如此，10ZG32WTmb发动机还具有极为出色的加速性能，2～200米加速仅需20秒（“豹”2A4需23.5秒，M1A1需29秒）。传动装置采用三菱重工研制的有带闭锁离合器的变矩式行星齿轮自动变速箱，通过电液控制实现灵活的变速。90式坦克的行走装置在结构上与74式相似，包括后置主动轮、前置诱导轮、6对等距大直径负重轮，无托带轮。

由于液压悬挂装置经过74式坦克的实际使用表现良好，所以90式坦克继续采用液气悬挂装置，但只调节前后高度，不像74式坦克的液气悬挂系统那么可调整前后、左右高度。配以小间隔配置负重轮，用扭杆降低振幅，因此90式坦克在丘陵地带行驶能力非常好。发动机备有潜水装置，使90式坦克具有涉渡2米深水的能力。

90式坦克主炮采用一门德国莱茵金属公司授权日本制钢所生产的Rh－120型44倍口径120毫米滑膛炮。身管外装热护套，配有排烟器，左前侧式炮口基准装置。该炮配用的弹药包括定装的TKG JM33（德国DM33的特许生产型）钨合金尾翼稳定脱壳穿甲弹和TKG JM12A1多用途空心装药破甲弹。其中在使用JM33穿甲弹时，于2000米距离可穿透460毫米均质钢装甲。弹药基数为40发，其中18发装在由日本制钢所研制生产的自动装弹机里、18发存放在车体内、4发存放在炮塔内。由于采用了自动装弹机，所以90式坦克的乘员只有3人。值得一提的是，90式坦克的自动装弹机没有采用类似T－72坦克的旋转弹舱，而是采用带式供弹方式，弹舱布置在炮塔尾部，不仅补充弹药方便，也比较安全。对于坦克是不是应该配用自动装弹机，至今仍没有统一意见。有人认为自动装弹机可以提高火炮射速、减少乘员数量、让坦克变得更加紧凑；但也有意见认为自动装弹机虽然能让坦克减小体积和减少人手，但是在维护坦克的时候却会缺少人手，且当自动装弹机内所装的18发炮弹打完后，如果不到车外对装弹机补弹就只能用存在车体内的炮弹，与传统人工装填无异。

90式坦克的辅助武器为1挺M2型12.7毫米高射机枪和1挺74式车载7.62毫米并列机枪。此外，乘员还配有采用折叠枪托的89式5.56毫米突击步枪。

90式坦克的火控系统为具备自动跟踪、“猎－歼”能力的指挥仪式。整套火控系统包括双向稳定装置、激光测距仪、火控计算机、带热像仪通道的车长独立观瞄镜和炮长独立式双通道观瞄镜等。可以在行进间中稳定，增强观察和捕捉目标的能力。当炮长或车长在捕捉到目标后（目标图像进入到瞄准镜视场），乘员只要按下跟踪开关，观瞄镜便可以按一定的速度自动跟踪目标。在各国现役主战坦克中，只有90式坦克具有对目标的自动跟踪能力。日本称它是“世界上一流的火控系统”，“可以在3公里外首发命中一个汽油桶”。90式坦克之所以能在数年时间内一直排在世界坦克前三甲，火控系统先进是其最重要的加分项。

90式坦克的车体和炮塔均采用了复合装甲，其他部位有的采用间隙装甲。其中复合装甲是冷轧含钛高强度钢的双层结构，中间采用了蜂窝状陶瓷装甲，内侧衬有轻金属。但90式坦克炮塔正面装甲依然采用类似“豹”2A4的垂直面，而不是欧美坦克那样的倾斜面，其原因有二：一是日本认为减少炮塔宽度以减低中弹概率的重要性，要高于倾斜装甲提供的更强装甲防护力，而炮塔宽度窄就很难再采用倾斜式造型；二是倾斜式装甲要覆盖同样正面面积的话需更多面积，这会增加车重，而90式对车重的控制非常严格，所以像会带来增重的措施就不予采用。

90式坦克基本数据：乘员3名，车全长9.755米，车体长7.5米，车宽3.4米，车高2.335米，战斗重量50.2吨，最大公路速度70公里/小时，油箱容积1100升，最大公路行程340公里。

三、10式坦克

20世纪90年代末，日本陆上自卫队装备的74式坦克已明显落后，必须有新的坦克来替代。考虑到90式不但价格昂贵，而且总体设计思想出自冷战时代，不适合作为替代者，于是日本防卫厅研究后决定用一种新坦克来替换它。2001年，日本防卫厅在提交给日本内阁会议审议的《新中期防卫力整备计划》中提出了研制新一代坦克TK－X的请求。这份计划最终获得日本内阁会议通过，意味着TK－X项目正式上马。

整个TK－X项目的研制费大约为484亿日元（约4.36亿美元），研制单位是防卫厅技术研究本部陆上装备研究所，主承包商是三菱重工。

第一辆TK－X坦克原型车由三菱重工于2002年完成，到2007年初总共制造了4辆原型车。2008年2月13日，日本防卫厅技术研究本部第一公开了10式坦克。2010年6月14日在陆上自卫队富士山学校公开了已经命名的10式坦克；同年10月24日，日本自卫队在琦玉县朝霞基地举行了一场规模盛大的阅兵式，当时的日本首相菅直人亲自检阅了刚定型不久的10式坦克。2012年1月10日，第一辆生产型10式坦克在日本陆上自卫队富士学校入役，并且公开对外展示。与样车相比，生产型在许多细节上发生了变化，如取消了炮塔前上方正中位置的校准光源；炮口基准装置从炮口左侧移至右侧；炮塔侧面附加装甲厚度增加，外形也发生了变化；炮塔正面两侧附加装甲模块前端集成的76毫米烟幕弹发射器开口从3个变为1个；车体两侧侧裙板上设置的登车用脚蹬数量增加，布置方式改为倒品字形。

在生产数量上，按照2011年的《中期防卫力整备计划》，从2011年到2015年生产68辆，并且批准了相关预算。但是在安倍晋三内阁于2014年初对《中期防卫力整备计划》的重新审议中，削减了陆自整个装甲车辆的数量，于是10式坦克的生产数量也大幅减少，从2014年到2018年将生产44辆。10式生产型坦克单价在2010年度约为9.5亿日元（约928万美元），取代90式成为世界上最贵的坦克。而现在采购数量减少，10式坦克的单价可能还会上涨。

10式坦克集成了日本坦克一贯的紧凑风格，车首采用典型的楔形结构，上部的倾角较小，可以减少行驶时泥水对驾驶员的影响。炮塔布置于车体中部上方，正面装有全新设计的模块化楔形装甲。全车像90式一样为3名乘员，其中驾驶员在车体内，车长位于炮塔内右侧，炮长位于炮塔内左侧，各有一个炮塔舱门。从量产型10式坦克的照片来看，车长舱门的打开方式使用手臂向前方打开的方式（3号原型车采用通过铰链向后打开的传统方式）。驾驶员位于车体前部中央位置，可从车体顶装甲上的舱口进出，驾驶员出入时要把炮塔转动到一定角度，由于车体从前往后呈阶梯状，驾驶舱部分低于战斗舱，这样驾驶员开窗驾驶时不必将火炮上升到一定角度。

炮塔顶部装有车长周视观瞄镜、炮长观瞄镜、12.7毫米高平两用机枪、横风传感器等设备，炮塔周围装有360°激光告警装置。但与90式不同的是，10式坦克炮塔上的车长周视观瞄镜位置靠后，从而消除了90式车长镜和炮长镜互相遮挡的缺陷。驾驶员增加了前视电视和简易热成像系统，有利于昼夜闭窗驾驶。炮塔前左侧有辅助瞄准镜孔。车体两侧的负重轮由90式的6对减为5对，使整车长度比90式坦克缩短。

从NHK电视台报道的10式坦克炮塔内部特写图像可以看出车长和炮长都配备了大屏幕彩色显示屏和按键式控制面板，不但使炮塔内部显得简洁，而且大大提高了乘员信息感知能力和操作反应速度。据日本防卫省介绍，10式坦克装备有车际信息系统，能够实现车与车、车与上级单位的信息共享，信息化程度很高，完全可以适应网络中心战的需要。

10式坦克在尺寸上比90式小一号，战斗全重也轻得多，大约44吨。很显然，体积小、重量轻的坦克战略机动力要比体积和重量大的坦克好得多，但日本并没有能够运输这种坦克的运输机（正在试飞的C－X大型运输机也不行），要想进行海外部署必须借助美军的大型运输机。联系到美国一再要求日本分担“海外责任”，不难想见10式坦克在设计上充分考虑了海外部署的需要。

10式坦克的动力装置采用新型四冲程电子喷射可变喷嘴柴油发动机，功率为1200马力（2300转/分）。再考虑到其体积小、重量轻以及采用液气悬挂系统，因此10式坦克的战术机动性不亚于90式坦克，特别是转弯能力和复杂地形的通过能力还优于90式。

10式坦克的主炮为一门国产44倍口径120毫米滑膛炮，是日本制钢所在吸收德国Rh－120火炮技术上研制的，膛压有所提高，可发射增强型装药和强化型弹芯的新型弹药。火炮采用电渣重熔、身管自紧、内膛镀铬等先进工艺。该炮有较厚的隔热套管，身管后1/3处有同心式抽气装置（90式为偏心式），炮口右侧装有基准装置。考虑到10式坦克火炮的膛压提高，所以穿甲威力有所增强（据日本媒体称，使用JM33穿甲弹时，可在2000米距离上击穿548毫米均质钢装甲）。

10式坦克所采用的自动装弹机是在90式坦克的自动装弹机基础上改进而来的，可靠性有所提高，但是装弹机内装的待发弹只有14发，比90式坦克少4发。备用炮弹的布置位置是：在炮长座椅后方存有2发、在车体后部弹舱有14发、在车体内存有6发。

10式坦克的辅助武器为1挺M2型12.7毫米机枪和1挺74式并列机枪（装在炮塔前左侧辅助瞄准镜下方）。由于外置的M2机枪没有采用当下流行的遥控方式，且安装高度也比较高，射击时需要车长探出身子，坐在导轨上射击，所以无法保证车长射击时的安全。

到目前为止，日本仍未公布10式坦克火控系统的详细信息。但考虑到日本电子技术水平一直处于世界前列，其90式坦克所装备的“猎－歼”指挥仪火控系统至今都属于世界一流，可想而知经过20余年的发展，10式坦克的火控系统肯定比90式坦克更先进。据悉，10式坦克的新型火控系统以数字化弹道计算机为核心，周边结合带热成像仪的全向车长瞄准仪、炮长瞄准仪、横风传感器、车速、耳轴倾斜角和弹药温度传感器，是一款高度自动化的火控系统。作战时，车速、目标距离、炮耳轴倾斜角、风速等信息都会显示在其车长和炮长的彩色大型液晶显示屏上，并自动输入计算机进行综合弹道解算，从而大大缩短了火力反应时间，提高了首发命中率。据报道，车长独立观瞄镜采用了光纤传输技术，而且由于其位于炮塔最高处，具备非常好的视野，所以车长在车内通过大屏幕就可全面掌握周围战场态势。

具备C4I能力是10坦克的一大突出特征。1996年，日本90式坦克曾在美国华盛顿州的亚其玛基地同美国M1A2坦克进行实战演练，在演练中暴露了90式坦克虽然单车作战能力和M1A2不相上下，但其编组作战能力却远低于美军，C4I能力不足使90式坦克无法充分地进行协同作战，为此日本研制10式坦克时特别强调坦克的C4I能力。先进的C4I系统使10坦克拥有强大的信息能力，其可以通过信息网络获得情报，了解战场态势，通过数据链与其他坦克进行协同作战。目前，日本自卫队正加紧提高部队的信息化水平，努力构建中的军队信息化指挥系统可以实现日本各级司令部、地区司令部、控制中心、后勤基地的无缝连接，各作战部队都可和作战指挥中心和其他战线的各级指挥机构进行信息交换，各武器系统也可进行信息交换。如此一来，10坦克的综合作战能力会有很大提高。

在防护能力上，10式坦克的炮塔正面和侧面都装有可拆卸的模块化装甲，装甲之间没有注入任何材料，属于间隔装甲。据日本媒体报道，10式坦克的主装甲采用了陶瓷－钢复合装甲，其中陶瓷装甲采用了纳米陶瓷技术，重量减轻而防护能力提升。通过使用模块化装甲和新型的陶瓷－钢复合装甲，10坦克炮塔正面装甲防护水平应该高于90式坦克。日本陆自还有计划为10式坦克换装重量更大的模块化装甲，使战斗全重达48吨，以提高防护能力。但这样一来，机动性能必然会出现下降。但是，10式坦克阶梯式的车体造成坦克炮塔和车体结合部悬空比较明显，在炮塔正面和车体之间形成一个较大的窝弹区，对防护能力有所影响。另外，10式坦克的液压悬挂装置以油液和氮气缓冲振动，中弹后不但容易损坏，而且比较容易着火，对坦克防护会造成不利影响。

10式坦克的其他防护手段包括核生化三防装置、自动灭火抑爆装置、全向激光告警设备等，但是没有装备主动防御系统，防护手段还是比较欠缺。

10式坦克的基本数据：乘员3人，战斗全重44吨，车全长9.42米，车宽3.24米，车高2.3米，最大公路速度70公里/小时。

第四节　日本陆上自卫队装甲车辆

日本陆上自卫队对于装甲车辆的重视程度较高，除“大毒蛇”防护机动车（PMV）、AAV7A1两栖装甲车是从国外引进之外，其他现役装备全部是日本自行研制生产的型号，主要包括73式装甲车、75式装甲工程车、78式装甲抢修车、82式指挥通信车、87式装甲侦察车、87式弹药补给车、89式履带式步兵战车、90式装甲抢修车、91式装甲架桥车、92式装甲扫雷车、94式水际地雷布设车、96式轮式装甲车、99式弹药补给车、施设作业车、11式装甲抢修车、轮式机动战斗车、化学防护车、核生化侦察车、轻型装甲车等。

一、73式装甲车

该车是日本继60式之后设计、生产的战后第二代履带式装甲车，用以同当时正在研制的第二代74式坦克协同作战。日本对该车提出的战术技术指标为：车体采用全铝装甲焊接结构，乘、载员共12人；具有与74式坦克相同的或更高的机动性，公路最大速度应大于60公里/小时；有水上浮渡能力；装1挺12.7毫米机枪或1门20毫米机关炮；步兵可在车内射击；有三防能力等。

参加研制和生产新车的厂商有生产装甲钢、发动机、转向和悬挂装置的三菱重工，生产履带的小松制作所，生产变速箱的日立制作所，生产夜视仪器的日本电气和生产铝合金装甲的神户制钢所。1968年完成了机动部件试验台的制作与试验，1969年三菱和小松制作所分别生产出2辆样车。其中三菱重工的样车称SUBⅠ-1和SUBⅠ-2型，两车都在支架上装12.7毫米机枪；小松制作所生产SUBⅡ-1和SUBⅡ-2型样车。

1971-1972年，日本陆自对这4辆样车进行了广泛试验，最终在1972年12月选取了三菱重工业公司研制的铝装甲样车SUBⅠ-2。后又经一些改进，于1973年定型为73式履带式装甲人员输送车。1974年，73式装甲车进入日本陆自服役。至1988年底，总共生产338辆，装备驻北海道的第7装甲师团和一部分坦克部队。该车平均单价约1亿日元（约97.67万美元）。目前，73式大部分被96式轮式装甲车取代，只有少量在服役。

73式装甲车的车体为铝合金装甲焊接结构。驾驶员位于车前右侧，顶部有1个单扇舱盖，其上装有1个潜望镜，前面还有3个潜望镜。操作74式7.62毫米机枪的前机枪手位于车体左侧，顶部也有1单扇向左打开的舱盖，其上装有1个能360度旋转的潜望镜。前机枪可俯仰并能旋转30度。车长位于前机枪手和驾驶员之后的指挥塔内，塔上装有6具观察镜，具备周视能力。车顶装有1挺美制M2HB型12.7毫米机枪，能360旋转，俯仰范围为-10度~+60度。

载员舱位于车体后部，每侧有2个T形射孔。车体后部有2扇向左右方打开的门，每扇门有1个T形射孔，车顶有2个单舱口。8名步兵分两侧坐于车内，并可由车内向外射击。车后顶部两侧各装烟幕弱发射器3具。

发动机和传动装置位于车体左侧、前机枪手后方。发动机便于维修保养，能在半小时之内更换。悬挂装置为扭杆式，行动部分有5对双轮缘负重轮，主动轮在前，诱导轮在后，没有托带轮。每侧第一负重轮装有液压减振器。

该车水上行驶时必须使用装在负重轮外侧的浮渡装置，履带上方的裙板可以改善水流方向。车前防浪板由两块板组成，右侧板透明，以便竖起时便于驾驶员向前观察。车辆水上行驶时，靠履带板划水推进。

73式装甲车主要技术参数：

乘员：4人。

载员：8人。

车长：5.8米。

车宽：2.8米。

车高：2.2米（至机枪架）、1.7米（至车顶）。

车底距地高：0.4米。

战斗全重：13.3吨。

履带着地长：3.67米。

履带宽：380毫米。

发动机：1台三菱重工4ZF型2冲程4V风冷柴油机，功率300马力（2200转/分）。

悬挂装置：扭杆悬挂。

最大公路速度：70公里/小时。

最大水上速度：7公里/小时。

载油量：450升。

最大公路行程：300公里。

爬坡度：60%。

过垂直墙高：0.7米。

越壕宽：2米。

最小转弯半径：7米。

电气系统电压：24伏。

二、75式装甲工程车

1964年日本陆自提出研制装甲推土车。1969年，日本防卫厅技术研究本部和小松制作所共同开始研制。1972年，小松制作所制造了两辆原型车，其中一辆装直铲，另一辆装中凹铲。通过广泛试验后，日本陆自在1975年把装有中凹铲的装甲工程车列为制式装备，并定名为75式装甲工程车。该车能完成平整场地、挖壕、推土和碾压等工作。小松制作所共为日本陆自生产了100辆，装备于陆自各工程团。

75式装甲工程车采用全焊接装甲钢结构，可防御轻武器射击。车体前部是驾驶舱，后部是动力舱，当车辆行军状态时推土铲位于车后。驾驶舱高高置于车前部，主要是为了作业时便于观察。舱内有两名乘员，可通过右侧的1扇车门和顶部的2个圆形舱口进出车辆。驾驶员坐在右侧，在其前顶部铰接着1扇矩形百叶窗。有1块观察镜并可在打开后锁住。车长在驾驶员左边，在顶部有1扇小的方形百叶窗，有1块观察镜，也可在打开后闭锁。车内两侧甲板上也装有观察镜。驾驶员背后有1个与前窗盖同样大小的观察镜，用于观察推土作业。液压推土铲装在车体后部，用铲链与车体中部连接。如果需要，该车还可在驾驶舱前面安装1个最大牵引力为11.5吨的液压绞盘。

75式装甲工程车主要技术参数：

乘员：2人。

车长：6.99米（行军状态）、6.3米（工作状态）。

车宽：2.7米（行军状态）、3.45米（工作状态）。

车高：2.79米。

车重：19.2吨。

发动机：1台水冷柴油机，功率160马力（1850转/分）。

最大公路速度：45公里/小时。

涉水深：1米。

爬坡度：60%。

三、78式装甲抢修车

该车是日本防卫厅技术研究本部以74式主战坦克车体改装而成，由三菱重工生产，于1978年定型。总共生产了50辆，主要设计用途是在战场上抢修受损的74式坦克，也可用于日本国内的救灾。

该车在车体右侧前方装有1台3.5米长的液压起重机，吊臂还可伸长1.5米，能回转270度，最大起吊重量为20吨。车体前部装的液压推土铲能完成推土作业，并在绞盘工作时撑地起稳定作用。绞盘的最大牵引力为38吨，钢绳直径为32毫米，长度60米，有6米/分和15米/分两种收放速度。另外，该车还有1个当绞盘没有载荷时可施加张力使钢绳平顺地重缠到绞盘上的装置。车载武器有1挺M2HB型12.7毫米机枪以及6具烟幕弹发射器。

78式装甲抢修车主要技术参数：

乘员：4人。

车长：7.95米。

车宽：3.18米。

车高：2.4米。

车底距地高：0.4米。

战斗全重：38.9吨。

最大公路速度：53公里/小时。

爬坡度：60%。

四、82式指挥通信车

日本陆自发展轮式装甲车辆的时间很晚，因为其认为远东的地形更适合履带式装甲车辆行动。直到20世纪70年代，日本公路网得到了迅速发展，日本陆自才认识到轮式装甲车辆要比履带式装甲车辆更适合在日本使用，并开始着手发展轮式装甲车辆。

1974年，小松制作所和三菱重工根据日本陆自提出的轮式装甲车要求，分别提出了4×4和6×6两种驱动形式的概念设计方案。经对比，日本陆自决定集中研制6×6驱动形式的轮式装甲侦察车。

1978年，小松制作所和三菱重工开始详细方案设计。1980年，两家厂商分别制造了2辆原型车。经过试验对比，日本陆自在1982年最终选择了小松制作所的设计，并定型为82式。由于陆自当时最需要的是能够进行指挥通信的轮式装甲车辆，所以82式装的都是用于指挥通信的车载设备，所以也称82式指挥通信车。

日本陆自在1982－1999年共采购了231辆82式指挥通信车，在进入21世纪后全部生产完毕，平均单价约1亿日元（约97.67万美元）。

82式指挥通信车为全焊接铝合金装甲车体。驾驶舱在车体前部，驾驶员位于右前方，其顶上有1单扇舱盖，带有1个左右旋转的整体式潜望镜。其左侧是副驾驶，其顶部也有1单扇舱盖，带有1个回转潜望镜和1挺62式7.62毫米机枪。战斗时，驾驶窗防弹玻璃窗由装甲板防护。动力舱在副驾驶之后的车体左侧，右侧为连接前乘员舱和载员舱的通道。

车体后部为载员舱，车顶高于驾驶舱，顶部有2个圆形舱盖，左舱盖上有6个周视潜望镜，右舱盖外安装1挺美制M2HB型12.7毫米机枪，并带有防护板。

车尾门向右开，其上有1个向上开启的射击观察孔。后两轴之间的车体左侧有1带射孔的车门，门后车体上还有1射击观察孔。前两轴之间的车体右侧有1带射击观察孔的向前开启的车门，门后车体上还有2个射击观察孔。射击观察孔上都有装甲盖。在车体后部右侧上方是排烟管。

该车装有先进的通信设备：调频电台装有JVRC－F6、JVRC－F7型（可拆卸）；调幅电台装有JAN/GRC－N1型和JAN/GRC－N4型。其中JVRC－F6工作频率20－60兆赫，通信距离35公里；JAN/GRC－N1型工作频率2－12兆赫，通信距离30公里（运动）、80公里（静止）。此外，车上安装有3种报警接收机和抗干扰的滤波器。车体后部左右两侧分别是竖着调频和调幅电台天线。

82式指挥通信车的装甲防护能力只能防御轻武器射击，车内装有可拆卸的三防装置。

一般在公路行驶时，82式指挥通信车采用后4轮驱动，只有在越野行驶时才采用6轮驱动。前4轮为转向轮。

82 式指挥通信车主要技术参数：

乘员：8 人。

车长：5.72 米。

车宽：2.48 米。

车高：2.38 米。

车底距地高：0.45 米。

战斗全重：13.6 吨。

发动机：1 台五十铃汽车公司 10PBI 型 10V 水冷柴油机，功率 305 马力（2700 转/分）。

传动装置：6 档变速箱，1 个倒档、5 个前进档。

悬挂装置：带螺旋弹簧减振器的独立悬挂。

轴距：1.5 米 +1.5 米。

最大公路速度：100 公里/小时。

最大公路行程：500 公里。

爬坡度：60%。

过垂直墙高：0.6 米。

越壕宽：1.5 米。

涉水深：1 米。

最小转弯半径：8.4 米。

电气系统电压：24 伏。

五、87 式装甲侦察车

该车是由小松制作所在 82 式指挥通信车基础上研制的，1983 年日本防卫厅拨款 3.42 亿日元生产 2 辆原型车。1985 - 1986 年，对 2 辆原型车进行了广泛试验，1987 年定型并命名为 87 式装甲侦察车。

日本陆自从 1987 年开始至今一直在采购 87 式装甲侦察车，其中 1987 年、1989 年、1990 年平均每年采购 16 辆，1988 年采购 15 辆。但在 1991 年之后采购数量就迅速下降——1991 年为 4 辆，1992 年至 1995 年每年均采购 4 辆，而 1996 年至 2013 年的大部分时间降到每年采购 1 辆（2000 年和 2008 年采购数均为 2 辆、2006 年和 2010 年采购数均为 3 辆）。2014 年没有编列采购预算，这似乎也意味着 87 式装甲侦察车的采购终结。如此一来，87 式装甲侦察车现役总数就是 111 辆，平均单价 3 亿日元（约 293 万美元）。该车主要装备于日本陆自各师团、旅团侦察队和坦克连队本部。

87 式装甲侦察车的底盘与 82 式指挥通信车通用，但车体经过了重新设计，由铝合金改为全钢结构。车首取消了防弹玻璃观察窗，整个车顶是平齐的，无阶梯过渡。

驾驶舱位于车首右前方，顶部的单扇舱盖上安装有1个整体式潜望镜和3个固定向前的潜望镜。其左侧是无线电通信员兼前侦察员，其顶上也有1单扇舱盖和1个向前的潜望镜。

车体中部稍前的上方位置安装有一个双人电动炮塔。车长居于炮塔内右侧，顶部有1单扇舱盖，带有6个潜望镜；炮长居炮塔内左侧，有1单扇舱盖，带有2个潜望镜。炮塔上装备1门瑞士厄利空公司授权日本制钢所生产的KBA－B02型25毫米机关炮，其右侧有1挺74式7.62毫米并列机枪，炮塔两侧各有3具74式60毫米烟幕弹发射器。炮塔之后车顶上有1个供观察员用的后视潜望镜。KBA－B02型25毫米机关炮采用80倍口径身管，随炮塔可实现360度全向射击，俯仰角度－10～＋45度，发射定装式曳光脱壳穿甲弹（APDS－T）时初速为1335米/秒，射程2000米，可击穿倾斜角度30度、厚度25毫米的均质钢装甲。供弹方式为双向弹链供弹。

87式装甲侦察车前两轴之间的车体两侧各开有1观察窗，后两轴之间车体左侧有1车门，其上有1带挡板的整体窗，供乘坐在这里的后侦察员对外观察。车体右后侧是外面包覆装甲盖板的排烟管。车尾没有开设尾门，车位正中上方有一个钢制篮框，可盛放乘员个人物品（如背包）或其他杂物，同时也能起到防御空心装药反装甲武器的作用。

车上装有高频/甚高频（HF/VHF）无线电台，炮塔之后装有天线。另外，该车无三防装置，也不具备两栖能力。

87式装甲侦察车主要技术参数：

乘员：5人。

车长：5.99米。

车宽：2.48米。

车高：2.8米。

车底距地高：0.45米。

战斗全重：15吨。

发动机：1台五十铃汽车公司10PBI型10V水冷柴油机，功率305马力(2700转/分)。

传动装置：6档变速箱，1个倒档、5个前进档。

悬挂装置：带螺旋弹簧减振器的独立悬挂。

轴距：1.5米+1.5米。

最大公路速度：100公里/小时。

最大公路行程：500公里。

爬坡度：60%。

过垂直墙高：0.6 米。

越壕宽：1.5 米。

涉水深：1 米。

最小转弯半径：8.4 米。

电气系统电压：24 伏。

六、87 式弹药补给车

该车是日立制作所在 1983 年开始研制的，主要用途是为陆自的 M110A2 式 203 毫米自行榴弹炮补给弹药。1985 年制造了 2 辆原型车，随后进行了近 2 年试验，1987 年定型。日本陆自在 1987—2004 年共采购了 100 辆左右。

该车的底盘在 73 式装甲车底盘上进行了改进，并且重新设计了车体。外形比较高大，前部是宽大的乘员舱，后部是弹药舱。其中乘员舱可容纳 8 名乘员，车首有三片式防弹玻璃风挡（左右两块面积很大，中间很小），两侧开有侧舱门。在乘员舱前正中上方有武器座圈，可加装 1 挺带防盾的 M2HB 型 12.7 毫米机枪用于自卫。车体后部的弹药舱内有弹架，可携带 50 发 203 毫米炮弹。车体右后部装有 1 部液压起重机，一次可起吊 10 发 203 毫米炮弹。

87 式弹药补给车主要技术参数：

车长：7.17 米。

车宽：2.99 米。

车高：3 米。

全重：23.5 吨。

发动机：1 台二冲程 8 缸水冷柴油机，功率 411 马力（2300 转/分）。

最大公路速度：50 公里/小时。

最大公路行程：300 公里。

七、89 式履带式步兵战车

1980 年，日本三菱重工根据陆上自卫队的需求开始研制步兵战车，这也是日本战后研制的第一种步兵战车，目的是取代老旧的 60 式和 73 式装甲车，提高陆自步兵的机械化水平。对该车的要求是具备强大的火力、机动力和防护力，能够伴随 90 式主战坦克行动，扫清威胁坦克的敌方反坦克火力，打击敌方轻型装甲车辆，并为己方步兵提供火力支援。

经过 3 年多时间的设计，三菱重工在 1984 年制造新型履带式步兵战车原型车。1986 年开始进入样车试验阶段，1989 年定型并命名为 89 式步兵战车。同年，日本陆上自卫队开始采购 89 式步兵战车。但该车的生产数量很少，到 2004 年停拨生产预算时仅批准生产了 68 辆。其中 1998—2000 年每年生产量仅2辆，2001—2004年每年生产量更下降到1辆。造成89式步兵战车产量稀少的原因：一是因为冷战结束，陆自对装甲车辆的需求大幅降低；二是89式步兵战车价格太高——单价达6亿－7亿日元（约586万－683.7万美元）。目前，68辆89式步兵战车主要装备第7装甲师团第11普通科连队（注：日本陆自的普通科连队相当于其他国家的步兵团）第1、3、5中队，富士教导团普通科教导连队第1中队。另外，还有少量89式步兵战车装备于陆自第1陆曹教育队普通科教育中队和武器学校。

89式步兵战车采用传统的动力前置布局，车体前部左侧为动力舱，右侧为驾驶舱，炮塔位于车体中部，车体后部为载员舱。驾驶舱有一扇可以向右开启的舱盖，驾驶员前方布置有3具潜望镜，能在白昼使用，中间一具可换为被动式夜视镜。在驾驶员位置上方有一具可旋转的潜望镜。

89式步兵战车的车体、炮塔由装甲钢焊接而成，能够抵御轻武器以及炮弹弹片攻击。为了对付空心装药破甲弹，车体前部和炮塔采用了间隔装甲，车体侧面装有侧裙板，侧裙板前后开有四个蹬脚口，方便乘载员上下。车体外形采用倾斜式设计以产生更好的防弹效果，前部上装甲的斜面非常低而平滑，前部车顶中央设置了用于动力传动装置的检查窗，左侧有冷却空气进气口。前部下装甲的倾斜角度较小，左右挡泥板上装有前大灯，包括方向指示器、白炽灯和红外灯。车体前部左侧有百叶窗式发动机排气口，在相邻位置有进气口，供中冷器和涡轮增压器使用。右侧驾驶室前后设置了驾驶员、副班长座椅，驾驶员舱口上装有3具潜望镜，副班长舱口处有2具，后者座椅右侧还设置了向车体斜前方射击的射击孔。

动力装置位于车体前部左侧。由于研制89式步兵战车的目的是伴随90式坦克作战，所以其机动性要求很高。为此，89式战车采用了一台三菱SY31WA水冷4冲程直列式6缸柴油发动机，带有中冷器和涡轮增压器，气缸工作容积量为16.96升，输出功率600马力（2000转/分）。传动装置为带变矩器的变速箱，有4个前进档和2个倒档。

行走装置包括每侧6个挂胶负重轮、扭杆式独立悬挂装置。主动轮在前，诱导轮在后，另外还有3个托带轮；履带为双销、橡胶衬套式，在第1、第2、第5、第6负重轮处安装了减震器。

车体中部为战斗室，安装有电动双人炮塔，右侧有与车体前后相连的通道，炮塔由带倾斜设计的甲板构成，形状复杂。炮塔内部右侧是车长、左侧是炮长，炮塔上为两人分别提供了一个向后开启的出入舱盖，炮塔前部有供车长和炮长使用的顶置潜望式瞄准镜。炮长还有2具固定潜望镜用于前、左方向观察，车长则有6具潜望镜。在炮塔上还安装了一种可探测敌导弹攻击的激光探测器，这种探测器在日本装甲车辆上广泛使用，一旦探测到激光束，车辆就可以做规避运动。炮塔前方还装有大型潜望瞄准镜，外部左右两侧安装了导弹发射器，后面有备用品箱。

在炮塔前中部位置装有一门瑞士厄利空公司授权日本生产的KDE型35毫米90倍口径机关炮。该炮与87式自行高炮及L90牵引式高射机关炮上使用的KDA35毫米机关炮属于同一系列，在降低重量的同时，射速也降低到200发/分。

KDE型35毫米机关炮可以使用的弹种包括榴弹、高爆燃烧弹、曳光弹和脱壳穿甲弹4种，榴弹初速为1160米/秒，脱壳穿甲弹初速为1385米/秒；穿甲威力在使用脱壳穿甲弹时，在400米距离上为70毫米，在1000米距离上为40毫米。该炮的待发弹共34发（其中榴弹和脱壳穿甲弹各17发），打完后需人工再装填。

89式步兵战车还可在炮塔左右两侧分别加装1具79式反舟艇反坦克导弹（重型马特）发射筒来增强火力。79式反舟艇反坦克导弹由川崎重工研制，不仅可攻击坦克，也可用于打击登陆舰船，导弹全长1.57米，弹径0.5米，飞行速度为200米/秒，有效射程在4000米以上，制导方式为有线半自动瞄准线指令制导方式。

89式步兵战车的辅助武器是1挺74式7.62毫米并列机枪（装在机关炮左侧）。该枪全长1.085米，重20.4公斤，最大射速为1000发/分。但是74式并列机枪在日本自卫队的口碑很不好，很多人对它的评价很差，都称它为劣质兵器，故障多、难以使用。

89式步兵战车的车体后部是载员舱，可容纳6名士兵（座椅背靠背设在载员舱中间，每边乘坐3名士兵），共有6具潜望镜（每侧3具）供载员使用，保证了士兵的外部视场。载员室上面有开向左右两侧的舱盖，士兵可探身车外进行压制周围火力的战斗，但是这样会妨碍大型炮塔的转动，限制其使用。因此在载员舱两侧车体上分别设置了3个射击孔，士兵通过这些射击孔可进行较广范围的射击。前方左右两侧的射击孔为了保证前方射界而在凸缘部开设了凹口，为球形座射击孔，这种设计主要是为了更精确瞄准目标，从而弥补步兵战车上的射击孔设计不合理，导致士兵只能通过潜望镜估测而将枪托抵在腰间进行射击造成效果不理想的遗憾。

载员舱尾部设有两扇大型车门，供士兵登车，左右两侧有带百叶窗的小箱，是核生化过滤器等的换气装置，尾部左右装有尾灯。

89式步兵战车的防护能力处于较低水平。该车在研制时，世界步兵战车和装甲输送车的车体都趋于采用铝合金，如美国“布雷德利”、英国“武士”、意大利“标枪”等，只有89式采用了防弹钢板。当时有种看法认为铝合金在中弹时有燃烧的危险，因此为了避免此危险，89式选用了钢制装甲。

尽管铝合金的燃烧危险性属于杞人忧天的问题，但是该车能够置时代潮流于不顾，断然放弃水上机动性，通过采用钢制车体来确保防护性，从这个层面上来说，89 式步兵战车是值得圈点的。

然而，时过境迁，从 1991 年海湾战争时起，其他国家的步兵战车都掀起了加强防护力的高潮，例如美国“布雷德利”步兵战车采用了重型装甲，英国“武士”安装了乔巴姆装甲，法国 AMX－10P 和意大利“标枪”步兵战车都增装了附加装甲，就连最初采用钢装甲的德国“黄鼠狼”步兵战车最终也增强了装甲，其重量也由最初的 28.2 吨增加到了 33.5 吨。在世界各国步兵战车不断加强装甲防护能力的情况下，日本 89 式步兵战车自服役以来从未增强过装甲，完全落后于同时代车辆。难道日本人自己不想增强防护水平么？显然不是。实际上，日本陆自既不是不了解世界的发展趋势，也并非不想增强 89 式战车的防护力，而在于他们一直认为该车的装备数量很少，如果加装不适宜批量生产的附加装甲会导致成本更高，就这样犹豫不决最终没能向财政省提出来，现在只能“放弃”对 89 式步兵战车装甲防护能力的增强计划。

伴随坦克作战是 89 式步兵战车的研制思想，协同坦克行动的基本任务就是完成坦克难以承担的重要详细敌情（反坦克武器、障碍）的搜集以及敌目标摧毁和障碍清除等任务。日本著名战车杂志《PANZER》1997 年 8 月号对 89 式步兵战车的战术运用作了简要的介绍：当攻击坚固阵地或武器配置不明的阵地时，搭载步兵需要下车，紧密配合坦克和步兵战车车载武器作战；在夺取阵地后，为了确保此阵地不失，也应展开与以上相同的战斗行动。这是对步兵战车来讲最为困难的进攻阵地作战，这种步坦协同作战如果得以实施的话，其他战术行动的配合就会更加容易。对于具体战术运用，训练资料作了如下说明：

接敌迫近时的行动：边准备战斗，边选定适当的跃进方法前进。跃进方法分逐次跃进和交替跃进。各处跃进的距离根据支援坦克或者步兵战车的有效射程、地形、地物和视界等情况确定。逐次跃进是指在不明情况时，有可能会突然蒙受敌人射击，因而有必要慎重前进，此时采取逐次跃进方法；交替跃进则指必须迅速前进，而且需要判断前进路线的状况，这时采取交替跃进方法。

攻击：步兵战车和坦克组成的力量称为步坦组（队），通常采用如下的编制实施攻击：步兵连＋坦克连或坦克排，或者坦克连＋步兵排，这种组合可最大限度地发挥各自的威力，互相取长补短，作为有机结合的战斗分队行动。

步坦组的攻击要领分两种：同坐标轴，适用于接近目标路线适合开展机动之时，采取此方法较易实现步坦综合战斗力的发挥与突击调整；异坐标轴，适用于步坦各自合适的接近路线出现不同清况之时等。采用此方法可充分发挥步兵战车和坦克的能力，而且会不得已造成两个对敌战斗的局面，但是两者配合需引起重视。

攻击中最大的难关也是重要阶段，就是突进阶段。乘车突击，在地形适合坦克、步兵战车开展机动时，并能事先排除阵前的反坦克障碍物和取得击毁、压制敌反坦克武器的支援火力，可实施乘车突击。要领是进攻并继续通过突击线，突进至有友方武器支援的敌阵地。这时，通常是步兵战车紧跟坦克前进，以保护坦克的侧面和后面，在这种情况下，89 式步兵战车决对能发挥威力，这也是明显区别于装甲输送车的重要一点。下车突击，在难以展开乘车突击时实施，其要领是首先让步兵分队下车前进，坦克分队跟随其后，但是当视界、射界或坦克、步兵战车行动受限时，或者当进入了不明敌情的地域时，步兵战车和坦克并列协同。

关于采取相同的“突进要领”、哪个分队作先导的问题，有以下 3 种形式供选择：

坦克为先导。依靠坦克的火力和机动能力向敌阵地突进，然后使步兵紧跟其后，以迅速夺取目标。这样做的前提条件是在突击前确保敌阵地地雷区等有坦克用通路，而且敌坦克和反坦克武器等比较薄弱。

步坦同时突进。通过两者的密切配合，发挥步坦战斗力，突进到敌阵地，以夺取目标。

步兵为先导。在可以判断敌迫击炮火力已经受到压制之时，而且还判断，如不夺取敌阵地，就不能确保坦克通过地雷区，或者因为敌坦克、反坦克武器等，坦克突击会蒙受很大的损失。

防空行动：作战中，应经常警惕敌飞机及武装直升机的攻击，通常，为不给敌人以攻击的机会，可采取伪装、隐蔽和分散等方法，有时还可用机关炮开展自卫战斗。

89 式步兵战车主要技术参数：

乘员：3 人。

载员：7 人。

车全长：6.8 米。

车宽：3.2 米。

车高：2.5 米（至炮塔顶）。

战斗全重：26.5 吨。

单位功率：22 马力/吨。

最大公路速度：70 公里/小时。

最大公路行程：400 公里。

爬坡度：60%。

侧倾坡度：30%。

八、90式装甲抢修车

在研制90式主战坦克时，日本三菱重工还以90式坦克底盘同步研制了90式装甲抢修车，主要用于承担90式主战坦克以及203、155毫米自行榴弹炮等重型装备的野外抢救和维修作业。该车与90式坦克同年定型，因此同样被命名为90式。日本陆自在1990年至2010年总共采购了30辆，主要装备坦克和炮兵部队的直接支援部队、教导队和武器学校。

90式装甲抢修车采用了与90式主战坦克相同的动力装置和悬挂装置，但上部结构不同，车体上部右前方装有旋转的起重机及其遥控装置，最大起吊重量为25吨。起重机采用液压驱动方式，起吊作业可遥控进行。行驶时，起重机吊臂沿车体上部右侧朝后放置。车首安装有液压推土铲，在抢救坦克时还作为支撑装置使用。车上的绞盘，能够拖救战斗全重为50吨的90式主战坦克。车载武器为装在车长舱口前的1挺12.7毫米机枪，另外在车体前部还布置有8具烟幕弹发射器。

90式装甲抢修车主要技术参数：

乘员：4人。

车长：9.2米。

车宽：3.4米。

车高：2.7米。

战斗全重：50吨。

最大公路速度：70公里/小时。

最大公路行程：500公里。

爬坡度：60%。

九、91式装甲架桥车

该车由日本防卫厅技术研究本部和三菱重工联合，三菱重工生产，1991年定型。日本陆自在1991年至2010年总共采购了23辆，主要装备陆自北部方面队工程部队，用于在前线地域的河沟上架桥，使90式坦克等战斗车辆通过。

该车采用74式主战坦克底盘，其上安装有剪式桥，架设角度±15度，打开后桥长20米，跨度达18米，桥宽3.9米。架桥方式为平推式，架设所需时间5分钟。

91式装甲架桥车主要技术参数：

乘员：2人。

车长：10.9 米。

车宽：4 米。

车高：3.2 米。

战斗全重：41.8 吨。

发动机：1 台风冷柴油机，功率 720 马力。

最大公路速度：50 公里/小时。

最大公路行程：300 公里。

十、92 式装甲扫雷车

1982 年，日本防卫厅技术研究本部在内部开始探讨新型装甲扫雷车。1988 年，技术研究本部根据陆自的要求正式开始研制，同时还开始研制配套的 92 式扫雷火箭弹系统。1992 年，新型装甲扫雷车定型并命名为 92 式。之后，92 式装甲扫雷车由日产汽车宇航事业部（现属于石川岛播磨重工）为陆自生产，先后装备了胜田工兵学校、富士教练团和驻北海道的第 7 装甲师团工兵部队，每个单位 2－4 辆。

该车的底盘由 73 式履带式供弹车的底盘改进而成，车首装有推土铲，车上未装固定武器。每辆车装有 2 具并列的火箭发射器，内填 2 枚扫雷火箭弹。每枚扫雷火箭弹由推进火箭和稳定尾翼两部分组成，弹长 4.7 米，弹径 0.4 米，重 1 吨，射程约 800 米。火箭弹体内装有 26 个串联的炸药包，火箭发射后依次牵带出，这些炸药包着地爆炸后，可开辟出一条长 200 米、宽 7 米的通道，扫雷效率大于 95%。在扫雷车发射完 2 发扫雷火箭弹后，由扫雷车上的 2 名乘员和拖车上的 2 名乘员开始重新装弹。装 1 枚扫雷火箭弹需 1 小时。

92 式装甲扫雷车主要技术参数：

乘员：2 人。

车长：7.63 米。

车宽：3 米。

车高：2.77 米。

全重：25 吨。

发动机：1 台风冷柴油机，功率 400 马力。

最大公路速度：50 公里/小时。

最大公路行程：300 公里。

十一、94 式水际地雷布设车

20 世纪 80 年代初中期是冷战顶峰，日本对于苏联可能在其本土实施登陆的担忧达到了前所未有的程度。为了抵御苏联可能的两栖登陆，日本陆自一方面研制79式反舟艇反坦克导弹、88式岸舰导弹，另一方面还想到了在海岸布雷的招数，期望以水雷阵来阻挡苏军两栖舰艇靠近日本海岸。

1987年，日本防卫厅技术研究本部开始内部研制可在濒海布设的水际地雷（即濒海用水雷），1989年又开始内部研制4×4轮式水际地雷布设车。尽管此时苏联内部情况已经岌岌可危，所谓登陆日本本土的可能性大大降低，但日本并没有下令技术研究本部取消水际布雷车的研制。1994年，也就是苏联解体3年后，水际布雷车定型并命名为94式，随后由联合造船公司开始为日本陆自生产。

目前尚不知日本到底生产了多少辆94式水际布雷车，但其装备部队却很清楚，就是日本陆自方面队直辖的施设群第301、302、303、304水际障碍中队以及施设教导队。该车的单价很高，达到了5亿日元（约488.3万美元），比美欧等国的第三代主战坦克还贵。

94式水际布雷车由于要在濒海地区布雷，两栖能力是必备的，为此该车采用了独特的船型车体，并且在车体尾部下方两侧各装1部推进螺旋桨，因此有良好的水上航行能力。在陆上行驶时，采用4×4驱动。

车体前部是驾驶舱，乘员包括驾驶员、车长和布雷操作员（并排位于驾驶舱，其中驾驶员在右）。舱前有3块横置矩形防弹玻璃风挡，两侧还各有两块竖置的防弹玻璃观察窗和1块竖置的梯形防弹玻璃观察窗，视野非常好。驾驶舱上方有3个供乘员出入的舱口，两侧下方一直到观察窗设有7个脚蹬。

驾驶舱之后是动力传动装置模块，进排气百叶窗位于前部，粗大的排气管位于驾驶舱和动力模块之间的右侧位置。

车体后部是布雷系统，为两层格栅式布雷架，每层有4条布雷轨。其中上面一层布雷架的4条布雷轨全部用于装填和布设沉底雷，每条布雷轨装9枚；下面一层布雷架的4条布雷轨全部用于装填和布设锚雷，每条布雷轨也是装9枚。这样，全车携带的水雷总数就达到了72枚。

日本研制的水际地雷是专门在水深较浅的濒海布设的小型水雷，主要打击目标是敌方吃水较浅的登陆舰艇。水际地雷分为沉底雷和锚雷两类，其中沉底雷型号是沉底-1型，外形为圆盘形，直径0.45米，重40公斤；锚雷型号是系留-2型，外形为圆柱体，长0.65米，重45公斤，最浅可在3米水深布设。在布雷作业时，每枚水雷之间的间距为30米。车上所有72枚水雷布设完毕需1小时。该车在服役初期主要是通过位置测量、无线电导航等手段来测定水雷布设位置，2001年之后增加了GPS导航设备，使水雷布设更加精确。

94式水际布雷车主要技术参数：

乘员：3人。

车长：11.8 米。

车宽：2.8 米（陆上状态）、4 米（水上状态）。

车高：3.5 米。

空重：16 吨。

动力装置：1 台 6 缸水冷柴油机，功率 325 马力（2800 转/分）。

最大速度：50 公里/小时（公路行驶）、11 公里/小时（水上行驶）。

十二、96 式轮式装甲车

1992 年，日本小松制作所根据陆自的需求开始研制新型轮式装甲车。经过 4 年研制，于 1996 年定型，命名为 96 式轮式装甲人员输送车。同年，日本陆自获得了 37 辆 96 式装甲车的采购预算。到目前为止，96 式装甲车仍在采购——2014 年该车的计划采购数量为 8 辆，这也使得 96 式装甲车的采购总数达到了 365 辆。

96 式轮式装甲输送车的车体为全焊接单壳钢装甲结构，没有采用复合装甲。结构型式 8×8，前 4 轮为转向轮。车体前部左侧为发动机和变速箱舱，右侧为驾驶舱。驾驶舱有一扇向后开启的顶舱盖，舱门上有 3 个潜望镜。驾驶员席左侧为发动机室，装有水冷式四冲程 6 缸 360 马力柴油机。

驾驶舱后面是高架的车长指挥塔，指挥塔上有一扇向后开启的顶舱盖，周围装有 6 具观察潜望镜。指挥塔上可安装 1 挺美制 M2 型 12.7 毫米机枪或日本自研的 96 式 40 毫米自动榴弹发射器，并可在指挥塔内进行瞄准和射击。

M2 型 12.7 毫米机枪由住友重工业公司特许生产。M2 型机枪在世界上应用非常广泛，除了车载，还被用来作为步兵携行的远距离支援火力。

96 式 40 毫米自动榴弹发射器是由丰和工业公司为该车新研制的武器，类似美军使用的 MK19 型 40 毫米自动榴弹发射器。发射方式为高低压室式，因此发射器身管较短。96 式自动榴弹发射器夹紧装置安装在机架后部，手握水平拉杆，推压中央横推杆即可进行发射，通过榴弹输送弹链从旁边弹箱装弹。发射速度为 250－350 发/分，并可以进行单发与连发射击的切换。40 毫米榴弹为大金工业公司制造的装有破甲弹药的榴弹，被称为杀伤/反装甲榴弹。其威力很大，能够穿透 50 多毫米厚的钢装甲板、100 多毫米厚的轻金属装甲板以及 180 多毫米厚的钢筋混凝土。

由于不需要精确射击，所以使用的瞄准具并不是高级的光学瞄准具，榴弹发射器曾经使用了枪械上使用的表尺，表尺上的刻度为 300－1500 米，单位为 100 米。榴弹发射器全长 975 毫米，枪身长为 454 毫米，发射器全重为 24.5 公斤。

96 式自动榴弹发射器通常安装在 96 式轮式装甲输送车的枪架上，必要时也可像重机枪那样，放在地上用三脚架支撑着进行射击。但是，该榴弹发射器发射时的后坐力很大，因此命中率较低。

车体后部为载员舱。有 8 个座位，可以搭乘 8 名步兵，4 名为一排，面对面而坐。座椅是每 2 个座位为一组。由于车内空间宽敞，最多时可以搭乘 10 名步兵。载员室的最前部，发动机室的左侧正后方设有面向前的坐席。该坐席为步兵班长席，为了便于观察，左侧设有安装防弹玻璃的小窗口。

载员室的两侧设置有 5 个 25 厘米宽、15 厘米高的固定式防弹玻璃观察窗，这些窗口的内侧装有活动窗帘，载员可以方便地在车内观察车外情况。另外，载员室的上方设有 4 个可向外打开的带扭簧的矩形舱门，必要时搭载步兵不但可以打开该舱门，探出半个身子进行射击，而且步兵还可以通过护栏跳下车去进行战斗。另外，在车体上面的左右方各安装了 1 组 4 联装烟幕弹发射器。

载员舱顶部两侧各设有 2 个朝外开启的顶舱盖。在弹簧的作用下，通过上下推拉来开关顶舱盖，它的开关就如同开关公共汽车的顶窗盖一样方便。4 个顶舱口处均设有机枪或无后坐力炮的支架，搭载的步兵可以在顶舱口处探出身体进行射击，也可以从顶舱处出入载员舱。车体后部有一扇大门，通过液压操纵机构可以放落地面上，当作步兵上下车辆的踏板。而且大门上还有一扇小门。两扇门配合使用，以方便搭载的步兵上下车。车体外部和驾驶舱内均设有载员舱后门操纵开关。

虽然 96 式轮式装甲车的装甲厚度没有公开，但是根据车体重量和嵌入防弹玻璃的窗口可以推测出，车体正面装甲约 12 毫米，侧面约 8 毫米。也就是说，该车只具备防御炮弹破片和 7. 62 毫米机枪子弹袭击的能力。此外，该车车体前部左侧上方装有先进的激光告警装置，对应的右侧位置上安装的是一台干扰装置；车尾顶部两侧各装有一组 4 具烟幕弹发射器。一旦受到测距激光、制导激光的照射，激光告警装置将发出报警，同时可能启动干扰装置或发射烟幕弹干扰来临的威胁。该车安装有三防装置，适合在各种沾染地区使用。

96 式轮式装甲车的动力装置为一台三菱重工 6D40 型四冲程 6 缸水冷柴油机，功率 360 马力（2200 转/分）。该发动机最大的特点是废气经专门的排气处理装置处理后再排出到车外，估计主要是为了减弱废气产生的热信号特征和降低排气噪声（车辆左侧中部安装的箱状部件就是该排气处理装置）。

传动装置采用 H 型配置。发动机的动力经变速箱出来后分成左右两路，再经车体两侧的传动轴分配给各车轮。与经车体中心线上的传动轴分配动力给各半轴的传动置相比，H 型传动配置的最大优点是，两侧的传动轴分置在载员舱座椅下面，大大降低了车高，增大了车内有效空间。不足之处是车体底部截面形状呈倒 V 字形结构，车底触雷时，不能有效分散地雷爆炸产生的能量，防雷性能差。

该车前后 8 个轮均为驱动轮。采用双叉臂悬挂，弹性元件为纵向安装的扭杆弹簧，还安装有筒式减振器。该双叉臂悬挂的上下臂的长度大致相同，但形状各异。左右两侧的双叉臂悬挂可以通用。驱动轴从上下臂之间通过。每个车辆上均装有盘式制动器。前 4 个转向驱动轮的悬挂系统与普通轮式车辆的双叉臂悬挂系统基本相同，但后 4 个驱动轮的悬挂系统则做了精心的设计。弹性元件为横向安装的扭杆弹簧。它通过连杆与粗大的平衡肘和筒式减振器相连。平衡肘内装有动力传动件，从半轴传来的动力经平衡肘内的传动件传回车辆。

96 式轮式装甲车采用径向式钢丝子午线防弹轮胎，规格为 11. 00 × R20。径向式防弹轮胎的结构特点是，在轮胎内侧嵌入了金属制或橡胶制的硬芯，即使轮胎中弹漏气，轮胎内侧的硬芯也能支撑车辆的重量，虽然不能高速行驶，但是不会由于中弹而陷于不能行驶的境地。轮胎安装有中央调压系统，可以根据路面状况调节轮胎压力。因此，该车的越野能力接近履带式车辆。即使有 1 个轮胎被子弹击中而泄了气，车辆的行驶速度也不会受到太大的影响。如果 2 个轮胎被炸飞了，车辆即使不能继续作战，也可以自己驶往维修点。

该车的操纵十分简单方便，跟驾驶民用汽车差不多。驾驶员用方向盘驾驶车辆。驾驶员左手侧是自动变速箱的变速杆，自动变速箱有 4 个前进档和 1 个倒档。驾驶员右手侧有轮胎压力中央调节系统主控制开关和差速锁等。该差速锁的作用是，当一个车轮打滑空转时，能防止其他车轮失去动力。

96 式轮式装甲车主要技术参数：

乘员：2 人。

载员：8 人。

战斗全重：14. 5 吨。

车全长：6. 84 米。

车宽：2. 48 米。

车高：1. 85 米。

最大公路速度：100 公里/小时。

最大公路行程：500 公里。

爬坡度：60%。

十三、99 式弹药补给车

该车是日立制作所为 99 式 155 毫米自行榴弹炮配套研制的弹药补给车，

1999年定型。日本陆自从2000年至2011年总共采购了17辆，平均单价4亿日元（约391万美元）。

该车的底盘与99式自行榴弹炮相同，但车体重新设计。车体前部是宽大的驾驶舱，后部是弹药舱。其中驾驶舱容纳2名乘员（驾驶员在右、车长在左），车首有三片式防弹玻璃风挡（左右两块面积很大，中间很小），两侧开有侧舱门。在驾驶舱前正中上方有武器座圈，可加装1挺带防盾的M2HB型12.7毫米机枪用于自卫。

驾驶舱后面是动力舱，装有动力传动装置，排烟管装在右上方。

车体中后部是方正的弹药舱，里面后部右侧装99式发射药，后部左侧有自动输弹机构，在乘员操作下可自动完成补弹任务。补充弹药时，99式自行榴弹炮和弹药补给车是车尾对车尾状态。炮弹引信要在补充弹药前装定完毕。在装药舱的上面有废气排放装置，以避免废气给安全带来隐患。99式弹药补给车可携带90发155毫米弹药，能够有效支持99式自行榴弹炮的持久火力所需。

99式弹药补给车主要技术参数：

车长：6.7米。

车宽：3.2米。

车高：3.1米。

战斗全重：33吨。

发动机：1台V型二冲程水冷柴油机，功率560马力。

最大公路速度：47公里/小时。

十四、施设作业车

日本陆自的所谓施设作业车，其实就是装甲工程车。该车最早露面是在2001年的富士综合火力演习中，富士教导团坦克教导大队第110工程队的2辆参加了战场伪装演练。但直到现在，日本陆自也没有为该车进行命名，也没有透露该车的任何技术情况。

从目前所能获悉的有限资料可知，施设作业车是技术研究本部和小松制作所从1989年开始研制的，1999年定型，其后由小松制作所投入生产。从外形上看，该车的结构布局与美欧同类的装甲工程车相似，车体采用全焊接装甲钢结构，防护能力较75式装甲工程车要高，而且车体后部两侧上方还分别装有1座四联装烟幕弹发射器。

车体前部右侧是驾驶舱，其舱口前有3具潜望镜；左侧稍后是较高的车长舱，其周围有一圈潜望镜。车体后部是动力舱，装有动力传动装置，其上方是进排气百叶窗，排烟管设在车体内部，管口设在车体左后侧，从这里的圆形开口排出烟气。行走装置包括单销金属履带、6 对等距轮缘挂胶负重轮，无托带轮，主动轮后置，诱导轮前置。悬挂装置为扭杆悬挂。

工程作业装备包括：车体前部装有全车宽液压推土铲，由两个液压缸通过两臂操作，不用时用机械闭锁。可以装 4 个松土齿以掘起道路表面，安装热交换器后可使车辆在高温环境下完成推土作业。该铲还可起稳定车体作用。车体右侧上方装有一个液压控制的长臂式挖斗，可进行 180 回旋。行军时挖斗置于车尾，作业时旋回到车体前。此外，该车也可加装绞盘，对战场上受损的坦克装甲车辆实施牵引抢救。

施设作业车主要技术参数：

乘员：2 人。

车长：8.88 米。

车宽：3.77 米。

车高：2.77 米。

车重：28.6 吨。

最大公路速度：50 公里/小时。

爬坡度：60%。

十五、11 式装甲抢修车

该车是日本三菱重工以 10 式坦克底盘研制的装甲抢修车，主要用于承担 10 式主战坦克的野外抢救和维修作业。第 1 辆原型车在 2013 年 3 月制造完成，4 月 7 日在陆自驹门基地首次对外公开。值得注意的是，该车还没有定型，就被命名为 11 式，这在陆自历史上并不多见。

11 式装甲抢修车除了采用与 10 式主战坦克相同的动力装置和悬挂装置外，其他结构情况与 90 式装甲抢修车基本相同。

11 式装甲抢修车主要技术参数：

车长：9.1 米。

车宽：3.4 米。

车高：2.6 米。

战斗全重：44.4 吨。

最大公路速度：70 公里/小时。

爬坡度：60%。

十六、轮式机动战斗车

该车是日本陆自 2006 年提出研制计划，2007 年得到日本国会的批准开始研制，具体研制工作由位于日本神奈川县相模原市的防卫省技术研究本部陆上装备研究所负责。2013 年 10 月 9 日，防卫省技术研究本部陆上装备研究所正式对外公开了 8×8 轮式机动战斗车的一号原型车。按照预定计划，首先是制造 4 辆原型车进行试验，2015 年定型，届时可能将会命名为 15 式，研制费用约 173 亿日元（约 1.69 亿美元）。从 2016 年开始，8×8 机动战斗车将正式进入日本陆自服役，目前初定的采购数量为 99 辆。

8×8 机动战斗车在设计时应用了许多 10 式坦克的技术，这样既加快了研制进度，同时还降低了研制费用，更重要的是让技术先进性得到了很好的保证。

机动战斗车的外形极为洗练，而且与其他国家的同类车型相比车体显得极为低矮。洗练的外形有助于降低被探测装置发现的概率，而低矮车体的好处是能够降低重心，增强车载武器射击时的稳定性。

结构布局上仍是传统的动力前置布局，车首采用了与西方新型 8×8 轮式装甲车相似的楔形设计，首上装甲面积很大，但是倾斜角度要小得多。由于该车完全用来装备日本陆自，不考虑出口，而日本又是靠左行驶的国家，所以该车的动力舱设在左侧，驾驶舱设在右侧。驾驶舱与动力舱用隔音、隔热、隔振的隔板隔开，以保证驾驶员不会受到动力传动系统的噪声、发热、振动伤害。动力舱和驾驶舱最前面有进气百叶窗，之后是两个方便进行检查和维修工作的装甲盖板；车头灯设置在首下装甲两侧；车首下装甲中部两侧设有牵引环。

车体两侧采用垂直面设计，防护性能不如倾斜设计的好，但是对于增加车内空间有利。在靠近楔形车首的车体左前侧布置有排气百叶窗，其前方是发动机排烟口。不过，车体两侧除了第一个和第二个车轮之间有装甲凸台外，其余三个车轮之间没有设置，这样就让悬挂系统完全暴露在外，防护性能受到较大影响。

车体中部上方装有一座紧凑的楔形电动炮塔。从外形分析，应该是在 10 式坦克炮塔基础上改进而来。炮塔内共有 3 名乘员：车长、炮长和装填手。其中车长位于炮塔内左侧，炮长位于炮塔内右侧前部、装填手位于炮塔内右侧后部。

炮塔前部正中装有 1 门双向稳定的低后坐力 105 毫米 52 倍口径线膛炮。该炮是在日本 74 式坦克的英制 L7A1 型线膛炮基础上改进而来，最明显的区别是采用了“胡椒罐”式炮口制退器，目的是降低后坐力。炮口制退器之后的炮管左侧装有类似 10 式坦克主炮的基准装置，后面的炮管外装有金属热护套，并在炮管靠后位置装有抽烟装置。

据日本防卫省介绍，该炮的弹药与 74 式坦克通用。照此看来，该炮属于高膛压火炮。尽管 105 毫米炮的威力无法和 120 毫米或 125 毫米坦克炮相比，但得益于火炮和弹药技术的快速进步，现在105毫米炮的威力还是很可观的。例如比利时Mecar公司在2002年研制的M1060A3尾翼稳定脱壳穿甲弹炮口初速达1560米/秒，可在2000米距离上穿透倾角为60度、厚度460毫米的均质钢装甲（RHA），这个穿甲威力已经达到了德国DM33型120毫米穿甲弹的水平。如果日本引进该弹并加以仿制的话，那么机动战斗车将具备与第三代中期型坦克一战的能力。实际上，74式坦克主要使用的两种105毫米弹药——93式尾翼稳定脱壳穿甲弹和91式多用途破甲弹（HEAT-MP）能够满足机动战斗车的任务需要了，毕竟机动战斗车要对付的主要目标不是对方的主战坦克，而是轻型坦克、步兵战车、两栖战车等防护力远小于主战坦克的装甲车辆。

从射击稳定性上讲，8×8轮式底盘尽管已经不算小，但由于车轮接地面积仍与履带有较大差距，因此在松软地形条件下进行高膛压105毫米炮的射击时，车身稳定性不是很好。但从日本陆自2013年10月9日对外公开的机动战斗车的火力测试录像来看，该车无论是静止还是行进间射击时的稳定性都很出色，即使是进行侧向射击时底盘晃动的也很轻微。据日媒报道，该车的射击稳定性之所以出色，主要得益于低矮底盘设计、新型炮口制退器的效果以及该车所应用的三菱重工为10式坦克开发的反后坐装置。车尾偏右位置有一扇向右侧开启的装甲舱门，用于抛壳、补弹或乘员的紧急出入。

机动战斗车的辅助武器为1挺装在炮长/装填手舱口前的M2HB型12.7毫米机枪和1挺安装在主炮左下方的74式7.62毫米并列机枪。

机动战斗车炮塔上的观瞄配置与10式主战坦克非常相似，包括车长周视瞄准镜、炮长双通道瞄准镜、横风传感器（安装在车尾中部上方）、激光测距仪等。由此推测，该车的火控系统应该是移植自10式坦克。这也意味着该车具备像坦克那样的“猎-歼”作战能力和车长超越炮长射击的能力。此外，该车还在炮塔后部左右两侧上方位置装有2根鞭状天线，车内装备有GPS卫星导航系统、数字化通信系统、战场管理系统等，能够实现车与车、车与上级或其他平台的信息共享，这对于该车未来与10式坦克或其他作战平台协同作战打下了很好的基础。

在机动力方面，轮式装甲车辆的长距离公路机动明显好于履带式装甲车，但是车轮的特性使轮式车辆在恶劣地形条件下的越野机动能力弱于履带式车辆。为了提高机动战斗车的越野能力，日本防卫省技术研究本部正在加紧进行“公路外行军车体摇晃抑制技术”。一旦该技术研究成功并运用于轮式装甲车辆，可让包括机动战斗车在内的所有轮式装甲车的越野机动能力达到接近履带式车辆的水平。

机动战斗车的发动机为一台直列四缸四冲程水冷涡轮增压电喷柴油机，

功率570马力（2100转/分），单位功率在22马力/吨，这在轮式装甲车辆是非常高的，因此该车具有良好的公路机动性。机动战斗车的战略机动性能也很好。由于该车总体设计异常紧凑，战斗全重为26吨，所以能够轻松地装入大型运输机实施空运。目前，日本正在加紧对XC－2大型运输机进行试飞。未来待XC－2正式装备日本空自变为C－2时，将让机动战斗车具备极好的战略空运能力。

机动战斗车的装甲防护性能一般，全焊接装甲钢车体以及附加装甲也只能使车体和炮塔正面能防御20毫米机关炮的直射，车体两侧和车尾、炮塔两侧和尾部能防12.7毫米机枪的直射。其实这也没办法，它的战斗车重就在那儿摆着，不可能指望有太好的装甲防护力。如果要提高装甲防护等级，就必须增加装甲重量，但这势必导致战斗全重大幅增加，进而影响空运能力。

在2007年的军事预算中，曾经编列有机动战斗车对84毫米反坦克火箭弹以及反坦克导弹的测试费用。但相关试验情况未见报道，因此尚不清楚该车对聚能装药反坦克弹药的防护情况。但从该车目前的状态来看，要想防御此类反坦克弹药还是够呛。

机动战斗车的其他防护手段包括自动灭火抑爆系统、三防系统、激光告警接收机（安装在炮塔正面两侧）和烟幕弹发射器（布置在炮塔两侧，每侧4具）等。

机动战斗车的主要技术参数：

乘员：4人。

车长：8.45米（炮向前）。

车宽：2.98米。

车高：2.87米。

战斗全重：26吨。

最大公路速度：100公里/小时以上。

十七、化学防护车

化学防护车是日本自卫队为了对应化学战争或核战争而开发的战地化学武器和放射线污染调查用军事车辆，也可以处理化学灾害。该车是小松制作所根据陆自的需求从1983年开始研制的，1987年定型生产，但未获型号名称。日本陆自在1985—2009年总共采购了47辆，平均单价2亿日元（195.3万美元）。目前，这些化学防护车装备于陆自的中央特殊武器防护队（琦玉县大宫基地）、各师团和旅团下属化学防护小队。

化学防护车是在82式指挥通信车基础上发展而来的。放射线测定器和化学测定器等采样设备都在车体后部的小罐中。由于该车主要用于那些被化学、生物及核污染的地区，所以特别对车体的密封性进行了改进，并安装了一台空气过滤装置。在车内后部有一名操作人员，通过在车内控制采样设备收集并且分析像污染的土壤那样的样品。车辆能安全而迅速在各种环境中测量和分析污染的情况。

1999 年日本东海村核燃料处理厂发生临界事故，化学防护车虽然出动，但因防核辐射能力不是很强而只是在现场待命。基于这次教训，日本陆自专门为该车研制了中子防护板，以加强核辐射条件下出动时的保护性。1999 年起新服役的化学防护车（B 型）还专门强化了对抗细菌战的能力，在车体侧面装备有起竖式风向测定器，并在车体后部设置了起竖天井。为了区别一般自卫队车辆和此种紧急车辆，化学防护车还装有红色警告灯。此外，在车体后部右上方安装有 1 挺遥控的美制 M2HB 型 12.7 毫米机枪，用于自卫。

化学防护车主要技术参数：

乘员：4 人。

车长：6.1 米。

车宽：2.48 米。

车高：2.38 米。

车重：14.1 吨（未加装备）。

最大公路速度：95 公里/小时。

最大公路行程：500 公里。

十八、核生化侦察车

该车主要用于在遭到核生化武器袭击的现场收集污染物数据，并即时传送给日本防卫省。该车由小松制作所从 2005 年开始研制，2009 年定型，2010 年开始采购，2012 年 5 月 16 日，该车在埼玉市的日本陆自防化学校首次对外公开展示。至 2014 年共采购 17 辆，平均单价 6.3 亿日元（约 615.3 万美元）。目前，已有 16 辆服役，装备于陆自的中央特殊武器防护队、东北方面队第 6 师团第 6 特殊武器防护队（山形县神町基地）。日本陆自计划最终采购 50 辆。

核生化侦察车采用 8×8 轮式底盘，比之前的化学防护车大得多，可以装更多的核生化探测设备。车体前部是驾驶舱，有 2 名乘员（驾驶员和核生化探测员）。驾驶舱左后侧是车长坐席，其上方有一个带周视潜望镜的出入舱口。动力舱位于车体中部右侧，排烟管从侧面车体伸出。车体后部是核生化采样设备以及另一名核生化探测员。

该车密封性极好，而且车内有空气过滤设备和增压设备，使乘员在车内无需穿戴防护服。而且由于所有探测设备都实现了自动化，所以乘员不用下车即可完成采样分析任务。

核生化侦察车主要技术参数：

乘员：4 人。

车长：8 米。

车宽：2.5 米。

车高：3.2 米。

战斗全重：20 吨。

发动机：1 台水冷四冲程柴油机。

最大公路速度：95 公里/小时。

十九、轻型装甲车

日本陆自在 1996 年开始将装甲车辆转向轮式化，除了最具代表性的 96 式 8×8 轮式装甲车之外，还有 4×4 轻型装甲车。该车是技术研究本部与小松制作所从 1998 年开始研制的，2000 年定型。但是该车并没有得到型号命名，日本防卫省在其各类文件中提到该车时仍称为轻型装甲车，而外界则根据日本按年份命名的规则称其为 00 式。

日本陆自从 2001 年起一直在采购轻型装甲车，至 2014 年采购总数高达 1703 辆。此外，日本航空自卫队从 2003 年起也采购了该车，至 2014 年采购总数为 119 辆。这样，日本陆自和空自的采购总数达到了 1822 辆。至于该车最终会采购多少，日本防卫省还在研讨之中，但采购数字肯定会超过现在。由于采购数量庞大，该车的单价也在不断降低，从 2001 年的 3500 万日元（约 34.18 万美元）降至现在的 3000 万日元（约 29.3 万美元）以下。另外，日本还拟在其基础上开发民用版本，单价可降到 630 万日元（约 6.15 万美元）左右。

轻型装甲车在设计上明显效仿法国 VBL 型 4×4 装甲车，所以两者在外形上很相似。该车在车体上设有 5 个车门（左右各有 2 个，后部 1 个），全体乘载员可以快速方便地进出车辆。车门上的窗户可向上打开并且安装有防弹玻璃。车体顶部有较大型的圆形舱口，两扇舱盖可以向左右两侧上方打开，舱口前部安装有防护板，乘员可从此处射击和观察。向左右打开的舱盖也可用做乘员射击时的防盾。烟幕弹发射器可以有选择地配备，据说只在班排长车辆上配置。

该车具有很强的战略机动性或可运输性。它重量轻、体积小，便于由 C-130H 运输机和 C-47J 直升机空运。轻装甲机动车战术机动性即越野性和快速性十分优异，采用 160 马力 4 缸水冷涡轮增压柴油机，自动变速箱有 4 个前进档，1 个倒档。行前装置采用 4 轮驱动形式和双“V”型架结构，车底距地高0.41米，保证了较好的通过性。轮胎自动充放气系统有利于提高车辆的行驶性能，该系统最近成为轮式装甲车辆的一种标准配置。但轻装甲机动车没有浮渡能力，在这点上与法国的VBL装甲车不同。

轻型装甲车采用装甲钢全焊接结构，可以抵御步枪弹和炮弹破片。武器系统方面，未见固定的车载武器。但是车载步兵可以利用车顶护板架设1挺米尼米5.56毫米机枪、89式突击步枪进行射击。舱口护板借助塔环能够旋转360度，有利于观察和发挥火力。反坦克班可以使用01式轻型反坦克导弹。该导弹技术性能类似于美国的“标枪”，采用了红外成像制导方式，可实施“发射后不管”射击。

轻型装甲车继承了日本以往的单独设计传统，没有采用车族化设计。这是因为日本陆自认为一个班都乘坐一辆中型装甲车还不如分别乘坐几辆轻装甲机动车，后者更加灵活和敏捷，在反恐和反游击战时具有较大优势。

轻型装甲车的使用特点包括：一是武器火力可以灵活从车顶，舱口发挥。二是可以在坦克支援下实施作战行动。各辆装甲车以排长为中心前进，支援步兵的车辆是主战坦克。各车以保持能够相互支援的队形前进，充分发挥隐蔽性好、噪声低和机动灵活的优越性。当接近交战距离时，各车辆进入洼地和树荫下，乘员下车展开行动。三是发挥反恐和反游击战的优越性。排长车与反坦克班车为了能够对付突发情况，尽量在下车队员的支援下乘车前进。为了便于接近敌人，在排长车上安装了烟幕弹发射器。携带反坦克导弹的步兵班尽可能乘车作战，便于快速机动，接近目标之后迅速射击，然后马上转移。攻坚作战时，排长和反坦克班都在障碍前面的突击发起点下车，形成实施传统步兵突击的态势。然后全排队员下车战斗，步兵班、机枪班和反坦克班联合打击顽抗的敌人，最后通过徒步作战压制敌人阵地。

轻型装甲车的主要技术参数：

乘员：1人。

载员：3–4人。

车长：4.4米。

车宽：2.04米。

车高：1.85米。

战斗全重：5.5吨。

最大公路速度：100公里/小时。

最大公路行程：500公里。

爬坡度：60%。

二十、“大毒蛇”防护机动车

2013年11月15日，日本修改了《自卫队法》，最大的修改之处是在紧急状况下允许自卫队对海外日本国民进行陆地运输的救助，而运送方式也由以往的“航空和海上”两条，增加“陆地车辆运送”的内容，即将受保护的日本国民从事发地、日本大使馆等护送到机场码头，确保其安全撤离。运送对象也由原来的“当事者”扩展到当事者的同行家属、外务省职员、企业相关人员和医生等。而随着《自卫队法》的修改，日本陆自向海外派遣将变得更加频繁，考虑到派出的陆自官兵很可能会受到地雷和简易爆炸装置（IED）的威胁，于是日本防卫省决定为陆自采购防护型装甲输送车，并在2013年度增补预算中得到了4辆防护型装甲输送车的采购预算。

2014年4月，有关采购何种型号的防护型装甲输送车尘埃落定，是由欧洲泰利斯公司澳大利亚分公司研制的“大毒蛇”8×8轮式防护机动车，装备部队确定为宇都宫基地的陆自中央即应连队。

“大毒蛇”防护机动车采用模块化设计，乘员1人，载员9人。其中驾驶员和载员的指挥官均在车体前部的驾驶舱内（驾驶员居右，指挥官居左）。驾驶舱前部有宽大的防弹玻璃风挡，两侧还有两个防弹玻璃观察窗，对外观察条件较好，这一点作为内卫安全车特别重要。载员舱内乘坐8名载员，均有单独的座椅，左右各4人，面对面而坐。车体两侧各有2个防弹玻璃观察窗。乘员和载员主要从车尾门上下车。尾门向右开启，其上也有一个防弹玻璃观察窗。车体顶部有5个舱口，最前面的舱口处可装1座遥控武器站，或1挺5.56毫米机枪，或1挺7.62毫米机枪。车体两侧可加装IED干扰机。

“大毒蛇”防护机动车的车体为装甲钢全焊接结构，能防护反坦克地雷、防步兵地雷以及5.56毫米、7.62毫米普通弹的攻击。加装ADI公司的附加装甲后，可以抵御5.56毫米及7.62毫米穿甲弹的攻击。防弹玻璃可以提供与钢装甲相同的防护能力。车底装甲采用V型结构以及将水箱布置在车体底部，大大提高了对地雷的防护能力。

“大毒蛇”防护机动车的动力传动装置位于车体的最前部。发动机为一台美国卡特彼勒公司的3126E型6缸涡轮增压柴油机，排量7.2升，最大功率300马力（2400转/分），最大扭矩1166牛米（1440转/分）。传动装置是德国ZF公司6HP502 ECOMAT G2自动变速箱，有6个前进档和1个倒档，具有变矩器自锁和电子控制功能。发动机的动力直接传给车体前部的变速箱。整个动力传动装置拆装方便，易于接近保养点，维修性好。

“大毒蛇”防护机动车的悬挂系统为阿文美驰公司的全轮独立悬挂，有螺旋弹簧、长/短臂叉杆及双向减震器，从而使该车具有极好的公路行驶能力和越野行驶能力；制动器为英国罗克韦尔公司制造的气动控制盘双回路制动器；轮胎为395/85R20型防弹轮胎，并有中央胎压调节系统。车体后部两侧各放置一个备用轮胎，这对于4×4的轮式装甲车是不多见的。

“大毒蛇”防护机动车的附属设备包括：独立式空调系统，保证乘（载）员在高温条件下有长时间作战的能力；自救绞盘，牵引力为98千牛，装于车体右侧下部；饮用水供应系统等。

“大毒蛇”防护机动车主要技术参数：

乘员：1人。

载员：9人。

车长：7.18米。

车宽：2.48米。

车高：2.65米。

战斗全重：14.5吨。

最大公路速度：100公里/小时。

载油量：319升。

最大公路行程：800公里以上。

接近角：40度。

离去角：38度。

爬坡度：60%。

侧倾坡度：36%。

过垂直墙高：0.457米。

越壕宽：1.2米。

二十一、AAV7A1两栖装甲车

日本在将战略重点转向西南诸岛之后，对于两栖作战日益重视。在2013年12月出台的新《防卫计划大纲》中，日本防卫省明确提出要陆自成立具备两栖作战能力的水陆两栖团。该团将以陆自西部方面普通科联队（驻地长崎县佐世保市，编制700人）为中心组建，未来规模将达到3000人。与此同时，日本防卫省还开始为新的两栖部队采购适应两栖作战的装备，其中重点之一就是从美国采购AAV7A1两栖装甲车。2013年度军费预算里编列了4辆AAV7A1的采购预算，这4辆车主要用于性能测试。在2014年《中期防卫力整备计划》中将决定采购52辆AAV7A1，用于装备新组建的水陆两栖团。

AAV7A1两栖装甲车的车体为5083铝合金装甲板整体焊接式全密封结构，能防御轻武器、榴弹弹片。车体外形呈流线形，能克服3米高的海浪并能整车浸没入波浪中10－15秒。

驾驶员和车长一前一后位于车前左侧，各有1个单扇后开舱盖和7个观察镜，可以进行360°观察。驾驶员配有夜视潜望镜，车长前方有1个可升高的M17C潜望镜，以便越过驾驶员舱盖观察前方。

动力舱位于车首中央、驾驶员右侧，发动机为一台 VT400 型 V 型 8 缸四冲程柴油机，功率525 马力。动力通过带闭锁装置的变矩器传递到 HS－400－1 液压双流转向、动力换挡的综合式液力传动装置，经变速箱输出端汇流行星排传到车体上的侧减速器，最后传到主动轮。传动装置主要部件是变矩器、电液控制离合器和液压转向系统，同时具有变速、转向和制动功能。装在液力变矩器壳体上方的分动箱通过电液控制离合器可以把发动机动力提供给喷水推进器和发动机冷却系统。减速和停车制动通过机械操纵的油冷多片式摩擦制动器完成。

动力装置上方装有 1 风扇和散热器，空气进出均经由车顶防弹格栅。浮渡时格栅下方的液压驱动门关闭空气进出口，车内所需空气则由装在驾驶员右侧车顶上的液压驱动空气阀门进入车内。此时靠与车底连成整体结构的接触式冷却器进行冷却。

该车在浮渡时由两个装在车体后部两侧的喷水推进器驱动。分动箱的动力通过舷台顶部的直角变速器和延伸到车尾的驱动轴驱动喷水推进器。该推进器为铝制混流式水泵，喷水口排水量 52990 升/分。每个喷水口后面各装有一个电液控制的铰接导流器，由驾驶员用方向盘操纵，通过调转喷水方向，可使车辆在水中倒行、转向及绕自身轴线旋转。水中最大前进速度为 12. 87 公里/小时，倒行速度为 3. 129 公里/小时，也可同时用履带划水驱动。

行走装置包括 6 对双轮缘橡胶铝制负重轮，主动轮在前，诱导轮在后，无托带轮。扭杆悬挂，第一和第六负重轮处装有液压减振器。采用单销挂胶钢制履带，全重为680 公斤，节距为 15 厘米，其模制胶块可以更换。

全封闭炮塔安装在车前右侧，发动机旁边，塔上装有单扇后开舱盖，有 9 个观察镜、倍率为 1 × 和 8 × 的瞄准镜和 1 个直接周视瞄准镜。武器为 1 挺 M2HB 型 12. 7 毫米机枪和 1 挺 MK19 型 40 毫米自动榴弹发射器。

车后载员舱可搭载 25 名全副武装的陆战队士兵，分坐在 3 条长椅上，中间 1 条，两侧各 1 条。中间长椅可拆掉，两侧长椅可折叠，这时能运载重达 4536 公斤货物。士兵出入车辆通过车后的电动跳板式大门，其左侧开有应急门，还装有 1 个观察镜。载员舱顶部甲板上设有 3 个出入窗口。

该车设有 4 个舱底排水泵，还有导航仪器、防寒设备等，但无三防装置。

AAV7A1 两栖装甲车的主要技术参数：

乘员：3 人。

载员：25 人。

车长：8. 161 米。

车宽：3. 269 米。

车高：3. 315 米。

战斗全重：25.65 吨。

最大速度：72.42 公里/小时（陆上）、12.87 公里/小时（水上）。

最大行程：483 公里（陆上）、72 公里（水上）。

第五节　日本陆上自卫队的榴弹炮

日本陆自现役的榴弹炮主要包括 FH－70 型 155 毫米牵引式榴弹炮、203 毫米自行榴弹炮、75 式和 99 式 155 毫米自行榴弹炮。

一、FH－70 型 155 毫米牵引式榴弹炮

该炮是英国、前西德和意大利于 1968 年开始联手研制的，1975 年定型，1978 年投入批量生产。日本防卫厅在 20 世纪 80 年代初为替换陆自老旧的美制 M1 型 155 毫米和 M2A1 型 105 毫米榴弹炮，选中了这款当时堪称新锐的 FH－70。从 1983 年起，得到许可生产授权的日本制钢所开始为陆自生产 FH－70 榴弹炮，生产总数为 492 门。到 2014 年初，日本陆自现役装备的 FH－70 榴弹炮还有 370 门。未来，该炮将被日本陆自正在研制的新型轮式 155 毫米 52 倍口径榴弹炮取代。

FH－70 型 155 毫米榴弹炮全炮重 9.3 吨，可用三菱重工生产的 74 式 6×6 重型军用卡车牵引机动，也可由 C－130H 运输机或 CH－47J 直升机空运，机动能力强。其技术特点包括：炮闩为半自动立楔式，垂直向上开闩。闩体内装有可容纳 11 个底火的底火自动装填装置、底火退壳装置和应急击发机构，采用紧塞环密封；摇架为框形结构，身管和液压驻退筒式反后坐装置装在摇架滑轨上，主击发机构装在摇架耳轴上；炮口制退器为双室；下架为箱形结构，连接上架，支承座盘和开脚式大架，兼作辅助推进装置的水箱和油箱；在下架前部的矩形框架内装有富士重工研制生产的 1800CC 辅助推进装置。

FH－70 型 155 毫米牵引式榴弹炮主要技术参数：

炮班人数：8 人。

炮全长：6.992 米（牵引状态）、12.4 米（射击状态）。

身管长：39 倍口径。

炮身宽：2.56 米（牵引状态）。

炮身高：2.56 米（牵引状态）。

火线高：1.525 米。

膛线：48 条右旋，缠度 20 倍口径。

装填方式：半自动。

战斗全重：9300 公斤。

公路牵引速度：100 公里/小时。

辅助推进速度：20 公里/小时。

行军战斗转换时间：1.5～2 分钟。

炮口初速：827 米/秒。

最大射速：6 发/分。

持续射速：2 发/分。

爆发射速：3 发/15 秒。

配用弹种：L15 系列榴弹、M549 火箭增程弹、93 式远程榴弹、发烟弹、照明弹、89 式空包弹。

发射装药：L10A1 发射装药。

最大射程：2.4 万米（榴弹）、3 万米（火箭增程弹）。

最小射程：2500 米。

高低射界：-5.5°～+70°。

方向射界：±55°。

装填方式：弹丸与药包分开装填。

弹重：榴弹弹丸重 43.5 公斤（装药 11.32 公斤）。

二、203 毫米自行榴弹炮

该炮是日本陆自在 20 世纪 80 年代初开始从美国引进的 M110A2 型 203 毫米自行榴弹炮，炮身由美国 FMS 公司提供、炮架由日本制钢所生产、搭载火炮的底盘由小松制作所生产。日本陆自总共采购了 91 辆，目前全部在役，装备于陆自武器学校、富士教导团特科（即炮兵）教育队第 4 中队、北部方面队第 1 特科团第 1 和第 4 特科群、西部方面队西部方面特科队第 112 特科大队（炮兵营）。

日本陆自的 203 毫米自行榴弹炮没有炮塔，整车由火炮及底盘两大部分组成。所以，也有人称它为“M110 型 203 毫米自行炮架”。其优点是结构简单，便于减轻全车重量，缺点是战斗部分没有装甲防护。整个炮班有 13 人，其中 5 人（炮长、驾驶员和 3 名炮手）在 M110 车上，其余人员乘坐在 87 式弹药补给车上。

车体为铝合金装甲全焊接结构，最大装甲厚度 12.7 毫米。驾驶室位于车体的左前部，驾驶员有 3 具潜望镜。车体前部右侧是动力传动装置。其中发动机为 1 台 8V-71T 型二冲程 8 缸水冷涡轮增压柴油机，功率 405 马力

(2300 转/分)。传动装置为阿里逊公司的综合变速箱，这是一种液力机械式双流传动变速箱，有 4 个前进档和 2 个倒档。悬挂装置为扭杆式。车体每侧有 5 个橡胶双轮缘负重轮，主动轮在前，第 5 个负重轮兼作诱导轮，目的是提高射击时的稳定性。每个负重轮处安装 1 个液压减震器。履带为单销式销耳挂胶履带。

车体后部为炮架和火炮，没有炮塔。车体的最后左侧装有装填机，车体后部下方装有大型驻锄，射击时放下，以吸收射击时的后坐能量。车内的炮长的座位高度可调，并且有发动机、变速箱、水散热器的温度监控报警装置。

车载火炮为 1 门 M2A2 式 203 毫米 25.3 倍口径榴弹炮，安装在日本制钢所生产的炮架上。火炮采用断隔螺式炮闩、M35 式连击式击发机、可变液压气动式驻退机和气压式平衡机，身管最前端装有双气室炮口制退器。火炮的方向射界为 ±30 度，高低射界为 -2 ~ +65 度。火炮方向机为齿弧式，高低转轮转 1 周，火炮的俯仰角改变 5 毫弧度；方向轮转 1 周，火炮的方位改变 5 毫弧度。火炮的操纵靠液压动力，紧急时也可手动操纵。身管寿命为 7500 发。

火炮的装填机由输弹机和装填机组成，液压动力操纵。输弹机有两个输弹臂，可垂直地将放于车辆左侧或后方地面上的弹丸吊起，送至装填滑轨；弹丸沿滑轨滑至炮尾装填位置；装填机上的推弹杆推弹入膛；发射装药则由人工装填。

火控装置包括 1 具 M115 型间接瞄准具，放大倍率 4×，视场为 10 度；1 具 M116C 型直接瞄准镜，放大倍率 3×，视场为 13 度。此外，还有高低瞄准象限仪和炮手象限仪。

配用弹种主要是高爆榴弹，装在车上的只有 2 发炮弹，其余全部装在弹药补给车上。弹丸重 90.8 公斤，密集杀伤面积为 72 米×18 米。

203 毫米自行榴弹炮无三防装置，也不具备两栖作战能力。

203 毫米自行榴弹炮主要技术参数：

乘员：5 人。

车长：10.732 米。

炮全长：7.478 米。

车宽：3.15 米。

车高：3.145 米。

战斗全重：28.35 吨。

最大公路速度：54.72 公里/小时。

最大公路行程：523 公里。

最大射速：2 发/分。

持续射速：0.5 发/分。
最大射程：16000 米。
高低射界：-2°~+65°。
方向射界：±60°。
爬坡度：60%。
侧倾坡度：30%。

三、75 式 155 毫米自行榴弹炮

该炮是日本制钢所和三菱重工从 1969 年开始联手研制的，其中前者负责火炮和炮塔，后者负责车体底盘。火炮部分于 1970 年 3 月制造完毕，随后进行了技术试验，验证其结构强度和可靠性等。同期，三菱重工也完成了车体部分的制造。1971 年—1972 年间，共生产出 4 门样炮。1972 年中期到 1973 年 10 月，进行了各种技术试验。1973 年 11 月到 1975 年初由日本富士学校所属的新装备试验部队对样炮进行了使用试验。1975 年 10 月，该炮定型并被正式命名为 75 式 155 毫米自行榴弹炮。日本陆自从 1977 年开始采购，1978 年正式列装。至 1985 年，日本陆自总共采购 201 辆，装备于北部方面队各师团特科连队（即炮兵团），主要用于遂行火力支援任务。不过，随着更先进的 99 式 155 毫米自行榴弹炮开始服役，该炮已经不再受宠。日本陆自原计划从 2012 年退役 75 式，但因 99 式采购数量跟不上，所以 75 式的退役时间被推迟到 2015 年。

75 式 155 毫米自行榴弹炮的车体底盘由三菱重工研制生产，是在 74 式主战坦克底盘基础上改进而来，车体前部右侧圆形舱盖下方为驾驶舱，左侧为动力舱，左侧向外的半圆筒为排烟管，各网盖均为发动机舱的散热孔，车体正中前方的铁架是火炮行军固定器。车体中后部上方均为庞大的炮塔和火炮所占据。车体尾部正中开有一扇舱门，供乘员上下车使用，兼作弹药补给时的装填口。该车车体最奇特的地方是行走机构，虽然像其他履带式自行火炮一样是车体采取主动轮前置的方式，但车体两侧只有 6 对大直径负重轮，没有诱导轮和托带轮。履带为双销金属履带。

75 式 155 毫米自行榴弹炮的炮塔采用铝合金装甲焊接而成，可防轻武器弹药和榴弹破片。全封闭结构，有三防能力。炮塔正中前面装有一门 155 毫米 30 倍口径榴弹炮。

炮塔内左侧是极具特色的转轮式自动装弹机，可向火炮高速供弹，装弹机中装入的是带延时引信的弹丸；右侧白色装置是盛放发射药包的箱体。射击时，弹丸自动装入炮膛，发射药包由乘员手工装填。此时，履带后面还会放置用于减小后坐行程的沙袋，第一和第二负重轮之间则放置起制动作用的

挡块。全车弹药基数28发，其中18发炮弹的弹丸装在自动供弹弹舱中，另外10发在车体内，而28份发射药包则都集中在炮塔内的发射药箱中。

炮塔中部上方两侧各有一个舱口，其中左侧舱口前装有1挺美式M2HB型12.7毫米机枪，并在枪身中部设有小型防盾，上部略后倾。该枪的作用主要是自卫，用于射击靠近的敌方步兵。

75式155毫米自行榴弹炮主要技术参数：

乘员：7人。

炮全长：7.79米。

炮身宽：3.09米。

炮全高：2.545米。

战斗全重：25.3吨。

发动机：一台三菱6ZF21WT型二冲程V型6缸风冷涡轮增压柴油机，功率450马力（2300转/分）。

单位功率：17.78马力/吨。

载油量：650升。

最大公路速度：47公里/小时。

最大公路行程：300公里。

爬坡度：60%。

最大射程：19600米。

最大射速：6发/分。

弹药基数：炮弹28发，12.7毫米枪弹1000发。

方向射界：360度。

高低射界：-5°~+65°。

四、99式155毫米自行榴弹炮

与75式155毫米自行榴弹炮相似，99式155毫米自行榴弹炮也是日本制钢所和三菱重工联手研制的，而且同样是前者负责火炮和炮塔，后者负责车体底盘。

99式155毫米自行榴弹炮从1985年开始正式研制，原本是想在75式基础上进行改进，但在研制过程中，国际形势和同类装备的技术都发生了很大变化，所以该炮的设计方案也是数易其稿。到1992年时，原先为该炮划拨的50多亿日元研制经费已经花完，于是只好继续追加。1994年进入原型车制造阶段，1996年开始试验，1998年试验完毕，1999年定型并获得了4辆采购预算。由于该车价格高达9.6亿日元（约937.59万美元），所以采购进度远远落后预期。从1999年—2014年，总共采购数量只有111辆，已经进入现役的总数为103辆左右，装备于武器学校，富士教导团特科教导队第3中队，北部方面队第2师团第2特科连队（即炮兵团）、第7师团第7特科连队、第5旅团第5特科队（即炮兵营）、第11旅团第11特科队、北部方面混成团第1陆曹教育队。

值得一提的是，日本陆自的自行火炮数量正不断被缩减。在2011年《平成23年度以降防卫计划大纲》（22大纲），将自行榴弹炮的编制总数定为400辆，这比2004年时的编制总数少了300辆；而在2014年《平成26年度以降防卫计划大纲》（25大纲），将自行榴弹炮的编制总数进一步缩减到300辆。按照这个新编制，除非75式从明年开始快速退役，否则在日本陆自未来几年都很难再添置99式。

99式155毫米自行榴弹炮的车体前部左侧为动力舱，右侧为驾驶舱，车体中后部为战斗室。驾驶席在右侧，上方有一个水平开启的舱门，有3具潜望镜。车体前部左侧顶部有水散热器的百叶窗。车体部分的外观和日本的89式步兵战车很相像。不过，日本陆自称99式的车体是新设计的，只是底盘上的某些部件可以和89式步兵战车的部件通用。车体和炮塔采用焊接结构，而一些舱门和盖板处多采用螺接结构。

99式的发动机为1台三菱重工业公司制造的6SY31WA直列6缸四冲程水冷涡轮增压柴油机，最大功率600马力。车体每侧有7个中等直径的负重轮、3个托带轮，主动轮在前，诱导轮在后。第1、2、6、7负重轮处装有液压减振器。3个托带轮不是一线排列，中间的托带轮位于履带外侧，前后2个托带轮位于履带内侧。这样做的好处是，可以使上支履带更平直。悬挂装置为扭杆式。履带板为双销式，端部连接，履带板上装有橡胶垫块。

车体前部中央有炮管行军固定器。从其外形就可以看出结构挺复杂，因为这是一套遥控自动装置，炮管的固定和解脱以及行军固定器的竖起和放倒，都可以在车内遥控操纵，无需乘员走到车外。不仅如此，在长距离行军中，为了防止长长的炮管妨碍炮车机动，乘员可以操纵专门装置将炮管缩进一段距离。不过，在炮管缩回的状态下，自动装置不能使用，行军固定器的起倒需要手动操纵来实现。炮管的伸缩只需1分钟便可完成。

炮塔装甲为全焊接结构，但装甲材料和结构到现在也没有公布。炮塔内，左前部为车长（也叫炮班长）席，其后是装填手席，右前部为炮长席，炮塔后部为炮尾部及自动装弹机各机构。炮塔内部稍嫌狭窄，但炮塔内部的电子设备布置得井井有条。需要说明的是，在炮塔内装有自动装弹机的情况下还要增加1名装填手，说明日本陆自想在乘员的配置上有一定“冗余度”，防止自动装弹机损坏或出现故障时能够由人工补位，不致出现全炮无法作战的情况。

99 式 155 毫米自行榴弹炮的舱门包括驾驶员舱门、炮塔顶部的 2 个舱门、炮塔两侧的 2 个舱门以及两扇左右开启式车尾门。另外，在炮塔后部右侧还有一个突出的装甲壳体，有点像航天空间站的对接连接器，可以和弹药补给车对接。对接后，可以自动地向车内补充弹药。

99 式 155 毫米自行榴弹炮采用的火炮为 1 门 155 毫米 52 倍口径榴弹炮，其炮口制退器为多孔式，外观结构上和德国的 PzH2000 的炮口制退器相似。火炮的俯仰、炮塔的旋转以及炮弹的装填等都是液压操纵的，必要时也可以手动操纵。自动装弹机的外观和意大利奥托·布莱达公司制造的舰用 127 毫米自动炮的自动装弹机很相像。与 75 式的自动装弹机相比，99 式的在技术上要先进得多：一是实现了弹丸和药包的全部自动装填；二是可在任意射角下装填。

99 式 155 毫米自行榴弹炮既可发射日本自研的 155 毫米弹药，也可发射北约制式 155 毫米弹药。装药包为新研制的称为 99 式发射装药。根据组合，可以发射 1 ~6 个药包，达到不同的射程。新发射药的最大特点是降低了火药燃气对身管内膛的烧蚀性，消焰性也很好，从而可以提高火炮身管的寿命。

火控系统高度自动化，具有自动诊断和自动复原功能。车上装有先进的导航系统，可以自动标定自身位置，并且可以和新型野战指挥系统（新 FADAC）信息共享。这样，从炮车进入阵地到发射第一发弹，仅需要 1 分钟的时间，便于采取“打了就跑”的战术，能迅速转移阵地。

99 式 155 毫米自行榴弹炮的辅助武器为 1 挺美式 M2HB 型 12.7 毫米机枪，装在炮塔顶部右侧的车长舱口前，在它的前方是车长周视式瞄准镜。

99 式 155 毫米自行榴弹炮有配套的 99 式弹药补给车，估计 1 个特科中队（炮兵连）装备 5 辆自行榴弹炮，配 1 辆 99 式弹药补给车。

99 式 155 毫米自行榴弹炮主要技术参数：

乘员：4 人。

全长：11.3 米。

全宽：3.2 米。

全高：4.3 米。

战斗全重：40 吨

最大速度：49.6 公里/小时。

最大公路行程：300 公里。

最大射速：6 发/分以上。

最大射程：30 公里（普通榴弹）、40 公里（增程弹）。

第六节　日本陆上自卫队的火箭炮

与其他国家的陆军不同，日本陆自对火箭炮这种火力密集的面积压制武器兴趣一直不大，战后长时间既未引进也未自行研制火箭炮。直到 1991 年海湾战争中美国陆军 M270 型 227 毫米火箭炮在实战中表现出巨大的火力压制能力之后，日本陆自才改变了对火箭炮的看法，从 1992 年开始引进美国的 M270 型火箭炮。与之前绝大多数引进的武器一样，日本对 M270 型火箭炮也不是直接引进成品，而是从美国获得许可证由本国军工企业生产，具体承担许可生产任务的企业是日产汽车宇航事业部（现属石川岛播磨重工）。

日本陆自从 1992—2004 年总共采购了 99 辆 M270 型火箭炮，至 2005 年底全部服役。目前，这些火箭炮装备于陆自武器学校，富士教导团特科教导队第 5 中队，北部方面队第 1 特科团第 1 特科群第 129、133 特科大队（炮兵营），北部方面队第 1 特科团第 4 特科群第 131 特科大队，东北方面队东北方面特科队第 130 特科大队，西部方面队西部方面特科队第 132 特科大队。

M270 型火箭炮由运载车、发射装置、火箭弹和火控系统等部分组成。

运载车为 M933 型，由 M2 布雷德利步兵战车改进发展而来，两者有 80% 的部件可以通用。运载车驾驶舱采用铝装甲结构，为乘员提供安全的弹道防护，车内安装的 M13A1 气体微粒过滤器装置与乘员防护面具相连接，可有效保护乘员不受到化学、生物制剂和放射性沾染物的侵害。发射装置实际上是一个方形装甲箱体，中间用隔框分开。弹箱上方有方形横梁，其作用是作为装填火箭弹的起吊支架。箱体俯仰由下面两个液压杆调节，回旋则由箱体下方的矩形活动底座带动。

储运/发射箱采用了模块化设计，既可以装填 6 枚 M26 反人员/反装甲双效火箭弹、M26A1 增程双效火箭弹、M26A2 增程反装甲火箭弹、AT－2 布雷火箭弹、M30 末制导火箭弹，也可以装填 1 枚 M39 陆军战术导弹（ATACM）。其中 M26 型 227 毫米双效火箭弹全重 310 公斤，战斗部内装有 644 个 M77 型反步兵/反装甲双用途子弹（直径 35 毫米，重 230 克），可以击穿 100 毫米厚的装甲，毁伤车内的设备和人员。

M270 型火箭炮的火控系统主要由火控装置、遥控发射装置、稳定基准装置、电子装置和火控面板五大部分组成。其配属管制系统由先进的硬件系统和高效率的“软件系统”（即管制人员和配属设备）组成，这样射击指挥中心就可通过多种手段将进攻命令和打击任务直接下达到班一级火力单位，同时由于网络指挥手段的便捷和快速，使得指挥反应时间大大缩短。为了加强M270型火箭炮的打击能力和对敌阵地确定能力，还可利用直升机、炮位侦察雷达、地面站、卫星定位系统形成战场立体侦察和指挥管制体系。

M270型火箭炮的行军战斗转换时间5分钟，战斗行军转换时间2分钟，再装时间5分钟。车上装有集体三防系统，能够有效防范核、生、化武器的打击。

M270型火箭炮特科大队（炮兵营）由1个大队部、1个直属中队连和3个发射中队组成，每个中队配备9部发射车。在作战时的单位火力配备上，一个特科大队的布置范围大概是13个阵地地域，这大约相当于3个西方直接支援身管火炮营所需的地形。如果是进行分散作战，还要增加4个阵地，分别是3个中队辎重队和1个大队辎重队。

M270型227毫米火箭炮主要技术参数：

乘员：3人。

车长：7.06米。

车宽：2.972米。

车高：2.617米。

战斗全重：24.756吨。

发动机：1台VTA903型8缸四冲程涡轮增压柴油机，功率500马力。

最大公路速度：64公里/小时。

最大公路行程：483公里。

涉水深：1米。

过垂直墙高：0.914米。

越壕宽：2.29米。

爬坡度：60%。

爬倾坡度：40%。

发射箱：2个。

发射管数：12个。

单箱容量：6枚。

发射间隔：4.5秒。

再装填时间：5－8分钟。

最大射程：32公里（M74双效子母火箭弹）、40公里（反坦克布雷子母弹）、46公里（末制导子母弹）。

射速：12发/分。

发射方式：可单发、连发成齐射。

高低射界：0～+60度。

方向射界：360 度。

行军战斗转换时间：5 分钟。

战斗行军转换时间：2 分钟。

第七节　日本陆上自卫队迫击炮

日本陆自现役的迫击炮口径非常简化，只有 81 毫米、120 毫米和 60 毫米三种，而且这些迫击炮没有一款是日本自己研制的，都是从国外引进许可证进行生产或者直接引进成品。

一、81 毫米迫击炮

陆自现役的 81 毫米迫击炮是 20 世纪 90 年代初从英国引进的 L－16，由丰和工业公司按照许可证生产，单价为 1000 万日元（约 97666 美元）。

该炮是由英国皇家武器研究与发展机构在 20 世纪 50 年代中期研制、1963 年开始装备英军，曾在 1982 年的英阿马岛战争中使用过，主要用来支援步兵和机械化步兵作战。除英军外，美国、奥地利、加拿大、挪威、印度、马来西亚、阿曼、阿联酋等 30 多个国家军队也装备该炮。

该炮由炮身、炮架、座钣和瞄准具四大部件组成。身管采用电渣重熔钢制成，可保证火炮具有较高的持续射速，身管尾部直径缩小，靠内螺纹与炮尾球轴连接，下半部外壁制有螺纹以改善散热性能。炮口处装有内锥形套圈以增强炮口强度和便于装填炮弹。

炮架采用独特的 L5 式 K 型脚架，用特种钢制造，重量较轻，携带式可折叠，全长仅 1.14 米。

座钣由铝合金锻制而成，直径为 546 毫米，背面刻有 4 条加强筋以避免座钣侧向滑动。

瞄准具为 C2 式光学瞄准镜，带氚光照明具总重 1.25 公斤。为了缩短反应时间，还配用莫克斯手持式计算机，能在 2 秒内提供射击诸元。

L16 型 81 毫米迫击炮在行军时可拆卸成三部分由单兵携带，也可装在车辆上进行车载发射。该炮配用的弹药包括 L36A2 式榴弹、L40A1 式发烟弹、L27A1 式训练弹以及反装甲的“灰背隼”毫米波制导炮弹。其中榴弹的弹体为流线型，用可锻铸铁制成，内含 60% 黑索金炸药和 40% TNT 炸药。采用 MK4 式和 MK5 式两种装药系统，前者有 1－6 号装药，供英军使用；后者有 1－4 号装药，供美军使用。另外，弹上还有塑料制闭气环，以增加射程和提高精度。

L16 型 81 毫米迫击炮主要技术参数：

炮身长：1.28 米。

炮身重：12.7 公斤。

内膛结构：滑膛。

炮架重：12.3 公斤。

座钣重：11.36 公斤。

方向射界：左右各 5.5 度（射角 45 度，不移动脚架）。

高低射界：45－85 度。

初速：225 米/秒。

最大射速：20 发/分。

持续射速：15 发/分。

最大射程：5650 米（MK4 装药系统）。

最小射程：100 米。

距离公算偏差：0.5%。

方向公算偏差：1.5 密位。

炮班人数：3 人。

二、120 毫米牵引迫击炮

陆自现役的 120 毫米牵引迫击炮是 1992 年从法国引进的 MO－120－RT－61，由丰和工业公司按照许可证生产。从 1992 年至 2014 年，日本陆自总共采购了 340 门，单价为 3400 万日元（约 33.2 万美元）。目前，这些 MO－120－RT－61 型 120 毫米迫击炮装备于陆自普通科连队（步兵团）重迫击炮中队（相当于重迫击炮连）、第 1 空挺团（空降团）空挺特科大队（空降炮兵营）。值得一提的是，该炮现在仍然处于采购状态，但是年采购量不会超过 2 门。

MO－120－RT－61 型 120 毫米迫击炮是法国汤姆逊－布朗德公司在 20 世纪 50 年代末研制、70 年代中期投产的一种炮口装填线膛迫击炮。该炮除装备法国陆军师空降炮兵团、装甲师机械化步兵团及步兵师摩托化步兵团外，还有比利时、巴西、意大利、以色列、荷兰、美国、日本、土耳其等 14 个国家的部队也装备了它。

MO－120－RT－61 型 120 毫米迫击炮是一种炮口装填牵引式武器，可能在现代迫击炮中结构最复杂，在某些方面与野战身管火炮很接近。它既可以在大射角下发射，也可以在小射角下发射。该炮主要由炮身、炮架（摇架和下架）以及座钣组成。身管是锻造的，里面刻有膛线，膛线和预嵌入膛线的弹带一起赋予炮弹旋转，使炮弹在整个弹道上保持飞行稳定性。身管外面制有螺纹，不仅可以增大散热面积，而且可以用来精确调整火炮射角。在炮口处装有与车辆连接用牵引环。摇架由钢管连接两个轮子并携带扭杆悬挂装置。方向机应全被包住，以免进入杂物。高低机手轮转动蜗杆，蜗杆带动蜗轮使摇臂绕着枢轴转动，摇臂通过锁紧环与身管相连。锁紧环沿着身管滑动作必要的高低变化。将瞄准具与锁紧环相连并通过横轴将它装置好。座钣呈等腰三角形，三个角略向上翘起，并有三条“Y”型板筋。经过长时间射击后，可将座钣脱离出后座坑，然后用牵引车将它牵引走。日本陆自为该炮选定的牵引车是由丰田汽车公司的4×4高机动车改装而成。

MO－120－RT－61型120毫米迫击炮主要技术参数：

炮身长：2.08米。

全炮重：582公斤。

内膛结构：线膛。

方向射界：左右各14度。

高低射界：30－85度。

最大射速：20发/分。

持续射速：6发/分。

最大射程：8140米（榴弹）、12850米（火箭增程弹）。

炮班人数：4人（另有2名牵引车上的乘员）。

三、96式120毫米自行迫击炮

该炮是在1994年开始研制的，1995年制造出原型炮，1996年定型并命名为96式120毫米自行迫击炮，简称“120MSP”，日本陆自昵称“上帝铁锤”。该炮的研制时间之所以比较短，是因为其全部都是利用现成装备攒成的。其中车载120毫米迫击炮是丰和工业按照许可证生产的MO－120－RT－61，车体底盘是日立制作所将92式装甲扫雷车、73式装甲车、87式弹药补给车进行合体而成。120毫米迫击炮安装于车体后部，完全在装甲保护之下。迫击炮发射时，上部及后部车门可以开放、往车后方向发射。车上搭载50发120毫米迫击炮弹。

日本陆自在1996年至2002年总共采购了24辆96式120毫米自行迫击炮，全部配给驻守北海道的第7装甲师团第11普通科连队的重迫击炮中队。虽然日本陆自还曾打算再为第2师团第3普通科连队装备96式120毫米自行迫击炮，但由于该连队装备了同年定型的96式轮式装甲车，因此自行迫击炮的装备计划就搁浅了。

96式120毫米自行迫击炮在火力、机动性及装甲防护方面取得了很好的平衡。特别是履带式底盘不仅加强了迫击炮的机动能力，而且也加强了射击稳定性。然而，96 式 120 毫米自行迫击炮的优点虽然突出，但弱点也很明显。首先就是价格昂贵，由于每年的采购量都在 6 辆以下（最低的 2001 年只采购了 1 辆），这导致该炮的采购单价高达 2.2 亿日元（约 214.86 万美元），其次是由于炮身过长，不仅在发射时车后门“四敞大开”，就连机动行军时炮身也无法全部放入车体中，给其防御带来了很大的消极影响。因为如果大门敞开，即使车体装甲再厚也挡不住一颗步枪子弹。

96 式 120 毫米自行迫击炮主要技术参数：

乘员：5 人。

炮车全长：6.70 米。

炮车宽：2.99 米。

炮车高：2.95 米。

战斗全重：23.5 吨。

主要武器：1 门 MO－120－RT－61 型 120 毫米迫击炮。

辅助武器：1 挺由车长操作的 M2HB 型 12.7 毫米机枪。

发动机：1 台底特律柴油机公司 8V－71T 液冷 V 型 8 缸涡轮增压柴油机，功率 411 马力（2300 转/分）。

悬挂系统：扭力悬挂。

最大公路速度：50 公里/小时。

最大公路行程：300 公里。

方向射界：左右各 45 度。

高低射界：30－85 度。

四、60 毫米迫击炮

日本陆自现役的 60 毫米迫击炮是向奥地利希滕贝格（Hirtenberger）防御系统公司采购的 M6C－210 突击队员型 60 毫米迫击炮。该炮重量仅 5.1 公斤，一名士兵即可携行。

有意思的是，单兵可携带的轻型迫击炮最早还是日本人设计的，即日军在“二战”中广泛使用的大正十年式和八九式 50 毫米掷弹筒。日军当年设计这种轻型迫击炮主要是想填补中型迫击炮和单兵手榴弹之间的火力空白，只是它们射程太近（大正十年式只有 175 米，八九式有效射程也才 500 米），而且缺乏普通迫击炮的瞄准装置，完全凭射手的感觉和经验，所以后来可供单兵携行的轻型迫击炮没有得到发展。

但是几十年后，技术的进步使奥地利希滕贝格防御系统公司研制生产了 M6C－210 突击队员型 60 毫米迫击炮，由炮身、击发系统、座钣组成，没有炮架。其中炮身由高密度特种钢铸造而成，精密的加工水准保证了严格的公差。另外，在发射管后上方安装了一个提把，用于发射时士兵用手握持充当炮架的作用，同时还方便了携行。在提把下方有背带环，背带的一端固定于此处，另一端固定在靠近发射管口处。有了背带，士兵可以将迫击炮背在身上机动执行任务。座钣形似小锅，装在炮身底部。

M6C－210 迫击炮并非迫击击发，而是采用压发击发方式，因而装弹时无需将炮身竖起。装好弹并瞄准目标后，按压击发手柄前端的击发按钮即可击发。击发手柄尾端设有横门式保险，保险向左推露出红色标记，提示迫击炮处于可发射状态；保险向右推露出白色标记，表明迫击炮处于保险状态。

M6C－210 型 60 毫米迫击炮主要技术参数：

炮身长：0.815 米。

全炮重：5.1 公斤。

内膛结构：滑膛。

射速：15 发/分。

有效射程：1600 米（榴弹）。

配用弹种：榴弹、发烟弹、照明弹。

第八节　日本陆上自卫队的无后坐力炮

日本陆自现役的无后坐力炮都是引进许可证生产的，分别是引进瑞典的 84 毫米卡尔·古斯塔夫 M2 和 M3 型、引进德国的 110 毫米“铁拳 3”，国内许多资料则将它们称为火箭筒。

一、M2 和 M3 型 84 毫米无后坐力炮

卡尔·古斯塔夫 M2 型 84 毫米火箭筒是由瑞典 FFV 军械公司在 20 世纪 50 年代中期研制成功的，1958 年装备瑞典陆军，是步兵排制式反坦克武器。除瑞典陆军外，澳大利亚、奥地利、加拿大、丹麦、加纳、德国、爱尔兰、荷兰、挪威、英国、日本、阿联酋等 40 多个国家的军队也装备了该型无后坐力炮，生产总数超过 7 万门。其中日本是在 1978 年引进了 85 门瑞典生产的原装货，经使用后对其性能感到很满意，于是在 1984 年从瑞典 FFV 公司获得生产许可证，交由日本丰和工业公司进行许可生产。日本陆自将该炮装备于普通科部队，每个小队（步兵班）配 1 门。

卡尔·古斯塔夫 M2 型 84 毫米无后坐力炮主要用于攻击坦克、步兵战车及完成其他战术任务，性能特点包括：坚固可靠，经济实用；发射方式多，

可肩射、可地面发射，也可在装甲运输车上发射；可发射多种弹药。

卡尔·古斯塔夫M2型84毫米无后坐力炮由圆筒式炮身、文杜里喷管、护板、肩托、前手柄、两脚架组件、瞄准具、背带、握把以及发射机构、击发机构和保险装置等组成。炮身分燃烧室和导向管两部分，用合金钢制成，导向管内有24条膛线。炮身下面有手柄、握把、支架联接支耳，左侧有光学瞄准具支座，右侧有背带环，前面有加强箍，后面有联接喷管的紧定器。护板用隔热材料制成，由护板箍固定在发射筒燃烧室外面，以保护射手面部不被高热的筒壁灼伤。喷管、两脚架组件也用钢制成，坚固耐用。两脚架与炮身连接杆处有减震弹簧，可缓冲射击后坐。发射机构由扳机、扳机扭簧、阻铁、撞击杆、撞击杆簧、撞击杆导向筒组件、击锤、击锤簧等组成。击发机构包括击针、击针簧、击针座组件等。除保险卡笋和保险扳把之外，还设有阻铁保险，以确保使用安全。炮身前下方有小握把，便于持握射击。发射时，竖起握把后面的保险扳把，向前推压撞击杆到待发位置，再打开阻铁保险，即可扣压扳机进行射击。瞄准具采用无遮盖的光学瞄准镜，放大率为2倍，视场17°，重1公斤，并有温度修正装置，可修正环境温度对弹道的影响。

卡尔·古斯塔夫M2型84毫米无后坐力炮发射FFV公司研制的同口径定装式弹药，包括FFV65式空心装药破甲弹、FFV401型榴霰弹、FFV441和FFV441B式高爆榴弹、FFV469式发烟弹、FFV545式照明弹等。其中FFV65式破甲弹重2.6公斤，初速310米/秒，有效射程450米，破甲厚度400毫米；FFV401型榴霰弹有效射程100米，战斗部装1100颗预制成型的钢球；FFV441高爆榴弹采用“吊高球”弹道射程可达1000米，引信有触发和空炸两种模式；FFV441B式高爆榴弹重3.1公斤，战斗部装有800颗预制成型的钢球，初速255米/秒，炮口保险距离20－70米，引信有触发和空炸两种模式，有效射程450米；FFV469式发烟弹重3.1公斤，初速255米/秒，有效射程1300米；FFV545式照明弹最大射程可达2300米，但通常有效射程为300－2100米，照明弹带有降落伞，可徐徐下落，提供30秒照明时间，发光强度为65万坎德拉，照明半径400－500米。

这些弹种所采用的药筒是用轻金属材料制成，装有长条状双基药和点火药盒，火帽位于筒后端侧面，点火药盒与火帽之间由传火管沟通。药筒尾部隔板是个塑料圆盘，当弹丸进入线膛导向管时，塑料圆盘被燃气向后吹落。

卡尔·古斯塔夫M3型84毫米无后坐力炮是瑞典FFV军械公司在20世纪80年代根据瑞典陆军的新要求研制的。当时瑞典陆军为了满足90年代步兵近距离反坦克作战和有效的火力支援需要，提出研制一种新型多用途武器系统，具体技战术要求为：能在中等距离上摧毁包括主战坦克在内的所有装甲车辆；用碰炸方式对付有防护的部队，用空炸方式对付无防护的部队；能施放烟幕屏障；能定点照明战场，以便于夜间观察和消灭装甲目标；武器重量小，机动性好。

根据瑞典军方的要求，FFV 军械公司对卡尔·古斯塔夫 M2 式和 M2－550 式 84 毫米无后坐力炮进行了全面的改进设计：广泛地采用了轻金属和非金属材料，使火箭筒的重量由 14.2 公斤下降到 8.5 公斤。具体来讲，卡尔·古斯塔夫 M3 型 84 毫米无后坐力炮保留了 M2 式和 M2－550 式的基本结构，仍由炮身、文杜里喷管、肩托、前手柄、两脚架组件、瞄准具、背带以及发射机构、击发机构和保险装置等组成。小握把位于炮身左下方，炮身后上方增加了一个携行提把，以利于迅速转移阵地。炮身用带膛线的钢质内衬和缠绕在内衬上的碳素纤维环氧树酯复合材料制成，去掉了原护板组件。喷管为玻璃钢制品，其他外露部件如小握把、发射和击发机构、瞄准具支座和瞄准具壳体、肩托以及两脚架等多为铝制件或塑料件。瞄准具采用新研制的光学瞄准镜另外还配有夜视瞄准具，以便夜间作战使用。

卡尔·古斯塔夫 M3 型 84 毫米无后坐力炮还新增了一系列新弹药，包括 FFV551 和 FFV651 式火箭增程尾翼稳定破甲弹、FFV597 式火箭增程尾翼稳定超口径破甲弹、FFV751 型破甲弹、FFV502 式多用途弹、HEAT655CS 密闭空间破甲弹。其中 FFV551 火箭增程尾翼稳定破甲弹由空心装药战斗部、引信、增程火箭发动机、尾翼组件和发射药筒等组成。其中尾翼组件有 6 片折叠尾翼，出筒口后展开，保证火箭弹稳定飞行。弹重 3.2 公斤，初速 255 米/秒，对静止目标有效射程 700 米，对运动目标有效射程 400 米，破甲厚度 400 毫米；FFV651 式火箭增程尾翼稳定破甲弹结构与 FFV551 相似，有效射程达 1000 米，破甲厚度虽然小于 FFV551，但其战斗部前有一个探杆，以便赋予最佳炸高，增强了对付反应装甲的能力；FFV597 式新型火箭增程尾翼稳定超口径破甲弹结构与 FFV651 相似，弹径却超过了炮身直径，破甲厚度高达 900 毫米，可击毁 20 世纪 90 年代采用复合装甲的主战坦克；FFV751 是专为对付加装反应装甲的主战坦克而研制的，特点采用了串联战斗部，因而弹重增加到 4 公斤。该弹在击穿反应装甲后，还能继续穿透 500 毫米均质钢主装甲，有效射程 500 米；FFV502 式多用途弹主要是针对城市作战研制的，既能破甲，又能杀伤人员。特点是在空心装药主药柱外面，装有一个预制破片外套，并采用了瑞典 AT－4 火箭筒的破甲后效技术。发射药筒有两个侧向撞击火帽，位置彼此相对，当攻击装甲车辆时，可通过装填位置，选择碰炸，即延时爆炸或空炸方式；HEAT655CS 密闭空间破甲弹是专用于室内密闭空间发射的破甲弹，极大地提高了步兵作战的隐蔽性和灵活性。

卡尔·古斯塔夫 M3 型 84 毫米无后坐力炮于 1984 年完成部队试验，并相继成批生产装备部队。该炮外售范围更广，就连一向对无后坐力炮不感兴趣的美国陆军也改变了态度，采购该炮进行装备。日本陆自是从 2012 年开始采购卡尔·古斯塔夫 M3 型 84 毫米无后坐力炮的，当年采购 8 门，2013 年采购 17 门，2014 年采购 24 门，总计 49 门。

卡尔·古斯塔夫 M2 和 M3 型 84 毫米无后坐力炮主要技术参数：

炮长：1.13 米。

战斗全重：14.2 公斤（M2）、8.5 公斤（M3）。

两脚架重：0.9 公斤。

射速：4－5 发/分。

瞄准具：光学瞄准镜。

二、“铁拳 3”无后坐力炮

该炮是由德国狄那米特－诺贝尔炸药公司在 20 世纪 70 年代研制、1992 年投入德国联邦国防军服役的。日本陆自采购该炮是用于取代 60 式 106 毫米无后坐力炮，由石川岛播磨重工宇航公司按照许可证生产，配属于陆自普通科部队，每个小队配一门。

“铁拳 3”60 毫米火箭筒结构紧凑，重量轻，便于携带，并具有发射痕迹、噪声、烟雾、闪光小的特点，可在密闭空间内使用。该炮用途广泛，可摧毁先进主战坦克、装甲车、城镇壁垒和野战工事，杀伤有生目标，并且还能施放烟幕和实施照明等。

“铁拳 3”采用戴维斯发射原理，敞开式平衡抛射方式，由炮身组件和发射、击发装置组件以及瞄准具等组成。炮身组件包括炮身、发射药、点火具、平衡体、护腮板、提把和背带等，一次性使用。炮身用浸涂环氧酚醛树酯的玻璃纤维绕制而成，内有铝制衬套，两端有加强护圈和保护盖，前面有火箭增程弹闭锁连接器，上方有瞄准具插座和加强保护套，下方有发射、击发机构连接件。发射、击发装置组件由握把、发射机构、击发机构、保险装置、小握把和肩托等组成，可重复使用。

“铁拳 3”还配有一个防止瞎火的备用点火具。射击时，若针刺点火功能失效，该备用点火具能在稍稍延长一点时间后，自动点火。发射机构在握把折叠状态下，被强制保险。握把展开后，通过翻转保险装置解脱保险。此外，为了防止意外点火，还备有一个防止事故的保险机构。

瞄准具为可重复使用的光学瞄准镜，重 2.3 公斤。为提高夜战能力，还配有目标红外显示器，连同红外防护镜一起使用，可安装在光学瞄准镜支架上。此外，“铁拳 3”还可使用一种新型瞄准具，商业名称为 Dynarange。从本质上讲，这是一种由计算机控制的瞄准具，内建激光测距仪和弹道计算机。装备它的目的是应对一些士兵难以操作常规光学瞄准具的情况，而且 Dynarange 瞄准具可让“铁拳 3”的有效射程增至 600 米。

此外，“铁拳 3”还有一个分开的套件包，里面装有一具发射器、抛壳顶杆和弹簧、退壳器、假退壳器插头、击发机构固定销、塑料清洁棒、黄铜头、内膛和膛室刷子、骆驼毛刷子和一个棱柱形内膛镜。

“铁拳 3”使用超口径弹药，包括 90 毫米破甲弹、110 毫米破甲弹、125 毫米破甲弹、110 毫米杀伤破甲两用弹、碎甲弹、发烟弹、红外干扰发烟弹、照明弹和演习弹等。为了保证有利炸高，破甲弹都有可拉出来的探头，顶端为压电引信的头部机构。最新的一种串联空心装药战斗部，能有效地摧毁反应式装甲和侵彻厚的多层装甲，破甲厚度约为 800－900 毫米。

“铁拳 3”无后坐力炮主要技术参数：

口径：60 毫米。

炮全长：1.2 米。

战斗状态全重：15.2 公斤（标准型）、15.6 公斤（重型）。

弹径：110 毫米。

弹重：3.9 公斤。

初速：160 米/秒（标准型）、152 米/秒（重型）。

最大速度：243 米/秒（标准型）、220 米/秒（重型）。

最大有效射程：对固定目标 400 米，对移动目标 300 米，采用 Dynarange 瞄准具时可达 600 米（固定和移动目标）。

最小有效射程：20 米。

破甲威力：700 毫米（标准型）、900 毫米（重型）。

钢筋混凝土穿透能力：1.6 米（标准型）。

第九节　日本陆上自卫队的高炮

日本陆自在 2009 年将 L90 双管 35 毫米牵引式高炮退役之后，现役只剩 87 式自行高炮，这也标志着陆自的防空火力正在全面转向导弹化。

87 式自行高炮的出现要从 20 世纪 70 年代中期日本陆自的防空需求说起。当时，日本陆自为了加强野战防空能力，迫切需要一种新型履带式自行高炮来替换老旧的美制 M42 型 40 毫米履带式自行高炮和 M15A1 型半履带式防空车。1976 年，陆自正式提出新型履带式自行高炮项目立项，称为 AW－X，研制厂商是三菱电机和三菱重工，其中三菱电机负责核心的火控系统、火炮和炮塔的驱动装置，三菱重工负责车体和电源部分。此外，日本制钢所、东洋通信等公司也参与了研制，其中日本制钢所负责研制炮塔、东洋通信负责研制车载通信设备。至于车载防空火炮，则选中了瑞士厄利空公司的 KDA 型 35 毫米 90 倍口径机关炮。

该车最初考虑利用现成的 61 式坦克底盘，但是当日本制钢所为其研发的高炮炮塔出来后，陆自发现其比 61 式坦克原来的炮塔大得多也重得多，如果继续用 61 式坦克底盘会导致机动性不足，于是又对设计方案重新做了调整，抛弃了 61 式坦克底盘，改为在 74 式坦克底盘上进行加长设计。

1982 年，参与研制的各厂家完成了部件试制，1983 年试制出 2 辆原型车。1984 年至 1986 年，原型车进行各种试验，1987 年正式定型，命名为 87 式 35 毫米自行高炮。同年采购 4 辆，单价高达 16 亿日元（约 1562.65 万美元）。由于价格太高，所以 87 式自行高炮的采购数量很少，从 1987 年至 2002 年总共只采购了 52 辆，即使是采购数量最多的 1988 年至 1990 年，每年也才 8 辆。目前，这些 87 式自行高炮装备于陆自高射学校——高射教导队、陆自武器学校、日本陆自第 7 师团第 7 高射特科连队、第 2 师团第 2 高射特科大队第 3 中队。

87 式自行高炮的防空炮塔两侧分别装 1 门瑞士厄利空公司 KDA 型 35 毫米机关炮，每门炮重 670 公斤，身管有纵向散热槽，炮口配备初速测量装置，采用双向弹链供弹，射速为 550 发/分，配 300 多发燃烧榴弹、20 发曳光脱壳穿甲弹，可对空和对地射击，但日本陆自要求“一般只用于对空射击，只有在非常紧急的情况下才允许射击地面目标”。火炮随炮塔转动可实现 360 度全向射击，俯仰角度 -5 ~ +80 度。对空射击时最大射程 12800 米，有效射程 4000 米。

火控系统由搜索雷达、跟踪雷达、激光测距仪、数字式计算机、光电跟踪仪、显控台等组成。在炮塔后顶部装有全天候搜索和跟踪雷达系统，跟踪雷达上并列装有光电跟踪仪。车体内装有辅助发动机，用以驱动液压装置和发电机。搜索雷达至于炮塔后上方支架最高处，天线外形呈长条状，脉冲多普勒体制，工作在 X 波段，转速达 30 转/分，探测距离 20 公里，天线上集成有敌我识别装置；跟踪雷达位于支架前方、搜索雷达下方，天线外形是一个直径 0.9 米的圆盘，相干单脉冲体制，跟踪距离 20 公里，跟踪角速度极快，可以跟得上高速战机的运动，其左右转动范围为 100 度，俯仰角度 -4.5 ~ +84 度。搜索雷达和跟踪雷达共用发射机和接收机，但前者是水平偏振波束、后者是垂直偏振波束，所以不会互相干扰。光电跟踪仪主要用于地面杂波比较严重或有强电子干扰的情况，接替雷达完成搜索和跟踪任务。

87 式自行高炮的反应速度非常快，从发现目标到射击仅 4 秒。不过，由于炮塔内塞满了火控、通信、电子等设备，所以里面两名乘员（车长、炮长）

的活动空间很小，甚至连弯腰伸背都很困难。炮塔上方有供车长和炮长出入的舱口，铰接式舱盖向后开启，舱口前装有固定式观察潜望镜。炮塔前部两侧各装有电操纵的3具一组的烟幕弹发射器。

87式自行高炮主要技术参数：

乘员：3人。

车长：7.99米。

车宽：3.18米。

车高：4.4米。

战斗全重：38吨。

最大公路速度：53公里/小时。

最大公路行程：300公里。

爬坡度：60%。

第十节　日本陆上自卫队直升机

日本陆自对直升机的作用十分重视，现役直升机型号多、种类全、性能先进。现役直升机主要包括AH－1S“眼镜蛇”和AH－64DJP“长弓阿帕奇”武装直升机、UH－1H/J“易洛魁”和UH－60JA“黑鹰”通用直升机、CH－47J/JA“支奴干”重型运输直升机、OH－6D“印第安种小马”和OH－1侦察直升机、EC－225LP“超美洲狮”要人运送直升机、TH－480B轻型教练直升机。不难看出，日本陆自的直升机基本是来自美国。

一、AH－1S武装直升机

1977年和1978年，日本防卫厅分别从美国为陆自引进了1架AH－1S的第二阶段改进型AH－1E用于测试评估。经过2年多的测试评估，日本防卫厅在1980年确定采购AH－1S，并且在同年制定的1981财年预算中编列了12架AH－1S的采购费用。与此同时，日本从美国贝尔公司获得了第三阶段的AH－1S，也是AH－1S的完全改进型（美军称AH－1F）的生产许可证，安排富士重工进行许可证生产。日本防卫厅在1981年至1998年总共为陆自采购了90架AH－1S，至2000年全部生产完毕并交付陆自服役。目前，日本陆自现役AH－1S武装直升机还有73架，分别装备于北部方面航空队第1反坦克直升机队、东北方面航空队第2反坦克直升机队、西部方面航空队第3反坦克直升机队、东部方面航空队第4反坦克直升机队、中部方面航空队第5

反坦克直升机队、航空学校教育支援飞行队和霞浦分校。

AH－1S 是在世界上第一种专用武装直升机 AH－1G 的基础上改进的，而 AH－1G 在设计上有许多特点：采用单旋翼、带尾桨的机体布局；机体采用了流线型设计以提高直升机的最大速度；机体设计窄小，仅宽 0.91 米，便于伪装隐蔽和在飞行中减少被击落的概率；采用射手在前、驾驶员在后的串列式座舱设计，既能高机动飞行又有高效率攻击；乘员座椅和两侧均有装甲保护，提高了飞行中被击中后的生存率；为增加装载武器数量，机身两侧设计有挂装武器的短翼；为了提高耐坠毁性能，设计了具有吸收坠地能量的着陆装置；机炮位于机头下部等。实战表明，AH－1G 的这些设计非常实用而有效，被公认为现代武装直升机的设计典范，并成为现代武装直升机设计的标准和原则。

日本陆自采购的 AH－1S 与最早的 AH－1G 相比有了非常多的改进，包括：驾驶舱盖由弧形改为新设计的平板式，共 7 块，避免了 AH－1G 的弧形玻璃的反光问题，减少了贴地飞行中被敌方目视发现的概率；机身两侧短翼下可挂 8 枚陶式反坦克导弹。机头下方装一门通用动力公司 M197 型三管 20 毫米机关炮，可由射手或驾驶员通过头盔瞄准具控制，也可由射击手用陶式导弹系统的望远镜式瞄准具控制；换装了功率 1800 轴马力的 T53－K－703 涡轴发动机（日本川崎重工许可生产的 T53－L－703）和新的传动系统，增加了一台 10 千瓦交流发电机（装在机身左侧发动机进气口前的整流罩内）；改进了贴地飞行仪表板布局、雷达高度表；改用卡曼航宇公司研制的新型复合材料旋翼；采用新的火控系统（激光测距仪和跟踪器、弹道计算机、平显和头盔瞄准具、低速传感器）、多普勒导航雷达、敌我识别系统、APR－39 雷达警告器、AN/ALQ－144 主动红外干扰系统、发动机排气口红外抑制器、闭合回路加油系统和新的保密通信系统等。

AH－1S 武装直升机主要技术参数：

乘员：2 人。

机全长：17.44 米。

机身长：13.59 米。

旋翼直径：13.41 米。

机高：4.12 米。

空重：3076 公斤。

最大起飞重量：4536 公斤。

禁止超过速度：315 公里/小时。

最大飞行速度：277 公里/小时。

巡航速度：228 公里/小时。

实用升限：3960 米。

航程：456 公里。

爬升率：8.2 米/秒。

旋翼桨叶数：2 片。

尾桨桨叶数：2 片。

机身两侧短翼翼展：3.15 米。

机载武器：1 门固定安装在机头下方的 M197 型三管 20 毫米机关炮、装 9 枚 70 毫米火箭弹的 M260 或装 19 枚 70 毫米火箭弹的 M261 火箭巢、陶式反坦克导弹（最多 8 枚）。

二、AH－64DJP 武装直升机

在 20 世纪 90 年代末，日本陆自开始考虑 AH－1S 武装直升机的后继者。2000 年，日商岩井和富士重工提出的方案是采购美国 AH－64D“长弓阿帕奇”，而三井物产和三菱重工提出的方案是采购美国的 AH－1Z“蝰蛇”。在对两种机型的性能进行分析比对之后，陆自在 2001 年 8 月 27 日决定采购 AH－64D，并在当年末确定的 2002 年防卫预算中列入了 2 架 AH－64D 的采购预算。在日本的官方文件中，该机被称为 AH－64DJP，但陆自通常简称为 AH－64D。

日本防卫省原计划为陆自采购 62 架 AH－64DJP，并由日商岩井作为代理商与美国谈判，获得生产许可证，由富士重工进行许可证生产。最初几年一切还很顺利，富士重工向美国波音公司支付了购买 AH－64D 生产线的 400 多亿日元。根据陆自的 62 架采购计划，富士重工将购买生产线和美国零部件的成本分割成 62 份，附加在每架 AH－64DJP 直升机的售价上，然后通过日本政府的防卫预算来支付这些费用。但是日本防卫预算不断缩减，每年 AH－64DJP 的采购数量仅仅 2 架（2006 年和 2007 年的采购数量都只有 1 架），导致该机的单价居高不下。因此日本防卫省在 2008 年将 AH－64DJP 的采购总数从原来的 62 架一下子砍到了 13 架。即便如此，剩余 3 架在 2008 年至 2010 年也没有安排采购预算，直到 2011 年至 2013 年的防卫预算中才将剩余 3 架的采购预算安排完毕（每年采购 1 架）。

日本防卫省大幅削减 AH－64DJP 的采购数量，让富士重工叫苦不迭。原先建立生产线的投资已经花出去了，如果只有 13 架采购数量，那么别说赚钱，回本都无望。于是富士重工为此和日本防卫省多次进行交涉。富士重工主张说：“生产线等初期费用本来就应该由国家支付，按照行业内的规矩也是由国家来支付。”而日本防卫省则反驳说：“我们只是在国会认可的情况下一年签一次合同，并没有欠富士重工什么钱。”结果双方各执一词，互不相让。最后富士重工干脆提起了法律诉讼，而 AH－64DJP 的许可生产进度也大大延缓。后经过协调，双方各退一步，总算将事态平息了下去。

富士重工在2006年3月16日向日本陆自交付了第1架AH－64DJP，但是到现在也才交付了11架，剩余2架可能要到2015年才能交付。按照2012年的采购预算来看，AH－64DJP的单价高达52亿日元（约5078.6万美元），的确是贵得令人乍舌。目前，这11架AH－64DJP分别装备于西部方面航空队第3反坦克直升机队第2飞行队、陆自航空学校明野本部开发实验团开发实验队、航空学校霞浦分校。

AH－64DJP与美国陆军航空兵装备的AH－64D基本相同，采用串列双座、单旋翼、带尾桨的布局，其中旋翼为4片桨叶全铰接式，旋翼桨叶翼型是经过修改后的大弯度翼型。为了改善旋翼的高速性能，桨叶采用了后掠桨尖。桨叶上装有除冰装置，也可以折叠或拆卸。尾桨位于尾梁左侧，4片尾桨桨叶分两组非均匀分布，桨叶之间的夹角分别为55度和125度。机身采用传统的半硬壳结构，后面有垂尾和水平尾翼，尾梁可以折叠。机身前方为纵列式座舱，副驾驶员/射手在前座、驾驶员在后座，后座比前座高48厘米，视野良好。尤其是驾驶员靠近直升机转动中心，很容易感觉直升机的姿态变化，有利于驾驶直升机贴地飞行。两台通用电气公司的T700－GE－701C涡轴发动机并列安装在机身的两个肩部。机身中部两侧各装一个小展弦比短翼，每个翼下都有两个外挂点，后缘有襟翼，它们的主要作用是携带武器和为直升机提供部分升力。起落架为大多数直升机所普遍采用的后三点式，但起落架不能收放。

为了提高其生存力，AH－64DJP采取了很多措施。比如在旋翼桨叶设计中，采用了玻璃钢增强的多梁式不锈钢前段和覆以玻璃钢蒙皮的蜂窝夹芯后段设计。经实弹射击证明，这种旋翼桨叶任何一点被12.7毫米机枪击中后，一般不会造成结构性破坏，完全可以继续执行任务。机身采用传统的蒙皮－隔框－长桁结构，其95%表面的任何部位被一发23毫米炮弹击中后，仍可保证继续飞行30分钟。前后座舱均有装甲，可抵御23毫米炮弹的攻击。

两台发动机的关键部位也有装甲保护，而且中间有机身隔开，两者相距较远，如果有一台发动机被击中损坏，也还有一台可以继续工作，保证飞行安全。提高直升机的生存能力，等于是提高了直升机的作战效率和部队的战斗力。

AH－64DJP机载雷达电子设备很先进，其中最核心的设备是AN/APG－78“长弓”毫米波雷达，而AH－64D的绰号“长弓阿帕奇”也是因此得名。该雷达重172公斤，雷达天线安装在旋翼桨毂顶部的圆盘状天线罩内，可进行360度的全方位连续扫描，也可以对某个扇形区进行重点扫描。“长弓”雷达发射的雷达波脉冲短、波形不易被探测，而且旁瓣小、具有一定程度的频率捷变能力，不易被截获和干扰。当直升机在复杂地形的掩护下，这种雷达波可以穿过恶劣大气环境，发现机载红外设备发现不了的伪装在地面杂波中的目标，并可通过目标探测和分类设备将雷达探到的目标信号特性与数据库的资料进行比较，依次排列出对载机的威胁等级。在跟踪瞄准目标时，不但速度快，而且可以瞄准多个目标。“长弓”雷达具有多种工作方式，在空地方式时可探测空中目标，但在空空方式时不能探测地面目标。此外，“长弓”雷达还具有地形跟踪能力，这种方式一般在飞行员的夜视设备和夜视镜（NVG）不好使的情况下使用。

为了减轻飞行员的负担，AH－64DJP 对座舱内的设备进行了简化。如由于自动化程度的提高和功能可变控制键的使用，座舱内的开关总数只有 200 个，并将所有的控制开关组合到驾驶杆和显示器上，减少了由于飞行员需要经常操纵机身两侧开关而造成的忙乱情况。AH－64DJP 还装备有飞行员夜视设备和目标截获/瞄准系统，一旦遇到恶劣天气不能使用或效果不好，可以得到“长弓”雷达地形跟踪功能的帮助。座舱显示设备是重量轻、能耗低的彩色液晶显示器，并且还有能显示地形垂直变化的彩色地图屏显装置。

AH－64DJP 装备的改进型调制调解器能在 4 台收发机上同时发射和接收信息，通信速度可达到每秒 16000 字节。而且该装置可与后方指挥所、其他空中和地面作战平台进行信息交换，共享目标数据和实时图像。此外，AH－64DJP 还有高频、特高频和调频电台，还有一台高额电台用于直升机贴地飞行时使用电离通信或地波通信。

在导航设备上，AH－64DJP 采用了利顿导航和控制系统公司的 LN－100 轻型惯性导航设备。这种采用环形激光陀螺的惯导设备，其精度是美军早期 AH－64A 采用的 LRAB－80 的 10 倍，可靠性是后者的 3－4 倍。它还可以与 GPS 导航定位系统交联，进一步提高导航精度。

AH－64DJP 的固定机载武器是一门装在机头下方的 M230A1 型 30 毫米链式机关炮，备弹 1200 发，正常射速为每分钟 625 发，这种机炮的炮弹可与北约组织所采用的阿登和德发机炮弹药兼容。两侧短翼下共有 4 个外挂架，最多可携带 16 枚毫米波雷达制导的 AGM－114L“长弓海尔法”反坦克导弹；如果选装 70 毫米的火箭弹，每个挂架下可挂一个 19 枚火箭的 M261 火箭巢。此外，AH－64DJP 还能挂载 AIM－92“毒刺”近程空空导弹进行空战。

AH－64DJP 武装直升机主要技术参数：

乘员：2 人。

机全长：17.76 米（旋翼和尾桨转动）。

旋翼直径：14.63 米。

桨叶弦长：0.53 米。

桨叶扭转角：-9度。
旋翼面积：168.1平方米。
旋翼叶片翼弦：0.53米。
尾桨直径：2.79米。
尾桨面积：6.13平方米。
机身两侧短翼翼展：5.23米。
武器挂架之间的距离：内侧两个3.20米，外侧两个4.72米。
水平尾翼翼展：3.4米。
机高：3.84米（至桨毂顶部）、4.95米（至“长弓”雷达顶部）。
轮距：2.03米。
空重：5352公斤。
结构设计总重：6650公斤。
基本任务总重：7480公斤。
设计任务总重：8006公斤。
最大起飞重量：10107公斤。
最大翼载荷：60.12公斤/平方米。
最大载油量：内部1108公斤，外部2712公斤（4具230加仑副油箱）。
动力装置：2台T700-GE-701C涡轴发动机，单台功率1890轴马力。
禁止超过速度：365公里/小时。
最大飞行速度：293公里/小时。
巡航速度：265公里/小时。
转场航程：1899公里（最大内部载油量和外部载油量，无风，45分钟剩余油量）。
最大作战半径：480公里（内部燃油，30分钟剩余油量）。
最大爬升率：12.7米/秒（海平面）。
实用升限：6400米。
悬停升限：4115米（有地效）、2990米（无地效）。
续航时间：1小时50分钟（1220米高度，35℃）。
最大续航时间：3小时9分钟。
最大过载限制：+3.5/-0.5g（低空，空速超过304公里/小时）。

三、UH-1H/J通用直升机

日本防卫厅从1962年开始为陆自引进美国贝尔飞机公司的UH-1B“易洛魁”中型通用直升机（贝尔为UH-1取的绰号是“休伊”，这个绰号比官方给的“易洛魁”更为外界熟悉），由富士重工按照许可证生产，总产量为

90架，目前已全部退役。1972年，日本防卫厅又为陆自引进了UH－1H通用直升机，由富士重工按照许可证生产，至1991年总共生产133架，目前大部分退役。1989年，日本防卫厅开始为陆自采购富士重工自行改进的UH－1J通用直升机，至2007年总共采购130架，单价12亿日元（约1172万美元）。目前，日本陆自现役UH－1H/J通用直升机总数为145架，其中绝大部分是UH－1J。

作为历史上产量最大的通用直升机，UH－1尽管衍生型号众多，但在机体结构布局上基本相同，都采用单旋翼、带尾桨布局。扁圆截面的机身前部是并列形式的驾驶舱，可乘坐2名飞行员。驾驶舱前面有2片面积很大的防弹玻璃风挡，两侧的侧舱门上也有防弹玻璃观察窗，视野良好；驾驶舱后面是一个大通舱，可搭载11名士兵，或6副担架与1名医护人员，或1800公斤货物。在大通舱两侧机身上布置有大尺寸防弹玻璃观察窗；后机身上部是一台莱康明公司的T53系列涡轴发动机及其减速传动箱，驱动直升机上方的由2片桨叶组成的半刚性翘翘板式全金属主旋翼。为保持稳定，还与桨叶成90度装有一对稳定杆；机身后是稍上翘的尾梁，与机身一样，均系半硬壳构造。尾梁后部是2片水平安装的矩形平尾；尾梁末端的垂尾顶部右侧安装一个2片桨叶的尾桨，用来抗衡翼造成的扭矩。另外在尾梁末端下方还安装有一个防撞尾撑；起落架是十分简洁的两根杆状滑橇。机身左右开有大尺寸舱门，便于人员及货物的上下。

UH－1H采用的发动机是1台川崎重工T53－K－13B（许可生产的莱康明T53－L－13B）涡轴发动机，功率1400马力。同时，机上还采用了适用于恶劣气象环境使用的电子设备、无线电导航系统。在富士重工最后生产的8架UH－1H上还给飞行员头盔增加了JVAN－V6双目夜视镜，另外还有少量末期生产的UH－1H在机头两侧下方的玻璃窗内装上了前视红外系统。

UH－1J与UH－1H的主要区别是换装了日本自研的许多航电设备。其他在外形上的变化包括：机头比UH－1H瘦长，下方的防弹玻璃窗后移，而且全都装有前视红外系统；机身后上方的动力舱明显凸起，而且在动力舱后上方还加装了红外抑制器。发动机换为1台与AH－1S相同的川崎重工T53－K－703涡轴发动机；大通舱两侧机身的3个观察窗中，中间一个突出于机身，后面一个则改为弧面。

UH－1H/J通用直升机主要技术参数：

乘员：2人。

机全长：17.39米（UH－1H）、17.44米（UH－1J）。

旋翼直径：14.63米（UH－1H）、14.69米（UH－1J）。

机高：4.41米（UH－1H）、3.97米（UH－1J）。

空重：2255 公斤（UH－1H）、2473 公斤（UH－1J）。

最大起飞重量：4310 公斤（UH－1H）、4772 公斤（UH－1J）。

载重量：1800 公斤或 11 名士兵。

最大飞行速度：230 公里/小时（UH－1H）、240 公里/小时（UH－1J）。

巡航速度：204 公里/小时（UH－1H）、200 公里/小时（UH－1J）。

实用升限：4145 米（UH－1H）、3840 米（UH－1J）。

最大航程：512 公里。

四、UH－60JA 通用直升机

主要性能介绍见航空自卫队直升机相关条目。

需要说明的是，陆自用的 UH－60JA 与航空自卫队、海上自卫队的 UH－60J 在外形结构、主要航电设备等方面没有什么不同，但是陆自的 UH－60JA 是通用型，不像空自和海自那样用于搜救，所以机上没有那么多的搜救设备，而且在排气口装有红外抑制器。

日本陆自在 1995 年至 2013 年总共采购 40 架，其中已经进入陆自服役的数量为 35 架，单价 37 亿日元（约 3613.6 万美元）。目前，这 35 架 UH－60JA 分别装备于陆自航空学校明野基地、航空学校霞浦分校、航空学校滝原基地教育支援飞行队、第 12 旅团第 12 直升机队第 1 飞行队、第 1 直升机团第 102 飞行队、西部方面航空队西部方面直升机队、第 15 旅团第 15 飞行队（4 架）。

五、CH－47J/JA 运输直升机

CH－47J 的主要性能介绍见航空自卫队直升机相关条目。

CH－47JA 是 CH－47J 的改进型，类似于航空自卫队的 CH－47J（LR），但前视红外系统和飞行员夜视镜不是选装，而是成为必装的重要设备，从而使 CH－47JA 的夜间飞行和执行任务的能力大为提高。近年来，日本陆自还为 GH－47JA 加装了“增强型区域防护与生存力”（EAPS）套件和卫星通信系统，并且还在酝酿给该机加装 M2 型 12.7 毫米机枪、米尼米 5.56 毫米机枪提高自卫能力，以及换装带全权数字发动机控制的 T55－K－712A 涡轴发动机。

目前，日本陆自现役 CH－47J/JA 总数为 55 架，以 JA 型居多。这些 CH－47J/JA 分别装备于第 12 旅团、第 15 旅团、第 1 直升机团和西部方面直升机队。

六、OH－6D 侦察直升机

该机是日本防卫厅从 1979 年开始从美国为陆自引进的，由川崎重工按照

许可证生产。至 1997 年生产结束，总产量为 193 架。后来随着日本自研的 OH－1 侦察直升机陆续服役，OH－6D 逐步开始退役。不过，OH－1 的产量不多，所以 OH－6D 仍要继续服役相当一段时间。目前。日本陆自现役 OH－6D 还有 84 架。

OH－6D 是前美国休斯直升机公司（现属波音公司）研制的，采用单旋翼、带尾桨布局，旋翼系统采用 4 片桨叶全铰接式旋翼，桨毂由 15 块相互叠合的不锈钢片组成，外端用垂直铰与桨叶连接，中间固定在轴套上。尾桨有两片桨叶，由成型钢管玻璃钢蒙皮组成。无旋翼刹车装置。

机身外形呈雨滴状，但一般都称其为蛋形，铝合金半硬壳吊舱尾梁结构。机身后段有蚌壳式舱门，由此可接近发动机及其附件。机身顶部旋翼主轴后面设有大整流罩。

机身头部的座舱采用并列双座，整个是透明的防弹玻璃制成，视野非常好，这也是其用于侦察的一个重要原因。后舱可以容纳 4 名全副武装的士兵。机身每侧各有一个乘员舱门和货舱门。

动力装置为一台阿里逊 250C20B 涡轴发动机，最大功率 480 马力。两个软油箱装在座舱后部地面下面，容量 232 升。传动系统为简单的伞齿轮传动，包括一对伞齿轮，3 根传动轴和一个离合器。

机载设备包括 ARC－114 甚高频/调频无线电台和 ARC－116 超高频无线电台、ARN－89 自动测向仪、ASN－43 陀螺罗盘、ID－1351 方位航向指示器、ARC－6533 机内通话器、飞行员夜视镜、红外夜视装置、红外照射装置等。

机身左侧可装 7.62 毫米机枪或 40 毫米自动榴弹发射器。

OH－6D 侦察直升机主要技术参数：

乘员：2 人。

载员：最多 4 人。

机全长：9.24 米。

机身长：7.23 米。

机身宽：1.4 米。

旋翼直径：8.05 米。

机高：2.73 米。

空重：538 公斤

最大起飞重量：1200 公斤。

载油量：242 升。

最大飞行速度：281 公里/小时。

巡航速度：239 公里/小时。

实用升限：4450 米。

最大航程：668 公里。

七、OH－1 侦察直升机

该机是由日本川崎重工为承包商、富士重工和三菱重工为分包商而研发的，1992 年提出计划、1993 年开始设计、1996 年 8 月 6 日首飞、1997 年交付 4 架 XOH－1 原型机供陆自试用、2000 年正式投入量产。日本防卫厅（省）在 1997 年至 2010 年共为陆自采购了 34 架（不含 4 架原型机）。由于产量很少，而且采购时间又拖得很长，所以 OH－1 的单价机高，在 2008 年时达到 25 亿日元（约 2441.6 万美元），2010 年也在 19 亿日元（约 1855.6 万美元）。

目前，34 架 OH－1 已全部服役，连同 4 架原型机一起装备于北部方面航空队第 1 反坦克直升机队、东北方面航空队第 2 反坦克直升机队、西部方面航空队第 3 反坦克直升机队、东部方面航空队第 4 反坦克直升机队、中部方面航空队第 5 反坦克直升机队、航空学校开发实验团飞行实验队、航空学校教育支援飞行队和霞浦分校、北部方面航空队北部方面直升机队、西部方面航空队西部方面直升机队、东部方面航空队东部方面直升机队、中部方面航空队中部方面直升机队。

OH－1 采用了单旋翼、涵道式尾桨布局，同时还采用了串列双座、顶置探测装置这两个现代武装直升机的典型特征，这是因为该机在设计上虽然以侦察为主，但也要承担一定的攻击任务。

OH－1 的旋翼系统采用川崎重工研制的无铰接无轴承 4 桨叶旋翼，8 片桨叶的涵道尾桨，桨叶和桨毂都用复合材料制成。

OH－1 外形流畅，具有较好的隐身性，机身前座舱内是驾驶员，后座舱内是探测设备操作员。前后座舱都采用平板式反光防弹玻璃风挡。前座舱内的中央上部是平视显示器，仪表盘上横向并排着两块大型平板式彩色液晶多功能显示屏，与 MIL－STD－1553B 数据总线相连；后座舱内的彩色液晶多功能显示屏纵向设置，因为左侧有探测设备的操纵板，右侧有多功能操作装置/显示组，同样与 MIL－STD－1553B 数据总线相连。

前后座舱的操纵杆上都有许多按键，如自动飞行驾驶装置切换开关、射击按钮、多功能显示装置的模式切换开关等。驾驶员的手不离开操纵杆就可以进行各种操作。OH－1 具有双重操作系统，在前后驾驶舱均可操纵飞机。通常是由前面的驾驶员操纵，在飞行试验中也曾由后部的操作员操纵。由于后座比前座高出许多，所以不会影响视界，而且前后驾驶舱的左右两边有很大的玻璃窗，因此有良好的侧向视界。

OH－1 的两个座椅都能耐坠落冲击，并有装甲板，充分考虑了机组乘员的生存性。尾梁与机身连接处装有双层护板，可保护该部位免受发动机排出的热气的损害。桨毂前部安装有日本电气公司生产的集成有热像仪、CCD 摄像机和激光测距仪的光电探测转塔，由电力驱动，探测范围是方位角 110°、俯仰角 40°。

机身大量应用碳纤维增强塑料（约占机身总重的 40%），机身两侧各有一个短翼。每个短翼下方有 2 个挂架，其中外侧挂架通常用于挂装 2 枚由 91 式便携式防空导弹改装的空空导弹（装在流线型装甲发射箱内），内侧挂架用于挂装 160 升副油箱。值得一提的是，两名机组乘员都可以发射空空导弹，其中驾驶员发射时依靠平视显示器瞄准，后座的射手发射时根据机载探测瞄准设备的信息进行瞄准。

起落架为不可收放的前三点起落架。动力装置为 2 台三菱重工研制的 TS1 -10 涡轴发动机，单台功率 884 轴马力。此外，机上还装有雷达告警接收机、主动红外干扰机、发动机红外抑制器等。

2002 年，日本防卫厅技术研究本部开始对 OH -1 进行改进，主要是强化其攻击作战能力，为此在 2005 年对编号 32601 的 OH -1 原型机进行了改装，为其换装了“侦察直升机用战术支援系统”，使该机的火控、通信、侦察、指挥和情报能力都得了极大提升，特别是攻击作战方面，每侧短翼外侧可挂 4 枚反坦克导弹、内侧挂架可挂装填 19 枚 70 毫米火箭弹的火箭巢，对地攻击火力接近 AH -1S。不过，在这架 OH -1 改的升级机之后，再未有其他 OH -1 进行类似改装。

OH -1 侦察直升机主要技术参数：

乘员：2 人。

机全长：12 米。

机身宽：1 米。

旋翼直径：11.5 米。

机高：3.8 米。

空重：2500 公斤。

最大起飞重量：3500 公斤。

载油量：953 升。

最大飞行速度：290 公里/小时。

最大航程：550 公里。

作战半径：200 公里。

八、EC -225LP 要人运送直升机

该机是日本防卫省在 2003 年左右从欧洲直升机公司为陆自采购的，最初

采购了3架，主要用于执行运送日本皇室成员、首相、国宾等要人的任务。2005年开始交付，至2006年全部交付，替换了原来的3架AS-332L“超美洲豹”。

EC-225LP主要技术参数：

乘员：2名（正副飞行员）。

载员：24名乘客+1名乘务员。

机全长：19.50米。

机身长：16.8米。

机身宽：3米。

旋翼桨叶数：5片。

旋翼直径：16.2米。

机高：4.97米。

空重：5256公斤。

有效载荷：5744公斤。

最大起飞重量：11200公斤。

动力装置：2台透博梅卡公司MAKILA-2A涡轴发动机，单台功率2411轴马力。

禁止超过速度：324公里/小时。

最大飞行速度：275.5公里/小时。

巡航速度：260.5公里/小时。

转场航程：984公里。

实用升限：5900米。

续航时间：5小时。

爬升率：8.7米/秒。

九、TH-480B轻型教练直升机

该机是美国恩斯特龙公司在480B直升机基础上专门为日本陆自研制的型号，用来替代日本陆自的OH-6D教练直升机。日本防卫省在2010年2月10日选定该机，同年采购1架、2011年采购1架、2012年采购28架，相关预算则在2009年、2010年和2011年划拨。

第1架TH-480B于2010年中期先是被运往恩斯特龙在日本的代理商Aero Facility公司，然后由Aero Facility公司交付陆自；第2架TH-480B则以同样的方式在2011年底交付日本陆自；其余28架于2014年前交付。

TH-480B采用单旋翼、带尾桨的传统布局，旋翼为3片铰接式金属桨叶，桨叶由一根挤压铝合金大梁及铝合金金属蒙皮组成。每片桨叶由销子和阻

尼铰与桨毂相连。旋翼桨叶叶型为 NACA00 13.5。两片尾桨桨叶构成跷跷板式尾桨，尾桨桨叶由一根大梁和轻合金蒙皮胶接而成。尾桨位于尾梁左侧。桨叶不能折叠。

机身由玻璃纤维和轻合金制成，带有焊接钢管的柱式结构，尾梁为半硬壳式铝合金结构，装有水平安定面和垂直尾面。着陆装置为滑橇式起落架，带有液气减振器。

机身前部的座舱里布置了 3 副座椅，其中教练员与学员的座椅并排布置在前排，第 3 副座椅为第 2 个观察学员的座位，设在座舱后排中央位置。

动力装置为 1 台阿里逊 250 - C20W 涡轴发动机，功率 420 轴马力，可降低功率使用（降到 289 轴马力），最大持续功率为 253 轴马力。3 个互连耐坠毁油箱，总燃油时为 363 升。传动装置为两条三角皮带，一端连接发动机，另一端连接环与游星减速器。此外，机上还装备由发动机驱动的交流发电机。

操纵系统为复式，机载设备包括空速指示器、高度表、罗盘、燃油压力报警灯、减速器滑油温度计、转弯倾斜指示仪等，可选装的设备有姿态陀螺及转弯坐标方位仪，瞬时垂直速度指示器等。

TH - 480B 轻型教练直升机主要技术参数：

机全长：9.1 米。

机身宽：2.5 米。

旋翼直径：9.75 米。

机高：3.0 米。

空重：826 公斤。

最大起飞重量：1361 公斤。

最大飞行速度：231 公里/小时。

巡航速度：212 公里/小时。

实用升限：3962 米。

转场航程：685 公里。

第十一节　日本陆上自卫队的岸舰导弹

日本的天然地理因素决定了它有漫长的海岸线需要保卫，仅靠航空自卫队有限的空舰导弹和对海攻击型战斗机数量显然不能满足这种需要，因此研制陆基反舰导弹就成为必然。日本陆自现装备有数量众多的岸舰导弹，主要型号是 88 式（SSM - 1）和 12 式（SSM - 2）。

一、88 式岸舰导弹

冷战时期，日本对于苏联太平洋舰队可能在日本本土实施登陆作战充满了担忧。特别是苏联太平洋舰队的实力在 20 世纪 70 年代有了巨大提升之后，日本的担忧之心更甚。于是在 20 世纪 70 年代中期，日本陆自提出装备岸舰导弹的请求，希望能在战时以岸舰导弹打击苏联入侵日本的登陆舰船，破掉苏联的登陆企图。

1979 年，日本防卫厅技术研究本部开始内部研制岸舰导弹，当时称 SSM－1 型。次年，三菱重工成为岸舰导弹的主承包商，与技术研究本部开始系统论证工作，1982 年进入正式设计阶段。除三菱重工之外，日本其他一些公司也加入了研制行列。将具体分工是：三菱重工负责岸舰导弹的系统设计，日产汽车研制火箭助推器，日本航空电子公司负责惯导装置的开发，大金公司负责战斗部。

由于陆自要求岸舰导弹的射程必须超过当时刚服役的 80 式空舰导弹（ASM－1）至少 2 倍，从北海道发射可覆盖日本海，达到鄂霍茨克海和太平洋沿岸。因此，三菱重工牵头对导弹的动力系统进行了重新设计，摒弃了 80 式空舰导弹的固体火箭发动机，而采用火箭助推器＋涡喷发动机的动力模式，其中涡喷发动机采用了三菱重工为巡航导弹和小型无人驾驶飞行器研制的 TJM－2 单转子离心式涡轮喷气发动机。该型发动机原型于 1979 年完成投入试验，1982 年完成设计定型。TJM－2 涡喷发动机全重 38.55 公斤，静推力 203 公斤，系统零件数令人难以置信的只有 45 个，发动机外机匣即构成导弹的一个独立部分。装上 TJM－2 发动机的 SSM－1 导弹射程可以达到 150—200 公里，是 80 式空舰导弹的 3－4 倍。

SSM－1 岸舰导弹采用机动发射方式，以提高生存性。机动发射平台为 74 式 6×6 军用卡车，每辆车在后部装有六联装导弹发射筒。

SSM－1 岸舰导弹于 1988 年定型并命名为 88 式，研制费用为 205 亿日元（约 2 亿美元）。日本陆自在 1988—2000 年总共采购了 102 辆 88 式六联装导弹发射车以及配套的系统设备，先后装备于武器学校，富士教导团特科教育队第 6 中队，北部方面队第 1 特科团第 1、2、3 地对舰导弹连队（相当于岸舰导弹团），东北方面队东北方面特科队第 4 地对舰导弹连队，西部方面队西部方面特科队第 5 地对舰导弹连队。

88 式岸舰导弹基本沿袭了 80 式空舰导弹的正常式气动布局，4 片前缘后掠大三角形稳定弹翼位于弹体中部，4 片前缘后掠小三角形控制舵面位于弹体尾部。弹翼和尾舵呈 X 形配置，处于同一平面。弹体头部带半圆形整流罩，两侧各有 1 个内装各舱段电气连接导线的长边条，尾部呈平底形。弹体内部采用模块化舱段结构，从前到后分为 4 个舱段：导引头舱、控制舱、战斗部舱和发动机舱。导引头舱内装三菱电子公司的单脉冲主动雷达导引头；控制舱内装日本航空电子设备公司的惯性导航系统、日本无线电公司的调频连续波无线电高度表以及自动驾驶仪和电池组；战斗部舱内装半穿甲爆破战斗部，配用触发延时引信和近炸引信；发动机舱段内有 1 台固体火箭发动机，在尾喷管周围装有电动舵机系统。

88 式岸舰导弹采用与 80 式空舰导弹相同的制导模式——中段为惯导 + 雷达高度表修正、末段为弹上主动雷达，在发射初期按事先装定的巡航路线飞行，进入目标区后由主动雷达导引头自行搜索并决定攻击目标。

88 式岸舰导弹以连队为基本作战单位，下辖连队部、1 个连队直属中队、4 个发射中队、1 个支援队，主要装备指挥车 1 辆、JTPS－P15 搜索雷达车 12 辆、JMRC－R5 数据中转车 12 辆、JTSQ－W5 火控车 4 辆、六联装导弹发射车 12 辆、补弹车 12 辆、野战维修车 1 辆、救护车 1 辆。每个中队装备有 4 辆发射车和 4 辆补弹车，中队部装备有 1 辆火控车。

每辆导弹发射车上的 6 个发射筒分上下两排布置，每排 3 个。具体作战过程为：首先由指挥车发出搜索命令；搜索雷达锁定目标；通过数据中转车送达指挥车；指挥车上的火控计算机解算出目标诸元并将信息传至发射车。发射导弹的整个准备时间大约 45 分钟，发射完毕后，补弹车利用车载起重机迅速卸下发射车上用过的六联装发射筒，重新为其装上 6 枚新弹后继续使用。

88 式岸舰导弹主要技术参数：

弹长：5 米。

弹径：350 毫米。

弹重：660 公斤。

战斗部重：225 公斤，高爆装药。

射程：150—200 公里。

最大速度：1150 公里/小时。

二、12 式岸舰导弹

1994 年，日本陆自提出发展 88 式岸舰导弹的后继型。1997 年，日本防卫厅开始正式为该项目拨款，同年第一次拨款 6.59 亿日元（约 643 万美元），1998 年拨款 4.55 亿日元（约 444.38 万美元）。主承包商仍然是三菱重工。1999 年，三菱重工开始进行新型岸舰导弹系统主要结构部件的试制和系统设计。2001 年，新型岸舰导弹进入原型弹试制阶段。2012 年，新型岸舰导弹定型，并被命名为 12 式，研制费用总计达 138 亿日元（约 1.348 亿美元）。

日本陆自从 2012 年开始采购 12 式岸舰导弹，同年采购 2 辆发射车、24

枚导弹；2013 年采购 4 辆发射车、48 枚导弹；2014 年采购 16 辆发射车、192 枚导弹。总计采购 22 辆发射车、264 枚导弹。目前，有 6 辆发射车、72 枚导弹已经交付陆自富士学校特科部、富士教导团特科教导队，用于教学训练。在 2013 年 8 月 25 日举行的富士综合火力演习中，日本陆自首次公开了 12 式岸舰导弹。陆自计划在 2016 年正式让 12 式岸舰导弹服役，第一支配属单位预定为西部方面队西部方面特科队第 5 地对舰导弹连队，取代该连队目前装备的 88 式岸舰导弹。之后，12 式岸舰导弹将继续取代其他 4 个地对舰导弹连队的 88 式岸舰导弹。

12 式岸舰导弹采用了与 03 式中程防空导弹相同的三菱 8×8 卡车底盘，发射装置与 88 式一样为六联装，但形状从 88 式的圆筒形改为方箱形。

由于日本尚未披露 12 式岸舰导弹的详细技术细节，所以目前只知其外形尺寸、最大射程等都与 88 式差不多，但是制导系统采用了先进的地形匹配和目标识别技术，中段采用惯性 + GPS 制导，末段采用地形匹配 + 主动雷达制导。

除陆自外，日本海自还计划在 12 式岸舰导弹基础上发展舰舰型，使用舰载垂直发射管发射，以取代海自驱逐舰目前装备的美式“鱼叉”和自研的 90 式舰舰导弹。

第十二节　日本陆上自卫队的防空导弹

防空导弹是现代战场上对付固定翼战机、直升机、巡航导弹、弹道导弹、无人机等空中目标的主战武器，因此日本陆自对其装备与发展都十分重视。目前，日本陆自现役的防空导弹主要是中程和近程防空导弹，包括：美式霍克改进型中程地空导弹，03 式中程防空导弹（SAM－4 或中 SAM），81 式（SAM－1 或短 SAM）、93 式（SAM－3 或近 SAM）和 11 式近程防空导弹，91 式（SAM－2 或携 SAM）和 91 式改（SAM－2B）便携式防空导弹。

一、霍克改进型中程地空导弹

霍克导弹是美国雷神公司在 20 世纪 50 年代末研制的，主要用于要地和野战防空。日本陆自在 1964 年引进，由本国三菱电机和东芝公司联合进行许可证生产。从 1965 年开始，陆自的霍克导弹每年都要到美国新墨西哥州白沙导弹靶场进行试射。而随着美国对霍克导弹的持续改进，日本陆自也在不断引进不同改进型的霍克导弹：1977 年引进了霍克基本型的改进型，1982 年引进了霍克改进1型，1987年引进了霍克改进2型，1991年引进了霍克改进3型，其中主要是改进1/2/3型。目前，日本陆自现役霍克各类改进型导弹还有200部三联装发射车。

霍克导弹的布局与结构属于典型的第二代防空导弹布局，基本型与改进型导弹的外形相同，都是采用无尾式气动布局。头部呈锥形，用玻璃钢纤维材料制成。弹翼为梯形，位于弹体中部稍后，按“×”配置，前缘后掠角76度，后缘与弹体垂直。一对弹翼的总面积约为1.86平方米（包括弹体部分）。4片矩形舵接在弹翼后缘，除进行稳定和控制俯仰与偏航外，还控制导弹的滚动稳定。舵面用铝合金制成，一对舵的面积约为0.2平方米。

弹体由5个舱段组成：导引头舱天线罩内装有抛物面天线；电子仪器舱装雷达接收机、无线电引信、自动驾驶仪、解锁装置及电源等；战斗部舱装杀伤战斗部；动力舱装固体发动机，其上有4片弹翼；舵机舱装舵面伺服机构和电源/液压传动装置。

霍克基本型的动力装置为1台M22E8型固体火箭发动机，工作时间为25~32秒。为了达到起飞时产生峰值推力大、暴发性强，正常飞行时稳定、持久的双推力，M22E8发动机采用了两种固体燃料，它们先后燃烧并产生两种不同的推力，分别起助推和主航作用。起飞推进剂为ANP-2830HO型。M22E8发动机中间联结第一级燃料和第二级燃料的点火系统为电起爆装置，当第一级助推燃料棒燃烧完毕后，自动传递、控制巡航燃料棒开始工作。为了保险起见，防止第一级燃料工作时第二级燃料误工作，起爆装置采用了双重保险的机械式安全与解除保险装置，只有在第一级彻底燃烧完毕后延时一段很短时间后，才点燃第二级。在霍克改进型上，发动机换成M112型双推力固体火箭发动机，体积减小而推力有所增加，巡航级工作时间也加长，射程也从基本型的32公里增加到40公里。

霍克导弹的雷达导引头工作方式为半主动连续波体制。即靠地面照射雷达发送连续波信号照射目标，导引头接收反射回波，然后经自动驾驶仪处理后产生控制霍克导弹飞行的信号。工作时，它接收来自半主动寻的雷达导引头的目标-导弹间的误差信号，经变换放大后产生操纵液压舵机的信号，控制舵面偏转，使导弹按一定轨道稳定飞行。导引头的接收天线安装在导弹头部液压驱动的万向平台上，用小型陀螺作为惯性空间基准。

霍克基本型的导引头天线为抛物面反射器，但天线的灵敏度不够，当导弹攻击俯冲目标时，常因为地面杂波等原因丢失目标。为了提高跟踪稳定性和抗干扰能力，霍克改进型采用了低旁瓣、高增益的平面裂缝天线。此外，为了对付高速、低空、小反射截面的目标，霍克改进型还采用了于20世纪60年代末期发展起来的倒置接收机，以提高抗干扰能力和对多普勒频率的分辨能力。

霍克基本型采用装普通烈性炸药的XMS型破片杀伤式战斗部，质量约50公斤，其中装H－6炸药约33公斤。霍克改进型采用连续杆式杀伤战斗部，质量约75公斤。这种战斗部的特点是采用首尾连续的小钢柱杀伤体。当爆炸后可形成一个不断扩大的圆环，好似一个不断扩大的电锯锯面飞散，以获得较高的杀伤概率。

霍克防空导弹系统采用比例导引的连续波全程半主动寻的制导。对目标的探测由一部脉冲搜索雷达和一部连续波搜索雷达经连指挥站或排指挥站协调来完成。捕获目标后，大功率照射雷达发出目标指示信号，对选定的目标进行搜索、跟踪和照射，弹上连续波寻的雷达接收地面照射雷达经目标反射的信号，测出导弹与目标间的视角变化率，并根据目标反射信号的多普勒频率，得出导弹与目标间的相对速度，使两参数之积与导弹侧向加速度成比例，产生的信号输送至自动驾驶仪，通过自动驾驶仪来控制舵面偏转，将导弹引向目标。

霍克基本型配的脉冲搜索雷达是AN/MPQ－35，改进型配的是AN/MPQ－50，工作在C波段，探测高空目标，能全景显示，探测距离72～104公里；霍克基本型配的连续波搜索雷达是AN/MPQ－34，改进型配的是AN/MPQ－55，工作在J波段，可在严重的地物杂波干扰下探测低空飞机目标，向目标照射雷达和控制中心提供目标数据；霍克基本型配的大功率照射雷达是AN/MPQ－39，改进1型配的是AN/MPQ－46，改进2型AN/MPQ－57，为J波段连续波雷达，可在方位、俯仰和距离变化率上自动截获、跟踪和照射目标，同时向导弹提供基准信号。此雷达平均无故障时间（MTBF）为43小时，改进型为130～170小时，后又增至300～400小时，甚至超过了采用相控阵、固态发射机等先进技术的AN/MPQ－53雷达。

霍克防空导弹系统由导弹、3联装发射架、1辆中空目标搜索雷达（脉冲体制）车、1辆低空目标搜索雷达（连续波体制）车、2辆大功率照射雷达车、1辆测距雷达车、1辆连控制中心车、1辆信息协调中心车、1辆运输装填车（可在几秒钟内装填3枚导弹）以及HF60D 400HZ发电机组等组成。

每个3联装发射架载3枚导弹，操作手在战斗准备状态才转动发射架。当照射雷达锁住目标后，就与照射雷达天线在方位和俯仰上随动瞄准目标，同时通过转塔控制组合使导弹处于待发状态。收到发射命令后，选定1枚待发导弹激活电源，启动快速陀螺，使导引头天线稳定地瞄准目标。霍克导弹通常以连为完整的作战独立单元进行火力配置，一个连有3套发射装置，配置在离战斗地区前沿15～20公里，约需一个100×200平方米的场地部署发射排的作战设备。3套发射装置呈底边稍长的等腰三角型配置，相距大约60米。

在战斗区前方多采用自行式霍克，后方可采用牵引式。每个连的间隔距离不超过20公里。

在作战时，当发现目标并区分敌友之后，指挥官根据显示选定要射击的目标。收到发射指令后，选定待发导弹并加电，导引头天线稳定地瞄准目标，按照射雷达给出的前置碰撞点发射导弹。在导弹飞行过程中照射雷达始终跟踪目标，导弹对照射雷达的直射信号和目标的反射信号进行比较，不断地修正航向，按比例导引规律飞向目标。当导弹接近目标时，近炸（或触发）引信引爆战斗部摧毁目标。当导弹命中目标后，进行射击效果判断，决定下一枚导弹的发射。

霍克导弹系统的检测与维修按美国陆军的维护标准分为五级。一级维护为操作员预防性检查。二级维护进行定期检查，可更换失效的零组件。三级维护为连队直接维护，包括组合设备的测试及修理。四级维护是对几个导弹营的总维护，具有专门维修功能。五级维护主要由厂家或具有大修能力的军级修理所对雷达和支援设备进行检修，对导弹待发状态检查和进行场地维护。其中前三级维护都可在连队层次完成，而后面的两级则分别需要防空导弹群（旅）、军（或集团军）进行。这种维护体制比较合理，能够分散、分担各级的压力，因此成为美军陆基防空导弹维护的样板。

美军在霍克导弹服役的几十年中持续对其进行着改进，而日本陆自则是不断从美国获得各类改进型的许可证进行生产。其现役的四种改进型的区别之处如下：

基本型的改进型主要对导弹本身进行了4项大的改进：首先，导弹的电子管电路换成固态电路，减小了电子器件的体积重量，为增加弹上燃料、提高射程留出了空间；其次是换装了采用倒置接收机的导引头，以提高灵敏度；再次是换装了功率更大的发动机，扩大了作战空域；第四是换装了更重的战斗部。

霍克改进1型主要有3项技术改进：换装新型连续被波搜索雷达；在脉冲搜索雷达上采用了当时刚实用化的一些抗干扰措施，如增加数字式动目标显示设备，采用具有多个频率点交替工作的参差脉冲重复频率等，提高了雷达的抗干扰性能；在系统内部各车辆之间实行了战术数据网络通信。

霍克改进2型主要有3项技术改进：首先是改进大功率照射雷达，简化了检修故障程序，平均无故障时间增加到300~400小时；其次为了增加在强电子干扰条件下对抗能力，增添了光学跟踪系统，进一步提高了武器系统的抗干扰能力和作战效能。

霍克改进3型的技术改进项目比较多，主要是采用了新技术来解决迎战多目标问题。首先是改进连续波搜索雷达，改变雷达的发射波形，使一次扫描就能测出目标距离、距离变化率和方位角，缩短了对低空近距尤其是机动目标的预报时间，加装傅立叶快速变换的数字式信号处理器，用以将目标多普勒效应进行数字化处理，再提供给微型计算机，这样可完成原来由自动数据处理器和信息协调中心所进行的多目标处理，为取消信息协调中心提供了技术基础；其次，在大功率照射雷达上增加了“低空同时攻击目标”（LASHE）作战方式，使武器系统具备低空拦截多目标的能力，增加了火力。目标一旦出现，即可自动或手控转入“低空同时攻击目标”作战状态，能分辨波束内的多个目标，并选择威胁最大的目标予以攻击。霍克改进3型的照射雷达可直接发射广角扇形波束，涵盖低高度大范围空域，可一次发射3枚导弹，分别自行导向目标。对付低空入侵机群时，可以一次攻击敌多机编队，以免敌机企图用先导机作为吸引火力的“飞靶”，掩护其他战机突防。一个拥有两部照射雷达的霍克改进3型导弹连可同时攻击6个目标，在理想情况下可攻击12－18架。

此外，为了提高导弹连的机动性，霍克改进3型还减少了地面设备和车辆，以连指挥站代替连控制中心，取消了测距雷达和信息协调中心，使车辆总数减少到14辆。同时改变了编制，火力单元采用三种编制，即突击排，加强突击排和导弹连。

霍克改进型中程防空导弹主要技术参数：

弹长：5.08米。

弹径：370毫米。

弹重：590公斤。

最大射程：40－50公里。

最大速度：2.4马赫。

最大射高：24000米。

二、03式中程防空导弹

早在1983年，日本防卫厅就在酝酿霍克防空导弹的后继型号，但对于外购还是自研一直摇摆不定，直到1995年才做出自主研发的决定，并于1996年交由日本防卫厅技术研究本部和三菱电机公司正式开始相关研究，并将该项目命名为Chu－SAM，其中三菱电机为该导弹项目的主承包商。

2001年，Chu－SAM在美国新墨西哥州白沙导弹靶场进行首次实弹试验，2002年完成作战适用性试验，2003年定型投产。整个研制过程耗资约1000亿日元（约9.77亿美元）。日本陆自原拟用03式中程防空导弹系统全面替换8个高射特科群（相当于防空营，每个高射特科群下辖4个高射特科中队）的霍克改进型导弹，但由于进入21世纪之后，日本财政状况持续恶化，军费也随之连续数年削减，这使得03式中程防空导弹的换装工作进展十分缓慢，每年的换装速度仅1-2个中队。从2003年至2014年，日本陆自总共采购了15个中队的03式导弹，而截止到2014年3月，已经服役的03式导弹为12个中队，分别是东部方面队第2高射特科群第334、335、336、337中队，中部方面队第8高射特科群第338、339、340中队（计划2014年底新增1个中队），驻冲绳第15旅团第15高射特科连队（2014年3月26日由第6高射特科群改编完成）第1、2、3中队（第4中队装备11式近程防空导弹），陆自高射学校高射教导队第4中队、开发实验团装备实验队。从部署地域看，主要集中在战略地位极为重要的东京都、兵库县和冲绳县三地，而陆自其余方面队的高射特科群仍然使用霍克改进型中程防空导弹。

每个高射特科群4个中队的03式导弹采购费用约为470亿日元（约4.59亿美元），比同等装备规模的美制“爱国者”PAC-2防空导弹费用要少400亿日元（约3.9亿美元）。但是预算压力让日本陆自感到采购03式颇为吃力，为了缓解这种状况，日本陆自便从2009年开始对03式中程防空导弹进行改进，以期能更加压缩生产成本、更有效地对付敌方低空巡航导弹和高速空地导弹，以及连接防空作战指挥系统，进而实现与航空自卫队自动警戒管制系统（JADGE）的数据传输，扩大作战范围。按照日本陆自的计划，改进型03式中程防空导弹系统将在2016年达到实用化阶段。

03式中程防空导弹系统由多个子系统组成，包括防空作战指挥系统、发射系统、雷达系统、火控系统、无线通信系统、运输装填系统等。

03式中程防空导弹的外形类似于以色列拉斐尔公司研制的德比空空导弹，鸭式气动布局，但头部的4片活动的气动控制翼面采用了切尖处理，尾部的4片活动控制舵面则类似于“爱国者”的设计。导弹的动力为单级固体、高能、微烟火箭发动机，发动机上有推力矢量控制系统，具有极好的过载能力，可对付机动性很高的空中目标。战斗部配有近炸和触发引信。制导方式为中段惯性+末段主动雷达/红外成像复合制导，特别是双模导引头的装备，使03式导弹的抗干扰能力大大提高，能够在恶劣天候和强电子干扰环境下作战，并且具备拦截携带诱饵的中近程弹道导弹的能力。

03式导弹采用垂直发射方式，可以360度全向攻击目标。储运/发射车采用73式8×8重型卡车底盘，后部装有六联装发射箱。由于采用了预编程导航系统、先进的指挥链和末制导技术，所以03式导弹不但可实现对目标的精确打击，而且具备很强的多目标攻击能力。

03式中程防空导弹系统的火力单元包括4辆储运/发射车、1部多功能相控阵雷达、1个指挥控制中心和1个火控站。其中后3种配套装备与储运/发射车一样，均采用73式8×8重型卡车底盘。

03 式中程防空导弹主要技术参数：

弹长：4.9 米。

弹径：0.32 米。

弹重：570 公斤。

战斗部重：73 公斤。

射程：25—50 公里。

最大拦截高度：10 公里。

最大飞行速度：2.5 马赫。

三、81 式近程防空导弹

基本型 81 式见日本航空自卫队地面防空系统相关条目。下面简单介绍一下陆自装备而空自没有装备的 81 式改进型近程防空导弹：

1989 年，日本又对 81 式近程防空导弹进行了改进，为其配备了两种新型导引头，一种是红外/电视导引头（弹重增加 5 公斤），一种是主动雷达/红外导引头（弹长因此增加了 15 厘米，弹重也增加了 5 公斤），同时还改进了近炸引信和火控系统。改进后的 81 式称为 81 改（SAM－1C），1995 年定型。

81 改（SAM－1C）防空导弹主要技术参数：

弹长：2.71 米（红外/电视制导弹）、2.85 米（主动雷达/红外制导弹）。

弹径：160 毫米。

翼展：0.6 米。

弹重：105 公斤。

作战高度：3000 米。

射程：1 万米。

最大飞行速度：2.4 马赫。

四、93 式近程防空导弹

该导弹系统是日本东芝公司生产的近程防空导弹，用于取代厄利空 L－90 型双管 35 毫米高炮。1990 年开始研制，1992 年开始试验，1993 年定型，1994 年装备陆自。日本陆自在 1993 年至 2008 年总共采购了 113 辆，装备于陆自高射学校高射教导队第 2 中队、第 2 师团第 2 高射特科大队第 1 中队、第 4 师团第 4 高射特科大队第 2 中队。

93 式近程防空导弹在设计方面非常类似美国陆军的“复仇者”，只不过搭载平台采用的是丰田汽车公司生产的 4×4 高机动车。该车类似美国的“悍马”，车头是动力舱，装有动力传动系统；之后是驾驶舱，乘坐 3 名乘员（驾驶员兼对空观察员、射手和车长），同时驾驶舱内还有电台、显控系统等。车尾装有一个发射转塔，在转塔上方正上方是光电观瞄系统，集成有CCD摄像机、热像仪、激光测距仪和敌我识别天线。观瞄系统左右两侧各装有一个四联装导弹发射箱，里面装填的是91式便携式防空导弹。

作战时，乘员可以接收师团防空情报系统发来的信息，了解敌方空中情况。车长则操纵光电观瞄系统搜索和跟踪敌方空中目标，射手负责发射导弹。除了车内操控导弹发射之外，乘员也可以下车在远处通过连接线缆进行遥控发射，这可以大大提高乘员的生存能力。

93式近程防空导弹主要技术参数：

车长：4.9米。

车宽：2.1米。

发动机：一台柴油机，功率160马力（2300转/分）。

五、11式近程防空导弹

见日本航空自卫队地面防空系统相关条目。

与空自不同的是，陆自在2011年采购了3辆、2012年采购了2辆、2014年采购了1辆，总计6辆发射车。

六、91式和91式改便携式防空导弹

见日本航空自卫队地面防空系统相关条目。

日本陆自在1991—2005年总共采购了279枚91式便携式防空导弹，在2007年至2010年采购了77枚91式改便携式防空导弹。

第十三节　日本陆上自卫队的反坦克导弹

日本陆自现役的反坦克导弹种类较多，包括美制陶式、AGM－114L“长弓海尔法”，以及日本自研的79式反坦克/反舟艇导弹、87式反坦克导弹、96式多用途导弹、01式轻型反坦克导弹、中程多用途导弹。

一、陶式反坦克导弹

日本陆自是在1982年将陶式导弹作为AH－1S武装直升机的配套武器引进的，所以只用于机载发射。目前，日本陆自装备的陶式反坦克导弹大约为700枚。

陶式反坦克导弹采用管式发射、光学瞄准、红外自动跟踪、有线制导。

其中导弹的弹体呈圆柱形，前后都有可折叠控制翼面，其中弹尾4片呈十字形安装，每片翼面形状为矩形长条；弹体中部的4片呈X形安装，每片翼面外端有弧形内切。当导弹从发射管射出之后，8片翼面张开，控制导弹稳定飞行。导弹尾部有放线管，放线速度与导弹飞行速度相当。发射管也为圆柱形，自筒口后1/3处开始变粗，明显呈前后两段，AH－1S武装直升机挂装的陶式导弹发射管有双联装、四联装两种，导弹封存于发射筒中、发射筒筒口两端略粗，中间细，筒尾部有一尺寸明显较小的突出部分。

从时间上看，日本引进的陶式导弹应该是陶1型和陶2型。其中陶1导弹将发射管缩短到1.067米，有利于克服在较大横向风条件下操纵发射装置的困难。为适应直升机载发射，导弹最大射程从3000米增大到3750米。战斗部内腔中安装了可伸缩的长约305毫米的圆柱形探针，可使炸高从原来的0.9倍弹径提高到3倍弹径。战斗部上装有压电开关，增加了战斗部起爆的可靠性。战斗部的破甲能力达800毫米。

陶2型导弹的主要变化是：战斗部内腔的探针由原来的305毫米增至540毫米，破甲厚度达940—1030毫米；新增了一个二氧化碳激光指示器，使制导性能有所改善，提高了导弹在烟幕灰尘或恶劣气候条件下的作战能力；采用了新的数字式发射制导装置。

陶式反坦克导弹主要技术参数：

弹长：陶1型—1.41米（探针伸出）、1.17米（探针折起）；陶2型—1.51米（探针伸出）、1.17米（探针折起）。

弹径：152毫米。

翼展：0.46米。

弹重：19.1公斤（陶1型）、21.5公斤（陶2型）。

战斗部重：3.9公斤（陶1型）、5.9公斤（陶2型）。

射程：65—3750米。

初速：278米/秒。

二、AGM－114L“长弓海尔法”

该导弹是日本陆自在2001年作为AH－64DJ武装直升机的配套武器引进的，所以只用于机载发射。第一批AGM－114L导弹于2006年交付。目前，日本陆自装备AGM－114L导弹大约为80枚。

AGM－114L导弹的外形为轴对称圆柱形，导引头尾部圆柱段有4片X形配置的控制翼面，尺寸较小，呈方形；弹体后部也有4片X形配置的控制翼面，径向长度较大，前端有切角，翼展不大。动力装置为1台单级无烟固体火箭发动机，可使导弹在发射3秒后速度超过1马赫。采用新型数字式自动驾驶仪和毫米波导引头，战斗部可根据需要选用串联聚能破甲弹（HEAT）或两用榴弹（DPHE）。作战时，由机载火控雷达搜索目标，确定目标后发射导弹，弹上的毫米波导引头搜索、锁定目标，向目标攻击，而且毫米波导引头还可作为近炸引信，在恰当的时候引爆战斗部摧毁目标。这种制导方式使导弹真正具有“发射后不管”的能力，并且可有效避免战场上雨、雪、雾、烟等屏障的干扰，大大提高了载机的攻击能力和生存能力。串联战斗部能有效对付加装反应装甲的主战坦克，药型罩选择的材料是钼，而不是常用的紫铜。

AGM－114L“长弓海尔法”导弹主要技术参数：

弹长：1.76 米。

弹径：178 毫米。

弹重：49 公斤。

战斗部重：9 公斤。

最大破甲厚度：1400 毫米。

速度：1.3 马赫。

射程：8 公里。

命中概率：96%。

三、79 式反坦克/反舟艇导弹

该导弹是由日本陆上自卫队研究本部从 1964 年开始设计的重型远程反坦克导弹，主导研制以及承担试验、生产任务的是川崎重工，参与研制和试验、生产的是三菱汽车。1979 年定型，并命名为 79 式“重马特”反坦克导弹（也称 ATM－2 或 HMAT）。1984 年正式在陆自服役，至 1995 年，日本陆自总共采购了 240 部发射器，导弹数量不详。

79 式导弹既可攻击地面坦克装甲车辆，也可在反登陆作战中攻击小型登陆舰艇，起到海岸炮的作用。这是日本重型反坦克导弹的重要特点，并被一直延续下去。服役初期主要是用于海岸防御，打击敌方的登陆舰艇。

79 式“重马特”与美国陶式反坦克导弹结构相似，也是管式发射、光学瞄准、红外自动跟踪、有线传输指令制导。但是 79 式导弹与陶式导弹也存在明显差别：导弹外形方面，79 式导弹的弹体前后控制翼面安装位置更靠前，布置方式为 X－X 型布置，而且 79 式导弹前面 4 片翼面尺寸比后面 4 片翼面小得多，形状也和后面翼面一样是长条状。另外，79 式导弹有锥形空心装药和半穿甲两种战斗部，其中前者用于反坦克，后者用于打击靠近岸边的敌方登陆舰艇；发射管外形方面，79 式的发射管为一个简单的圆柱形，没有像陶式导弹的那样前细后粗的分节。

79 式导弹的固体火箭发动机由日本大赛璐（Daicel）化学工业公司研制

生产。该发动机在导弹被弹射出筒一段距离之后才点火，所以尾焰不会伤及射手。导弹尾部右下侧设有放线管口，由尾部弹体的放线管放出的导线和发射架连结，制导信号就由这根导线传递到导弹。另外在弹尾还有一盏氙气灯，当导弹发射后点亮，与日本电气公司制造的发射架瞄准单元对准，射手据此不断估测前置量调整导弹飞行姿态去攻击目标。

79 式导弹的发射管可由三脚架支撑，人工便携发射；也可将导弹发射管、三脚架装在三菱 73 式吉普车进行车载发射；另外还可采用方形发射箱装填，挂在 89 式步兵战车炮塔两侧发射。

79 式导弹主要技术参数：

弹长：1.565 米。

弹径：152 毫米。

弹重：33 公斤。

战斗部装药重：4.2 公斤。

系统全重：103 公斤。

破甲厚度：500 毫米。

最大射程：4000 米。

最大速度：200 米/秒。

引爆方式：触发引信或延时引信。

四、87 式反坦克导弹

该导弹是由日本陆上自卫队研究本部从 1978 年开始设计的轻型近程反坦克导弹，主导研制以及承担试验和生产任务的是川崎重工，参与研制、试验和生产的是三菱汽车。1982 年开始进行试验，1987 定型，并命名为 87 式“中马特”反坦克导弹（也称 ATM－3 或毫米 AT）。1988 年进入陆自各师团、旅团普通科连队（即步兵团）的反坦克队服役。该导弹采购终止时间是 2006 年，但导弹采购总数不详。

87 式反坦克导弹的最大特点有两个：一是重量只有 79 式的三分之一左右，大大提高了步兵携行的机动性；二是取消了导线制导方式，改为半主动激光制导，即导弹在飞行中持续接收目标反射的激光束，自动跟踪直至命中目标。优点是射手发射导弹后可以迅速转移阵地，交由隐蔽处的激光照射器照射制导，很大程度上提高了生存能力。但不足是导弹发射后仍然需要持续的激光照射，不具备“发射后不管”能力。

87 式反坦克导弹通常以小组作战，每个小组由射手、激光照射手和弹药手三人组成，包括 6 枚导弹、三脚架、激光照射器等在内的装备总重 140 公斤。

87 式反坦克导弹主要技术参数：

弹长：1 米。

弹径：110 毫米。

弹重：12 公斤。

破甲厚度：600 毫米。

最大射程：2000 米。

五、96 式多用途导弹

该导弹是由日本陆上自卫队研究本部从 1986 年开始设计的重型远程反坦克导弹，主导研制并承担试验及生产任务的是川崎重工。1996 年定型，并命名为 96 式多用途导弹（也称 ATM－2 或 HMAT）。1998 年正式在陆自服役。1996—2012 年，日本陆自总共采购了 37 辆发射车及相关配套装备，导弹数量不详。目前，这些 96 式多用途导弹分别装备于陆自富士学校、武器学校、通信学校、北部方面队北部方面反舟艇/反坦克队、西部方面队西部方面反舟艇/反坦克队、第 2 师团第 2 反舟艇/反坦克队。

96 式多用途导弹的最大技术特点是采用了光纤/红外成像制导方式。光纤传输制导技术采用光纤作为目标数据传输介质，数据信号在光纤密封的通道内传递，导弹不向空间辐射电磁波，弹体上没有信标源，所以使 96 式多用途导弹具有极强的抗干扰能力。它在发射前无需精确识别并跟踪目标，能够盲射攻击不在瞄准线上的目标，还可在飞行过程中更换目标，且能精确地选择弹着点。从理论上说，该导弹没有作战距离的限制，它的攻击命中率与攻击距离无关，所以使 96 式多用途导弹的最大射程可达 10 公里以上。由于操作者在导弹的整个飞行过程中无需持续瞄准，因此射手的战场生存率得到了保证，而且如果选择发射后不管的模式，射手可快速转换攻击目标。

由于 96 式多用途导弹比 79 式反坦克/反舟艇导弹重了 1 倍左右，所以无法采用人工便携式发射，只能采用车载发射方式。其储运/发射车采用的是丰田汽车公司生产的 4×4 高机动车，在驾驶舱有 2 名乘员，后部是一座六联装发射箱。导弹密封在发射箱内，且发射箱内充有氮气，所以可 10 年免维护。发射箱平时和行军时平放在储运/发射车上，发射时由底部的一个液压杆推动成 30 度角倾斜发射状态。发射车前后各有 4 个液压千斤顶，在发射时放到地面上，起到稳定车身的支撑作用。此外，储运/发射车在发射时还会在距离车尾极近的地面上放置一块倾斜的燃气导流板，用于将导弹发射时产生的尾焰导开，以免尾焰在地面吹起浮土而暴露发射位置。

96 式多用途导弹在使用上与 79 式反坦克/反舟艇导弹还有一个很大不同，就是除了六联装储运/发射车外，还有一系列配套装备，所以 96 式多用途导弹实际上是一个复杂的导弹系统，而不是简单的导弹。日本陆自一个标准的96式多用途导弹火力单元是射击分队，包括6辆储运/发射车、1辆侦察车、1辆射击指挥车、1辆信息处理车、1辆制导车、1辆弹药补给车等。其中侦察车和射击指挥车采用的是和储运/发射车相同的4×4高机动车底盘，信息处理车和弹药补给车采用五十铃汽车公司生产的73式6×6中型卡车底盘。在配套车辆中，侦察车主要任务是进行前进侦察，发现敌方装甲目标或靠近日本海岸的登陆舰艇；信息处理车主要负责将侦察车传来的目标信息进行汇总分析和威胁排序；射击指挥车根据分析后的目标信息指挥储运/发射车实施攻击任务；制导车负责对发射后的导弹实施制导控制。据陆自的资料显示，一个火力单元的采购价格为27亿日元（约2637万美元），每枚导弹的价格为5000万日元（约48.83万美元）。

96式多用途导弹攻击目标的大概过程是：储运/发射车发射导弹后，导弹弹体上的2组4片折叠控制翼面展开，并按高抛物线弹道首先爬升至300米（高抛物线弹道可使操作者持续观察目标区，这就意味着坦克利用地形掩护的战术毫无意义。此外，高抛物线弹道还具有减弱自然或人造战场烟幕的功用），然后弹上的红外成像导引头开始工作，对目标区域进行搜索，并将所获图像通过光纤传回制导车并在车载显控台的屏幕上进行显示（制导车与储运/发射车之间也是通过光纤连接）。这时射手继续通过操纵杆让导弹接近目标，而制导车上的操作人员则对图像进行人工目标识别，当确认是所要攻击的坦克装甲车辆或登陆舰艇时，就发出指令，通过光纤传给导弹（射手在此期间一直控制导弹飞行），使导弹跟踪并锁定目标，最后配备有串联式聚能战斗部的导弹从上方攻击坦克装甲车辆顶部的薄弱装甲或登陆舰艇的要害部位，并将其击毁。导弹上的引信有触发和延时两种模式，在攻击装甲目标时采用触发模式，在攻击登陆舰艇时采用延时模式。如果要对付多个目标，系统操作人员会根据各种目标的威胁程度先后发射多枚导弹以攻击不同的目标，根据需要，甚至可以对同一目标发射多枚导弹。

96式多用途导弹主要技术参数：

弹长：2米。

弹径：160毫米。

弹重：60公斤。

最大射程：10公里以上。

六、01式轻型反坦克导弹

该导弹是由日本陆上自卫队研究本部在20世纪90年代初开始设计的。1993年，川崎重工成为该导弹项目的主承包商。1997年导弹研制进入原型弹试验阶段，2001 年定型并被命名为 01 式轻型反坦克导弹（也称 ATM－5、LMAT、轻马特、01ATM），整个研制费用为 105 亿日元（约 1.0255 亿美元）。2003 年，01 式轻型反坦克导弹开始进入陆自服役，并在富士学校年度演习时首次公开亮相。2001 年至 2010 年，日本陆自总共采购了 1073 枚（包括发射装置），单价 2500 万日元（约 24.4 万美元）。

日本陆自最初计划是将 01 式轻型反坦克导弹装备给普通科中队（步兵连）反坦克小队（2 个分队，每个分队 1 枚）和无后坐力炮分队（1 枚）。但是后来觉得普通科小铳小队（10 人制装备步枪的步兵班）和小铳分队（8 人制装备步枪的步兵班）的反坦克火力太弱，于是又为每个小铳小队和分队各配 1 枚 01 式轻型反坦克导弹。

从外形上看，01 式轻型反坦克导弹的弹体为圆柱形，头部为卵圆形。在弹体后部有 X 型布置的 4 片矩形弹翼，尾部有十字形布置的 4 片尺寸较小的梯形尾翼。

与 87 式反坦克导弹需要激光照射器不同，01 式轻型反坦克导弹采用了先进的红外成像制导方式，其导引头采用波长为 8—14 微米的非致冷红外焦平面阵列（UFPA）传感器，不仅具备“发射后不管”的能力，还具有成本低、可靠性高、维护简单、工作寿命长、发射准备时间短等多种优点。另外，制导方式的改变还使得 01 式轻型反坦克导弹的系统组成大大简化，不用再额外占用编制，战术使用灵活性空前提高。

为了最大限度地减轻系统的重量，01 式轻型反坦克导弹在设计上大量采用了复合材料，导弹的包装筒采用质量较轻的玻璃纤维复合材料，包装筒的前后护盖和射手肩衬则采用了高强度泡沫塑料。导弹重量减轻后便于肩扛，减少了单兵负荷，方便出入车辆携带，也有利于单人在隐蔽的掩体中进行射击，因而其生存力明显提高。

01 式轻型反坦克导弹采用肩扛式发射，射击前射手将发射筒的前后护盖取下，利用目标探测系统捕获目标，当搜索到目标时即按下锁定快门，这时目标的红外图像就是导弹攻击寻的蓝本。导弹射出后，射手即可离开发射阵地，进行隐蔽或准备发射下一枚导弹。

01 式轻型反坦克导弹配有空心装药破甲弹、温压弹、穿墙排障弹等多种战斗部，可最大限度地发挥武器系统的作战效能。01 式轻型反坦克导弹与从德国引进的 110 毫米“铁拳 3”无后坐力炮相配合，构成了较为完善的步兵反坦克攻坚火力体系，既能对付坦克及装甲车辆，也能攻击掩体、野战工事及建筑物等目标。

另外，为了进一步提高使用 01 式轻型反坦克导弹的快速反应能力，陆自还专门为其配备了小松制作所生产的 4×4 轻型装甲车。

01 式轻型反坦克导弹主要技术参数：
发射箱全长：0.97 米。
弹长：0.86 米。
弹径：140 毫米。
系统全重：17.5 公斤。
弹重：11.4 公斤。
发射速度：4 发/分。

七、中程多用途导弹

20 世纪 90 年代中期，日本陆上自卫队研究本部在内部开始新型中程反坦克导弹的论证工作，2000 年开始设计。2004 年，川崎重工成为该导弹项目的主承包商，开始正式研制工作，导弹代号为 XATM－6 或“新中马特”。日本陆自发展该导弹的目的，是用于替代现役的 87 式“中马特”反坦克导弹。

该导弹在 2006 年开始进入试验阶段，2009 年定型，整个研制费用为 120 亿日元（约 1.17 亿美元）。但是，该导弹并没有获得命名。而且陆自在 2009 年至 2014 年采购总数已达 75 套，但至今除了富士教导团普通科教导连队第 2 中队、东部方面队东部方面混成团第 3 陆曹教育队实际装备用于教学训练之外，还没有在战斗部队正式服役。

中程多用途导弹采用了模块化、多用途化设计思想，以及第二代凝视焦平面阵列技术、串联聚能装药战斗部、推力矢量控制技术。外形类似美国“海尔法”反坦克导弹，弹体后部装有 X 型弹翼，尾部装有 X 型尾翼，两组翼面距离非常近。

中程多用途导弹采用车载发射，储运/发射车为丰田汽车公司生产的 4×4 高机动车，在其后部车厢装有六联装发射箱，并且在发射箱上集成了搜索用的毫米波雷达、第三代热像仪和激光照射装置，发射速度可达 1 发/秒。此外，该导弹还可用陆自现役 AH－1S 武装直升机发射，以替换已经老旧的美制陶式反坦克导弹。

中程多用途导弹能对付多种目标，包括主战坦克、装甲车辆、混凝土工事、土木掩体、建筑物、登陆舟艇等。

中程多用途导弹可选择射前锁定和射后锁定两种不同的模式。在选择射前锁定时，指挥车会将所发现的目标进行分类、威胁判断和攻击排序，然后通过数据链向导弹储运/发射车发出指令，车上计算机解算射击诸元并将确定的重点目标相关参数输入导弹。当目标进入导弹有效杀伤射程时，导弹发射并按预定的弹道飞行，确保导弹导引头截获目标，并最终摧毁目标。该导弹采用红外成像和半主动激光双模导引头，一方面增加了战术使用灵活性，另一方面也提高了生存能力和攻击效率。

中程多用途导弹主要技术参数：

弹长：1.4 米。

弹径：140 毫米。

翼展：0.33 米。

弹重：26 公斤。

最大射程：4—6 公里。

第十四节　日本陆上自卫队轻武器

日本陆自装备的轻武器包括手枪、突击步枪、卡宾枪、狙击步枪、霰弹枪、机枪、冲锋枪、自动榴弹发射器、手榴弹等。

一、手枪

日本陆自现役装备的手枪主要是 P220 型，另外还有少量 USP 型 9 毫米自动手枪，以及型号不明的 11.43 毫米手枪、特种手枪。

1. P220 型手枪：

20 世纪 60 年代末，瑞士 SIG 公司开始研制 P220，但由于该公司的轻武器分部规模较小，为了能在手枪的设计和生产上有更大的发展空间，SIG 公司便找到当时前西德 J. P. SAUER & Sohn 公司合作研制这种新手枪，因为增加了这个德国的生产车间，以后 SIG 公司便有能力完成任何北约国家的大宗手枪订单。由于是两家公司合作设计和生产的，因此这种手枪全称为 SIG - SAUER P220。

日本陆自在 20 世纪 70 年代末提出用 9 毫米新手枪来取代大威力的美式 M1911 型 11.43 毫米手枪。当时参与竞标的有日本新中央工业公司（现美蓓亚株式会社）的 M57A1、前西德 SIG - SAUER P220 和比利时 FN 公司勃朗宁大威力手枪。经过对比，日本陆自在 1980 年初选定了 P220。然后日本防卫厅引进许可证，交由新中央工业公司进行许可生产，1982 年开始进入陆自服役，主要装备陆自军官、坦克装甲车辆的车长、无后坐力炮的炮班人员、警务人员（宪兵）。此外，日本海自和空自也采购了该枪，其中海自是将该枪配给军官、驱逐舰海上拦截小组队员、陆上基地警卫人员、警务队员；空自是将该枪配给军官、基地警备队、基地防空队和警务队。该枪的单价最初为 10 万日元（约 976.66 美元），2010 年涨到 20 万日元（约 1953.3 美元），2012 年又涨到22万日元（约2148.6美元）。

P220型9毫米手枪的底把为铝合金件，表面作哑黑色阳极化抛光处理。套筒是由一块2毫米厚的钢板冲压成一个上盖的形状，再通过电焊把整个枪口部接上，经回火后钻孔，再用机器做深加工。击锤、板机和弹匣扣均为铸件，而分解旋柄、待击解脱柄和空仓挂机柄均为冲压钢件，枪管是用优质钢材冷锻生产。握把侧片是塑料，复进簧则是缠绕钢丝制成。枪机体用一根钢销固定在套筒尾部。所有的钢零件表面均作哑黑色氧化或磷酸盐处理，由于防锈处理较简单，因此平时要勤快维护枪支以免生锈，这实际上几乎成了SIG－SAUER系列手枪的普遍缺点。

P220在设计上的一大特点是只用套筒的抛壳口直接与弹膛的外部的闭锁块配合来进行闭锁。击发后，套筒和枪管一起后座，弹膛下方的凸耳沿着底把上的开/闭锁凸笋顶面后移，经过约3毫米的自由行程后，凸耳内的开锁斜面与开/闭锁凸笋的斜面相互作用，迫使枪管尾部下降离开套筒而开锁。当枪管尾端被底把上的凸起所阻而停止后座时，套筒继续后座，完成抽壳、抛壳、压倒击锤等动作。然后套筒在复进簧的作用下再次复进，推弹入膛，进而带动枪管向前。在枪管凸耳内的闭锁斜面和底把中的开/闭锁凸笋共同作用下，枪管尾部上抬卡入套筒内壁的闭锁槽中，实现闭锁。闭锁后，套筒和枪管再向前走完3毫米自由行程便复进到位。在P220之后，这种简单的手枪闭锁方式就变得非常流行，因为这种设计更简单可靠，容量生产和维护，因此像后来的格洛克系列、USP系列等都采用了这种闭锁方式。

P220采用单/双动击发机构。当击锤在前方位置时，可使用双动击发，扳机力为4.5公斤，扳机行程为13毫米；当击锤在待发位置时，为单动击发，扳机力为1.7公斤，扳机行程4毫米。双动击发时，扣压扳机后，扳机连杆向前运动，击锤则向后回转至待发位置。扳机连杆运动到快要使阻铁上抬脱离击锤待发缺口的瞬间，又带动弹簧保险杆向上旋转至击针的下方，推出击针保险卡锁。于是，当击锤击打击针时，击针便能自由向前。单动击发时，扳机连杆在使阻铁上抬解脱击锤之前，也要带动保险杆旋转，使击针保险卡锁解脱击针。由此可以看出，除非扳机连杆运动到足以使击针保险卡锁解脱的程度，否则击针就始终被保险卡锁锁住。因此，不管击锤处于前方或后方，都可以安全携带，不会出现因击针惯性作用而“走火”的问题。

由于P220的保险机构非常可靠，所以干脆取消了手动保险装置，只使用一个待击解脱柄，当射手将实弹匣插入握把，拉套筒到后方并放回，推弹入膛。如不立即射击，应压下套筒左侧、扳机上方偏后的击锤解脱杆，使阻铁上抬脱离击锤，击锤在簧力作用下向前回转，其保险卡槽随之又被阻铁所卡入。此时，击锤位于前方，但与击针还相隔一段距离，可安全携带。该枪的击针在通常情况下是被锁住的，即便手枪不慎落地，也不会“走火”。而当射手遇到突发情况时，随时可以拔出手枪以双动方式发射首发弹，而不会因为需要先保险而延误战机。

该枪有空仓挂机柄，当弹匣内的枪弹打完之后，托弹板就顶起底把左侧的空仓挂机卡榫，使之卡入套筒的缺口，将套筒阻于后方位置。插入实弹匣后，用手压下空仓挂机，或将套筒稍向后拉并放回，都能使套筒复进成待发状态。

P220 有专门的分解旋柄，取下弹匣，检查膛内及进弹口是否确实无弹。向后拉套筒，直到其上的缺口对正底把上的分解旋柄，转动旋柄，自底把前方取下套筒组件，从套筒组件中分解出枪管和复进簧。

P220 手枪配用的主用弹是 9×19 毫米派拉贝鲁姆手枪弹，在更换套筒和枪管后，还可以发射其他不同口径的枪弹，包括 .45ACP 手枪弹，.32ACP（7.62×22 毫米）以及 .38 Super（柯尔特高级自动手枪弹）等。

P220 型 9 毫米手枪主要技术参数：

口径：9 毫米。

枪全长：206 毫米。

枪管长：112 毫米。

全枪宽：35.5 毫米。

全枪高：142 毫米。

全枪重：830 克（含弹匣）。

膛线：6 条，右旋，缠距 250 毫米（9 毫米弹）；4 条，右旋，缠距 250 毫米（.32ACP 弹）；4 条，右旋，缠距 400 毫米（.45ACP 弹）。

供弹方式：9 发弹匣。

枪口初速：345 米/秒（9 毫米弹）。

瞄准基线长：160 毫米。

有效射程：30—50 米。

射速：40 发/分。

2. USP 型 9 毫米手枪：

该枪是德国海科勒—科赫公司在 20 世纪 90 年代初推出的一种新型 9 毫米手枪。全枪由枪管、套筒、套筒座、复进簧组件和弹匣 5 个部分组成，共有 53 个零部件。枪管用钢材冷锻而成，套筒用 42 号铬钼钢铣制。套筒座由特殊的玻璃纤维塑料制成，其前部有卡槽。

USP 手枪的握把底部两侧有弧形凹槽，便于用手取出弹匣。弹匣用工程塑料制成，但用不锈钢嵌入物加固。在复进簧内装有专门设计的后坐缓冲系统。该手枪还可以选用多种不同型式的扳机机构。

手枪金属零部件耐腐蚀，其外表面有很硬的黑色渗碳氮化氧化保护层。包括弹簧在内的内部零件都涂有特殊的道氏合金麻粒防腐层，既可防腐蚀，又能减少摩擦阻力。

该枪采用缺口式照门和片状准星。照门可调风偏，准星可调高低。瞄准具上有3个白色亮点，也可选用带氚光点的瞄准具用于夜间瞄准，此外还可配用激光瞄准具。

日本陆自采购USP手枪主要是配发给陆自和防卫大臣直辖的中央即应集团特殊作战群。由于该群编制人员仅300人，所以日本没有引进USP手枪的生产许可证，而是直接从海科勒—科赫公司采购。

USP型9毫米手枪主要技术参数：

枪全长：194毫米。

枪管长：108毫米。

膛线：6条，右旋，缠距380毫米。

全枪重：753克（9毫米口径）、780克（.40口径）。

自动方式：枪管短后坐式。

闭锁方式：枪管偏移式。

射击方式：半自动。

配用弹种：9毫米派弹、.45ACP弹、.40S&W弹、.357SIG弹。

容弹量：15+1发（9毫米派弹）、13+1发（.40S&W弹）、12+1发（.45ACP弹）。

枪口初速：350米/秒。

枪口动能：533焦。

有效射程：50米。

二、突击步枪

日本陆自现役的突击步枪都是日本自研生产的型号，主要包括64式和89式。

1. 64式突击步枪：

1957年，日本自卫队决定研制和装备新的国产自动步枪（实际上就是突击步枪），口径遵从美国的7.62×51毫米标准。新枪由防卫厅技术研究本部负责，首席设计师是津野濑光男，而日本制钢所和陆上幕僚监部武器课顾问、旧日本陆军少将铜金义一也参与了该枪的研制。另外，丰和工业公司则被确定为新枪的生产商，而防卫厅目黑研究所则主持研制减装药7.62毫米弹药。

1960年，津野濑光男离开了技术研究本部，加入了丰和工业，所以新枪的研制开始转入丰和工业。经过数年的设计和试验，名为官III型的样枪在

1964年9月7日得到了日本防卫厅的认可。同年10月6日，该枪正式定型，并命名为64式自动步枪。同年日本自卫队采购100支，1965年采购6900支，1966年采购1.8万支，这标志着64式步枪进入了大批量生产阶段。64式步枪由丰和工业独家生产，一直到1988年才停产，总产量23万支以上，单价87万日元（约8497美元）。之后，丰和工业开始生产全新的89式步枪。

64式步枪主要装备日本自卫队和日本海上保安厅。虽然从1989年开始，日本自卫队一线部队中的64式步枪开始被89式步枪取代，但由于预算有限，64式步枪仍然在二线后备部队中使用。到目前为止，日本自卫队和海上保安厅现役的64式步枪还有21.45万支，但这些步枪大多数并没有实际使用。受日本“武器出口三原则”限制，64式步枪从未出口。

64式步枪是一种导气式操作原理的自动步枪，在枪管上方有一个短行程导气活塞，并装有3位置的气体调节器。闭锁方式为枪机偏转式，枪机的闭锁支承面抵在机匣的闭锁支承面上时实现闭锁。拉机柄位于机框右侧，从机匣上方伸出，因此左右手均可操作。

该枪可选择单发或连发射击，保险/快慢机柄位于机匣右侧、扳机护圈上方。击发机构内设计有专门的减速机构，使全自动时的理论射速降到每分钟约450—500发。枪口安装有消焰器，样枪时采用的是与美制M16A1相似的圆锥狭缝组合消焰器，其外形为圆柱状，内腔为圆锥形，侧面开有狭缝纵槽，纵槽由里向外有一定张角。该装置集中了锥形和叉形两种消焰器的优点，尺寸不大但消焰效果良好，同时狭缝侧流兼具制退作用。但64式样枪的消焰器采用的对称开缝，即上下左右都有狭缝。试验中发现这种消焰器能够有效将枪口焰扩散开，并且能够降低后坐力30%。但是试验中也发现消焰器下方开缝在射击时会吹起地面浮土或沙尘，暴露设计位置，而且下方开缝的反作用还导致枪口上跳，影响命中精度，于是在生产型步枪上将消焰器改成了两侧各开4孔的样式。然而，美国则对64式样枪的圆锥狭缝组合消焰器很感兴趣，并针对其不足进行了改进，主要是取消了下方开缝，使之成为不对称的三缝式结构，这样在步枪射击时不会吹起地面浮土或沙尘，同时又可起防跳作用。此外，与其他步枪一样，消焰器也是枪榴弹发射器。

64式步枪的枪管较重，而且也较厚，寿命达37000发，可与机枪相媲美。护木上有散热孔，前端下方装有轻型的折叠式两脚架。枪托为实木，有钢制的托底板铰接在枪托上，在利用两脚架进行有依托射击时，可把托底板向上打开形成支肩板，提供更稳定的据枪姿势。

机械瞄具由片状准星和觇孔式照门构成，照门的射程装定可在200—400米范围内调整。照门和准星均可折叠，在武器携行时向下放倒避免钩挂杂物，射击时再竖起来。

64 式步枪配用的减装药弹尺寸规格和北约标准弹完全相同，所用的弹头也是和美军的 M80 普通弹、M62 曳光弹等完全一致，仅仅是减少了约 10% 的发射药，此举可降低后坐力和减少枪口上跳程度。由于发射减装药弹，且射速低，加上枪口制退器的缘故，使得这种 7.62 NATO 口径步枪在全自动射击时很好操控。64 式步枪也可以正常发射全装药的北约标准弹，但会大幅度加快枪的磨损。在发射全装药弹时，必须调节气体调节器旋钮以减小火药气体量和施加于活塞头的压力。

除步枪弹外，64 式步枪还可以发射 M31 型反坦克枪榴弹和新研制的 06 式枪榴弹，发射方式都是从枪口发射。其中 M31 型枪榴弹外形与 RPG－7 火箭筒发射的火箭弹相似，尾部有 3 片稳定翼，弹重 709 克，弹长 430 毫米，弹径 66 毫米，最大射程 185 米，有效射程 115 米，空心装药（B 炸药 254 克），机械触发引信，破甲厚度 250—305 毫米。06 式枪榴弹是日本大金工业株式会社在进入 21 世纪后为 64 式和 89 式步枪研制的新型 22 毫米枪榴弹，技术性能至今未公开。从该弹外形来看，与其他国家的现代枪榴弹基本相同，估计最大射程 400 米，有效射程在 200 米。

64 式步枪的枪身不足 1 米，但配用的刺刀全长达 41 厘米，刃长 29 厘米，宽 3 厘米。其外形似短剑，上方两侧开有出血槽。在“二战”后的步枪上配这么长的刺刀极为少见，这很可能是日本人传统上重视白刃战的结果。

64 式步枪可加装光学瞄准镜成为狙击步枪，不过配用的瞄准镜只有 2.2 倍，这还是从美国 M1C/D 狙击步枪的 M84 瞄准镜发展而来，由日本光学公司（现尼康公司）生产。虽然瞄准镜的射程调节可达 800 米，但实际上放大倍率这么小的瞄准镜，在 500 米以外就已经很难看清楚目标了。瞄准镜使用简单的“T”形分划，没有分划照明功能，因此在夜间难以使用。另外瞄准镜座的设计也不好，只有一个固定螺丝，瞄准镜极易移位。再加上日本自卫队的狙击步枪与瞄准镜集中使用，狙击手没有个人专属的步枪、瞄准镜，使得狙击手无法控制瞄准镜保持于归零状态。在 89 式步枪刚取代 64 式步枪的时候，有部分安装瞄准镜的 64 式狙击型还保留在一线部队中使用。但陆上自卫队从 2002 年开始换装美国的 M24 SWS，这些 64 式狙击型也逐步淘汰出一线部队。

此外，64 式步枪还可加装夜视瞄准镜，最初是由技术研究本部研制、日本电气公司生产的 63 式微光夜视瞄准镜 I 型，重达 6 公斤，放大倍率为固定 3.7 倍，视距 100 米；现在由技术研究本部研制、日本电气公司生产的 75 式微光夜视瞄准镜 II 型，重量减小到 1.5 公斤，长 234 毫米，宽 97 毫米，高 99 毫米，视界 10 度，放大倍率为固定 3.6 倍，视距大约 200 米。

64 式步枪主要技术参数：

全枪长：990 毫米。

枪管长：450毫米。

全枪重：4.3公斤（带两脚架，不含弹匣）。

容弹量：20发。

膛线：6条，右旋，缠距254毫米。

瞄准基线长：440毫米。

有效射程：400米。

最大射速：450—500发/分。

枪口初速：700米/秒（减装药弹）、800米/秒（全装药弹）。

2. 89式突击步枪：

越战中，美军首次使用的M16型5.56毫米突击步枪引发了世界各国的极大兴趣，日本也在20世纪60年后期从美国阿玛莱特（ArmaLite）公司引进了AR－18型（即M16型的前身AR－15的工艺简化型）和AR－180型（AR－18的商业型）5.56毫米突击步枪技术，并由丰和工业按照许可证生产。从此，丰和工业开始了对小口径枪弹的研究。

越战之后，东西方国家都纷纷研制和装备小口径自动步枪作为步兵的制式武器，这是因为小口径自动步枪具有重量轻、长度短、单兵携弹量大、战术机动性好等诸多优点。日本防卫厅也在1974年提出了“未来战斗的小口径步枪的设想”，并将论证研究工作交给了一直生产64式步枪和AR－18突击步枪，有着丰富步枪研制生产经验，并且进行小口径枪弹研究的丰和工业。在口径上，日本防卫厅再次从与美国这个盟友的弹药共用这点出发，采用5.56毫米口径。

1977年，丰和工业在基本吃透了AR－18突击步枪技术的基础上，开始独立设计新型5.56毫米突击步枪。1978年，丰和工业造出了第一号试作枪（样枪），称之为HR－10（HR是“丰和步枪”Howa Rifle的缩写）。该枪长920毫米、枪管长430毫米、枪重3.5公斤（不含弹匣），发射方式除了单发、连发之外，还增加了3发点射。尽管该枪存在不少问题（如防卫厅认为其重量还是有些大、连射精度也不足）而需要重新设计。但HR－10的长度、重量以及点射机构的设计基本上都在后来的89式上得到继承。

1979年，丰和工业开始研制轻量化的HR－10，1980年研制完成，命名为HR－11。该枪大量应用了铝合金材料，枪重比HR－10少了600克，只有2.9公斤。此外，该枪还采用了折叠枪托。从1981年起，丰和工业正式开始89式步枪的研制，以HR－10和HR－11为原型，试制了“技术研究本部试作铳（研试铳）标准型”和“同试作铳轻量型”两种样枪。

1982年至1983年，这两种样枪由防卫厅进行了多次试验，以这些结果为基准进行改进之后，1985年又研制了HR－12和HR－13等样枪。1986年，在HR－12基础上改进发展的HR－15设计完成并试制了样枪，并在日本陆自进行了试装备。根据试装备中反映的问题又改进出HR－16，并通过了沙尘、寒冷地带以及耐久性等等测试。1989年，HR－16的各项测试合格，正式定型为“89式5.56毫米小铳”（89式5.56毫米步枪）。而弹药也几乎同时研制成功，实际上就是仿制北约统一标准的SS109型5.56×45毫米弹，命名为“89式5.56毫米普通弹”。丰和公司在研制89式步枪过程中，还取得了13项新专利。

受“武器出口三原则”限制，日本生产的武器仅能供自卫队与海上保安厅、警察使用，所以89式步枪从来没有出口。而且每年度的生产要通过会计科的采购进行，逐批采购、逐批生产，所以每次生产的数量都不大。在1989—2004年，每年采购数量只有3000支左右。但在2005年之后采购数量明显增加，当年达到了7084支，2006年为6064支，2007年为6424支。而在2008年，为了完成全体作战基本部队的配备，一次采购了20005支。不过，受此影响，2009年的采购数量降到了零。2010—2012年是89式步枪采购的一段小高峰，数量分别达到了10012、10033和9513支。2013年开始采购数量又开始明显下降，同年和2014年的采购数量分别为6949和6726支。统计从1989年至2014年的采购总数为133706支，其中已经生产并列装的总数近13万支。早期列装的89式上刻有“89式5.56毫米小铳”的字样，自2000年起服役的89式上刻有的铭文则是“89R”。

89式步枪的结构、生产工艺都比64式步枪大大简化，按理说生产速度更快，生产成本也更低。但由于每年采购数量不多，所以89式步枪的生产成本仍然偏高（采购批次数量小，单位工时就多，而且分摊到每支枪上的研制成本相应也越多）。在1989年开始生产时的单价为34.7万日元（约3389美元），到2005年降至33.88万日元（约3309美元），2009年又降到28万日元（约2734.6美元）。

目前，日本陆自的普通科（步兵）部队与战斗部队已经用89式步枪全面替换了64式步枪。另外，海上保安厅的特殊警备队（SST）与特别警备队（SBU）、警察的特殊部队（SAT）也配备有折叠枪托式的89式步枪。

89式步枪主要有两种型号：一种采用固定式塑料枪托；另一种采用折叠式钢管枪托和塑料托底板，通常称之为89式伞兵型，也有资料中称其为89－F。折叠枪托型最初是为了装备第一空挺团，以及作为射孔枪装备给搭乘当时正在研制的89式步兵战车的步兵，也为了考虑替换装备于74式坦克车组成员的M3A1冲锋枪而研制的，在成为制式武器后也装备了90式坦克的车组乘员。但相比而言，折叠托的89式步枪生产和装备数量都比较少，真正大批量装备部队还是固定枪托型。而作为日本未来步兵项目的发展计划之一，以89

式步枪为基础的改进型也在研制中（已经发现的样枪带有整体式导轨的护木和伸缩式枪托）。

与64式步枪相比，89式步枪的最大优点之一是后坐力低，容易操控，这是因为使用小口径弹药和高效制退器的缘故，而且小口径弹药也使单兵负荷数大大增加。此外，该枪零部件大量采用冲压钢和失蜡精密铸造法、以及树脂零件来减轻重量，因此比64式步枪轻得多。全枪长度也比64式要短，枪托、握把、护木等部件形状则是以适合日本人的平均体格为标准设计出来的，所以人机工效也更好。结构也相对简单，零件总数100个，比起150个的64式步枪少了50%。

89式步枪采用短行程活塞导气式自动原理，其活塞和活塞筒系统独特，活塞筒内有一个比较长的气体膨胀室，活塞前部直径小，后部直径大，位于活塞筒中央。当火药气体进入活塞筒后，在膨胀室膨胀，推动活塞带动枪机框以低后坐运动。这样能避免火药气体污染枪机，提高其动作可靠性和零部件的寿命。

气体调节器参照比利时FNC型5.56毫米步枪的设计，当长时间射击而又没有及时维护，导气孔积碳太多，会造成枪机无足够能量退壳，但调大气体调节器钮，增加导气量，可使枪机自动循环不致中断。发射枪榴弹时，须关闭导气孔。

闭锁方式为枪机回转式，枪机的设计基本参考AR-18，机头上有7个闭锁突榫，闭锁在枪管节套中。有两根枪机复进簧。机匣用钢板冲压而成，钢制拉机柄焊接在枪机上，分解步枪时需要先把拉机柄拆卸出来才可以倒出枪机。快慢机有4个位置：保险、单发、连发和3发点射。可卸式3发点射装置安排在扳机后部，是单独的部件，不与单发、连发的基本扳机机构连为一体。防尘盖也有所创新，可前后移动，不射击时向前推上，射击时在枪机拉柄后退过程中向后推开。

抛壳口防尘盖比起64式有所创新，可前后移动，不射击时向前推上，射击时在枪机拉柄后退过程中向后推开。

该枪采用机械瞄准具，由方柱形准星和觇孔式照门构成。其中方柱形准星可调整归零，觇孔式照门可调风偏。另外，在握把中贮存着涂上夜间射击用荧光涂料的夜间瞄具，必要的时候可以与原先的准星及照门替换使用。

由于重视利用防御工事等掩体进行稳定射击和提高连发射击时的命中率，89式和64式一样标配了两脚架。但与64式的两脚架不同，89式的两脚架只是通过弹簧锁扣夹在枪管的刺刀座后面，很容易拆卸。为了使脚架折叠后贴着护木的状态不妨碍枪的握持，脚架上没有什么突起，支柱部分也加工出平缓的弧度。不过如中央即应连队或一些参加典礼时的部队，会把两脚架拆下来。

护木由左右两块组成，拔出护木前方的销子可以进行分解。金属护木的后半截外面包裹上塑料以改善手感。在护木上除开有散热口以外，还保留了一定空隙以防止内部的热量直接传到护木的金属部分上来。

不论是固定式枪托还是折叠式枪托，在枪托上部的贴腮部位与64式一样有一块向内凹陷的左右非对称的形状，这样可以使射手的 右眼视线靠近枪的中心进行瞄准。两种枪托的托底板都是橡胶制成的，在保护枪的同时也起到防滑与防止磕碰出声的效果。固定式塑料枪托内还有一个贮存维护工具的空间。

折叠枪托通过按下在枪托连接处的按钮来打开开关进行折叠，折叠方向在左侧，折叠后不影响机匣右侧的快慢机的操作。枪托铰链部位有自补偿锁扣，即使长时间使用产生磨损也不会使得枪托与机匣的连接变得松动。早期的折叠枪托只在骨架式枪托框架内靠近肩托的位置有一个背带环，而后期型则在枪托右侧基部增设了一个背带环。

89式步枪弹是仿制的5.56×45毫米SS109弹。根据防卫厅的制式纲要《89式5.56毫米普通弹（B）C1102B》记载，自平成5年（1994年）起使用的89式5.56毫米普通弹的数据为“弹头重量4克，发射药量1.6克，全重12克，弹头由钢芯、铅芯及被甲组成”，这些均为SS109弹的规格。只不过89式步枪弹是在日本生产的，所以弹标不是北约的圆环，而是日本自卫队的樱花。

弹匣有30发与20发两种。30发弹匣供普通科（步兵）、施设科（工兵）使用，20发弹匣供特科（炮兵）、机甲科（装甲兵）使用。通常，陆自队员携带6个弹匣。弹匣袋有装2个弹匣和装1个弹匣两种（分别对应20发弹匣与30发弹匣），每种弹匣袋各两个，挂在武装带或者战斗防弹背心2型上携行。如果使用的是战斗防弹背心（1型），则可以装在防弹背心上的6个30发弹匣的弹匣袋里。

89式的弹匣接口是与M16系列通用的北约4179标准，所以89式步枪可以通用M16系列的弹匣。但实际上89式步枪的弹匣是专用的，如果 使用了M16的弹匣，空仓挂机不会起作用。而且这个弹匣通用的设计其实是单向的，即89式可以直接使用M16弹匣，但M16则不能使用89式的弹匣。另外89式弹匣的两侧有开孔，用于观察剩余弹药，但该设计被认为让沙尘和其他异物更容易进入弹匣内而导致出现供弹故障。另外，89式的弹匣插槽深度、宽度和形状都不同于M16的弹匣插槽，一些自卫队员在城市战训练中认为89式更换弹匣不如M16那般顺畅。

在自卫队一般使用弹壳收集袋等装备回收实弹与空包弹的弹壳，不过在海上保安厅的公开训练中则大多不回收弹壳。

枪口处安装有消焰器，同时也是枪榴弹发射器。消焰器内部与M16的消焰器有同样的锥度，里面刻有用来固定空包弹助退器的螺纹。

89式的多功能刺刀于1989年随89式步枪列装而开发，并于同年列装。该刺刀比64式刺刀要短，全长为27毫米。刺刀环和卡笋的设计是仿自美军的M9刺刀。刀身为单刃结构，刀背上有用于切断金属的锯刃，刀鞘前端的销插入刺刀上的剪线孔后可以组合为钢丝钳使用。刀鞘底部也有开瓶器、开罐器。

89式步枪并没有太多的配件，有些自卫队员会自己购买其他不同于制式的枪背带，还有一些特种部队自己花钱加装激光指示器或战术灯。近年来还看到一些官方的改进，例如在机匣顶部增加了瞄准镜导轨，用于安装红点镜。在驻伊拉克的自卫队手中的89式步枪，也发现有在护木上安装25毫米的韦弗式导轨，后来这个装备范围扩大到日本国内。

89式步枪在使用中暴露出不少缺点，主要包括：一是快慢机柄由于旋转角度太大，单、连切换极其花时间，而且手指还经常够不到。虽然在伊拉克被改成了左右两边，但还是认为问题没有得到根治；二是可靠性低。虽然89式步枪采用导气活塞式设计，但经常出现卡壳问题。一些和美军进行联合军演的陆自队员在实际操作美军M16步枪、M4卡宾枪后，对比89式后的得出结论是："M16和M4明显比89好用，有着丰富实战经验的它们相当优秀"。对于89式则是："想打的时候打不了，这是最大的缺点，让人很失望。"三是扳机感极差，导致枪本身的精度的优势发挥不出来；四是插弹匣的手感不好，弹匣不容易勾挂住。由于这个原因，还会出现打着打着弹匣掉下来的情况，所以装好弹匣后还得检查是否插好了，浪费时间。

89式5.56毫米步枪主要技术参数：

全枪长：916毫米（固定枪托）、916/760毫米（折叠枪托打开状态/折叠状态）。

枪管长：420毫米。

膛线：6条，右旋，缠距178毫米。

全枪重：3.5公斤（不含弹匣）。

瞄准基线长：440毫米。

枪口初速：920米/秒。

理论射速：650—850发/分。

弹匣容弹量：20发或30发。

有效射程：500米。

三、卡宾枪

日本陆自在2007—2008年根据美国对外有偿军事援助（FMS），从美国采购了一批装有QDSS－NT4消声器和M203A2榴弹发射器的M4卡宾枪，全部装备于中央即应连队下属的特殊作战群。

M4是美国柯尔特公司应海军陆战队的请求，以M16A2突击步枪为基础研制的新型卡宾枪，80%的零部件与M16A2通用。主要区别在于：M4卡宾枪重量比M16A2要轻600克；采用滑动伸缩式枪托（最初有4个固定位置，后来又增加到6个），当枪托拉出时可采抵肩姿势射击，枪托缩入时则可进行腰际射击；背带连接在枪的一侧，如此一来士兵在携枪巡逻时可容易随时准备射击；枪管比M16A2短；射击模式取消了全自动，只有单发与3发点射；照门虽然是M16A2的，但其标尺最远只可调到600米，而不是M16A2的800米；枪管在距离准星座前25毫米的位置上加工了一个缩颈的形状，这是在后来的试验中为了挂装M203榴弹发射器而特意做的改动。因为M4卡宾枪的护木较短，而且护木外又采用的是M16A2式的重枪管，因此柯尔特的工程师就在护木外的枪管中段加工了这个缩颈，这样就能挂装M203榴弹发射器；护木内采用了单层的铝制隔热屏；采用STANAG弹匣供弹。

M4还有改进型M4A1，它已成为美军特种部队的制式武器。M4A1与M4的最大区别是用连发模式取代了M4的3发点射。考虑到全自动射击容易造成护木过热而难以握持（当使用连发方式打完6个弹匣后，护木就烫得不能直接用手去碰），M4A1将护木粗厚并改用了两层铝隔热片。最初改进的M4A1卡宾枪装有提把，后期改进的M4A1则取消了提把，改为一段MIL－STD－1913标准皮卡蒂尼导轨，其上可快速安装各种光学瞄准具和其他附件，且无需归零调整。

M4/M4A1型5.56毫米卡宾枪主要技术参数：

全枪长：850.9毫米（枪托伸出）、760毫米（枪托缩起）。

枪管长：368.3毫米。

膛线：6条，右旋，缠距178毫米。

全枪重：2.68公斤（不含弹匣）。

瞄准基线长：368毫米。

枪口初速：905米/秒。

理论射速：700—950发/分。

弹匣容弹量：20发或30发。

弹匣重：0.11公斤（不装弹）、0.45公斤（装弹30发）。

有效射程：500米（点目标）、600米（面目标）。

四、狙击步枪

根据美国对外有偿军事援助，日本陆自从2002年开始采购美国M24型7.62毫米狙击步枪。至2014年，采购总数已达1292支，其中已经交付陆自的在1240支左右。目前，这些狙击步枪装备于陆自狙击手和普通科连队狙击班。

M24由美国雷明顿公司研制，采用旋转后拉式枪机，闭锁可靠性好，枪体与枪机配合紧密，因而精度较好。

钢制机匣为圆柱形，不仅可以简化加工工艺，还可与枪托里铝制衬板上的V形槽结合。从枪托的一端延伸到另一端，恰好为3个背带环座（前托上2个，后托上1个）、弹仓底板和扳机护圈提供结实的支点。机匣和枪口处装有基座，以便安装机械瞄具。

枪托采用H-S Precision公司的PST-011型枪托，由凯夫拉—石墨合成材料制作，前托粗大，呈海狸尾形。枪托上有可调托底板，其伸缩范围为50.8毫米。枪托上还有较窄的小握把和安装瞄准镜的连接座。所有金属件表面都是黑色，不反光，和枪托相匹配。但这个枪托有一个很大缺点，就是雷明顿公司在设计时为减轻重量，对枪托的内核采用了发泡塑料，而这种材料具有吸湿性，携带武器渡河或者被雨水淋湿，枪托就会增重，破坏原有的平衡性。所以狙击手在渡河时，经常要将M24高举过头顶。

重型枪管由416R不锈钢制成，可以自由转动定位，发射M118特种弹。为了提高子弹的弹道稳定性，M24的枪管有5条右旋膛线，缠距改为285.75毫米（标准的北约7.62×51毫米步枪弹缠距为304.8毫米）。

该枪容弹量为5发，弹仓供弹，要从打开的抛壳窗一发一发往里压弹。弹仓底板是铰折式，可打开快速再装弹，解脱按钮装在扳机护圈的前部。

瞄具为刘玻尔德（Leupold）Mark4 M3型10×40毫米光学瞄准镜（放大倍率10倍，镜片直径40毫米），镜内有椭圆形密位点分划板。除光学瞄准镜外，M24还配有可拆卸的备用机械瞄准具，由雷德菲尔德—帕尔玛（Redfield-Palma）国际公司生产，结构仿照射击比赛运动步枪的精确射击瞄具，安装在枪管的前端和后端凹槽。虽然这种机械瞄具比自动步枪的机械瞄准具更精确，但是视野狭窄，需要花费的更多的时间进行训练。

M24还配有可卸式两脚架、新式消焰器、消声器及可供安装各种瞄具的燕尾槽。

进行狙击作战时，通常采用小组方式。每个狙击小组有2人，其中1人是狙击手，另一人是观察手。

M24型7.62毫米狙击步枪主要技术参数：

全枪长：1092 毫米。

枪管长：610 毫米。

枪重：5.4 公斤（不带瞄准镜）。

弹匣容量：5 发。

有效射程：800 米。

枪口初速：805 米/秒（M118 特种弹）、790 米/秒（M118LR 远程弹）。

五、霰弹枪

日本陆自现役霰弹枪是从美国雷明顿公司采购的雷明顿 M870。与 M4、M24 一样，该枪也是根据美国对外有偿军事援助采购的，但数量以及具体型号到目前都未公布。

雷明顿 M870 系列霰弹枪拥有 12 号、16 号、20 号、28 号、.410 等 5 种不同口径，且枪管长度、细节设计不尽相同。

M870 系列霰弹枪采用滑膛枪管，超长型号的枪管有 762 毫米、711 毫米等不同长度，一般用于打猎；标准型号的枪管长有 660 毫米、584 毫米、508 毫米等；战术型号的枪管长有 457 毫米、464 毫米等；而适用于特别用途的短枪管长有 355 毫米、317 毫米、292 毫米、254 毫米等。枪管口部一般带有珠状准星，也有的型号则不设机械瞄具，只靠概略瞄准射击。

发射机组件是 M870 霰弹枪始终不变的部件，无论什么型号的 M870 霰弹枪都可以互换发射机组件。其采用模块化设计，由两个固定销固定在机匣内部，只要取下两个固定销，就可以取出发射机组件。发射机组件中的击锤一般是实心设计，但 M870 海军型霰弹枪的击锤头部则采用中空设计。

最初的 M870 霰弹枪基本采用木质前护手，前护手上带有横向防滑纹。1994 年，雷明顿公司开始推出聚合物版本的 M870 霰弹枪，因而前护手也改用了聚合物材料，起初是黑色为主，随着工艺的更新出现了不同色彩涂装的版本。

所有型号的 M870 霰弹枪的枪托都是通过枪托内部的一个长抵肩螺钉固定在机匣尾部的。早期的 M870 霰弹枪全部采用木质枪托，枪托尾部带有金属抵肩板。1955 年后将金属抵肩板换成橡胶缓冲垫，此后橡胶缓冲垫就成了 M870 霰弹枪的标配。

1994 年，聚合物版本的枪托登场，枪托颈部带有小握把的雷明顿 M870 霰弹枪也随之进入人们的视线，近几年还出现了采用 M4 型卡宾枪伸缩枪托的 M870 战术型霰弹枪。不过，无论是哪种枪托，都可以任意在所有 M870 霰弹枪上更换。

M870 霰弹枪采用标准管式弹仓供弹，弹仓位于枪管下方。弹仓前端带有一个弹仓帽，有些型号的弹仓帽上还带有用于固定背带的背带环。标准弹仓容弹量为5发，也有短枪管的M870霰弹枪使用容弹量为3发的短弹仓。有些型号还使用加长型弹仓，弹仓容弹量变成6发、7发甚至8发。向后拉动枪机时，弹仓中的最后方一发弹向后进入托弹片中并被托弹片上抬至进弹位置。向前推动枪机，即可将枪弹推进弹膛。

瞄准具一般采用斜准星、可调缺口照门式机械瞄具，但也可加装光学瞄具。

六、机枪

日本陆自装备的机枪包括62式7.62毫米通用机枪、米尼米5.56毫米机枪、74式7.62毫米车载机枪、M2HB型12.7毫米机枪。

1. 62式机枪：

1954年秋，刚刚组建的日本陆上自卫队就提出研制7.62毫米新型机枪，研制任务交给了日特金属工业株式会社（现属于住友重工的一部分），设计师是河村正弥博士。1956年10月，最早的样枪制造完成，外形酷似日本在“二战”时期研制的九九式7.7毫米轻机枪，发射的子弹是类似的7.62×63毫米弹。但陆自在确定采用7.62×51毫米口径后，日特金属又试制了多种样枪，比较重要的是1958年的日特14式和1960年的日特15式。其中日特15式被选中，后来又经过多次改进和试验，最终在1962年定型，并被命名为“62式7.62毫米机关铳”（62式机枪）。值得一提的是，62式机枪不仅是日本在“二战”后研制的第一种机枪，还是当时世界上最先进的通用机枪之一。

62式机枪的外形与比利时FN MAG机枪相似，但内部结构却截然不同，其显著特点是活塞有单独的活塞簧。枪机框较重，缓冲器的缓冲效果好，加之主要使用7.62毫米减装药弹，因此具有较好的射击精度。

62式机枪采用导气式自动方式，活塞置于枪管下方，闭锁机构为枪机偏转式。闭锁时，枪机前端两个对称的闭锁突榫向上进入机匣闭锁槽完成闭锁，枪机下面由枪机框支撑定位；击发机构为利用复进簧能量击发的击针式，只能连发。供弹机构为美国M13式金属弹链供弹，采用双程输弹，单程进弹。供弹时，利用枪机带动拨弹杆，在枪机作往复运动时拨弹杆左右摆动将枪弹分两步拨至推弹入膛位置。该枪的抽壳机构特别，击发前，带弹簧的顶杆从下向上顶入位于弹膛的弹壳底部环形槽；击发开锁后，由于枪机前端被压下，位于枪机弹底窝击针孔上方的刚性拉壳钩卡入弹底环形槽，枪机后退时抽出弹壳。枪管可迅速更换——打开受弹器盖，枪管固定栓被压下，枪管即可向前推出，整个过程耗时仅需2.5秒，这就在很大程度上保证了火力持续性。当受弹器盖开启时，枪机不能进入闭锁位置，击针孔不露出，枪机无法输弹和击发。

62 式机枪使用北约 7.62 毫米减装药弹和全装药弹，弹壳为无底缘瓶颈式。使用两脚架时作轻机枪使用，装在三脚架上时可作重机枪使用，冲击时还可进行腰际射击。瞄准装置采用机械瞄准具，也可采用光学瞄准镜，有管式（安装在轻机枪上）和潜望式（安装在重机枪上）两种光学瞄准镜。

62 式机枪的威力与美国 M60 型 7.62 毫米通用机枪相当。对于“二战”后多年没有研制过机枪的日本来说，能研制出这么一款先进的机枪是很值得自豪的一件事。但是，该枪的单价太高，1985 年时仍在 200 万日元（约 1.953 万美元），是美国 M60 机枪的 3 倍还多（M60 的单价为 6000 美元左右）。

在陆自的实际使用中，62 式机枪也暴露出了不少缺点，如供弹不畅、击发动作不良、零件掉落、连发时枪管容易过热等。64 式步枪的设计师津野瀬光男曾评价 62 式机枪细长的枪管结构太过脆弱是导致该枪问题多多的根本原因。

20 世纪 90 年代初，日本陆自开始装备米尼米 5.56 毫米机枪，于是 62 式机枪逐渐退役，目前只有一些二线部队还装备该枪。

62 式 7.62 毫米通用机枪主要技术参数：

全枪长：1200 毫米。

枪管长：635 毫米。

膛线：4 条，右旋，缠距 254 毫米。

全枪重：10.7 公斤（不含弹链）。

准星：柱形。

照门：觇孔式。

瞄准基线长：590 毫米。

配用弹种：北约 7.62 ×51 毫米弹。

枪口初速：855 米/秒（全装药弹）、775 米/秒（减装药弹）。

有效射程：800 米（配两脚架）、1100 米（配三脚架）。

理论射速：650 发/分（全装药弹）、600 发/分（减装药弹）。

战斗射速：275 发/分。

持续射速：80 发/分。

2. 米尼米 5.56 毫米机枪：

20 世纪 90 年代初，日本陆自选择了比利时 FN 公司的米尼米 5.56 毫米机枪作为新一代机枪，用以替换 62 式 7.62 毫米机枪。1993 年至 2013 年，日本防卫厅（省）共采购了 4844 挺，由住友重工按照许可证生产，采购单价 200 万日元（约 1.953 万美元）。这些米尼米机枪大部分装备陆自，少部分装备航空自卫队基地警备队以及用作 UH－60J、CH－47JA 直升机的机载自卫武器，海自则将该枪装在驱逐舰上用于执行近距反海盗、警备等任务。

米尼米 5.56 毫米机枪采用导气式自动方式，导气装置中的旋转式气体调节器有 3 个位置：正常位置、应急位置（适用于恶劣环境条件下射击）和枪榴弹发射位置。闭锁机构为枪机回转式，自动机开闭锁动作由枪机框定型导槽通过枪机导柱带动枪机回转而完成，枪机闭锁在枪管节套内，因此对机匣的作用力很小。

供弹方式有 3 种：下垂式 M27 弹链供弹、C－Mag 弹链箱供弹及 M16 步枪弹匣供弹，这在当今的机枪中是独一无二的。其中 C－Mag 弹链箱为盒形，有两种容量，分别为 100 发或 200 发。弹盒用塑料制成，成本低，坚固耐用。当机构改为弹匣供弹时，将弹匣座的弹簧折叶盖板打开，就可用 M16 步枪弹匣供弹，此时折叶上的凸齿起弹匣卡笋的作用。在机匣左侧的输弹导板下方带有弹匣槽，但在随后为美国海军特种部队提供的米尼米 SPW（“Special Purpose Weapon”的缩写，意为“特种用途武器”）、MK46 Mod0 和 MK 48 Mod0 上又取消了弹匣槽，即取消了弹匣供弹方式。

米尼米机枪的战斗射速与弹药种类、受污程度以及气体调节器的位置有关，其气体调节器有两个位置：正常位置和应急位置。手柄处于“N”位置时为正常状态，射速约 750 发/分；当污物过多或希望射速为 1000 发/分时，将手柄扳向右侧最大气量位置。发射机构只能连发，没有单发装置。内膛镀铬的枪管上带有提把，而其枪管靠凸轮定位，因此更换枪管非常方便，用一只手捏住提把在数秒内即可很方便地装卸枪管。

瞄准具采用机械瞄准具，前部为带防护罩的觇孔式准星，可调高低、方向；后部为照门，可调风偏和高低。瞄准具的射程装定范围为 300—1000 米，分划间距为 100 米。

米尼米机枪的各种型别，如标准型、伞兵型和车载型（无托型）等，均可选配液压后坐缓冲器，这时理论射速为 750—800 发/分。车载型米尼米机枪的机匣上带有连接座，可安装在车载枪架、美 M122 三脚架和 FN 公司生产的 360°三脚架上。

米尼米机枪主要技术参数：

全枪长：1038 毫米（固定枪托）、910 毫米（伸缩式枪托打开）、755 毫米（伸缩式枪托折叠）。

枪管长：465 毫米（标准型）、347 毫米（伞兵型）。

膛线：6 条，右旋，缠距 304 毫米（M913 弹）或 178 毫米（SS109 弹）。

全枪重（不含弹链或弹匣）：6.85 公斤（标准型）、7 公斤（伞兵型）。

配用弹种：SS109 或 M193 式 5.56×45 毫米弹。

枪口初速：965 米/秒（M193 弹）、915 米/秒（SS109 弹）。

枪口动能：1760 焦（M193 弹）、1710 焦（SS109 弹）。

理论射速：750 发（200 发弹链）、1000 发/分（30 发弹匣）。

有效射程：1000 米（FN 公司给出值）、800 米（美军给出的卧姿射击点目标）、400 米（澳大利亚陆军给出的卧姿射击点目标）。

3. 74 式车载机枪：

该枪是日特金属（现属于住友重工）在 62 式机枪基础上研制的车载型机枪。为适应车辆上应用，外形作了些改进。1974 年日本防卫厅决定采用该枪作为装甲车辆的并列机枪，目前日本陆自的 74 式、90 式、10 式坦克以及 87 式装甲侦察车、89 式步兵战车等装有 74 式机枪。该枪也可拆下来，架在三脚架上作为地面机枪使用。

该枪平均射速为 300 发/分，射击 3 分钟无需更换枪管。操作扳机可采用螺旋管，也可用枪尾手动扳机，射速可调。调整射速的快慢机安装在机匣后部下方。快慢机处于后方为快速射击（1000 发/分），快慢机处于前方为慢速射击（700 发/分）。该枪的瞄准具采用机械瞄准具，准星装在机匣前部，后面为立框式表尺，可调风偏。

74 式 7.62 毫米车载机枪主要技术参数：

枪全长：1085 毫米（74 式 1 型）、1078 毫米（74 式 2 型）。

枪管长：625 毫米。

枪重：20.4 公斤。

最大射速：1000 发/分。

4. M2HB 型 12.7 毫米机枪：

该枪是日本防卫厅在 20 世纪 80 年代初引进的，1984 年开始由住友重工田无制造所按照许可证生产，主要装备于陆自坦克装甲车辆作为防空武器。此外，日本空自采购该枪拟作为直升机载武器；海自采购该枪装在驱逐舰上用于对付近距离海上目标。该枪的采购单价为 530 万日元（约 5.176 万美元）。

M2HB 是勃朗宁在“一战”末期研制的 12.7 毫米气冷式机枪，到现在已经 90 多年了。该枪采用枪管短后坐式自动原理，楔闩横动式闭锁机构，击针式击发机构，单程输弹（将枪弹横向输送到弹膛正上方），双程进弹（将枪弹抽向后方再推入弹膛），可散弹链供弹。发射的 12.7×99 毫米弹种有普通弹、穿甲燃烧弹、穿甲弹、曳光弹、穿甲曳光弹、穿甲燃烧曳光弹、脱壳穿甲弹、硬心穿甲弹、训练弹等。

日本自卫队现役的 M2HB 实际上是比利时 FN 公司研制的能快速更换枪管（QCB）的 M2HB－QCB，只需要扳开一个枪管板把，就能拆卸出枪管。而且在枪管更换后，不需要重新调整壳头间隙或瞄具归零。

M2HB 型 12.7 毫米机枪主要技术参数：

全枪长：1654.3 毫米。

枪管长：1143 毫米。

空枪重：38.1 公斤。

枪管重：10.9 公斤。

膛线：8 条，右旋，缠距 381 毫米。

理论射速：485—635 发/分。

持续射速：小于 40 发/分（5—7 发点射）。

枪口初速：895 米/秒。

弹药基数：400 发（车载）。

100 发弹链重：16 公斤。

最大射程：6800 米。

有效射程：1830 米（面目标）、1500 米（点目标）。

七、冲锋枪

日本陆自现役的冲锋枪包括美国 M3A1 型 11.43 毫米冲锋枪、日本自研的 9 毫米冲锋枪和德国 MP7 型 4.6 毫米冲锋枪。

1. M3A1 型冲锋枪：

该枪是美国在 1942 年设计的，目的是用一种成本更低、更容易大规模生产的新枪来代替汤姆森系列，该枪主要由钢件冲压和焊接而成，而且公差要求也很宽，只有对枪管、枪机和发射机构有较为精确的加工，所以生产和组装一支枪的工时很少，在当时的成本大约是 20 美元一支。

日本陆自采购该枪是用于装备坦克乘员、普通科部队反坦克小队的无后坐力炮班人员、高射特科人员，作为自卫武器。

该枪的机匣由两块金属片焊接在一起，形成一个圆筒。在前端有一个枪管固定螺帽，前面接有外露的枪管。因为其形状与一种工具相似，因此被美军士兵们戏称为“注油枪”（Grease gun），过去国内曾把这个词翻译成“黄油枪”。早期的 M3 并无枪口装置，后来增加了一个可拆卸的 M9 型喇叭形消焰器。

M3 采用自由后坐式枪机，开膛待击和前冲击发，枪机面上有固定撞针，大而重的枪机装在两根平行的复进簧导杆上，因此有两根复进簧，而抛壳口安装在击发机构上。M3 的抛壳口上有一个铰链式防尘盖，当枪机向后运动时会把防尘盖顶开，然后防尘盖会在弹簧的作用下保持打开状态，直到射手用手重新合上防尘盖。

在机匣右侧、扳机的前上方，有一个由9个部件组成的回转曲柄，这就是M3的枪机待击拉柄。当拉动曲柄向后转动时，一个棘爪会抬起并钩住枪机底部的待击凸榫，把枪机推向后方，直到枪机底部的待击缺口被击发阻铁卡住。此时枪就处于待击状态。扣下扳机后，枪机在复进簧的作用下向前推进，从弹匣上推一发弹进膛，当枪机闭锁的瞬间固定击针会撞击底火，枪弹击发，然后枪机开始后坐，完成抽壳、抛壳的动作。待击曲柄的柄头有一个附加功能，可以作为涂油时的油刷柄子。

M3没有任何阻止扳机运动的机械式保险装置，该枪唯一的保险装置，就是抛壳口防尘盖内部的卡销，这个卡销与枪机体后的一个冲孔（保险孔）位置对应。当枪机处于闭膛位置时，关上防尘盖后保险卡销就卡入枪机保险孔内，阻止枪机运动。当枪机处于开膛待击的位置时，关上防尘盖后保险卡销也会正好卡住枪机的前端面，使枪机不能复进。该枪只能全自动射击，虽然没有快慢机，但由于射速很低，只有450发/分，射手很容易控制出单发。

固定的瞄具包括觇孔式照门和片状准星，分别设在机匣的前后两端，瞄准基线长276毫米，表尺固定在100码（约91米）上。

M3采用双排单进的弹匣，由于单进的设计不便于用手装填，因此在附件中又配备了一个压弹器。弹匣插座兼作前握把使用，大型的弹匣解脱钮位于弹匣插座左侧，外侧加工有防止误操作的护圈，左手握持弹匣插座时拇指可以方便地按钮。M3的伸缩枪托由钢条压成，除了作为肩托外，还可把枪托拆下来，用作清洁枪管的通条。

M3的待击曲柄是其主要的故障来源，因此改进型M3A1就取消了这个部件，改为在枪机前部冲孔，射手直接把手指伸进这个待击孔里扣动枪机向后。因此，枪机底部与待击曲柄棘爪啮合的缺口被取消。而抛壳口也向后延长了，以便直接用手扣动的枪机能够运动到待击位置。而抛壳口防尘盖的尺寸也相应加大了，并加工了一个卷起的部位，方便射手用手打开防尘盖。因为防尘盖内的保险卡销位置后移，因此枪机后面的保险孔位置也相应后移，而枪机在待击位置时关上防尘盖，保险卡销也会卡进待击孔里。

M3A1仍然使用M3的弹匣，但为了提高供弹可靠性，增加了一个塑料盖封闭弹匣口部，在射击前需要把塑料盖揭开或直接掰碎。

M3A1的枪托后端焊接了一个小支架，可作为弹匣压弹器，不必另外再携带压弹器。M3A1在枪管节套上开了两个凹槽，在装卸枪管时可以把枪托作为扳手，卡到这两个缺口上来旋转枪管节套。M3A1的枪管的防倒转棘齿也作了重新设计，以便在长期使用后不容易松开转动。在空心的手枪形握把里藏有一个装枪油的油壶，在分解机匣的时候可取出来。油壶的尖头喷嘴可以充作拆卸抛壳挺及其他细部的分解工具。

M3A1 冲锋枪主要技术参数：

全枪长：745 毫米（枪托伸出）、570 毫米（枪托缩起）。

枪管长：203 毫米。

膛线：4 条，右旋，缠距 405 毫米。

枪重：3.7 公斤（不含弹匣）。

理论射速：450 发/分。

战斗射速：120 发/分。

枪口初速：280 米/秒。

弹匣容量：30 发。

实弹匣重：940 克。

有效射程：91 米。

2. 日本自研 9 毫米冲锋枪：

该枪是日本美蓓亚株式会社在 20 世纪 90 年代研制的，1999 年定型投产。研制该枪的最初目的是为陆自军官提供一种火力猛烈的自卫武器，后来又计划将其扩展到坦克装甲车辆乘员、炮兵的自卫武器，以取代美国 M3 和 M3A1 冲锋枪。

但该枪并没有受到陆自喜爱，从 1999 年至 2003 年，陆自总共只采购了 266 支就停止了。由于产量太低，结果这款冲锋枪的单价竟高达 40 万日元（约 3906.6 美元）。目前，这 266 支 9 毫米冲锋枪装备于第 1 空挺团、第 12 旅团和西部方面普通科连队（简称西普连）的军官。

9 毫米冲锋枪是在以色列的乌兹微型冲锋枪基础上设计的，事实上该枪还是 IWI（前 IMI）公司授权生产的，因为两者虽然在外形上明显不同，但 9 毫米冲锋枪的包络式枪机就是乌兹微冲的枪机。该枪采用开膛待击、前冲击发，能选择全自动或半自动进行射击。与乌兹微冲不同的是，9 毫米冲锋枪装有前握把和枪口消焰器，但没有安装枪托，前握把是为了便于控制连发射击时的枪口跳动，但没有肩托却又使得连发射击时的枪口跳动难以控制，影响了射击精度。

9 毫米冲锋枪主要技术参数：

全枪长：339 毫米。

枪管长：120 毫米。

空枪重：2.8 公斤。

理论射速：1185 发/分。

弹匣容量：25 发。

有效射程：50 米。

3. MP7 型 4.6 毫米冲锋枪：

该枪是日本陆自在停止采购国产 9 毫米冲锋枪之后，从德国海科勒—科赫公司采购的，目前采购数量和装备的部队还不是很清楚，但在中央即应连队下属的特殊作战群和一些陆自普通科连队已能看到该枪。

MP7 冲锋枪采用导气式自动方式、闭膛待击和枪击回转式闭锁机构，装有短行程活塞，枪机前端有带 6 个闭锁突榫的微型突榫。枪机与机框与 G36 突击步枪相似，拉机柄为“T”形，按压柄梢的两端就可以解除卡锁，拉动枪机。复进簧类似 UMP 冲锋枪，组合式，采用扁形螺旋簧。短行程活塞的自动原理为：从枪管导出的高压火药气体作用于截面积非常小的活塞上，活塞仅后坐 3.5 毫米就停止运动。活塞后坐时撞击机框，使机框也后坐并在惯性作用下带动枪机回转开锁。在枪机后坐过程中，枪机上的拉壳钩拉弹壳向后，拉出弹膛后被抛壳挺抛出。

MP7 的握把本体两侧有防滑的梨皮状花纹，设计上与 USP 手枪（通用自动装填手枪）基本相同（MP7A1 的握把防滑设计改为像 P2000 手枪的握把）。枪托与辅助握把的设计受波兰 WZ63 微型冲锋枪影响。枪托为伸缩式，带大型橡胶托底板。枪托可通过 2 个半圆形导杆在机匣内运动，最大伸长度可达 200 毫米。折叠式辅助握把设在机匣前部下面，其内侧有可移动的卡销。使用时，后拉卡销，小握把便自动弹起，与枪垂直为工作状态。不需要辅助握把时，前推卡销可使握把向后折叠于扳机护圈前方。快慢机有单发、连发和保险 3 个位置。

MP7 的枪管长 180 毫米，冷锻而成，内膛镀铬，并有 6 条右旋膛线。枪口处有螺纹，平时安装鸟笼式消焰器，必要时也可卸下消焰器，安装消声器作微声冲锋枪使用，微声效果与 MP5 冲锋枪相当。供弹具采用双排压弹的钢板弹匣，容弹量 15 发、20 发、30 发或 40 发。弹匣卡榫为成双式，从左右任一侧均可操作。弹匣装在握把里（20 发容量的弹匣正好紧贴 MP7 的握把底板），设计上类似于以色列的乌兹冲锋枪。

MP7 的瞄准装置有机械瞄具、光学瞄具和辅助瞄准装置。其中机械瞄具为标准装备，采用帕特里奇瞄具，由平头厚叶片准星和矩形缺口表尺组成。准星和表尺均为折叠式并可调整，枪托缩入时倒下使用，枪托伸出时竖起使用，表尺射程固定于 200 米。光学瞄具由德国著名的军用光学仪器厂商亨索尔特公司研制生产，装在机匣上方的 MIL－STD－1913 或皮卡汀尼战术导轨上。光学瞄具在自然光和低亮度情况下均可使用（低亮度情况下用电池或氚光提供照明）。根据不同的作战环境需要，机匣上方的导轨也可换装各种夜视瞄具。此外，在护木的左右两侧还有两个 MIL－STD－1913 或皮卡汀尼战术导轨，可安装战术灯、激光目标指示器和其他辅助瞄具等。

MP7 在结构设计上十分注重人机工效，快慢机、弹匣卡榫、枪机保险等均能左右手操作。除更换弹匣外，整个操枪射击过程完全可以由单手完成。MP7 冲锋枪野外分解、结合也极为方便，全枪仅由 3 个销钉固定，只要有枪弹作为“工具”，用弹尖顶出固定上、下机匣和枪托组件的固定销即可分解擦拭。

在 MP7 冲锋枪的设计中，最关键的部分是该枪配用的 4.6 ×30 毫米枪弹，这也是评判其威力大小的主要因素。但 4.6 毫米子弹不是由 HK 公司研制，而是由英国 BAE 系统公司下属的雷德维尔·格林公司研制。按照设计要求，4.6 毫米枪弹必须符合北约“2000 年后地面集群 3 型步兵小型武器”标准。

与北约国家普遍装备的 9 毫米枪弹相比，4.6 毫米枪弹的初速更高、弹道更平直、射程更远、威力更大。例如 9 毫米枪弹在 50 米距离上不能击穿北约标准的 CRISAT 防弹衣（由钛金属板和 20 层凯夫拉材料混合制成），而 4.6 毫米枪弹却能在 100 多米外击穿这种防弹衣，并且还有足够的动能（约 115 焦耳）进入弹道明胶块（一种人体组织的模拟物）150 毫米。在 50 米处弹头穿透防弹衣后，还能够穿透 250 毫米的弹道明胶块。特别是弹头进入目标后会失稳翻滚，从而对目标造成更大的杀伤效果。

在雷德维尔·格林公司为 MP7 冲锋枪研制的 4.6 毫米枪弹家族中，1.7 克钢芯弹是标准枪弹。其弹头采用淬火硬化的全钢弹芯，外覆铜被甲。该弹初速 745 米/秒，枪口动能 471 焦耳，后坐力比 MP5 冲锋枪使用的 9 毫米派拉贝鲁姆手枪弹小了近一半。该弹可在 100 米距离内有效打击根据北约标准化协议 4512（STANAG 4512）定义的装甲目标，在 200 米距离上可击穿 CRISAT 防弹衣和凯夫拉头盔。不难看出，1.7 克 4.6 毫米枪弹之所以有较强的穿透威力，主要来自于高初速和较小的弹头直径，此外还有它的外敷铜被甲的钢芯结构。相比之下，9 毫米枪弹采用的则是外敷铜被甲的铅芯结构，因此在威力上就逊色不少。

除了 1.7 克 4.6 毫米钢芯弹外，4.6 毫米枪弹家族的其他成员还有 2.0 克钢芯弹、在危险的小环境中能立即释放能量的警用弹、专为微声冲锋枪研制的高亚音速弹、采用无铅弹头的易碎弹（在接触到坚硬物体表面时破裂，既可以在有防护措施的安全地带进行实战训练，也可以在特定的环境，如钻井平台和原子能发电站作为实弹使用）、可在 50 米处击穿钛和芳族高聚物混合制成的防弹衣的训练弹（弹道与钢芯弹类似，通常用于不需要钢芯弹来穿甲的场合）、专为美国市场研制用于战斗和训练的全金属被甲弹（FMJ 弹）、空包弹等。

MP7 还发展了改进型 MP7A1，主要变化包括：重新设计了握把，握持更加舒适；带直尖托的伸缩枪托尺寸更小；枪侧安装标准皮卡汀尼导轨，可折叠式准星和照门设计得更加紧凑；采用了类似格洛克手枪那样的扳机保险，即扳机保险位于扳机中间，呈片状结构，与扳机连杆构成一个整体部件，只有在扣压扳机时才能使之解脱所有的保险机构。而一旦手指离开扳机，冲锋枪随即处于保险状态。

MP7 冲锋枪的主要技术参数：

全枪长：340 毫米（枪托收缩）、540 毫米（枪托伸出）。

枪管长：180 毫米。

膛线：4 条，右旋。

全枪高：172 毫米。

全枪宽：42 毫米。

全枪重：1.54 公斤（带 20 发弹匣）。

理论射速：950—1000 发/分（MP7）、850 发/分（MP7A1）。

枪口初速：750 米/秒。

有效射程：200 米。

八、自动榴弹发射器

日本陆自看到美军 MK19 型 40 毫米自动榴弹发射器在 1991 年海湾战争中的出色表现后，马上提出了要发展此类武器，以加强近距支援火力。与美军不同的是，日本陆自主要是要求自动榴弹发射器进行车载发射。承担研制任务的是丰和工业公司。

经过数年的研制和试验，丰和工业研制的新型 40 毫米自动榴弹发射器在 1996 年定型并被命名为 96 式，随后开始进入陆自服役，主要装备陆自普通科（步兵）部队的车辆（安装在一个专门设计的武器支座上）。必要时，96 式自动榴弹发射器也可安装在 M2HB 型 12.7 毫米机枪的 M3 型三脚架上，架设在地面进行射击。

96 式 40 毫米自动榴弹发射器的扳机组件和握把安装在机匣尾端，扳机造型类似勃朗宁 M2 重机枪的蝶状扳机，不过握把并非垂直设置。平时，握把呈“一”字形，使用时将握把向下旋转，使其呈“八”字形。在机匣后部左右两侧均设置有快慢机柄，具有保险、半自动、全自动三档位置。瞄准具采用机械瞄具，包括立框式标尺照门（可折叠或拆卸）及柱状准星，标尺最大射程为 1500 米，而在 2011 年的富士综合火力演习中出现的 96 式 40 毫米自动榴弹发射器还加装了红点镜。

96 式自动榴弹发射器上机匣左侧设有一个整合式供弹托架，让 40 毫米榴弹顺畅地装填。供弹方式为可散弹链供弹，容量 50 发的弹链箱挂在发射器左侧。发射的榴弹是由大金工业株式会社研制生产的 40×56 毫米“破甲及杀伤两用榴弹”，全长 112 毫米，弹重 371 克，其与美军 MK19 型 40 毫米自动榴弹发射器所使用的40×53毫米榴弹并不通用。

96式40毫米自动榴弹发射器主要技术参数：

全长：975毫米。

管长：454毫米。

全重：24.5公斤。

射速：250—350发/分。

有效射程：1500米。

最大射程：2000—3600米。

九、手榴弹

日本陆自现役的手榴弹主要是从美国引进的MK2和M26系列破片杀伤手榴弹、MK3A2进攻型手榴弹、MK1照明手榴弹等。

1. MK2手榴弹：

该手榴弹也称MK2手雷，是美国在1918年研制、“二战”中大量使用的一种破片杀伤手榴弹，20世纪50年代初开始逐渐被MK26手榴弹取代。该手榴弹采用椭圆形铸铁弹体，弹底有小平底。由于铸造时在弹体外表面刻有预制破片刻槽，模样与菠萝相似，所以俗称“菠萝雷”。

MK2手榴弹的引信为M204A1延时引信（4—5秒），采用转臂式结构，延期药管从引信体中分离出来，另外增加了密封垫圈，火帽上盖有锡箔，因此密封性能好。

MK2手榴弹主要技术参数：

弹全长：111毫米。

弹径：59毫米。

弹重：0.6公斤。

装药类型：TNT。

装药量：57克。

杀伤半径：5—10米。

投掷距离：30—40米。

2. M26手榴弹：

该手榴弹是MK2的改进型，1949年定型，20世纪50年代初开始在美军服役，主要用于阵地防御和城市巷战杀伤有生目标。

M26手榴弹主要由弹体和引信两部分组成。弹体外形卵形，由上下两部分咬合的薄钢片组成，并衬以钢丝缠绕预制刻槽破片套，弹体内装B炸药。配用M204A1或M204A2式延期引信。该手榴弹有多种衍生型，分别是M26A1、M26A2、M30、M50、M56、M57、M61等。这些衍生型与基本型

M26 相比，主要区别是：M26A1 与 M26 式弹体形状相同，但在雷管周围加装特屈儿助爆药块 8.5 克；M26A2 的弹体比 M26 的粗短，不装助爆药块，配用 M217 触发/延期电引信；M30 和 M50 是 M26 的训练弹；M56 采用的是 M215 延时引信（4—5 秒）；M57 是 M26A2 的“特别安全”版，增加了一个保险夹（俗称“丛林夹”），实际上是一根“S”形的弹性金属丝，将安全握把（翻板）紧紧的箍在引信座上，避免因为树枝拉扯或挂住其他装具而导致扯掉保险环，引发误爆的危险；M61 是 M26A1 的“特别安全版”，加装了与 M57 相似的保险夹。

M26 手榴弹主要技术参数：

弹全长：99 毫米。

弹径：57 毫米。

弹重：454 克。

装药类型：B 炸药。

装药量：156 克（不含特屈儿助爆药块）。

杀伤半径：15 米。

投掷距离：40 米。

3. MK3A2 进攻型手榴弹：

所谓“进攻型手榴弹”，是指这种手榴弹比较适合用于进攻作战，特别是用在攻击碉堡等工事或建筑物中的敌人。因为这种手榴弹爆炸后，并不像普通手榴弹那样产生大量高速破片来杀伤敌人，而是通过 TNT 爆炸时产生大量的高温高压气体（即冲击波）来实现杀伤、破坏作用（因此又被称为“震荡型手榴弹”）。这样的性能特点，保证了投掷者自身的安全，比较适合在进攻中投掷，因为进攻中的士兵往往很难找到掩体来保护自己。而普通的破片型手榴弹（又称“防御型手榴弹”）则可能将高速破片随机溅射到几十米甚至上百米之外，比较适合于身处掩体中的士兵向外投掷。

MK3A2 进攻型手榴弹的弹体为黑色的圆柱形，由经表面处理的防潮玻璃纤维材料制成，分为上下两个互相咬合的圆柱形筒体；弹体顶部是保险针、拉环以及延至弹侧的直板形安全握把；装药类型为 TNT，装药量为 227 克；引信采用 M206 延时引信，主要组件包括击针、火帽、雷管、导火索和引信管等。

MK3A2 进攻型手榴弹存放和携带时，保险针限制住安全握把翻转，全弹处于安全状态。使用时，将手榴弹握在手心，特别注意必须紧握住安全握把。另外，在保险拉环和握把上还有保险夹，在投掷之前，需要用手把这个保险夹扯掉，安全握把才能在脱手后自由抬起而触发引信。决定投掷之前，手指通过拉环扯掉保险针，此刻握把即不再处于安全状态（但手榴弹依然没有点火)。然后将手榴弹用力扔出，此刻安全握把在弹簧的作用下朝上翻转，推动手榴弹引信中的击针朝下撞击火帽，火帽发火点燃导火索，导火索在短暂延时（4—5 秒左右）后引爆雷管，雷管爆炸而引爆弹体中的 TNT 装药，全弹爆炸，产生大量的高压气体杀伤周围有生力量。

MK3A2 进攻型手榴弹主要技术参数：

弹全长：145 毫米。

弹径：53 毫米。

弹重：442 克。

装药类型：TNT。

装药量：227 克。

杀伤半径：2 米。

投掷距离：40 米。

第四章
日本海上自卫队

第一节　日本海上自卫队编制

日本海上自卫队最高指挥机构是海上幕僚监部，下辖自卫舰队、横须贺地方队、吴地方队、佐世保地方队、舞鹤地方队、大凑地方队、航空教育集团、练习舰队、海上自卫队其他部队和机关。构成见下表：

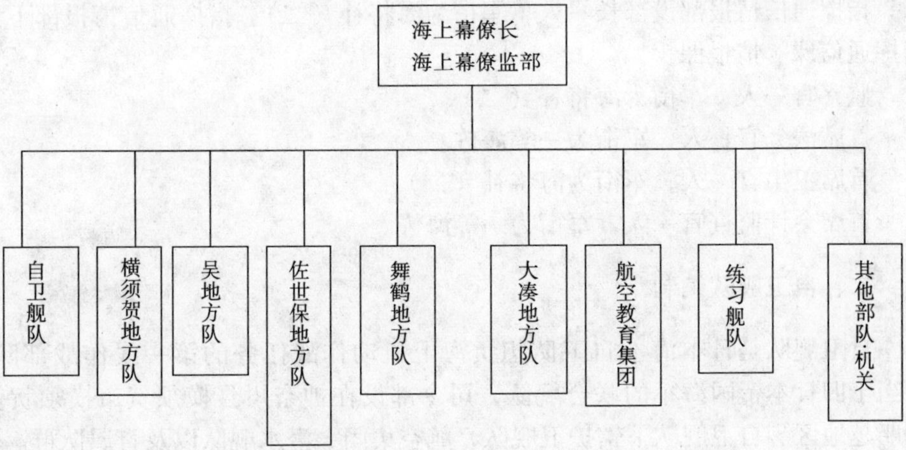

一、海上幕僚监部编制

海上幕僚监部位于东京都新宿区市谷本村町5番（日语中，“番”类似于中国的门、条）1号，设海上幕僚长和海上幕僚副长各一人。海上幕僚监部相当于欧美国家海军的参谋部，海上幕僚长和海上幕僚副长相当于欧美国家海军参谋长和副参谋长。其中海上幕僚长是海自的最高指挥官，直接领导海上幕僚监部，并负责海自的全盘事务。

海上幕僚长的军衔为海将（相当于欧美海军的中将），但与其他海将军衔标记为3颗樱花星不同的是，海上幕僚长的军衔标记为4颗樱花星，实际上相当于欧美海军的上将。

海上幕僚监部下设总务部、防卫部、指挥通信情报部、装备部、人事教育部、技术部、监察官、首席法务官、首席卫生官、首席会计监查官等，分别协助海上幕僚长管理海自的日常运作、作战、装备采购及维护、训练、后勤保障、情报搜集、法务、医疗等工作。

总务部设部长一人、副部长一人，军衔为海将补（二）。总务部下设总务课（注：课相当于科）和经理课。

防卫部设部长一人，军衔为海将补（一）。防卫部下设防卫课、装备体系课、运用支援课、施设课（工程科）。

装备部设部长一人，军衔为海将补（一）。装备部下设装备需品课、舰船·武器课、飞机课。

技术部设部长一人，军衔为海将补（二）。技术部下设技术课。

人事教育部设部长一人，军衔为海将补（一）。人事教育部下设人事计划课、补任课、厚生课（相当于民政科）、援护业务课、教育课。

指挥通信情报部设部长一人，军衔为海将补（二）。指挥通信情报部下设指挥通信课、情报课。

监察官一人，军衔为海将补（二）。

首席法务官一人，军衔为一等海佐。

首席卫生官一人，军衔为海将补（二）。

首席会计监查官一人，军衔为一等海佐。

二、自卫舰队编制

自卫舰队是日本海上自卫队担负海上机动作战任务的第一线作战部队，相当于旧日本帝国海军的联合舰队，司令部设在神奈川县横须贺市横须贺基地船越地区。自卫舰队下辖护卫舰队、航空集团、潜水舰队以及直属队群。

1. 自卫舰队司令部编制：

自卫舰队司令部包括自卫舰队司令、副司令、幕僚长，各舰队、集团、直属队群的司令、幕僚长，幕僚和副官。

2. 护卫舰队编制：

护卫舰队是日本海自的骨干水面作战力量，司令部设在横须贺基地船越地区。护卫舰队下辖机动运用部队、地方配属部队、护卫队群直属部队。

（1）机动运用部队：下辖第1、第2、第3和第4护卫队群。

第1护卫队群司令部设在横须贺基地长浦地区，下辖第1护卫队和第5护卫队，共装备8艘驱逐舰。其中第1护卫队辖DDH－181“日向”号直升机驱逐舰、DDG－172“岛风”导弹驱逐舰、DD－101“村雨”号通用驱逐舰、DD－107“雷”号通用驱逐舰；第5护卫队辖DG－173“金刚”号导弹驱逐舰、DD－108“曙”号通用驱逐舰、DD－109“有明”号通用驱逐舰、DD－115“秋月”号通用驱逐舰。第1护卫队群的旗舰为“日向”号。

第2护卫队群司令部设在佐世保基地，下辖第2护卫队和第6护卫队，共装备8艘驱逐舰。其中第2护卫队辖DDH－144“鞍马”号直升机驱逐舰、DDG－178“足柄”号导弹驱逐舰、DD－102“春雨”号通用驱逐舰、DD－154“天雾”号通用驱逐舰；第6护卫队辖DDG－176“鸟海”号导弹驱逐舰、DD－110“高波”号通用驱逐舰、DD－111“大波”号通用驱逐舰、DD－116“照月”号通用驱逐舰。第2护卫队群的旗舰为“鞍马”号。

第3护卫队群司令部设在舞鹤基地，下辖第3护卫队和第7护卫队，共装备8艘驱逐舰。其中第3护卫队辖DDH－143“白根”号直升机驱逐舰、DDG－177“爱宕”号导弹驱逐舰、DD－112“卷波”号通用驱逐舰、DD－114“凉波”号通用驱逐舰；第7护卫队辖DDG－175“妙高”号导弹驱逐舰、DD－103“夕立”号通用驱逐舰、DD－118“冬月”号通用驱逐舰、DD－156“濑户雾”通用驱逐舰。第3护卫队群的旗舰是“白根”号。

第4护卫队群司令部设在吴基地，下辖第4护卫队和第8护卫队，共装备8艘驱逐舰。其中第4护卫队辖DDH－182“伊势”号直升机驱逐舰、DDG－171“旗风”号导弹驱逐舰、DD－106“五月雨”号通用驱逐舰、DD－113“涟”号通用驱逐舰；第8护卫队辖DDG－174“雾岛”号导弹驱逐舰、DD－104“雾雨”号通用驱逐舰、DD－105“电”号通用驱逐舰、DD－117“凉月”号通用驱逐舰。第4护卫队群的旗舰为“伊势”号。

（2）地方配属部队：下辖第11、第12、第13、第14、第15护卫队。

第11护卫队部署在横须贺基地，辖DD－129“山雪”号、DD－152“山雾”号、DD－153“夕雾”号通用驱逐舰。

第12护卫队部署在吴基地，辖DE－229“阿武隈”号、DE－232“川内”号、DE－234“利根”号护航驱逐舰和DD－158“海雾”号通用驱逐舰。

第13护卫队部署在佐世保基地，辖DD－132“朝雪”号、DE－230“神通”号、DD－157“泽雾”号通用驱逐舰。

第14护卫队部署在舞鹤基地，辖DD－151“朝雾”号、DD－130“松雪”号通用驱逐舰。

第15护卫队部署在大凑基地，辖DD－155“滨雾”号通用驱逐舰和DE

-231“大淀”号、DE-233“筑摩”号护航驱逐舰。

（3）护卫队群直属部队：下辖海上训练指导队群、第1海上补给队、第1输送队、第1海上训练支援队。

海上训练指导队群司令部设在横须贺基地新井地区，包括海上训练指导队和制导武器教育训练队。

海上训练指导队分别是横须贺海上训练指导队（新井地区）、吴海上训练指导队、佐世保海上训练指导队（干尽地区）、舞鹤海上训练指导队、大凑海上训练指导队，主要负责各基地海自的“自卫舰”人员的训练、指导，驱逐舰反潜战术训练装置的使用、指导以及必要的调查和研究。每个海上训练指导队设司令、副长及下属的总务课、指导部（下设训练课、炮雷课、船务航海课、机关课），横须贺和佐世保海上训练指导队的指导部还设有反潜战术课，而横须贺海上训练指导队还专门增设了编集室。

制导武器教育训练队主要负责“自卫舰”上装备的武器系统的战术指挥训练、地方队各护卫队舰艇装备的武器系统的战术指挥训练。

第1海上补给队司令部设在横须贺基地，下辖AOE-422“十和田”号（母港为吴）、AOE-423“常磐”号（母港为横须贺）、AOE-424“滨名”号（母港为佐世保）、AOE-425“摩周”号（母港为舞鹤）、AOE-426“淡海”综合补给舰（母港为佐世保）。

第1输送队部署在吴基地，下辖LST-4001“大隅”号、LST-4002“下北”号、LST-4003“国东”号两栖运输舰以及配属的6艘LCAC气垫登陆艇。

第1海上训练支援队部署在吴基地，下辖AST-4202“黑部”号、AST-4203“天龙”号训练支援舰。

三、航空集团编制

航空集团司令部设在神奈川县绫濑市厚木海军航空兵基地，主要负责用固定翼反潜巡逻机在日本领海、专属经济区进行巡逻、监视不审船（不明船只）、探测和警戒航道上的潜艇，以及用直升机执行海上搜救任务。航空集团的核心是不同的航空群，同时司令部还直辖10架P-3C反潜巡逻机。

1. 第1航空群：

部署在鹿屋海军航空兵基地，下辖第1航空队、第1整备补给队、鹿屋航空基地队。其中第1航空队辖队部、第11飞行队和第12飞行队（编制P-3C反潜巡逻机20架）、第1列线整备队；第1整备补给队辖队部、第1飞机整备队、第1电子整备队、第1武器整备队、第11检查队、第12检查队、第1补给队；鹿屋航空基地队辖队部、鹿屋管理队、鹿屋警卫队、鹿屋运航队、鹿屋经理队、鹿屋厚生队、鹿屋航空卫生队。

2. 第2航空群：

部署在八户海军航空兵基地，下辖第2航空队、第2整备补给队、八户航空基地队。其中第2航空队辖队部、第21飞行队和第22飞行队（编制P-3C反潜巡逻机10架）、第2列线整备队；第2整备补给队辖队部、第2飞机整备队、第2电子整备队、第2武器整备队、第21检查队、第2补给队；八户航空基地队辖队部、八户管理队、八户警卫队、八户运航队、八户经理队、八户厚生队、八户航空卫生队。

3. 第4航空群：

部署在厚木海军航空兵基地，下辖第3航空队、第4整备补给队、厚木航空基地队、硫磺岛航空基地队。其中第3航空队辖队部、第31飞行队和第32飞行队（编制P-3C反潜巡逻机20架）、第3列线整备队；第4整备补给队辖队部、第4飞机整备队、第4电子整备队、第4武器整备队、第41检查队、第42检查队、第4补给队；厚木航空基地队辖队部、厚木管理队、厚木警卫队、厚木运航队、厚木经理队、厚木厚生队、厚木航空卫生队；硫磺岛航空基地队辖队部、硫磺岛管理队、硫磺岛运航队、硫磺岛补给队、硫磺岛航空卫生队、南鸟岛航空派遣队（南鸟岛海军航空兵基地）。

4. 第5航空群：

部署在冲绳那霸基地，下辖第5航空队、第5整备补给队、那霸航空基地队。其中第5航空队辖队部、第51飞行队和第52飞行队（编制P-3C反潜巡逻机20架）、第5列线整备队；第5整备补给队辖队部、第5飞机整备队、第5电子整备队、第5武器整备队、第51检查队、第5补给队；那霸航空基地队辖队部、那霸管理队、那霸警卫队、那霸运航队、那霸经理队、那霸厚生队。

5. 第21航空群：

司令部设在千叶县馆山市馆山海军航空兵基地，下辖第21航空队、第23航空队、第25航空队、第73航空队、第21整备补给队、馆山航空基地队。其中第21、23、25航空队共装备SH-60J和SH-60K直升机40架。

第21航空队部署在馆山海航基地，辖队部、第211飞行队和第212飞行队（装备SH-60J、SH-60K舰载反潜直升机）、第21列线整备队。

第23航空队部署在舞鹤海航基地，辖队总务室，队先任伍长室，队幕僚室，第231飞行队（装备SH-60J、SH-60K舰载反潜直升机），第231整备补给队，舞鹤航空基地队（辖队部、舞鹤管理班、舞鹤警卫班、舞鹤运航班、舞鹤通信班、舞鹤厚生班、舞鹤卫生班）。

第25航空队部署在大凑海航基地，辖队总务室、队先任伍长室、队幕僚室、第251飞行队（装备SH－60J舰载反潜直升机），第251整备补给队，大凑航空基地队（辖队部、大凑管理班、大凑警卫班、大凑运航班、大凑通信班、大凑厚生班、大凑卫生班）。

第73航空队部署在馆山海航基地，辖队部，第73飞行队（装备UH－60J搜救直升机）、第73列线整备队、硫磺岛航空分遣队（硫磺岛海航基地）、大凑航空分遣队（大凑海航基地）。

第21整备补给队部署在馆山海航基地，辖队部、第21直升机整备队、第21电子整备队、第21武器整备队、第211检查队、第21补给队。

馆山航空基地队部署在馆山海航基地，辖队部、馆山管理队、馆山警卫队、馆山运航队、馆山经理队、馆山厚生队、馆山航空卫生队。

6. 第22航空群：

司令部设在长崎县大村市大村海军航空兵基地，下辖第22航空队、第24航空队、第72航空队、第22整备补给队、大村航空基地队。其中第22、24航空队共装备SH－60J和SH－60K直升机40架。

第22航空队部署在大村海航基地，辖队部，第221飞行队、第222飞行队、第223飞行队（三个飞行队都装备SH－60J和SH－60K舰载反潜直升机），第22列线整备队。

第24航空队部署在小松岛海航基地，辖队总务室，队先任伍长室，队幕僚室，第241飞行队（装备SH－60J舰载反潜直升机），第241整备补给队，小松岛航空基地队（辖小松岛管理班、小松岛警卫班、小松岛运航班、小松岛通信班、小松岛经理班、小松岛厚生班、小松岛卫生班）。

第72航空队部署在大村海航基地，辖队部、第72飞行队（装备UH－60J搜救直升机）、第72列线整备队、德岛航空分遣队（德岛海航基地）、鹿屋航空分遣队（鹿屋海航基地）。

第22整备补给队部署在大村海航基地，辖队部、第22航空机整备队、第22电子整备队、第22武器整备队、第221检查队、第22补给队（辖小松岛整备补给分遣队，部署在小松岛海航基地）。

大村航空基地队部署在大村海航基地，辖队部、大村管理队、大村警卫队、大村运航队、大村经理队、大村厚生队、大村航空卫生队。

7. 第31航空群：

司令部设在山口县岩国市岩国海军航空兵基地，下辖第71航空队、第81航空队、第91航空队、第31整备补给队、靶机整备队、岩国航空基地队。

第71航空队部署在厚木海航空基地，主要执行海上搜救任务，辖队部、第71飞行队（装备US－1A、US－2水陆两栖搜救飞机）、第71列线整备队。

第81航空队部署在岩国海航基地，主要执行电子侦察及照相侦察任务，辖队部、分析队、第81飞行队（装备5架EP－3和4架OP－3C侦察机）、第81列线整备队。在2014年初的雪灾中，1架EP－3和1架OP－3C侦察机因机库被压垮而受损。

第91航空队部署在岩国海航基地，主要是为空中打靶训练、电子侦察训练提供支援，辖队部、第91飞行队（装备3架UP－3D电子战训练支援机，4架U－36A多用途机、1架LC－90联络/运输机）、第91列线整备队。在2014年初的雪灾中，3架UP－3D电子战训练支援机因机库被压垮而受损，其中1架受损严重。

第31整备补给队辖队部、第31航空机整备队、第31电子整备队、第31武器整备队、第311检查队、第312检查队、第31补给队。

靶机整备队部署在江田岛，负责航空靶机的维护保养，辖队部、整备队、整备教育队。

岩国航空基地队辖队部、岩国管理队、岩国警卫队、岩国运航队、岩国经理队、岩国厚生队、岩国航空卫生队。

8. 航空集团直属队：

包括第51航空队（部署在厚木海航基地，负责飞机和直升机的试验评估和使用指导），第61航空队（部署在厚木海航基地），第111航空队（部署在岩国海航基地，装备10架MH－53E扫雷直升机，执行航空扫雷任务），第1航空修理队（部署在鹿屋海航基地），第2航空修理队（部署在八户海航基地），航空管制队（部署在厚木海航基地），机动施设队（部署在八户海航基地）。

四、潜水舰队编制

潜水舰队负责操作使用海上自卫队的所有潜艇，司令部设在横须贺基地船越地区，下辖第1潜水队群、第2潜水队群、潜艇教育训练队（吴基地）、第1练习潜水队（吴基地）、横须贺潜艇教育训练分遣队（横须贺基地楠浦地区）。

第1潜水队群部署在吴基地，下辖ASR－403“千早”号潜艇救援舰，第1潜水队（辖SS－591“满潮”号、SS－593“卷潮”号、SS－594“矶潮”号潜艇），第3潜水队（辖SS－504“剑龙”号、SS－596“黑潮”号、SS－600“望潮”号潜艇），第5潜水队（辖SS－501“苍龙”号、SS－502“云龙”号、SS－503“白龙”号潜艇），吴潜艇基地队。

第2潜水队群部署在横须贺基地楠浦地区，下辖ASR－405“千代田”号潜艇救援舰，第2潜水队（辖SS－590“亲潮”号、SS－592“涡潮”号、SS－595“鸣潮”号潜艇），第4潜水队（辖SS－505“瑞龙”号、SS－597“高潮”号、SS－598“八重潮”号、SS－599“濑户潮”号潜艇），横须贺潜艇基地队。

五、直属队群编制

自卫舰队直属队群包括扫雷队群、情报业务群、海洋业务群、开发队群。

扫雷队群司令部设在横须贺基地船越地区，下辖MST－463“浦贺”号扫雷母舰（横须贺基地）、MST－464“丰后”号扫雷母舰（吴基地），第1扫雷队（部署在吴基地，辖MSC－687“伊豆岛”号、MSC－688“相岛”号、MSC－690“宫岛”号扫雷艇），第2扫雷队（部署在佐世保基地，辖MSC－601“平岛”号、MSC－602“屋久岛”号、MSC－603“高岛”号扫雷艇），第51扫雷队（部署在横须贺基地，辖MSO－301“八重山”号、MSO－302“对马”号、MSO－303“八丈岛”号扫雷艇），第101扫雷队（部署在吴基地，辖MCL－728“家岛”号、MCL－729“前岛”号扫雷控制挺、SAM－1～4自行式扫雷具），扫雷业务支援队（横须贺基地船越地区）及吴扫雷业务支援分遣队（吴基地）。

情报业务群司令部设在横须贺基地船越地区，下辖作战情报支援队（船越地区）、基础情报支援队（市谷基地）、电子情报支援队（船越地区）。

海洋业务群司令部设在横须贺基地船越地区，下辖对潜资料队（船越地区）、气象资料管理队（船越地区）、冲绳海洋观测所、下北海洋观测所（青森县下北郡东通村），以及直辖舰艇——AGS－5103“须磨”号、AGS－5104“若狭”号、AGS－5105“日南”号、AGS－5106“湘南”号海洋观测舰，AOS－5201“响滩”号、AOS－5202“播磨滩”号音响测量舰，ARC－483“室户”号海缆维修船。

开发队群司令部设在横须贺基地船越地区，下辖指挥通信开发队（横须贺基地船越地区）、舰艇开发队（横须贺基地船越地区）、航空系统开发队（厚木海航基地）、鹿儿岛试验所（鹿儿岛基地）以及直辖的ASE－6102“飞鸟”号试验舰。

六、横须贺地方队编制

横须贺地方队是日本海上自卫队五个地方队中规模最大的，主要负责岩手县以南、三重县以东太平洋地区的海上警备。最高指挥机关是横须贺地方总监部，设在横须贺基地。

横须贺地方队所辖兵力如下：

第41扫雷队：辖MSC－604“江之岛”号、MSC－605“父岛”号、MSC－683“角岛”号扫雷艇。

横须贺警备队：辖 ASY－91“桥立”号特务艇、横须贺水中处分（日语中处分的意思是处置）队“水中处分母船 3 号”、横须贺陆警队、横须贺港务队。

LCU－2002“2 号”运输艇。

AMS－4305“远州”号多用途支援舰。

AGB－5003“白濑”号破冰船。

横须贺教育队，部署在武山地区，唯一由女性自卫队员编成的教育队。

横须贺弹药整备补给所。

横须贺造修补给所，辖横须贺消磁所。

横须贺基地业务队，辖船越基地业务分遣队。

横须贺卫生队。

横须贺音乐队。

父岛基地分遣队。

七、吴地方队编制

吴地方队主要负责和歌山县以西、宫崎县以东的濑户内海到冲之鸟礁的太平洋地区海上警备。最高指挥机关是吴地方总监部，设在吴基地。

吴地方队所辖兵力如下：

吴警备队，辖吴陆警队、吴港务队、佐伯基地分遣队多用途支援舰“玄界滩”号、吴水中处分队“水中处分母船 4 号”。

吴教育队。

吴弹药整备补给所。

吴造修补给所。

吴基地业务队。

吴卫生队。

吴音乐队。

阪神基地队：部署在兵库县神户市，辖第 42 扫雷队（MSC－676“久米岛”号、MSC－677“牧岛”号扫雷艇）、由良基地分遣队、仮屋磁性测定所、纪伊警备所。

八、佐世保地方队编制

佐世保地方队主要负责对马海峡、山口县以西的日本海、鹿儿岛县西南海域的海上警备。最高指挥机关是佐世保地方总监部，设在佐世保基地。

佐世保地方队所辖兵力如下：

佐世保警备队。

佐世保陆警队。

佐世保港务队。

佐世保水中处分队“水中处分母船5号”。

第3导弹艇队：辖PG-826“大鹰”号、PG-829“白鹰”号导弹艇。

崎边地区：佐世保教育队（位于佐世保市崎边町，无门牌号）、佐世保弹药整备补给所。

立神地区：佐世保造修补给所（位于佐世保市立神町，无门牌号）、佐世保磁性测定所。

干尽地区：佐世保基地业务队（位于佐世保市干尽町9-1）、佐世保卫生队、佐世保音乐队。

海上自卫队佐世保史料馆。

下关基地队（山口县下关市下关基地）：第43扫雷队（辖MSC-684“直岛”号、MSC-685“蔓岛”号、MSC-686“浮岛”号扫雷艇），六连警备所。

冲绳基地队（冲绳县珊瑚市冲绳基地）：第46扫雷队（辖MSC-689“青岛”号、MSC-691“志志岛”号、MSC-692“黑岛”号扫雷艇）、冲绳水中处分队“水中处分母船6号”。

运输艇“1号”。

AMS-4303“天草滩”号多用途支援舰。

对马防备队（长崎县对马市）：陆上自卫队第4师团对马警备队（辖壹岐警备所、上对马警备所、下对马警备所）。

奄美基地分遣队（鹿儿岛县大岛郡濑户内町奄美基地）。

九、舞鹤地方队编制

舞鹤地方队主要负责秋田县以南、岛根县以东日本海的海上警备。最高指挥机关是舞鹤地方总监部，设在京都府舞鹤市舞鹤基地。

舞鹤地方队所辖兵力如下：

第44扫雷队：辖MSC-681“菅岛”号、MSC-682“能登岛”号扫雷艇。

舞鹤警备队。

舞鹤陆警队。

舞鹤港务队。

舞鹤水中处分队“水中处分母船1号”。

新潟基地分遣队（新潟县新潟市新潟基地）。

第2导弹艇队：辖PG-824“隼”号、PG-828“海鹰”号导弹艇。

AMS－4301“燧滩”号多用途支援舰。
舞鹤教育队。
舞鹤弹药整备补给所。
舞鹤造修补给所。
舞鹤基地业务队。
舞鹤卫生队。
舞鹤音乐队。

十、大凑地方队编制

大凑地方队主要负责北海道和青森县以北日本海和太平洋海域的海上警备。最高指挥机关是大凑地方总监部，设在青森县睦市大凑町大凑基地。

大凑地方队所辖兵力如下：
大凑警备队。
大凑陆警队。
大凑港务队。
大凑水中处分队“水中处分母船2号”。
大凑弹药整备补给所。
大凑造修补给所。
大凑基地业务队。
大凑卫生队。
大凑音乐队。

函馆基地队（北海道函馆市）：辖第45扫雷队（辖MSC－678“飞岛”号、MSC－679“弓削岛”号、MSC－680“长岛”号扫雷艇），松前警备所（北海道松前町，下辖白神支所），竜飞警备所（青森县外滨町）。

余市防备队（北海道余市町）：辖第1导弹艇队（辖PG－825“若鹰”号、PG－827“熊鹰”号导弹艇）。

AMS－4302“周防滩”号多用途支援舰。

稚内基地分遣队（北海道稚内市）。

十一、航空教育集团编制

航空教育集团主要负责海上自卫队固定翼飞机和直升机飞行员、机组人员的教育和训练，司令部设在千叶县柏市下总海军航空兵基地。航空教育集团辖下总航空教育群、德岛航空教育群、小月航空教育群、第211教育航空队。

下总航空教育群部署在下总海航基地，专门负责P－3C机组人员的教育和训练。下辖第203教育航空队（装备P－3C反潜巡逻机）、第203整备补给队、下总航空基地队。其中第203教育航空队。

德岛航空教育群部署在德岛县板野郡松茂町德岛海航基地，主要负责海自固定翼飞机和直升机飞行学员的仪表飞行培训，同时还承担日本国土地理院和里上自卫队地理情报队委托的航空测量任务。该群辖第202教育航空队（装备28架TC－90教练机）、第202整备补给队、德岛航空基地队。

小月航空教育群部署在山口县下关市小月海航基地，主要负责海自固定翼飞机和直升机飞行学员的基础教育和训练、飞行训练。下辖第201教育航空队（装备T－5初级教练机）、小月教育航空队、第201整备补给队、小月航空基地队。

第211教育航空队部署在鹿屋海航基地，主要负责海自直升机飞行学员的训练。

十二、练习舰队编制

练习舰队主要负责海自水面舰艇学员的海上实习训练，司令部设在吴基地。该舰队有1艘直辖的TV－3508“鹿岛”号远洋训练舰，并且辖有第1练习队的3艘训练舰TV－3513“岛雪”号、TV－3517“白雪”号、TV－3518“濑户雪”号。

十三、其他部队和机关编制

海自的其他部队和机关包括：系统通信队群、海上自卫队警务队、潜水医学实验队、印刷补给队、东京业务队、东京音乐队、海上自卫队干部学校、海上自卫队干部候补生学校、海上自卫队第1术科学校、海上自卫队第2术科学校、海上自卫队第3术科学校、海上自卫队第4术科学校、海上自卫队补给本部。

不过，上述部队和机关虽然在名义上划在海上自卫队的编制内，实际上却都是日本防卫大臣直辖。下面介绍其中比较重要的部队和机关。

十四、系统通信队群

主要负责海上幕僚监部、海自各基地、各部队之间的通信联络，司令部设在海自市谷基地。下辖：

中央系统通信队：辖市原送信所（千叶县市原市）、虾（えびの）送信所（宫崎县えびの市）、饭冈受信所（千叶县旭市）。

横须贺系统通信队（横须贺基地）：辖厚木系统通信分遣队（厚木海航基地）、下总系统通信分遣队（下总海航基地）、馆山系统通信分遣队（馆山海航基地）。

吴系统通信队（吴基地）：辖岩国系统通信分遣队（岩国基地）。

佐世保系统通信队（佐世保基地）：辖大村系统通信分遣队（大村海航基地）、鹿屋系统通信分遣队（鹿屋航空基地）、那霸系统通信分遣队（那霸海航基地）。

舞鹤系统通信队（舞鹤基地）：辖大凑系统通信队（大凑基地）。

八户系统通信分遣队（八户海航基地）。

移动通信队（下总航空基地）。

保全监查队：陆自通信保全监查队，辖船越保全监查分遣队（横须贺基地船越地区）。

十五、海上自卫队干部学校编制

设在日本防卫省目黑地区，主要培养海上自卫队高级指挥官和幕僚，职能和地位类似于旧日本海军的海军大学。该校设置的课程分为指挥幕僚课程、干部高级课程、干部特别课程。

海自干部学校机构设置为：企划部（下设总务课、企划课、会计课、资料课），防卫战略教育研究部（下设教务课、主任教官3人、主任研究开发官1人、学校教官、研究部员），运用教育研究部（下设图演装置运用课、主任教官3人、主任研究开发官1人、学校教官、研究部员）。

十六、海上自卫队干部候补生学校编制

设在广岛县江田岛市江田岛基地，主要负责培养海自基层军官和幕僚。机构设置为：

总务课。

教育部：下设教务课，教官室（下设普通学科、统率科、炮雷科、运用科、航海船务科、机关科、经理补给科、航空科、技术科、体育科）。

学生队：下设学生队本部、第1学生队、第2学生队、第3学生队。

主任教官。

学校教官。

美国海军联络官。

十七、海上自卫队第1术科学校编制

设在江田岛基地，主要负责炮术、水雷、扫雷、航海、通信、应急、潜水、陆上警备等专业知识和技能的教育训练。机构设置为：

总务部。

教务部。

教育第1部：负责炮术、水雷、船务、统率、防卫、航空及陆上警备等课程。

教育第2部：负责航海、气象、通信、电子、体育等课程。

教育第3部：负责扫雷、港湾防备、运用、潜水、教育技术、陆上警备等课程。

研究部。

学生队。

主任教官（7人）。

学校教官。

教谕。

助教谕。

实习助手。

研究部员。

十八、海上自卫队第2术科学校编制

设在横须贺基地田浦地区，主要负责机关、电机、工作、情报、外语等专业知识和技能的教育和训练。机构设置为：

总务部、教务部、教育第1部、教育第2部、研究部、学生队、主任教官（2人）、学校教官。

研究部员。

十九、海上自卫队第3术科学校编制

设在下总海航基地，主要负责飞机、机载设备、通信设备、电子设备以及其他与航空有关的设备的专业知识和技能的教育和训练，另外还负责整备、施设（工程）工事的专业知识和技能的教育和训练。机构设置为：

总务部、教务部、教育第1部、教育第2部、教育第3部、研究部、学生队、主任教官（5人）、学校教官、研究部员。

二十、海上自卫队第4术科学校编制

设在舞鹤基地，主要负责经理、采购、保管、补给、给养、业务管理等专业知识和技能的教育和训练。机构设置为：

总务部、教务部、教育第1部、教育第2部、研究部、学生队、主任教官（2人）、学校教官、研究部员。

二十一、海上自卫队补给本部编制

本部设在十条基地（东京都北区十条台1－5－70），本部下设管理部、

装备计划部、情报处理部、舰船部、飞机部、武器部、需品部。本部辖舰船补给处（横须贺基地）、航空补给处（木更津基地）。

二十二、海上自卫队军衔

日本海上自卫队设立的军衔很有特色，与其他国家海军有较大不同，下面括号前是航空自卫队的军衔名称，括号里前为相对应的美国海军军衔、后为相对应的中国人民解放军海军军衔。

海将（中将，中将）（注1）。

海将补（少将，少将）（注2）。

一等海佐（上校，上校）。

二等海佐（中校，中校）。

三等海佐（少校，少校）。

一等海尉（上尉，上尉）。

二等海尉（中尉，中尉）。

三等海尉（少尉，少尉）。

准海尉（准尉，无对应）。

海曹长（军士长）。

一等海曹（上士，上士）。

二等海曹（中士，中士）。

三等海曹（下士，下士）。

海士长（一等兵，上等兵）。

一等海士（无对应，无对应）。

二等海士（二等兵，列兵）。

三等海士（三等兵，无对应）。

注1：海上幕僚长的军衔虽然也称为海将，但与其他海将的军衔标记为3颗樱花星不同，海上幕僚长的军衔标记为4颗樱花星，实际上相当于欧美海军的上将。

注2：海将补按照担任职务的不同分为海将补（一）和海将补（二）。其中海将补（一）担任的职务包括海上幕僚监部人事教育部长、防卫部长、装备部长，扫雷队群司令，自卫舰队司令部幕僚长，横须贺和佐世保地方总监部幕僚长，海上自卫队第1术科学校校长，自卫队横须贺医院院长；空将补（二）担任的职务包括海上幕僚监部总务部长、总务副部长、指挥通信情报部长、技术部长、首席卫生官，大湊、吴、舞鹤地方总监部幕僚长，护卫舰队司令部幕僚长，航空集团幕僚长，群司令，阪神基地队司令，练习舰队司令，开发队群司令，潜水医学实验队司令，海上自卫队补给本部副本部长，海上自卫队干部学校副校长，海上自卫队干部候补生学校校长，第2、3、4术科学校校长。

第二节　日本海上自卫队的基地

日本海上自卫队的基地有5座大型海军舰队基地、10座小型支援性基地、10座大型航空兵基地和5座直升机基地。

5座大型海军舰队基地分别是横须贺海军基地、吴海军基地、佐世保海军基地、舞鹤海军基地和大凑海军基地。其中，横须贺海军基地为日本海上自卫队作战指挥中心；吴海军基地为日本海上自卫队最大、军舰停泊能力最强的海军基地，军舰部署总数最多，同时兼备航母母港、最大潜艇基地、唯一两栖运输舰基地、扫雷舰基地、训练舰队基地等超强后勤保障与支援能力，为亚洲最新航母母港；佐世保海军基地为日本海上自卫队现役第三大舰队基地，主要承担海军派遣作战任务，主要派遣方向为印度洋、波斯湾以及红海海域；舞鹤海军基地为日本海上自卫队现役第四大舰队基地，主要承担日本海方向的作战任务，为日本海方向唯一的日本海上自卫队基地；大凑海军基地为日本海上自卫队现役第五大舰队基地，日本北方唯一的舰队基地，主要作战方向为日本海、鄂霍次克海和太平洋。

10座小型支援性基地分别是隶属于横须贺地方队管辖下的父岛海军基地，隶属于吴港地方队管辖下的阪神海军基地、由良海军基地和佐伯海军基地，隶属于佐世保地方队管辖下的下关海军基地和胜连海军基地（冲绳海军基地），隶属于舞鹤地方队管辖下的新潟海军基地，隶属于大凑地方队管辖下的函馆海军基地、余市海军基地和稚内海军基地。

10座大型海军航空兵基地分别是八户海军航空兵基地、厚木海军航空兵基地、岩国海军航空兵基地、鹿屋海军航空兵基地、那霸海军航空兵基地、硫磺岛海军航空兵、下总海军航空兵基地、德岛海军航空兵、小月海军航空兵基地和南鸟岛海军航空兵基地。其中厚木海军航空兵基地是日本海上自卫队航空兵部队的指挥中枢，日本海上自卫队航空集团司令部就坐落在这里，下总海军航空兵基地为日本海上自卫队航空兵教育与训练部队的指挥中枢，日本海上自卫队航空教育集团司令部坐落在这里。

上述10座海军航空兵基地中，4座为P-3C大型固定翼反潜巡逻机基地，分别是八户、厚木、鹿屋和那霸海军航空兵基地，其中有2座是美日两国海军共同使用的超大型海军航空兵机场，分别是岩国海军航空兵基地和厚木海军航空兵基地。需要强调的是，厚木海军航空兵基地目前为亚洲第一座大型航母舰载机母基地，以及亚洲范围内最大的航母舰载机基地；但从2014年开始，岩国海军航空兵基地将取代厚木成为亚洲范围内最大的海军航空兵基地，以及美国在远东地区内设置的最大海军基地。

八户、鹿屋和那霸三座海军航空兵基地的建设规模也很庞大，拥有全面的油库、弹药库等基础设施，分别于北、中、南三个位置控制着日本全部海疆的反潜任务。下总、小月和德岛海军航空兵基地为3座教育与训练基地，主要承担日本海上自卫队航空兵部队各种飞行员、机组人员的教育与培训任务，下总海军航空兵基地为P－3C大型固定翼反潜机训练基地。硫磺岛和南鸟岛海军航空兵为日本海上自卫队在太平洋深处设置的支援性基地，其中，硫磺岛海军航空兵基地为华盛顿号航母舰载机夜间飞行训练基地。

5座直升机海军航空兵基地分别是馆山海军航空兵基地、大村海军航空兵基地、小松岛海军航空兵基地、舞鹤海军航空兵基地和大湊海军航空兵基地。其中除小松岛海军航空兵基地外，其他4座为日本海上自卫队舰载反潜直升机部队基地。

综上所述，日本海上自卫队共拥有15座海军基地和15座海军航空兵基地，数量在亚洲地区是最多的，其中横须贺海军基地和吴海军基地还是日本海上自卫队的航母基地。如果将美国海军驻横须贺舰队基地这一超级核动力航母母港和美国海军驻佐世保两栖攻击舰队基地这一中型常规动力航母母港也算在内的话，那么日本海上自卫队在全球范围内将拥有世界第二大规模的海军航母母港支援基础设施，仅次于美国海军。而在日本海上自卫队的30座基地中，又以5座大型舰队基地和2座海军航空兵基地（厚木和岩国）为核心基地。近年来，日本一直在投巨资改建和扩建这7座基地，未来它们将会分别成为日本海上自卫队相应作战力量的核心基地和指挥中枢。

一、横须贺海军基地

横须贺海军基地位于日本本州岛神奈川县横须贺市横须贺港长浦港和本港西部周边地区内，正好处在东京市西南方65公里的东京湾入口，西临神奈川县，南、北与横须贺市和横滨市相接，是沟通东京湾与浦贺水道的咽喉。主要由长浦、本港两个港湾及吾妻岛组成，水域面积23.2平方公里，水深4.6～40米。整个港区形似人的手掌，“大拇指”直接触摸横滨市，为第四区；由吾妻岛分割成的“食指”根上，有两道防波堤（东防波堤和东北防波堤），东北防波堤将“掌心”一分为二，在外的一半是外港，也是检疫锚地；靠里面的一半是内港的第三区。内港的涨潮流为北西北向，速度0.6～0.7节；落潮流为东南和南东南向，速度1～1.2节。外港的涨潮流为北向，速度1.1节；落潮流为南向，速度1节。进入港区后的导航标志主要有：防波堤端头灯桩和相应的信号台以及猿岛等孤立日标。

横须贺基地的前身是1865年日本江户幕府在该地创办的第一家造船厂“横须贺制铁所”，以后在1872年被当时的明治政府划归海军部，1903年改称为“横须贺海军工厂”，有了海军基地的雏形。随着19世纪末日本帝国海军力量的突起，到1904～1905年的日俄战争和第一次大战期间，该厂修造船能力得到了很大的提高，已具备了建造巡洋舰、战列舰等当时主力舰船的能力。直至二次世界大战期间，职工总数曾达4万余人，不但修船能力达到当时的第一流水平，并且成为旧日本帝国海军最大的综合性作战基地、联合舰队的大本营和指挥中枢（现在基地内作为美军第7舰队的地下司令部，就是旧日本帝国海军的作战室）。

“二战”之后，美军进驻日本，横须贺基地由此成为美军在亚太地区最重要的海军基地。按照《日美安保条约》，美国海军占据了旧日本帝国海军时期横须贺军港内的大部分基础设施，并且在此基础上又进行了一系列的修缮和扩建。为了能够停靠上160米左右的巡洋舰和能停靠长达170米的斯普鲁恩斯级大型驱逐舰，美国海军在1985年4～11月对原有6号和7号驱逐舰维修码头进行了扩建，将码头的长度由原来的118米增加到172米。同时，在距码头54米处的水域里，又建造了一个混凝土桩基的系船岛（形状似一突出的堤码头），“岛”与码头之间有一铁桥相连。着手疏浚了海湾入口处周围约28万平方米水域的面积，并利用这些疏浚砂土填海造地7万平方米，不但恢复了泊船地区的停泊能力，也为住宅建设和其他军事设施提供人造土地。经常停靠航母、核潜艇的12号码头和第7潜艇群司令部附近的新仓库，也是通过凿岩平地后新造的；与日本海上自卫队共用的水雷调试所，也迁到吾妻岛，场地比原来至少扩大了10倍，达21万平方米，并改名为水雷维修所。

目前，驻日美国海军在横须贺基地共有各种码头18座，总长度达2516米，分为19个泊位（14～17号泊位在6号干船坞内），其中小海港区自1966年以来是核潜艇经常停靠的驻泊地，还设有放射性监测柱。在基地内，设有驻日美国海军的司令部、横须贺舰队基地司令部、第7潜艇群司令部、舰船修理部、补给站、工程中心、地区医疗中心等机构，驻扎的部队有：包括第7舰队旗舰“蓝岭”号指挥舰的10艘战斗舰艇、驻日美国海军通信部队、海军陆战队（警卫队）等13个流动单位和50个岸上固定单位，主战舰艇超过14艘，海军现役官兵达到9800名。需要强调的是，横须贺为美海军海外港口中唯一的航母母港（有2座分别长255米和280米的码头可供航母停靠）。这是因为横须贺港除了具有良好的驻泊条件外，一方面是附近有厚木海军航空兵基地可供航母舰载机上岸驻扎；另一方面是横须贺具有出众的修船能力，能够使航母保持极高的出航率。

横须贺基地的重要性，有很大一部分取决于海军修理厂的6个干船坞。

它们均是旧日本海军时期建成的，竣工日期分别是1869年、1884年、1894年、1905年、1916年和1940年，进坞吨位分别为4000吨、6000吨、1000吨、5000吨和8000吨，至今仍完好无损可用。现在1~5号船坞已与日本共同使用（1~3号与日本海上自卫队，4~5号和住友重型机械工业公司），最大的容积为22万立方米的6号船坞仍由美海军独自使用。该船坞最初是为建造旧日本海军第3艘大和级战列舰“信浓”号（该舰后被改成航母，1944年11月被美军“射水鱼”潜艇用鱼雷击沉）专门开凿的，长335米，上部宽51米，底部宽48米，深16米，最大水深14米，举力8万吨。目前该船坞是美国海军在夏威夷以西能容纳航母的唯一大型干船坞，主要用于维修航母。从某种程度上讲，横须贺对美国海军第7舰队的最大价值就是具有很强的维修舰船能力。假如美军的航母如果没有横须贺的维修保障，那么就得开回夏威夷，或者航行14天远涉重洋开到美国的西海岸。

基地补给由横须贺海军补给站负责，舰艇和飞机用的燃油主要贮存在基地对岸港内的吾妻岛上，该岛上的贮油设施面积约84万平方米，是与日本共用的，有大小油库37区，贮油容量约40万千升，品种有航空汽油、喷气机油料、汽车汽油、柴油机重油等8种油料。此外，在横滨还有一小柴油库（也是旧日本海军遗留下来的），占地约52万平方米，并有26个贮油罐，可贮油约42万千升，并有两座长达708米和138米的栈桥码头，可供油轮直接停靠装卸燃油。在基地不远的浦乡，还设有弹药库，设施面积约18万平方米，并有完善的码头装卸设备。

日本海上自卫队现在所拥有的横须贺基地仅占用旧日本帝国海军横须贺军港北部的一小部分基础设施，并在此基础设施上进行了大规模的扩建和改造。据横须贺市地方政府的详细统计显示，日本海上自卫队在横须贺港内共建设了32处海军基础设施，这些设施的占地总面积为1118284平方米。

目前，横须贺基地为日本海上自卫队的指挥中枢所在地，包括日本海上自卫队自卫舰队司令部（日本海自舰队司令部）、护卫舰队司令部（水面舰艇司令部）、潜水舰队司令部（潜艇舰队司令部）、扫雷队群司令部（扫雷分舰队司令部）、横须贺地方总监部（横须贺地方舰队司令部）等高级作战指挥机关都部署在这座基地内，并且护卫舰队所辖第1护卫队群司令部、潜水舰队所辖第2潜水队群司令部、海自第2术科学校、舰船补给处等也部署在横须贺海军基地。另外，横须贺基地还是日向级轻型航母首舰“日向”号（DDH-181）的母港。

日本海自横须贺基地主要由两个水面舰艇停泊区码头和一个楠浦基地潜艇停泊区码头组成，其中水面舰艇停泊区由吾妻岛分割成一南一北长浦和吉仓两个军舰停泊区。此外，还包括大量的基地兵营、办公区等基础设施，日本海自的各级司令部和部队就部署在这些大大小小的分基地区内。下面按照由北至南的顺序，对日本海自横须贺基地各大主基地区进行逐一介绍。

1. 日本海自指挥中枢与大本营——船越地区基地及驻军：

位于横须贺市长浦港北部的船越地区是日本海自的核心基地区，这里共建有日本海自横须贺基地船越兵营和长浦军舰停泊区码头两处非常重要的基础设施群。

船越兵营位于长浦港北部船越町7段73号，这里原来为旧日本帝国海军时期的横须贺海军兵工厂实验部，占地总面积为95150平方米。目前，大部分船越町7段73号的街区范围内都是日本海自各大高级作战司令部办公区的集中地，因此船越地区是名副其实的日本海自大本营和作战指挥中枢。船越兵营内的日本海自高级司令部主要有自卫舰队司令部、护卫舰队司令部、潜水舰队司令部、扫雷队群司令部、开发队群司令部、情报业务群司令部、海洋业务群司令部以及和日本海自系统通信队群司令部。

长浦港军舰停泊区码头及岸基基础设施位于横须贺港最北部的长浦港北岸。实际上，长浦港为军民两用港，南北两侧码头基本为军用，西部码头基本为民用，由日本民用大型船舶公司使用。长浦港军舰停泊区建有5座大型岸壁式码头，码头线总长度超过1000米，并建有1座长度超过100米的栈桥码头。由于长浦港内水深较浅，因此，这个军舰停泊区主要用于部署日本海自扫雷母舰、扫雷艇等吃水比较浅的轻型水面舰艇。值得一提的是，停泊区最东侧、通信塔前方的大型岸壁式码头也可以停泊驱逐舰、护卫舰等吃水较深的舰艇，但这些舰艇不是以长浦港军舰停泊区为母港的海自舰艇，而是其他海军基地到访横须贺基地的舰艇。当舰艇停泊在岸壁码头上时，可采取并列的方式进行停泊。这样一来，停泊舰艇的数量会大为提高。

以长浦港军舰停泊区码头为母港的日本海自舰艇主要有扫雷母舰“浦贺”号（MST－463），扫雷艇“八重山”号（MSO－301）、“对马”号（MSO－302）、“八丈”号（MSO－303）、“菅岛”号（MSC－681）、“能登岛”号（MSC－682）和“角岛”号（MSC－683），“桥立”号特务艇（ASY－91）、1号级2号运输艇、“圆周”号多用途支援舰（AMS－4305）等。

2. 田浦地区基地及驻军：

田浦地区海军基础设施主要分布于横须贺市长浦港南部的船越町1段与田浦町无门牌号码街区及海岸地区内，主要海军基础设施及驻军有横须贺造修补给所、日本海自第2术科学校、日本海自舰船补给处、田浦补给仓库、横须贺医院（田浦港町1766－1）、横须贺消磁所、横须贺造修补给所观测器资材维修场和横须贺弹药维修补给所比与宇弹药库。

横须贺造修补给所位于横须贺市船越町1段284号1单元，这里原来是旧日本帝国海军时期的横须贺海军兵工厂造兵部，目前主要承担横须贺海军基地内所部署军舰的维修、保养等后勤保障工作。横须贺造修补给所占地总面积为39451平方米，全部土地为日本政府行政财产。横须贺造修补给所建有一处支援船停泊基础设施，位于横须贺市船越町1段沿海，旧日本帝国海军时期横须贺海军兵工厂的造兵部设施，停泊码头占地总面积为498平方米，这些码头主要供横须贺地方队所属各种供水驳船以及交通船等工作船停泊使用。

第2术科学校位于横须贺市田浦港町无门牌号码各街区内，是日本重点军事专科技术学校之一，目前主要承担相关机务科、蒸汽、内燃、电机应急、机电、修理、情报、外语以及技术、体育、陆上警备等方面必要知识和技能的教育和训练，此外还负责相关各学科在海自运用方面的调查和研究工作。第2术科学校校址为旧日本帝国海军水雷学校，现在学校占地总面积为50191平方米。

舰船补给处位于横须贺市田浦港町无门牌号码地区内，原址为旧日本帝国海军军需部和水雷学校，补给处基础设施占地总面积为26105平方米，主要作战任务是在训练、发生地区冲突期间承担后方支援任务，并负责采购、补给、装备投标与竞标，此外还负责为横须贺地方队采购所属军舰和舰载装备。

田浦补给仓库位于横须贺市田浦港町无门牌号码地区内，原址为旧日本帝国海军军需部和水雷学校，仓库占地总面积为13354平方米，主要承担驻横须贺海军基地各个陆上部队的后勤保障与补给任务。

日本自卫队横须贺医院位于横须贺田浦町1766段1号街区内，医院占地总面积为5774平方米，主要承担日本陆、海、空三军现役军事人员的诊断和治疗服务。

横须贺消磁所位于横须贺市泊町，原址为旧日本帝国海军横须贺海军兵工厂，消磁所总面积为7527平方米，目前为日美双方共用基础设施，它是隶属于横须贺造修补给所管理的水面舰艇和潜艇消磁基础设施。这座消磁所是日本国内唯一的此类型基础设施，主要承担水面舰艇、潜艇等钢质军舰壳体的消磁任务。

横须贺造修补给所观测器资材维修场位于横须贺市泊町无门牌号码地区内，维修场占地总面积为1349平方米，为日美双方共同使用基础设施。

横须贺弹药维修补给所比与宇弹药库位于横须贺市田浦港町1769段2号，原址为旧日本帝国海军军需部，这座弹药仓库占地总面积为155793平方米，主要用于自卫舰队和相关陆上部队的枪弹保管和补给任务，目前这座弹药仓库由横须贺造修补给所军火科和横须贺造修补给所资材部使用。

3. 箱崎地区基地与驻军：

箱崎地区基地与驻军主要位于吾妻岛及周边地区，主要驻军为横须贺弹药维修补给所，主要基础设施包括油库和弹药库。

横须贺弹药维修补给所吾妻岛维修基础设施位于横须贺市箱崎町，原址为旧日本帝国海军箱崎油库，这座设施占地总面积为157135平方米，目前为日美两国海军共用。横须贺弹药维修补给所在这座基础设施内为日本海军自卫舰队、练习舰队等部队所属军舰提供武器弹药等作战物资的维修、保养与调整等操作服务。横须贺弹药维修补给所的弹药库场地也位于横须贺市箱崎町，占地总面积为7000平方米，为日美两国海军共用基础设施。2006年9月8日，经日美合作委员会协商，日本海自与美国海军同意共用这座弹药仓库设施。

吾妻岛信号站位于横须贺市箱崎町，原址为日本帝国海军箱崎油库，信号站占地总面积为4489平方米，其中，信号站大楼占地面积为506平方米，架设电话和电话线的占地总面积为3983平方米。目前，这座信号站也是美国海军和日本海军共同使用基础设施。横须贺警备队可通过吾妻岛信号站为停泊在横须贺海军基地周边的军舰提供信号通信服务。

4. 新井地区基地及驻军：

新井地区海军基础设施主要分布于横须贺市本港西部长浦町1段1555号的街区范围内，原址为旧日本帝国海军军需部，兵营占地总面积为17725平方米，目前这个基地区也称横须贺警备队基地兵营，主要驻军有横须贺弹药维修补给所、横须贺警备队、开发队群司令部、海上训练指导队群司令部（包括司令部、装备实验队、运用开发队、第1海上训练指导队）、装备实验队、舰艇开发队和横须贺战术训练运用所等。此外，这座兵营还可当作港湾和沿岸防备基础设施使用。

横须贺弹药维修补给所主要由司令部、维修第1部和维修第2部三个部门组成。司令部下设计划调整室、总务科和补给科三个科，维修第1部下设维修管理第1科、军火维修科、鱼雷维修科和水雷维修科四个科，维修第2部下设维修管理第2科和制导武器维修科两个科。另设一个横须贺弹药维修补给所大矢部弹药库，位于横须贺市大矢部2段264号，原址为旧日本帝国陆军筑城部大矢部仓库，仓库占地总面积为183335平方米，这座仓库内目前主要为自卫舰队和相关陆上部队提供和保管武器弹药。

横须贺警备队司令部位于横须贺市新井町，另设厚木警务分遣队、木更津警务分遣队、下总警务分遣队和馆山警务分遣队四支分遣部队。横须贺警备队主要由横须贺陆警队、横须贺港务队、横须贺水中处理队和观音埼警备所四支部队组成，其中横须贺水中处理队装备有一艘3号水中处理母船。横须贺观音埼警备所位于横须贺市鸭居字观音埼地区，原址为旧日本帝国陆军观音埼炮台，占地总面积为63676平方米，目前这个警备所归属横须贺警备队管理，主要承担日本东京湾入口处的警备防御任务。

横须贺警备队装备一艘“桥立”号特务艇（ASY－91），它也是日本海自现役唯一的特务艇。该艇是用在各种欢迎仪式、典礼和海上会议中的迎宾艇，主要用于各国高官和军队高级首长乘坐的舰艇，内部装饰堪称极尽豪华，配备散步走廊、可进行同声翻译的会议室、气氛详和的休息室、功能强大的厨房等各种接待设施。此外，该艇在灾害发生时还可以暂时改装成一艘医疗船。

开发队群是直接隶属于自卫舰队领导下的海军开发与研究性部队，司令部与海上训练指导队群司令部办公大楼相邻而建。

目前，开发队群司令部共设有三个开发队、一个试验所，并有2艘直辖舰艇。其中三个开发队分别是指挥通信开发队，队司令部设在横须贺基地船越地区内；舰艇开发队，队司令部设在船越地区内；航空程序开发队，队司令部设在厚木海军航空兵基地内；一个鹿儿岛试验所，司令部设在鹿儿岛海军基地内；两艘直辖舰分别是“久里滨”号试验舰（ASE－6101）和“飞鸟”号试验舰（ASE－6102）。

海上训练指导队群是直接隶属于日本海军护卫舰队管辖下的海上训练、教育和研究部队。目前，海上训练指导队群下设5个海上训练指导队和1个制导武器教育训练队，分别是横须贺海上训练指导队（横须贺新井地区）、吴港海上训练指导队（吴海军基地江田岛）、佐世保海上训练指导队（佐世保干尽地区）、舞鹤海上训练指导队（舞鹤海军基地）、大凑海上训练指导队（大凑海军基地）、制导武器教育训练队（横须贺船越地区）。

海上训练指导队的主要任务是对日本海军所属军舰舰员或艇员的训练进行指导，对反潜战术训练装备的使用训练进行指导，同时还负责相关必要的调查、研究和开发方面的工作。其中横须贺海上训练指导队特别设有第三个部级单位——编集室，指导部下设训练科、炮雷科、船务航海科、机务科和反潜战术科五个科，最后一个科只为横须贺和佐世保两个海上训练指导队设置，其他海上训练指导队没有设置。

横须贺海上训练指导队位于新井基地区内，司令部设总务科、训练科、炮雷科、船务航海科、机关科、反潜战术科和编集室七个科。

5. 长浦地区基地及驻军：

长浦地区基础设施群主要分布于横须贺市本港西部长浦町1段43号的街区范围和海岸内、位于横须贺地方总监部办公区北部，两部分基地区相邻，原址为旧日本帝国海军军需部，基地兵营占地总面积为44368平方米，为日本海自专用兵营，主要部队有横须贺基地业务队、横须贺卫生队和第1护卫队群。

横须贺基地业务队是一支主要从事相关福利、保健、会计、军需给养、车辆、基础设施和海上预备员招募以及其他方面业务的日本海军后勤保障部队。按照惯例，基地业务队一般都与所在地方队的地方总监部毗邻设置，位于长浦地区的横须贺基地业务队与位于西逸见地区的横须贺地方总监部两支部队相距不远。此外，横须贺基地业务队还在东京都小笠原村父岛派遣有分遣队。

横须贺基地业务队主要由司令部和船越基地业务分遣队两支部队组成，司令部下设5个科和1个补充部，共计6个业务部门。其中5个科分别是总务科、福利科、会计科、车辆科、基础设施科，补充部主要负责海上预备员招募工作以及其他临时性的业务支援任务。船越基地业务分遣队下设4个科，分别是总务科、厚生科、补给科和基础设施科。

横须贺卫生队设队长兼卫生监理官一名，下设总务科、第1卫生科、第2卫生科、第3卫生科和第4卫生科五个科。

第1护卫队群是直接隶属于日本海自护卫舰队司令部领导下的主力作战水面舰艇部队，目前，所有装备水面舰艇都以横须贺港长浦军舰停泊区和吉仓军舰停泊区为母港。

6. 西逸见地区基地及驻军：

西逸见地区基础设施主要包括西逸见基地兵营和吉仓军舰停泊区两处基础设施群。

西逸见基地兵营位于横须贺市本港西部西逸见町1段无门牌号码地区内，原址为旧日本帝国海军时期的横须贺港港务部，基地兵营占地总面积为58475平方米。目前，这座兵营内主要驻有横须贺地方总监部、横须贺系统通信队、横须贺造修补给所、横须贺地方情报保密队等司令部机关。

横须贺地方总监部设有一些重要的后勤保障基础设施，主要包括田户台分基地，田户台分基地兵营位于横须贺市田户台90号，原址为旧日本帝国海军横须贺镇守府长官官邸，这座兵营占地总面积为10247平方米，目前作为横须贺地方总监部的分基地兵营使用。

横须贺系统通信队司令部直接隶属于日本海自系统通信队司令部领导之下，下设总务科、运用科、维修科和发报所四个科，此外，还下设厚木系统通信分遣队、下总系统通信分遣队和馆山系统通信分遣队三支分遣部队，每个分遣队各设总务科、运用科和维修科三个科，馆山系统通信分遣队还设有发报所。横须贺系统通信队建有三处重要基础设施，一处是位于横须贺地方总监部办公大楼附近西逸见町2段89号内的一座微波通信设施，原址为旧日本帝国海军港务部，设施占地总面积为112平方米；第二处是千代崎发报所，这座发报所位于横须贺市西浦町6段17号，原址为旧日本帝国陆军千代崎炮台，发报所占地总面积为14449平方米；第三处是武山通信设施，位于横须贺市武山町1段3042号，占地总面积为1271平方米。

横须贺地方情报保密队司令部设队长一名，另设厚木情报保密分遣队和下总情报保密分遣队两支部队。

吉仓军舰停泊区码头及岸基附属基础设施位于横须贺港本港西部，紧挨着东部的美国海军驻日本横须贺舰队基地军舰停泊码头区，停泊区主要有1座大型U型栈桥码头、1座大型逸见深吃水岸壁码头、1座小型栈桥码头和1座岸壁码头组成，这个军舰停泊区主要用于停泊驱逐舰、护卫舰和补给舰等大型深吃水型水面舰艇以及试验舰、破冰船、运输舰等大型后勤保障与支援舰，所有栈桥和岸壁码头都可采取并列方式停泊军舰。组成大型U型栈桥码头的两个分码头总长度均为300米，逸见大型岸壁式深吃水码头总长度为350米，与美国海军驻日本横须贺舰队基地内停泊“华盛顿”号核动力航母的B-12号码头基本相当，因此这里也可停泊任何一艘美国海军尼米兹级核动力航母。

2010年，随着吉仓军舰停泊码头区逸见深水码头的建造完成，横须贺海军基地苦于长时间“舰满为患”无处停泊军舰的问题得到了一定程度的缓解，这为日本海自的进一步发展打下了坚实基础，也为更大型的22DDH轻型航母部署提供了泊位空间。

吉仓军舰停泊码头区共为分四个部分，分别是位于最南端的逸见深吃水超大型岸壁式码头，这座码头主要用于大型深吃水型军舰的停泊，包括航母、“宙斯盾”驱逐舰、直升机驱逐舰；位于逸见码头北部的U型大型栈桥码头，主要用于航母、“宙斯盾”驱逐舰、直升机驱逐舰、通用驱逐舰和护卫舰、大型舰队综合补给舰等主力作战军舰的停泊；位于U型栈桥码头西侧的小型栈桥码头区，主要用于小型运输艇、多用途支援舰、巡逻艇等轻型作战水面舰艇的停泊使用；位于最北端的大型非作战军舰停泊码头区，主要用于试验舰、海洋观测舰等各种大型非作战军舰的停泊使用。

目前，吉仓军舰停泊区内部署的主力作战军舰包括2009年3月服役的日向级直升机驱逐舰首舰“日向”号，村雨级通用驱逐舰“村雨”号（DD-101）、“春雨”号（DD-102）、“夕立”号（DD-103）、“雾雨”号（DD-104）、“雷”号（DD-107），高波级通用驱逐舰“高波”号（DD-110）、“大波”号（DD-111），旗风级防空导弹驱逐舰首舰“旗风”号（DDG-171），初雪级通用驱逐舰“白雪”号（DD-123）、“泽雪”号（DD-125），金刚级“宙斯盾”驱逐舰首舰“雾岛”号（DDG-174），朝雾级通用驱逐舰二号舰“山雾”号（DD-152），秋月级通用驱逐舰二号舰“照月”号（DD-115）；试验舰“飞鸟”号（ASE-6102）、“久里滨”号（ASE-6101），破冰舰“白濑”号，海洋观测舰“须磨”号（AGS-5103）、“若狭”号（AGS-5104）、“日南”号（AGS-5105）和“少南”号（AGS-5106），十和田级补给舰二号舰“常磐”号（AOE-423）。

7. 楠浦地区基地及驻军：

楠浦地区基础设施及驻军部队主要为日本海自的常规潜艇部队，位于日本海军横须基地的最南端，并紧挨着东部美国海军驻日本横须贺舰队基地的军舰停泊区码头，这些基础设施主要分布于横须贺市楠浦町街区及本港西部海岸内，基础设施类型包括潜艇停泊码头、干船坞等维修基础设施、司令部办公楼、教育与训练基础设施等，主要基础设施包括第 2 潜水队群基地兵营、反潜资料队基地兵营、横须贺造修补给所楠浦设施、潜水医学实验队基地兵营、久里滨油库等。

第 2 潜水队群基地兵营位于横须贺市楠浦町，原址为旧日本帝国海军横须贺海军兵工厂，兵营占地总面积为 6900 平方米，为日美双方共用基础设施。目前，第 2 潜水队群的艇员待命地点、福利保健中心、军官宿舍、士兵宿舍等基础设施都建设在这座潜艇兵营内。

反潜资料队基地兵营位于横须贺市楠浦町，原址为旧日本帝国海军横须贺海军兵工厂，兵营占地总面积为 2345 平方米，为日美两军共用基础设施。2000 年 3 月 1 日，日美双方正式同意共用这座兵营设施。2004 年 8 月 25 日，反潜资料队基地兵营开始承担反潜音响情报分析、评估等方面的工作。

横须贺造修补给所楠浦设施位于横须贺楠浦町内，原址为旧日本帝国海军横须贺海军兵工厂，设施占地总面积为 27758 平方米，其中造修所维修部分室占地总面积为 2268 平方米，船舶修理基地设施占地总面积为 25490 平方米，为日美双方共用基础设施。1958 年 8 月 21 日，日美双方同意横须贺造修补给所维修部分室可在楠浦设施内进行军舰和机器类设备的维修业务。1974 年 2 月 14 日，美国海军同意造修所维修部分室可以使用 SRF1 号至 3 号干船坞设施，主要进行日本海上自卫队所属军舰的维修与保养业务，并且一部分楠浦设施可用于日本海上自卫队的潜艇基地设施。

潜水医学实验队基地兵营位于横须贺市长濑 2 段 7 号，原址为旧日本帝国海军横须贺海军兵工厂水雷实验部，兵营占地总面积为 25722 平方米，主要用于相关日本自卫队医学教育、卫生人员的训练以及潜艇艇员和从事潜水训练人员的健康状况调查与研究工作。

久里滨油库位于横须贺市长濑 3 段 11 号 1 单元，原址为日本帝国海军反潜学校，油库占地总面积为 11676 平方米，主要承担日本海军自卫舰队陆上部队的燃料补给服务。

楠浦地区基础设施内的主要驻军部队有第 2 潜水队群（潜艇分舰队）、横须贺潜艇教育训练分遣队、横须贺潜艇基地队三支部队。

第 2 潜水队群是隶属于日本海军潜水舰队司令部领导下的主力作战潜艇部队之一，主要由队群直辖舰、第 2 潜艇队、第 4 潜艇队和横须贺潜艇基地队四支部分组成，其中队群直辖舰编制 1 艘“千代田”号潜艇救援舰（AS－405），第 2 潜艇队编制“亲潮”号（SS－590）、“涡潮”号（SS－592）和

“鸣潮”号（SS－595）三艘亲潮级主力作战潜艇，第4潜艇队编制“若潮”号（SS－587）、“高潮”号（SS－597）、“八重潮”号（SS－598）和“濑户潮”号（SS－599）四艘潜艇。潜艇救援舰以长浦港为母港，而潜艇则都停泊在楠浦基地区的军舰停泊码头上。

8. 武山地区基础设施及驻军。

武山地区海军基础设施主要分布于横须贺市武山町地区内，大部分基础设施为营房、教育与训练基础设施等，主要驻军有两支，分别是横须贺教育队和横须贺军乐队。

横须贺教育队司令部设在横须贺市武山町御幸浜4段1号，原址为旧日本帝国海军武山海军陆战队基地，占地总面积为284477平方米，它是日本海自目前唯一承担女性自卫军官教育与训练的部队。教育队主要由队司令部、教育1部和教育2部三个部门组成，其中司令部下设总务科、厚生科和补给科三个科，教育2部下设教务第1室和教务第2室两个教学研究单位。目前，横须贺教育队的主要任务是对新入队的自卫队队员进行相关的甲板、发动机、补给、航空（操纵除外）、卫生、各种技术等方面的教育和训练。

横须贺军乐队位于横须贺市武山地区，下设总务科和军乐科两个科。

9. 父岛基地与父岛基地分遣队：

小笠原诸岛位于日本东京都特别区正南偏东南方向大约1000公里的太平洋洋面上，共由30余座海岛组成。在日本行政管辖范围内，这些岛屿共同组成东京都小笠原村。小笠原诸岛中，只有父岛、母岛、硫磺岛和南岛岛有人居住，其他岛屿都为无人岛。

在有人居住的几个岛上，父岛是小笠原诸岛中的最大岛，并与周边的兄岛、弟岛等海岛共同组成父岛列岛。父岛占地总面积为24平方公里，岛西侧面向大洋方向有二见湾，二见湾北部建有二见港。目前，父岛是小笠原村的行政管理中心，并且驻有大量重要的机构，包括日本海自父岛基地、日本宇宙航空研究开发机构（JAXA）的小笠原跟踪基地、日本国土地理院的VLBI观测局等。父岛基地坐落在父岛北端二见港西部，主要派遣部队为父岛基地分遣队，下设总务科、警备科、管理科和通信所四个科。基地内最主要的港口基础设施为供水上飞机使用的登陆斜坡。目前，父岛海军基地内主要部署日本海自现役的US－1水上飞机，承担小笠原诸岛紧急患者的运送以及海上搜索与救援任务。此外，父岛基地还可为日本海自军舰提供中途休整以及简单的维修、保养等服务。由于目前的二见港水深比较浅，因此日本海自大型深吃水型军舰不能进入父岛基地内进行休整，只能停泊在父岛外海的海面上，舰员可通过小艇运输登陆至父岛基地内，其他物资补给也只有通过小艇运输的方式进行，基地内配备2136号交通船。至于硫磺岛和南岛岛，分别建有日本海自航空兵基地。

二、吴海军基地

吴海军基地位于日本九州岛广岛县吴市、濑户内海北面的吴湾，通常称为吴港。这里三面环山，一面靠海，海港深邃，风平浪静，是造船良港。

吴港是伴随吴市兴起的。在日本江户时代，吴市所在地区被称为“吴浦”，1866 年“横须贺镇守府”的成立，改变了吴市的城市发展命运。伴随“横须贺镇守府”成立的，是1871 年成立的“横须贺制铁所”，这就是著名的吴海军工厂的前身。

1889 年（明治22 年），日本设立“吴镇守府”，同时将小野浜造船所扩充为造船部。到了1903 年（明治36 年），日本海军进行改编，以原横须贺制铁所、造船部等组成了吴海军工厂，厂内拥有炮械、火工、水雷、电气、造船、造机、制铜等部门，另外还设了潜艇炮械、鱼雷、电气、制铜等4 个实验部，由此成为日本海军舰艇建造中心。在“二战”日本投降以前，吴港一直是最重要的造船中心，例如著名的“大和”号超级战列舰就是由吴海军工厂建造的。与此同时，日本海军还将吴港建为最重要的海军基地，规模超过了横须贺基地。在“二战”日本投降以前，吴港一直是旧日本帝国海军的中枢军港，而港外的柱岛泊地则是旧日本帝国海军联合舰队的重要集结地。还有必要说明的是，在濑户内海南端的江田岛上设有日本海军兵学校，俗称江田岛海校，是旧日本帝国海军培养海军军官的摇篮。

正因吴港是日本重要的军工造船基地和海军基地，因此在“二战”末期成为美机轰炸日本的重点目标之一。从1945 年3 月19 日到8 月初，美国陆军航空队的B－29 战略轰炸机和美国海军第三舰队的舰载机对吴港进行了多轮猛烈轰炸，将这里的海军工厂、基地以及泊在基地内的日本舰船悉数炸毁、炸沉。

“二战”之后，吴港为美军占领，在朝鲜战争期间成为美军向朝鲜半岛派兵的重要前进基地。1954 年日本海上自卫队成立后，吴港重建速度明显加快。目前，吴海军基地是日本海自最大的潜艇基地、最大的航母母港、唯一的运输舰基地和大型的扫雷舰队基地之一，两大重要的常规动力潜艇基地之一，日本海自日向级轻型航母二号舰“伊势”号（DDH－182）的母港（2011 年3 月16 日部署到吴港）。综合比较，无论是从基础设施建设和基地占地规模上来看，还是从军舰停泊能力和部署军舰总数量上来看，吴海军基地都当之无愧的是日本海自现役最大的基地，并且从历史的角度来看，在日本帝国海军时期中，吴海军基地就一直是日本帝国海军的指挥中心、军舰部署中心、军舰建造中心和名副其实的海军大本营。

截至2014 年初，吴海军基地内部署军舰总数为51 艘，远超横须贺海军基地内37艘军舰的部署数量，这些军舰的总吨位为145350吨，与二战后重新服役时相比，部署军舰总数增长了1.7倍，部署吨位增长了10.9倍。从长远战略发展来看，吴海军基地的复活标志着日本海上自卫队性质的根本改变，今天的日本海自也正在逐步恢复往日的日本帝国海军时代。

海自的吴海军基地包括吴市和江田岛地区的基地群，总面积达340万平方米，其中吴市的昭和地区最重要，这里部署有海自第1输送队司令部、开发指导队、第1扫雷队、第2海上训练指导队、吴基地业务群、吴卫生队、吴地方总监部、吴地方警务队、吴造船修船补给所、第4护卫队群司令部、练习舰队司令部、吴潜艇基地队、第1潜水队群司令部、潜艇教育训练队、吴潜艇基地教育队、吴潜艇资料馆、自卫队吴通信队等单位，港务区第三区部署有第101扫雷队以及各单位所辖舰艇。其中驱逐舰、潜艇泊地是位于石川岛播磨重工第二船坞旁边的系泊区，面积为48374平方米，设有供驱逐舰停泊的E栈桥（264米长）、F栈桥（480米长）、第六突堤，供潜艇停泊的S栈桥（400米长），另外像昭和码头（320米长）也可供海自舰艇停泊。在S栈桥东侧的乌小岛上还有10339平方米的系泊区（其中A栈桥通常供音响测量舰停泊）和67705平方米的训练场。支援舰艇主要停泊在中央栈桥，第101扫雷队的扫雷艇停泊在港务部第三区（面积2272平方米）。

吴市还设有大丽女弹药库（面积21467平方米）和吉浦燃料贮存所（面积318763平方米）。其中大丽女弹药库是在大丽女岛上将山腹掏空而成，弹药库设有多道厚重的铁门，并有栈桥与陆地连接；吉浦燃料贮存所是海自最大的储油能力达11.5万吨，一度整个海自55%的油料都由这里提供。

江田岛地区设有第1术科学校（面积591698平方米）、飞渡濑燃料贮存分所（面积114248平方米）、切串弹药库（面积965376平方米）、长滨射击场（面积309643平方米）、大原训练场（面积622620平方米），另外这里还设有驻日美军秋月弹药库（面积559393平方米）。其中切串弹药库是海自最大的弹药库，储存有各种舰用和航空弹药、火炸药、化学器材、鱼雷标靶等，并且具备完善的保管、补给、整备、制造、改造、维护、修理、监督、检查、试验、发射、回收处理等能力。

在江田岛、大小黑神岛、宫岛、阿多田岛之间以及大黑神岛、甲岛以南还专门划出了两块供海自LCAC气垫登陆艇训练的海域。

三、佐世保海军基地

日本海自佐世保基地位于日本西部九州岛长崎县佐世保市佐世保湾内，它是日本西南地区最大的海军基地，规模仅次于吴海军基地和横须贺海军基地，名列第三。佐世保海军基地是重要的水面舰艇基地之一，共计部署各种水面舰艇 25 艘，其中包括日本海自现役最先进的金刚级和爱宕级“宙斯盾”导弹驱逐舰。与同在一座海军基地内的美国海军驻日本佐世保两栖攻击舰队基地相比，日本海自佐世保基地部署军舰规模是美国海军的近 3 倍。不过，日本海自承担的岛屿防守任务也更多更繁重。日本海自佐世保基地的主要作战方向有三个，分别是中国海军的北海舰队、东海舰队和朝鲜海军的西海舰队（西朝鲜湾）。

从整体布局上来看，美国海军驻日本佐世保两栖攻击舰队基地的基础设施主要分布在佐世保湾西侧一线沿岸地区内，由北至南包括赤崎町、庵崎町、横濑町等地区，而日本海自佐世保基地内的基础设施则主要分布在佐世保湾东侧一线的沿岸地区内，包括平濑地区、干尽地区等，其中，有一些日美两军共同使用的基础设施，比如干船坞、靶场等，这些共用基础设施主要分布在佐世保湾北部的平濑町、立神町地区和佐世保湾东部的针尾岛地区内，而军舰停泊码头、油库、武器弹药库、司令部办公区等核心基础设施则均是各自部队专用。

就具体部署来说，在平濑地区（长崎县佐世保市平濑町 18 号）部署有佐世保地方总监部、自卫队佐世保医院、自卫队佐世保通信队、佐世保地方警务队、佐世保音乐队、第 2 护卫队群；在崎边地区（佐世保市崎边町）部署有佐世保教育队、佐世保警备队、佐世保弹药整备补给所；在立神地区（佐世保市立神町）部署有佐世保造修船补给所、佐世保磁性测定所；在干尽地区（佐世保市干尽町 9－1）部署有佐世保基地业务队、佐世保海上训练指导队、佐世保卫生队、海上自卫队佐世保史料馆（佐世保市上町 8－1）。

作为防守西南诸岛的海军部队大本营，日本海自佐世保基地承担着众多岛屿的防守任务，包括九州岛、对马岛、五岛列岛、冲绳群岛等以及中日之间存在激烈争议的岛屿——钓鱼岛。

四、舞鹤海军基地

日本海自舞鹤基地唯一位于日本海沿岸的一座大型海军基地，主要作战方向面向朝鲜海军的东海舰队（东朝鲜湾）和俄罗斯海军的太平洋舰队（彼得大帝湾）。因此，在日本海海域，舞鹤海军基地的存在具有非常重要的战略地位和无可替代的作用，并且随着未来几年俄罗斯海军加强对彼得大帝湾海军基地群建设的投入和军事部署力量的增加，身处彼得大帝湾正对面的舞鹤海军基地也在承担起更重要的海上防御任务。

舞鹤海军基地位于日本海南岸日本本州岛西南部京都府舞鹤市若狭湾南岸的字（“字”是日本行政区域名称，小于町和村，并有大字和小字之分）余部下 1190 号、大字北吸小字北宿 1059 号、大字浜小字浜 2018 号、大字泉源寺小字知中 175－2 号、大字长浜小字长浜 1007 号、大字长浜小字长浜 1008 号六个地区内，占地总面积超过 1000 英亩。

舞鹤海军基地部署有海自舞鹤地方总监部、自卫队舞鹤通信队、舞鹤地方警务队、舞鹤音乐队、舞鹤基地业务队、舞鹤卫生队、海上自卫队第 4 术科学校、自卫队舞鹤医院、装备设施本部大阪支部舞鹤事务所、第 3 护卫队群司令部、舞鹤造修船补给所、舞鹤警备队、舞鹤海上训练指导队、舞鹤弹药整备补给所、舞鹤教育队。

五、大凑海军基地

日本海自大凑基地位居日本领土最北端，由一座主基地区和三座分海军基地组成，辖区范围内有津轻海峡和宗谷海峡两条非常重要的海上国际航道，同时又有与俄罗斯存在争议的北方四岛，因此大凑海军基地的存在有其不可替代的战略地位。但大凑海军基地远没配备其战略地位所要求的应有的军事部署规模，这是因为日本海自的战略重点已经转到了西南诸岛。在可以预见的未来，随着俄罗斯海军太平洋舰队的不断复苏和壮大，包括来自符拉迪沃斯托克方向彼得大帝湾内的水面舰艇舰队和来自彼得罗巴甫洛斯克方向阿瓦恰湾内的核潜艇舰队压力都会与日俱增，届时，大凑海军基地也许会有一番作为和防御措施。

大凑海军基地主基地区位于日本本州岛东北部陆奥湾内的青森县陆奥市大凑町 4 段 1 号、大凑町 1 段 22 号、大凑町 2 段 50 号、大凑町 14 段 47 号和大字城泽字早崎 2 号、大字大凑石桥 25 号等 7 个主要地区内（町、字、大字都为日本行政区划名称），主基地区占地总面积超过 1000 英亩。

大凑海军基地部署有大凑地方总监部、自卫队大凑通信队、大凑警备队、大凑基地业务队、大凑音乐队、大凑卫生队、大凑地方警务队、大凑弹药整备补给所、大凑造修船补给所、大凑海上训练指导队、自卫队大凑医院。

六、厚木海军航空兵基地

日本海自航空集团下属厚木海军航空兵基地为美国海军和日本海自共同使用的海军航空兵机场，同时也是日本神奈川县境内唯一的固定翼喷气式飞机起降航空基础设施，机场航空管制由日本海自负责。目前，厚木基地主要部署部队有美国海军“乔治·华盛顿”号航母的第 5 航母舰载机联队（CVW－5），日本海自航空集团下属第 4 航空群、日本海自实验航空部队下属第 51 航空队、运输航空部队下属第 61 航空队等主力作战部队。

厚木海军航空兵基地占地规模庞大，为东亚地区超大型海军航空兵基地之一。由于机场噪声影响太大的缘故，远离日本神奈川县横须贺市和横滨市两市的市区而建设。目前，这座军用机场坐落在日本神奈川县大和市上草柳、下草柳、福田，绫濑市深谷、蓼川、本蓼川以及海老名市东柏谷三个地区，全部基础设施占地总面积为5068806平方米。

厚木基地铺设有一条长2438米、宽45米的混凝土道面跑道，可以起降美日两军现役所有作战与支援飞机。

七、岩国海军航空兵基地

岩国海军航空兵基地位于日本本州岛西部山口县岩国市三角町2段街区内，坐落在岩国车站东南方向2400处，距离海湾正东侧对面的日本海自现役最大海军基地吴海军基地的直线距离仅为30公里。岩国基地铺设有一条长2440米、宽60米的混凝土道面跑道，起降能力超过厚木基地。

与厚木基地一样，岩国海军航空兵基地现阶段也是美日共用基地，不过是美国海军陆战队和日本海自共同。未来随着美国海军航母舰载机部队、美海军陆战队普天间基地KC－130加油机的全部迁入，届时岩国基地将会成为美国在远东地区最大的海军航空兵基地，同时也将成为日本海自最大的海军航空兵基地。在大多数情况下，日本海自称这座机场为岩国基地，而在日本官方文书则将其称为岩国飞行场；美军则将岩国海军航空兵基地称为美国海军陆战队岩国航空基地（MCASI）。

目前部署在岩国基地的海自部队包括航空集团直辖第111航空队、航空集团第31航空群司令部及其下属部队（第71、81、91航空队，第31整备补给队和岩国航空基地队）。

第三节　日本海上自卫队驱逐舰

驱逐舰是日本海上自卫队的主战舰艇，分为三大类型：直升机驱逐舰（DDH）、导弹驱逐舰（DDG）和通用驱逐舰（DD）。直升机驱逐舰的特点是搭载较多的直升机作为反潜作战的核心舰艇和指挥舰；导弹驱逐舰的特点是装备中远程舰空导弹系统，主要担负水面舰艇编队的区域防空任务；通用驱逐舰的特点是各项能力比较均衡，可执行反潜、反舰、护航等多种作战任务的驱逐舰。目前，日本海自的现役直升机驱逐舰有2级4艘、导弹驱逐舰有3级8艘、通用驱逐舰有5级32艘，另外还有1级直升机驱逐舰2艘在建。

一、直升机驱逐舰

日本海自现役的直升机驱逐舰分别是：白根级2艘——“白根”号

(DDH－143)、“鞍马”号（DDH－144）；日向级2艘——“日向”号（DDH－181)、“伊势”号（DDH－182）。另外，新型出云级首舰已经建成，二号舰也已开工。这2艘出云级未来服役后将取代2艘白根级。

1. 白根级：

白根级是日本海自在榛名级之后发展的第二型直升机驱逐舰，2艘舰分别于1977年和1978年开工建造，1980年和1981年服役。日本海自最初拟用二战“金刚”级战列舰的1号舰“金刚”号和4号舰“雾岛”号来为2艘新舰命名，然而时任日本防卫厅长官金丸信说了一句“用被击沉的战舰来命名新舰不吉利”就给否定了，转而用其选区内的赤石山脉的白根山为2艘新舰中的首舰命名，即“白根”号（舷号143)；另一艘新舰则以京都的鞍马山命名为“鞍马”号（舷号144)。

白根级采用长首楼舰型，改善了纵向强度，舰内容积和储备浮力加大，干舷高、抗浪性好。从舰首至舰尾的两舷侧各有一条明显的折角线，可有效减小舰体升沉和上浪。烟囱由榛名级的单烟囱变为双烟囱，舰桥变为4层。

全舰结构从前至后可分为功能区分明显的三部分：前甲板为武器区，舰体舯部布置由3层高的舰桥和直升机库组成的上层建筑，后甲板是直升机起降区。总体来说，白根级的结构布局既有20世纪70年代世界流行的设计特点，也有日本军舰独有的设计特点。例如舰桥和直升机库一体化（可在较短的舰长情况下增大机库面积)、烟囱和桅杆一体化等都是当时世界流行的设计，而异常高大的铝质上层建筑以及四角桁格桅则是日本军舰的特色。

白根级的武器几乎全部布置在前甲板，这是继利根型重巡洋舰之后第二型采用如此布局的日本军舰。在舰首装有2座背负式布置的73式54倍口径127毫米单管舰炮（仿制美国的MK42)，其后是74式8联装反潜导弹发射装置（仿制美国的“阿斯洛克”，备弹24枚)，舰桥底部两舷侧各装备1座三联装68式324毫米鱼雷发射装置（仿制美国的MK32，发射MK46鱼雷)，直升机库顶端为1座GMLS－2型8联装“海麻雀”近程防空导弹系统。此外，在白根级的直升机库顶端、两座烟囱之间的两侧舷台上还各布置1座MK15“密集阵”近防武器系统。舰载直升机方面，白根级在服役初期搭载的是3架HSS－2B反潜直升机。

从白根级舰体舯部到舰尾为直升机起降区，直升机库虽然只有一个门，但极为宽大，可非常迅速的让直升机出入。该级舰的飞行甲板长约50米，可停放3架中型反潜直升机；甲板上装有能够保证直升机安全起降的拦阻网（这种网是由加拿大研制的一种舰用直升机着舰系统。日本在从加拿大购买此设备技术后，首先安装到1艘运输舰上进行性能测试，证明其有效性后才装备到榛名级直升机驱逐舰上，后来又装备到白根级直升机驱逐舰上)。

白根级在建造之初就决定装备舰载作战指挥系统和数据链，可以说是日本海上自卫队最早的、真正意义上的系统舰。“白根”级装备的作战指挥系统为OYQ-3型，并配有战术情报显示系统。作战指挥系统通过舰上装备的2台大型、9台小型计算机将各子系统联结起来，极大的提高了战术情报处理能力和指挥控制能力。至于该级舰对其他舰、机实施控制指挥，则通过数据链、卫星通信系统等进行。由于自动化程度有较大提高，所以白根级尽管吨位增加，舰载武器和设备更多，但舰员编制反而比榛名级有所减少。

20世纪80年代中后期，“白根”号和“鞍马”号先后进行了现代化改装，主要项目包括：升级作战指挥系统，用GMLS-3型8联装防空导弹发射装置替换了原来的GMLS-2型（防空导弹由RIM-7E换为RIM-7F），加装4型拖曳式鱼雷诱饵（日本仿制的美国AN/SLQ-25A型“水精”）拖曳式鱼雷诱饵等。进入90年代后，该级舰又用先进的SH-60J反潜直升机替换了原来的HSS-2B，反潜能力进一步增强。

2艘白根级在服役之后极大地提升了日本海自的编队反潜作战能力。但与平淡的活动相比，白根级发生的几次严重事故似乎更令人关注。

1991年，“鞍马”号在山口县的伊予滩与1艘小型油船发生相撞事故，所幸与它相撞的是这艘在港口之间运送小批量成品油的小型油船吨位太小，未对“鞍马”号造成多大损害。

2007年12月14日晚上10时20分（日本时间），“白根”号在横须贺港内突然发生大火，至翌晨6时19分才完全扑灭。根据事后详细彻底的调查，证明是该舰作战指挥中心的大型显示系统（液晶屏幕和相关电路）短路，产生的火花导致了火灾。由于当时无人值班，未能及时发现，导致火势蔓延。由于大火及扑救时使用海水的关系，舰上战斗指挥室及指挥通信系统全毁。经讨论后于2009年4月决定将退役的“榛名”号的战斗指挥室移植到“白根”号上，并加强舰体结构以确保及延长使用年期。而且在这起事故后，所有日本海上自卫队的舰艇均安装了火灾警报装置。

2009年10月27日晚8时左右（日本时间），“鞍马”号在日本南部关门海峡大桥桥下与排水量7400吨的韩国集装箱货轮“船底星座”号相撞，随即“鞍马”号和“船底星座”号都起火燃烧。其中“鞍马”号不仅舰首受损，而且还一度失去航行能力。这起事故导致“鞍马”号3名舰员受轻伤，韩国轮船上没有人员伤亡。“鞍马”号在扑灭大火后，先是返回了北九州市的门司港，后又于11月8日离开门司港回到长崎县的母港佐世保港进行维修。

目前，“白根”号和“鞍马”号被分别编入驻舞鹤的第3护卫队群和驻佐世保的第2护卫队群担任旗舰。

附表　　白根级直升机驱逐舰主要技术性能

主尺度	舰全长159米，舰宽17.5米，吃水5.3米。				
标准排水量	5200吨。				
满载排水量	7500吨。				
动力装置	2台由石川岛播磨重工生产的蒸汽轮机，2座由石川岛播磨重工生产的FWD2锅炉，总功率7万匹马力；双轴双桨驱动。				
最大航速	“白根”号为32节，“鞍马”号为31节。				
武器系统	2座背负式73式54倍口径127毫米单管舰炮； 1座8联装74式反潜导弹发射装置（备弹24枚）； 2座三联装HOS－301型（68式）324毫米鱼雷发射装置（发射MK46鱼雷）； 1座GMLS－3型8联装舰空导弹发射装置（发射“海麻雀”近程舰空导弹）； 2座MK15“密集阵”近防武器系统。				
舰载机	3架SH－60J反潜直升机。				
声纳	1部日电公司的OQS－101型低频舰壳声纳； 1部埃多/日电公司SQS－35J中频主/被动变深声纳； 1部埃多/日电公司SQR－18A甚低频被动拖曳线阵列声纳； OQA－201声纳浮标信号处理装置和SFC－6水中攻击装备。				
雷达和电子设备	1部日电公司OPS－12型三坐标对空搜索雷达（D波段，探测距离119公里）； 1部日电公司OPS－28对海搜索雷达（G/H波段）； 1部诺登公司OPS－22导航雷达（I波段）； 1部OPN－8测高雷达； 1部81式2型－12火控雷达（I/J波段，作用距离46公里）； 2部72式1型A火控雷达（I/J波段）； ORN－6“塔康”系统； NOPN－1制导雷达。				
电子战系统	4座六联装MK137型干扰弹发射装置； 三菱机电公司的NOLQ－1电子侦察/干扰机； 富士通公司的OLR－9B雷达告警接收机； “大草原”气幕降噪系统。				
编制舰员	“白根”号为350名，“鞍马”号为360名。				
建造情况	舰名	建造船厂	开工	下水	建成服役
	“白根”	石川岛播磨重工东京第1船坞	1977年2月25日	1978年9月18日	1980年3月17日
	“鞍马”	石川岛播磨重工东京第1船坞	1978年2月17日	1979年9月20日	1981年3月27日

2. 日向级：

2003年8月底，日本国会在审议2004年度防卫预算时，批准了建造13500吨直升机驱逐舰的首舰建造预算，承建商确定为曾建造了“比睿”、“白根”和“鞍马”号直升机驱逐舰的石川岛播磨重工（IHI）。由于2004年是日本平成纪年的16年，所以首舰由此被称为16DDH，舷号当时定为145，但舰名未定。2003年9月17日，日本防卫厅正式向外公开了16DDH的设想图。至于第2艘13500吨直升机驱逐舰，日本海上自卫队原希望它能被列入“平成17年度（2005年度）防卫预算”，但因日本防卫预算紧张而被推迟到“平成18年度（2006年度）预算”才获批准，因此2号舰被称为18DDH，舷号当时定为146。这2艘舰总预算为1900亿日元（约合18.44亿美元），实际上日本国会最终批下来的预算为2032亿日元（约合19.73亿美元），具体分配为16DDH为1057亿日元（其中舰体造价472亿日元，主机造价64亿日元），18DDH为975亿日元。

2005年末，日本防卫厅正式向外界公布了16DDH的设计效果图。这个最终的设计方案在外形上已经与轻型航母没有多大区别，尽管“直升机驱逐舰”的名称未换，但已清楚的表明日本海上自卫队不再模糊直升机驱逐舰与直升机航母的实质区别。

2006年5月30日，16DDH在石川岛播磨重工旗下的石川岛海洋联合公司（IHIMU）横滨船厂铺设龙骨。由于采用了模块化设计，所以其建造进度很快，仅1年多时间即建造下水并进行了命名。但该舰并没有像早些时候传闻的那样用旧日本海军主力航母“翔鹤”号命名，而是以旧日本海军伊势级航空战列舰二号舰的名字“日向”号命名。与此同时，该舰的舷号也从初定的145正式改为181。有意思的是，日向级的二号舰却是以旧日本海军伊势级航空战列舰的首舰“伊势”命名。

日向级采用全通甲板、封闭式舰首，在舰体右舷布置有一个全长约70米，宽约9米的大型舰岛，其结构紧凑，舷外一端与右舷侧齐平，没有留通道。舰上重要舱室，如军官住舱、战术情报中心、舰长室和司令部作战室等都布置在舰岛02甲板。此外，02甲板上还新设了一个多功能区，其在海陆空联合作战时作为联合部队司令部使用，在救灾时可作为救灾指挥部使用。如果有需要，该功能区还可用隔板隔开或拆掉隔板连成一个大会议厅，地板上备有电源和网线插座。军官餐厅布置在05甲板，水兵住舱布置在03～06甲板。03甲板前部是舰桥，后部是航空控制室，直升机飞行员待命室设在01甲板。04甲板的外壁各装有2组FCS－3改型火控系统的相控阵雷达天线面板。舰桥顶部有一座主桅，其前部布置有一个大型X波段宽带卫星通信装置天线罩，后部是2座有间隔的烟囱。

舰岛前后两个甲板室顶部安装了 X 波段宽带卫星通信系统的大型天线罩和略小的 USC－42 卫星通信天线罩。飞行甲板右舷前部和舰尾左舷外飘舷台上分别安装 1 座“密集阵”近防武器系统。

日向级很重视隐身性能。为降低雷达反射面积，主舰体横截面呈“V”字形；舰首具有较大的前倾斜度，两舷外飘；舰岛各壁面均放弃了传统的垂直面，改为外倾和内倾组合设计的倾斜面，各面转角都采用圆弧过渡；舰上的 11 米长作业艇和 7.5 米长综合作业艇、三联装鱼雷发射装置、舷梯等设备都被布置在舰体舷侧所开的凹槽内，并在航行时用百叶窗式折叠门遮蔽；舰桥顶部的主桅基座为四棱台形，主桅后倾，外形类似于“爱宕”级新型导弹驱逐舰的主桅（在中间位置装有 OPS－20C 对海雷达，再靠上是 ORQ－1C 直升机数据链天线，最上面是 ORN－6E“塔康”天线）。

在日向级舰尾左侧靠近水线的地方并排布置有 2 个圆孔，用于收放 4 型拖曳式鱼雷诱饵（日本仿制的美国 AN/SLQ－25A 型“水精”）的拖缆。水线以下舰体设计与“摩周”级补给舰相似，两舷底部各布置 2 个不可收放的主动式减摇鳍，以保证在恶劣的气候条件下舰上人员的工作效率并保障舰载机安全起降。舰首底部布置有长约 40 米的新型声纳罩。

日向级的全通飞行甲板全长 195 米，几乎与舰长相同，最宽处与舰宽相同，最窄处为 23 米（舰岛左侧飞行甲板）。为保证飞行甲板面积，该舰还在飞行甲板左舷前部增设了一个类似斜角甲板的外飘。而为了让直升机安全起降，整个飞行甲板都进行了防滑处理。

日向级的飞行甲板共设有 4 个直升机起降点，其中舰岛左侧 2 个，舰岛前后各 1 个。按照设计要求，飞行甲板各处的强度都能承受 SH－60J/K 直升机的起降，舰岛前后的 2 个起降点更能承受海上自卫队的 MH－53E 重型直升机以及陆上自卫队、航空自卫队的 CH－47J“支努干”运输直升机起降。飞行甲板上共设有 2 部升降机，其中 1 部布置在飞行甲板的前三分之一靠左位置处，长约 20 米，宽 10 米；另 1 部布置在舰岛后方三分之一处的中央位置，长约 20 米，宽 13 米。两部升降机的承重量都能满足运送 MH－53E 直升机的要求。此外，飞行甲板前后部靠右的位置还分别布置有 2 部长 4 米、宽 2 米的弹药/物资升降机，承重能力均为 1.5 吨。在飞行甲板左舷侧布置有航空燃油补给和甲板消防用的软管绞盘，飞行甲板后部右舷侧布置有 2 座 8 单元 MK41 垂直发射装置，稍远的前方是国际海事卫星通信天线罩，舰岛上方两座烟囱间的凹陷部位布置有洋上补给装置。

在日向级舰内中部布置有 2 座相邻的直升机库，分别与前后 2 部升降机相连。每个机库长约 30 米，宽 19 米，中间由防火门隔开。日本防卫省称 2 座机库总共可容纳 7 架直升机，加上甲板 4 架，最多可搭载 11 架。除机库外，在日向级尾部升降机后面还设有一个很大的直升机维修间，长度为20米，最宽处为20米，高约3层甲板（02～04甲板），天井上装有吊车。由于维修间的空间充裕，所以像MCH－101大小的直升机不用折叠螺旋桨就可以在里面进行维修，这种强大的航空维修能力对于保持舰载直升机长期在海上作战具有重要意义，由此也反映了日向级的建造初衷就是远洋作战。

日向级的飞行甲板上除装备直升机进场指示灯外，今后还计划装备与直升机自动着舰装置配套的辅助着舰引导装置。该舰的其他与航空作业相关的设备还包括直升机牵引车、遥控操作的牵引装置、消防车、自行吊车、高空作业车、叉式起重车等。

日向级采用全燃动力，主机为4台LM2500燃气轮机，功率10万马力。为增强动力装置的生存能力，4台主机以2台为一组，连同各组的减速装置分装在两个互相隔开的机舱内，每个机舱占3层甲板高度。在两个主机舱之间设有辅机舱。由于前部第1机舱连接左舷推进轴，后部第2机舱连接右舷推进轴，所以左舷推进轴比右舷推进轴长。4台燃气轮机共有2座烟囱，每座连着2根排烟道，在内部贯穿5层甲板。此外，在该舰的中部前方还并排安装有2台功率为8476马力的应急动力装置，以备在主机损坏的情况下，保证航母在4级海况情况下以4.5节航速航行。

为解决全舰供电问题，该舰装有4台主发电机，单机功率2400千瓦，原动力是燃气轮机。动力操作室兼应急指挥部设在05甲板中部，内有主机操控台、辅机监控台、电源监控台、应急监控台等设备。推进装置方面，为降低水下噪声，该舰采用了2具5叶可变螺距螺旋桨。每具螺旋桨的直径为6.1米，桨叶上开有降噪孔。

日向级主要搭载直升机进行航空反潜作战，实质上就是直升机母舰，所以舰载直升机的性能也就决定了该舰作战能力的强弱。日向级通常搭载3架SH－60K反潜直升机和1架MCH－101扫雷/运输直升机。战时如果威胁程度较高，则该舰的直升机数量将会加倍。

日向级的舰载武备包括2座旋转式三联装HOS－303型鱼雷发射管、2座8单元MK41垂直发射装置和2座“密集阵”近防武器系统。其中2座三联装HOS－303型鱼雷发射管布置在舰尾两侧，内埋式设计，通过舰内遥控操作发射97式或美制MK46 Mod5轻型反潜鱼雷。2座8单元MK41垂直发射装置中，有4个单元装填“改进型海麻雀”（ESSM）防空导弹，每个单元装4枚；另外12个单元装填垂直发射的“阿斯洛克”反潜导弹。垂直发射的“改进型海麻雀”是由美国雷神公司根据RIM－7P“北约海麻雀”近程舰空导弹改进而来，编号RIM－162A。有意思的是“改进型海麻雀”在外形上与“北约海麻雀”并无相似之处，而是与“标准”舰空导弹相似。“改进型海麻雀”采用小展弦比弹翼加控制尾翼的气动布局和推力矢量系统，可以使导弹的最大机动过载达到50G，而且这种过载不会随射程的增加而大幅减小。动力装置为新型单级大直径高能固体火箭发动机，并且采用了新型自动驾驶仪有效射程增至45公里，达到了中程舰空导弹的标准。“改进型海麻雀”的新型预制破片战斗部采用钝感装药，在增大杀伤力的同时还增加了装舰的安全性。该导弹采用中段惯性制导+末端半主动雷达制导，并装有数据链，具有很高的命中率。

日向级上垂直发射的“阿斯洛克”与倾斜发射的“阿斯洛克”反潜导弹在技术性能上的主要区别是作战反应速度得到很大提高，并且垂直发射的“阿斯洛克”反潜导弹将战斗部换为日本自制的97式鱼雷，射程比原来使用MK46 Mod5反潜鱼雷时有很大提高，具有更先进的作战性能。舰上所装的“密集阵”系统是MK-15 Block 1B型，最大特点是加装了光电系统及采用新型炮管。其中光电系统可提供24小时被动搜索和跟踪能力，具有多光谱探测和跟踪能力，使“密集阵”对掠海飞行的反舰导弹等目标具有更高的拦截能力。“密集阵”Block 1B型近防系统的优化炮管比原先“密集阵”的M61A1炮管更长、更重。新系统通过简化炮弹的散射模式和使用新型的炮口抑制系统提高了近防系统的射击精度，可使用新型的“增强毁灭性弹药”在发射初速不变的情况下，打击目标时提高了近50%的贯穿动能，同时其还首次具备了对付小型高速水面目标的能力。

日向级的雷达、电子设备采用的都是日本新研制的产品，其中包括FCS-3型火控系统的多功能相控阵雷达、新型OPS-20C对海搜索雷达和新型OQQ-21低频舰壳声纳。

FCS-3型相控阵雷达是日本研制的第二型有源相控阵雷达，也是首次装舰使用。这种相控阵雷达具有探测能力强、抗干扰性好、结构紧凑、重量轻、适装性好、可靠性高等特点，并应用了降低峰值功率、编码扩展频谱、削减波束旁瓣等“雷达低截获概率技术”，具有更高的电磁隐身性，整体技术性能比美国“宙斯盾”系统的AN/SPY-1无源相控阵雷达先进，可同时搜索、跟踪多个空中和海上目标，并照射舰载导弹实施拦截。

FCS-3相控阵雷达的天线比较特殊，以一大一小2个固定阵面为一组。在日向级上共有4组FCS-3相控阵雷达阵面。其中2组阵面装在舰岛前壁0度和270度位置，另外2组装在舰岛后壁90度和180度位置，每组雷达阵面覆盖90度方位，这样4组天线可覆盖以本舰为圆心的360度半球范围，具有良好的数据更新率与反应速度。在每组的两个雷达阵面中，面积较大的阵面呈八边形，尺寸约为1.6米×1.6米，每个阵面含1800个发射/接收（T/R）单元，应用了日本领先全球的砷化镓半导体技术。该雷达主要用于对空、对海搜索，工作频率为C波段，最大对空搜索距离210公里，可在电子干扰环境下同时搜索、跟踪300个空中和海上目标，对低空高速小型目标具有较高的探测跟踪能力（甚至可以跟踪127毫米炮弹），而且具有良好的可靠性、操作性。面积较小的雷达阵面主要为“改进型海麻雀”舰空导弹提供末制导所需的照明波束，另外也可控制舰炮或反舰导弹。该雷达集成了泰利斯荷兰公司开发的间断连续波照射技术（ICWI，应用在APAR雷达上），可在多个目标间极快的转移照明波束，或者直接发射多条照明波束同时照射多个目标。据称，FCS－3的4个小雷达阵面总共可同时制导12枚以上舰空导弹拦截多个空中目标，具有很强的抗饱和攻击能力。

日向级上的OPS－20C对海搜索雷达同样是首次装舰使用。该雷达的探测距离虽然比不上以前的OPS－28对海搜索雷达，但通过将雷达波由脉冲波束变为连续波束，在很大程度上降低了被敌方电子支援系统探测的概率。

日向级舰首巨大的声纳罩里所装的新型OQS－XX低频主/被动舰壳声纳是日本为了对潜艇实施先发制人的攻击而开发的。罩内前部是圆柱形数字声纳阵列，后面是平面阵列。为了对付周边国家静音性能不断提升的各种先进潜艇，OQS－XX采用了比现役OQS－102舰首低频声纳（美制SQS－53B/C的日本仿制型）更低的作业频率，探测距离比现役的声纳系统有了飞跃性的提高，在浅水地区使用的性能也有较大提高，实现了从远程到近程、从深海到浅海的更大范围的探测能力。

作为日本海上自卫队护卫队群的新旗舰，日向级在设计时非常重视C4I系统，要求该舰必须能很好的适应未来的“网络战”环境。为此，该舰将装备第一种完全由日本自主开发的水面舰艇用战术情报处理系统（ATECS）。

ATECS与美国海军最新的“宙斯盾”基线7.1系统基本技术特征相似，其计算机及网络大量采用现有商用组件技术以降低成本并方便升级，尤其是使用了美军新一代UYQ－70（简称Q－70）先进显示控制系统。这种显控系统大量采用了加固的商用现成计算机组件技术以及多重处理器结构，包含有OJ－719指挥决策显控台、OJ－721新一代外设等一系列采用开放系统结构的智能型显控工作站，另外还使用了CY－8874 MCE与MEV等新型运算处理单元，运算速度、应用技术和经济性都有了很大提高。同时，ATECS还采用了完全的分布式结构，各系统计算机间可互相作为备份使用，并共享资源，在部分系统出现故障的情况下仍可保持整个系统的运转，不会因单一系统的失效而影响到整个系统，因此具有较高的生命力。在一般的作战指挥系统中，由于搭载武器种类的不同，舰艇的武器综合控制系统需要根据各种实际情况分别定制，难以实现程序的通用性，而ATECS的作战系统使用Ada、C＋＋等语言编程，实现了软件功能的模块化设计，更便于移植和扩展。

在日向级上，ATECS由先进战斗指挥系统（ACDS，核心是OYQ－10作战管理系统）、00 式火控系统、反潜情报处理系统（ASWCS）与电子战管制系统（EWCS）四个主要部分组成，这也是日本海上自卫队首次将以往分散在舰上各处的战术情报处理装置、反潜情报处理装置以及电子战装置集成在一个系统中。ATECS 的四个主要部分之间以光纤网络相连，再经由以商用 TCP/IP 协议为基础的舰载广域局域网络（SWAN）连接舰上各种雷达、声纳、火控系统、电子战系统以及各种武器系统等子系统。由此可见，ATECS 相当先进并且高度综合化，其拥有的强大信息传输能力也符合未来各军兵种、平台之间“网络战”的趋势。

附表：　日向级直升机驱逐舰主要技术性能

主尺度	舰全长 197 米，舰宽 32 米，型深 22 米，吃水 7 米。
标准排水量	13950 吨。
满载排水量	19000 吨。
动力装置	4 台 LM2500 燃气轮机，总功率 10 万马力；双轴双桨驱动。
最大航速	30 节。
续航力	6000 海里/20 节。
武器系统	2 座 8 单元 MK41 Mod22 垂直发射系统； 2 座 HOS－303 型三联装鱼雷发射管； 2 座“密集阵”Block 1B 近防武器系统； 7 挺 12.7 毫米机枪。
舰载机	3 架 SH－60K 反潜直升机、1 架 MCH－101 扫雷直升机，最多可搭载 11 架。
声纳	OQQ－21 综合声纳系统。
雷达和电子系统	1 部 FCS－3 型多功能相控阵雷达（4 组阵面）； 1 部 OPS－20C 对海搜索雷达； 1 部导航雷达； NORA－7 宽带卫星通信系统； NORA－1 卫星通信系统； USC－42 Mini－DAMA 通信系统； UHF 通信系统； ORQ－1C 直升机数据链天线； ORN－6E“塔康”天线。
C4I 系统	海上作战部队指挥控制系统（MOF）； 全球指挥控制系统（GCCS－M）； 海军战术数据系统（NTDS，包括 11、14 和 16 号数据链）； OYQ－10 战术信息处理系统； 00 式火控系统。

续表

电子战系统	NOLQ－3C 电子侦察/电子干扰机； 6 座 MK137 干扰弹发射装置； 2 具 4 型拖曳式鱼雷诱饵。 整个电子战系统能够对探测到的信号自动分类、更新、识别和评估，并自动发射干扰弹或进行主动电子对抗。				
编制舰员	“日向”号 347 名（其中本舰 322 名，司令部人员 25 名）；“伊势”号 371 名（其中本舰 346 名，司令部人员 25 名）。				
建造情况	舰名	建造船厂	开工	下水	建成服役
	“日向”	石川岛海洋联合公司横滨船厂	2006 年 5 月 30 日	2007 年 8 月 23 日	2009 年 3 月 18 日
	“伊势”	石川岛海洋联合公司横滨船厂	2008 年 5 月 30 日	2009 年 8 月 21 日	2011 年 3 月 16 日

3. 出云级：

继两艘日向级之后，日本防卫省继续规划建造后续的大型直升机驱逐舰，来取代两艘白根级直升机驱逐舰。在 2009 年 8 月 31 日，日本防卫省完成平成 22 年度（2010 年）防卫预算的编列，其中包括建造标准排水量 19500 吨的出云级大型直升机驱逐舰，预算规模为 1139 亿日圆（约 10.4 亿美元）。2012 年 1 月 27 日，出云级在石川岛海洋联合公司（IHIMU）横滨事业所矶子船坞安放龙骨（2012 年 11 月 1 日，IHIMU 与环球京滨厂合并为日本海事联合公司）。该舰于 2013 年 8 月 6 日下水，并命名为“出云”号，预定在平成 27 年（2015 年）服役，接替届龄的“白根”号（DDH－143）直升机驱逐舰。2011 年 10 月初，防卫省编列在平成 24 年度（2012 年）编列一艘出云级的同型舰（24DDH），预算规模 1190 亿日元，用来取代白根级二号舰“鞍马”号（DDH－144）。

出云级是日向级的放大改良版，仍沿用全通式飞行甲板、右舷舰岛等类航舰布局，全舰长增至 248 米（比日向级长 51 米），飞行甲板宽 38 米（比日向级宽 6 米），标准排水量达 19500 吨（日向级为 13950 吨），可容纳 14 架直升机（日向级为 11 架），可同时起降 5 架直升机（日向级为 4 架）。为了适应舰体尺寸的增加，舰上的 4 台 LM－2500＋燃气涡轮的推力比日向级提升，单机功率可达 33600 马力，使最大航速维持在 30 节的水平。出云级上的电力由 LM－500 燃气涡轮发电机提供，每个机组功率约 6000 马力；LM－2500 燃气轮机与 LM－500 燃气发电机都由美国 GE 授权日本石川岛播磨重工（IHI）生产。

出云级的升降机布置也经过变更，前部升降机仍位于上层结构前端左侧，面积则至少与日向级上较大的后部升降机相当；而出云级的后部升降机则移至舰岛后方右舷，面积更大且为舷外形式，足以操作更大型的舰载机；加上飞行甲板前部左侧取消了日向级的内削构型，增大可用面积，飞行甲板长度似乎足以让 F－35B 垂直/短距起降战斗机不靠滑跳甲板进行短距起飞，因此有推测出云级已经纳入了 F－35B 战机的起降操作能力（包括提高甲板强度与耐热焰能力）。

出云级另外增设日向级所无的车辆滚装（RORO）甲板，可容纳陆上自卫队 3.5 吨级卡车 50 辆，并可输送 400 名部队，舰上还储存 3300 千升的补给用燃油，能为其三艘海自护卫舰进行海上燃料补给（采用舰尾纵向补给）。舰上的起居空间（含船舰人员、航空人员、指挥单位以及搭载兵员、其他人员的余裕等）可容纳 970 人，有数据宣称出云级最多能容纳 4000 人，但这个数字显然只可能是非常状况（撤侨或救灾）情况下以最大密度运输平民。

作战装备方面，由于日本希望出云级的预算能控制在只比日向级增加 11%，但出云级排水量却比日向级足足增加 40% 左右，因此出云级势必得简化作战装备来降低成本。因此，出云级取消了 MK41 垂直发射系统（等于取消了“改进型海麻雀”防空导弹与“阿斯洛克”反潜导弹）与舰载的 HOS－303 型 324 毫米鱼雷发射管；上层结构保留四块相控阵雷达天线，称为 OPS－50 对空雷达系统，是 FCS－3 的衍生型，只保留原本的主阵面，省略用来控制导弹的 X 波段照射雷达阵面以及后面的 00 式火控系统，主要担负对空搜索/监视以及航空管制；相较于 FCS－3，OPS－50 经过进一步改良，最大搜索距离增加到 360 公里以上。

出云级配备四座近防武器系统，分别位于前段舰岛底部右侧的舷外平台、舰体前部左舷外平台以及舰尾两侧的两个舷外平台。

在 2011 年 9 月初，美国海军与雷神公司签订合同，购买六套“海拉姆”（Sea RAM）11 联装近程防空导弹系统，其中四套是来自日本海自的订单，准备用于“出云”号和 24DDH 上，另外两座则装备于美国海军自己 LCS 的第六、第八号舰（LCS－6、8，属于独立级）上。由此可见，出云级将装备两座“海拉姆”，而另外两座近防武器系统则是 MK－15 Block 1B。除了简化防空系统之外，出云级的舰首声纳护罩比 16DDH 短，显然只保留前端的主/被动声纳，而没有后段的低频被动数字声纳。

总体来说，出云级简化舰载装备不只是压低成本的手段，同时也代表该级舰已经从先前日向级的专职反潜/舰队作战为主，转型成为多用途的航空/车辆投送舰艇。

附表：　　　　　　出云级直升机驱逐舰主要技术性能

<table>
<tr><td>主尺度</td><td colspan="5">舰全长 248 米，舰宽 38 米，型深 23.5 米，吃水 7.5 米。</td></tr>
<tr><td>标准排水量</td><td colspan="5">19500 吨。</td></tr>
<tr><td>满载排水量</td><td colspan="5">27000 吨。</td></tr>
<tr><td>动力装置</td><td colspan="5">4 台 LM2500IEC 燃气轮机，总功率 112000 马力；双轴双桨驱动。</td></tr>
<tr><td>最大航速</td><td colspan="5">30 节。</td></tr>
<tr><td>武器系统</td><td colspan="5">2 座“海拉姆”近程舰空导弹发射架；
2 座“密集阵”Block 1B 近防武器系统。</td></tr>
<tr><td>舰载机</td><td colspan="5">7 架 SH－60K 反潜直升机、2 架 MCH－101 扫雷直升机，最多可搭载 14 架。</td></tr>
<tr><td>声纳</td><td colspan="5">OQQ－23 综合声纳系统。</td></tr>
<tr><td>雷达和电子系统</td><td colspan="5">1 部 OPS－50 多功能相控阵雷达（4 块阵面）；
1 部 OPS－28 对海搜索雷达；
1 部导航雷达；
ORN－6E“塔康”天线；
通信系统不详。</td></tr>
<tr><td>C4I 系统</td><td colspan="5">OYQ－12 战术信息处理系统。</td></tr>
<tr><td>电子战系统</td><td colspan="5">NOLQ－3D－1 电子侦察/电子干扰机；
6 座 MK137 干扰弹发射装置；
1 具 OLQ－1 型反鱼雷系统。</td></tr>
<tr><td>编制舰员</td><td colspan="5">“出云”号 347 名（其中本舰 322 名，司令部人员 25 名）；24DDH 未知。</td></tr>
<tr><td rowspan="3">建造情况</td><td>舰名</td><td>建造船厂</td><td>开工</td><td>下水</td><td>建成服役</td></tr>
<tr><td>“出云”</td><td>日本海事联合公司横滨事业所矶子船坞</td><td>2012 年 1 月 27 日</td><td>2013 年 8 月 6 日</td><td>预定于 2015 年 3 月</td></tr>
<tr><td>24DDH</td><td>日本海事联合公司</td><td>2014 年</td><td></td><td></td></tr>
</table>

二、导弹驱逐舰

日本海自现役的导弹驱逐舰分别是：旗风级 2 艘——“旗风”号（DDG－171）、“岛风”号（DDG－172）；金刚级 4 艘——“金刚”号（DDG－173）、“雾岛”号（DDG－174）、“妙高”号（DDG－175）、“鸟海”号（DDG－176）；爱宕级 2 艘——“爱宕”号（DDG－177）、“足柄”号（DDG－178）。

1. 旗风级：

旗风级是日本在 20 世纪 80 年代发展的导弹驱逐舰，主要作战使命是舰队防空，同时兼顾反潜、反舰，也可作为指挥舰。该级舰原本打算造 4 艘，后由于更先进的“金刚”级的出现，取消了后两艘计划。

旗风级采用平甲板舰型，舰首设有约 18 米长、1 米高的防浪舷墙，可以防止舰首上浪，同时给人的视觉效果也显得高大威武。在舰面布置上，旗风级由前向后依次是："标准"1舰空导弹发射装置、1座73式127毫米54倍径舰炮、1座74式反潜导弹发射架、舰桥及其上的照射雷达、主桅上的三坐标雷达和对海搜索雷达、舰桥两侧舷部有两座6联装干扰弹发射装置、烟囱、烟囱后部有两座4联装"鱼叉"反舰导弹发射架、后甲板室的副桅上装有对空搜索雷达、其后是尾炮的火控雷达、后甲板室两侧舷部有两座"密集阵"近防系统、再后是1座73式127毫米炮、最后是直升机甲板。此外，在舰中部两舷处各设1座68式三联装鱼雷发射管。

旗风级是日本海自第二种采用全燃动力的驱逐舰（第一种是"初雪"级），全舰共4台燃气轮机该舰从启动到全加速只需30秒。旗风级采用双轴推进，每根轴装有一个可调螺距的大直径螺旋桨，其主要功能是具有倒车性能，噪音也比较低，但推进效率比定距桨低。

旗风级在舰中部前主机舱处的水线下舷外设有喷气带装置，以隔离螺旋桨噪声对舰首声纳的影响；同时还可以吸收本舰传入水中的声波。此外，旗风级在主机与机座之间装有橡胶垫，以减少振动。

旗风级是一级以防空为主的多用途导弹驱逐舰，其上布置了大量的武器和电子设备。

防空武器主要是1座MK13式单臂旋转防空导弹发射架，用以发射"标准"1型中程防空导弹，发射速率8发/分，舰上备弹40枚。"标准"1采用双推力固体火箭发动机，半主动雷达制导，飞行速度约2.5马赫，射程为46公里，战斗部装药61公斤。近程防空武器是"密集阵"系统，必要时舰上的127毫米舰炮也可以用来进行防空作战。

反舰武器主要是8枚美制"鱼叉"亚音速中程反舰导弹和两座127毫米舰炮。"鱼叉"导弹长4.58米，弹径344毫米，弹重667公斤，战斗部重227公斤，巡航速度0.75马赫，巡航高度61米，有效射程约120公里。该导弹采用惯性和主动雷达制导，涡喷发动机推进，末段飞行高度可降至距海面2米。127毫米舰炮具有射速高、射程远、重量轻的特点，是一种威力较大、技术较先进的舰炮。

反潜武器主要是1座74式8联装反潜导弹发射装置和2座68式三联装鱼雷发射管。

旗风级上设有飞行甲板，但没有设置机库。其主要目的是为友舰上的直升机提供中继基地，扩大编队反潜搜索和攻击作战范围。同时，直升机还可以为舰上的"鱼叉"导弹提供中继制导。

"旗风"级上的电子设备相比于"太刀风"级有了很大提高，基本上代表了20世纪80年代的先进水平。由于"旗风"级在必要时候要担任指挥舰的角色，所以该级舰上还装备了一套 OYQ－4－1 型作战指挥系统，它配有大容量、高速的计算机，能够进行复杂的信息处理。而且该系统装有11号和14号数据链，可以和P－3C反潜机、E－2C预警机、E－767指挥/预警机等进行数据联系，进行一体化作战。

旗风级的服役，使原来困扰日本海上自卫队的防空能力得到了一定程度的加强。而且该级舰吨位大、远洋航行能力和综合作战能力都较强，有利于在海上长期巡逻和部署。

旗风级把“标准”1防空导弹发射架安装于舰首，提高了对舰前方目标的反应能力和攻击能力。“标准”1导弹具有一定的区域防空能力，除了能对本舰进行防卫外，还可以对编队提供防空保护伞。在金刚级“宙斯盾”导弹驱逐舰服役之前，2艘旗风级加上3艘太刀风级驱逐舰，可以保证4个“八·八”舰队中每个舰队至少有一艘防空驱逐舰。

旗风级虽然以防空为主要任务，拥有区域防空能力，其装备的“标准”1防空导弹46公里的最大射程基本难以对敌方发射反舰导弹的载机构成威胁，对反舰导弹这种小型目标拦截概率也很低。而且“标准”1采用的单臂旋转式发射架发射速率慢，仅能同时对付两个空中目标，很难应付多批次、多方向的饱和攻击。此外，设在舰首部的“标准”1导弹发射架易受海浪冲击，对其维护保养很不利。在末端防空能力上，旗风级的两座“密集阵”布置在后甲板室两侧舷部，这种布置方式使与舰体纵向成30度角的舰首两舷侧区域成为射击死角。若敌方飞机或导弹战时突破了“标准”1导弹的拦截而从此区域攻击旗风级，则该级舰上的“密集阵”近防系统将很难发挥作用。

旗风级的8枚“鱼叉”导弹虽然射程较远，但由于地球曲率的影响，舰载雷达很难发现远处的目标，因此反舰导弹的超视距攻击的引导需要舰上搭载的直升机提供中继制导（当然也可以靠其他方式提供中继制导）。但是旗风级上没有设机库，也没有“捕熊井”着舰装置，而是采用自由着舰方式。这样就对直升机的使用带来一些影响，比如自身不能携机出海，只能依靠别的舰艇提供直升机，在恶劣海况中不能起降，维修保养不易等等。

附表：　　旗风级导弹驱逐舰主要技术性能

主尺度	舰全长150米，舰宽16.4米，型深9.8米，吃水4.8米。
标准排水量	4450吨。
满载排水量	5500吨。
动力装置	2台川崎重工生产的斯贝SM1A型燃气轮机，功率37540马力；2台川崎重工生产的奥林普斯TM3B型燃气轮机，功率49400马力。巡航时使用2台斯贝SM1A，以最高速度航行时则4台燃气轮机同时工作；双轴双桨驱动。

续表

<table>
<tr><td>最大航速</td><td colspan="5">30 节。</td></tr>
<tr><td>续航力</td><td colspan="5">4500 海里/20 节。</td></tr>
<tr><td>武器系统</td><td colspan="5">2 座 73 式 127 毫米单管舰炮；
1 座“标准”1 中程舰空导弹发射架；
2 座“密集阵”近防武器系统；
2 座 4 联装 MK141“鱼叉”反舰导弹发射架；
1 座 74 式 8 联装反潜导弹发射架；
2 座 HOS－302 型三联装鱼雷发射管。</td></tr>
<tr><td>声纳</td><td colspan="5">1 部 OQS－4 低频主/被动舰壳声纳。</td></tr>
<tr><td>雷达和电子系统</td><td colspan="5">1 部 AN/SPS－52C 型三坐标对空雷达；
1 部 OPS－11C 型对空搜索雷达；
1 部 OPS－28B 对海搜索雷达；
1 部 OPS－20 导航雷达；
2 部 AN/SPG－51C 火控雷达；
NYPX－2 敌我识别装置；
ORN－6C“塔康”天线。</td></tr>
<tr><td>C4I 系统</td><td colspan="5">2 部 MK74－13 型火控雷达，控制“标准”1 防空导弹和前部的 127 毫米舰炮；
2 部 81 式 2 型 21C 火控雷达，控制舰尾的 127 毫米舰炮；
OYQ－4－1 型战术信息处理系统；
1 部 SFCS－6A 对潜情报处理系统，用来指挥反潜导弹和 MK－46 鱼雷；
SUPERBIRD B2 卫星通信系统。</td></tr>
<tr><td>电子战系统</td><td colspan="5">NOLQ－1－3 电子侦察/电子干扰机；
4 座 MK137 干扰弹发射装置；
1 部 OLQ－9B 型雷达告警接收机。</td></tr>
<tr><td>编制舰员</td><td colspan="5">260 名。</td></tr>
<tr><td rowspan="3">建造情况</td><td>舰名</td><td>建造船厂</td><td>开工</td><td>下水</td><td>建成服役</td></tr>
<tr><td>“旗风”</td><td>三菱重工长崎造船厂</td><td>1983 年 5 月 20 日</td><td>1984 年 11 月 9 日</td><td>1986 年 3 月 27 日</td></tr>
<tr><td>“岛风”</td><td>三菱重工长崎造船厂</td><td>1985 年 1 月 13 日</td><td>1987 年 1 月 30 日</td><td>1988 年 3 月 23 日</td></tr>
</table>

2. 金刚级：

为了弥补海上区域防空能力的不足，日本海上自卫队在 20 世纪 80 年代中后期向美国求助，得到了伯克级的相关设计，随后以伯克级为基础，并根据自己的实际需求设计出了金刚级“宙斯盾”导弹驱逐舰。

日本海自原计划建造 8 艘金刚级，以给每个“八八舰队”配备 2 艘，但在建造中发现其费用远远超过原来计划的7亿美元，竟达11亿美元，远远超过了美国伯克级的建造费用，因此日本海自最终由于承受不了这么高的建造费用而只建造了4艘。

金刚级虽是以伯克级为模板设计的，在外观上与伯克级很相似，但实际上日本海自对金刚级的舰体进行了重新设计，因此日本并不认为金刚级是伯克级的简单仿制产品。

金刚级并没有采用伯克级的长首楼舰型，而是采用的高干舷平甲板型。这种改动使尾部的直升机平台升高了一层甲板，有利于直升机的升降操作，舰体比伯克级更长、更宽，吨位也大了近1000吨（满载排水量）。这主要是因为日本对金刚级的续航力及防护力要求更高一些，所以就必须增加主尺度以增加内部载油量和加强舰体结构及装甲。

金刚级在外观上采用了与伯克级一样的隐身设计，舰体的上层建筑向内倾斜，舰体外型比较简洁。金刚级的舰桥比伯克级更为高大，好处是驾驶室的视野更为开阔，并且把AN/SPY－1D多功能相控阵雷达的4个阵面的布置提高了一层；缺点是使舰的受风面积增大。

金刚级舰体内共分为4层甲板结构，上甲板与舱底相互是联通的。两侧各有一条贯穿全舰的封闭式通道，这样设计不仅方便了内部舰员的行走，同时还提高了舰体的防护能力。舰体中部同样布置了2座烟囱，但并没有采用伯克级上的方型烟囱，而是采用了极具日本特色的边缘为圆弧形造型。上部装有红外抑制装置，用以降低烟囱的红外辐射。同样，舰上的主桅杆采用了日本常用的四角桅杆而非伯克级所采用的低可探测倾斜式轻质合金桅杆。

金刚级比伯克级多出的排水量中有很大一部分是用于提高舰体的防护能力。舰上动力舱内装有4台LM2500燃气轮机，最大输出总功率10万马力，可以使金刚级的最高航速达到30节。4台发动机2台一组布置在2个独立的机舱内，分别驱动左右两个传动轴。第一机舱位于舰体中部左侧，二舱位于舰体后部右侧，两舱相距近10米，从而保证了即使动力舱被命中也不会同时将两个机舱全部瘫痪，极大的提高了动力舱的生存力，同时也进一步提高了金刚级整体的防护力。

为减轻重量，金刚级的舰桅和烟囱采用了铝合金材料，但在舰体及上层建筑部分全部采用了高碳镍铬钼钢，具有很强的抗打击能力。而对于作战指挥中心、弹药舱等重要部位，更是加装了凯夫拉装甲以进一步增强其防护力。舰体两侧的三联装反潜鱼雷发射管的操纵也完全自动化，不再需要舰员在舰面上进行操纵。此外，舰上还加强了损管系统，将舰上的3个发电机舱分隔设置，中间有两个机舱隔开，并使用了无毒、耐火电缆相连。金刚级的舰体甲板上还装有大功率喷水装置，既可在受到核、生、化污染时进行洗消作业，也可用于灭火。

由于采取了种种措施，金刚级的防护能力可以说达到了世界一流水平，比它的母型伯克级更为坚固。

金刚级基本上全盘引进了伯克级上装备的“宙斯盾”系统。主要包括AN/SPY－1D多功能相控阵雷达、MK－8指挥控制系统、MK2决策系统、MK2“宙斯盾”显示系统、MK99导弹火控系统、MK41垂直发射系统、“标准”－2MR舰空导弹组成。其中最重要的是安装在舰桥上的四块AN/SPY－1D多功能平面相控阵雷达天线，可覆盖全舰360度半球空域。其对高空目标的探测距离达400公里（高度9000米），对低空目标的探测距离为80公里（高度1000米），超低空目标的探测距离为47公里（高度300米）。可同时监视400批目标，自动跟踪其中的200批次。AN/SPY－1D还可对已自动跟踪的目标进行有效的探测、识别、跟踪，并可迅速将目标的情况传送到舰内的作战指挥中心内的MK2决策系统。除了空中和海上目标，其还能处理来自舰载直升机，声纳及电子战系统的数据，并通过舰上的MK2“宙斯盾”显示系统显示出来，再通过MK－8指挥控制系统来先择使用哪种舰载武器对目标进行打击。

舰上装备有3部AN/SPG－62导弹发射控制照射雷达，它根据武器控制系统的指令为“标准”－2MR舰空导弹提供末制导照射。其最主要的特点是无需全程对导弹进行跟踪、照射，由于相控阵雷达可在飞行途中对导弹进行弹道修正，只有在导弹接近目标时，才将SPG－62照射雷达对准目标进行一下照射，这样一部照射雷达在过去能照射一个目标的时间里，能通过作战系统的威胁程度进行先后排序，依次照射多个目标，从而解决了对付多目标的难题。舰上所装备的SPG－62目标照射雷达一次可跟踪4个目标并依此进行照射，这样全舰共3部就可同时拦截12个空中目标，具备了前所没有的多目标拦截能力。

除了SPY－1D相控阵雷达及SPG－62火控雷达外，金刚级上还装备有OPS－20导航雷达、OPS－28D对海搜索雷达。其中OPS－28D是金刚级上最主要的对海探测设备，工作在L波段，对海上目标的搜索距离在80公里以上，可有效的抑制海浪的干扰，能发现低空进行掠海飞行的小型反舰导弹的能力，可为舰上的“鱼叉”反舰导弹提供目标运动要素，并对攻击视距内的反舰导弹进行引导。

金刚级虽是以防空作战为主，但与伯克级不同的是，其同样配备了先进的声纳探测设备，这也与日本一向重视反潜作战有关。包括舰首底部的OQS－102低频舰首声纳，舰尾左侧的OQR－2拖曳式阵列低频声纳。前者是日本仿制美国SQS－53C，是一种全数字式低频主被动声纳，用于对近距离对水下潜艇的探测跟踪并具有对来袭反舰鱼雷进行报警的能力，理想水文条件下的探测距离可达到15海里。后者则是仿制美国的SQR－19A，主要用于远距离探测及预警，作用距离最远可达60海里。这些声纳设备的探测数据可以汇集到舰上的OYQ－102＋反潜情报处理系统后，再由OQA－201攻击指挥系统下达攻击命令。舰尾部右侧还装有拖曳式4型拖曳式鱼雷诱饵，用来保护金刚级免受反舰鱼雷的攻击。此外，舰上还装有海军战术数据系统、WSC－3/OE－82C卫星通信终端、SQQ－28舰载直升机数据链等。

金刚级上最亮眼的武器系统就是MK41垂直发射系统，其中舰首4个8单元发射模块，舰尾8个8单元发射模块。但由于两组发射模块中各有一个为装填模块，模块中的3个发射单元专用于装补给装弹机，而不装导弹，所以全舰实际有导弹发射单元90个（其中舰首为29个，舰尾为61个）。

MK41垂直发射系统每个模块的8个发射单元中，可同时准备发射两枚导弹，发射速度可达每秒1枚。MK41系统可同时执行对空、对海、对岸和反潜作战，可发射垂直发射的“标准”导弹，“战斧”巡航导弹和“阿斯洛克”反潜导弹，但“金刚”级目前并不具备发射“战斧”巡航导弹的能力。

装填模块中的3个隔舱安装了一台伸缩式的液压装填起重机，平时呈收缩折叠状态收藏于装甲舱盖下，工作时升到甲板上面伸展起重臂，臂长为8.15米，起吊高度为7.63米，起吊重量为2吨，它对61个隔舱进行海上补给的速度为6枚/小时。每个贮运箱内都设有注水系统，当导弹进行补给时，注水系统接到弹库的注水分配总管上，当箱内温度过高或导弹意外点火时，注水系统自动对弹头或火箭发动机进行冷却。

作为金刚级最主要的防空武器“标准”－2MR舰空导弹，弹长4.62米，弹重700公斤，最大射程可达75公里，最大射高为20公里，飞行速度2.5马赫，采用惯性＋无线电指令＋半主动雷达制导。弹上的战斗部装有MK45－8型近炸引信，并改进了信号处理器，提高了对海杂波的滤波能力，使其不仅可以用来对飞机的拦截，也可以有效的对付掠海飞行的反舰导弹。其在导弹发射至中间飞行阶段完全按预先设定的航迹飞行，并在飞行中接受SPY－PD相控阵雷达的目标修正，只是在即将命中目标之前才改由半主动雷达引导。由于这种引导方式中火控照射雷达只有在多枚导弹飞向多个目标的航程末端才开始启动照射功能，这样可大大节省导弹的寻的时间及效率，同时也提高了对多目标的攻击能力。

金刚级舰首装有一座54倍口径的单管奥托·梅拉腊127毫米自动舰炮，该炮的主要特点就是威力大、射速快、自动化程度高。其最大射程可达23公里，射高11公里，最大射速40发/分，炮口初速807米/秒，火炮的反应时间只有7秒。炮塔为玻璃钢材料制成的全密封式，全重只有34吨，炮塔下方第

4层甲板内设有大容量弹舱，内装有多达600枚炮弹，弹舱采用了双层装甲结构，以提高舰体本身的抗毁能力。炮弹类型为带近炸引信的预制破片弹、带近炸引信的高爆榴弹及带时间引信的高爆榴弹。炮弹弹丸重达31公斤，对水面舰艇的杀伤力很大，并具有很强的对地攻击能力。

金刚级前后各装有一座“密集阵”Block 1A型近防武器系统，与MK36干扰弹发射装置构成了金刚级的最后一道防线。“密集阵”Block 1A比“密集阵”Block 0型有更强大的搜索和跟踪能力，其炮架上的KU波段搜索跟踪雷达，采用4套背靠背式天线，并采用了“闭环弹着自动修正技术”，可对目标进行自主搜索跟踪及射击。跟踪雷达对典型反舰导弹目标的探测距离为10公里，跟踪距离为7公里，全系统反应时间只有4.5秒。

金刚级在舰中部两个烟囱之间共设有2座4联装“鱼叉”反舰导弹。

反潜武器方面，“阿斯洛克”反潜导弹由位于舰首的MK41垂直发射系统发射，最多可装填16枚。“阿斯洛克”反潜导弹主要由战斗部、弹体、点火分离装置和固体导弹助推器等组成。战斗部为一枚MK46－5型反潜鱼雷，在对付先进的深水高速潜艇目标时，还可换为性能更好的MK－50型反潜鱼雷，其末端攻击速度可达50节，攻击深度达1000米。“阿斯洛克”导弹飞行速度可达到1.1马赫，可攻击航速35节潜深700米的潜艇目标。此外，在金刚级舰后部两侧还装有2座HOS－302型三联装鱼雷发射管，可发射美制MK46－4型反潜鱼雷。该鱼雷发射管首次采用了电动遥控操练，既节省了人力也提高了作战效率。

金刚级服役后，使日本海自“八八舰队”的防空层次拥有了远（“标准”－2MR）、中（“标准”－1）、近（“海麻雀”）及内层（“密集阵”系统）4道对空防御体系。在经过这4道防线层层拦截下，一次中等规模的反舰导弹攻击成功率不会超过20%。

2000年12月，日本的新中期防卫计划中称，必须要加强对日本周边的弹道导弹威胁所做出的反应（明指朝鲜，暗指中国），日本有必要建立弹道导弹防御体系加以应对。其中起关键作用的就是以金刚级驱逐舰为主的海基导弹防御系统，它主要用于承担在大气层外拦截来袭弹道导弹的重任。而突破这道防线的剩余目标则由陆基“爱国者”PAC－3导弹拦截。

与陆基反导平台相比，海基系统具有很多独特的优势：如可以用现有装备进行改装，研制费用低，技术风险小；部署灵活，可根据作战海域自由选择部署地点；可在对方实施导弹攻击前，进行预防性部署；可单独执行反导任务等。而早在20世纪80年代末，日本就已开始参与美国的导弹防御计划，并开始研究将刚服役不久的金刚级导弹驱逐舰进行BMD（弹道导弹防御）改装的可能性。只是当时日本的态度并不明朗，进展十分缓慢。但是到了1988

年8月31日，日本声称朝鲜成功试射了射程达1000公里的“大浦洞”弹道导弹后，相关计划得以加速进行，并用了4年多的时间完成了对“金刚”级驱逐舰进行改装问题的论证工作。

2003年12月，日本正式确定引进弹道导弹防御系统，并逐步对4艘现役金刚级导弹驱逐舰进行相应的改装，包括装备引进“标准”-3 Block 1A反导导弹、升级的“宙斯盾”系统、改进的指挥通信系统等。

附表：金刚级导弹驱逐舰主要技术性能

主尺度	舰全长161米，舰宽21米，型深12米，吃水6.2米。
标准排水量	7250吨。
满载排水量	9485吨。
动力装置	4台石川岛播磨重工业生产的LM2500燃气轮机，功率100000马力；双轴双桨驱动。
最大航速	30节以上。
舰内燃油	1785吨。
续航力	6000海里/20节。
武器系统	1座奥托127毫米单管舰炮； 12座8单元MK41垂直发射系统（前、后方各有3个单元布置装弹机，所以实际可装填导弹的单元数为90个，其中舰首29单元，舰尾61单元），可发射“标准”-2MR舰空导弹、“标准”-3反导导弹、“阿斯洛克”反潜导弹； 2座“密集阵”近防武器系统； 2座4联装MK141“鱼叉”反舰导弹发射架； 2座HOS-303型三联装鱼雷发射管。
声纳	1部OQS-102低频主/被动舰壳声纳、1部OQR-2拖曳线列阵声纳（合称）。
雷达和电子系统	1部AN/SPY-1D型相控阵雷达（4块阵面）； 1部OPS-28D对海搜索雷达； 1部OPS-20B导航雷达； ORN-6C“塔康”天线。
C4I系统	“宙斯盾”基线7系统； 海军战术数据系统（包括11、14和16号数据链）； OYQ-102+战术信息处理系统； 海上作战部队指挥控制系统（MOF）； 3部MK99导弹射击指挥装置； 3部SPG-62火控雷达； 1部FCS-2（81式2型）-21C火控雷达； 1部OQA-201对潜情报处理系统； AN/SWG-1“鱼叉”舰用发射和控制系统（HSCLCS）； ORQ-1反潜战术数字信息链（TADIL）； WSC-3/OE-82C卫星通信终端； SQQ-28舰载直升机数据链。

续表

电子战系统	NOLQ－2综合电子战系统； 4座MK137干扰弹发射装置； 1部4型拖曳式鱼雷诱饵。				
编制舰员	300名。				
建造情况	舰名	建造船厂	开工	下水	建成服役
	"金刚"	三菱重工长崎造船厂	1990年5月8日	1991年8月26日	1993年3月25日
	"雾岛"	三菱重工长崎造船厂	1992年4月7日	1993年8月19日	1995年3月16日
	"妙高"	三菱重工长崎造船厂	1993年4月8日	1994年10月5日	1996年3月14日
	"鸟海"	石川岛播磨重工东京第1船坞	1995年5月29日	1996年8月27日	1998年3月20日

3. 爱宕级：

日本内阁在2004年12月通过的中期防卫计划和新防卫大纲中明确提出建造2艘金刚级改型驱逐舰，也就是现在的爱宕级，用以取代"太刀风"级防空导弹驱逐舰。基于金刚级的操作经验以及美军伯克级的改良方案，爱宕级选择了伯克Flight IIA舰型作为建造蓝本。

与金刚级相比，爱宕级采用了众多的先进技术，主要有以下变化：

（1）舰体设计方面：爱宕级整体上保留了金刚级的结构，但舰体增加了4米，采用了新的建造工艺，而日本传统的四角桅杆则被独立的铝制封闭式桅杆所取代。更重要的是其舰尾新增设了直升机机库，可搭载一架反潜直升机。

（2）雷达、电子设备：由于为执行海基反导任务，对雷达系统提出了更高的要求，因此，爱宕级装备了更先进的基线7.1技术的"宙斯盾"系统，包括有AN/SQQ－89水下作战系统和SPY－1D（V）型相控阵雷达、海上自卫队最新的C4ISR系统海上综端及CEC系统。这些使爱宕级不使可以更好的执行海上区域防空任务，特别是加强了与美国海军的信息资源共享能力，更好的实现美日两国联合作战的目标。

（3）舰载武器：爱宕级取消了金刚级上装备的装弹机，所以MK41垂直发射系统的发射单元达到了96个。舰体后部新增加了直升机机库，为此将金刚级舰体后部的64单元的MK41垂直发射装置移至舰首，而在直升机库上只安装了32单元的MK41垂直发射装置。

爱宕级用2座4联装SSM－1B（90式）中程反舰导弹替换了金刚级上所

使用的美制“鱼叉”反舰导弹。90式反舰导弹是日本自行研制的第二代舰载反舰导弹，其外形与美国“鱼叉”极为相似，但总体性能要高于“鱼叉”反舰导弹。

舰上的近防武器系统则改为最新的“密集阵”Block 1B型系统；主炮换为一座美制MK45 Mod4型62倍口径127毫米舰炮。该炮炮塔采用了隐身设计，身管长增至62倍径，最大射程23公里，射高15公里，最大射速20发/分。除常规炮弹外，还可使用EX－171型火箭推进增程GPS制导炮弹（ERGM），射程达117公里，具有精确的对地攻击能力。

然而，爱宕级驱逐舰也像白根级直升机驱逐舰那样“喜欢撞船”。2008年2月19日，服役才将满1年的“爱宕”号在千叶县野岛崎附近海上与小型渔船“清德丸”发生相撞，导致后者沉没，2名渔民死亡。事故发生后，日本防卫省对防卫副大臣舛田孝平做了警告处罚，对海上自卫队幕僚长吉川容治予以解职，对“爱宕”号驱逐舰舰长船渡健一等海佐（相当于海军上校）及撞船时正在执勤的舰员也做了解职、警告等处罚。

附表：　　爱宕级导弹驱逐舰主要技术性能

主尺度	舰全长165米，舰宽21米，型深12米，吃水6.2米。
标准排水量	7700吨。
满载排水量	1万吨。
动力装置	4台石川岛播磨重工业生产的LM2500燃气轮机，功率10万马力；双轴双桨驱动。
最大航速	30节以上。
续航力	6000海里/20节。
武器系统	1座MK45 Mod4型127毫米单管舰炮； 12座8单元MK41垂直发射系统（舰首64单元，舰尾32单元），可发射“标准”－2MR舰空导弹、“标准”－3反导导弹、“阿斯洛克”反潜导弹； 2座“密集阵”Block 1B近防武器系统； 2座4联装90式反舰导弹发射架； 2座HOS－303型三联装鱼雷发射管。
声纳	1部OQS－102低频主/被动舰壳声纳、1部OQR－2D－1拖曳线列阵声纳（合称）。
雷达和电子系统	1部AN/SPY－1D（V）型相控阵雷达（4块阵面）； 1部OPS－28E对海搜索雷达； 1部OPS－20B导航雷达； ORN－6C“塔康”天线。

续表

C4I系统	“宙斯盾”基线7.1系统； 海军战术数据系统（包括11、14和16号数据链）； OYQ－102＋战术信息处理系统； 海上作战部队指挥控制系统（MOF）； 3部MK99 Mod8导弹射击指挥装置； 3部SPG－62火控雷达； 1部MK160火控雷达； 1部OQA－201对潜情报处理系统； ORQ－1B反潜战术数字信息链（TADIL）； NORA－1/NORQ－1卫星通信终端； SQQ－28舰载直升机数据链。
电子战系统	NOLQ－2B综合电子战系统； 4座MK137干扰弹发射装置； 1部4型拖曳式鱼雷诱饵。
舰载机	1架SH－60K反潜直升机。
编制舰员	300名。

	舰名	建造船厂	开工	下水	建成服役
建造情况	“爱宕”	三菱重工长崎造船厂	2004年4月5日	2005年8月24日	2007年3月15日
	“足柄”	三菱重工长崎造船厂	2005年4月6日	2006年8月30日	2008年3月13日

三、通用驱逐舰

在日本海自中，通用驱逐舰的型号和数量最多，是水面作战舰艇的骨干。

海自现役的导弹驱逐舰分别是：初雪级6艘——“白雪”号（原DD－123，现TV－3517）、“山雪”号（DD－129）、“松雪”号（DD－130）、“濑户雪”号（原DD－131，现TV－3518）、“朝雪”号（DD－132）、“岛雪”号（原DD－133，现TV－3513）；朝雾级8艘——“朝雾”号（DD－151）、“山雾”号（DD－152）、“夕雾”号（DD－153）、“天雾”号（DD－154）、“浜雾”号（DD－155）、“濑户雾”号（DD－156）、“沢雾”号（DD－157）、“海雾”（DD－158）；村雨级9艘——“村雨”号（DD－101）、“春雨”号（DD－102）、“夕立”号（DD－103）、“雾雨”号（DD－104）、“电”号（DD－105）、“五月雨”号（DD－106）、“雷”号（DD－107）、“曙”号（DD－108）、“有明”号（DD－109）；高波级5艘——“高波”号

（DD－110）、“大波”号（DD－111）、“卷波”号（DD－112）、“涟波”号（DD－113）、“凉波”号（DD－114）；秋月级4艘——“秋月”号（DD－115）、“照月”号（DD－116）、“凉月”号（DD－117）、“冬月”号（DD－118）。

1. 初雪级：

初雪级是日本海自根据1977财年的第4次国防建设计划（4次防）发展的4000吨级通用驱逐舰，主要是为了组建“八八舰队”的需要，为此总共建造了12艘，平均每个“八八舰队”配备3艘。

初雪级采用长首楼舰型，对飞行甲板与舰炮的布置进行了精心设计，以降低舰体的重心。为了反潜作战的需要，初雪级采用了全燃动力，并且特别注意降低舰体噪音（从三号舰开始对舰体进行调整并安装了大侧倾螺旋桨，首舰和二号舰也在后期进行了类似改装）。另外，舰上为了配合舰载直升机的使用还在舰体上安装了减摇鳍。

为了减轻舰体重量，初雪级的舰桥、桅杆、机库、烟囱等上层建筑大量使用了铝合金材料。但是铝合金材料遇热容易燃烧，并不合适用于建造军舰。1975年11月美国海军“贝尔纳普”号巡洋舰与“肯尼迪”号航母相撞引起火灾而导致上层建筑全部烧毁；1982年马岛战争中的英国皇家海军“谢菲尔德”号驱逐舰被一枚“飞鱼”反舰导弹命中，虽然战斗部没有爆炸，但是导弹发动机未用完的燃料却引燃了“谢菲尔德”号的铝制结构，导致这艘驱逐舰燃起大火，最后在拖带途中翻沉。鉴于美英等国军舰的教训，日本海自从初雪级的8号舰“山雪”号（DD－129）开始停止使用铝合金材料，舰体全部使用钢材建造。由此带来舰体重心有所上升，稳性降低，并使得排水量增加了约100吨。

初雪级的动力系统很先进，是日本海自第一种采用全燃联合动力的水面舰艇。动力系统为2套，每套包括1台英国罗·罗SM1C燃气轮机和1台罗·罗TM3B燃气轮机。为了提高抗打击能力，2套动力系统被安置在两舷，并前后安置。每套动力系统分为前部第一轮机室安装的是TM3B，中间第二轮机室安装的是减速齿轮组，后部的第三轮机房安装的是RM1C。推进器使用5叶可调距螺旋桨，以减轻水中的推进噪声。后期舰艇则对螺旋桨叶采用大倾角设计，进一步提高了性能。该型螺旋桨在低速状态下的转速为100转/分，并控制展开叶片的角度，在超过14节叶片转角最大；在巡航时配合RM1C主机维持160转/分的转速；当舰艇以24节的高速航行时，螺旋桨配合主机TM3B维持260转/分的最优化转速。

初雪级的设计目标是结合西方海军多用途护卫舰（DDA）和反潜护卫舰（DDK）的功能特点，兼具防空、反舰和反潜功能。这样一来，初雪级的武器系统完全按照通用化的标准进行配置，舰上的防空、反舰、反潜武器基本上都是当时日本可以获得的最先进装备，从而使其同时具备了此前需要 2～3 艘驱逐舰才能达到了作战效果，基本上实现了通用化目标。

初雪级的反舰武器主要包括一座引进的奥托 76 毫米单管舰炮和 2 座 4 联装“鱼叉”舰舰导弹。虽然奥托 76 毫米舰炮的口径与此前日本驱逐舰上所装备的美制 MK33 双联装 76 毫米舰炮相同，但在技术水平和作战性能方面却不可同日而语。这种意大利奥托·梅拉腊公司在 20 世纪 70 年代初研制的新一代中口径舰炮采用了大量新技术，不仅具备重量轻（全炮只重 7 吨）、射速高（最高可达到 85 发/分）、射程远（对空 12 公里、对海 16 公里）的特点，同时自动化程度明显提高，作战时只需要 2 人进行远距离遥控操作。在相关火控系统的指挥引导下，其对各种目标的打击精度非常高。同于其体积重量较小、而且射速高、具备更好的防空能力，作为空间有限的初雪级来说无疑是最为适合的。而这种中口径舰炮也一直成为了此后日本发展的 2 代通用驱逐舰的标准主炮。

为了弥补远距离对海打击能力的不足并且适应导弹时代的来临，初雪级首次从美国引进了当时刚刚完成研制并装备使用的“鱼叉”反舰导弹。这种远程反舰武器相对于传统大口中径舰炮交战距离提高了 4 倍以上，而攻击精度更是提高了十几倍，1～2 枚就足以击沉一艘 4000 吨级的中型舰艇。初雪级由于舰面空间有限，2 座 4 联装的发射装置只能安置在中部烟囱两侧小型平台上，每座发射装置朝向舰首方向外倾 30 度。“鱼叉”导弹的服役极大的提升了日本海上自卫队的对海打击能力。同时，“鱼叉”导弹以及后来日本以其为原型研制的 90 式反舰导弹也成为了日本各型驱逐舰上的标准远程反舰武器。

防空武器方面，初雪级选择了美国“海麻雀”舰空导弹系统，使用性能有所提高的 RIM－7H 舰空导弹，发射装置也使用了更为轻便的 8 联装 MK－29（日本仿制后称为 GMLS－3 型）。这种射程为 14 公里的近程点防空导弹可以为“初雪”级提供最为基本的对空防御能力，虽然其还不个备拦截低空掠海飞行的目标，但相对于传统老式的防空舰炮而言已是巨大的进步了。为了弥补近程防空火力的不足和空缺，在“初雪”级舰桥两侧还布置了 2 座 MK15“密集阵”近防武器系统，这种 6 管 20 毫米速射舰炮具备了独立的搜索、跟踪系统，可以不依赖其他系统独立完成对空中以及低空掠海小目标的拦截，其最高射速达到 3000 发/分，利用短时发射出的大量穿甲弹丸直接对来袭目标进行“硬毁伤”，主要用于 1500 米范围内防空、反导。至今其仍是日本海上自卫舰各型驱逐舰上的主要近防系统。由于“密集阵”近防武器系统的装备，初雪级具备了一定的拦截低空掠海目标的能力，但对于像俄罗斯海、空军装备的大型超音速反舰导弹的效果仍然十分有限。

反潜武器方面，初雪级的配置简洁而有效，主要由“阿斯洛克”反潜导弹和 MK46 轻型反潜鱼雷以及舰载反潜直升机组成。其中一座 8 联装 74 式反潜导弹发射装置分别布置在舰首和舰体中部，负责中、近程反潜。该发射装置配用的“阿斯洛克”导弹的射程为 18 公里，携带的 MK46 轻型反潜鱼雷可能攻击潜深 450 米，可以迎头或尾追打击航速 25 节的潜艇目标，是“初级”级的远程反潜的主要武器。近程反潜则主要由舰上的 2 座 HOS－301 型（68 式）三联装 324 毫米鱼雷发射管发射 MK46 反潜鱼雷负责，相对于第一代的 MK44 反潜鱼雷，在最高航速、探测和跟踪能力以及攻击深度等方面 MK46 都有了明显提高，最高航速提高到 40 节，作战距离增加到 8 公里，作战深度更是提高到了接近 500 米。可以说，对于当时苏联海军所装备的各种型号的常规潜艇及核潜艇都具备了很强的打击能力。而此前反潜驱逐舰上所装备的反潜火箭深弹系统已经被舍弃，毕竟在作战距离、攻击精度、打击效果方面面对苏联海军各种技术先进的潜艇已经很难发挥作用，因此从初雪级开始，日本以后建造的各型驱逐舰都已将反潜导弹和反潜鱼雷作为标准的反潜武器配置，这样既提高了反潜作战时的火力打击密度，同时也有利于战时的装备保障和补充。

初雪级在反潜武器方面最大的变化可以说就是配置了成熟的舰载反潜直升机，其也是日本海上自卫队第一种具备“海空一体”反潜作战能力的驱逐舰，其各方面的设计、作战特点和经验对于后来的几种通用驱逐舰都发挥了重要的指导性作用。由于平台吨位和尺寸有限，舰上的直升机机库与烟囱设计成为一个整体，后部是长 20 米，宽 12.5 米的飞行甲板，为了保证在恶劣海况条件下的起降能力，甲板上装备了 RAST 辅助降落系统，可以实现在 6 级海况下直升机的安全起降。机库内设置有完善的直升机维修、保养、维护设备，可以满足舰载直升机长时期海上作战的要求。舰载直升机选择了引进美制 SH－3“海王”反潜直升机生产许可证生产的 HSS－2B，这种重量达 9 吨的中型直升机具备较强的载重能力、续航时间，可以在满载的条件下执行 150 公里范围内的搜、攻击作战。机上装备了完善的水声探测设备，可以使用自身携带的 MK46 轻型反潜鱼雷对潜艇目标实施攻击，具备很强的独立作战能力，作战效果已经在“榛名”级直升机驱逐舰的使用中得到了认证。因此，在通用驱逐舰上实现这种中型反潜直升机的装舰使用，无疑将会日本海上自卫队的航空机动反潜力量有很大的提高。日本从 20 世纪 70 年代中期开始引进专利在国内进行生产，到 1987 年生产线关闭一共生产了 185 架，其中反潜型超过 100 架，成为了日本海上自卫队从 20 世纪 70 年代末到 90 年代初这十几年间航空机动反潜的主力，直到更先进的 SH－60J 的服役，才在 90 年代中期退出现役。

作为一级在20世纪80年代期间服役的新型驱逐舰，初雪级的雷达电子设备也由于技术的进步和作战的要求有了明显提高，其中相对于此前日本建造的通用驱逐舰相比，最主要的变化就是装备了新一代的OYQ－5舰载作战指挥系统，实现了以计算机为核心的多通道、多余度的信息显示、处理与控制能力，同时作战系统中还整合了美制14号数据链，提高了编队作战以及与美舰协同作战的能力。

初雪级在电子设备方面进入进步还体现在各种雷达系统实现了国产化，舰上装备了OPS－14B对空搜索雷达、OPS－18对海搜索雷达、FCS－2－12A导弹火控雷达、NOLQ－6C电子战系统、FCS－2－2.51A火控雷达以及OQS－4A主、被动舰壳声纳和OQR－1拖曳式线阵列声纳基本上都实现了国内生产，虽然还有所技术和设备仍然需要从美国方面引进，但相对于此前各系统大部分都是美制型号或单纯的仿制产品来说，“初雪”级已经实现了根本性的转变。

作为日本战后建造的第一种通用型导弹驱逐舰，初雪级不仅解决了日本海上自卫队建立全新“八八舰队”高性能通用驱逐舰匮乏的问题，同时还为日本通用型导弹驱逐舰的发展确立了基本的发展模式。

进入21世纪后，随着日本海自新型通用驱逐舰不断增加，初雪级淡出了一线作战舰艇行列，并陆续退役。现在，日本海自除了将3艘初雪级划归地方队、3艘改为训练舰之外，其余6艘初雪级已经退役。

附表：　　初雪级通用驱逐舰主要技术性能

主尺度	舰全长130米，舰宽13.6米，型深8.5米，吃水4.2米或4.4米（DD－129～DD－133）。
标准排水量	2950吨或3050吨（DD－129～DD－133）。
满载排水量	4000吨或4200吨（DD－129～DD－133）。
动力装置	2台川崎重工生产的奥林普斯TM3B型燃气轮机，功率49400马力；2台川崎重工生产的太因RM1C燃气轮机，功率10680马力。巡航时使用2台太因RM1C，以最高速度航行时则4台燃气轮机同时工作；双轴双桨驱动。
最大航速	30节。
续航力	5590海里/20节。
武器系统	1座奥托76毫米单管舰炮； 1座GMLS－3型8联装舰空导弹发射装置； 1座74式8联装反潜导弹发射装置； 2座“密集阵”近防武器系统； 2座4联装MK141“鱼叉”反舰导弹发射架； 2座HOS－301型（68式）三联装鱼雷发射管。

续表

舰载机	初期为 1 架 HSS－2B 反潜直升机，后期换为 1 架 SH－60J 反潜直升机。				
声纳	1 部 OQS－4A 低频主/被动舰壳声纳、1 部 OQR－1 拖曳线列阵声纳。				
雷达和电子系统	1 部 OPS－14B 两坐标对空搜索雷达； 1 部 OPS－18 对海搜索雷达； 1 部 OPS－20 导航雷达； ORN－6 “塔康” 天线。				
C4I 系统	OYQ－5 战术信息处理系统； 1 部 FCS－2－21－A 舰炮火控雷达； 1 部 FCS－2－12 舰空导弹火控雷达； 1 部 SFCS－6A 对潜情报处理系统； ORQ－1 直升机数据链； AN/SWG－1 “鱼叉” 舰用发射和控制系统（HSCLCS）。				
电子战系统	NOLR－6C 电子侦察装置； OLT－3 干扰机； OLR－6C 雷达告警接收机； 2 座 MK137 干扰弹发射装置； 1 部 3 型拖曳式鱼雷诱饵。				
编制舰员	195～200 名。				
建造情况	舰名	建造船厂	开工	下水	建成服役
	“白雪”	日立造船舞鹤造船厂	1979 年 12 月 3 日	1981 年 8 月 4 日	1983 年 2 月 8 日（2011 年 3 月 16 日改为训练舰）
	“山雪”	日立造船舞鹤造船厂	1983 年 2 月 25 日	1984 年 7 月 10 日	1985 年 12 月 3 日
	“松雪”	石川岛播磨重工东京第 1 船坞	1983 年 4 月 7 日	1984 年 10 月 25 日	1986 年 3 月 19 日
	“濑户雪”	三井造船玉野船厂	1984 年 1 月 16 日	1985 年 7 月 3 日	1986 年 12 月 11 日（2012 年 3 月 14 日改为训练舰）
	“朝雪”	住友重工追浜造船所浦贺船厂	1983 年 12 月 22 日	1985 年 10 月 16 日	1987 年 2 月 20 日
	“岛雪”	三菱重工长崎造船厂	1984 年 5 月 8 日	1986 年 1 月 29 日	1987 年 2 月 7 日（1999 年 3 月 18 日改为训练舰）

2. 朝雾级：

日本海上自卫队在建造第7艘初雪级驱逐舰时，就已经开始考虑发展后续驱逐舰——朝雾级。该级舰在保证与初雪级相关舰载武器的前提下，对影响平台性能的材料、动力、雷达设备、声纳设备以及生存能力方面进行改善，不仅弥补了初雪级在设计上的不足，同时也由于与初雪级存在着较大的继承性，所以能够在很短的时间内开工建造。在不到5年的时间内，日本就批量建造了8艘朝雾级。值得一提的是，在朝雾级建造的同时，日本国内各船厂的船台上仍然还有近半数的初雪级驱逐舰正处在建造之中。也就是说，在整个20世纪80年代，日本国内多个船厂都在同时交叉建造着2种不同的驱逐舰，这说明了日本在现代军用舰船设计、建造和组织管理等方面的能力达到了非常高的水平。

初雪级的舰体平台空间不足的问题在朝雾级上有了很大改观，后者标准排水量增加到3500吨，满载排水量也增加到了4900吨，同时舰长增加了7米，达到137米，舰宽也增加了1米，达到14.6米，舰内空间比初雪级增加了近30%以上。为了提高平台的适航性，朝雾级的长宽比由9.6下降到9.3，舰体线型也改为大飞剪舰首并带明显折角线设计，这样有效的提高了舰首航行是直浪情况的发生，增强了全舰在高海况条件下航行的耐波性。

针对大部分初雪级因采用铝制材料建造上层建筑而导致防火能力不足的缺陷，朝雾级的上层建筑全部改为高强度钢（同时期建造的初雪级后5艘舰也采用了相同材料），虽然结构重量有了较大增加，但由于排水量也有了明显提高，同时舰桥比初雪级更为低矮，降低了全舰重心，所以舰体平台的稳性明显提高，而内部空间却增加了20%以上，满足了各种设备的安装要求。另外，由于设计的完善以及舰体宽度的增加，朝雾级尾部直升机机库的空间也较初雪级有所加大，满足了新一代舰载反潜直升机的使用要求，并且具备在紧急状态下停放2架SH－60J反潜直升机的能力（但并不表示其可以同时携带2架反潜直升机同时进行航空作业，主要是考虑到战时如果母舰沉没，其所携带的反潜直升机可以由其他舰只接收，以便在一定程度上减小损失）。

朝雾级的动力装置像初雪级一样采用了全燃联合动力，但4台燃气轮机全部采用斯贝SM1A，其中2台用于巡航状态使用，高速航行时则4台联合使用。在安装方式上，朝雾级将4台燃气轮机分别布置在前后2个相对独立的机舱内，这样就解决了初雪级机舱布置在左右两舷而带来的防护力不足的问题（即使有一个机舱受损也不会导致全舰动力丧失，也更有利于日常设备的保养和维护）。同时为了提高自动化程度，朝雾级的动力装置采用了远程遥控系统，可以在舰桥对发动机实施远程遥控操纵，增强了快速反应能力。由于机舱布置的变化，朝雾级在烟囱的布置上也发生了较大的变化，由初雪级的一个增加到2个，并且采用了前后布置方式，这种布局也一直沿用到了后续发展的村雨级、高波级以及最新的秋月级通用驱逐舰上。

在舰载武器的配置上，朝雾级基本上沿用了初雪级的配置，但也进行了一些改进。例如8联装GMLS－3型“海麻雀”舰空导弹发射装置增加了机械化装填系统，提高了自动化程度；“鱼叉”反舰导弹的布置由初雪级中部两侧改为沿中线交叉布置在后烟囱前部的平台上，发射方向分别面向左右两舷，较初雪级更为合理。

在雷达、电子设备方面，朝雾级也进行了部分的更新，诸如使用了OSP－28对海搜索雷达替换了老式的OPS－18；前4艘舰的对空搜索雷达为OPS－14C，后4艘舰开始换装了OPS－24有源相控阵雷达。该雷达采用八角形固态有源单面阵相控阵天线，由3000个有源发射/接收组件构成。在方位上采用机械旋转，扫描范围为360度，天线倾角15度，高低方向采用由程序控制电子波束完成从水天线到天顶的扫至天顶的扫描，具备对空、对海以及对舰空导弹进行引导的能力，实现真正意义上的半球覆盖能力。雷达对中、高空目标的最大探测距离超过200公里，对低空、超低空目标的探测距离可达到40公里，可同时跟踪超过150个的各类目标，对空中目标的探测、跟踪能力有了明显提高；战术信息处理系统也更新到了OYQ－6或OYQ－7型，整合了11号和14号数据链系统，数据处理容量比OYQ－5型系统提高了30%以上，反应速度也大为缩短。

随着朝雾级的交付，日本海上自卫队为建立4个完整的“八八舰队”而需要的20艘通用驱逐舰全部完成，其远洋作战模式基本成型。“八八舰队”以完整阵容出现后，凭借着其合理的编队构成将编队中每艘作战舰只的作战效能达到了最大化，使“八八舰队”在整体防空、反潜、反舰对战中相对于其他国家的类似编队表现出了更高的作战效能。

进入21世纪后，朝雾级像初雪级一样逐渐淡出一线作战舰艇行列。目前，除“天雾”和“濑户雾”仍在海自护卫队群服役之外，其余6艘朝雾级都划归地方队，其中2艘还被改为训练舰。

附表：　　　　朝雾级通用驱逐舰主要技术性能

主尺度	舰全长137米，舰宽14.6米，型深8.8米，吃水4.4米。
标准排水量	3500吨。
满载排水量	4900吨。
动力装置	4台川崎重工生产的斯贝SM1A型燃气轮机，功率75080马力；双轴双桨驱动。
最大航速	30节。

续表

<table>
<tr><td>武器系统</td><td colspan="5">1 座奥托 76 毫米单管舰炮；
1 座 GMLS－3 型 8 联装舰空导弹发射装置；
1 座 74 式 8 联装反潜导弹发射装置；
2 座“密集阵”近防武器系统；
2 座 4 联装 MK141“鱼叉”反舰导弹发射架；
2 座 HOS－302A 型三联装鱼雷发射管。</td></tr>
<tr><td>舰载机</td><td colspan="5">初期为 1 架 HSS－2B 反潜直升机，后期换为 1 架 SH－60J 反潜直升机。</td></tr>
<tr><td>声纳</td><td colspan="5">1 部 OQS－4A 低频主/被动舰壳声纳、1 部 OQR－1 拖曳线列阵声纳。</td></tr>
<tr><td>雷达和电子系统</td><td colspan="5">1 部 OPS－14C 两坐标对空搜索雷达，5 号舰以后换装 1 部 OPS－24 三坐标有源相控阵对空雷达；
1 部 OPS－28 对海搜索雷达；
ORN－6“塔康”天线。</td></tr>
<tr><td>C4I 系统</td><td colspan="5">OYQ－6 战术信息处理系统；
1 部 FCS－2－22A/23 舰炮火控雷达；
1 部 FCS－2－12E/G 舰空导弹火控雷达；
1 部 SFCS－6B 对潜情报处理系统；
ORQ－1 直升机数据链；
NORA－1 卫星通信系统。</td></tr>
<tr><td>电子战系统</td><td colspan="5">NOLR－8 电子侦察装置；
OLT－3 干扰机；
OLR－9C 雷达告警接收机；
2 座 MK137 干扰弹发射装置；
1 部 3 型拖曳式鱼雷诱饵。</td></tr>
<tr><td>编制舰员</td><td colspan="5">220 名。</td></tr>
<tr><td rowspan="5">建造情况</td><td>舰名</td><td>建造船厂</td><td>开工</td><td>下水</td><td>建成服役</td></tr>
<tr><td>“朝雾”</td><td>石川岛播磨重工
东京第 1 船坞</td><td>1985 年 2 月
13 日</td><td>1986 年 9 月
19 日</td><td>1988 年 3 月 17 日（2005 年 2 月 16 日改为训练舰，2012 年 3 月 14 日舷号改为 TV－3516）</td></tr>
<tr><td>“山雾”</td><td>三井造船
玉野船厂</td><td>1986 年 2 月
5 日</td><td>1987 年
10 月 8 日</td><td>1989 年 1 月 25 日（2004 年 3 月 18 日改为训练舰，2011 年 3 月 16 日舷号改为 TV－3515）</td></tr>
<tr><td>“夕雾”</td><td>住友重工追浜造船
所浦贺船厂</td><td>1986 年 2 月
25 日</td><td>1987 年 9 月
21 日</td><td>1989 年 2 月 28 日</td></tr>
<tr><td>“天雾”</td><td>石川岛播磨重工
东京第 1 船坞</td><td>1986 年 3 月
3 日</td><td>1987 年 9 月
9 日</td><td>1989 年 3 月 17 日</td></tr>
</table>

续表

	舰名	建造船厂	开工	下水	建成服役
建造情况	“浜雾”	日立造船 舞鹤船厂	1987 年 1 月 20 日	1988 年 6 月 4 日	1990 年 1 月 31 日
	“濑户雾”	住友重工追浜造船 所浦贺船厂	1987 年 3 月 9 日	1988 年 9 月 12 日	1990 年 2 月 14 日
	“沢雾”	三菱重工长 崎造船厂	1987 年 1 月 14 日	1988 年 11 月 25 日	1990 年 3 月 16 日
	“海雾”	石川岛播磨重工 东京第 1 船坞	1988 年 10 月 31 日	1989 年 11 月 9 日	1991 年 3 月 12 日

3. 村雨级：

日本海上自卫队虽然在 20 世纪 90 年代初完成了 20 艘通用驱逐舰的建造目标，但初雪级和朝雾级在设计、武器、作战性能等方面与美欧新一代驱、护舰相比明显落伍；而且初雪级和朝雾级的平台较小，现代化改进的余地有限，加之初雪级在整个 20 世纪 80 年代期间使用的过于频繁，舰体到 90 年代中后期就基本上到了使用寿命。为此，日本海自提出发展一级接替初雪级的新型通用驱逐舰。

由于受到美国伯克级驱逐舰相关技术的影响，日本对新型通用驱逐舰的性能要求很高，计划采用日本自行研制的新一代 FCS－3 型有源相控阵雷达与 MK41 垂直发射装置的组合，满载排水量增加到 5000 吨，具备更强的防空、反舰及反潜能力。但由于冷战结束，日本海自所面临的威胁大为减弱，而且日本政府也无法承担庞大的建造费用（每艘舰的建造成本估计超过 5 亿美元），所以海自又对新型通用驱逐舰的设计进行了重新修改，放弃了过多的新技术，重新回到了以上一代朝雾级为基础进行改进提高的保守设计，最终演化成了村雨级通用驱逐舰。

村雨级主要针对朝雾级平台空间小、武器系统配置落后以及不具备隐身能力进行改进设计。在舰型方面，村雨级采用了与金刚级相同的高干舷、平甲板舰型，水线面丰满，水线以上明显外飘，长宽比进一步下降到 8.6，深 V 形的剖面，不但有效减小了高海况下的甲板上浪的问题，同时也在很大程度上改善了耐波性。村雨级的标准排水量增加到 4550 吨，满载排水量达到 6200 吨。舰长增加到 151 米，舰宽增加到 17.4 米，极大地增加了舰内空间，有利于舰体内部各种设备的布置。特别值得一提的是，随着全舰自动化水平的提高，村雨级在吨位增加了 30% 的条件下，编制舰员却只有 165 人，比朝雾级减少了近 60 人，因此舰上拥有足够的空间为提高舰员的居住空间和增设各种服务、休闲设施（作为一级以远洋作战为主的现代化驱逐舰，随时保证舰员在长期的海上航行、作战中拥有较为舒适的工作、生活条件也是提高战斗力的必要方式）。

考虑到隐身性的要求，村雨级的舰体侧面舷墙采用了内倾设计，尽可能减少垂直面的产生。不过相对于法国同时期建造的拉斐特级护卫舰，村雨级的隐身设计仍然显得比较初级，各方面与英国23型护卫舰比较类似。由于舰上的舰空导弹和反潜导弹全部实现了垂直发射，原有庞大的导弹发射装置得以取消，不仅减小了舰内空间的占用，同时也有利于整体设计、对提高全舰隐身性发挥了重要作用。但村雨级从朝雾级继承下来的四角格子桅杆却是对全舰隐身性的一个严重破坏。

村雨级的动力装置仍然采用全燃联合动力，但燃气轮机却分别采用了2台英制斯贝 SM1C 和2台美制 LM2500。其中前者在巡航状态下使用，在需要高速航行时，则采取两者并车的方式来获得最大输出功率，以保证村雨级的最高航速可以达到30节。不过这种配置显然存在着一些问题，主要表现在2个不同国家所生产的不同型号的发动机在并联使用中会存在很多的技术困难。如果仅从村雨级所装备的4台燃气轮机的联合输出功率计算，应该超过80000马力，但村雨级的实际最大输出功率只有60000马力。之所以会如此，很可能是由于两种燃气轮机在最大输出状态的协调较为困难。此外，村雨级的机舱实现了无人化，操舵和主机控制实现了集中配置、远程遥控，自动化程度大为提高，相比朝雾级有了很大进步。

村雨级的武器系统仍然要求具备防空、反潜、反舰综合作战能力，但在武器的选择上却有了一些新变化。考虑到提高对空防御能力以及考虑隐身设计的要求，村雨级将防空导弹和反潜导弹都采取了垂直发射的方式。其中舰首布置了一座16单元 MK41 Mod9 垂直发射装置，用于发射“阿斯洛克”反潜导弹。防空武器系统使用了全新的 MK48 Mod4 垂直发射装置和改进的 RIM－7M 舰空导弹，彻底解决了 GMLS－3 型8联装舰空导弹发射装置发射准备时间长、存在射击盲区等问题。村雨级在装备了 MK48 垂直发射装置后，RIM－7M 导弹发射速率最高可达1发/秒，并实现了全向半球对空覆盖的能力。而且 RIM－7M 舰空导弹的射程增加到18公里，控制系统和制导系统也进行了完善和改进，提高了飞行控制精度和对低空小目标的跟踪能力，具备了有限的反导作战能力。不过，由于舰上只装备了2部 FCS－2－31 型火控雷达负责对 RIM－7M 舰空导弹进行目标照射，因此村雨级最多只能同时拦截2个空中目标，并没能充分发挥垂直发射系统的优势，实际防空作战的效能并没有比朝雾级有质的提高。除此之外，村雨级的其他舰载武器与朝雾级基本相同。

村雨级相对于朝雾级驱逐舰变化最大的地方还是在雷达、电子设备方面。例如村雨级的战术信息处理系统改为了最新的 OYQ－9 型，其在朝雾级所使用的 OYQ－6/7 型的基础上改进而成的。具备了更强的数据处理能力和威胁分析、决策能力，提高了系统的可靠性和生存能力，采用了多块大屏幕彩色显示器作为显示终端，可以完整的显示、监视超过 200 个以上的各类目标，可以控制、引导多种作战武器同时进行作战，多任务的执行能力有了大幅增加。同时，村雨级全部采用国产 OPS－24B 型有源相控制雷达，配合改进后的 OYQ－9 型战术信息处理系统，对空探测、跟踪能力及对多目标处理能力都有了十分明显的提高。

在反潜设备方面，为了对抗新一代安静型潜艇的威胁，村雨级装备了日本自研的 OYQ－103 型反潜作战系统，并整合了直升机数据链系统；反潜直升机换成了反潜能力更强的 SH－60J；声纳设备也换为最新的采用数字化技术的 OQS－5 型主/被动舰壳声纳和 OQR－2 型拖曳式线阵列声纳。后者实际上是美国海军使用的 AN/SQR－19 的日本版本，因此在性能上基本相当，这种声纳的侦听能力非常强大，对于安静性能一般的潜艇其发现距离可超过 100 公里，而对于高性能安静型潜艇，其也可以保证至少 30 公里的发现距离。

村雨级原计划建造 12 艘，以 1∶1 的比例替换初雪级。但是随着村雨级服役数量的不断增加，其所存在的一些不足也逐步暴露出来，其中最主要的就是在舰载武器的选择上存在较大的失误，原本希望为降低成本而采用的两种垂直发射系统的做法在使用中很不理想。例如 MK48 Mod4 只能使用 RIM－7M 近程舰空导弹，而舰首的 MK41 Mod9 也只能使用“阿斯洛克”反潜导弹，无法兼容“标准”－2 舰空导弹。同时两种不同的垂直发射系统还对舰上的总体布置造成了困难，增加了维护、保障、使用的复杂性。有鉴于此，村雨级最终只建造了 9 艘就转为建造新的高波级。

附表：　　　　村雨级通用驱逐舰主要技术性能

主尺度	舰全长 151 米，舰宽 17.4 米，型深 10.9 米，吃水 5.2 米。
标准排水量	4550 吨。
满载排水量	6200 吨。
动力装置	2 台 LM2500 燃气轮机，功率 33000 马力；2 台斯贝 SM1C 燃气轮机，功率 27000 马力；双轴双桨驱动。
最大航速	30 节。
武器系统	1 座奥托 76 毫米单管舰炮； 1 座 16 单元 MK48 Mod4 舰空导弹垂直发射系统； 1 座 16 单元 MK41 Mod9 反潜导弹垂直发射系统； 2 座“密集阵”近防武器系统； 2 座 4 联装 90 式反舰导弹发射架； 2 座 HOS－302A 型三联装鱼雷发射管。

续表

<table>
<tr><td>舰载机</td><td colspan="5">1 架 SH－60J/K 反潜直升机。</td></tr>
<tr><td>声纳</td><td colspan="5">1 部 OQS－5 低频主/被动舰壳声纳、1 部 OQR－2 拖曳线列阵声纳。</td></tr>
<tr><td>雷达和电子系统</td><td colspan="5">1 部 OPS－24B 三坐标有源相控阵对空雷达；
1 部 OPS－28D 对海搜索雷达；
1 部 OPS－20B 导航雷达；
ORN－6C“塔康”天线。</td></tr>
<tr><td>C4I 系统</td><td colspan="5">OYQ－9 战术信息处理系统；
1 部 IBPDMS 舰炮火控雷达；
2 部 FCS－2－31 舰空导弹火控雷达；
1 部 OYQ－103 对潜情报处理系统；
NORA－1 卫星通信系统；
ORQ－1 直升机数据链。</td></tr>
<tr><td>电子战系统</td><td colspan="5">NOLQ－3 综合电子战系统；
4 座 MK137 干扰弹发射装置；
2 部 4 型拖曳式鱼雷诱饵。</td></tr>
<tr><td>编制舰员</td><td colspan="5">165 名。</td></tr>
<tr><td rowspan="10">建造情况</td><td>舰名</td><td>建造船厂</td><td>开工</td><td>下水</td><td>建成服役</td></tr>
<tr><td>“村雨”</td><td>石川岛播磨重工
东京第 1 船坞</td><td>1993 年 8 月
18 日</td><td>1994 年 8 月
23 日</td><td>1996 年 3 月
12 日</td></tr>
<tr><td>“春雨”</td><td>三井造船玉野船厂</td><td>1994 年 8 月
11 日</td><td>1995 年 10 月
16 日</td><td>1997 年 3 月
24 日</td></tr>
<tr><td>“夕立”</td><td>住友重工追浜造船
所浦贺船厂</td><td>1996 年 3 月
18 日</td><td>1997 年 8 月
19 日</td><td>1999 年 3 月
4 日</td></tr>
<tr><td>“雾雨”</td><td>三菱重工长崎造船厂</td><td>1996 年 4 月
3 日</td><td>1997 年 8 月
21 日</td><td>1999 年 3 月
18 日</td></tr>
<tr><td>“电”</td><td>三菱重工长崎造船厂</td><td>1997 年 5 月
8 日</td><td>1998 年 9 月
9 日</td><td>2000 年 3 月
15 日</td></tr>
<tr><td>“五月雨”</td><td>石川岛播磨重工东京第 1 船坞</td><td>1997 年 9 月
11 日</td><td>1998 年 9 月
24 日</td><td>2000 年 3 月
21 日</td></tr>
<tr><td>“雷”</td><td>日立造船舞鹤船厂</td><td>1998 年 2 月
25 日</td><td>1999 年 6 月
24 日</td><td>2001 年 3 月
14 日</td></tr>
<tr><td>“曙”</td><td>石川岛播磨重工东京第 1 船坞</td><td>1999 年 10 月
29 日</td><td>2000 年 9 月
25 日</td><td>2002 年 3 月
19 日</td></tr>
<tr><td>“有明”</td><td>三菱重工长崎造船厂</td><td>1999 年 5 月
18 日</td><td>2000 年 10 月
16 日</td><td>2002 年 3 月
6 日</td></tr>
</table>

4. 高波级：

针对村雨级在设计和武器选择方面存在的问题，日本海自很快发展了村雨级的改进型高波级通用驱逐舰。

高波级原计划建造3艘，以替换村雨级未替换的3艘初雪级。但高波级实际建成了5艘，多出的2艘是用来填补退役的2艘朝雾级所带来的空缺，从而保证4个护卫队群仍然保持5艘通用驱逐舰的标准。

由于是村雨级的改进型，高波级在总体设计方面并没有发生大的变化，其中舰型、外形尺寸、动力装置、推进系统以及90%的舰载武器和雷达设备等于村雨级相同，只是高波级的满载排水量进一步增加到6300吨，吃水略有增加。

高波级上取消了MK48 Mod4垂直发射系统，节约出来的空间改为反潜直升机的飞行员专用舱室，而村雨级的同类舱室则被布置在舰体内部，飞行员到达直升机机库和飞行甲板需要耗费更长的时间。舰首MK41垂直发射系统换为Mod18型，数量增加到32个单元，可同时兼容使用“阿斯洛克”反潜导弹、“海麻雀”舰空导弹，两种导弹的数量也可根据任务需要灵活配置，一般情况下采用16枚“阿斯洛克”反潜导弹和16枚“海麻雀”近程舰空导弹。同时这套垂直发射装置还可以通用升级使用“标准”－2远程舰空导弹和“改进型海麻雀”中近程舰空导弹，从而使高波级具备区域防空及强化的近程防空反导能力，极大地提高了高波级的通用化程度以及应对新威胁的能力，同时也大为简化了后勤维护的复杂性。

舰炮方面，高波级换装了口径更大的奥托127毫米单管舰炮，提高了对海打击威力及对岸火力支援能力。

电子设备方面，主要对战术信息处理系统的数据处理系统进行了更新，使用了处理数量更快、储存能力更强的商用计算机，增加了远程实时数据交换系统，可以实现与本土海上幕僚监部和自卫队司令部进行数据传输的能力。同时还将具备双向传输能力的16号数据链整合在系统之中，协同作战能力有了进一步增加。雷达设备主要换装了FCS－2－3B型火控雷达，增加了光学引导及控制系统，可直接用于引进、控制主舰炮和“海麻雀”舰空导弹。声纳设备保留了OQR－2拖曳式线阵列声纳，但舰壳声纳换成了新的OQS－5－2型，提高了对浅水海域安静型潜艇的探测能力。在舰载直升机方面，高波级也换装了最新的SH－60K。与之前的SH－60J相比，SH－60K在各方面性能上又有了明显提升，机上装备了具备合孔径成像能力的多功能雷达和光电探测系统，提高了对小型目标的搜索、跟踪能力和全天候作战能力。机载武器增了“海尔法”轻型空舰导弹的使用能力，在保留了较强反潜能力的同时还具备了对抗小型水面船只的能力。

总体来看，高波在不断吸取朝雾级、村雨级驱逐舰的经验基础上，逐步完善了通用驱逐舰在各方面所存在的不足和缺陷，最终使高波级发展成为一级能够应对多种威胁的高性能通用驱逐舰。

附表：　　　　　　　　高波级通用驱逐舰主要技术性能

主尺度	舰全长 151 米，舰宽 17.4 米，型深 10.9 米，吃水 5.3 米。
标准排水量	4650 吨。
满载排水量	6300 吨。
动力装置	2 台 LM2500 燃气轮机，功率 33000 马力；2 台斯贝 SM1C 燃气轮机，功率 27000 马力；双轴双桨驱动。
最大航速	30 节。
电力系统	3 台 1600 千瓦主发电机，1 台 600 千瓦辅助发电机。
武器系统	1 座奥托 127 毫米单管舰炮； 1 座 32 单元 MK41 Mod18 导弹垂直发射系统； 2 座"密集阵"近防武器系统； 2 座 4 联装 90 式反舰导弹发射架； 2 座 HOS－302A 型三联装鱼雷发射管； 舰桥前两侧加装了 12.7 毫米机枪架。
舰载机	1 架 SH－60K 反潜直升机。
声纳	1 部 OQS－5－2 低频主/被动舰壳声纳、1 部 OQR－2 拖曳线列阵声纳。
雷达和电子系统	1 部 OPS－24B 三坐标有源相控阵对空雷达； 1 部 OPS－28D 对海搜索雷达； 1 部 OPS－20B 导航雷达； ORN－6C"塔康"天线。
C4I 系统	OYQ－9 战术信息处理系统； 1 部 IBPDMS 舰炮火控雷达； 2 部 FCS－2－31 舰空导弹火控雷达； 1 部 OYQ－103 对潜情报处理系统； NORA－1 卫星通信系统； ORQ－1 直升机数据链。
电子战系统	NOLQ－3 综合电子战系统； 4 座 6 联装 MK137 干扰弹发射装置； 2 部 4 型拖曳式鱼雷诱饵。
编制舰员	175 名。

续表

	舰名	建造船厂	开工	下水	建成服役
建造情况	"高波"	石川岛播磨重工浦贺船厂	2000年4月25日	2001年7月26日	2003年3月12日
	"大波"	三菱重工长崎造船厂	2000年5月17日	1995年10月16日	2003年3月13日
	"卷波"	石川岛播磨重工横滨船厂	2001年7月17日	2002年8月8日	2004年3月18日
	"涟波"	三菱重工长崎造船厂	2002年4月3日	2003年8月29日	2005年2月16日
	"凉波"	石川岛播磨重工横滨船厂	2003年9月24日	2004年8月26日	2006年2月16日

5. 秋月级:

日本海自在开始建造高波级通用驱逐舰时，已经着手发展更新型的通用驱逐舰，目的主要有三点：一是用于取代逐渐退出护卫队群的朝雾级，二是作为"宙斯盾"驱逐舰的补充舰，三是进一步拉大对周边国家的装备优势。

在设计要求上，新型通用驱逐舰与此前的4级通用驱逐舰有了明显不同：首先，不再遵循日本海自传统的"反潜第一、防空第二、反舰第三"的设计思想，而是要求其像美国伯克ⅡA级那样具备高度的任务弹性。特别是在金刚级和爱宕级"宙斯盾"驱逐舰逐渐将重心转为海上反导之后，新型通用驱逐舰还要担当日本"宙斯盾"驱逐舰的"护卫"，负责一定的区域防空任务，因此相控阵雷达的上舰就成为必需；其次，随着世界反舰技术水平的快速进步，日本海自对新型通用驱逐舰的隐身能力给予了空前重视。第三，随着非传统威胁的增大，日本海自还要求新型通用驱逐舰能够执行诸如拦截入侵日本领海的所谓"不明国籍船"、国际维和行动、反恐作战等非传统安全任务；第四，更加强调居住性，这既有未来女兵上舰的考虑，也有搭载额外人员(如指挥人员、特种部队队员等)的考虑。

2004年12月，日本内阁通过了防卫厅提出的《中期防卫力量整备计划》(2005~2010年)，批准建造首批4艘新型通用驱逐舰。在计划得到批准后，日本海自原想从2006年开始建造首舰18DD（"平成18年度通用驱逐舰"），但由于日本海自在2007年的主要精力放在了发展新一代C4ISR系统上面，所以新型通用驱逐舰首舰的建造时间被推迟到2007年，项目代号也随之由18DD变为19DD。日本防卫省提出的建造预算为848亿日元，但日本国会只批准了750亿日元。2008年，日本国会批准了20DD的建造计划，但对其建造预算也进行了一些削减。这样一来，19DD 和 20DD 的建造预算便由原先的总额 1515 亿日元下降到了 1451 亿日元。而三号和四号舰的建造计划由于都是在 2009 年批准，所以两舰也都被称为 21DD。

2009 年 7 月 17 日，19DD 在三菱重工长崎造船厂二号船台开工（建造代号 2044），2010 年 10 月 13 日下水，被命名为“秋月”号（舷号 DD－115）。根据首舰命名，日本新型通用驱逐舰也由此称为秋月级。

在最初设计方案中，秋月级拟采用大量的新技术，如整体隐身设计、模块化建造技术、舰内光纤网络、综合式全电推进系统等，目的是想成为世界上最先进的通用驱逐舰。但日本海自后来考虑到过多的新技术可能会带来巨大风险，特别是会让造价飞涨，于是最终取消了这种前卫设计，转而强调稳妥和技术继承性。

秋月级继续沿用了高干舷、平甲板舰型，并采用飞剪型舰首、深 V 型舰体、舰舷丰满且外飘明显，舰首底部球鼻首安装了新型声纳罩。上层建筑为一体化设计，像是由梯形积木堆砌而成，从前面看呈倒“V”形。舰面布局基本由两部分组成，前部由舰桥、主桅杆和烟囱构成，后部包含烟囱、直升机库等。水线以下舰体采用了类似日向级直升机驱逐舰的设计，从舰桥前到舰首则有明显上扬，并在水线以下舰体两舷均设有舭龙骨和减摇鳍，有效提高了该级舰在高海况下的适航性。优化的小长宽比舰体设计、减摇鳍和较大的吨位，使秋月级驱逐舰在远洋航行时具有良好的适航性、耐波性和稳定性。

秋月级采用了和法国拉斐特级护卫舰类似的舰体隐身设计，上层建筑被扩展到与主甲板同宽、低矮平滑，面向舰首和舰尾的两处壁面采用了大内倾角的棱面设计，两侧壁也全部为内倾设计（倾斜角约 10 度左右），各面相接处采用了圆弧过渡；舷侧通道全部设在上层建筑内；布置舰载小艇和鱼雷发射管的封闭式舱门在航行时用百叶窗式金属卷帘门遮蔽；主桅采用与爱宕级“宙斯盾”驱逐舰类似的后倾式封闭桅杆（当年日本海自在引进美国伯克级驱逐舰技术自主建造金刚级驱逐舰时，曾一度放弃了同步引进的这种隐身桅杆技术，仍然采用传统的四角格子桅。但后来海自终于认识到后倾封闭桅杆的隐身效果大大优于四角格子桅，于是便在爱宕级和秋月级驱逐舰上陆续采用）；ORQ－1C 型直升机数据链的天线由 FSS 频率选择材料包覆，对于空间入射的平面波具有“滤波”效应；甲板以上部分尽量减少外露装备，对难以隐藏的设备都进行了一定的隐蔽处理，如反舰导弹发射装置平时完全掩埋在舰体中部舰面下，发射时才由液压装置向上升起；前甲板布置的锚泊设备和锚链也被防浪板遮蔽，舰上的美制 MK45 Mod4 型 62 倍径主炮也采用了隐身炮塔。

为增强防护力，秋月级的舰体中部采用了双层舰壳设计，舰体和上层建筑为高强度钢结构，主要舱室都设在主舰体内，重要部位以凯夫拉装甲保护。

秋月级驱逐舰继续沿用全燃联合动力，但没有采用村雨和高波级的2台美制LM-2500和2台英制斯贝SM1C燃气轮机并联的方案，而是采用了与朝雾级驱逐舰类似的同机并联方案，即4台英制斯贝SM1C燃气轮机（单台功率26150马力，但日本采用的功率仅为16000马力）被分为2组，分别布置在2个机舱内（前部第1机舱配备1、2号主机，连接左舷推进轴，后部第2机舱配备3、4号主机，连接右舷推进轴，左舷轴较右舷要长，每个机舱有2套减速装置），之间设辅机舱，巡航时启动其中2台，高速航行时则4台并联。为了降低水下噪声，该级舰采用了2具带气幕降噪技术的5叶变距螺旋桨。

秋月级装备有3台主发电机和1台备用发电机，源动力是燃气轮机，发电量充分考虑到日后加装新设备的需要。动力操作室兼应急指挥所设在舰体中部，室内有主机操控台、辅机监控台、电源监控台、应急监控台等，具备很高的综合自动化程度。

秋月级装备有日本耗费20多年研制成功的第5代舰载作战指挥系统——先进技术战斗系统（ATECS）。该系统的作用、结构与美国“宙斯盾”系统相似，综合性能与“宙斯盾”BMD3.6大致相当，是一种综合了相控阵雷达与高速数据处理技术的集成化舰载作战指挥系统。ATECS主要包括OYQ-11战术信息处理系统、00式火控指挥系统、反潜战情报处理系统（ASWCS）与电子战管制系统（EWCS）四个子系统。

OYQ-11是ATECS的核心，能依靠雷达、红外、声纳等传感器自动探测和跟踪目标，或通过数据链从上级或其他作战平台获取目标数据，然后进行综合处理，协同其他系统一起遂行作战任务，具有很强的综合处理能力和交战反应速度。

00式火控指挥系统的核心是FCS-3A有源相控阵雷达。该雷达是在日向级直升机驱逐舰所装的FCS-3基础上发展而来的，主要是进一步提高了对空能力。FCS-3A采用4组固定式相控阵雷达天线，每组天线由1大1小两个天线构成，其中面积较大的八边形天线阵面直径约1.6米，每个阵面由1600个工作频率在C（G）波段的收/发模块组成，最大对空搜索距离达到200公里，可在强电子干扰环境下同时探测、跟踪300个目标；面积较小的天线则是一种主动相控阵火控雷达，工作在X波段，用于为RIM-162A“改进型海麻雀”（ESSM）和“标准”-2舰空导弹提供末段制导所需的照射波束，每面天线可同时为多枚导弹提供照射，因此一套FCS-3A能同时控制10枚以上舰空导弹拦截多个空中目标。

ASWCS负责整合舰上的所有反潜传感器和反潜武器。其中反潜传感器中最重要的是 OQQ－22 综合声纳系统，包括舰壳声纳和拖曳线列阵声纳。在秋月级舰首的球鼻声纳罩里装有新型低频舰壳声纳，罩内前部是圆柱形声纳阵列，后面是平面阵列。为了对付周边国家噪音不断下降的安静型潜艇，新型舰壳声纳采用了比 OQS－102 低频舰壳声纳（日本许可生产的美制 SQS－53B/C）更低的工作频率，探测距离比原来的声纳大幅提高，并且还提高了在浅海探测潜艇的能力。秋月级的低频拖曳式线列阵声纳采用的是 OQR－3，拖缆收放孔是舰尾部靠近水线位置并排布置的两个圆孔中的内侧圆孔。

EWCS 负责整合舰上的电子战设备。在秋月级的舰桥后部位置装备有日本自己研制的 NOLQ－3D 综合电子战系统的干扰天线，该天线与桅杆顶部的 ESM 配套使用；在桅杆顶部靠后的位置还有多个较短的鞭状天线，可提升电子支援能力；在舰尾部靠近水线位置的并排布置的两个圆孔中的外侧圆孔用于收放 4 型拖曳式鱼雷诱饵的拖缆。秋月级还装备有 4 座 MK137 干扰弹发射装置。

ATECS 各子系统之间通过光纤网络连接，再接上以 TCP/IP 协议为基础的 NOYQ－1B 舰载广域/局域网与舰上其他系统组网。该系统使用了美军采用商业技术及多重处理器结构的 AN/UYQ－70 显示终端，包含有一系列开放式结构的新型智能显控台和 MCE、MEV 等运算处理单元，以及大量加固的现成商业计算机组件技术，运算速度和经济性有很大提高。此外，采用分布式结构的 ATECS 还保证了不会因单一系统的失效而影响到全系统运作，各计算机间可互相作为备援，并共享资源，既能应对故障或者战损的威胁，也易于进行升级改造。

除了 FCS－3A 相控阵雷达外，秋月级的另一款重要的舰载雷达是一部安装在主桅中部的 OPS－20C 对海搜索雷达。虽然该雷达的性能不如海自驱逐舰上普遍装备的 OPS－28 系列对海搜索雷达，但其通过将发射波束由脉冲波束变为连续波（CW）波束，可有效降低被对方电子对抗设备发现的概率。而在对海搜索之外，OPS－20C 雷达还具有导航功能。

在 OPS－20C 对海搜索雷达上方的圆柱形白色天线罩里是对美军通信用的 AN/USC－42 卫星通信天线，再往上是电子支援措施天线（ESM），最上面是 ORN－6E“塔康”战术无线电导航天线。此外，桅杆上还装备有 UPX－29 敌我识别系统及 GPS 导航系统等。在秋月级的桅杆底部两侧及尾部上层建筑上安装有宽带（X 波段）卫星通信系统的大型天线罩，在烟囱和飞行甲板等周围布置有各种卫星通信天线，可以接受日本“超鸟”系列（包括“超鸟”B1/B2、“超鸟”D 和“超鸟”C2）卫星提供的信息。为与美国海军及日本自卫队其他军种实现信息共享和协同作战，秋月级还装备了美国海军标配的 11、14、16 号战术数据链以及日本海自最新的海上幕僚监部系统的海上终端，并配备了数据传输能力更强的美国协同作战系统（CEC）。在秋月级的舰桥顶部装有 ORQ－1C 直升机数据链，主要负责舰载直升机与母舰之间实时传输来自声纳和声纳浮标的数据，并可用来与搭载的 SH－60K 直升机进行大容量数据交换。

根据日本海自的最新编制，一个护卫队群重新划分为一个反潜编队和一个反弹道导弹编队，其中后者将由 1 艘具备反弹道导弹能力的金刚级或爱宕级驱逐舰、1～2 艘秋月级以及 2 艘村雨或高波级通用驱逐舰组成。进行反导作战时，金刚或爱宕级驱逐舰由于其作战指挥系统将主要进行反导所需的导弹探测、弹道计算、数据交换、武器准备等工作，防空能力将出现严重下降，而“秋月”级在此时就将临时承担起区域防空的重任。为此，秋月级与高波级一样在舰首 B 炮位安装有 4 座 8 单元战术型 MK41 垂直发射装置，其中 16 单元将装备舰空导弹，而另外 16 个单元将装备垂直发射型“阿斯洛克”反潜导弹（VL－ASROC）。

秋月级选择的舰空导弹没有选择美制“标准”－2MR Block IIIA/B，而是美制“改进型海麻雀”（ESSM）。这主要基于三方面原因：一是如果携带“标准－2”Block IIIA/B，则秋月级的载弹量太少，最多不过 24 枚，因为至少还要保留 8 单元垂直发射装置装填垂直发射型“阿斯洛克”反潜导弹，而如果携带 ESSM 的话（日本海自原计划选择自己研制的 AHRIM。该导弹系由日本防卫省技术研究本部在 AAM－4 中距空空导弹基础上改进而来，性能优异。但后来由于种种原因，AHRIM 的研制计划被终止），由于每个发射单元可装 4 枚，则 16 个发射单元就可装填 64 枚，不但能满足防空作战需要，而且还能再增加 8 枚垂直发射型“阿斯洛克”反潜导弹；二是 ESSM 采了用小展弦比弹翼加控制尾翼的气动布局、MK143 Mod 0 大直径单级固体高能火箭发动机和矢量推力系统，具有更高的速度、更远的射程和更好的机动性——最大速度 4 马赫以上，最大射程达 50 公里，最大机动过载高达 50G，而且不会随射程的增加有明显下降，制导方式采用中段惯性/指令修正＋末段半主动雷达制导，具备在最远射程拦截掠海超音速反舰导弹的能力。也就是说，ESSM 的射程不但基本可以满足保护编队的射程需要，而且其拦截水面舰艇的主要威胁——高速掠海反舰导弹时的有效射程和拦截概率还超过了“标准”－2 Block IIIA/B；三是日本海自设想的以秋月级在反导作战中临时负责编队防空任务的具体战法，并非简单的以 FCS－3A 配合“标准”－2MR Block IIIA/B 代替“金刚”级或“爱宕”级进行远程防空，而是全面收缩防空范围，充分发挥 FCS－3A 的多目标交战能力和 ESSM 的数量优势，由秋月级率领村雨、高波级等驱逐舰构成一个总备弹量 100 多枚的密集中近距离防空体系。

一个标准海自反导编队中虽只编有 1 艘金刚级或爱宕级，但并没有任何规定要求海自必须以此编队出战。实战时，日本海自完全可以采用双“宙斯盾”舰配置，其中1艘执行反导任务，另1艘执行区域防空任务。如此一来，就更看不到在秋月级上装备“标准”-2MR Block IIIA/B 的必要性。

秋月级的近防武器是2座分别布置在舰桥前方平台和直升机库顶部的美制 MK15“密集阵”Block 1B 近程防御系统。

秋月级的反潜武器系统由舰载 SH-60K 直升机、垂直发射型“阿斯洛克”反潜导弹、97式反潜鱼雷组成，构成了远、中、近三层反潜火力。

负责远程反潜的 SH-60K 直升机是 SH-60J 的改进型，机身长19.8米，最大起飞重量10.89吨，旋翼直径16.4米，尾桨直径3.4米，机高5.4米，最大飞行速度250公里/小时，升限3810米，航程1110公里，续航时间4.2小时，作战半径200公里。该机的主要搜潜设备是日本自行研制的新型 HQS-104 低频主动吊放声纳，性能相当于美国海军 AN/AQS-22 低频声纳，可有效对付装备敷设消声瓦的低噪声潜艇。其他搜潜设备包括声纳浮标、磁探仪和前视红外系统以及逆合成孔径雷达（ISAR）等。

SH-60K 增加了与 MOF（海上作战指挥控制系统）对应的战术情报处理、显示功能和僚机进行战术情报交换的功能，通过数据链与母舰上的 ACDS 相联，从而使舰队整体反潜能力得到大幅提升。与此同时，SH-60K 也保留了 SH-60J 的反舰导弹中继制导功能。

SH-60K 的机载反潜武器是日本自行研制的97式反潜鱼雷。该鱼雷采用双航速（搜索阶段为低航速、攻击时为高航速）航行，配备有威力较大的成型装药战斗部，最大航速40节，作战深度600米，可攻击高速深潜目标及浅水潜艇。在执行反潜任务时，SH-60K 通常搭载2枚97式反潜鱼雷。除此之外，SH-60K 也可携带多枚 MK64 深水炸弹进行反潜。

秋月级舰尾机库在设计上与村雨、高波级相似，但宽度更大（与舰同宽），为了加固宽大的单扇机库门，也像村雨、高波级一样，特意在偏右的位置立了一根滑道，看起来就像是有两扇不一般大小的机库门似的。由于机库宽度加大，所以内部很宽敞，可以比较轻松的停放2架旋翼折叠的 SH-60K 直升机（出于操作成本及通常威胁考虑，舰上一般只搭载1架 SH-60K 直升机）。据《简氏国际海军》报道，美国柯蒂斯-赖特公司为秋月级的直升机着舰提供 MKIV 型回收、辅助、固定和移动（RAST）系统。RAST MK IV 是一个复合系统，它吸收了上一代 RAST 系统的性能，并加入了“载机舰综合固定和移动”（ASIST）系统。它使用一个快速固定装置（RSD），执行固定、转向和移动工作。在直升机降落在甲板前，该装置会一直与直升机保持连接，该系统能够适用于大多数型号的舰载直升机，可以满足大部分环境需要，最高可支持6级海况。

秋月级负责中距反潜任务的武器是垂直发射型“阿斯洛克”反潜导弹，其中首舰“秋月”号采用的是从美国原装进口的 RUM－139B 垂直发射型“阿斯洛克”；后三艘采用的是日本特许生产的垂直发射型“阿斯洛克”，称为 07 式。

与之前的倾斜发射型“阿斯洛克”相比，垂直发射型“阿斯洛克”的反应速度更快、打击范围更广（发射速度最大可达 1 发/秒，空中飞行速度 0.9 马赫，最大射程 22 公里，可自动搜索、跟踪和攻击 40～1000 米水下的潜艇）。与美国的原装“阿斯洛克”反潜导弹相比，日本 07 式反潜导弹将战斗部由美制 MK46 Mod5 反潜鱼雷换为日本自制的 97 式反潜鱼雷，提高了打击能力。

秋月级负责近距反潜任务的武器系统是安装在舰体中部两舷封闭式舱门内的 2 座日本自研的三联装 HOS－303 型 324 毫米鱼雷发射管，用于发射 97 式反潜鱼雷。

秋月级的反舰武器为 8 枚 90 式（SSM－1B）舰舰导弹（2 座四联装发射装置布置在两个烟囱之间）。该导弹是日本自行研制的第二代舰对舰导弹，外形与美国 RGM－84“鱼叉”反舰导弹非常相似，具备扇面发射能力。90 式反舰导弹长 5 米，弹径 0.35 米，弹重 667 公斤，涡喷动力，飞行速度 0.9 马赫，有效射程 150～200 公里，巡航时飞行高度为 30 米，在末端攻击时下降到 5～6 米，在距离目标 3 公里时突然跃升俯冲攻击目标。其采用的半穿甲战斗部重 270 公斤，带有延时触发和近炸引信。90 式反舰导弹采用中段惯性/指令修正＋末段主动雷达制导（可加装红外成像导引头），其中雷达导引头为具有抗干扰能力的宽频带频率捷变主动雷达导引头，可对 20 公里处的水面目标进行锁定。作战时，90 式反舰导弹将通过数据链接收来自 SH－60K 直升机、预警机、反潜巡逻机等平台的超视距目标指示信息。

秋月级的主炮是 1 座采用隐身炮塔的美制 MK45 Mod 4 型 62 倍径 127 毫米舰炮，具有较好的对海和对岸攻击能力。

为了对付恐怖行动和可疑船，秋月级在舰体两舷的大型封闭式舱门内装有快速突击艇（可容纳 2 艘 7.5 米长的综合作业艇或 1 艘 11 米长的作业艇），以执行登临检查和反恐任务，并且还在舰上特意配备了 4 挺 12.7 毫米机枪。

除此之外，日本海自还计划为秋月级装备无人水下航行器（UUV），从而让该级舰具备反水雷能力，再不必仰赖海自的扫雷舰艇伴随舰队行动。

附表： **秋月级通用驱逐舰主要技术性能**

主尺度	舰全长 150.5 米，舰宽 18.3 米，型深 10.9 米，吃水 5.4 米。
标准排水量	5000 吨。
满载排水量	6800 吨。

续表

<table>
<tr><td>动力装置</td><td colspan="5">4 台斯贝 SM1C 燃气轮机，功率 64000 马力；双轴双桨驱动。</td></tr>
<tr><td>最大航速</td><td colspan="5">30 节。</td></tr>
<tr><td>电力系统</td><td colspan="5">3 台 1600 千瓦主发电机，1 台 600 千瓦辅助发电机。</td></tr>
<tr><td>武器系统</td><td colspan="5">1 座采用隐身炮塔的 MK45 Mod4 型 127 毫米单管舰炮；
1 座 32 单元 MK41 Mod18 导弹垂直发射系统；
2 座“密集阵” Block 1B 近防武器系统；
2 座 4 联装 90 式反舰导弹发射架；
2 座 HOS－303 型三联装鱼雷发射管；
舰桥前两侧加装了 12.7 毫米机枪架。</td></tr>
<tr><td>舰载机</td><td colspan="5">2 架 SH－60K 反潜直升机或 1 架 MCH－101 扫雷直升机。</td></tr>
<tr><td>声纳</td><td colspan="5">1 部 OQQ－22 综合声纳（包括 1 部低频主/被动舰壳声纳、1 部 OQR－3 拖曳线列阵声纳）。</td></tr>
<tr><td>雷达和电子系统</td><td colspan="5">1 部 FCS－3A 多用途有源相控阵雷达（4 组阵面，每组一大一小两块天线面板）；
1 部 OPS－20C 导航雷达；
ORN－6E“塔康”天线。</td></tr>
<tr><td>C4I 系统</td><td colspan="5">OYQ－9 战术信息处理系统；
FCS－3A 火控系统；
NORA－1C、NORQ－1、NORC－4B 卫星通信系统；
AN/USC－42 卫星通信接收机；
ORQ－1C 直升机数据链。</td></tr>
<tr><td>电子战系统</td><td colspan="5">NOLQ－3D 综合电子战系统；
4 座 6 联装 MK137 干扰弹发射装置；
2 座固定式舷外干扰机发射装置；
2 座 4 联装自行式干扰弹发射装置；
2 部 4 型拖曳式鱼雷诱饵。</td></tr>
<tr><td>编制舰员</td><td colspan="5">约 200 名</td></tr>
<tr><td rowspan="5">建造情况</td><td>舰名</td><td>建造船厂</td><td>开工</td><td>下水</td><td>建成服役</td></tr>
<tr><td>“秋月”</td><td>三菱重工长崎造船厂</td><td>2009 年 7 月 17 日</td><td>2010 年 10 月 13 日</td><td>2012 年 3 月 14 日</td></tr>
<tr><td>“照月”</td><td>三菱重工长崎造船厂</td><td>2010 年 7 月 9 日</td><td>2011 年 9 月 15 日</td><td>2013 年 3 月 7 日</td></tr>
<tr><td>“凉月”</td><td>三菱重工长崎造船厂</td><td>2011 年 5 月 18 日</td><td>2012 年 10 月 17 日</td><td>2014 年 3 月 12 日</td></tr>
<tr><td>“冬月”</td><td>三井造船玉野造船厂</td><td>2011 年 6 月 14 日</td><td>2012 年 8 月 22 日</td><td>2014 年 3 月 13 日</td></tr>
</table>

第四节　日本海上自卫队护航驱逐舰

日本海上自卫队虽然首重自卫舰队的远洋作战能力，为其发展了技术先进、综合作战能力非常强的大中型驱逐舰，但是日本海自也没有忽视负责日本近海防卫的地方队建设。为了增强地方队的作战能力，日本海自除了将护卫舰队所属护卫队群退役的驱逐舰装备给地方队之外，还专门为地方队研制生产了护航驱逐舰（即护卫舰）。目前，日本海自地方队装备的6艘阿武隈级护航驱逐舰是："阿武隈"号（DE－229）、"神通"号（DE－230）、"大淀"号（DE－231）、"川内"号（DE－232）、"筑摩"号（DE－233）、"利根"号（DE－234）。

阿武隈级从1986年开始研制，主要在于提高反潜和防空能力。首舰于1988年3月开工，1989年12月加入现役。阿武隈级的主要特点包括：

一是多用途性。阿武隈级之前的石狩级、夕张级护航驱逐舰作战任务比较单一，其武器装备除舰炮外，通常只装备了火箭深弹或"阿斯洛克"反潜导弹，而阿武隈级则突出了日本海自"海上歼敌"和"保卫1000海里海上交通线"等新战略思想，进一步体现了多用途化。为此，该级舰装备了美制"鱼叉"反舰导弹、76毫米舰炮、"密集阵"近防武器系统、"阿斯洛克"反潜导弹、反潜鱼雷、电子战系统等，整体性能与20世纪80年代美欧的护卫舰（如美国海军佩里级）相当，成为一级名副其实、能执行多项作战任务的多用途护航驱逐舰。

二是隐身效果较好。该级舰是日本海自第一种采用隐身设计的作战舰艇，平甲板舰型，舰体两舷向内倾斜7度，这样可使雷达波向海面扩散，达到不易被对方雷达捕捉的目的。而且该级舰还采用了可变螺距的大侧斜螺旋桨，可以降低转数约四分之一（最大转速260转/分），从而减少了噪声，提高了隐蔽性。

三是舰体增大，改善了总体布局。该级舰满载排水量达2550吨，超过了20世纪60年代初日本海自建造的驱逐舰吨位。这样一来，阿武隈级就可以装备更多的武器系统和雷达电子系统。

四是生存能力大幅提升。阿武隈级不仅装备了先进的近防武器系统、电子战系统，而且还把作战指挥中心移到了舰体内部，从而最大限度地减小了在海战中被敌方损伤的概率。

附表：　　　　**阿武隈级护航驱逐舰主要技术性能**

<table>
<tr><td>主尺度</td><td colspan="5">舰全长 109 米，舰宽 13.4 米，吃水 3.8 米。</td></tr>
<tr><td>标准排水量</td><td colspan="5">2050 吨。</td></tr>
<tr><td>满载排水量</td><td colspan="5">2550 吨。</td></tr>
<tr><td>动力装置</td><td colspan="5">柴燃交替（CODOG）形式，高速航行主机为 2 台川崎 SM1A 燃气轮机，功率 2700 马力；巡航主机为 2 台三菱重工 S12U－MTK 柴油机，功率 10000 马力；双轴双桨驱动。</td></tr>
<tr><td>最大航速</td><td colspan="5">27 节。</td></tr>
<tr><td>续航力</td><td colspan="5">5624 海里/18 节。</td></tr>
<tr><td>武器系统</td><td colspan="5">1 座奥托 76 毫米单管舰炮；
1 座 74 式 8 联装反潜导弹发射装置；
1 座“密集阵”近防武器系统；
2 座 4 联装 MK141“鱼叉”反舰导弹发射架；
2 座 HOS－301 型（68 式）三联装鱼雷发射管；
（未来计划加装 MK31 型 21 联装“拉姆”舰空导弹发射装置）。</td></tr>
<tr><td>声纳</td><td colspan="5">1 部 OQS－8 中频主/被动舰壳声纳（未来计划加装 1 部拖曳线列阵声纳）。</td></tr>
<tr><td>雷达和电子系统</td><td colspan="5">1 部 OPS－14C 两坐标对空搜索雷达；
1 部 OPS－28B 对海搜索雷达；
1 部 OPS－20 导航雷达；
ORN－6“塔康”天线。</td></tr>
<tr><td>C4I 系统</td><td colspan="5">OYQ－7 战术信息处理系统；
1 部 81 式 2 型 22C/E 火控雷达；
AN/SWG－1“鱼叉”舰用发射和控制系统（HSCLCS）。</td></tr>
<tr><td>电子战系统</td><td colspan="5">NOLQ－6C 电子侦察装置；
OLT－3 干扰机；
2 座 MK137 干扰弹发射装置。</td></tr>
<tr><td>编制舰员</td><td colspan="5">120 名。</td></tr>
<tr><td rowspan="7">建造情况</td><td>舰名</td><td>建造船厂</td><td>开工</td><td>下水</td><td>建成服役</td></tr>
<tr><td>“阿武隈”</td><td>三井造船玉野船厂</td><td>1988 年 3 月 17 日</td><td>1988 年 12 月 31 日</td><td>1989 年 12 月 21 日</td></tr>
<tr><td>“神通”</td><td>日立造船舞鹤船厂</td><td>1988 年 4 月 14 日</td><td>1989 年 1 月 31 日</td><td>1990 年 2 月 28 日</td></tr>
<tr><td>“大淀”</td><td>三井造船玉野船厂</td><td>1989 年 3 月 8 日</td><td>1989 年 12 月 19 日</td><td>1991 年 1 月 23 日</td></tr>
<tr><td>“川内”</td><td>住友重工追浜造船所浦贺船厂</td><td>1989 年 4 月 14 日</td><td>1990 年 1 月 26 日</td><td>1991 年 3 月 15 日</td></tr>
<tr><td>“筑摩”</td><td>日立造船舞鹤船厂</td><td>1991 年 2 月 14 日</td><td>1992 年 1 月 22 日</td><td>1993 年 2 月 24 日</td></tr>
<tr><td>“利根”</td><td>住友重工追浜造船所浦贺船厂</td><td>1991 年 2 月 8 日</td><td>1991 年 12 月 6 日</td><td>1993 年 2 月 8 日</td></tr>
</table>

第五节　日本海上自卫队两栖舰艇

日本海上自卫队现役的两栖舰艇包括3艘大隅级两栖运输舰“大隅”号（LST－4001）、“下北”号（LST－4002）、“国东”号（LST－4003）。

大隅级两栖运输舰的设计是日本海自在1992年提出的。1993年10月，海自与三井重工玉野造船厂签下首艘大隅级的建造合同。海自最初打算建造6艘大隅级，分成两批，每批均为3艘，但实际只建造了第一批三艘。依照日本海自的命名规则，作为两栖输送舰的大隅级采用海岛名（大隅群岛、下北半岛、国东半岛）进行命名。

由于冷战初期日本预算紧缩，因此大隅级为了节省工期成本，以商船标准来建造部分舰体结构，这样使得每艘舰的造价较低，大约272亿日元（约2.67亿美元）。

大隅级在设计上考虑了隐身需求，因此舰体、舰岛的线条与金刚级、村雨级驱逐舰一样力求简洁、单纯化，并采用倾斜的表面以降低雷达反射截面积（RCS）。而且该级舰还舍弃了日本海自传统的四角格子桅，改为四棱锥形合金制全封闭桅杆。由于主桅内部常常有人上下进出，因此主桅上雷达位置的后方都装有电磁防护装置，以维护舰员的健康。

大隅级采用全通式甲板、岛式上层建筑，但是全通飞行甲板并未延伸至舰首，而是在舰首处留出了一段，且高度低于飞行甲板，上面布置有卷锚机构等。岛式上层建筑布置有舰桥、舰员住舱、医院（位于第1甲板，有手术室、齿科诊疗室、2张床位集中治疗室、6张床位的病床）等。

全通甲板长120米，宽25.8米，总面积达3604平方米。但是大隅级的舰岛横截面积较大，导致其旁边的飞行甲板宽度太窄（只有12米），根本无法布置起降点。如此一来，大隅级可供直升机使用的飞行甲板面积并不大，且实际上被分割成了前后两部分。而因大隅级的1部20吨大型升降机设置在前部飞行甲板，所以在此处没有布置起降点，舰上可供设置起降点的地方只有尾部50米长、25.8米宽的飞行甲板上布置的两个直升机起降点。好在尾部飞行甲板无障碍物遮拦，且宽度较大，因此可满足CH－47J、CH－53等大型直升机的起降要求。不过，大隅级没有下甲板机库以及相关的直升机支援维修设施，所以无法让直升机常驻舰上（只能暂时停放于露天甲板上），也无法为降落在舰上的直升机进行维修保养，所以其航空运输能力受到很大影响，尤其是进行远洋作战时这种影响就更加明显。

大隅级的飞行甲板除停放和起降直升机外，还可用来搭载车辆。但是头两艘大隅级仅在舰尾直升机甲板敷设防滑涂层，将车辆停放于前甲板时遭遇了不少困扰，所以第三艘“国东”号在整个舰面甲板都敷设防滑涂层。

舰内设有一个面积达2185平方米的大型车库甲板，长度由舰首一直延伸到舰体中段。车库甲板前段左右舷处各设有一个大型跳板舱门，供车辆直接进出车库，故大隅级具备驶进/驶出（RORO）功能。两舷车辆进出口前均设有大型旋转盘，车辆自装载门驶入货舱甲板之前先透过旋转盘调整方向，如此便能避免履带式车辆进入货舱后还得原地回转，对货舱甲板造成损害。需要强调的是，大隅级的货舱甲板可直通舰尾的坞舱。舰岛前后方各有一部14×6米、直通下方货舱甲板的升降机，用以运输车辆等重物。大隅级的载运能力相当可观，可搭载330人的部队、15辆90式或74式主战坦克、66辆军用车辆。如果单纯用于运输物资，载运量1400吨。

大隅级舰尾设有一个大型坞舱，长60米、宽15米，可容纳两艘LCAC气垫登陆艇，其进出则经由一个向下开启的大型坞门。但是大隅级不具备让舰体下沉使海水进入坞舱的泛水能力，因此就只能操作LCAC，无法让传统排水型登陆艇进出坞舱。舰岛末端装有一具大型起重机，作为物资吊运装卸之用。

大隅级的舰载雷达主要有1部三菱机电公司生产的两坐标OPS－14C对空搜索雷达、1部日本无线电公司生产的OPS－28D对海搜索雷达、1部JRC公司生产的OPS－20导航雷达。其中OPS－14C工作在C波段，可同时探测300多个目标，最远探测距离在400公里以上，性能与美国的AN/SPS－49（V）5相当；OPS－28D工作在G/H波段，可探测到掠海反舰导弹或潜艇的潜望镜；OPS－20工作在I波段，它能够辨识近距离的渔船或交通艇等小型船只，防止撞船意外的发生。

大隅级的武器系统只以满足自身防御为标准，因此只装了2座美制“密集阵”近防系统，分别布置在舰岛前后比飞行甲板稍高的平台上。

第一艘本级舰号（LST－4001）由三井重工玉野厂承造，1994年10月开工，1995年12月安放龙骨，1996年11月下水，1998年3月服役；第二艘本级舰下北号（LST－4002）则在1999年开工，2000年11月下水，2002年3月成军；第三艘国东号（LST－4003）于2000年开工，2001年12月下水，2003年2月成军。

附表：　　　　　　　大隅级两栖运输舰主要技术性能

主尺度	舰全长178米，舰宽25.8米，型深17米，吃水6米。
标准排水量	8900吨。
满载排水量	14000吨。

续表

<table>
<tr><td>动力装置</td><td colspan="5">2 台三井 16V42M－A 柴油机，功率 27000 马力；双轴双桨推进。。</td></tr>
<tr><td>最大航速</td><td colspan="5">22 节</td></tr>
<tr><td>武器系统</td><td colspan="5">2 座“密集阵”近防武器系统</td></tr>
<tr><td>舰载机</td><td colspan="5">甲板最多停放 5 架，机型包括 SH－60JA、CH－47JA 直升机，未来还将搭载从美国采购的 MV－22 倾转翼飞机。</td></tr>
<tr><td>雷达</td><td colspan="5">1 部 OPS－14C 对空搜索雷达；
1 部 OPS－28D 对海搜索雷达；
1 部 OPS－20 导航雷达。</td></tr>
<tr><td>电子战系统</td><td colspan="5">4 座 MK137 型 6 联装干扰弹发射装置。</td></tr>
<tr><td>编制艇员</td><td colspan="5">135 名。</td></tr>
<tr><td rowspan="4">建造情况</td><td>舰名</td><td>建造船厂</td><td>开工</td><td>下水</td><td>建成服役</td></tr>
<tr><td>“大隅”</td><td>三井造船玉野船厂</td><td>1995 年 12 月 6 日</td><td>1996 年 11 月 18 日</td><td>1998 年 3 月 11 日</td></tr>
<tr><td>“下北”</td><td>三井造船玉野船厂</td><td>1999 年 11 月 30 日</td><td>2000 年 11 月 29 日</td><td>2002 年 3 月 12 日</td></tr>
<tr><td>“国东”</td><td>日立造船舞鹤船厂</td><td>2000 年 9 月 7 日</td><td>2001 年 12 月 13 日</td><td>2003 年 2 月 26 日</td></tr>
</table>

第六节　日本海上自卫队隼级导弹艇

文/韩伟

1999 年 3 月 23 日，日本海上保安厅宣称在日本能登吕半岛附近发现一艘“可疑船只”，海上保安厅随即出动巡逻舰追捕。事后日本官员表示，“可疑船只”航速极快，得以逃脱，据美国间谍卫星跟踪，该船“进入了朝鲜某军事基地”。事后，日本海自迅速提出要发展新型高速隐身导弹艇，取代 1993～1995 年服役的 3 艘 50 吨级的水翼导弹艇（是在意大利“鹞鹰”级导弹艇基础上设计建造的。不过试用两年，在大凑的第 1 导弹艇队就发现水翼艇对海况要求高、抗浪性和适航性不足，在冬季日本海上使用效果不佳），以应对“朝鲜间谍船”侵入日本领海。海自的请求获准，并得到了建造 3 艘艇的预算。首艇于 2000 年末开始动工，2001 年中旬下水并被命名为“隼”号。由此，该级导弹艇也就被称为隼级。

2001 年 12 月 22 日，日本海上保安厅出动 25 艘高速巡逻船在东海海域对一艘不明国籍的“可疑船只”进行围追堵截，海上自卫队也出动14架飞机以及“金刚”级“宙斯盾”驱逐舰等进行警戒和情报支援，最后将“可疑船只”在中国专属经济区海域内击沉。日本政府事后认定，该船系“朝鲜工作船”。此后，日本朝野即不断叫嚷要从“立法”和“现实应付”两个方面进行反省，要立即着手解决重新立法、改善装备并加强自卫队与海上保安厅之间的合作等重大问题。

2003年6月25日，日本海上自卫队在与海上保安厅协商后，将导弹艇队由原先的一支扩编到三支，并再建造3艘隼级导弹艇，以使每支导弹艇队拥有2艘隼级导弹艇。2004年，日本海上自卫队组建完成了大凑地方队第1导弹艇队、舞鹤地方队第2导弹艇队和佐世保地方队第3导弹艇队，并且为每支导弹艇队配齐了2艘隼级导弹艇。其中第1导弹艇队装备的是“若鹰”号（PG－825）、“熊鹰”号（PG－827），第2导弹艇队装备的是“隼”号（PG－824）、“海鹰”号（PG－828），第3导弹艇队装备的是“大鹰”号（PG－826）、“白鹰”号（PG－829）。隼级导弹艇单价高达109亿日元（约合1.02亿美元），创下世界导弹艇的建造费用之最。

日本海上自卫队现在主要将隼级导弹艇作为沿岸防御系统的一部分使用，与其共同使用的还应包括P－3C巡逻机、通信卫星，以及地方队所属驱护舰只等。在战斗中，P－3C巡逻机将负责目标的搜索工作，并将所得情报传回海上幕僚监部或地方队指挥部，也可以直接传输给导弹艇。海上幕僚监部等后方指挥机关则通过战场数据链与前线保持实施数据传输。在反舰任务中，隼级艇将在关闭雷达的情况下出击，通过接受后方情报，以及本艇电子战系统所获得的信息，确定目标的位置，在适当的时刻协同发起攻击。不过，从日本现在面临的周边环境来看，隼级导弹艇未来最有可能执行的任务，是对小型船只进行驱赶以及攻击，或使用突击队员对各种可疑船只进行临检。

为了提高适航性，隼级导弹艇的标准排水量增加到200吨，采用轻质合金艇体，上层建筑采用全封闭结构，舰桥部分为2层，主要结构内侧均有包含防火复合材料的防弹板。舰桥舱室内部空间较为拥挤，但座椅均安装了减震装置和5点式安全带，以对付高速条件下艇体的剧烈颠簸。舰桥底下是士官室，士官室后面便是作战情报中心，里面安装有全套的战术信息处理系统，中心与士官室之间的通道处布置有空调机器和艇携轻武器。该级艇艇体内部由舰首方向开始依次为主炮供弹室、卫生间、浴室、军官寝室、食堂兼休息室、主机操纵室、辅机舱、主机舱和推进器舱。食堂有10具同样安装有安全带的座椅，平时供艇员就餐，需要临检船只时，这里可供临检队员待命休息使用。

由于海自对隼级不但强调适航性，还要求最大航速要达到44节，为了对这两个性能要求进行兼顾，日本设计人员可谓煞费苦心。不仅在小小的艇体上挤进去3台主机，还在艇体尺寸上下了很大工夫。以前的鱼雷艇等快艇经常将长宽比设定的较大，在高速航行时艇首可以扬至海面以上，更容易得到升力，但是这样也使得艇体耐波性下降，且在40节这样的航速时，船体底部受到的波浪冲击十分强烈，对艇体强度要求很高。为此，隼级艇的长宽比较大，艇体相对狭长。为了减少由此带来的纵摇以及相关后果，艇首部分船体使用深V型线形，进行了防浪设计，人员区域都布置在位于艇体重心位置附近的舱室。

外观加强隐身性是隼级艇设计的重大特征，雷达截面积的计算贯穿了该级艇设计的始终。从外观上看，为了减少雷达反射面，该级艇各个外结构面都向内倾斜，尽量避免垂直结构出现，前甲板上的76毫米炮也是海上自卫队第一次使用的隐身外形火炮。主桅采用大倾斜角的三脚结构，为了追求隐身效果和电子兼容效果，支柱截面均被设置为菱形。高度也以不与射击指挥装置冲突为标准，据说这种桅杆结构将用于今年开工的金刚级改进型舰。同样为了隐身性能，射击指挥仪的固定位置带有一些仰角，反舰导弹发射架和卫星通信装置支架的侧面都安装了一定角度的轻质合金板，以减少垂直面，甚至连喷水推进装置的转向架支柱截面也被设计为菱形。

隼级导弹艇采用无人机舱设计，从舰桥或主机操纵室均可操纵主辅机运转。推进器则使用的是三菱重工制造的MWJ－900A型喷水推进装置，可以根据喷水方向来调节艇体机动。

采用燃气轮机后，该级艇可以在接到任务后立即以全速出航，而使用柴油机的船只还需要在全速前进行30分钟的暖机作业，这对该级艇的预设任务来说是非常有意义的。不过这不仅需要耗费大量燃料，使得使用成本增加，还使得烟囱的体积比使用柴油机的船只要大不少。为了防止烟囱排出的热气影响烟囱后部进气口效率，烟囱顶部后端比前端略高，且在两侧增加了辅助进气栅。

隼级导弹艇的C4I核心是QYQ－8B战术信息处理系统，这是由1号艇上系统改进而来的。该级艇使用的是普通的商用计算机，但安装了专用软件，虽然性能不如大型驱逐舰上的专用指挥系统，但仍然可以通过卫星通信装置与海上自卫队参谋部和所属地方队实施实时数据传输。

隼级导弹艇的武器系统包括舰首的1座采用隐身炮塔的76毫米舰炮（炮身是在日本制刚所许可制造的，其余部分购买的是奥托公司的原产品。虽然舰炮的供弹和冷却装置与意大利的原设计不同，但射速依然能够达到100发/分）、舰桥顶部两侧的2挺12.7毫米机枪和舰尾布置的2座双联装90式反舰导弹发射装置（本来在设计时工厂方面还考虑过将90式反舰导弹发射装置也进行彻底的隐身设计，但后来因成本原因作罢）。

此外，在艇身中部烟囱之前位置，还放置有一条供临检时使用的综合作业艇，重880公斤，长6.3米，可载10名突击队员。但从外形上看，这艘小艇对抗浪和速度的要求不高，并不适合对船只进行追击或强行拿捕。

附表：　　隼级导弹艇主要技术性能

<table>
<tr><td>主尺度</td><td colspan="5">艇全长50.1米，艇宽8.4米，型深4.2米，吃水1.7米。</td></tr>
<tr><td>标准排水量</td><td colspan="5">200吨。</td></tr>
<tr><td>满载排水量</td><td colspan="5">240吨。</td></tr>
<tr><td>动力装置</td><td colspan="5">主机为3台石川岛播磨重工许可生产的LM500－G07型燃气轮机，单台功率5400马力；辅机为3台新潟铁工所制造的6NSE－G电动机，单台功率380马力；发电机是东芝公司的产品，功率200千瓦；3台喷水推进器。</td></tr>
<tr><td>最大航速</td><td colspan="5">44节。</td></tr>
<tr><td>武器系统</td><td colspan="5">1座奥托76毫米单管舰炮；
2座双联装90式反舰导弹发射架；
2挺12.7毫米机枪。</td></tr>
<tr><td>雷达和电子系统</td><td colspan="5">1部OPS－18－3对海搜索雷达；
1部OPS－20导航雷达；
OAX－2型前视红外装置；
GPS导航系统。</td></tr>
<tr><td>C4I系统</td><td colspan="5">OYQ－8B战术信息处理系统（整合了11号数据链）；
海上作战部队指挥控制系统（MOF）；
1部81式2型31C火控雷达（控制76毫米舰炮）；
卫星通信系统。</td></tr>
<tr><td>电子战系统</td><td colspan="5">NOLR－9B电子侦察装置；
2座MK137干扰弹发射器。</td></tr>
<tr><td>编制舰员</td><td colspan="5">120名</td></tr>
<tr><td rowspan="7">建造情况</td><td>艇名</td><td>建造船厂</td><td>开工</td><td>下水</td><td>建成服役</td></tr>
<tr><td>“隼”</td><td rowspan="6">三菱重工下关造船厂</td><td rowspan="2">2000年11月9日</td><td>2001年6月13日</td><td rowspan="2">2002年3月25日</td></tr>
<tr><td>“若鹰”</td><td>2001年9月13日</td></tr>
<tr><td>“大鹰”</td><td rowspan="2">2001年10月2日</td><td>2002年5月13日</td><td rowspan="2">2003年3月24日</td></tr>
<tr><td>“熊鹰”</td><td>2002年8月2日</td></tr>
<tr><td>“海鹰”</td><td rowspan="2">2002年10月4日</td><td>2003年5月21日</td><td rowspan="2">2004年3月24日</td></tr>
<tr><td>“白鹰”</td><td>2003年8月8日</td></tr>
</table>

第七节　日本海上自卫队辅助舰艇

为了提高综合作战能力，日本海上自卫队不仅大力发展驱逐舰、潜艇等主战舰艇，对于辅助舰艇的发展也异常重视。目前，海自拥有多种辅助潜艇，分别如下：

一、综合补给舰

日本海自现役综合补给舰包括：3 艘十和田级——“十和田”号（AOE－422)、“常磐”号（AOE－423)、“滨名”号（AOE－424)；2 艘摩周级——“摩周”号（AOE－425)、“淡海”号（AOE－426)。

1. 十和田级：

进入 20 世纪 80 年代后，日本护卫舰队的主力驱逐舰更新速度明显加快，一批新型舰艇陆续服役（如初雪级和朝雾级驱逐舰)，海自的海上作战能力有了很大提高。同时，由于技术水平的提高，特别是一线主力舰艇导弹驱逐舰全部实现了燃气化，由此而代来的是燃油的消耗量明显增加，因此对海上补给的需求也提出了更高的要求。有鉴于此，日本海自研制了十和田级综合补给舰。

十和田级采用短首楼舰型，甲板为通长甲板，桥楼设在中部稍后，桥楼设在中部稍后，驾驶室、舰员住舱设置在桥楼。桥楼下面是机舱，机舱前面是泵舱。补给装置设在首楼和桥楼之间。燃油舱、桶装滑油舱、弹药舱设在前面。食品冷藏舱、备品舱设在尾部。对燃油舱和弹药舱采取了严密的安全措施，弹药舱内安装喷淋灭火装置、二氧化碳灭火装置、温度报警装置等。贮放导弹的舱内还安装有排气和降温装置。燃油舱的安全措施与一般油舱相同，燃油舱附近设有气体探测器。泵舱和甲板上备有泡沫灭火装置。

十和田级干舷很高，可有效防止海浪冲击到甲板上而影响补给作业的安全。舰体明显外飘，在起到一定抑制海浪的作用的同时也增加了舰体内部的空间。舰体采用了全封闭设计，适航性及耐波性较好。舰体比较丰满，目的是为了提高装载能力。

舰桥至舰首的部分是补给作业区，设 3 个补给门架，共 6 个横向补给站。前后 4 个站为液货补给站，中间 2 个站为干货补给站。前面 2 个液货补给站只补给重油，后面 2 个液货补给站可补给重油和 JP5 燃油。两舷可同时进行补给作业，可同时补给干货和液货。

补给设备下方为巨大的燃油舱及货舱。由于尺寸的增加，“十和田”级的装载能力也有了提高，其可以装载舰用燃油 6500 吨、航空燃油 200 吨、滑油 150 吨，货舱则可装载包括粮食、蔬菜等生活补给品 600 吨，货舱中设有宽敞的货物转运通道，可将除弹药外的其他各种干货补给品快速的输送到指定地点，提高补给作业的效率。中部的补给门架可以补给包括弹药在内的各种干货物品。其下方为加固的弹药库，与舰体表面通过升降机相连，一次提升能力可达到 5 吨，以方便弹药补给作业。在第 2 补给门架处还有 2 座 5 吨起重机，可用于各种干货的补给。弹药库可以装载 150 吨的导弹、鱼雷、炮弹等武器。弹药补给装置具有一次输送 1.5 吨的能力，可以满足导弹、鱼雷在内的各种弹药的补给需要。为了保证弹药库和燃油舱的安全，燃油和弹药不同时补给，而且在舱内安装了多座自动灭火装置，火警报警传感器时时对舱内的情况进行监控，一旦发生火灾，灭火系统会自动开启灭火系统灭火。同时，在弹药库内还设有一套自动喷淋系统，一旦弹药库内的温度升高到一定程度，可自动进行喷水降温，以防由于温度过高弹药库中的弹药发生自爆。其两侧还设置了压水舱室，也可为弹药舱提供一定的防护。

该级舰自动化程度很高。补给品在舰内实现自动化传送，从弹药库、粮食库中传送出来的补给品一直到高架索的吊放位置全部实现了自动转运。考虑到防止海洋污染，舰上还设有污油舱、油水分离器、污水废物处理装置、排放监控装置等防污设备。在舰桥前还有一部 10 吨起重机，用于锚泊时的弹药及粮食等物品的补给。

尾部设有飞行甲板，但没有设机库。飞行甲板可以满足 10 吨级直升机的起降要求。由于舰上没有机库，无法对直升机进行维护、保养，因此直升机不是常备的，在需要时才上舰。由于直升机的载重量较大，可以外挂多种类型的固体货物，因此具有较强的垂直补给能力。同时在直升机平台上还设有直升机空中悬停加油装置，直升机无需着舰即可在悬停状态完成加油作业。

附表：　　　　十和田级综合补给舰主要技术性能

主尺度	舰全长 167 米，舰宽 22 米，型深 15.9 米，吃水 8.1 米。
标准排水量	8150 吨。
满载排水量	15850 吨。
补给能力	8000 吨。
动力装置	2 台三井 16V42M－A 增压柴油机，功率 26000 马力；双轴双桨推进。
最大航速	22 节。
续航力	10500 海里/20 节。
雷达和电子系统	1 部 OPS－18－1 对海搜索雷达（“十和田”号）或 1 部 OPS－28B 对海搜索雷达（“常磐”号和“滨名”号）； ORN－6“塔康”天线。

续表

电子战系统	4 座 MK137 型 6 联装干扰弹发射装置。				
编制舰员	140 名。				
建造情况	舰名	建造船厂	开工	下水	建成服役
	“十和田”	日立造船舞鹤船厂	1985 年 4 月 17 日	1986 年 3 月 26 日	1987 年 3 月 24 日
	“常磐”	石川岛播磨重工东京第 1 船厂	1988 年 5 月 12 日	1989 年 3 月 23 日	1990 年 3 月 12 日
	“滨名”	日立造船舞鹤船厂	1988 年 7 月 8 日	1989 年 5 月 18 日	1990 年 3 月 29 日

2. 摩周级：

20 世纪 90 年代中后期开始，日本海上自卫队又进入了新一轮的大发展阶段，除了像村雨、高波级这样的多用途驱逐舰陆续服役外，诸如大隅级两栖运输舰、爱宕级“宙斯盾”驱逐舰、日向级直升机驱逐舰等一些大型舰艇也开工建造，日本海上自卫队远洋补给的压力明显增加。同时随着服役接近 30 年的“相模”号综合补给舰的退役，仅有的 3 艘十和田级综合补给舰无论在数量上、技术水平上及装载能力上都已无法满足海自在新时期进行远洋作战的要求，于是海自又研制了摩周级大型综合补给舰。

摩周级采用了长首楼、平甲板、方尾设计。舰体比十和田级补给舰更丰满，水线以上部分有明显外飘，并有明显的折角线，舰体最宽处到舰尾末端等宽，这种设计不仅增加了内部空间和甲板面积，同时也有利于舰上设备的布置。舰首部还首次采用了球鼻首，这样不仅可以提供更大的浮力，而且有利于减小舰首的兴波阻力，提高推进效率和纵向稳定性，对提高航速很有益处。

舰体采用商船规范设计，在保证舰体结构强度的基础上，大幅降低了建造成本和缩短了建造周期。舰体也首次采用了双层设计，这不仅提高了其抗破损能力，还可以避免一旦舰上的燃油舱破损对海洋产生无可挽回的污染。全舰共分为 15 个隔舱，在第 5 到第 9 隔舱之间布置了双层结构的燃油舱、淡水舱和压载水舱。舰首设有一层首楼，可以有效减少海浪对航行及补给作业的影响。舰体明显外飘，可以起到一定抑制海浪的作用。为提高稳定性，在舰体下部还装有 3 条舭龙骨，具有很好的耐波性、稳定性和适航性。

在舰体布局上，摩周级仍然应用了十和田级补给舰的布局形式，舰体中前部全部为各种补给设施，中后部为巨大的舰桥，内部共分为 7 层，全体舰员全部居住在舰桥内的 1 至 5 层。其前部还专门留有一处面积达 540 平方米的空场，可以放置30个40英尺标准集装箱。为提高隐身性，舰桥侧壁向内倾斜，桅杆也采用了低反射截面的整体式设计。其后部为带有红外抑制装置的烟囱，可以最大程度的降低红外信号强度。全舰还设有海水喷淋系统，用于防化洗消和降低红外信号强度等目的。舰尾部为长度近40米的巨大直升机起降平台，固定式机库可以停放一架包括CH－53K扫雷直升机在内的海自装备的所有型号直升机。舰上布置了采用模块化设计的医疗舱室，包括手术室、X光室、牙科治疗室、集中治疗室以及病房等设施，最多可安置100名伤员的救治。

摩周级的动力装置较十和田级补给舰有了很大变化。由于海自对补给舰的航速要求较高，对于近3万吨的摩周级来说柴油机的输出功率已无法满足海自所提出的24节航速的要求。而燃气轮机具有比柴油机更大的功率、更强的可靠性、低油耗性能，自动化程度也更高。因此，摩周级采用了先进的全燃动力系统、双轴、双舵。在位于舰桥中后部的动力舱内装有2台斯贝SM1C燃气轮机，通过传动轴驱动2具5叶可调螺距螺旋桨，完全可以达到24节最高航速的要求。2台燃气轮机被分别布置在两个相互隔离的舱室内，每台发动机安装了各自独立的减速器和泵站，可各自独立运行使用。这样也可以起到避免一台主机损坏而使全部动力装置完全瘫痪。动力舱实现了无人化，全部动力装置的控制可在中央主机控制室分配完成，实现远距离操纵、控制。在舰首处还装有一小功率侧推进器，以提高低速航行及离、靠岸时的机动性。此外，在采取了必要的防爆措施之后，舰上首次使用了电动泵替换了上一代补给舰上较为落后的蒸汽泵。

由于对电力的需求增加，摩周级上共安装了4台大功率发电机组，其中3台为1500千瓦的燃气轮发电机，1台为1500千瓦的柴油发电机，可以为全舰提供高达6000千瓦的电力。为了降低噪声水平，摩周级的动力装置采用了大量的减震、降噪措施，像主发动机、减速器及发电机等全部安装在减震基座上，各种传动机械上也使用了柔性联结，可在很大程度上减少机械工作震动的产生与传播。加上采用了隐身设计的舰体，在世界同吨位补给舰中其动力系统减噪水平可以说是处于前列的。由于航行噪声较小，摩周级在与作战舰艇编队航行时不会过早被敌方发现，并有效降低了被敌方发现、攻击的概率，提高了战场生存能力。

摩周级在舰桥前为3座巨大的补给门架，每个门架左右各有2个补给站，位于中部的补给站，负责干货补给，前后两座补给站负责液货补给。而这两座补给站中，舰首处的补给站负责舰艇燃料，而舰桥前的补给站则负责舰艇燃料、航空燃料和淡水的补给。其下方为多个巨大的存储舱室。摩周级由于舰体尺寸及排水量的增加，其装载能力比十和田级也有了很大提高，总共可以装载各种补给品11000吨以上。其中舰艇燃料8000吨，航空燃料650吨，弹药450吨、滑油180吨，货舱则可装载包括粮食、蔬菜等生活补给品1200吨，淡水舱可装载850吨的淡水。在舰桥前还专门留有一处空场，可以放置数十个标准集装箱（可以是弹药箱或医疗方舱）。如此大的补给能力使得1艘摩周级就可基本满足一个“八八舰队”所有舰只长期在海上作战时对燃料、弹药、粮食及其他物品的补给需求。

摩周级的弹药库布置在舰体中部靠前位置，正处于中部干货补给站下方，自第2甲板至第4甲板，每层甲板各两处，各层弹药库之间有升降机相通。弹药库下方亦为补给用燃料舱，两侧为利用双层壳体设置的平衡水柜和补给用淡水舱，也可以对弹药库起到一定的防护作用。除6座补给站外，舰上还设有4部吊车，在两处干货补给站后部各有1部5吨吊车，在舰桥前还有一部1.5吨吊车，在直升机库左舷处还有一部15吨吊车。这些吊车主要是在海上进行锚地或并靠补给时用来吊装各种干货及弹药。舰体后部的大型直升机机库及宽大的起降平台可以起降日本海上自卫队所装备的几乎所有直升机，而且机库中有较为完善的保养、维护设备，可使直升机常驻舰上，保证了直升机在海上长期执行飞行任务的要求。此外，舰尾的直升机起降平台还可以起降MH－53E扫雷直升机。也就是说其具有搭载MH－53E执行远洋扫雷任务的能力，并可能会作为海上扫雷编队的旗舰，指挥整个扫雷编队的海上作业，同时为整支舰队提供海上后勤及航空支援。

摩周级在舰首及舰尾部各装有一座“密集阵”Block 1B近防武器系统，极大地提高了自卫能力，可以减少对护航舰艇的依赖，甚至还可作为整个舰艇编队防空体系的一部分。此外，该级舰还可根据需要安装多座12.7毫米大口径机枪。在电子设备方面，摩周级装有基本的海上航行设备，如对海搜索雷达、导航雷达、直升机引导雷达、GPS定位系统、卫星通信系统等。此外，舰上还装有简易无线通信系统，可在舰内各个位置方便的进行无线通话联系。

附表：　摩周级综合补给舰主要技术性能

主尺度	舰全长221米，舰宽27米，型深18米，吃水8.3米。
标准排水量	13500吨。
满载排水量	25000吨。
补给能力	11000吨以上。
动力装置	2台SM1C燃气轮机，功率40000马力；双轴双桨推进。
最大航速	24节。
续航力	10000海里/18节。
自持力	55天。
武器系统	2座“密集阵”Block 1B近防系统； 数挺12.7毫米机枪。

续表

雷达和电子系统	1 部 OPS－28E 对海搜索雷达； 1 部 OPS－20 导航雷达； ORN－6“塔康”天线； GPS 导航系统。				
电子战系统	NOLR－8B 电子侦察装置； 4 座 MK137 型 6 联装干扰弹发射装置。				
编制舰员	145 名。				
建造情况	舰名	建造船厂	开工	下水	建成服役
	“摩周”	三井造船玉野船厂	2002 年 1 月 21 日	2003 年 2 月 5 日	2004 年 3 月 15 日
	“淡海”	日立造船舞鹤船厂	2003 年 2 月 7 日	2004 年 2 月 19 日	2005 年 3 月 3 日

二、扫雷舰艇

现役包括：2 艘浦贺级扫雷支援母舰——“浦贺”号（MST－463）、“丰后”号（MST－464）；3 艘八重山级扫雷舰——“八重山”号（MSO－301）、“对马”号（MSO－302）、“八丈岛”号（MSO－303）；5 艘宇和岛级扫雷艇——“久米岛”号（MSC－676）、“牧岛”号（MSC－677）、“飞岛”号（MSC－678）、“弓削岛”号（MSC－679）、“长岛”号（MSC－680）；12 艘菅岛级扫雷艇——“菅岛”号（MSC－681）、“能登岛”号（MSC－682）、“角岛”号（MSC－683）、“直岛”号（MSC－684）、“曹岛”号（MSC－685）、“浮岛”号（MSC－686）、“伊豆岛”号（MSC－687）、“相岛”号（MSC－688）、“青岛”号（MSC－689）、“宫岛”号（MSC－690）、“志志岛”号（MSC－691）、“黑岛”号（MSC－692）；3 艘平岛级扫雷艇——“平岛”号（MSC－601）、“屋久岛”号（MSC－602）、“高岛”号（MSC－603）；2 艘江之岛级扫雷艇——“江之岛”号（MSC－604）、“父岛”号（MSC－605）；2 艘由宇和岛级扫雷艇变更过来的扫雷控制挺——“家岛”号（MCL－728）、“前岛”号（MCL－729）。

1. 浦贺级：

作为目前日本海上自卫队中吨位最大的扫雷/布雷舰，浦贺级扫雷支援母舰既可以作为扫雷队群的旗舰，执行远洋扫雷任务；也可以作为补给舰，为扫雷舰艇编队提供扫雷器材、生活用品、淡水、食品补给和医疗保健服务（1 艘浦贺级可支援 3 艘扫雷舰、12 艘扫雷艇）；也可执行布雷、人道主义救援、救灾等任务。

浦贺级采用平甲板舰型，舰桥与前段上层结构比起一般水面舰还要庞大，加上干舷较高，意味着内部空间更大，便于配置更完善的水雷作战指挥通信与支援设施，除设有指挥司令部舱室，还针对水下爆炸物作业人员配置居住设施及更完善的高压医疗设备。就支援扫雷作战而言，浦贺级舰内有燃料、淡水、粮食与零部件库存，以及扫雷电缆吞吐轮架与各式扫雷工具储存库房。由于干舷甲板较高，舰体中央的第二甲板设有舱口，可供靠港吞吐，主甲板两舷都有淡水、油料管线，扫雷舰艇主要以靠接方式接受补给，并通过机库门两侧的 8 吨起重臂将物资与器材搬入扫雷舰艇。为维持补给作业时的舰体稳定，浦贺级设有船首侧向推进器与可变距螺旋桨，提高低速航行时的可操作性。

舰体后半段的上层结构主要作为机库，舰尾处设有较大的飞行甲板，可起降并容纳一架较大的 MH－53E 或新型 MCH－101 扫雷直升机。舰艉中央的大型跳板式舱门，放下后具有一定坡度，主要作为磁力或音响航空扫雷工具的施放口，也能供爆炸物处理人员与小艇出入，某种程度上也算是具备美国船坞登陆舰的舰艉干坞舱门功能。值得一提的是，预定搭配水雷战模块的美国濒海战斗舰也有类似的多功能舰艉跳板门平台。

在布雷任务上，浦贺级从舰中段到舰尾的两侧区域都设置了储存训练及实战用水雷的库房，采用新式自动化水雷搬运与投放装置，并通过舰艉两侧的四个舱门投放，每个舱门内有三条投放滑轨，总数达 12 条，因此布雷效率远非小型舰艇可比。执行布雷任务时，该级舰能够以不同的航速和布放间隔布放水雷（种类达 30 种以上）。

首舰“浦贺”号在舰首没有装备舰炮，但装有 6 挺用于水面灭雷的 12.7 毫米机枪；二号舰“丰后”号装备了 1 座奥托 76 毫米 62 倍口径单管舰炮和 6 挺 12.7 毫米机枪。浦贺级武器简单主要是因为其从事的是后方支援作战，但若在战时或有敌情下的扫雷支援，势必需要友舰掩护。

浦贺级服役后不久，就碰上 2000 年海自编制大调整，海自第一、二扫海队群整编为一个扫海队群，“浦贺”号与“丰后”号成为扫海队群直属舰，前者以横须贺为母港，后者以吴港为母港。除了平时的扫雷训练，由于具备水下作业支援与较大的物资容纳空间，两舰在救灾和反恐行动上也颇为活跃，如 1999 年土耳其地震、2001 年—2005 年支援盟国印度洋反恐运输、2011 年日本东部“3·11”地震海啸救援等行动中均有出现，堪称是平战结合的多功能舰种。

附表：　　浦贺级扫雷支援母舰主要技术性能

主尺度	舰全长 141 米，舰宽 22 米，型深 14 米，吃水 5.4 米。
标准排水量	5650 吨（“浦贺”号）或 5700 吨（“丰后”号）。
满载排水量	6850 吨（“浦贺”号）或 6900 吨（“丰后”号）。

续表

动力装置	2台三井12V42M－A无磁性柴油机，功率9900马力；双轴双桨推进。				
最大航速	22节。				
武器系统	6挺12.7毫米机枪（“浦贺”号）； 1座奥托76毫米单管舰炮、6挺12.7毫米机枪（“丰后”号）。				
雷达和电子系统	1部三菱电机公司OPS－14B对空搜索雷达，D波段； 1部OPS－18－1对海搜索雷达； ORN－6“塔康”天线； GPS导航系统。				
探雷声纳	1部AN/SQQ－32变深猎雷声纳、1部AN/AQS－14A拖曳式变深扫雷侧扫声纳（计划换装AN/AQS－24拖曳式变深扫雷侧扫声纳系统）。				
扫雷设备	S－8型（89式）深水锚雷扫雷具、S－7－2遥控深水灭雷具、S－2改1型（71式）音响扫雷具。				
编制舰员	160名＋10名司令部人员。				
建造情况	舰名	建造船厂	开工	下水	建成服役
	“浦贺”	日立造船舞鹤船厂	1995年5月19日	1996年5月22日	1997年3月19日
	“丰后”	三井造船玉野船厂	1996年7月4日	1997年4月24日	1998年3月23日

2. 八重山级：

日本海自在1988年决定建造一种具有深海扫雷能力的远洋扫雷舰，以清除敌方在深海布放、用来对付日本潜艇的深海水雷，这就是八重山级的由来。

八重山级是目前日本海自最大的扫雷舰艇，也是世界上仅次于美国复仇者级的第二大扫雷舰艇，同时还是世界上最大的全木制水面舰艇。艇体采用两层木材组成（内层板厚47毫米，外层板厚20毫米），相邻两层间呈90°交叉排列。舰型采用长首楼，首楼长度占到全舰长度的3/4。

八重山级配备美制AN/SQQ－32可变深度猎雷声纳以及AN/AQS－14可变深度侧扫声纳，用以探测大洋中的水雷，舰上的扫雷具也与扫雷艇上的扫雷具有所不同，以对付布设在大深度海底的水雷。此外，该级舰还配备了整合有GPS定位系统的精密导航定位设备以及水雷作战情报系统，能精确地掌控舰位以及各种扫雷作战信息。

八重山级主要执行远洋扫雷任务，可扫除水下500米的各式水雷。

附表：　　　　八重山级扫雷舰主要技术性能

主尺度	舰全长67米，舰宽11.8米，型深5.2米，吃水3.1米。
标准排水量	1000吨。
满载排水量	1200吨。

续表

<table>
<tr><td>动力装置</td><td colspan="5">2 台三菱 6NMU－ATI 无磁性柴油机，功率 1440 马力；双轴双桨推进。</td></tr>
<tr><td>最大航速</td><td colspan="5">14 节。</td></tr>
<tr><td>武器系统</td><td colspan="5">1 门 JM61－M 型 3 管 20 毫米机关炮。</td></tr>
<tr><td>雷达和电子系统</td><td colspan="5">1 部 OPS－39－Y 对海搜索雷达；
ORN－6“塔康”天线。</td></tr>
<tr><td>探雷声纳</td><td colspan="5">1 部 AN/SQQ－32 变深猎雷声纳、1 部 AN/AQS－14A 拖曳式变深侧扫声纳。</td></tr>
<tr><td>猎/扫雷设备</td><td colspan="5">S－8 型深水锚雷扫雷具、遥控 S－7－2 深水灭雷具、S－2 改 1 型音响扫雷具、S－6 型（85 式）磁性扫雷具。</td></tr>
<tr><td>编制舰员</td><td colspan="5">60 名。</td></tr>
<tr><td rowspan="4">建造情况</td><td>舰名</td><td>建造船厂</td><td>开工</td><td>下水</td><td>建成服役</td></tr>
<tr><td>“八重山”</td><td>日立造船神奈川船厂</td><td>1990 年 8 月 30 日</td><td>1991 年 8 月 29 日</td><td>1993 年 3 月 16 日</td></tr>
<tr><td>“对马”</td><td>日本钢管公司鹤见船厂</td><td>1990 年 7 月 30 日</td><td>1991 年 9 月 30 日</td><td>1993 年 3 月 23 日</td></tr>
<tr><td>“八丈岛”</td><td>日本钢管公司鹤见船厂</td><td>1991 年 5 月 17 日</td><td>1992 年 12 月 15 日</td><td>1994 年 3 月 24 日</td></tr>
</table>

3. 宇和岛级：

宇和岛级的主要任务是在近海和中等深度海域进行扫雷，其舰型为长首楼型，配备 2 台柴油机、2 台 200 千瓦发电机，舰体中部设置一座传统的直立式烟囱，采用可变距螺旋桨，增加了操纵的灵活度。舰上的水雷探测设备和扫雷设备也都全部换成新的。此外，舰上还有污水处理系统与灭火系统。

进入 2010 年后，随着日本海自新型扫雷艇不断服役，宇和岛级开始步入退役或变更用途期。2010 年 2 月 26 日，宇和岛级二号艇“家岛”号被改为扫雷控制艇，舷号从 MSC－673 变为 MCL－728，接替了退役的初岛级“男木岛”号（MCL－726）扫雷控制艇任务；2010 年 6 月 25 日，首艇“宇和岛”号（MSC－672）退役；2012 年 3 月 21 日，三号艇“筑岛”号（MSC－674）退役；2013 年 3 月 21 日，四号艇“前岛”号被改为扫雷控制艇，舷号从 MSC－675 变为 MCL－729，接替了退役的初岛级“佐久岛”号（MCL－726）扫雷控制艇任务；六号艇“牧岛”号计划在 2014 年退役。

附表：　　　　　　　宇和岛级扫雷艇主要技术性能

<table>
<tr><td>主尺度</td><td colspan="5">艇全长 58 米，艇宽 9.4 米，型深 4.2 米，吃水 2.9 米。</td></tr>
<tr><td>标准排水量</td><td colspan="5">490 吨。</td></tr>
<tr><td>满载排水量</td><td colspan="5">570 吨。</td></tr>
<tr><td>动力装置</td><td colspan="5">2 台三菱 6NMU－TA（B）I 无磁性柴油机，功率 1800 马力；双轴双桨推进。</td></tr>
<tr><td>最大航速</td><td colspan="5">14 节。</td></tr>
<tr><td>武器系统</td><td colspan="5">1 门 JM61－M 型 3 管 20 毫米机关炮（用于射击水面上的漂雷或者是系留索被切断而浮出水面的锚雷）。</td></tr>
<tr><td>舰载小艇</td><td colspan="5">1 艘 4.9 米多用途工作艇、1 艘清除水雷工作艇。</td></tr>
<tr><td>雷达和电子系统</td><td colspan="5">1 部 OPS－39－Y 对海搜索雷达；
1 部 OPS－9 导航雷达；
ORN－6"塔康"天线。</td></tr>
<tr><td>探雷声纳</td><td colspan="5">1 部 ZQS－3－1 变深猎雷声纳。</td></tr>
<tr><td>猎/扫雷设备</td><td colspan="5">2 部遥控 S－7－1 深水灭雷具、1 部一式扫雷具（包括 S－2 改 1 型音响扫雷具、S－6 型磁性扫雷具、53 式改 6 普通扫雷具）。</td></tr>
<tr><td>编制舰员</td><td colspan="5">45 名。</td></tr>
<tr><td rowspan="8">建造情况</td><td>舰名</td><td>建造船厂</td><td>开工</td><td>下水</td><td>建成服役</td></tr>
<tr><td>"家岛"</td><td>日立造船神奈川船厂</td><td>1989 年 5 月 12 日</td><td>1990 年 6 月 12 日</td><td>1990 年 12 月 19 日</td></tr>
<tr><td>"前岛"</td><td>日立造船神奈川船厂</td><td>1992 年 6 月 1 日</td><td>1993 年 6 月 10 日</td><td>1994 年 12 月 15 日</td></tr>
<tr><td>"久米岛"</td><td>日本钢管公司鹤见船厂</td><td>1993 年 2 月 17 日</td><td>1993 年 12 月 9 日</td><td>1994 年 12 月 12 日</td></tr>
<tr><td>"牧岛"</td><td>日立造船神奈川船厂</td><td>1993 年 5 月 12 日</td><td>1994 年 5 月 26 日</td><td>1994 年 12 月 12 日</td></tr>
<tr><td>"飞岛"</td><td>日本钢管公司鹤见船厂</td><td>1993 年 6 月 22 日</td><td>1994 年 8 月 30 日</td><td>1995 年 3 月 10 日</td></tr>
<tr><td>"弓削岛"</td><td>日立造船神奈川船厂</td><td>1995 年 4 月 10 日</td><td>1996 年 5 月 24 日</td><td>1996 年 12 月 11 日</td></tr>
<tr><td>"长岛"</td><td>日本钢管公司鹤见船厂</td><td>1995 年 4 月 14 日</td><td>1996 年 5 月 30 日</td><td>1996 年 12 月 25 日</td></tr>
</table>

4. 菅岛级：

日本海自在 20 世纪 90 年代中后期发展的菅岛级扫雷艇无论在整体结构

还是扫雷装备上，都与上一代宇和岛级有了明显不同。

实际上，菅岛级的诞生可追溯至90年代初的第一次海湾战争期间，当时日本海自派出扫雷舰队前往海湾支援多国部队进行反水雷任务。但是海自很快就发现，自己的扫雷舰艇在装备与技术方面与美、英、德、法、意等美欧国家的先进扫/猎雷舰艇相比，无论在安全性、扫雷效率还是自动化程度方面都有较大差距，例如在欧美新型猎雷舰艇都以遥控灭雷具作为主要反水雷手段时，日本海自派遣的2艘初岛级扫雷艇的主要扫雷方式还是施放拖曳式磁性音响扫雷具以及派遣潜水人员进行人工爆破。此外，初岛级对于伊拉克布设在海底、信号特征小的意大利制曼塔（Manta）沉底雷几乎是一筹莫展，即便是海自当时刚服役不久的宇和岛级也没有这种能耐。

受到海湾扫雷的刺激后，日本海上自卫队在发展新一代扫雷舰艇时便向美欧国家取经讨教，于1992年派人前往英国实地考察、观摩英国最新型的桑当级扫/猎雷舰，随后与英国洽谈授权生产以及相关培训事宜。随后，日本海自展开平成七年度（1995年）近海扫雷艇（07MSC）计划，成果就是菅岛级扫雷艇。这种彻底使用国外成熟系统的做法与日本海自此前追求自制的做法大不相同，由此也显示了日本海自对提升扫雷能力的迫切心理。值得一提的是，菅岛级虽然仍名为扫雷艇，但已经赶上美欧反水雷舰艇的脚步，反水雷手段变为以猎雷为主，扫雷为辅，实际上是一款先进的猎雷舰艇。

菅岛级仍然采用长首楼舰型，但首楼长度更大，并且将一贯以来的单烟囱改为并列布置的双烟囱，目的是使舰桥上的人员能直接目视舰尾方向的扫雷作业情况。首楼前面的封闭式上层建筑内装有2093型可变深度猎雷声纳的电缆绞盘，舰桥前方设有一盏航行灯，可避免夜间航行时其他船只灯光照到舰桥而使航海人员产生迷眩；至于遥控灭雷具则装在上层结构末端的舱室里。

相较于此前日本研制生产的扫雷舰艇，菅岛级的上层建筑明显加长，使得艇尾的作业空间受到压缩。不过由于该级艇并未装备沉重庞大的感应扫雷具线缆设施，加上遥控灭雷具、扫雷用的人员橡皮艇以及浮筒的配置相当紧凑，因此对艇尾的反水雷作业并无太大影响。与宇和岛级相比，菅岛级的艇体长度缩短4米，长宽比降低，有助于增加横向稳定性并减少受风面积。

动力方面，菅岛级的主机仍沿用与宇和岛级相同的柴油机，不过引进了新型低速推进电动机以及与精密导航定位装置整合的自动化艇位控制系统。在一般航行状态下，菅岛级以柴油机直接驱动双轴螺旋桨推进，以低速进行猎雷作业时则改由低速电动机推进，不仅能大幅降低噪音，艇位自动控制系统也能更精确地操控主机输出与舵面角度，搭配艇首的侧向辅助推进器，进而将艇位准确地控制在反水雷战系统事先规划的猎雷航道上，甚至可将艇位保持在某一定点（需与海流进行精密的相对运动）。为了降低传至水下的噪声，菅岛级的4台200千瓦主发电机均安装在水线以上的甲板，并设于减振基座上。此外，菅岛级还刻意降低了螺旋桨的转速，以减少空泡噪声的产生。

在反水雷设备上，菅岛级几乎全盘照搬桑当级，包括英国AMS公司的“瑙蒂斯”－M（Nautis－M）猎雷信息处理系统（在1996年由英国授权日本电气公司生产）、BAE系统公司的2093型变深猎雷声纳以及Societe ECA公司PAP－104 MK5遥控灭雷具，这些都是被欧洲猎雷舰艇广泛采用的成熟系统。虽然菅岛级并未将拖曳式磁性音响扫雷具纳入常设装备，但仍可使用澳大利亚的DAYD扫雷具；由于艇上并无容纳扫雷具的空间，故DAYD需先由扫雷支援母舰布设至任务海面，再由菅岛级进行拖曳。由于DAYD的磁性扫雷装置为永磁式，就算不使用发电机也能操作，这就使菅岛级不必额外装发电机，从而降低了占用空间以及机械噪音。

附表：　　菅岛级扫雷艇主要技术性能

主尺度	艇全长54米，艇宽9.4米，型深4.5米，吃水3米。				
标准排水量	510吨。				
满载排水量	590吨。				
动力装置	2台三菱6NMU－TA（B）I无磁性柴油机，功率1800马力；2台170马力低速推进电机；艇首辅助推进器；双轴双桨推进。				
最大航速	14节。				
武器系统	1门JM61－M型3管20毫米机关炮（用于射击水面上的漂雷或者是系留索被切断而浮出水面的锚雷）。				
舰载小艇	1艘4.9米多用途工作艇、1艘清除水雷工作艇。				
雷达和电子系统	1部OPS－39－Y对海搜索雷达； 1部OPS－9导航雷达； ORN－6“塔康”天线。				
探雷声纳	1部2093型变深猎雷声纳。				
猎/扫雷设备	2部PAP－104 MK5遥控灭雷具、1部53式改6普通扫雷具（必要时可操作DAYD扫雷具）。				
C4I	“瑙蒂斯”－M（Nautis－M）猎雷信息处理系统。				
编制舰员	45名。				
建造情况	舰名	建造船厂	开工	下水	建成服役
	“菅岛”	日本钢管公司鹤见船厂	1996年5月8日	1997年8月25日	1999年3月16日
	“能登岛”	日立造船神奈川船厂	1996年5月8日	1997年9月3日	1999年3月16日

续表

	舰名	建造船厂	开工	下水	建成服役
建造情况	“角岛”	日立造船神奈川船厂	1997年8月7日	1998年10月22日	2000年3月13日
	“直岛”	日本钢管公司鹤见船厂	1998年4月17日	1999年10月7日	2001年3月16日
	“蔓岛”	日立造船神奈川船厂	1998年4月26日	2000年9月13日	2002年3月4日
	“浮岛”	日本钢管公司鹤见船厂	2000年5月17日	2001年9月17日	2003年3月18日
	“伊豆岛”	日立造船神奈川船厂	2000年4月27日	2001年10月31日	2003年3月18日
	“相岛”	环球造船京滨船厂	2001年4月17日	2002年10月8日	2004年2月16日
	“青岛”		2002年4月15日	2003年9月16日	2005年2月9日
	“宫岛”		2002年5月28日	2003年10月10日	2005年2月9日
	“志志岛”		2003年5月23日	2004年9月29日	2006年2月8日
	“黑岛”		2004年5月12日	2005年8月31日	2007年2月23日

5. 平岛级：

日本海自在平成16年度（2004年）拟定新一代近海反水雷舰艇的计划，简称16MCS。其舰体设计是以菅岛级为基础进行放大，长度增加3米，舷宽增加0.4米，标准排水量增至570吨，继续使用三菱6NMU系列柴油机，但总功率增加到2200马力，驱动双轴可变距螺旋桨。与菅岛级相比，新一代反水雷舰艇在外形上的最大区别是采用了单烟囱。首艇16MSC在下水后命名为“平岛”号，但其舷号并未接续在最后一艘菅岛级后面称为MSC－693，而是大幅跳回到MSC－601。

平岛级配备与菅岛级类似的自动化艇位控制系统以及低速推进电动机，并采用由日本自主研发的先进反水雷装备。与菅岛级相较，平岛级拥有4台功率400千瓦的柴油发电机，在使用电动推进的低速航行模式之下，能完全关闭柴油主机，单靠柴油发电机组来驱动推进电动机，进一步降低扫/猎雷作业时的噪声。而因平岛级的发电机组功率加大，为了确保主甲板有足够的作业空间，将发电机组设置在舰体里，不沿用菅岛级将之放在上层建筑的设计。因此，平岛级的发电机舱额外加装了双层隔声减振隔间，使得艇体吃水比菅岛级增加。

平岛级的 OYQ－201 猎雷信息系统以菅岛级的“瑙蒂斯”－M 为基础进一步改进，提高了整合程度，将舰上各项导航定位/航行控制系统与水雷探测、反水雷装备都整合在一起，在全舰各处的工作站都能显示完整的水雷战信息。OYQ－201 猎雷信息系统使用开放式系统架构，大量运用 COTS 商用组件以节省使用成本，并使升级变得迅速而方便。

平岛级配备新一代 ZQS－4 变深猎雷声纳以及新研制的 S－10 遥控灭雷具，其中 ZQS－4 固定于舰体底部，而非菅岛级的吊放式设计，因此省下了收放绞车占用的空间。平岛级使用的改进型一式扫雷具所采用的对付锚雷的小型机械扫雷具经过重新设计，体积重量都比前一代装备更低，易于拖曳操作，而拖缆的浮标也加装了 GPS 定位接收机，使操作母舰能精确掌握扫雷具拖曳的方位，避免扫雷死角的产生。感应扫雷具方面，平岛级的新型音响扫雷具以动态线圈取代过去沿用数十年的声鼓；而新的磁感应扫雷具则具备仿真舰船目标磁信号（TEM）的能力，能更有效地对付新型磁性水雷。除了能力更强之外，平岛级的新型磁感、音响扫雷具的耗电量也有所减少。

S－10 是三菱重工耗费近十年研制的先进水下自航式灭雷具，装有两部垂直推进器与一部水平推进器，其体型比先前海自使用的 S－7 系列与 PAP－104 MK5 更大，以容纳更多的探测与扫雷载荷。相较于以往海自的各型灭雷具，S－10 不仅拥有挂载于底部的灭雷弹、机械扫雷具等，还整合有包含电视摄影机、高分辨率识别与搜索声纳，具备完整的水雷搜索与识别能力。S－10 使用光纤传递母艇控制指令与灭雷具回传的图像/声纳信号，此外灭雷具上方还有一个位置问答器，配合平岛级舰底的水下收发装置，使灭雷具在移动时能持续回传与母艇相对方位、灭雷具速度与离海底距离等参数，母艇猎雷信息系统将之传输给导航系统，与母艇本身定位装置进行运算，使得操作母艇不需要静止不动就能精确掌握灭雷具的精确位置。这样一来，平岛级便拥有动态猎雷能力，只要根据 S－10 灭雷具与母艇的相对动态，自动导航操作系统就可控制母艇调整航速与航向，自动维持与灭雷具的相对位置，而不需要刻意让母艇保持定点悬停，使猎雷作业的效率与灵活性大幅增加。S－10 大量采用商用组件，并沿用部分 S－7 的零部件来降低成本。

附表：　　平岛级扫雷艇主要技术性能

主尺度	艇全长 57 米，艇宽 9.8 米，型深 4.4 米。				
标准排水量	590 吨。				
动力装置	2 台三菱 6NMU 无磁性柴油机，功率 2200 马力；2 台低速推进电机；艇首辅助推进器；双轴双桨推进。				
最大航速	14 节。				
武器系统	1 门 JM61 - M 型 3 管 20 毫米机关炮（用于射击水面上的漂雷或者是系留索被切断而浮出水面的锚雷）。				
舰载小艇	1 艘 4.9 米多用途工作艇、1 艘清除水雷工作艇。				
雷达和电子系统	1 部 OPS - 39 - Y 对海搜索雷达； 1 部 OPS - 9 导航雷达； ORN - 6 “塔康”天线。				
探雷声纳	1 部 ZQS - 4 变深猎雷声纳。				
猎/扫雷设备	2 部 S - 10 水下自航式灭雷具、1 部改进型一式扫雷具（包括 1 部小型机械扫雷具、1 部音响扫雷具、1 部磁性扫雷具）。				
C4I	OYQ - 201 猎雷信息处理系统。				
编制舰员	48 名。				
建造情况	舰名	建造船厂	开工	下水	建成服役
	“平岛”	环球造船京滨船厂	2005 年 5 月 17 日	2006 年 9 月 27 日	2008 年 3 月 11 日
	“屋久岛”		2006 年 5 月 17 日	2007 年 9 月 26 日	2009 年 3 月 6 日
	“高岛”		2007 年 5 月 10 日	2008 年 9 月 29 日	2010 年 2 月 26 日

6. 江之岛级：

在设计并建造 3 艘平岛级扫雷艇之后，日本海上自卫队随即又在平成 20 年度（2008 年）编列了新一级反水雷舰艇的建造预算，首舰在 2009 年 5 月 14 日于环球造船京滨船厂（2012 年 11 月 1 日，该厂与石川岛海洋联合公司合并为日本海事联合公司）开工建造，2010 年 10 月 25 日下水，命名为“江之岛”号（MSC - 604），2012 年 3 月服役。

江之岛级的艇型仍以平岛级为基础，最大的区别是改用玻璃钢（FRP）来制造艇体，取代以往海自扫雷舰艇所采用的木材，这也是日本海自成军以来第一种采用玻璃钢建造的反水雷舰艇。之所以如此，主要是由于反水雷舰艇用的木材要求非常严格，随着时间流逝变得越来越难找，价格也越来越高昂，因此世界各国的新型反水雷舰艇都陆续用玻璃钢等无磁合成材料来取代木材。

江之岛级的舷宽与平岛级相同，但舰体长度增加了 6 米。扫雷装备方面，江之岛级与平岛级完全相同。

截至2014年，江之岛级已经建成2艘，另有1艘在建，计划于2015年服役。但日本海自到底要建造多少艘江之岛级，仍不得而知。

附表：　　江之岛级扫雷艇主要技术性能

<table>
<tr><td>主尺度</td><td colspan="5">艇全长63米，艇宽9.8米。</td></tr>
<tr><td>标准排水量</td><td colspan="5">570吨。</td></tr>
<tr><td>动力装置</td><td colspan="5">2台三菱6NMU无磁性柴油机，功率2200马力；2台低速推进电机；艇首辅助推进器；双轴双桨推进。</td></tr>
<tr><td>最大航速</td><td colspan="5">14节。</td></tr>
<tr><td>武器系统</td><td colspan="5">1门JM61－M型3管20毫米机关炮（用于射击水面上的漂雷或者是系留索被切断而浮出水面的锚雷）。</td></tr>
<tr><td>舰载小艇</td><td colspan="5">1艘4.9米多用途工作艇、1艘清除水雷工作艇。</td></tr>
<tr><td>雷达和电子系统</td><td colspan="5">1部OPS－39－Y对海搜索雷达；
1部OPS－9导航雷达；
ORN－6“塔康”天线。</td></tr>
<tr><td>探雷声纳</td><td colspan="5">1部ZQS－4变深猎雷声纳。</td></tr>
<tr><td>猎/扫雷设备</td><td colspan="5">2部S－10水下自航式灭雷具、1部改进型一式扫雷具（包括1部小型机械扫雷具、1部音响扫雷具、1部磁性扫雷具）。</td></tr>
<tr><td>C4I</td><td colspan="5">OYQ－201猎雷信息处理系统。</td></tr>
<tr><td>编制舰员</td><td colspan="5">48名。</td></tr>
<tr><td rowspan="4">建造情况</td><td>舰名</td><td>建造船厂</td><td>开工</td><td>下水</td><td>建成服役</td></tr>
<tr><td>“江之岛”</td><td rowspan="2">环球造船京滨船厂</td><td>2009年5月14日</td><td>2010年10月25日</td><td>2012年3月21日</td></tr>
<tr><td>“父岛”</td><td>2010年5月24日</td><td>2011年11月24日</td><td>2013年3月21日</td></tr>
<tr><td>“初岛”（MSC－606）</td><td>日本海事联合公司横滨事业所鹤见船厂</td><td>2012年</td><td>2013年12月6日</td><td>2015年（计划）</td></tr>
</table>

三、训练舰艇

日本海自现役训练舰艇包括：1艘“鹿岛”号远洋训练舰（TV－3508）；3艘由初雪级通用驱逐舰变更用途而来的中型训练舰——“岛雪”号（TV－3513）、“白雪”号（TV－3517）、“濑户雪”号（TV－3518）；1艘“黑部”号训练支援舰（ATS－4202）；1艘“天龙”号训练支援舰（ATS－4203）。需要说明的是，日本海自所谓的训练支援舰，实际上是用于海上防空作战训练的舰艇。

1. “鹿岛”号：

该舰是日本海上自卫队最新型训练舰，1995年1月26日服役后，编属训练舰队。同年5月作为旗舰参加了舰队远航，此后便出访、训练、演习等活动频繁。

“鹿岛”号采用长首楼舰型，干舷达7.7米。舰上专设供女性官兵参加远航所需的生活舱室。舰首甲板装备1座奥托76毫米炮，舰桥前方装有2门礼炮，舰中部两侧各有1座68式三联装324毫米鱼雷发射管，舰尾飞行甲板可供中型直升机起降。此外舰上还设有“阿斯洛克”反潜导弹和“鱼叉”反舰导弹发射训练模拟器。

附表：　　　　“鹿岛”号训练舰主要技术性能

<table>
<tr><td>主尺度</td><td colspan="5">舰长143米，宽18米，型深12.3米，吃水4.6米。</td></tr>
<tr><td>标准排水量</td><td colspan="5">4050吨。</td></tr>
<tr><td>动力装置</td><td colspan="5">柴燃交替形式（CODOG），高速主机为2台SM1C燃气轮机，功率27000马力；续航主机为2台三菱S16U－MTK柴油机，功率8000马力；双轴双桨驱动。</td></tr>
<tr><td>最大航速</td><td colspan="5">25节。</td></tr>
<tr><td>续航力</td><td colspan="5">7000海里/18节。</td></tr>
<tr><td>武器系统</td><td colspan="5">1座奥托76毫米单管舰炮；
2座68式三联装鱼雷发射管。</td></tr>
<tr><td>声纳</td><td colspan="5">1部OQS－4舰壳声纳。</td></tr>
<tr><td>雷达和电子系统</td><td colspan="5">1部三菱电机公司OPS－14C对空搜索雷达，D波段；
1部OPS－18对海搜索雷达；
1部OPS－20B导航雷达；
ORN－6C“塔康”天线。</td></tr>
<tr><td>C4I系统</td><td colspan="5">OYQ－6C战术信息处理系统；
1部81式2型21F火控雷达。</td></tr>
<tr><td>电子战系统</td><td colspan="5">MK137干扰弹发射装置。</td></tr>
<tr><td>航空设施</td><td colspan="5">舰尾设有飞行甲板，可供直升机起降。</td></tr>
<tr><td>编制舰员</td><td colspan="5">360名。</td></tr>
<tr><td rowspan="2">建造情况</td><td>舰名</td><td>建造船厂</td><td>开工</td><td>下水</td><td>建成服役</td></tr>
<tr><td>“鹿岛”</td><td>日立造船舞鹤船厂</td><td>1993年4月20日</td><td>1994年2月23日</td><td>1995年1月26日</td></tr>
</table>

2. 初雪级：

见日本海上自卫队驱逐舰相关条目。

3. “黑部”号：

日本海上自卫队虽然以反潜作战见长，但其对防空作战也非常重视。特别是在以色列海军“埃拉特”号驱逐舰被埃及导弹艇用“冥河”反舰导弹击沉之后，日本海自旋即对自己的防空能力进行审视，认为随着反舰导弹的应用，水面舰艇面临的空中威胁将空前增加，因此必须大幅提升水面舰艇的防空能力。于是日本海自一方面发展以防空为主要任务的太刀风级和旗风级导弹驱逐舰，另一方面强化防空训练。但是1969年11月服役的“吾妻”号训练舰着重于航海训练和简单的战术训练，不能很好的满足防空训练需求，于是日本海自在20世纪80年代专门发展了一艘用于防空作战训练的新型训练舰，这就是以富山县东北部的黑部川命名的“黑部”号。

在设计上，“黑部”号采用平甲板舰型，高干舷，舰首明显外飘。从侧面看，整个上层建筑显得十分高大，而且基本位于舰体中部，共分为两部分。前部上层建筑共4层，包括舰桥、雷达室、情报中心、测试评估中心、教学和居住舱室等多数重要设施都布置在这里。1座高耸的封闭式大型雷达天线基座位于上层建筑顶部后方，基座上部四面各设有一块相控阵雷达天线阵面。基座顶部设有4脚桁格桅，其上主要布置有搜索雷达和导航雷达；后部上层建筑的前端是2座并列布置的方型烟囱（两侧各有一个大型吊艇架），后部很大空间为机库，顶层后端设有飞行控制室，其右舷侧设有1部起重机。

“黑部”号的机库并不是存放直升机，而是搭载无人靶机，通常搭载4架BQM－34AJ高速无人靶机和4架BQM－74“鹧鸪”Ⅲ无人靶机。舰尾飞行甲板是无人靶机的发射起飞场所（如果不用于发射无人靶机，飞行甲板也可供直升机起降）。无人靶机起飞后的跟踪控制由桅塔上的相控阵雷达负责，最多可同时控制4架。

如果不是进行实弹射击，那么靶机在完成任务后将溅入海中，然后母舰驶向溅落水域，由水兵搭乘工作艇拖带吊钩游向靶机。在将靶机挂住之后，由设在机库右后上方的起重机将靶机吊起回收。靶机上舰后，由舰载淡水进行冲洗，发动机等关键部件拆下进行维护，然后收回机库待下次继续使用。

“黑部”号动力装置为4台柴油机，双轴推进。由于该舰在回收靶机时，需要以较快的速度驶向溅落点，到达后又需要以灵活的操纵性将舰体转为有利于回收靶机的位置，为此还在首部装有辅助推进器。

“黑部”号的武器系统比较简单，仅有舰首布置的1座奥托76毫米舰炮。

附表：　　　　“黑部”号训练支援舰主要技术性能

主尺度	舰长100.5米，宽16.5米，型深8.5米，吃水3.97米。
标准排水量	2200吨。
动力装置	4台富士8MG28HX柴油机，功率9160马力；双轴双桨驱动。

续表

最大航速	20 节。				
武器系统	1 座奥托 76 毫米单管舰炮； 4 架 BQM－34AJ 高速无人靶机； 4 架 BQM－74“鹧鸪”Ⅲ无人靶机。				
雷达和电子系统	1 部三菱电机公司 OPS－14C 对空搜索雷达，D 波段； 1 部 OPS－18 对海搜索雷达； 1 部富士通公司 OPS－19 导航雷达，I 波段； ORN－6“塔康”天线。				
C4I 系统	1 部 81 式 2 型 22D 火控雷达，I/J 波段； 1 部控制靶机的相控阵雷达（4 块阵面） 防空训练评估系统。				
航空设施	舰为设有飞行甲板，可供直升机起降。				
编制舰员	143 名。				
建造情况	舰名	建造船厂	开工	下水	建成服役
	“黑部”	日本钢管公司鹤见船厂	1987 年 7 月 31 日	1988 年 5 月 23 日	1989 年 3 月 23 日

4. “天龙”号：

进入 20 世纪 90 年代后，世界海军舰艇发展更加注重防空化，大量防空导弹舰艇和舰空导弹不断服役。日本海上自卫队也不甘落后，金刚级“宙斯盾”防空驱逐舰开始服役。为使海自官兵更多了解金刚级舰空导弹对空全方位、多批次攻击的情况，对导弹攻击效果进行评估，日本在 1997 财政年度批准建造 1 艘更加现代化的训练支援舰，取名为“天龙”号。

“天龙”号是在“黑部”号基础上发展的，舰型、结构布局、舰载装备等都与“黑部”号基本相同。但是“天龙”号的舰体长度增加了 5.5 米，标准排水量增加了 250 吨。另外，该舰的发动机功率也有所加大，从而使航速提高了 2 节，达到 22 节。

附表：　　“天龙”号训练支援舰主要技术性能

主尺度	舰长 106 米，宽 16.5 米，型深 8.6 米，吃水 4.1 米。
标准排水量	2450 吨。
动力装置	4 台新潟 8MG28HX 柴油机，功率 12800 马力；双轴双桨驱动。
最大航速	22 节。
武器系统	1 座奥托 76 毫米单管舰炮； 4 架 BQM－34AJ 高速无人靶机； 4 架 BQM－74“鹧鸪”Ⅲ无人靶机。

续表

雷达和电子系统	1 部三菱电机公司 OPS－14C 对空搜索雷达，D 波段； 1 部 OPS－18 对海搜索雷达； 1 部富士通公司 OPS－19 导航雷达，I 波段； ORN－6“塔康”天线。				
C4I 系统	1 部 81 式 2 型 22D 火控雷达，I/J 波段； 1 部控制靶机的相控阵雷达（4 块阵面）； 防空训练评估系统。				
航空设施	舰为设有飞行甲板，可供直升机起降。				
编制舰员	170 名。				
建造情况	舰名	建造船厂	开工	下水	建成服役
	“天龙”	住友重工浦贺船厂	1998 年 6 月 19 日	1999 年 4 月 14 日	2000 年 3 月 17 日

四、多用途支援舰

日本海自现役有 5 艘燧滩级多用途支援舰——“燧滩”号（AMS－4301）、“周防滩”号（AMS－4302）、“天草滩”号（AMS－4303）、“玄界滩”号（AMS－4304）、“远州滩”号（AMS－4305）。

燧滩级主要是为海自作战舰艇进行对海射击训练、鱼雷发射训练、舰载直升机空投鱼雷训练等提供海上靶标支援，其上装备有拖曳式水上靶标、自行式水上靶标等。此外，该级舰也可执行运输物资、海上消防、海上救难、人道主义救援、救灾等多种任务。有必要强调的是，该级舰具有很强的海上拖曳能力，甚至可以拖动摩周级综合补给舰。

燧滩级采用长首楼舰型，舰前部是高大的上层建筑，其后是一座烟囱，舰尾设有飞行甲板，可供中型直升机起降。考虑到远洋航行的需要，该级舰还装有减摇鳍。从第 4 艘开始在舰桥前方两舷各加装了 1 挺 12.7 毫米机枪，并在对前 3 艘进行维修时也做了类似改装。

附表：　燧滩级多用途支援舰主要技术性能

主尺度	舰全长 65 米，舰宽 12 米，型深 5.8 米，吃水 3.5 米。
标准排水量	980 吨。
满载排水量	1400 吨。
动力装置	2 台 6MG28HX 或 6DKM28 柴油机，功率 5500 马力；双轴双桨推进。
最大航速	15 节。
武器系统	2 挺 12.7 毫米机枪。

续表

<table>
<tr><td>舰载小艇</td><td colspan="5">1 艘 6.3 米多用途工作艇、1 艘 7.9 米救生艇。</td></tr>
<tr><td>舰载靶标</td><td colspan="5">2 具自行式水上靶标。</td></tr>
<tr><td>编制舰员</td><td colspan="5">40 名</td></tr>
<tr><td rowspan="6">建造情况</td><td>舰名</td><td>建造船厂</td><td>开工</td><td>下水</td><td>建成服役</td></tr>
<tr><td>“燧滩”</td><td>日本钢管公司
鹤见船厂</td><td>2001 年 1 月 18 日</td><td>2001 年 9 月 14 日</td><td>2002 年 3 月 27 日</td></tr>
<tr><td>“周防滩”</td><td rowspan="4">联合造船公司
京滨船厂</td><td>2002 年 9 月 19 日</td><td>2003 年 4 月 25 日</td><td rowspan="2">2004 年 3 月 16 日</td></tr>
<tr><td>“天草滩”</td><td>2002 年 12 月 3 日</td><td>2003 年 8 月 6 日</td></tr>
<tr><td>“玄界滩”</td><td>2006 年 11 月 7 日</td><td>2007 年 5 月 24 日</td><td rowspan="2">2008 年 2 月 20 日</td></tr>
<tr><td>“远州滩”</td><td>2006 年 12 月 19 日</td><td>2007 年 8 月 9 日</td></tr>
</table>

五、潜艇救援舰

日本海自现役潜艇救援舰共有两艘，分别是“千代田”号（ASR－405）、“千早”号（ASR－403）。

“千代田”号潜艇救援舰是日本海自在 20 世纪 70 年代末提出发展的，1981 年获得批准，1983 年初开工，1985 年春服役。其舰名来自日本江户城的别称千代田城。该舰的主要任务是救援失事潜艇的艇员，为此特别强化了深水救援能力和舰载医疗救护能力，以适应救援夕潮级和当时还处于研制状态的春潮级潜艇的需求。

“千代田”号潜艇救援舰采用短首楼舰型，由于是救援舰，舰上并未设置大型固定武器装备。前甲板后方就是大型上层结构，其上方是海自传统的四角格子桅杆，结构内设置深潜救生器（DSRV）的舱室，其后为深潜救生器的操作甲板。操作甲板构造为长方形作业井，设置吊放装置，四组吊杆共同控制深潜救生器由母舰至海中的升降吊放。作业井下方直通舰底大型水门，作业时直接打开水门，深潜救生器就经由吊臂直接吊放至海中。在深潜救生器作业区后方，是舰上烟囱、舰尾设置一大型直升机甲板，可供 MH－53“海上种马”这类大型直升机直接降落。因为一艘潜艇上乘员众多，若在潜艇失事后救起的舰员势必众多，但运输时可能需连同减压病床一同运输，故舰上需要大型直升机甲板以利运输。

“千代田”号搭载的深潜救生器与母舰同名，由川崎重工神户造船厂建造。这艘深潜救生器长 12.4 米，宽 3.2 米，高 4.3 米，排水量为40 吨，水下航速4 节，有 2 名操纵者，一次下潜可救起 12 名艇员。“千代田”号深潜救生器主动力装置为 1 座交流电动机，辅助推动装置包括水平/垂直推进器各 2 套。该艇的耐压壳体采用特种高强度钢制成，非耐压壳体采用钛合金和玻璃钢，以减轻结构重量，艇上有三处观察窗，采用甲基丙烯树脂类有机玻璃制成。艇上搭载有6台电视摄像机，有1支六自由度液压式机械手。该艇艇体由三个耐压球体连接而成，并分成三个舱：首舱为驾驶舱，内有导航仪器、控制设备等；中舱为救生舱，舱下部有一个半球状的对口裙，裙壳底部与潜艇逃生口相配；后舱为机械舱。在进行救援作业时，该艇由“千代田”号潜艇救援舰携载到工作区域，然后吊放到水中后，然后深潜救生器就以自身动力前往失事潜艇进行救援。

由于该舰需进行海上救援，故舰上水下搜索传感器就非常重要。舰上设置舰体声纳，能进行水下目标搜索与定位。为了保证在救援时能够为舰载救援设备提供准确的位置，舰上还装有舰位自动控制系统（DPS）。此外，舰上还有能够容纳80名艇员的住舱以及救治减压病的医疗室。“千代田”号潜艇救援舰的不足之处是没有实现全部自动化操作，对深海救援艇的收放还需要通过起重机来操作。

需要说明的是，“千代田”号并不仅仅是一艘潜艇救援舰，同时还扮演着潜艇支援舰的角色，可以为潜艇提供武器、食品、淡水等干/液货补给，并且还能给潜艇充电。此外，“千代田”号还能执行人道主义救援、救灾等任务。

附表：　“千代田”号潜艇救援舰主要技术性能

主尺度	舰全长112.5米，舰宽17.6米，型深8.5米，吃水4.6米。				
标准排水量	5540吨。				
满载排水量	6900吨。				
动力装置	2台三井造船8L42M柴油机，功率11500马力；双轴双桨推进。				
最大航速	17节。				
雷达和电子设备	1部OPS－16对海搜索雷达； 卫星通信系统。				
舰载救援设备	1艘“千代田”号深潜救生器（DSRV）； 1部潜水员运送器（PTV）； 1套饱和潜水系统； 海底调查装置。				
编制舰员	120名				
建造情况	舰名	建造船厂	开工	下水	建成服役
	“千代田”	三井造船玉野船厂	1983年1月19日	1983年12月27日	1985年3月27日

“千早”号潜艇救援舰是日本海自在20世纪90年代中期提出发展的，属于“千代田”号的放大改进型，1996年获得批准，1997年10月开工，2000

年服役。其舰名来自日本镰仓幕府末期到南北朝时期的著名武将楠木正成所建的千早城。

“千早”号的舰型、结构与“千代田”号大致相同，但是也有一些明显变化：一是舰体长度和宽度加大，相应地排水量、吃水深度明显增加，能够装载更多的人员、物资，更有利于支持搜救和补给作业；二是首楼长度后延，与舰桥下部实现了“无缝对接”；三是舰尾两舷外张度增加；四是将“千代田”号一些暴露在外的救援设备收在内部，防止舰体摇晃对设备可能造成的损害；五是采用了2台功率更大的柴油机，大幅提高了航速，使得该舰能够更快地抵达潜艇失事海域实施救援。而与动力装置功率增大相适应，“千早”号的烟囱尺寸也明显加大；六是吸取了“千代田”号在1995年阪神大地震救灾行动中所暴露的医疗能力不足的教训，增加了舰上的医疗设施。

“千早”号舰上指挥控制区与一般舰艇极为不同，由于本舰为潜艇救援母舰，舰上战情中心改称为救援情报中心，并配置于舰桥后上方。舰上救援情报中心与舰内的水下作业控制中心联机，救援情报中心位于全舰最高处，对于舰首与两舷的视野良好，并对全舰周边也能掌握最新状态，救援情报中心也通过舰上的卫星定位系统、无线电数据传输系统与卫星通讯系统，和岸上保持通联、或接收最新指令。上层结构前方为舰桥与驾驶台，该舰配有自动驾驶系统，同时因为搜救行动需要精确定位，故通过全球卫星定位系统与舰上自动驾驶系统的结合，可精确保持“千早”号的位置。但由于海上的潮汐、波浪与海流都会影响救难舰只的位置，故舰上的舰首和舰尾都加装辅助推进系统，可随时调整船舰在海上的位置，避免影响搜救任务。水下作业控制中心则控制舰上所有下水装备的操作，包括深海救生器、水下遥控载具与潜水钟的吊放等，并可进行DSRV的环境控制、监视与通信。可控制温度、压力与湿度，并以计算机控制减压舱的增减压控制。

“千早”号的减压室采用舰体中央轴线左右配置，不因配重影响舰艇操作。舰内分五个区域，分别是潜艇救援区、指挥控制区、主机/辅机区、医疗区与居住区。潜艇救援区位于舰中，除了深海救难载具操作甲板外，还有深海潜水、大气潜水与水下遥控无人潜水器（ROV）等。“千早”号在两甲板设置减压室，减压室分为高减压室与低减压室。高减压室是对于深海潜水人员减压，低减压室则用于对从失事潜艇中营救出的组员进行减压之用。千早号的两个减压室都位于舰中央轴在线，采轴线左右配置而不采两舷配置，可避免不同人员在使用减压舱时，因配重影响船舰操作，进而影响救援行动。

医疗设备及住舱：舰上还设置了多病床的医务室，医务室、病房与获救潜艇艇员寝室区连接在一起，均位于同一甲板。医务室备有手术室与X光检验设备，居住区可收容多达八十名的失事潜艇乘员。舰上人员的住舱、餐厅则位于二甲板，如此可让舰上人员与失事潜艇员初步隔离。

“千早”号的救援设备与“千代田”号基本相同，其中深潜救生器(DSRV)是与母舰同名的“千早”号，由川崎重工神户造船厂于1998年4月2日开工建造，1999年8月27日下水，2000年3月24日交付。而除声纳与深潜救生器外，“千早”号潜艇救援舰还搭载有遥控无人潜水器。当声纳测定遇难潜艇的位置后，舰上的遥控无人潜水器随即上场，其携带的水下摄影机、机械手臂可将受难潜艇在海床上的状态传回母舰，让舰上人员评估如何施救。最后母舰上的人员以深潜救生器或是潜水钟，连接遇难潜舰上的逃生舱口，对潜艇内人员进行救援。2008年6月，“千早”号潜艇救援舰进行了深达450米的饱和下潜训练，这次饱和潜水训练的成功意味着今后日本海自潜艇救援舰的下潜救援能力有了质的飞跃。

附表： “千早”号潜艇救援舰主要技术性能

<table>
<tr><td>主尺度</td><td colspan="5">舰全长127.5米，舰宽20米，型深9.0米，吃水5.1米。</td></tr>
<tr><td>标准排水量</td><td colspan="5">5540吨。</td></tr>
<tr><td>满载排水量</td><td colspan="5">6900吨。</td></tr>
<tr><td>动力装置</td><td colspan="5">2台三井造船12V42M－A柴油机，功率19500马力；双轴双桨推进。</td></tr>
<tr><td>最大航速</td><td colspan="5">21节。</td></tr>
<tr><td>雷达和电子设备</td><td colspan="5">1部OPS－20导航雷达；
卫星通信系统。</td></tr>
<tr><td>舰载救援设备</td><td colspan="5">1艘“千早”号深潜救生器（DSRV）；
1艘遥控的无人潜水器（ROV）；
1部潜水员运送器（PTV）；
1套饱和潜水系统；
海底调查装置。</td></tr>
<tr><td>编制舰员</td><td colspan="5">125名。</td></tr>
<tr><td rowspan="2">建造情况</td><td>舰名</td><td>建造船厂</td><td>开工</td><td>下水</td><td>建成服役</td></tr>
<tr><td>“千早”</td><td>三井造船玉野船厂</td><td>1997年10月13日</td><td>1998年10月8日</td><td>2000年3月24日</td></tr>
</table>

六、试验舰

日本海自现役的试验舰是“飞鸟”号（ASE－6102）。该舰主要用于武器试验，验证和测试日本研发的新型舰载武器及雷达、电子设备。其舰型为平甲板型，飞剪型舰首。

“飞鸟”号的上层建筑造型简单，大体分为三部分：前部为主体上层建筑，共有4层，整体呈方形。其前方有一长条状凸台，用以安装需要进行测试的新型垂直发射系统或舰炮等武器系统。舰桥左右两侧各有一耳桥伸出，供了望用。舰桥后上方是1座高耸的封闭式大型雷达天线基座，在基座上壁面装有测试的相控阵雷达天线阵面。基座顶部设有4脚格子桅，其上主要布置有搜索雷达和导航雷达；舰体中部是1座大型烟囱（后方两侧各有一个吊艇架）；后部独立的长方体上层建筑是机库，其右侧上方设有1部起重机。舰尾是飞行甲板，可供10吨级直升机起降。

附表：“飞鸟”号试验舰主要技术性能

主尺度	舰全长151米，舰宽17.3米，型深10米，吃水5米。				
标准排水量	4250吨。				
满载排水量	6200吨。				
动力装置	2台LM2500燃气轮机，功率43000马力；1台LM2500涡轮发电机；双轴双桨推进。				
最大航速	27节。				
雷达和电子设备	1部OPS－14对空搜索雷达； 1部OPS－18对海搜索雷达； 卫星通信系统。				
测试装备	1座8单元MK41 Mod17型垂直发射系统； 1座三联装鱼雷发射管； OQS－XX舰壳声纳； FCS－3型火控系统。				
编制舰员	70名（另有试验人员100名）。				
建造情况	舰名	建造船厂	开工	下水	建成服役
	“飞鸟”	住友重工浦贺船厂	1993年4月21日	1994年6月21日	1995年3月22日

七、海洋观测舰

作为专门从事海洋调查的特种船舶，海洋观测舰的研究范围涵盖气象学、水声学、海洋物理学、海洋化学、海洋生物学、海洋地质学、水文测量学、地球物理学等诸多学科，为海军活动提供各种情报。

日本自20世纪60年代开始重视海洋观测舰。尽管起步较晚，但发展步伐很快，目前已跻身世界先进行列。这些观测舰通过日常信息采集，已对日周边海域的水文气象、海底地形地貌等建立一套完整的数据库，海上自卫队可藉此从事反潜及扫雷作战。因此，日本近年来大张旗鼓地勘测有争议的海域，这是日本军事海外化的策略之一，海洋观测舰实际上充当了向外扩张的“急先锋”。

日本海自现役海洋观测舰共4艘——“须磨”号（AGS－5103），二见级“若狭”号（AGS－5104），日南级“日南”号（AGS－5105）、湘南级“湘南”号（AGS－5106）。

“须磨”号是日本海上自卫队第三代海洋观测舰，停泊于横须贺，主要担负海洋调查、测量任务。该舰采用长艏楼舰型，长72米，宽12.8米，型深5.6米，吃水3.4米，标准排水量1180吨，动力装置为2台柴油机，功率3000马力，双轴双桨推进，最大航速15节，编制舰员65人。为在海洋观测和海底测量时保持船位，该舰装备有艏推进器；为进行海洋环境数据的采集、分析，该舰装有水温、盐分、潮流、海底地质以及音响等完备的观测器材；此外还携带有1艘11米长的小艇，供海洋调查测量研究用。

二见级海洋观测舰共建造2艘，其中1979年2月建成服役的首舰“二见”号已于2010年3月17日退役，所以只剩下二号舰“若狭”号。该舰由日立造船舞鹤船厂建造，1984年8月21日开工，1985年5月21日下水，1986年2月25日建成服役。“若狭”号主要担负海底地形、地质、地磁、海洋环境等综合调查，除了日本周围海域的调查外，还从事远洋调查。“若狭”号观测舰采用长艏楼舰型，舰长97米，舰宽15米，型深7.6米，吃水4.2米，标准排水量2050吨，满载排水量3175吨，动力装置为2台川崎MAN V8V22/30ATL柴油机，单台功率2250马力，双轴双桨推进，最大航速16节，编制舰员105人。为在海洋观测和海底测量时保持船位，该舰装备有艏推进器。舰桥下设有控制室、观测室，测量设备包括精密舰位测定装置、精密音响测定装置、海底声波探测装置、各种记录计、分析设备等，舰艉甲板还装有3部供测量作业用的小型卷扬机。为了进行精确测量，该舰还专门装有1台推进电机，用于2－3节低速航行时提供动力。

“日南”号是日本海自现役吨位最大的海洋观测舰，由三菱重工下关造船厂建造，1997年8月7日开工，1998年6月11日下水，1999年3月24日建成服役。该舰的主要任务是从事海底地形、地质、地磁、海洋环境等综合调查任务，收集反潜战、水雷战所需的海洋数据。舰型为长艏楼型，舰全长111米，舰宽17米，型深9.0米，吃水4.5米，标准排水量3300吨，满载排水量4500吨，采用柴油机电力推进（2台三菱重工S16U柴油机、1台三菱重工S8U柴油机、2台推进电机），功率5800马力，有舰艉推进器和2个舰艏推进器，最大航速18节，编制舰员90人。为了降低水下辐射噪声，有效进行海洋观测，主机和主发电机采用二级减振支撑；采用5叶大直径大侧斜螺旋桨，艏推进器隧道处安装开闭盖，辅机采用减振橡胶；船体底部的外板覆盖有阻尼材料。

该舰携带有常规观测装置，如水温记录装置、超声波多普勒多层流速计、系泊式自记流向流速计、气象观测装置、测波仪等；携带有海洋测量装置，如多波束测深仪、采泥器和质子磁力仪等；携带有音响观测装置，如浮子式声波传播测定装置、沉底式声波传播测定装置等。该舰还携带有1艘11米长的观测工作艇，航速10节，配有浅海音响观测装置、拖曳式侧扫声纳等；带有1个深潜器，长2.9米，宽1.8米，高2.4米，重约5.5吨，装有2个机械手和喷射钻探装置。此外，舰上还装有双频差分卫星定位系统（DGPS），定位误差小到厘米级，可为测量提供极好的导航定位服务。而随着女性舰员日益增多，该舰还专门开设了1个女性居住区，可容纳10名女舰员。

“湘南”号是日本海自最新一艘海洋观测舰，由三井造船玉野船厂建造，2008年12月开工，2009年6月29日下水（当时该舰由防卫大臣政务官岸信夫主持了下水命名仪式），2010年3月17日建成服役，取代了同一天退役的“二见”号。“湘南”号的主要任务是收集详细的海洋数据，同时准确地探测、跟踪国籍不明潜艇。

该舰在建造时由于预算削减（从328亿日元减到了188亿日元），不得不大量采用商船标准。舰型为长艏楼型，舰全长103米，舰宽16.4米，型深8.7米，吃水4.5米，标准排水量2950吨，采用电力推进方式（3台柴油发电机、2台推进电机），功率4800马力，推进器为2部吊舱式电动推进装置，具有非常好的安静性，可以让海洋音响测量变得更精准，最大航速16节，编制舰员80人。

该舰配备有各种探测海中、海底环境的最新高科技机器和装置，在海面的某一坐标长期停留观测，可在任何自然条件下保持坐标固定，而不受潮流和风力的漂动影响，这对于探测在日本周边海域活动的不明国籍潜艇可发挥巨大作用。

八、音响测量舰

日本海自现役音响测量舰是2艘响级“响滩”号（AOS－5201）、“播磨滩”号（AOS－5202）。

“响滩”级音响测量舰是日本仿造美国“胜利级”而建，是美日联盟条件下双方军事合作的产物。“响滩”级音响测量舰是小水线面双体船型，长宽比仅2.24。这种设计主要是由于该级舰带着精密的音响探测器材，要求航速慢而且行驶非常平稳。

“响滩”级音响测量舰主要在海上测量音响，也就是对水下潜艇的螺旋桨以及发动机的声音进行跟踪、测向、测距、识别，同时还对海底背景声音进行侦察。海底的背景声音包括海浪潮汐、洋流以及海底轻微地震引起的各种各样的噪音，这叫做“本底”。本底的音响非常重要，因为潜艇音响和本底音响交叉在一起很难区别，需要用一种手段把它进行区分筛选，将原始数据搜集以后，通过卫星通信发送到数据中心，进行整理、鉴别，并将其记录库存，这样就积累起大量的数据，包括敌方不同型号的潜艇数据，以及潜艇在不同地点的海洋背景数据。这两种数据积累形成数据库，在作战时就可把数据库编入软件，一旦发现这种声音，马上就能鉴别这是何种潜艇，属于哪个国家。

“响滩”级的核心——音响探测设备是高性能拖曳线阵列声纳。由于日本尚不能生产这种高性能水中侦听设备，所以选用了与美国海军“胜利”级音响测量舰所装相同的 AN/UQQ－2 型拖曳线列阵声纳。该型声纳主要用于侦听、测定潜艇辐射的噪声，进行远程监视、测向、识别和测距。该型声纳的拖缆长约 1800 米，拖曳线列基阵长 2600 多米。执行任务时，拖曳深度根据当时的海况不同而异，大约在 150－450 米。在被动工作模式下，AN/UQQ－2 型拖曳线列阵声纳的探测距离可达 300 海里。

由于“响滩”级上的音响探测设备来自美国，而这类设备又非常敏感，所以美国专门在每艘舰上派了 5 名美国人负责看管设备，而且该级舰所获得的情报信息也要美日共享。

附表：　　　　　“响滩”级音响测量舰主要技术性能

<table>
<tr><td>主尺度</td><td colspan="5">舰全长 67 米，舰宽 29.9 米，吃水 7.5 米。</td></tr>
<tr><td>标准排水量</td><td colspan="5">2850 吨。</td></tr>
<tr><td>动力装置</td><td colspan="5">4 台三菱重工 S6U－MPTK 柴油机、2 台推进发电机、2 台推进电机、2 部推进器，功率 3000 马力。</td></tr>
<tr><td>最大航速</td><td colspan="5">11 节。</td></tr>
<tr><td>雷达和电子设备</td><td colspan="5">1 部 OPS－16 对海搜索雷达；
1 部 OPS－9 导航雷达。</td></tr>
<tr><td>声纳</td><td colspan="5">1 部 AN/UQQ－2 拖曳线列阵声纳。</td></tr>
<tr><td>编制舰员</td><td colspan="5">40 名（其中美国人 5 名）。</td></tr>
<tr><td rowspan="3">建造情况</td><td>舰名</td><td>建造船厂</td><td>开工</td><td>下水</td><td>建成服役</td></tr>
<tr><td>“响滩”</td><td rowspan="2">三井造船玉野船厂</td><td>1989 年 1 月 28 日</td><td>1990 年 7 月 27 日</td><td>1991 年 1 月 30 日</td></tr>
<tr><td>“播磨滩”</td><td>1990 年 2 月 7 日</td><td>1991 年 9 月 11 日</td><td>1992 年 3 月 10 日</td></tr>
</table>

九、破冰船

日本海自现役破冰船只有 1 艘“白濑”号（AGB－5003）。

日本建造“白濑”号破冰船主要是基于南极考察所需。该船由日本联合造船公司舞鹤船厂建造，2007 年 3 月 15 日动工建造，2008 年 4 月 16 日下水，2009 年 5 月 20 日建成服役。

“白濑”号采用平甲板船型。船首为破冰型艏，整体圆钝的外形有利于撞开更宽的冰面。船首水线以下倾斜明显，起到先将艏部挤上冰面，再利用船身重量将冰面压碎的作用。舰体较宽，长宽比约为4.9:1，既有利于在冰区选择薄冰层处灵活航行，又使船体能开辟出较宽的水域，方便后续舰船的航行。一般破冰船的宽度比相似长度的舰船宽度大得多。如“白濑”号的长度为138米，宽度是28米；而长度为161米的“金刚”级驱逐舰宽度也只有21米。实际上，日本海自现役舰艇除“响滩”级小水线面双体测量船的宽度大于“白濑”号外，其余舰艇的宽度都要小。也就是说，“白濑”号开辟出的冰区航道，海自绝大多数舰船都能跟随通过。为保证在冰区航行的安全，“白濑”号与其他破冰船一样，船体采用横骨架式结构，肋骨间距较小。另外，水线以下的舷侧外板采用更厚的钢板。船尾为巡洋舰型艉，有利于减小倒车时的阻力。整船的干舷较高，避免上层建筑与甲板设备、人员受海浪与浮冰的侵袭。

上层建筑位于船体中前部，较长较高，共分4层。驾驶室位于顶层，与船同宽，视野开阔。一座塔柱式主桅位于驾驶室顶层甲板后部，桅上特设有一个观察室，便于从高处对冰情进行观察了望。桅杆后是一座较高的方形烟囱。上层建筑顶层甲板后部中心线左、右舷各有一部起重机，用于吊放存贮在烟囱后的货物。上层建筑后部为大型机库，可停放2架CH－101重型直升机和1架AS355轻型直升机。其余空间为各种试验室和高级船员、科研人员居住、生活空间。上层建筑前部上甲板上还设有2部起重机，用于吊放前货舱内的货物。上层建筑以后的甲板为面积较大的直升机起降平台。

“白濑”号船体水线以上涂成桔红色，在白雪皑皑的世界中十分醒目。上层建筑以白色为主，烟囱、救生艇、工作艇的涂色与船体一致。

破冰船在航行工作时，需要极大的功率。“白濑”号作为常出没极地的科学考察船，更是需要有强大的动力作为远航的基础。为此，“白濑”号采用综合电力推进方式，其上装有4台柴油发电机、4台推进电机，功率30000马力。如此庞大的动力系统，需要占用不少空间。好在“白濑”号船体宽，能满足需要。推进轴为双轴。

“白濑”号上装备的雷达有日本无线电公司的OPS－18－1型对海搜索雷达，OPS－22型导航雷达，另外还装ORN－6型战术导航系统。

“白濑”号长138米，宽28米，吃水9.2米，标准排水量12500吨，航速19.5节，续航力25000海里/15节，编制船员179名（其中军官38名），外加80名科研人员，船上还可载运1100吨货物。此外，为了防备海盗，船上还携带有64式步枪和9毫米手枪。

十、海缆维修船

日本海自现役海缆维修船为1艘“室户”号（ARC－483），作用是铺设和维修海底电缆。

该船由三菱重工下关造船厂江浦船坞建造，2011年9月开工，2012年7月5日下水，2013年3月15日建成服役。船长131米，船宽19米，型深11米，标准排水量4900吨，动力装置为3台柴油机、2台推进电机，功率7500马力，双轴，航速16节。

十一、特务艇

日本海自现役特务艇为1艘“桥立”号（ASY－91）。日本海自所谓的特务艇，不是执行间谍任务之意，而是执行迎宾勤务，另外也可用于海上竞技比赛时的支援服务等。该船由日立造船神奈川船厂建造，1998年10月26日开工，1999年7月26日下水，1999年11月30日建成服役。艇长62米，艇宽9.4米，型深4.6米，吃水2.0米，标准排水量400吨，动力装置为2台柴油机，功率2740马力，航速20节，编制艇员29名。

第八节　日本海上自卫队潜艇

在日本于1976年10月19日制定的《防卫计划大纲》中，明确提出日本海上自卫队将常年维持一支由16艘潜艇组成的潜艇部队。由于潜艇部队规模受限，为此日本海上自卫队便通过不断更新潜艇来提升战斗力。其设计潜艇的特点是新一级在前一级潜艇基础上进行改进，这样可以减少研制周期，在建造方面的特点是每一级的建造数量都较多，而且将建造任务交给两家船厂完成，每家船厂都建有独立的生产线，从而加快了建造速度，能够在短期内有更多的潜艇服役。

二战之后，日本海自共发展了8级潜艇，更新速度是世界上最快的。而根据2010年制定的《防卫计划大纲》和《中期防卫力量整备计划》，海自拟将潜艇部队规模扩大至22艘潜艇。

目前，日本海自潜水部队现役有两级16艘作战潜艇、1艘训练潜艇和1艘测试/训练潜艇。其中两级16作战潜艇分别是：亲潮级11艘——“亲潮”号（SS－590）、“满潮”号（SS－591）、“涡潮”号（SS－592）、“卷潮”号（SS－593）、“矶潮”号（SS－594）、“鸣潮”号（SS－595）、“黑潮”号

（SS－596）、“高潮”号（SS－597）、“八重潮”号（SS－598）、“濑户潮”号（SS－599）、“持潮”号（SS－600），苍龙级5艘——“苍龙”号（SS－501）、“云龙”号（SS－502）、“白龙”号（SS－503）、“剑龙”号（SS－504）、“瑞龙”号（SS－505）；1艘训练潜艇——春潮级“冬潮”号（TSS－3607，原SS－588）；1艘测试/训练潜艇——春潮级“朝潮”号（TSS－3601，原SS－589）。此外，还有4艘苍龙级潜艇在建，其中的“黑龙”号（SS－506）已经下水，计划2015年3月服役。

一、春潮级

1984年底，日本海上自卫队提出发展夕潮级潜艇的改进型，并于1985年初开始详细设计工作，到1986年初已完成大部分设计工作。1986年3月，日本内阁批准建造第一艘改进型夕潮级潜艇，即春潮级潜艇的首艇“春潮”号，订单于同年5月下达。该艇于1987年4月21日在三菱重工神户造船所铺放龙骨，1989年7月26日下水，1990年11月30日服役。至1997年共建成7艘，每艘春潮级潜艇的造价在3.35亿~3.4亿美元之间。

春潮级潜艇是对夕潮级潜艇进行了放大，采用双壳体水滴形艇型、围壳舵、单轴7叶大侧斜低噪声螺旋桨，艇尾水平舵和垂直舵交叉为“十”字型。艇外形十分光顺，除指挥台围壳外，不设置任何凸出的壳罩。该级艇的耐压艇体的主要部分由NS－110超高强度钢制成，从而使春潮级潜艇的安全潜深达350米，最大潜深达到400米，耐压艇体采用外肋骨加强，首、尾采用模压球面封头。为减小艇体噪音，艇壳表面敷设有消声瓦，艇体表面也进行防振吸声的阻尼处理，并对艇内机电设备进行了防振隔振处理。艇内由首至尾分为前、中、后三部分舱室。首舱主要布置有ZQQ－5B型艇首声纳，后面设有声纳室。中部舱分3层，上层设有指挥室、航海与作战室、军官居住舱和餐厅；中层设有鱼雷发射舱、鱼雷装载舱、士兵居住舱和餐厅；下层主要是蓄电池舱，共装载了480块蓄电池，分成4组布置。尾部舱室主要为动力舱，内设柴油机、发电机、推进电机等。

春潮级潜艇采用单轴柴－电推进方式。主要武备是位于中部的6具533毫米鱼雷发射管，能发射日本自研并生产的80式、89式鱼雷和美制潜射“鱼叉”反舰导弹（总数20枚）。

80式鱼雷于1965年开始研制，1984年投产。该鱼雷实际上是仿制的美国MK37 Mod1/2鱼雷，但改进了动力系统，性能比MK37稍好。80式以银/锌电池为动力，线导加主/被动声自导，长6.1米，直径483毫米，最大航速45节，航深400米，射程8公里/45节或20公里/30节。目前，随着89式鱼雷的大量装备，性能单一的80式鱼雷库存数量逐渐减少，未来几年内将退出现役。

89 式鱼雷是日本防卫省技术研究本部在 20 世纪 70 年代参照美国 MK48 Mod1 鱼雷开始研制的重型线导反潜/反舰鱼雷，主要用于攻击大深度高速潜艇和大中型水面舰艇，1989 年定型。鱼雷长 7.0 米，直径 533 毫米，重 1800 公斤，采用热动力，对转螺旋桨，最大航速 55 节，射程 50 公里/40 节或 38 公里/55 节，最大航深 900 米，制导方式为线导和主/被动声自导，触发/非触发引信，战斗部装有 267 公斤高能炸药，单雷命中即可击沉一艘采用双壳体的大型潜艇或中型水面舰艇。89 式鱼雷具有速度高、航程远、航深大、抗干扰能力强等特点，总体性能相当于 MK48 Mod3 重型鱼雷，但在动力和制导系统方面有所提高。进入 21 世纪，为提高 89 式鱼雷的性能，日本对其声纳、制导和动力系统进行了一定改进，提高了抗干扰能力、攻击精度及浅水作战性能，噪声也有所降低，整体性能可与美国 MK48 Mod6 鱼雷相媲美，能在深水和濒海浅水环境中有效攻击各种目标。目前，日本还在研究新的鱼雷动力系统，计划在未来对 89 式鱼雷进行进一步改进。

日本海自使用的“鱼叉”反舰导弹主要是 UGM－84C“鱼叉”Block1B 和 UGM－84D“鱼叉”Block1C 型两种型号，射程分别为 130 和 140 公里，飞行速度 0.9 马赫，半穿甲爆破型战斗部重 227 公斤，延时触发和近炸引信，中段惯导加末段主动雷达制导。在水下对视距外的水面目标进行“超视距打击”时，潜射“鱼叉”导弹需要外部平台提供中继制导。

春潮级潜艇装备 ZYQ－2 型火控系统。对抗措施采用 ZLR3－6 型雷达预警设备。雷达采用日本无线电公司的 ZPS－6 对海搜索雷达，I 波段。声纳包括休斯/冲电公司的 ZQQ－5B 艇壳声纳，主/被动搜索和攻击，中/低频；拖曳线列阵声纳采用类似于 BQR－15 的 ZQR－1 型被动搜索声纳，甚低频。潜望镜由科尔摩根公司生产。

2000 年 3 月 9 日，日本海自将春潮级最后一艘“朝潮”号转为测试/训练用潜艇，舷号也由 SS－589 变为 TSS－3601，而此时“朝潮”号才刚刚服役 3 年，由此可以看出日本海自发展新一代技术更先进的潜艇的迫切心理。2002 年，“朝潮”号加装了新型 AIP 系统，为此还将艇体长度增加了 9 米。2003 年，装有 AIP 系统的“朝潮”号开始进行测试，其试验结果后来成为发展苍龙级 AIP 潜艇的主要技术依据。

2008 年 3 月 7 日，日本海自将春潮级“早潮”号改为训练潜艇，舷号由 SS－585 变为 TSS－3606。而在“早潮”号于 2011 年 3 月 15 日退役后，海自又将春潮级“冬潮”号改为训练潜艇，以接替“早潮”号的角色，其舷号也由 SS－588 变为 TSS－3607。

到 2013 年 3 月 5 日，除“朝潮”号和“冬潮”号之外，其余 5 艘春潮级全部退出现役。

附表：　　　　　　　　春潮级潜艇主要技术性能

<table>
<tr><td>主尺度</td><td colspan="5">舰全长 77 米，舰宽 10 米，吃水 7.7 米。</td></tr>
<tr><td>水上排水量</td><td colspan="5">2450 吨（“朝潮”号改装后达到了 2900 吨）。</td></tr>
<tr><td>水下排水量</td><td colspan="5">3200 吨。</td></tr>
<tr><td>动力装置</td><td colspan="5">2 台川崎 12V25/25S 型柴油机，功率 4100 千瓦；2 台川崎交流发电机，功率 3700 千瓦；1 台富士电机，5300 千瓦；480 块高容量水冷蓄电池；单轴推进，一个七叶大侧倾螺旋桨。</td></tr>
<tr><td>最大航速</td><td colspan="5">水面 12 节，水下 20 节。</td></tr>
<tr><td>续航力</td><td colspan="5">在通气管状态下为 1 万海里/8 节。</td></tr>
<tr><td>自持力</td><td colspan="5">40 天。</td></tr>
<tr><td>最大安全下潜深度</td><td colspan="5">350～400 米。</td></tr>
<tr><td>武器系统</td><td colspan="5">6 具艇首 HU－603B 型 533 毫米鱼雷发射管，配用鱼雷为 80 式、89 式重型鱼雷以及潜射“鱼叉”反舰导弹，总计 20 枚。</td></tr>
<tr><td>声纳</td><td colspan="5">1 部休斯/冲电公司 ZQQ－5B 艇首主/被动数字声纳、1 部休斯/冲电公司 ZQR－1 拖曳线列阵声纳。</td></tr>
<tr><td>雷达</td><td colspan="5">1 部 ZPS－6 对海搜索雷达。</td></tr>
<tr><td>C4I 系统</td><td colspan="5">ZYQ－2 艇载战术信息处理系统。</td></tr>
<tr><td>电子战系统</td><td colspan="5">ZLR－6 型雷达告警设备。</td></tr>
<tr><td>编制艇员</td><td colspan="5">75 名（其中军官 10 名，艇员 65 名）。</td></tr>
<tr><td rowspan="3">建造情况</td><td>艇名</td><td>建造船厂</td><td>开工</td><td>下水</td><td>建成服役</td></tr>
<tr><td>“冬潮”</td><td>川崎造船
神户船厂</td><td>1991 年 12 月 12 日</td><td>1994 年 1 月 22 日</td><td>1995 年 3 月 7 日（2011 年 3 月 15 日改为训练潜艇）</td></tr>
<tr><td>“朝潮”</td><td>三菱重工
神户船厂</td><td>1992 年 12 月 24 日</td><td>1995 年 7 月 12 日</td><td>1997 年 3 月 12 日（2000 年 3 月 9 日改为测试/训练潜艇）</td></tr>
</table>

二、亲潮级

20 世纪 90 年代初，日本海自在春潮级潜艇刚刚设计完成并开始建造后，旋即着手发展春潮级的改进型，以替代当时准备陆续退役的夕潮级潜艇。主要是将艇长增加了 1 米，水面和水下排水量均增大了 100 吨。但是不久海自觉得春潮级改进型的改进幅度还达不到预想的结果，于是又提出发展排水量 2700 吨的新型潜艇，即亲潮级。

在 1993 财年，亲潮级潜艇的建造计划得到批准，最初拟建 8 艘，单艇造价约5亿美元。但后来又增加了3艘，使总数达到了11艘。

亲潮级与春潮级相比，在设计上有许多变化：

首先，在艇型上一改之前沿用了将近30年的水滴形艇型，转而采用了雪茄艇型（日本海自称为叶卷型）。同时，亲潮级的长宽比进一步拉大。原先日本潜艇的长宽比一直保持在7.2－7.7之间，但亲潮级却一下将长宽比拉大到了9.1。

其次，艇体采用单双混合壳体结构。二战后的日本潜艇都采用双壳体结构，但由于亲潮级艇型改变、长宽比明显加大，所以不可能再采用双壳体。不过，双壳体潜艇又比单壳体潜艇坚固，于是日本就在亲潮级潜艇上采用了单双混合壳体结构，即艇首和艇尾都采用了双壳体结构，艇舯则采用了单壳体结构。双壳体部分为采用外框架式，单壳体结构采用内框架式，并增设了压载龙骨。

第三，亲潮级的整个耐压壳体都用了NS110高强度钢，明显提高了下潜深度，达到了500米，使该级艇更难以被探测。

第四，亲潮级潜艇强化了的隐身性能。措施包括：将消声瓦粘合在艇身上，还以螺钉加以固化；对指挥台围壳进行了全新优化设计。以往日本潜艇的围壳都是横截面为长条形的设计，而亲潮级采用的却是横截面为梯形的设计；艇体线型更为光滑、流畅；采用了减振浮筏技术等。这些降噪措施使得亲潮级的整体噪声水平比春潮级下降近20分贝，达到了110～120分贝，已接近海洋背景噪声，即使与素有“海洋黑洞”之称的俄制基洛级636潜艇相比也毫不逊色。

第五，亲潮级潜艇的电子设备更加先进。除了装备与春潮级潜艇相同的电子设备外，还首次装备了舷侧声纳（这也是亲潮级采用单双混合壳体结构的原因之一，因为舷侧声纳必须安装在耐压壳体上），可以提供精确的目标定位能力，与远程拖曳线列阵声纳配合使用，可以获得世界一流的远程探测能力。

就整体性能来讲，亲潮级潜艇要比春潮级提高30%以上，是目前世界上最先进的常规潜艇之一。

附表： **亲潮级潜艇主要技术性能**

主尺度	舰全长82米，舰宽8.9米，吃水7.4米。
水上排水量	2750吨。
水下排水量	4000吨。
动力装置	2台川崎12V25/25S型柴油机，功率4100千瓦；2台川崎交流发电机，功率3700千瓦；1台富士电机，功率5300千瓦；480块高容量水冷蓄电池；单轴推进，一个七叶大侧倾螺旋桨。

续表

<table>
<tr><td>最大航速</td><td colspan="5">水面 12 节，水下 20 节。</td></tr>
<tr><td>续航力</td><td colspan="5">在通气管状态下为 10000 海里/8 节。</td></tr>
<tr><td>自持力</td><td colspan="5">45 天左右。</td></tr>
<tr><td>最大安全下潜深度</td><td colspan="5">500 米。</td></tr>
<tr><td>武器系统</td><td colspan="5">6 具艇首 HU－605 型 533 毫米鱼雷发射管，配用鱼雷为 80 式、89 式重型鱼雷以及潜射“鱼叉”反舰导弹，总计 20 枚。</td></tr>
<tr><td>声纳</td><td colspan="5">ZQQ－6 综合声纳系统。</td></tr>
<tr><td>雷达</td><td colspan="5">1 部 ZPS－6 型 I 波段对海搜索雷达。</td></tr>
<tr><td>C4I 系统</td><td colspan="5">ZYQ－3 艇载战术信息处理系统；
潜射“鱼叉”导弹火控系统；
惯性/GPS 导航系统；
海事操作系统；
各种高数据率通信系统等。</td></tr>
<tr><td>电子战系统</td><td colspan="5">ZLR－6 型雷达告警设备。</td></tr>
<tr><td>编制艇员</td><td colspan="5">70 名（其中军官 10 名，艇员 60 名）。</td></tr>
<tr><td rowspan="12">建造情况</td><td>艇名</td><td>建造船厂</td><td>开工</td><td>下水</td><td>建成服役</td></tr>
<tr><td>“亲潮”</td><td>川崎造船神户船厂</td><td>1994 年 1 月 26 日</td><td>1996 年 10 月 15 日</td><td>1998 年 3 月 6 日</td></tr>
<tr><td>“满潮”</td><td>三菱重工神户船厂</td><td>1995 年 2 月 16 日</td><td>1997 年 9 月 18 日</td><td>1999 年 3 月 10 日</td></tr>
<tr><td>“涡潮”</td><td>川崎造船神户船厂</td><td>1996 年 3 月 6 日</td><td>1998 年 10 月 15 日</td><td>2000 年 3 月 9 日</td></tr>
<tr><td>“卷潮”</td><td>三菱重工神户船厂</td><td>1997 年 3 月 26 日</td><td>1999 年 9 月 22 日</td><td>2001 年 3 月 26 日</td></tr>
<tr><td>“矶潮”</td><td>川崎造船神户船厂</td><td>1998 年 3 月 9 日</td><td>2000 年 11 月 27 日</td><td>2002 年 3 月 14 日</td></tr>
<tr><td>“鸣潮”</td><td>三菱重工神户船厂</td><td>1999 年 4 月 2 日</td><td>2001 年 10 月 4 日</td><td>2003 年 3 月 3 日</td></tr>
<tr><td>“黑潮”</td><td>川崎造船神户船厂</td><td>2000 年 3 月 27 日</td><td>2002 年 10 月 23 日</td><td>2004 年 3 月 8 日</td></tr>
<tr><td>“高潮”</td><td>三菱重工神户船厂</td><td>2001 年 1 月 30 日</td><td>2003 年 10 月 1 日</td><td>2005 年 3 月 9 日</td></tr>
<tr><td>“八重潮”</td><td>川崎造船神户船厂</td><td>2002 年 1 月 15 日</td><td>2004 年 11 月 4 日</td><td>2006 年 3 月 9 日</td></tr>
<tr><td>“濑户潮”</td><td>三菱重工神户船厂</td><td>2003 年 1 月 23 日</td><td>2005 年 10 月 5 日</td><td>2007 年 2 月 28 日</td></tr>
<tr><td>“持潮”</td><td>川崎造船神户船厂</td><td>2004 年 2 月 23 日</td><td>2006 年 11 月 6 日</td><td>2008 年 3 月 6 日</td></tr>
</table>

三、苍龙级

在亲潮级设计完成并开始建造之后，日本海自随即又提出发展亲潮级的后继艇，称为新一代 AIP 潜艇。该级艇是日本在积累二战后 50 多年潜艇设计经验的基础上，充分吸收当前全球各种先进常规潜艇的优点，采用了大量新技术、新材料和新工艺，重点提高了水下潜航力、探测能力以及隐身性能，是日本潜艇发展史上的又一次重大变革。

2003 年 8 月 17 日，新一代 AIP 潜艇首艇预算（500 亿日元）在“平成 16 年度（即 2004 财年）预算”中正式获得通过，因此该艇代号“平成 16 年度潜艇计划”（简称 16SS）。按照惯例，该级潜艇将在下水时予以命名，但由于水面排水量为 2900 吨，因此暂称为 2900 型潜艇。2004 年 12 月，日本防卫厅在通过的第 14 个《中期防卫力量整备计划》（2005～2009 年度执行）中正式列入了首批 4 艘 2900 型潜艇的建造计划，首艇由三菱重工神户造船厂承建，后续艇则由川崎重工神户造船厂与前者轮流建造。首艇 16SS 于 2005 年 3 月 31 日开工，建造时的舷号为 8116，在 2007 年 12 月 5 号的下水仪式上正式被命名为“苍龙”号，舷号也随之变为 SS－501。至 2013 年，日本议会共批准了 9 艘苍龙级的预算，单价增至 539 亿日元（约合 5.28 亿美元）。

苍龙级还首次打破了日本海自潜艇的命名规则。以往日本海自潜艇艇名均沿用二战时期旧日本海军潜艇的艇名（以海象中的“潮”字来命名），但此次日本海自却以 20 世纪 30～40 年代曾参加侵华战争、偷袭珍珠港和中途岛海战的旧日本海军“苍龙”号航空母舰（1942 年 6 月的中途岛海战中被美国海军舰载机炸成重伤，最后被日本驱逐舰用鱼雷击沉）的名字来命名该型潜艇的首艇，可见日本海自对苍龙级潜艇的期望程度。

苍龙级的任务使命包括反潜、反舰、巡逻警戒、编队护航、封锁、破坏海上交通线、情报收集与监视、布雷和特种作战等多项任务，是一型既能执行近海巡逻警戒任务，也适合远洋作战的大型多用途常规潜艇。

苍龙级继续沿用了亲潮级的雪茄艇型以及单/双壳体结构，但为了容纳四台由瑞典研发的斯特林闭式循环 AIP 推进系统以及相关附属轮机设施，艇长加大了 2 米，舷宽也略增，水下排水量增至 4200 吨，成为世界上排水量最大的常规潜艇。

苍龙级的柴电动力装置、推进系统都与亲潮级基本相同，但苍龙级加装了新型 AIP 系统——4 台斯特林闭式循环发动机，从而成为日本海自第一种实用型 AIP 潜艇。这样一来，苍龙级就以柴电为主动力系统，主要用于推动潜艇在水面及水下高速航行；斯特林发动机作为辅助动力，主要用于推动潜艇在水下长时间隐蔽潜航。

日本海自用于试验 AIP 系统的“朝潮”号训练潜艇装备了 4 台 4V－275R MK2 型斯特林发动机，单机重 750 公斤，高 1.4 米，外部直径 0.6 米，额定转数为 2000 转/分，单机功率 75 千瓦（额定持续输出功率 65 千瓦），4 台总功率 260 千瓦。斯特林发动机是一种外燃式发动机，工作时，来自液态氧储存罐的液氧和燃油舱的柴油分别喷入加压燃烧室，充分混合并点火燃烧后所产生的热量传递给闭式循环系统，该系统将热能转化为机械能量来驱动发电机发电，进而推进潜艇前进。与“朝潮”号相比，苍龙级上的斯特林发动机系统采用了更大的液态氧储存罐，并装备了在4V－275R MK2型基础上改进而来的新型4V－275R MK3型斯特林发动机（由川崎重工许可生产，持续输出功率增加到75千瓦），最大水下持续潜航时间比“朝潮”号进一步延长，达到3周左右。斯特林发动机的耐久性和可靠性非常高，运行噪声、红外辐射相当低，经过专门设计的废气排放口也能保证排出的废气气泡达到敌方主动声纳无法探测到的程度，能够满足现代潜艇包括隐蔽性在内的性能要求，非常适合潜艇的运行环境。

由于功率有限，斯特林发动机只能作为辅助动力系统来推动潜艇在水下悬停或以2～6节的低速航行，不能完全取代柴－电动力系统推进潜艇在水下及水面高速航行。但苍龙级在不使用艇上蓄电池的情况下，仅利用斯特林发动机便能以5节的安静巡航速度在水下连续潜航15天，而不必上浮到水面或通气管状态进行充电，低于5节时持续潜航时间进一步延长到3周左右，水下持续潜航时间是亲潮级的5～7倍。

在苍龙级的巡逻区内，80%～90%巡逻时间均可利用斯特林发动机隐蔽航行，而且隐蔽航行范围的大幅增加也使上浮通气时在时间和地点方面有更多的选择裕度。若与艇上蓄电池配合使用，苍龙级持续潜航时间将更长，在隐蔽性方面的效果更加显著。

除AIP系统外，苍龙级的另一显著变化是放弃了日本潜艇传统的十字尾舵，改为X型尾舵（技术也是从瑞典引进）。苍龙级之所以采用X型尾舵，主要是为了弥补因艇体加长而导致潜艇运动性能下降的缺点。

与十字型尾舵相比，X型尾舵有两个主要优点：一是提高了潜艇的水下运动性。即使有1～2块舵面发生故障，X型尾舵也能保证潜艇的正常航行。而且X型尾舵的纵向和横向尺寸都不超过潜艇直径的尺寸，所以在坐沉海底和停岸靠泊时不易造成损坏，更适合在浅海环境操作；二是舵效高。常规的十字型尾舵在水平方向上机动时只有上下两个垂直舵面起作用，而左右两个舵面基本不起作用的。同样，潜艇在垂直方向上升降时十字型尾舵也只有左右两个水平布置的舵面起作用，上下两个垂直舵面基本上不起作用。而X型尾舵的四个舵面各自都兼有垂直舵和水平舵的双重功能，且每个舵面都可以独立控制。因此X型尾舵的四个舵面无论是在水平机动还是垂直升降时都能起作用，而且在舵面不超出潜艇直径的前提下，使潜艇获得了大于十字型尾舵的力矩/扭力，即水下操控性能更好。但X型尾舵有个很大缺点，就是操控复杂，必须依靠计算机进行自动控制，相应的设计难度和成本也更高。一旦自动控制系统失灵，将导致潜艇无法正常运转。

为了适应与新军事革命相对应的网络化、数字化作战环境，苍龙级潜艇装备有大量先进的电子设备，其指挥控制系统、通讯系统和传感器均比亲潮级有很大提升，具备强大的信息作战能力。

苍龙级的作战神经中枢采用了新型 ZYQ－4 艇载战术信息处理系统。该系统是一种全新的模块化、网络化综合作战指挥与武器控制系统，是在亲潮级 ZYQ－3 艇载战术信息处理系统基础上发展而来。ZYQ－4 可以将所有传感器、武器、导航和指挥系统集成到指控台上，有效接收和处理各种传感器和通信系统获得的信息，并可同时导控 6 枚线导鱼雷攻击 6 个目标。ZYQ－4 大量采用了新型“水面舰艇用新型战术情报处理装置”（又称“先进技术战斗系统”，简称 ATECS，首次装备日向级直升机驱逐舰）上使用的先进技术，其计算机及网络广泛采用成熟的 COTS 商用计算机组件（亲潮级从第 8 艘开始使用），并使用美军新一代 UYQ－70 先进显示控制系统，运算速度、应用技术、使用成本和升级弹性都大幅增加，并实现了完全数字化管理。

为了在浅水海域有效探测安静性逐渐提高的现代潜艇，苍龙级装备了在亲潮级 ZQQ－6 综合声纳系统基础上改进而来的 ZQQ－7 综合声纳系统。该声纳系统由艇首下方的主/被动声纳、艇首上方的被动声纳、舷侧被动基阵声纳、艇尾被动拖曳线列阵声纳以及水雷规避声纳等组成。综合声纳是一种新型主/被动低频搜索和攻击声纳，位于艇首鱼雷发射管下方，主要用于在中、低频范围内进行搜索、目标定位与识别，并可作为武器火控系统使用，最大作用距离 30 海里以上。ZQQ－7 综合声纳系统的艇首声纳形状由 ZQQ－6 的圆筒形改为 U 字形，在大幅提高水声探测能力的同时，还节省了电力并实现了轻量化。

苍龙级是继亲潮级之后日本第二级装备被动低频舷侧阵声纳的潜艇，声纳基阵位于艇体左右两舷下方，呈长条状，排列方式类似于美国的宽孔径舷侧阵声纳，呈曲面排列而非平直排列。由于声纳基阵实现了大型化，对潜艇左右舷远距离目标信号的探测和识别能力更强，最大探测距离超过 50 海里。被动拖曳线列阵声纳采用与亲潮级相同的 ZQR－1 型，可在甚低频范围内搜索目标，最大探测距离 100 海里以上。上述声纳配合使用形成了一个功能强大而又完善的水下综合探测系统，能够有效探测来自水中各方向、不同距离的安静目标，使苍龙级潜艇的水声探测能力达到世界一流水平。

苍龙级在指挥台围壳内采用泰利斯公司英国分公司研制的新型 CMO10 系列非穿透性光电桅杆取代了传统的潜望镜，从而成为日本首艘采用非穿透光电桅杆的新建潜艇，此前的“朝潮”号试验潜艇上已经试验了这种桅杆。非穿透光电桅杆是潜艇桅杆领域的尖端技术，这种外置式可升降桅杆不必穿透潜艇耐压壳体就能很容易的与作战系统集成，提高潜艇壳体强度的同时还使指挥台的设计和布置更为灵活，并减小了指挥台围壳尺寸。

CMO10 系列光电桅杆是泰利斯公司英国分公司为机敏级攻击核潜艇研制的新一代水上光电监视系统，能使潜艇在潜望镜状态对空中、水面和海岸目标实施昼夜光电搜索和电子监视等任务。该桅杆由光电传感器、外置式升降装置、先进的信号和图像处理系统以及艇内操控台组成，并能与潜艇作战指挥系统相结合在一起，桅杆顶部集成了热成像传感器、高清彩色电视摄像仪、高灵敏度宽带射频传感器等各种高分辨率的光电成像设备。系统能进行实时图像处理，并具备快速、精确的目标分析以及实况图像记录能力，拍摄的影像经过处理后通过光纤电缆传输并显示在潜艇作战中心的显控台屏幕上，从而为指挥中心提供完整的水上作战图像。与传统的潜望镜相比，CMO10 系列光电桅杆具有“瞬间观察”功能，可大大降低潜艇被敌发现的概率，功能、作用范围和效果都有了质的提高，具备 360 度全天候海上监视能力。

苍龙级装备有完善的电子战系统，电子战支援措施（ESM）采用 ZLR－7 雷达高警设备，电子对抗系统包括艇体气幕弹发生系统及自航式鱼雷诱饵等。其他电子设备还包括潜射“鱼叉”导弹火控系统、ZPS－6 型 I 波段对海搜索雷达、惯性/GPS 导航系统、新型海事操作系统、各种高数据率通信系统等。值得注意的是，苍龙级装备了 ZYQ－31 新型海上作战部队指挥控制系统（MOF）的指挥与控制终端（C2T），具有极强的数据传输能力，能够实现与海上幕僚监部和自卫舰队等上级司令部的实时情报交换，是日本海自网络化建设的关键节点之一。

苍龙级在艇首装备有 6 具 533 毫米 HU－606 型鱼雷发射管，发射 89 式重型线导鱼雷及潜射“鱼叉”反舰导弹，两型武器的总数为 20 枚。鱼雷发射管位于艇首综合声纳上方，呈上 2、下 4 的配置，通过一个综合武器装填舱口与其后的武器舱相连，具备快速自动装填能力。日本海自称，苍龙级最多可同时导控 6 枚鱼雷攻击 6 个水下和水面目标。

苍龙级使用的“鱼叉”反舰导弹是与春潮级、亲潮级相同的 UGM－84C Block1B 和 UGM－84D Block1C 型。今后，苍龙级也可能装备波音公司改进生产的 UGM－84L Block2 潜射反舰导弹。该导弹射程提高到 152 公里，整合了“增程斯拉姆”（SLAM－ER）对陆攻击导弹的相关软件、任务计算机和 GPS 接收装置，同时使用“联合直接攻击弹药”（JDAM）的低成本 GPS/INS 制导系统，不但增强了对沿海复杂环境中小型舰艇的攻击能力，还具备了攻击海岸陆地固定目标及停靠在港口内的舰船的能力，精确性和抗干扰性也大为提高。

值得一提的是，日本海自从亲潮级潜艇开始，在武器种类上增加了日本自行研制的新型智能化水雷。该水雷由鱼雷发射管布设，可在水中自行航行至指定海域潜伏，雷上安装的自导装置具有敌我识别能力，当敌舰艇通过时能自动发起攻击，可大大增强潜艇的反舰和反潜攻击力。与亲潮级一样，苍龙级也会携带该水雷。

附表：　　苍龙级潜艇主要技术性能

<table>
<tr><td>主尺度</td><td colspan="5">舰全长 84 米，舰宽 9.1 米，型深 10.3 米，吃水 8.5 米。</td></tr>
<tr><td>水上排水量</td><td colspan="5">2900 吨。</td></tr>
<tr><td>水下排水量</td><td colspan="5">4200 吨。</td></tr>
<tr><td>动力装置</td><td colspan="5">2 台川崎 12V25/25SB 型柴油机，功率 4250 千瓦；2 台川崎交流发电机，功率 3700 千瓦；1 台富士电机，功率 5300 千瓦；4 台川崎 V4－275R MK3 型斯特林发动机，功率 300 千瓦；480 块高容量水冷蓄电池（5 号艇以后计划换装技术性能更好的蓄电池，密度增加 1.5 倍、容量增加 2 倍，充电时间更短，冲锋点次数更多）；单轴推进，一个七叶大侧倾螺旋桨。</td></tr>
<tr><td>最大航速</td><td colspan="5">水面 12 节，水下 20 节。</td></tr>
<tr><td>续航力</td><td colspan="5">在通气管状态下为 1 万海里/8 节。</td></tr>
<tr><td>自持力</td><td colspan="5">45～50 天。</td></tr>
<tr><td>最大安全下潜深度</td><td colspan="5">500 米。</td></tr>
<tr><td>武器系统</td><td colspan="5">6 具艇首 HU－606 型 533 毫米鱼雷发射管，配用鱼雷为 80 式、89 式重型鱼雷以及潜射“鱼叉”反舰导弹，总计 20 枚。</td></tr>
<tr><td>声纳</td><td colspan="5">ZQQ－7 综合声纳（2 号艇之后换装为 ZQQ－7B 型）。</td></tr>
<tr><td>雷达</td><td colspan="5">1 部 ZPS－6F 对海搜索雷达。</td></tr>
<tr><td>C4I 系统</td><td colspan="5">ZYQ－4 艇载战术信息处理系统；
ZYQ－51 艇载发射控制系统；
惯性/GPS 导航系统；
新型海事操作系统；
各种高数据率通信系统等（7 号艇之后将加装卫星通信系统）。</td></tr>
<tr><td>电子战系统</td><td colspan="5">ZLR－6 型雷达告警设备（8 号艇之后将加装反鱼雷系统）。</td></tr>
<tr><td>编制艇员</td><td colspan="5">65 名（其中军官 10 名，艇员 55 名）。</td></tr>
<tr><td rowspan="10">建造情况</td><td>艇名</td><td>建造船厂</td><td>开工</td><td>下水</td><td>建成服役</td></tr>
<tr><td>“苍龙”</td><td>三菱重工神户船厂</td><td>2005 年 3 月 31 日</td><td>2007 年 12 月 5 日</td><td>2009 年 3 月 30 日</td></tr>
<tr><td>“云龙”</td><td>川崎造船神户船厂</td><td>2006 年 3 月 31 日</td><td>2008 年 10 月 15 日</td><td>2010 年 3 月 25 日</td></tr>
<tr><td>“白龙”</td><td>三菱重工神户船厂</td><td>2007 年 2 月 6 日</td><td>2009 年 10 月 16 日</td><td>2011 年 3 月 14 日</td></tr>
<tr><td>“剑龙”</td><td>川崎造船神户船厂</td><td>2008 年 3 月 31 日</td><td>2010 年 11 月 15 日</td><td>2012 年 3 月 16 日</td></tr>
<tr><td>“瑞龙”</td><td>三菱重工神户船厂</td><td>2009 年 3 月 16 日</td><td>2011 年 10 月 20 日</td><td>2013 年 3 月 9 日</td></tr>
<tr><td>“黑龙”</td><td>川崎造船神户船厂</td><td>2011 年 1 月 21 日</td><td>2013 年 10 月 31 日</td><td>预计 2015 年 3 月</td></tr>
<tr><td>8122 号</td><td>三菱重工神户船厂</td><td>2012 年 3 月</td><td>预计 2014 年 10 月</td><td>预计 2016 年 3 月</td></tr>
<tr><td>8123 号</td><td>川崎造船神户船厂</td><td>2013 年 3 月</td><td>预计 2015 年 10 月</td><td>预计 2017 年 3 月</td></tr>
<tr><td>8124 号</td><td>三菱重工神户船厂</td><td>2014 年 3 月</td><td>预计 2016 年 10 月</td><td>预计 2018 年 3 月</td></tr>
</table>

第九节　日本海上自卫队固定翼飞机

日本海上自卫队装备的固定翼飞机包括P－3C和P－1反潜巡逻机、EP－3电子侦察机、OP－3C照相侦察机、UP－3C装备试验机、UP－3D电子战训练支援机、US－1A和US－2水上搜救飞机、U－36A多用途机、T－5教练机、TC－90教练机、LC－90联络/运输机。

一、P－3C反潜巡逻机及其衍生型

1977年，日本决定采购美国的P－3C反潜巡逻机，以代替老旧的P2V－7和P－2J。1978年正式开始采购，最初3架是由美国洛克希德公司（现洛克希德·马丁公司）生产，1981年交付。从1982年开始，日本川崎重工（KHI）开始按照许可证生产P－3C，至1997年总共生产101架，其中P－3C Ⅱ.5型69架、P－3C Ⅲ型32架。此外，川崎重工还生产了9架P－3C的衍生型，并将4架P－3C改造为OP－3C照相侦察机。截至2014年年初，日本海自在役的P－3C共有75架、P－3C衍生型13架，是仅次于美国海军的全球第二大P－3C拥有者。

P－3是美国洛克希德公司在在1957年研制，以L－188型民用客机改装而成，增加了搜潜、攻潜设备，机身前部增加了弹舱，机身有所缩短。P－3生产服役至今共发展了A、B、C三个改型，目前世界上在役的为P－3C型或升级到P－3C标准的P－3B。

P－3C采用四发、悬臂式下单翼加盒型梁结构，机翼上反角为6度。机翼上装有4台T56－A14涡桨发动机，单台最大功率5438马力，采用4叶45H60型恒速螺旋桨。机翼油箱4个，携带燃油超过3.4万升。机身按破损安全原则设计，采用铝合金制造，机身截面为椭圆形，前三点式起落架，具有低空性能突出及良好的操纵性和稳定性。

P－3C装备有完善的对潜探测系统和处据处理设备，包括AN/APS－115机载搜索雷达（最大搜索距离200公里）或AN/APS－137型多功能合孔径搜索雷达、AN/ARR－72声纳接收机、AN/ASQ－81A磁异常探测器（尾后，探测距离500－1000米）、AN/ASA－65磁异常信号处理系统、AN/AXR－13微光夜视系统、AN/ARR－78声纳浮标接收系统、联合战术信息发布系统、AN/ALR－76电子支援系统、AN/ARS－4声纳浮标参考系统、AN/USH－42任务记录仪、GPS定位系统、AN/AAS－36A前视红外搜索系统、11号数据链

系统、卫星通信系统、UHF/VHF 无线电台（含国际通用 VHF 波段）、HF 无线电台等，机身后部有可容纳 100 枚声纳浮标的舱室、机腹开设有声纳投放孔。机载自卫电子战系统包括 AN/ALR－66C 电子支援装置、AN/AAR－47 型导弹告警系统（MWS）以及 4 部 AN/ALE－47 型箔条/红外诱饵撒布器。

P－3C 的弹舱位于机翼前的机身下部，长 3.90 米，宽 2.03 米，高 0.88 米，可以同时携带 4 枚 MK－46 或 97 式反潜鱼雷、4 枚 MK－52 或 MK－57 深水炸弹。此外，机翼下还可加装 6 个外挂架，最大外挂重量超过 5000 公斤，能够挂载弹舱无法携带的美式 AGM－84 "鱼叉" 或日本自研的 ASM－1C 空舰导弹、常规炸弹、航空火箭以及 AIM－9L "响尾蛇" 空空导弹等武器。由于其挂载的武器种类繁多，所以 P－3C 除了具备很强的对潜攻击能力外，还可担负一定的对海攻击及轰炸任务。

川崎重工为日本海自生产和改造的 P－3C 衍生型包括 EP－3 电子侦察机、OP－3C 照相侦察机、UP－3C 装备试验机、UP－3D 电子战训练支援机。

EP－3 是川崎重工在 P－3C 基础上，按照美军 EP－3 的标准发展并进行全新生产的专门搜集电子情报的电子侦察机，现役共 5 架，其中 1 架在 2014 年初的日本雪灾中受损。EP－3 与 P－3C 在外观上的主要区别是在机背、前起落架后方、机腹有多个鼓包，这些是电子监听设备的整流罩。机舱内还设有多个电子情报管理工作站（负责对电子情报和通信情报进行综合处理、转发）和通信情报工作站（任务是通信情报采集、分析和通译）。机上乘员共 10 人。

OP－3C 照相侦察机是川崎重工在已生产的 P－3C 反潜巡逻机基础上改装的，主要是拆除了原来的反潜系统，改为在机头前下方装上了高空远程斜轴照相（LOROP）、在机头前下方两侧加装了侧视机载雷达（SLAR），以执行照相侦察任务。机上乘员 10 人。川崎重工总共为海自改装了 5 架。在 2014 年年初的日本雪灾中，1 架 OP－3C 受损。

UP－3C 装备试验机是专为试验新型机载设备而新造的，只有 1 架。机上乘员 5 人。

UP－3D 是根据海自电子战训练而全新生产的，数量共 3 架。该机在机背和机身下方各布置了 2 个电子设备整流罩，机上乘员 8 人。必要时，该机也可作为拖靶机使用。在 2014 年初的日本雪灾中，3 架 UP－3D 都受到了不同程度的损伤。

为了延长 P－3C 的使用寿命，日本海自计划对一部分进行 6 年的机体延寿改装。

P－3C 反潜巡逻机主要技术参数：

乘员：11 人。

机长：35.6 米。

翼展：30.4 米。

翼面积：120 平方米。

机高：10.3 米。

空重：30.3 吨。

最大起飞重量：63.39 吨。

最大飞行速度：761.2 公里/小时。

巡航速度：607.5 公里/小时。

航程：6751 公里（携载 4 枚 MK－46 鱼雷和 4 枚 AGM－84 "鱼叉" 反舰导弹）。

实用升限：8600 米。

起飞滑跑距离：1420 米（携载 4 枚 MK－46 鱼雷和 4 枚 AGM－84 "鱼叉" 反舰导弹）。

二、P－1 反潜巡逻机

日本海上自卫队替代 P－3C 的想法由来已久，早在 20 世纪 80 年代末就已开始，而当时 P－3C 在海自服役还不到 9 年。最初选定的替代机是美国在研的 P－7A，拟定以 1 ：1 的比例进行替换。但这个计划最后因两件事而被取消：一是苏联解体使日本长期所受的反潜压力骤减，百架性能先进的 P－3C 应付周边国家当时的潜艇威胁绰绰有余；二是美国 P－7A 反潜机出于技术、资金等种种原因于 90 年代初取消发展计划，使得日本失去了换装的目标机。

进入 21 世纪后，日本海自又重新提出 P－3C 换装计划，其列举的理由有三：一是周边国家海军自 90 年代中期以后都开始快速装备静音化、高速化、低暴露率的新型潜艇，而性能日趋老旧的 P－3C 对这些新型潜艇的探测能力则越来越低；二是日本附近海域（如能登半岛、南西诸岛海域）的"不审船（可疑船只）事件"日渐增多，P－3C 在应对过程中暴露出对小型水面船只探测和识别能力差的弱点；三是日本参加的国际维和任务在增多，而 P－3C 的通信能力、航程、战术支援能力、运载能力等都不能满足需要。日本防卫厅（现升格为防卫省）在审查海自的计划后，决定自行研制。

在 2000 年日本内阁批准的"新中期防卫力整备计划"中，日本海自的新一代反潜机 P－X 和日本航空自卫队的新一代运输机 C－X 被正式列为发展计划，预计总研制费用为 3450 亿日元（约 33 亿美元），从 2001 年起陆续划拨。

P－X 和 C－X 的研制工作主要由防卫厅下属的技术研究本部来完成，但考虑到两种机型将来的实际生产，防卫厅同时还向日本各大军工企业发出了合作研制的标书。面对这么一个香甜诱人的大蛋糕，日本有名的大型军工企业无不眼热，先后有 8 家参与竞标。经过几轮激烈角逐，最后以川崎重工为首、三菱重工（MHI）、富士重工（FHI）为辅的企业团队胜出。这三家的分工要求是川崎重工负责生产两型飞机的前机身和水平尾翼，三菱重工负责生产两型飞机的中、后机身，富士重工负责生产两型飞机的机翼和垂直尾翼，总装工作由川崎重工完成。

按照日本防卫厅的原定计划，P-X 和 C-X 要按照并行实施和通用化思想进行研制，即两种飞机同时进行研制，并且采用相同的机身、机翼、水平尾翼、垂直尾翼以及其他一些设备，通过共享技术成果来减少研制费用、加快研制进度并降低将来的生产单价。但是当 2001 年正是研制工作启动后，日本技术研究本部发现这两种飞机因任务种类差异很大，很难通用机身、机翼和垂尾等主要结构部件，于是日本防卫厅迅速修改了原计划，做出了新决定：1. 只保留两种飞机在座舱窗户、机翼外翼段和水平尾翼等部件上继续进行通用设计，而像机身、机翼内段和中段、垂尾等部件则进行单独设计；2. 两种飞机的大部分内部组件和设备（包括辅助动力装置、座舱面板、飞控计算机、防撞灯、起落架控制单元等，约占整个内部组件和设备总量的 70% 左右）仍保持原定的通用化设计量。据后来日本防卫厅透露，通用化设计带来的好处是明显的，仅整个研制费用就减少了 250 亿日元（约 2. 18 亿美元），在采购方面节约的资金就更加客观。

日本将 P-X 和 C-X 视为振兴本国航空工业的重要举措，因此各方面都很关照，就连一向对防卫预算审来查去的日本国会也对这两型飞机的研制经费一路绿灯——从 2001—2004 财年，日本议会对防卫厅提出的 P-X 和 C-X 研制经费从未打折扣，共批准经费达 2042 亿日元（平均每年 508 亿日元）。正是有了日本政府和议会的全力支持，P-X 和 C-X 的研制进度非常快，到 2004 年已开始进入原型机制造阶段。2004 年 12 月 10 日），日本内阁在其召开的安保会议上通过了“中期防卫力整备计划（平成 17 年度～平成 21 年度）”（简称“17 中期防”），计划采购 4 架 P-X 新型反潜巡逻机。

2005 财年和 2006 财年，日本国会又相继批准 P-X 和 C-X 研制经费 1000 多亿日元，其中很大一部分用于制造两型飞机的地面试验原型机（各 1 架）和飞行试验原型机。

2006 年 10 月，P-X 的地面试验原型机建成并通过鉴定，认为符合设计要求，作为静强度试验机使用。同年 11 月，日本防卫厅技术研究本部在东京新宿市谷的第 48 次防卫研究成果报告会上公开展示了 P-X 和 C-X 的模型。此后不久，川崎重工又在其岐阜县各务原市的工厂展出了这两型飞机的 1 ∶ 1 木制模型。

由于日本对这两型飞机的研制一直保持低调，所以直到 2007 年 7 月 4 日，

P－X和C－X的飞行试验原型机1号机公开向外展示时才引起外界的极大关注。8月31日，日本防卫省正式宣布其将采购4架生产型P－X，需要“平成20年（2008年度）防卫预算”安排679亿日元（约5.66亿美元），这就意味着P－X的单价高达169.75亿日元（约1.415亿美元）。这4架P－X将从2010年开始服役。9月27日，日本防卫省正式称P－X为XP－1。9月28日，XP－1的一号飞行试验机在岐阜工厂成功进行首飞。2013年3月，首批2架生产型P－1加入海自厚木基地服役。此前有消息说日本海自将采购70架P－1，但现在确定的采购数量为80架，预示着P－1将以1∶1的比例替换现役的P－3C。

P－1采用正常式气动布局、下单翼、悬吊四发动机、主起落架靠近翼根部，外形与普通的喷气式民航客机相似，大小相当于美国的波音737。表面上看P－1似乎没有多少出奇之处，但实际上它是日本航空工业的一个里程碑。因为该机的整个结构布局、发动机、材料等等都没有依靠其他国家，全是日本国产的，标志着日本成为继美、欧、俄之后第四个能够独立研制生产大型飞机的国家。许多媒体都分析日本研制P－1的一个未公开的目的就是将它作为未来日本国产民航客机的先行者，这种看法绝非臆测。从P－1的构型、大小，特别是其采用的XF7－10涡扇发动机都可以看出日本确有此意。

XF7发动机的研制工作由日本防卫省技术研究本部航空装备研究所和石川岛播磨重工（IHI）共同负责，1998年开始进行设计，2000年开始制造技术验证样机XF5－1进行试验，2002年2月地面试验样机XF7－1达到目标推力，同年9月开始制造预备飞行定型试验（PFRT）样机XF7－10，至平成16年2月共制造5台。其中1台于2004年12月被装在一架航空自卫队飞行开发试验团C－1 FTB试验机上进行空中飞行试验，至2006年4月完成了空中姿态、荷重、高空性能等多项实验。这之后，另外4台被装在XP－1飞行试验一号机上。2007年8月，XF7－10完成耐久性试验。

日本防卫省技术研究本部公布的XF7－10发动机基本参数为：全长约2.7米，直径约1.4米，重量约1240公斤，在国际标准大气、海平面、最大起飞重量条件下的推重比为8.2、最大推力60千牛、耗油率0.34公斤/每公斤推力·每小时（民用航空发动机的耗油率一般为0.1～0.5公斤/每公斤推力·每小时）。此外，该发动机的压缩机还大量应用了吸声材料，能够满足民用机场对发动机噪声标准，同时该发动机的废气排放量也达到了民用机场标准。由此可见，日本在设计XF7发动机之初就考虑到了今后的民用要求。

采用4台XF7涡扇发动机以及大量复合材料（主要应用在平尾、垂尾、襟副翼和弹舱）的XP－1在飞行性能上明显超过采用4台T56－A－14涡桨发动机的P－3C。如在巡航速度和巡航高度方面，P－1都是P－3C的1.3倍；

在航程方面，P－1 是 P－3C 的 1.2 倍。这种大幅提升的飞行性能优势使 P－1 能够比 P－3C 更快的到达战场，在更大范围内对潜艇实施搜索。

P－1 的对潜探测系统很先进，也很完善，包括声纳浮标（机腹后部 37 个开孔中有 30 个是声纳浮标投放孔，平时机载声纳浮标 30 枚，战时最多可装 70 枚）、东芝公司研制的主动相控阵雷达（装在机头上方的鼓包内）、加拿大 CAE 公司研制的磁异常探测器（尾后）、光电探测系统（机头左下方）等。这些先进的探测系统不但能够保证高速的 P－1 全天候对现代潜艇进行有效搜索，而且还大大增强了对小型水面目标的探测能力。

P－1 的其他电子设备包括 NEC 公司研制的多功能导航系统、伸兴电子公司研制的先进反潜战管理系统、卫星通信系统（装在机身中部上方的鼓包内）、数据链（可与海自装备的反潜直升机或美军的反潜机进行数据交换）、各种高频/甚高频/超高频通信天线、三菱电机研制的电子对抗系统等。由于机上装备的电子设备种类和数量空前增多，机内电磁环境较差，所以 P－1 没有采用电传操纵，而是采用了更先进的光传操纵系统，以便减少操纵系统对电子设备的电磁干扰、提高 P－1 的探测能力（其实光传操纵的好处还不止此，更重要的使它可以抵抗任何电磁干扰），这也使 P－1 成为世界上第一种光控飞机。此外，P－1 还为飞控系统增加了 1 套人工智能系统，能帮助飞行员以最佳的航线攻击潜艇。

P－1 在机头下部布置有一个内置弹舱，可装载的武器包括 97 式或 MK－46 反潜鱼雷（未来还可携带 GRX－5 新型反潜鱼雷）、深水炸弹和水雷等。另外，在 P－1 的两侧机翼下各布置有 4 个外挂点，可挂载 8 枚 AGM－84 “鱼叉” 或 ASM－1C 空舰导弹、AGM－65 “小牛” 空地导弹以及激光制导炸弹等。内置弹舱和外挂架总共载弹量可达 9000 公斤。

P－1 反潜巡逻机主要技术参数：

乘员：3 人。

机长：38 米。

翼展：35 米。

机高：12 米。

正常起飞重量：79.7 吨。

动力装置：4 台 IHI 生产的 XF7－10，单台推力 13500 磅（60 千牛）。

巡航速度：830 公里/小时。

航程：8000 公里。

实用升限：13520 米。

三、US－1A 水上飞机

该机是日本新明和工业在 PS－1 水上反潜机基础上为海上自卫队研制的

水陆两栖救援飞机。1974 年首飞，1975 年交付海上自卫队。与 PS－1 相比，它主要取消了原来的反潜系统、机载武器等，将原来的空间用于遇险人员的收容舱，加大了载油量，提高了航程和留空时间；加装了专用的救援设备；改善了无线电及通信系统。通过这些措施，大大提高了该机的远程救援能力。此外，US－1A 还加强了起落架，能够在陆地起飞和降落。这样一来，US－1A 既能保持水上作业的优势，又能使用陆地机场，大大扩展了使用范围。例如在海上风浪大的时候，该机可以从陆地机场起飞，而如果相关地区没有陆地机场的时候，又可以从水中起降。

US－1A 的机翼采用悬臂式平直上单翼，全金属双梁结构。增升装置包括外侧前缘缝翼，大的内、外侧后缘襟翼，外侧襟翼前方装了两块扰流片。助力操纵副翼。前缘有防冰带。

机身为全金属半硬壳式船身，大长宽比，腹部为 V 形、单断阶滑水船底。在机头两边有挡水板。机身下边两侧螺旋桨线后有抑波槽。机身由一块隔板隔为上下两层。

尾翼是全金属悬臂式 T 型尾翼，前缘有防冰带。在方向舵与升降舵上有吹气附面层控制，两侧升降舵均有平衡片。

着水用船体和近翼尖处固定的稳定浮筒。陆上用液压控制的可收放前三点式起落架，所有起落架均为双轮，带液气减震支柱，前轮可转弯操纵。主起落架向后收入船体两侧。三转子液压圆盘式刹车，无防滑系统。

动力装置为 4 台通用电气/石川岛播磨重工 T64－IHI－10J 涡轮螺旋桨发动机，单台功率 3500 马力，驱动 4 部 63E60－27 型三叶恒速可反桨螺旋桨，螺旋桨直径 4.42 米。在机身中部装有石川岛播磨重工 T58－IHI－10－M2 燃气涡轮发动机，为襟翼、方向舵和升降舵吹气附面层控制提供动力。燃油在 5 个机翼油箱和两个后机身油箱内，总容量为 19456 升。压力加油口在机身左侧靠近船身处，可在海上由舰船或其他带加油设备的 US－1A 加油。滑油量 152 升。

座舱乘员 12 人，舱内还设有供被营救人员乘坐的 20 个座椅或担架 12 副，滑动式救援舱门位于机翼后机身左侧。

机载设备主要包括 HIC－3 机内通话装置、HMN－105 塔康和 HRN－194 罗兰导航系统、AN/APN－187C 多普勒雷达、RRC－15 遇难信号发射机。

救援设备主要包括浮标投放器、10 个水上浮标、6 个绿色浮标、2 个可投放通信筒、10 个浮标灯、信号枪、照明弹、照明弹储存箱、2 个可投救艇箱、救生设备投放器、双筒望远镜、救生绳及其发射器、带艇外发动机的救生艇、照相机等。

US－1A 总共生产了 20 架，截至 2014 年年初只有 2 架在役。

US－1A 水上搜救飞机主要技术参数：

机长：33.5 米。

翼展：33.2 米。

机高：9.95 米。

翼面积：135.8 平方米。

主轮距：3.56 米。

前主轮距：8.33 米。

救援舱舱门（后机身左面）：高 1.58 米、宽 1.46 米。

空重：25500 公斤（带设备）。

最大起飞重量：43000 公斤（海上）、45000 公斤（陆上）。

最大平飞速度：511 公里/小时。

巡航速度：426 公里/小时（高度 3050 米）。

最大爬升率：8.13 米/秒（海平面）。

实用升限：8660 米。

起飞距离：水上 555 米（总重 43000 公斤）、陆上 655 米（至 15 米高）。

着陆距离：水上 220 米（总重 36000 公斤）、陆上 810 米（总重 36000 公斤，自 15 米高）。

最大航程：4000 公里。

四、US－2 水上飞机

进入 20 世纪 90 年代，考虑到现役的 US－1A 已经老旧，在飞行、起降等性能存在的一些问题，所以日本海上自卫队开始考虑到研制 US－1A 的改进型，早期的编号是 US－1A－KAI，后来正式确定为 US－2 大型水上飞机，它的基本尺寸与 US－1A 并没有太大的变化，主要采用加大功率的发动机、新型综合航空电子系统、对海搜索系统，进行一步提高飞机的综合性能，以适应新世纪的使用要求。

US－2 的最大特点是用罗・罗公司 AE2100J 涡桨发动机取代了原来的 T64－IHI－10J 涡桨发动机，额定功率由 3500 马力提高到 4591 马力，同时用 4 部 R414 型六叶桨换下了 63E60－27 三叶桨，因此飞机的最大陆地起飞重量由 US－1A 的 45 吨提高到 47.7 吨，最大平飞速度由后者的 511 公里/小时提高到 580 公里/小时。US－2 沿用了 US－1A 的边界层控制、滑流偏转、吹气襟翼和升降舵，但是采用了数字式电传操纵系统，可以控制升降舵、副翼、方向舵、缝翼、襟翼等气动控制面，提高了飞机的操纵性能，因此 US－2 的水上短矩起飞能力异常出色。

在水上最大起飞重量、边界层控制的情况下，US－2 的最大起飞距离只有280米，降落距离也只有310米。在生产过程中，US－2大量采用了复合材料，使自身空重降低，有效载荷提高。同时US－2的机身还采用了密封增压技术，既可为飞行员和乘员提供较好的工作环境，也扩展了飞机的使用范围。机载设备方面，US－2采用了新型对海搜索雷达、光电吊舱、GPS/INS复合导航系统、仪表着陆系统、战术空中导航系统、通信系统等，可执行昼夜全天候条件下的对海搜索与识别任务。另外，该机的座舱也实现了“玻璃化”。从整体上来讲，US－2可以说是目前世界上最先进的大型水上飞机之一。

US－2水上飞机主要技术参数：

乘员：11人。

机长：33.25米。

翼展：33.15米。

机高：10.06米。

空重：26300公斤。

最大起飞重量：47700公斤。

载重量：9100公斤。

最大飞行速度：580公里/小时。

巡航速度：470公里/小时。

续航时间：15小时。

最大油量航程：4700公里。

升限：9150米。

水陆两栖起降能力：具备。

五、U－36A多用途机

该机实际上是日本海自1987年从美国盖茨·利尔喷气公司引进的“利尔喷气”35A型双发多用途飞机。该机采用悬臂式下单翼，全金属八梁化学铣铝合金蒙皮结构，手操纵全金属副翼。为改善失速特性而装的所谓“软飞行操作包”由每个副翼前的两排附面层能量激发起、全翼刀和机翼前缘的失速条组成，液压操纵全金属单缝襟翼和襟翼前的全金属扰流片，左副翼上电操纵的可调调整片，每个副翼上有补偿调整片，前缘由发动机引气防冰。机身为全金属半硬壳破损安全铆接结构。尾翼为悬臂式全金属后掠结构，带电操纵可变安装角的T型平尾和小腹鳍，常规手动操纵面，方向舵上有电操纵的可调调整片。机上装一台J.E.T公司自动驾驶仪、预选高度控制器、综合飞行指挥仪和全时偏航阻尼器。采用了盖茨·利尔喷气公司和迪·霍华德公司联合研制的T/R－4000反推力装置。

动力装置为2台加雷特公司TFE731－2－2B涡轮风扇发动机，单台额定推力 1591 公斤，装在后机身两边的短舱内。有机翼整体油箱、翼尖油箱和机身油箱，可用总容量 4201 升。加油口在每一翼尖油箱的上方，有应急放油装置。

驾驶舱内有两名飞行员，双操纵系统。舱内最多可载 8 名乘客。典型布局为右前方一个面向里坐的条凳式座椅、中间过道两侧的两对转椅和后部 3 个面向前的躺椅。带登机梯的两片蚌壳式舱门位于机舱左前方。防鸟撞风挡。

环境控制系统由座舱增压、通风、加热和制冷等部分组成。由发动机引气进行加热和增压，1980 米高度的舱内环境可维持到 13715 米高度。氟利昂蒸气循环制冷系统由冲压空气热交换器作为补充。

飞行控制包括两套偏航阻尼器、两套自动推杆器、驾驶杆抖动警告器和马赫数调整器。机翼、尾翼、发动机短舱前缘及风挡用发动机引气防冰。空速管头部、失速警告风标和静压孔用电加热防冰。风挡和机头整流罩用酒精除冰。

用于应急放起落架和应急刹车的冷气系统压力为 124 ~ 207 × 105 帕。电源系统包括 2 台 300 伏、400 安无刷发电机，2 台提供交流电源的 1 千伏安固态变流器和 2 个 24 伏、37 安小时铅酸电池。

标准机载电子设备包括柯林斯公司 FIS – 84/EHSI – 74 飞行指挥仪，带 J. E. T 公司 FC – 530 飞行控制系统和两套偏航阻尼器；柯林斯/J. E. T 公司 PN – 101/PAI – 302 飞行显示器；两部柯林斯公司 VHF – 22 甚高频通信电台；两部 VIR – 32 导航雷达接收器；两部柯林斯公司 TDR – 90 应答器；柯林斯公司 ALT – 55B 无线电高度表；霍尼韦尔公司 Primus 300SL 彩色显示气象雷达；两套 J. E. T 公司 VG – 206D 垂直陀螺仪和 DN – 10 等。

日本海自总共引进了 6 架，目前在役 4 架。该型机主要用于干扰弹施放训练、拖曳空靶、训练评估用摄像摄影、对舰攻击训练等。

U – 36A 多用途机主要技术参数：

机长：14. 81 米。

翼展：12. 04 米。

机高：3. 71 米。

翼面积：23. 53 平方米。

空重：4590 公斤。

最大起飞重量：8235 公斤。

最大飞行速度：872 公里/小时。

巡航速度：774 公里/小时。

航程：4069 公里。

实用升限：13715 米。

六、T－5 教练机

该机是富士重工研制的一种初级教练机，主要是对海自 P－3C 反潜巡逻机的飞行员进行初级飞行培训。1984 年 6 月 28 日首次试飞，1987 年 8 月海自开始采购。至 2011 年，总共采购 54 架，目前在役 53 架（其中 6331 号机于 2001 年 9 月 14 日在训练中坠毁）。

该机采用悬臂式下单翼；带长桁、隔板和铝合金蒙皮的全金属半硬壳式结构，玻璃纤维加强塑料整流罩；尾翼为悬臂式全金属结构。起落架为液气减震液压收放前三点式起落架，正常及应急均用液压操纵。液压驱动前轮转向。动力装置为一台美国阿里逊公司 250－B17D 涡桨发动机，功率 350 马力，驱动一部 3 叶恒速全顺桨带整流罩螺旋桨。

T－5 机身比其他初级教练机粗壮得多，座舱为并列四座布局，内装四个弹射座椅。之所以采用这种布局，主要因为 P－3C 机组成员较多，所以在教练机上多加座位进行适应训练。

T－5 初级教练机主要技术参数：

乘员：1—4 人。

机长：8.44 米。

翼展：10.04 米。

机高：2.96 米。

最大起飞重量：1805 公斤。

最大飞行速度：357 公里/小时。

航程：945 公里。

实用升限：7620 米。

七、TC－90 教练机

该机是日本海自在 20 世纪 70 年代引进的比奇“空中国王”C90 系列双发涡桨飞机，总数 50 多架，其中第 1 到第 11 架是“空中国王”C90、第 12 到第 18 架是“空中国王”C90－1，第 19 到第 34 架是“空中国王”C90A，第 35 架以后是“空中国王”C90GT。目前在役的 TC－90 有 28 架，都是后期型号。

TC－90 教练机主要技术参数：

机长：10.8 米。

翼展：15.3 米。

机高：4.3 米。

空重：3150 公斤。

最大起飞重量：4580 公斤。

最大飞行速度：500 公里/小时。

巡航速度：416 公里/小时。

航程：2446 公里。

实用升限：9144 米。

八、LC－90 联络/运输机

该机是以“空中国王”C90 改造而成的，用于联络和运输，1989 年引进，共5 架，目前全部在役，配备于第1 航空群第1 航空队（鹿屋）、第2 航空群第2 航空队（八户）、第5 航空群第5 航空队（那霸）、第31 航空群第91 航空队（岩国）、第61 航空队（厚木），每个航空队配1 架。

第十节　日本海上自卫队的直升机

日本航空自卫队装备的直升机包括 SH－60J/K 反潜直升机、UH－60J 搜救直升机、MH－53E 和 MCH－101 重型扫雷/运输直升机、CH－101 运输直升机、TH－135 教练/联络直升机。

一、SH－60J 反潜直升机

在20 世纪80 年代初，日本海上自卫队考虑用美国西科斯基公司的 SH－60B 反潜直升机作为 HSS－2 反潜直升机的后继机，并初定型号名称为 SH－60J。1985 年，日本防卫厅从美国直接采购了1 架 SH－60B 供海自试用和研究，同时让三菱重工着手试制。1987 年8 月31 日，三菱重工试制的 XSH－60J 进行了首飞，随后第2 架试制机也进行了试飞。1990 年，三菱重工开始正式按许可证生产 SH－60J。1991 年，SH－60J 开始进入海自服役。至2005 年，服役的 SH－60J 总数已达103 架，单价50 亿日元（约4883.3 万美元），机体寿命6000 飞行小时。目前在役的 SH－60J 数量约40 架，装备于馆山海航基地第21 航空队第212 飞行队、大村海航基地第22 航空队第223 飞行队、舞鹤海航基地第23 航空队第231 飞行队、小松岛海航基地第24 航空队第241 飞行队、大凑海航基地第25 航空队第251 飞行队、鹿屋海航基地第211 教育航空队、厚木海航基地第4 航空群第513 飞行队。

SH－60J 主要任务是搭载到驱逐舰上进行反潜和海上远程搜索，次要任务是海上搜救、人员/物资运输、通信中继、空中消防、航空摄影和图像传输、处置“不审船”（不明船只）、机降海自的特别警备队、扫雷等。该机可在5级海况下起降。

SH－60J在西科斯基公司内部的编号为S－70B－3。虽说该机是SH－60B的许可生产型，但机上的航电设备大部分是由日本自行研制生产的，包括HSP－104对海/对空搜索雷达（最大探测距离180公里）、HQS－103吊放声纳、数据链系统、座舱显示器、战术情报处理系统、机载无线电台（其中短波电台的通信距离可达300海里）等。只是机上的AN/ASQ－81D2（V）磁异常探测器（探测距离500米）、前视红外吊舱（选装）、AN/SSQ－53和AN/SSQ－50声纳浮标等由美国提供。另外，SH－60J与SH－60B在外观上还有一个较大区别，就是SH－60J没有在机体外侧加装SH－60B的25管声纳浮标发射器。

SH－60J的反潜武器主要是2枚MK－46反潜鱼雷，此外也可携带MK54型航空深水炸弹。在处置“不审船”或机降时，该机可加装74式7.62毫米机枪。

SH－60J反潜直升机主要技术参数：

乘员：3人。

载员数：5人。

机全长：19.8米。

旋翼直径：16.4米。

机高：5.4米。

空重：6200公斤。

正常起飞重量：9575公斤（反潜）、8721公斤（反舰）。

最大起飞重量：9927公斤。

动力装置：2台石川岛播磨重工T700－IHI－401C涡轴发动机，单台功率1800轴马力。

禁止超过速度：333公里/小时。

最大飞行速度：270公里/小时。

巡航速度：250公里/小时。

作战半径：160公里。

空中续航时间：2小时18分钟（海平面飞行，天气晴朗，无风）。

二、SH－60K反潜直升机

SH－60K是三菱重工在SH－60J基础上发展的改进型，1992年提出设想，1997年正式开始改进工作，2001年3月27日首飞，2004年交付防卫厅技术研究本部第51航空队2架（编号8401、8402）进行试用。2005年8月

10 日，首批 2 架 SH－60K 开始进入日本海上自卫队服役（编号 8403、8404）。日本海自从 2002 年至 2014 年共采购了 55 架 SH－60K，其中已经服役的数量约为 40 架以上，装备于馆山海航基地第 21 航空群第 21 航空队第 211 飞行队、大村海航基地第 22 航空群第 22 航空队第 221 飞行队、舞鹤海航基地第 21 航空群第 23 飞行队第 231 飞行队、厚木海航基地第 51 航空队第 513 飞行队、鹿屋海航基地教育航空集团第 211 教育航空队。而随着 SH－60J 的逐步退役，未来 SH－60K 的采购数量和装备数量都将进一步增加。

SH－60K 在 SH－60J 的基础上将机身加长了 0.4 米，增大了机内空间；最大起飞重量增加近 1 吨，达到 10.89 吨。

与 SH－60J 相比，SH－60K 的最大改进是搜潜设备性能大幅提高。该机的主要搜潜设备是日本自行研制的新型 HQS－104 低频主动吊放声纳，性能相当于美国海军 AN/AQS－22 低频声纳，可有效对付装备敷设消声瓦的低噪声潜艇。其他搜潜设备包括声纳浮标、磁异常探测器、AN/AAS－47 前视红外吊舱以及 ISAR 逆合成孔径雷达等。特别是 ISAR 逆合成孔径雷达，不但具有搜潜能力，还有良好的探测水面舰艇能力。这种雷达通过解析目标反射的雷达波多普勒偏移，可以识别目标的形状，并可得到类似照片质量的分辨率，对通气管状态的潜艇探测距离为数十公里，对水面舰艇目标的搜索距离超过 250 公里。由于探测设备完善，所以 SH－60K 除了具备很强的搜潜能力外，还可执行侦察、监视、搜索救援等任务。此外，SH－60K 的机载电子战系统也得到了升级。

SH－60K 的第二个改进重点是增强信息化能力，其座舱完全“玻璃化”，采用了多个大屏幕彩色液晶显示器，并且增加了与 MOF（海上作战指挥控制系统）对应的战术情报处理、显示功能和僚机进行战术情报交换的功能，通过数据链与母舰上的 AHCDS（先进战术情报处理显示系统）相联，从而使舰队整体反潜能力得到大幅提升。

SH－60K 的第三个重大改进是采用了全新的复合材料桨叶，并且换装了 2 台推力更大的涡轴发动机，飞行性能大幅提升。

SH－60K 还加长了机身两侧的短翼长度，以安装挂载能力更强的武器挂架，适应携带日本自行研制的 97 式反潜鱼雷的需要（97 式鱼雷的雷体比美制 MK46 略长，重量也相应增加，因此不能使用 SH－60J 的挂架）。97 式鱼雷采用双航速（搜索阶段为低航速、攻击时为高航速）航行，配备有威力较大的成型装药战斗部，不但可攻击高速、深潜目标，还增强了对付浅水潜艇的能力。在执行反潜任务时，SH－60K 通常搭载 2 枚 97 式反潜鱼雷或 4 枚 MK－64 深水炸弹。除此之外，该机还装有 74 式 7.62 毫米机枪，并且能发射 AGM－114M“海尔法”导弹，因此还具备反舰能力。

SH－60K 反潜直升机主要技术参数：

乘员：3 人。

载员：9 人。

机全长：19.8 米。

旋翼直径：16.4 米。

尾桨直径：3.4 米。

机高：5.4 米。

最大起飞重量：10.89 吨。

动力装置：2 台石川岛播磨重工 T700－IHI－401C2 涡轴发动机，单台功率 2145 轴马力。

最大飞行速度：250 公里/小时。

航程：800 公里。

续航时间：4.2 小时。

作战半径：200 公里。

升限：3810 米。

三、MH－53E 扫雷/运输直升机

日本海自十分重视扫雷，不仅装备了大量扫雷艇，而且还从国外引进重型扫雷直升机，其中最先引进的是美国西科斯基公司的 MH－53E“海龙”扫雷/运输直升机。1986 年，MH－53E 刚进入美国海军服役，日本海自就向美国提出采购。根据美国对外有偿军事援助，日本海自共采购了 11 架，1989 年开始交付，1994 年全部交付完毕。目前在役的 MH－53E 数量有 5 架，装备于岩国海航基地的第 111 航空队。

MH－53E 安装有具有 7 片桨叶的全铰接式旋翼。桨叶扭转角 14 度，桨尖有 35 度后掠角和 16 度上反角。每片桨叶有钛合金大梁，Nomex 蜂窝芯和玻璃纤维环氧树脂复合材料蒙皮。桨叶装有大梁充气增压裂纹检查装置。桨毂由钛合金和钢制成。主减速器安装在座舱上方的整流罩内，起飞额定功率为 10067 千瓦。中间减速器位于尾斜梁底部，尾减速器位于尾斜梁顶部。装有标准的旋翼刹车装置。复合材料尾桨有 4 片桨叶。

机身为水密半硬壳结构，由轻合金、钢和钛合金制成，隔开的驾驶舱部分用玻璃纤维/环氧树脂复合材料制成。机头安装有可调节的弧形后视镜，在电力作用下，这种后视镜不仅可以去除镜面水雾，还可以绕安装轴上下旋转，也可以水平旋转，其长长的支架也可以绕基座转动，便于驾驶员观察扫雷具的工作情况。机身能承受垂直方向 20g 和横向 10g 的坠毁力。为了便于装卸货物，在机身后部安装有一个带装货跳板的大尺寸后舱门，设有专用的液压操

纵的内部货物装卸系统和地板滚棒系统。外部货物装卸系统可以不用地面协助，在空中提起或放下货物。为在海上降落和漂浮，在机身两侧各有一个大型浮筒。海鸥翼式水平安定面高置在尾斜梁右侧，有撑杆支撑。水平安定面和尾斜梁采用芳纶复合材料制成。由于MH－53E采用了3台发动机，所以出于气动需要，尾斜梁向左倾斜20度。

MH－53E装有两部液压操纵的拖曳索绞车和挂钩，承载能力为3175公斤。而承载能力为9072公斤的拖曳杆上有用夹紧装置锁住的钩子，备有装MK－103机械扫雷具和MK－104音响扫雷具的舱架。

MH－53E的动力装置为3台通用电气公司T64－GE－419涡轴发动机，单台功率4750轴马力。由于发动机功率大，所以特别适合于在高温环境和恶劣海况下执行扫雷任务，能在5级的海况条件下扫雷4小时，并向MK－105电磁扫雷具的拖曳水翼筏输送1815公斤燃油。MH－53E的机内燃油量为12113升。

MH－53E机载航电系统包括气象雷达、AN/APN－171（V）雷达高度表、Raydist雷区导航方式及多普勒和奥米加导航系统、二余度数字式自动飞行控制系统、自动拖曳耦合器、4个CMA－2082型152毫米×152毫米彩色显示器（可以与GPS、多普勒雷达及姿态航向基准系统相联）。

液压系统使用4个液压泵，系统工作压力为207帕×105帕，用于总距、周期变距、横滚、偏航和杆力增加飞行控制伺服机构，起落架收放，装货绞车，装货跳板，桨叶与尾斜梁折叠。电气系统包括3台115伏、400赫兹、40－60千伏安交流发电机和两台28伏、200安变压整流器，以提供直流电。在左右两台发动机之间安装有太阳公司的辅助动力装置。

MH－53E的机载扫雷系统包括AN/ALQ－14R拖曳式声纳、MK－103机械扫雷具、MK－104音响扫雷具、MK－105电磁扫雷具、MK－106电磁/音响扫雷具、AN/AQS－17水雷抑制设备、AN/ALQ－141电子扫雷装置、用于爆破水雷的AN/ALQ－166拖曳式水翼拖网。

MK－103机械扫雷具用于扫除锚雷，由拖曳索、扫雷索、浮标、定深器、扫雷具展开板、爆炸式断索器和浮标索组成。这种设备的作用是用来断开锚雷的系留索。A/N37U－1锚雷扫除系统，主要是依靠扫雷索上密布的MK－17 Mod1型割刀切断系留锚雷的雷索。待水雷浮到水面之后再用两挺12.7毫米口径的XM－218航空机枪将其摧毁。

用于清除沉底雷的MK－104音响扫雷具的文氏管中有一个气穴生成盘，当水流迫使其转动时能发出类似舰艇的音响信号，从而引爆音响水雷。

MK－105电磁扫雷具的主体是一个水翼筏，由直升机用135米长、直径4英寸的脐带式拖曳索以25节的速度拖曳前进。筏内装一台小型燃气轮机驱动的发电机，向一对电极充电。电极在电流的作用下可以产生与舰船类似的磁场，诱使磁性水雷因此爆炸。拖曳直升机能通过脐带式拖曳索向水翼筏补充与其使用相同的航空煤油，而不必额外携带柴油或汽油。

MK－104 也可接到 MK－105 的一个电极上，通过 MK－105 的筏体释放或回收 MK－104 音响扫雷具。这样组合起来的装置就是 MK－106 扫雷具，它能有效地扫除音响与磁性混合水雷。

MH－53E 扫雷/运输直升机主要技术参数：

机全长：30.19 米（旋翼和尾桨转动时）、18.44 米（旋翼和尾斜梁折叠后）。

旋翼直径：24.08 米。

旋翼桨叶弦长：0.76 米。

尾桨直径：6.1 米。

机身长：22.35 米。

机高：8.63 米（尾桨转动时）、5.32 米（至旋翼桨毂顶部）。

旋翼桨盘面积：455.38 平方米。

尾桨桨盘面积：29.19 平方米。

机身宽：2.69 米。

主轮距：3.96 米。

前后轮距：8.31 米。

座舱尺寸：长 9.41 米、最大宽度 2.29 米、最大高度 1.98 米。

空重：16482 公斤。

执行扫雷任务时的实用载荷：11793 公斤。

最大起飞重量：33340 公斤。

最大平飞速度：315 公里/小时（海平面、国际标准大气、起飞重量 25400 公斤）。

巡航速度：278 公里/小时（海平面）。

最大爬升率：12.7 米/秒（海平面）。

实用升限：5640 米。

悬停高度：3515 米（有地效）、2895 米（无地效）。

转场航程：2075 公里（中途不加油，以最大航程的最佳巡航状态飞行）。

四、MCH－101 重型扫雷/运输直升机

2002 年，意大利和英国合资的阿古斯塔·韦斯特兰公司（AW）和日本川崎重工、丸红等军工企业达成一项通用生产协议，允许川崎重工在本土为日本海自组装生产 14 架 CH－101（也称 AW－101）直升机，次年川崎重工

开始组装作业，并负责以 CH－101 为基础改造出 MCH－101 扫雷直升机，该机配备可自动折叠式的主旋翼与尾梁，并加装了诺斯罗普·格鲁曼公司研制的 AQS－24A 机载猎雷系统。伸缩式起落架均改为双轮配置，机舱后段增设跳板式大型舱门，以便于施放、拖曳扫雷具。川崎重工更是在 2005 年进一步获得阿古斯塔·韦斯特兰公司授权，组装生产该机使用的 RTM－322 发动机。

机号 8651 号的第一架 MCH－101 型扫雷直升机，是由阿古斯塔·韦斯特兰公司生产，2005 年 2 月 15 日首飞成功；同年 7 月 25 日运抵日本；2006 年 1 月，在日本国内完成第一次试飞。第 2 架 MCH－101 型也是由原厂生产组件，再运到日本进行最后组装。自第 3 架开始，MCH－101 型扫雷直升机由川崎重工在日本自行生产。2006 年 3 月 3 日，日本防卫厅正式接收第一架 MCH－101 型扫雷直升机，配给岩国海航基地的第 111 航空队进行测试评估；2007 年，MCH－101 顺利完成空中拖曳扫雷具的测试。日本海自计划采购 11 架 MCH－101，从 2003－2013 年共获得了 10 架采购预算，平均单价在 2100 万美元。已经服役的 MCH－101 有 5 架，其中岩国海航基地的第 111 航空队装备 3 架，“日向”号和“伊势”号直升机驱逐舰各配 1 架。

MCH－101 为单旋翼、带尾桨布局，主旋翼有 5 片桨叶、尾桨有 4 片桨叶，均由复合材料制成，玻璃座舱配有数个大尺寸彩色液晶多功能显示器，机上还装有主动防振系统、与扫雷母舰之间迅速传递信息的数据链，以及自卫用的导弹告警装置、干扰弹撒布器等。

动力装置为 3 台罗·罗/透博梅卡公司授权川崎重工生产的 RTM322－KHI－02/8 型涡轴发动机，单台功率 2263 轴马力。

MCH－101 型扫雷直升机编制乘员 4 人，机舱内除装载扫雷装备外，也可兼作运输用途，最多能搭载 27 名人员；载货量为 5700 公斤，机体下方可另外吊挂 3000 公斤载荷。

MCH－101 型扫雷直升机所采用的 AQS－24A 机载猎雷系统包括高分辨率侧扫声纳、激光线扫描仪以及其他处理设备。其中侧扫声纳能实时探测、定位和分类高覆盖率区域的沉底水雷和系留水雷；激光线扫描仪能对水雷和其他可疑物体进行精确光学识别。不仅如此，AQS－24A 系统还允许侧扫声纳和激光线扫描仪同步操作，从而显著提高区域覆盖率，缩短扫雷时间，并减少不必要的维修周期。先进的导航控制和处理设备则为 AQS－24A 系统提供高度精确的目标定位。

2012 年 5 月，日本海自还从诺·格公司采购了 4 套机载激光水雷探测系统（ALMDS）。值得一提的是，这种极为敏感的设备属于美国五角大楼国防安全合作局（DSCA）严控的外销产品，日本是第一个 ALMDS 出口客户。该系统以一套激光雷达（LIDAR）为基本单元，利用条波管显示出可疑水域的距离和深度进行重点探测，同时对靠近水面的布雷区域进行标定和划分。整套系统以发射一道扇形激光束建立探测宽度，然后再由向前飞行的直升机以“推扫帚”方式扫描特定水域。作业时，由四个镜头涵盖住扇形激光束的等宽波幅，当图像被系统接收时，再由另一套自动标定识别计算机挑选出潜在的水雷状物体，再将图像存储在扫雷平台上的分类数据库中，由其决定合适的扫雷具实施扫除作业。为了将 ALMDS 顺利装到 MCH－101 直升机上，日本川崎重工与富士通公司这两年一直和诺·格公司保持着密切合作。

AQS－24A 机载猎雷系统和机载激光水雷探测系统使 MCH－101 直升机具有前所未有的水雷探测能力。

MCH－101 扫雷/运输直升机主要技术参数：

机全长：22.83 米。

机体长：19.5 米。

机体宽：4.6 米。

旋翼直径：18.6 米。

尾桨直径：4.0 米。

机高：6.63 米（旋翼和尾桨转动）。

空重：10.5 吨。

有效载重：5.443 吨。

最大起飞重量：15.6 吨。

最大飞行速度：311 公里/小时。

巡航速度：280 公里/小时。

最大航程：1370 公里。

续航力：4 小时。

五、TH－135 教练/联络直升机

该机是日本海上自卫队从欧洲空中客车直升机公司（前欧洲直升机公司）采购的 EC－135 T2＋，2009 年开始装备，计划采购 15 架，目前服役的有 10 架，单价为 420 万美元。海自采购该机主要用于培训直升机飞行员，同时也兼作联络用途。

TH－135 直升机采用单旋翼、带尾桨布局；旋翼系统采用 4 片桨叶全铰接式无轴承、复合材料旋翼；尾桨为低噪声涵道式，10 片桨叶被安排成不对称排列，间隔采用不同间距，极大地减少了直升机噪声。此外，该机内建的反谐振隔离系统也对降低振动和噪声水平产生良好效果。

机身外形呈雨滴状，铝合金半硬壳吊舱尾梁结构。机身后段有蚌壳式舱门，由此可接近发动机及其附件。机身顶部旋翼主轴后面设有大整流罩。

机身头部的座舱采用并列双座，可乘坐 2 名机组乘员，后舱可以容纳 7 人，或 2 名医护人员 +2 名伤员。机身每侧各有一个乘员舱门和货舱门。

TH－135 装备泰利斯公司 SMD45 型双屏幕飞行和发动机管理系统，霍尼韦尔金冠（Gold Crown）公司和泰利斯 Avionique Nouvelle 公司的航空电子设备，包括 1 台航空数据计算机、1 套 SFIM 自动飞行控制系统、1 套全球卫星定位系统和 1 套霍尼韦尔（Honeywell）综合飞行数据和驾驶座舱声音记录仪，还可能装 1 部彩色气象雷达。

TH－135 采用 2 台带全权数字发动机控制（FADEC）系统的透博梅卡阿赫耶 2B2 型涡轴发动机，单台功率 634 轴马力。

TH－135 主要技术参数：

机全长：12.16 米。

机身宽：2.67 米。

旋翼直径：10.2 米。

涵道尾桨直径：1.86 米。

旋翼桨盘面积：81.7 平方米。

机高：3.51 米。

空重：1455 公斤。

油箱容量：673 升。

最大起飞重量：2910 公斤。

最大飞行速度：278 公里/小时。

巡航速度：253 公里/小时。

最大航程：635 公里。

实用升限：3045 米。

爬升率：7.62 米/秒。

续航时间：3.5 小时。

第五章
日本航空自卫队

第一节　日本航空自卫队编制

日本航空自卫队最高指挥机构是航空幕僚监部，下辖航空总队、航空支援集团、航空教育集团、航空开发实验集团、航空自卫队补给本部（后勤部）、其他直属部队和机关。构成见下表：

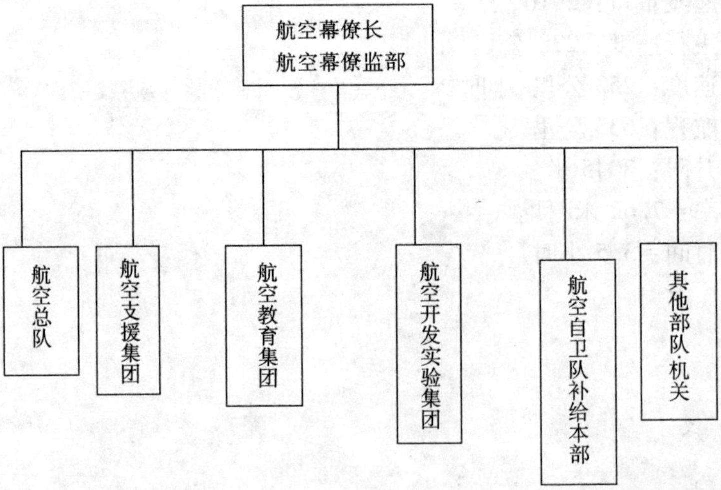

一、航空幕僚监部编制

航空幕僚监部位于东京都新宿区市谷本村町 5 番（日语中，番类似于中国的门、条）1 号，设航空幕僚长和航空幕僚副长各一人。航空幕僚监部相当于欧美国家空军的参谋部，航空幕僚长和航空幕僚副长相当于欧美国家空军参谋长和副参谋长。其中航空幕僚长是空自的最高指挥官，直接领导航空幕僚监部，并负责空自的全盘事务。

航空幕僚长的军衔为空将（相当于欧美空军的中将），但与其他空将军衔标记为3颗樱花星不同的是，航空幕僚长的军衔标记为4颗樱花星，实际上相当于欧美空军的上将。

航空幕僚监部下设总务部、防卫部、装备部、技术部、人事教育部、运用支援·情报部、监理监察官、首席法务官、首席卫生官等，分别协助航空正副幕僚长管理航空自卫队的日常运作、作战、装备采购及维护、训练、后勤保障、情报搜集、法务、医疗等工作。

总务部设部长一人、副部长一人，军衔为空将补（二）。总务部下设总务课（注：课相当于科）和会计课。

防卫部设部长一人，军衔为空将补（一）。防卫部下设防卫课、装备体系课、情报通信课、施设课（工程科）。

装备部设部长一人，军衔为空将补（一）。装备部下设装备课、整备·补给（后勤）课。

技术部设部长一人，军衔为空将补（二）。技术部下设技术课。

人事教育部设部长一人，军衔为空将补（一）。人事教育部下设人事计划课、补任课、厚生课（相当于民政科）、援护业务课、教育课。

运用支援·情报部设部长一人，军衔为空将补（二）。运用支援·情报部下设运用支援课、情报课。

监理监察官一人，军衔为空将补（二）。

首席法务官一人，军衔为一等空佐。

首席卫生官一人，军衔为空将补（二）。

二、航空总队编制

航空总队是日本航空自卫队直接担负防空作战任务的第一线作战部队，司令部设在东京都多摩地区中部的横田基地，主要军官包括航空总队司令、副司令、幕僚长、防卫部长和战术官。航空总队下辖北部航空方面队、中部航空方面队、西部航空方面队、西南航空混成团以及直辖部队。

1. 航空总队司令部编制：

航空总队司令部编制包括总务部、防卫部、装备部、情报课、监理监察官、法务官、医务官等。其中总务部下设总务课、人事课；防卫部下设防卫课、运用课、通信电子课、演习计划课；装备部下设计划课、整备课、补给课、施设课（工程科）。

2. 北部航空方面队编制：

北部航空方面队司令部设在青森县三泽基地，下辖第2航空团、第3航空团、北部航空警戒管制团、第3高射群、第6高射群、北部航空施设队、北部航空音乐队。

北部航空方面队司令部编制包括总务部、防卫部、装备部、监理监察官、医务官等。其中总务部下设总务课、人事课、会计课、厚生课、援护业务课；防卫部下设防卫课、运用课、通信电子课、调查课；装备部下设计划课、整备课、补给课、施设课（工程科）。

第2航空团司令部设在北海道千岁市千岁基地，编制包括团司令部所辖监理部、人事部、防卫部、装备部，飞行群（下辖第201飞行队、第203飞行队），整备补给群（下辖检查队、装备队、修理队、车辆器材队、补给队），基地业务群（下辖第2基地防空队、基地勤务队、施设队、通信队、管理队、业务队、会计队、卫生队、射击场勤务队）。

作为第2航空团骨干作战兵力的飞行群所辖第201飞行队装备F－15J/DJ战斗机24架、T－4联络机1架；第203飞行队装备F－15J/DJ战斗机24架、T－4联络机1架。

第3航空团司令部设在青森县三泽市三泽基地，编制包括团司令部所辖监理部、人事部、防卫部、装备部，飞行群（下辖第3飞行队、第8飞行队、北部航空方面队支援飞行班、航空支援队），整备补给群（下辖检查队、装备队、修理队、车辆器材队、补给队），基地业务群（下辖第3基地防空队、基地勤务队、施设队、通信队、管理队、业务队、会计队、卫生队、射击场勤务队）。

作为第3航空团骨干作战兵力的飞行群所辖第3飞行队装备F－2A/B战斗机20架、T－4联络机1架；第8飞行队装备F－2A/B战斗机20架、T－4联络机1架。

北部航空警戒管制团司令部设在三泽基地，编制包括团司令部所辖监理部、人事部、防卫部、装备部，北部防空管制群（下辖防空管制队、警戒通信队），第18警戒队（稚内分屯基地），第26警戒队（根室分屯基地），第28警戒队（网走分屯基地），第29警戒队（奥尻岛分屯基地），第33警戒队（加茂分屯基地），第36警戒队（襟裳分屯基地），第37警戒队（山田分屯基地），第42警戒群（大凑分屯基地），第45警戒群（当别分屯基地），第1移动警戒队（千岁基地），整备队（三泽基地）。

第3高射群司令部设在千岁基地，编制包括指挥所运用队、整备补给队、第9高射队、第10高射队、第11高射队（长沼分屯基地）、第24高射队（长沼分屯基地）。

第6高射群司令部设在三泽基地，编制包括指挥所运用队、整备补给队、第20高射队（八云分屯基地）、第21高射队（车力分屯基地）、第22高射队（车力分屯基地）、第23高射队（八云分屯基地）。

北部航空施设队和北部航空音乐队均部署在三泽基地。

3. 中部航空方面队编制：

中部航空方面队司令部设在埼玉县入间基地，下辖第6航空团、第7航空团、中部航空警戒管制团、第1高射群、第4高射群、硫磺岛基地队、中部航空设施队、中部航空音乐队。

中部航空方面队司令部编制包括总务部、防卫部、装备部、监理监察官、医务官等。其中总务部下设总务课、人事课、会计课、厚生课、援护业务课；防卫部下设防卫课、运用课、通信电子课、调查课；装备部下设计划课、整备课、补给课、施设课（工程科）。

第6航空团司令部设在石川县小松市小松基地，编制包括团司令部所辖监理部、人事部、防卫部、装备部，飞行群（下辖第303飞行队、第306飞行队），整备补给群（下辖整备补给群、检查队、装备队、修理队、车辆器材队、补给队），基地业务群（下辖第6基地防空队、基地勤务队、施设队、通信队、管理队、业务队、会计队、卫生队）。

作为第6航空团骨干作战兵力的飞行群所辖第303飞行队装备F－15J/DJ战斗机21架、T－4联络机1架；第306飞行队装备F－15J/DJ战斗机18架、T－4联络机1架。

第7航空团司令部设在茨城县小美玉市百里基地，编制包括团司令部所辖监理部、人事部、防卫部、装备部），飞行群（下辖第302飞行队、第305飞行队），整备补给群（下辖整备补给群、检查队、装备队、修理队、车辆器材队、补给队），基地业务群（下辖第3基地防空队、基地勤务队、施设队、通信队、管理队、业务队、会计队、卫生队）。

作为第7航空团骨干作战兵力的飞行群所辖第302飞行队装备F－4EJ改战斗机27架、T－4联络机1架；第305飞行队装备F－15J/DJ战斗机21架、T－4联络机1架。

中部航空警戒管制团司令部设在琦玉县狭山市入间基地，编制包括团司令部所辖监理部、人事部、防卫部、装备部，中部防空管制群（下辖防空管制队、警戒通信队），整备补给群（下辖整备队、车辆器材队、补给队），基地业务群（下辖施设队、通信队、管理队、业务队、会计队、卫生队），第1警戒群（笠取山分屯基地）、第5警戒队（串本分屯基地）、第22警戒队（御前崎分屯基地）、第23警戒群（轮岛分屯基地）、第27警戒队（大滝根山分屯基地）、第35警戒队（（经岬分屯基地）、第44警戒队（峰冈山分屯基地）、第46警戒队（佐渡分屯基地）、第2移动警戒队（入间基地）。

第1高射群司令部设在入间基地，编制包括指挥所运用队、整备补给队、第1高射队（习志野分屯基地）、第2高射队（武山分屯基地）、第3高射队（霞浦分屯基地）、第4高射队。

第4高射群司令部设在岐阜基地，编制包括指挥所运用队、整备补给队、第12高射队（饗庭野分屯基地）、第13高射队、第14高射队（白山分屯基地）、第15高射队。

硫磺岛基地队部署在硫磺岛分屯基地，中部航空施设队部署在入间基地，中部航空音乐队部署在滨松基地。

4. 西部航空方面队编制：

西部航空方面队司令部设在福冈县春日市春日基地，下辖第5航空团、第8航空团、西部航空警戒管制团、第2高射群、西部航空方面队司令部支援飞行队、西部航空施设队、西部航空音乐队。

西部航空方面队司令部编制包括总务部、防卫部、装备部、监理监察官、医务官等。其中总务部下设总务课、人事课、会计课、厚生课、援护业务课；防卫部下设防卫课、运用课、通信电子课、调查课；装备部下设计划课、整备课、补给课、施设课（工程科）。

第5航空团司令部设在宫崎县儿汤郡新富町新田原基地，编制包括团司令部所辖监理部、人事部、防卫部、装备部，飞行群（下辖第301飞行队），整备补给群（下辖检查队、装备队、修理队、车辆器材队、补给队），基地业务群（下辖第5基地防空队、基地勤务队、施设队、通信队、管理队、业务队、会计队、卫生队）。

作为第5航空团骨干作战兵力的飞行群所辖第301飞行队装备F－4EJ改战斗机32架、T－4联络机1架。

第8航空团司令部设在福冈县筑上郡筑上町筑城基地，编制包括团司令部所辖监理部、人事部、防卫部、装备部，飞行群（下辖第304飞行队、第6飞行队），整备补给群（下辖检查队、装备队、修理队、车辆器材队、补给队），基地业务群（下辖第8基地防空队、基地勤务队、施设队、通信队、管理队、业务队、会计队、卫生队）。

作为第8航空团骨干作战兵力的飞行群所辖第304飞行队装备F－15J/DJ战斗机14架、T－4联络机1架；第6飞行队装备F－2A/B战斗机20架、T－4联络机1架。

西部航空警戒管制团司令部设在春日基地，编制包括团司令部所辖监理部、人事部、防卫部、装备部，西部防空管制群（下辖防空管制队、警戒通信队），整备补给群（下辖整备队、补给队），基地业务群（下辖施设队、通信队、管理队、业务队、会计队、卫生队），第7警戒队（高尾山分屯基地），第9警戒队（下甑岛分屯基地），第15警戒队（福江岛分屯基地），第17警戒队（见岛分屯基地），第19警戒队（海栗岛分屯基地），第13警戒群（高畑山分屯基地），第43警戒群（脊振山分屯基地），第3移动警戒队（春日基地），第7移动警戒队（美保基地），土佐清水通信队（土佐清水分屯基地）。

第2高射群司令部设在春日基地，编制包括指挥所运用队、整备补给队（芦屋基地）、第5和第6高射队（均部署在芦屋基地）、第7高射队（筑城基地）、第8高射队（高良台分屯基地）。

西部航空施设队部署在芦屋基地，西部航空方面队司令部支援飞行队和西部航空音乐队部署在春日基地。

5. 西南航空混成团编制：

西南航空混成团司令部设在冲绳那霸基地，下辖第83航空队、西南航空警戒管制队、第5高射群、西南航空施设队、西南航空音乐队。

西南航空混成团司令部编制包括总务部、防卫部、装备部、监理监察官、医务官等。其中总务部下设总务课、人事课、会计课、厚生课、援护业务课；防卫部下设防卫课、运用课、通信电子课、调查课；装备部下设计划课、整备课、补给课、施设课（工程科）。

第83航空队司令部设在那霸基地，编制包括第204飞行队，西南飞行支援班，整备补给群（下辖检查队、装备队、修理队、车辆器材队、补给队），基地业务群（下辖第83基地防空队、基地勤务队、施设队、通信队、管理队、业务队、会计队、卫生队）。

作为第83航空队骨干作战兵力的第204飞行队装备F－15J/DJ战斗机24架、T－4联络机1架；西南飞行支援班装备的是T－4教练机。

西南航空警戒管制队司令部设在那霸基地，编制包括队司令部所辖西南防空管制群（下辖防空管制队、警戒通信队），第53警戒队（宫古岛分屯基地），第54警戒队（久米岛分屯基地），第55警戒队（冲永良部岛分屯基地），第56警戒群（与座岳分屯基地），第4移动警戒队，奄美通信队（奄美大岛分屯基地），整备队。

第5高射群司令部设在那霸基地，编制包括指挥所运用队、整备补给队、第16和18高射队（均部署在知念分屯基地）、第17高射队（那霸基地）、第19高射队（恩纳分屯基地）。

6. 航空总队直属部队编制：

直属部队编制包括航空救难团、警戒航空队、侦察航空队、航空总队司令部飞行队、作战情报队、作战系统运用队、飞行教导队、高射教导队、基地警备教导队等。

航空救难团司令部设在入间基地，编制包括团司令部所辖监理部、人事部、防卫部、装备部，飞行群（下辖10个救难队和4个直升机空运队），整备群和救难教育队。

航空救难团10个救难队分别是千岁救难队（千岁基地）、秋田救难队（秋田分屯基地）、松岛救难队（松岛基地）、新潟救难队（新潟分屯基地）、百里救难队（百里基地）、小松救难队（小松基地）、滨松救难队（静冈县滨松市滨松基地）、芦屋救难队（芦屋基地）、新田原救难队（新田原基地）、那霸救难队（那霸基地），4个直升机空运队分别是三泽空运队（三泽基地）、入间空运队（入间基地）、春日空运队（春日基地）、那霸空运队（那霸基地），装备的固定翼飞机为U－125和U－125A搜救飞机，装备的直升机为UH－60J救难直升机和CH－47J（LR）重型运输直升机。

警戒航空队司令部设在滨松基地，编制包括飞行警戒监视群和飞行警戒管制队。其中飞行警戒监视群司令部设在三泽基地，下辖三泽基地第601飞行队（9架E－2C）、那霸基地第603飞行队（4架E－2C）；飞行警戒管制队司令部设在滨松基地，下辖第602飞行队（4架E－767）。

侦察航空队司令部设在百里基地，编制包括队司令部所辖监理班、人事班、防卫班、装备班、安全班，第501航空队，侦察整备队（侦察机的维护保养实际上由同基地的第7航空团负责），侦察情报处理队。其中侦察兵力的核心是第501航空队，装备9架RF－4E和5架RF－4EJ侦察机，另外还有1架T－4联络机。

航空总队司令部飞行队部署在入间基地，下辖电子战支援队、电子飞行测定队。

作战情报队部署在横田基地，主要负责航空情报的收集、分析处理和存档。编制包括作战情报处理群（下辖第1和第2警戒资料处理队），电波情报收集群（下辖第1、2、3、4收集队），情报资料群（下辖第1和第2资料队）。

作战系统运用队部署在横田基地，编制包括系统管理群、指挥所运用队、通信电子队（负责横田基地的通信业务）、基地业务队（负责横田基地的管理业务）。

飞行教导队部署在新田原基地，是日本空自的假想敌部队，装备F－15J/DJ战斗机，主要任务是通过空战对抗训练来提高空自各战斗机部队的空战技能。

高射教导队部署在滨松基地，任务是研究使用陆基防空导弹系统的技战术以及对操作防空导弹系统的人员进行教育培训，编制包括队司令部、第1教导队、第2教导队、基地防空教导队（千岁基地）、整备队。

基地警备教导队部署在百里基地，编制人员40人，任务是在空自各基地警备情况进行巡回检查，同时培训各基地警备人员的警备要领。

三、航空支援集团编制

航空支援集团负责对实施航空作战的航空总队进行后勤支援，司令部设在东京都府中市浅间町一丁目（日本将町区划成若干部分的单位成为丁目，相当于中国的胡同、弄堂、街道之类）5番5号府中基地，内部编制包括总务部、防卫部、装备部、情报课、监理监察官、法务官、医务官和副官。其中总务部下设总务课、人事课、会计课、厚生课；防卫部下设防卫课、运用第一课、运用第二课、通信电子课、技术教育课；装备部下设整备课、补给课、施设课（工程科）。主要军官为司令、副司令、幕僚长。

航空支援集团下辖第1输送航空队、第2输送航空队、第3输送航空队、特别航空输送队、航空保安管制群、航空气象群、飞行点检队、航空机动卫生队。

第1输送航空队部署在爱知县小牧市小牧基地，主要是为空自提供远程运输和空中加油服务，编制包括队司令部，飞行群（下辖第401、404飞行队），整备补给群（下辖检查队、装备队、修理队、补给队），基地业务群（下辖基地勤务队、施设队、通信队、管理队、业务队、会计队、卫生队）。其中飞行群第401飞行队装备15架C－130H运输机和1架KC－130H加油/运输机，第404飞行队装备KC－767J加油/运输机4架。

第2输送航空队部署在入间基地，主要是为陆自的空降作战提供空运空投服务，编制包括队司令部，飞行群（下辖第402飞行队），整备补给群（下辖检查队、装备队、修理队）。其中飞行群第402飞行队装备C－1运输机（15架）、5架U－4多用途支援飞机。

第3输送航空队部署在鸟取县境港市美保基地，主要任务包括为陆自的空降作战提供空运空投服务、进行空自人员和装备的运输以及空自支援飞机乘员的教育训练，编制包括队司令部，飞行群（下辖第403飞行队、第41教育飞行队），整备补给群（下辖检查队、装备队、修理队、补给队），基地业务群（下辖基地勤务队、施设队、通信队、管理队、业务队、会计队、卫生队）。其中飞行群第403飞行队装备C－1运输机（11架），第41教育飞行队装备13架T－400多机种教练机。

特别航空输送队部署在千岁基地，主要执行日本政府要员运输任务，编制包括队司令部，第701飞行队，整备队（辖队部、整备小队、装备小队）。其中第701飞行队装备2架波音747－400大型客机，而该飞行队又分为总括班、第1飞行班（包括飞行员、导航员、运行管理员、航空管制军官、气象军官、机上无线电员）和第2飞行班（包括空中运输军官、空中运输员。由于这个班主要是负责为机上要员提供空乘服务，所以一般都是女性）。

航空保安管制群主要负责为空自提供航空管制服务，司令部设在府中基地。该群编制包括飞行管理队（入间基地）、飞行情报队（府中基地）、千岁管制队（千岁基地）、三泽管制队（三泽基地）、松岛管制队（松岛基地）、百里管制队（百里基地）、入间管制队（入间基地）、小松管制队（小松基地）、静滨管制队（静滨基地）、滨松管制队（滨松基地）、岐阜管制队（岐阜基地）、小牧管制队（小牧基地）、美保管制队（美保基地）、防府管制队（防府北基地）、芦屋管制队（芦屋基地）、筑城管制队（筑城基地）、春日管制队（春日基地）、新田原管制队（新田原基地）、那霸管制队（那霸基地）、移动管制队（百里基地）。

航空气象群的任务是对日本全国各地进行气象观测、提供气象预报以及收集气象情报，编制包括设在府中基地的群司令部、中枢气象队及气象通信队，以及遍布日本全国的19个气象队和3个气象班。其中19个气象队分别是千岁气象队（千岁基地）、三泽气象队（三泽基地）、松岛气象队（松岛基地）、小松气象队（小松基地）、百里气象队（百里基地）、东京气象队（市谷基地）、横田气象队（横田基地）、入间气象队（入间基地）、静滨气象队（静滨基地）、滨松气象队（滨松基地）、岐阜气象队（岐阜基地）、小牧气象队（小牧基地）、美保气象队（美保基地）、防府气象队（防府北基地）、芦屋气象队（芦屋基地）、筑城气象队（筑城基地）、春日气象队（春日基地）、新田原气象队（新田原基地）、那霸气象队（那霸基地）；3个气象班分别是三泽气象队下辖的秋田气象班（秋田分屯基地），入间气象队下辖的新潟气象班（新潟分屯基地）、硫磺岛气象班（硫磺岛分屯基地）。

航空点检队部署在入间基地，主要负责对空自各基地塔台导航、着陆装置以及机载导航装置进行检查，编制包括队部、点检航空飞行队和整备队，目前装备3架点检飞机，型号为YS－11FC和U－125。

航空机动卫生队部署在小牧基地，负责空中救治病患以及对空自各部队进行紧急救治知识的普及宣传，使用的飞机由第1输送航空队提供。2014年3月，航空机动卫生队从航空支援集团脱离，改为由防卫大臣直辖。

四、航空教育集团编制

航空教育集团是对航空自卫队员进行基础的教育和训练，使其掌握相关的专业技术和技能。司令部设在滨松基地，内部编制包括总务部（下辖总务课、人事课、会计课、厚生课），教育部（下辖计划课、运用课、教育第一课、教育第二课、教育第三课、研究课），装备部（下辖装备课、补给课、施设课），监理监察官，医务官。主要军官包括司令和幕僚长。

航空教育集团下辖第1航空团、第4航空团、第11飞行教育团、第12飞行教育团、第13飞行教育团、航空教育队、飞行教育航空队、教材整备队、航空自卫队干部候补生学校、航空自卫队第1术科学校、航空自卫队第2术科学校、航空自卫队第3术科学校、航空自卫队第4术科学校、航空自卫队第5术科学校。

第1航空团主要负责空自飞行员的“战斗机操纵基础（后期）课程”训练，司令部设在滨松基地，编制包括团司令部所辖监理部、人事部、防卫部、装备部（下辖安全班、卫生班和副官），飞行群（下辖第31教育飞行队、第32教育飞行队），整备补给群（下辖检查队、装备队、修理队、车辆器材队、补给队），基地业务群（下辖基地勤务队、施设队、通信队、管理队、业务队、会计队、卫生队），飞行干部教育队。其中飞行群所辖的2个教育飞行队所装备的教练机都是T－4。

第4航空团主要负责空自飞行员的“战斗机操纵课程”训练，司令部设在松岛基地，编制包括团司令部所辖监理部、人事部、防卫部、装备部（下辖安全班、卫生班和副官），飞行群（下辖第21飞行队、第11飞行队），整备补给群（下辖检查队、装备队、修理队、车辆器材队、补给队），基地业务群（下辖第4基地防空队、基地勤务队、施设队、通信队、管理队、业务队、会计队、卫生队）。其中飞行群所辖第21飞行队装备的教练机是F－2B和T－4，培训结业的飞行员可以直接进入F－2A战斗机部队服役，或是进入新田原基地的飞行教育航空队进行F－15J/DJ战斗机的转换机种训练；第11飞行队装备的教练机是T－4。

第11飞行教育团主要负责“初级操纵课程”训练，司令部设在静冈县烧津市静滨基地，编制包括团司令部所辖总务部、教育部，飞行教育群（下辖第1飞行教育队、第2飞行教育队），整备补给群（下辖整备队、补给队），基地业务群（下辖基地勤务队、施设队、通信队、管理队、业务队、会计队、卫生队）。其中2个飞行教育队装备的教练机都是T－4。

第12飞行教育团主要负责“初级操纵课程”训练，司令部设在山口县防府市防府北基地，编制包括团司令部所辖总务部、教育部，飞行教育群（下辖第1飞行教育队、第2飞行教育队、地面准备教育队、操纵适应性检查队），整备补给群（下辖整备队、补给队），基地业务群（下辖基地勤务队、施设队、通信队、管理队、业务队、会计队、卫生队），航空学员教育群（下辖教育队、学员队）。其中2个飞行教育队装备的教练机都是T－4。

第13飞行教育团主要负责“基本操纵前期课程”训练，司令部设在福冈县远贺郡芦屋町芦屋基地，编制包括团司令部所辖总务部、教育部，飞行教育群（下辖第1飞行教育队、第2飞行教育队），整备补给群（下辖整备队、检查队、装备队、修理队、基地勤务队)。其中2个飞行教育队装备的教练机都是T-4。

航空教育队司令部设在防府南基地,下辖第1教育群、第2教育群和基地业务群。其中第1教育群部署在防府南基地,下辖第1、2、3教育大队和女性自卫官教育大队,负责对自卫官候补生(即候补自卫队员)、一般空曹候补生、初任空曹以及女性空自队员进行教育培训;第2教育群部署在琦玉县熊谷市熊谷基地,下辖第1、2、3教育大队,负责对自卫官候补生、一般空曹候补生、初任空曹教育培训及对晋升1年左右的一等空曹进行管理职能培训。

飞行教育航空队部署在新田原基地,主要负责"F-15机种转换操纵课程"训练,也就是培训学员驾驶F-15J/DJ战斗机的能力。

航空自卫队干部候补生学校设在奈良县奈良市奈良基地,主要是为空自培养初级干部,教授通行只是和技能。学校辖总务课,教务课,教育部,业务部(下设庶务课、管理课、通信课、业务课、会计课、卫生课),学生队(下设第1、2、3中队)。

航空自卫队第1术科学校设在滨松基地,主要负责整备(维修保养)、补给、机载雷达制导武器的使用等专业教育训练,同时开展整备补给部队运用方面的调查研究,拥有实习用的F-15J/DJ、F-4EJ改战斗机,以及T-4、T-7教练机。该校辖总务课,教务课,第1教育部,第2教育部,研究部,整备部(下设计划课、第1整备课、第2整备课、第3整备课),学生队。

航空自卫队第2术科学校设在滨松基地,主要负责地面雷达制导武器、防空武器等专业教育训练,拥有教学用的美制"爱国者"PAC-3防空导弹。该校辖总务课,教务课,第1教育部,第2教育部,研究部,整备部(下设计划课、第1整备课、第2整备课),学生队。

航空自卫队第3术科学校设在芦屋基地,主要负责采购、会计、总务业务以及补给、施设(工程)和运输等后勤保障方面的专业教育训练。该校辖总务课,教务课,第1教育部,第2教育部,研究部,整备部(下设计划课、整备课),业务部(下设庶务课、补给课、施设课、通信课、管理课、业务课、会计课、卫生课),学生队。

航空自卫队第4术科学校设在熊谷基地,主要负责通信、情报、气象观测等专业教育训练。该校辖总务课,教务课,第1教育部,第2教育部,研究部,整备部(下设计划课、第1整备课、第2整备课),业务部(下设庶务课、补给课、施设课、通信课、管理课、业务课、会计课、卫生课),学生队。

航空自卫队第5术科学校设在小牧基地,主要负责航空警戒管制、航空保安管制等专业教育训练。该校辖总务课，教务课，第1教育部，第2教育部，研究部，学生队（设有本部队、第1中队、第2中队、干部区队、培养陆自学员的30区队、培养海自学员的40区队）。

五、航空开发实验集团编制

航空开发实验集团主要负责研发新机和航空武器装备，并对航空医学、人体工程学等进行研究和实验，司令部设在埼玉县入间基地，内部编制包括总务部（下设总务课、人事课），研究计划部（下设计划课、开发课、研究课、航空医学课），装备课，监理监察官，医务官。主要军官包括司令和幕僚长。

航空开发实验集团下辖飞行开发实验团、电子开发实验群、航空医学实验队。

飞行开发实验团部署在岐阜县各务原市岐阜基地，主要负责航空装备的开发试验。该团下辖飞行实验群（辖航空技术队、计测队），整备群（辖整备技术队、制导武器开发实验队、电子战技术队）。

电子开发实验群部署在府中基地，主要负责警戒管制雷达的实际测试。

航空医学实验队下设4个部，其中1部和2部均部署在东京都立川市荣町1-2-10的东立川基地，3部和4部均部署在入间基地。

六、航空自卫队补给本部编制

补给本部主要承担必要的燃料弹药、飞机配件的调配、保管、补给、整备等工作。司令部设在东京都北区十条基地，主要军官包括本部长、副本部长。

补给本部下辖总务部，计划部，第1部（负责军需品、车辆、化学设备、工程设备、卫生设备的调配补给），第2部（负责飞机、机载雷达、飞机支援设备的调配补给），第3部（负责通信电子设备、气象设备、照相设备的调配补给），第4部（负责机载武器、弹药、靶机等调配补给），情报处理部，技术课，监察官，医务官，会计监察官（管辖岐阜基地的空自第2补给处、十条基地补给分处、入间基地的第3和第4补给处以及东北町、高藏寺、木更津、立川补给分处）。

七、其他部队和机关编制

航空自卫队的其他部队和机关包括航空对接通信队（市谷基地）、航空安全管理队（立川分屯基地）、航空警务队（市谷基地）、航空中央业务队（市谷基地）、航空中央乐队（立川分屯基地）、航空自卫队干部学校（目黑基地）。

需要说明的是，这些部队和机关虽然名义上在航空自卫队编制内，实际上却是由日本防卫大臣直辖。

八、航空自卫队军衔

日本航空自卫队设立的军衔很有特色，与其他国家空军有较大不同，下面括号前是航空自卫队的军衔名称，括号里前为相对应的美国空军军衔、后为相对应的中国人民解放军空军军衔。

空将（中将，中将）（注1）。

空将补（少将，少将）（注2）。

一等空佐（上校，上校）。

二等空佐（中校，中校）。

三等空佐（少校，少校）。

一等空尉（上尉，上尉）。

二等空尉（中尉，中尉）。

三等空尉（少尉，少尉）。

准空尉（准尉，无对应）。

空曹长（军士长，军士长）。

一等空曹（上士，上士）。

二等空曹（中士，中士）。

三等空曹（下士，下士）。

空士长（一等兵，上等兵）。

一等空士（无对应，无对应）。

二等空士（二等兵，列兵）。

三等空士（无对应，无对应）。

注1：航空幕僚长的军衔虽然也称为空将，但与其他空将的军衔标记为3颗樱花星不同，航空幕僚长的军衔标记为4颗樱花星，实际上相当于欧美空军的上将。

注2：空将补按照担任职务的不同分为空将补（一）和空将补（二）。其中空将补（一）担任的职务包括航空幕僚监部人事教育部长、防卫部长、装备部长，航空支援集团副司令，航空教育集团司令部幕僚长，航空救难团司令，航空自卫队补给本部副本部长，自卫队岐阜医院院长；空将补（二）担任的职务包括航空幕僚监部总务部长、运用支持·情报部长、技术部长、监理监察官、首席卫生官，航空总队司令部幕僚长、防卫部长、战术官，航空方面队副司令，西南航空混成团副司令，航空团和航空警戒管制团司令，第83航空队司令，航空安全管理队司令，航空医学实验队司令，第1输送航空队司令，航空自卫队干部学校副校长，航空自卫队干部候补生学校校长，各术科学校校长，各补给处处长。

第二节　日本航空自卫队的基地

日本航空自卫队的基地（●代表主要基地、○代表主基地所属分屯基地）

一、北海道

●千岁基地（千岁市）。
○长沼分屯基地（夕张郡长沼町）。
●千岁基地（苗穗）（札幌市东区）。
●（三泽基地）。
○稚内分屯基地（稚内市）。
○网走分屯基地（网走市）。
○根室分屯基地（根室市）。
○当别分屯基地（石狩郡当别町）。
○奥尻岛分屯基地（奥尻郡奥尻町）。
○襟裳分屯基地（幌泉郡襟裳町）。
○八云分屯基地（山越郡八云町）。

二、东北部

●三泽基地（青森县三泽市）。
○大凑分屯基地（青森县陆奥市）。
○车力分屯基地（青森县津轻市）。
○东北町分屯基地（青森县上北郡东北町）。
○山田分屯基地（岩手县下闭伊郡山田町）。
○加茂分屯基地（秋田县男鹿市）。
○秋田分屯基地（秋田县秋田市）。
○松岛基地（宫城县东松岛市）。
●（入间基地）
○大泷根山分屯基地（福岛县双叶郡川内村）。

三、关东·甲信越

●百里基地（茨城县小美玉市）。
●熊谷基地（埼玉县熊谷市）。

●木更津基地（千叶县木更津市）。
○立川分屯基地（东京都立川市）。
●十条基地（东京都北区）。
●市谷基地（东京都新宿区）。
●目黑基地（东京都目黑区）。
●府中基地（东京都府中市）。
●入间基地（埼玉县狭山市）。
○霞浦分屯基地（茨城县土浦市）。
○习志野分屯基地（千叶县船桥市）。
○峰冈山分屯基地（千叶县南房总市）。
○硫磺岛分屯基地（东京都小笠原村）。
○武山分屯基地（神奈川县横须贺市）。
○佐渡分屯基地（新潟县佐渡市）。
○新潟分屯基地（新潟市东区）。

四、中部

●静滨基地（静冈县烧津市）。
●滨松基地（滨松市西区）。
●小牧基地（爱知县小牧市）。
●岐阜基地（岐阜县各务原市）。
○高藏寺分屯基地（爱知县春日井市）。
○白山分屯基地（三重县津市）。
●小松基地（石川县小松市）。
○轮岛分屯基地（石川县轮岛市）。
●（入间基地）。
○御前崎分屯基地（静冈县御前崎市）。
○笠取山分屯基地（三重县津市）。

五、关西

●奈良基地（奈良县奈良市）。
●（入间基地）。
○经岬分屯基地（京都府京丹后市）。
○串本分屯基地（和歌山县东牟娄郡串本町）。
●（岐阜基地）。
○饗庭野分屯基地（滋贺县高岛市）。

六、中四国

●美保基地（鸟取县境港市）。
●防府北基地（山口县防府市）。
●防府南基地（山口县防府市）。
●（春日基地）。
○高尾山分屯基地（岛根县松江市）。
○见岛分屯基地（山口县萩市）。
○土佐清水分屯基地（高知县土佐清水市）。

七、九州岛

●筑城基地（福冈县行桥市、筑上郡筑上町）。
●芦屋基地（福冈县远贺郡芦屋町、冈垣町）。
●春日基地（福冈县春日市）。
○高良台分屯基地（福冈县久留米市）。
○脊振山分屯基地（佐贺县神埼市）。
○海栗岛分屯基地（长崎县对马市）。
○福江岛分屯基地（长崎县五岛市）。
○高烟山分屯基地（宫崎县串间市）。
○下甑岛分屯基地（鹿儿岛县萨摩川内市）。
●新田原基地（宫崎県儿汤郡新富町）。
○奄美大岛分屯基地（鹿儿岛县奄美市）。
○冲永良部岛分屯基地（鹿儿岛县大岛郡知名町）。

八、冲绳

●那霸基地（那霸市）。
○恩纳分屯基地（国头郡恩纳村）。
○久米岛分屯基地（岛尻郡久米岛町）。
○知念分屯基地（南城市）。
○与座岳分屯基地（纟满市）。
○宫古岛分屯基地（宫古岛市）。

在航空自卫队上述基地中，最重要的有千岁、三泽、百里、入间、小松、筑城、新田原、那霸等8个基地。它们的基本情况如下表：

基地名称	所在地	防御方向	基地面积	跑道	人员数量	装备战机
千岁基地	北海道千岁市	日本北部领空防御。	1000万平方米	长3000米，宽60米（主），混凝土道面；长2700米，宽45米（辅），沥青混凝土道面。	2500人	F-l5J/DJ、T-4
三泽基地	青森县三泽市	可扼控津轻海峡，对西太平洋海上作战。	1410万平方米	长3050米，宽45米，沥青混凝土道面。		F-2A/B、T-4
百里基地	茨城县小美玉市	东京圈领空。	425万平方米	长2700米，宽45米，混凝土道面；长2700米，宽45米，混凝土道面。		F-l5J/DJ、F-4EJ改、RF-4E、RF-4EJ、T-4、UH-60J、U-125A
入间基地	琦玉县狭山市、入间市	中部防空、运输、电子战、搜救等支援任务。	300万平方米	长2000米，宽45米，沥青混凝土道面	4300人	CH-47J（LR）、C-1、U-4、U-125、EC-1、YS-11FC、YS-11EA、YS-11EB
小松基地	石川县小松市	日本海海域防空。	442万平方米	长2700米，宽45米，混凝土道面。	1600人	F-15J/DJ、T-4、U-125A、UH-60J
筑城基地	福冈县筑上郡筑上町	日本西部防空。	271万平方米	长2399米，宽46米，混凝土道面。	1600人	F-15J/DJ、F-2A/B、T-4
新田原基地	宫崎县儿汤郡新富町大字新田19581	日本西部防空、空自战术训练。	913.5万平方米。	长2701米，宽46米，沥青混凝土道面。		F-l5J/DJ、F-4EJ改、T-4、UH-60J、U-125A
那霸基地	冲绳县那霸市字镜水。	日本西南部防空。	212万平方米	长3000米，宽45米，沥青道面。		F-l5J/DJ、T-4、UH-60J、CH-47J（LR）、U-125A

第三节 日本航空自卫队战斗机

日本航空自卫队现役的战斗机包括F－4EJ改、F－15J/DJ和F－2A/B。

一、F－4EJ改

在1966年11月29日的《第3次防卫力整备计划》中，日本确定引进美国的F－4E战斗机。但是在1967年国会讨论中，日本社会党、共产党等在野党对防卫厅发起质询，认为F－4E的轰炸功能将对周边国家造成威胁，于是取消了F－4E战斗机上的对地功能（包括AN/DCU－9/A核武器控制系统、AN/ASQ－91武器投放计算机、AN/ARW－77空地导弹控制系统以及空中加油功能，只保留该机的空战功能。

1971年7月25日，首批2架由美国麦克唐纳·道格拉斯公司（现并入波音公司）生产的F－4E交付日本；后续麦克唐纳·道格拉斯公司又向日本提供了11架F－4E的散件，由三菱重工进行组装；再后来，三菱重工获得授权生产F－4E。至1981年5月20日停产，三菱重工总共生产了127架。日本航空自卫队将这些美国原装货、自己组装以及许可生产的F－4E通称为F－4EJ，取代了老旧的F－86F战斗机。

F－4EJ战斗机采用全金属半硬壳式机身结构，分为前、中、后三段。机身前段主要包括座舱、前起落架舱和电子设备舱，构件多为钣金件、承力部位采用锻铸件。为防止变形，进气道采用很多横向隔框，进气口前缘为锻件，经化学铣切制成。中段有发动机舱和油箱舱。与机翼连接的承力框为整体件，由铝锻件机加工制成。油箱舱在发动机舱上方，采用双壁结构导入空气进行冷却。靠近发动机的结构大量采用钛合金。后段广泛采用钛和钢，下侧为双壁结构，用空气冷却。由于当时还没有在战斗机机体上采用较多份额的复合材料，F－4EJ的重量居高不下，对飞行性能有着负面影响。

座舱布局为串列式，两套操纵系统，有弹射座椅。机头相对下垂，保证以一定迎角飞行时的视野，同时也有利于对地攻击。3套独立的210公斤/平方厘米液压系统。冷气系统用于开闭座舱盖，伸长前起落架支柱和伸出应急冲压涡轮。主电源为交流发电机，没有电池。

机翼为悬臂式下单翼，前缘后掠角45度，平均相对厚度5.1%，翼尖相对厚度3%，安装角1度，外翼上反角12度。前缘有锯齿。机翼为全金属结构，中翼和内翼为一贯穿机身的双梁抗扭盒式整体结构，抗扭盒又是整体油箱，容积达2380升。前、后梁位于15%和40%弦长处，由大锻件机械加工制成。蒙皮为带肋整体壁板，由6.35厘米厚板机加工制成。后梁之后还有一根由锻件加工的辅助梁，用以分担部分主起落架和减速板载荷。外翼也是双梁结构，梁位于15%和40%弦长处，并与内翼连接。外翼蒙皮厚7毫米，翼尖2.5毫米。蒙皮材料多用7178铝合金，锻件用7079铝合金。机翼后缘为整体铝合金蜂窝结构，后缘襟翼和副翼为带铝合金蜂窝结构后缘的金属结构，后缘襟翼和副翼为带铝合金蜂窝结构后缘的金属结构。副翼只能向下偏转30度。上翼面的扰流板可向上偏转45度，横侧操纵时两者协调动作，由两套独立的液压系统操纵。机翼下侧起落架舱后方有一块液压驱动的减速板。

平尾为悬臂全动式，下反角23度，以避开机翼尾流。平尾前缘增加了缝翼。由于处于发动机燃气流中，平尾采用钢质肋骨和桁条，钛合金蒙皮和钢质蜂窝后缘。

起落架为可收放前三点式。其中前起落架为双轮，无内胎，有减摆器和转向机构，向后收入机身；主起落架为单轮，向内收入机翼。

动力装置为2台通用电气J79－GE－17A加力式涡喷发动机，单台加力推力79.6千牛（8120公斤），耗油率0.2公斤/牛顿·小时。机内总载油量7022升，腹下可挂一个2270升副油箱，翼下可挂一对1400升副油箱。

机身上有9个外挂架，固定武器为1门20毫米JM61A1“火神”6管机炮。就具体结构来讲，机炮和供弹系统固定炮架上，炮架位于机身中心线上。炮架的上部支架安装供弹系统，下部Y形架及后支架安装机炮。Y型架和后支架与炮架悬挂固定，后支架上有水平和俯仰调节器。这种结构简化了机炮系统在飞机上的安装与调试工作。机炮采用液压马达传动，最大射速达6000发/分。机炮旋转的加速和减速时间为0.5秒。进弹机带有装弹机供在地面上往弹箱内装弹使用，所以往弹箱内装弹时不需要专门的外场设备。往弹箱内装弹时装弹机驱动弹带，使其进入进弹机，弹带通过进弹机后弹链被除去，炮弹被送入弹箱。

F－4EJ战斗机装备的雷达和电子设备包括：AN/APQ－120机载搜索雷达、AN/ASG－26前置计算光学瞄准具、AN/AJB－7姿态参考、AN/ASA－32飞行控制组合（机头方位误差、相对方位、目标距离）、AN/ASR－63惯性导航系统等。

在F－15J服役之前，日本航空自卫队一直将F－4EJ作为主力空优战斗机，但由于其硕大的机身无法担任对地攻击任务却令该机饱受指责。而1976年苏联国土防空军别连科中尉驾驶米格－25叛逃事件，暴露出日本航空自卫队的F－4EJ雷达低空搜索性能不足，因此在1980年，日本航空自卫队开始对F－4EJ进行升级延寿，并且试图该机的对地攻击能力。

1982 年，编号 07 – 8431 的 F – 4EJ 被送到三菱重工接受改装，主要改装项目包括：用 AN/APG – 66J 机载雷达替换了 AN/APQ – 120，最大探测距离提高到 80 公里，并且显著改善了对低空目标的搜索能力；加装了 J/AYK – 1 火控计算机，并且增加了 TER – 9/A 挂架，使升级后的 F – 4EJ 能够使用 ASM – 1、ASM – 2 空舰导弹，并且能投掷 MK82 低阻航弹和 CBU – 87/B 集束炸弹；增加了 F – 15J 战斗机使用的指令制导系统，提高了使用 AIM – 7 "麻雀" 中距空空导弹的能力；用日本自研的 J/ASN – 4 惯导系统替换了 AN/ASR – 63，导航误差减小了三分之一；用日本自研的平视显示器（HUD）替换了 AN/ASG – 26 前置计算光学瞄准具；换装了日本自研的 J/APR – 6 雷达告警接收机，其后向天线安装在垂尾顶端，前向天线在两个主机翼的翼尖；换装了 AN/AVQ – 3 气象雷达；增加了 AN/APX – 76A 敌我识别装置和 AN/ALQ – 131（V）自卫电子干扰吊舱；换装了手不离杆操纵系统（HOTAS）；解决了 JM61A1 "火神" 6 管机炮容易意外发射的问题。

1984 年第 1 架改进型 F – 4EJ 出厂，日本空自将其称为 F – 4EJ 改（F – 4EJ Kai）。至 1993 年，日本空自共将 90 架 F – 4EJ 升级为 F – 4EJ 改，另有 15 架 F – 4EJ 改装为 RF – 4EJ 侦察机。剩下未改装的 F – 4EJ 分配到各空军基地担任拖靶以及测试用途，仅剩 1 架 F – 4EJ 配属于空自飞行开发实验团。截至 2014 年年初，空自现役 F – 4EJ 改战斗机还有 56 架。

F – 4EJ 改战斗机主要技术性能参数：

乘员：2 人。

机长：19.2 米。

翼展：11.7 米。

高度：5 米。

翼面积：49.2 平方米。

翼剖面：NACA 翼型 0006.4 – 64（根部），NACA 翼型 0003 – 64（尖端）。

空重：13757 公斤。

载重：18825 公斤。

最大起飞重量：28030 公斤。

最大着陆重量：16706 公斤。

发动机：2 × 通用电气 J79 – GE – 17A 轴流式涡轮喷气发动机，推力 79.4 千牛。

零升力时阻力系数：0.0224。

阻力面积：1.10 平方米。

展弦比：2.77。

载油量：内部油箱 7549 升，3 个副油箱共 12，627 升（两侧机翼下挂架各挂一个1420升副油箱，机腹挂架挂一个2310或2345升副油箱）。

最大速度：2.23马赫（12190米）。

巡航速度：940公里/小时。

作战半径：680公里。

转场距离：2600公里（挂载3个副油箱）。

实用升限：18300米。

爬升率：210米/秒。

翼载荷：383公斤/平方米。

推重比：正常起飞时为0.86，最大起飞重量时为0.58。

起飞滑跑距离：1370米，总重24410公斤。

着陆滑跑距离：1120米，总重16706公斤。

机载武器：固定武器为1门20毫米JM61A1“火神”6管机炮（备弹640发）。全机共9个外挂点，最大载弹量8480公斤，包括普通航空炸弹、集束炸弹、火箭弹、ASM-1/2空舰导弹等。

二、F-15J/DJ

1974年，日本航空自卫队开始寻求新的战斗机，作为F-104J/DJ和F-4EJ的后继机。1975年，空自派人到西方考察了7种机型。经过初选后，空自将范围缩小到美国的F-14“雄猫”、F-15“鹰”和F-16“战隼”上。这三款战斗机都是美国在20世纪70年代研制的第三代高性能战术战斗机，主要用于对空作战。

1976年，空自再度派人到美国对这三种机型进行了详细考察。由于F-16战斗机当时还只能在昼间使用，因此首先被抛弃。而在剩下的F-14和F-15中，空自经过实际操纵、空战模拟，认为F-15在爬升性能、加速性能以及近距格斗能力等方面都超过F-14，因此在1976年秋基本内定了F-15。同年12月12日，日本国防会议在审议下一年度预算时觉得时间上来不及，于是决定将选择时间推后1年。1977年12月28日，日本国防会议正式做出采购F-15战斗机的决定，并编列了首批23架的采购预算。

1981年3月27日，2架由美国麦克唐纳·道格拉斯公司生产、喷吐着日本国旗标志的单座型F-15C在冲绳嘉手纳基地向日本空自交付，称号改为F-15J。随后，三菱重工又用麦道公司提供的散件组装了10架F-15J。再之后，三菱重工作为主承包商，集合了川崎重工、住友精密工业、富士重工、日本飞机公司、新明和工业、石川岛播磨重工、日特金属工业株式会社（现住友重工的子公司）、三菱电机、日本电气、日立制作所、东洋通信技术、岛津制作所、东京芝浦电气、东京仪器制作所等诸多日本著名军工企业，开始按照许可证生产单座型 F－15J 和双座型 F－15DJ。

日本空自最初计划采购 100 架 F－15J/DJ，称为“和平之鹰”计划（Project Peace Eagle）。但后来不断增加采购数量——1982 年增至 155 架、1985 年增至 187 架、1990 年增至 223 架。虽然 1992 年的《中期防卫力整备计划》减为 210 架，可到了 1995 年又增加到 213 架。1998 年 1 月 4 日，最后 1 架 F－15J 交付空自；1999 年 10 月 25 日，最后一架 F－15DJ 交付空自。至此，所有 213 架 F－15J/DJ 全部交付，其中 F－15J 单座型 165 架（2 架由美国麦道公司生产、8 架由三菱重工拿麦道公司提供的散件组装、155 架由三菱重工许可生产）、F－15DJ 双座型 48 架（12 架由美国麦道公司生产、8 架由三菱重工拿麦道公司提供的散件组装、28 架由三菱重工许可生产）。初期单价 70 亿日元（约 6837.6 万美元），后期单价猛增至 101.56 亿日元（约 9919 万美元）。

按照生产时间的不同，日本空自将 1981 到 1984 年生产的 F－15J/DJ 称为 Pre－MSIP 型（所谓 MISP，是多阶段升级项目的英文缩写），1985 年之后生产的 F－15J/DJ（编号 82－8899 之后的 F－15J 和编号 52－8063 之后的 F－15DJ）称为 J－MSIP 型（总数 102 架）。目前，日本航空自卫队共装备 F－15J/DJ 战斗机 201 架，其中 F－15J 单座型 165 架、F－15DJ 双座型 46 架。

F－15J/DJ 采用全金属半硬壳式机身结构，分为三段。前段包括机头雷达罩、座舱和电子设备舱，主要结构材料为铝合金。中段是机翼连接部分，前三个框为铝合金结构，后三个为钛合金结构以承受大载荷（约占此段重量的 20.4%）。后段为发动机舱，全钛合金结构。

为了给飞行员提供良好的视界，F－15J/DJ 采用了大型气泡式座舱和整体式风挡，座椅位置也安排得较高，飞行员身体几乎有 1/3 露在机身外，使得飞行员具有上半球 360 度全向视界，正前方下视角达到 15 度，相当出色。机身下部外形略带弯曲，进气道外侧有凸出的整流罩，从机翼根部前缘向前延伸，大迎角下可以产生涡流，推迟机翼失速和提高尾翼效率，相当于边条翼，但由于整流罩前缘半径较大，具有较大吸力，气流不易分离，其效果不如边条翼好。整流罩结构经过机翼向后延伸，形成尾部支撑桁架（尾撑）结构，除了提供尾翼安装空间外，大迎角下还能产生一定的低头力矩，改善飞机的大迎角性能。单块式减速板位于座舱后面的机身上，最大开度 35 度，可以在任何速度下打开，并不会改变飞机的俯仰姿态。F－15 的机尾采用双发小间距布局，减小了飞机阻力。

机翼为固定式切尖三角形上单翼，这主要是考虑到三角翼在改善机翼结构、增大机内容积方面有较大优势，同时可以使飞机在跨音速区的阻力增加变得更加平缓，飞机跨音速时焦点移动量也较小，减小了配平阻力。

为了改善飞机亚音速性能，机翼采用了前缘固定锥形扭转设计，而没有采用当时已经得到普遍应用的前缘机动襟翼——这种设计主要是从重量、制造工艺和系统复杂性方面考虑的。前缘后掠角45度，展弦比为3，配合数值为5的较小根梢比，有利于推迟翼尖分离，明显减小了机翼诱导阻力。同时较大的展弦比提高了机翼升力线斜率，改善了机翼升力特性。这和能量机动理论中减阻增升的要求是一致的。当然，展弦比增大，超音速零升阻力系数也增大，增大了跨/超音速的波阻。这个缺点，F－15J/DJ则通过采用大推力发动机和其他方面的设计来弥补。在机翼的相对厚度方面，翼根处为6.6%，翼尖处为3%；上反角1°，安装角0°。整个机翼上仅有后缘高升力襟翼和副翼共4个操纵面。

机翼采用多梁抗扭盒型破损安全结构，前梁为铝合金，后三根梁为钛合金，内侧整体油箱的下蒙皮采用钛合金壁板，其余为铝合金机加工整体壁板。机翼前后缘、襟翼、副翼均为全铝蜂窝夹层结构。内侧机翼的前部和后部都扩大成整体油箱，机翼无除冰系统。需要说明的是，F－15J/DJ机翼的破损安全结构，配合承力蒙皮，只要有一根翼梁仍然完好，就可以支持飞机继续飞行，大大提高了战机的生存能力。

F－15J/DJ的平尾为大后掠全动式低平尾设计，前缘后掠角50°，具有前缘锯齿和翼尖斜切设计。平尾面积较大，可满足高速飞行和机动需要。

两个垂尾采用大展弦比、中等后掠角设计，前缘后掠角37°，外倾2°，高度较大，大迎角下可以明显改善飞机的航向稳定性，从而保证F－15可以有效的进行大迎角机动。F－15J/DJ在两个垂尾顶端装有相同的红外对抗系统(IRCM)，而美国空军的F－15C/D则只在右侧垂尾顶端装有红外对抗系统，左侧垂尾顶端是另一种电子对抗系统，所以这也就成为在外形上区分F－15J/DJ与F－15C/D的唯一标记。

F－15J/DJ的平尾和垂尾都是全金属蜂窝夹层结构。两者的抗扭盒为钛合金结构，蒙皮则是全厚度铝夹芯和硼－环氧复合材料面板构成的蜂窝壁板，前后缘为全铝蜂窝结构。方向舵梁肋为碳纤维复合材料，蒙皮则由硼－环氧复合材料和铝夹芯构成。平尾和方向舵均可以左右互换。

F－15J/DJ的动力装置采用两台石川岛播磨重工生产的F100－IHI－110加力式涡扇发动机，实际上是特许生产的美国普拉特·惠特尼公司F100－PW－100轴流式涡扇发动机，涵道比0.7，双轴、3级风扇、10级高压压气机、2级涡轮。单台静推力79.1千牛，加力推力111.3千牛。推重比7.8，而且可以左右互换安装，在理想条件下拆卸时间只需要20分钟。

F－15J/DJ的二元多波系可调进气道装有一组调节板和一个放气门，可自动保证最佳激波位置和进气量控制。机身内有4个油箱，左右机翼内各有一个油箱，总载油量6103公斤。

F－15J/DJ 的航电系统包括三菱电机 AN/APG－63 机载脉冲多普勒雷达、AN/ARC－164 特高频电台、OA－8639/ADR 超高频测向设备、OD－60/A 平显、AN/ASN－108 姿态/方位参考系统、AN/ASK－6 大气数据计算机、CP－1075/AYK 中央火控计算机、J/ALQ－8 电子支援系统、AN/ALE－45J 干扰弹发射装置，日本电气 AN/ARN－118（V）塔康设备，东洋通信技术 AN/APX－101（V）应答机、AN/APX－76A（V）询问机，岛津制作所 AN/AVQ－20 气象雷达，东京芝浦电气 CN－1377/AWG 前置计算陀螺、AN/ASN－109 惯性导航设备，东京仪器制作所 J/APR－4 雷达告警接收机等。其中 AN/系列都是美国许可日本企业生产的机载航电系统，J/系列是日本自研生产的机载航电系统。

APG－63 脉冲多普勒雷达具有上视上射和下视下射能力，并具有在地面杂波干扰的条件下发现低空目标的能力。该雷达能在超视距到近距离、高空到贴地高度的范围内搜索和跟踪普通敌机或高速的小型目标。该雷达重 251 公斤，直径 0.914 米，功率 5 千瓦，工作在 X 波段，对战斗机目标最大探测距离 148 公里，方位扫描角 ±120°，可同时搜索 24 个目标，并跟踪其中的 8 个。探测信息自动送往中央火控计算机，并和计算结果一起，通过平显和下显实时反馈给飞行员。平显能将机上综合电子系统收集到的信息显示在飞行员面前的宽幅液晶显示屏上（该平显能在任何光线条件下正常工作），使飞行员不需低头查看驾驶舱内的各种仪表，就能够完成跟踪并击落敌机的过程。再结合手不离杆操纵系统（HOTAS），大大减轻了飞行员搜索、跟踪、攻击目标时的操纵负担，并简化了操纵程序。

F－15J/DJ 的固定武器为一门 JM61A1“火神”6 管机炮，备弹 940 发。外挂点有 9 个，其中两个进气道外侧下方各有 2 个，采用 LAU－106/A 半埋式挂架，用来挂装 AIM－7F/M“麻雀”半主动雷达制导中距空空导弹；两侧机翼的内侧各有 1 个，通常采用 LAU－3 挂架复式挂架，其靠上位置两侧各有 1 个 LAU－114 挂架，可挂 2 枚 AIM－9L/M“响尾蛇”格斗型空空导弹，下方可挂 1 具大型副油箱；机腹中心线 1 个，用来挂载 2270 升大型副油箱；两侧机翼外侧的 2 个挂点一般不用。

20 世纪 80 年代中期之后生产的 J－MSIP 型 F－15J/DJ 在外形和大部分机载设备、武器系统方面与 Pre－MSIP 型基本相同，主要变化之处包括：对机体强度进行了增强；座舱内大部分传统仪表换为多功能液晶显示器；换装 CP－1075A/AYK 中央火控计算机和 J/APR－4A 雷达告警接收机；用 AN/ARC－182 甚高频/特高频电台替换了 AN/ARC－164 特高频电台；增加了 J/ARG－1 指令制导系统，具备了对地攻击能力。两侧机翼下方的 LAU－3 复式挂架可挂载空对地武器，如每个挂架可挂 3 具装填 19 枚 70 毫米火箭弹的火箭发射巢；

用 LAU－106A/A 挂架换下了 LAU－106/A，提高了发射 AIM－7F/M 导弹的能力；在右垂尾根部加装延伸至盘口后方的 J/APQ－1 尾后雷达告警接收机；加装了同航空自卫队防空管制系统相连接的日立制作所 J/ASW－10 数据链；1991 年之后生产的 J－MSIP 型 F－15J/DJ 还用石川岛播磨重工生产的 F100－IHI－220E（许可生产的普拉特·惠特尼公司 F100－PW－220E）涡扇发动机换下了 F100－IHI－110，单台静推力仍为 79.1 千牛，加力推力提高到 129.6 千牛。而且 F100－IHI－220E 还增加了数字式发动机电子控制器（DEEC），并且应用了新工艺、采用了更好的耐高温材料，所以在安全性和使用寿命上大大提高。

Pre－MSIP 型虽然没有升级到 J－MSIP 标准，但航空自卫队后来也对其进行了有限升级，主要是用 AN/ARC－182 甚高频/特高频电台换下了 AN/ARC－164 特高频，加装了 J/ASW－10 数据链；F100－IHI－100 发动机在到达使用年限后进行返厂大修期间更换 F100－IHI－220E。

从 1997 年开始，日本航空自卫队又对 J－MSIP 型 F－15J/DJ 进行名为“近代化改修”的中期改进工作。1998 年开始详细改进设计方案，其后 3 年准备改装所需的设备，并申请改装预算。

首架接受改进的是编号 12－8929 的 F－15J，2002 年开始改装，2003 年 10 月 21 日交付空自岐阜飞行开发实验团进行各项测试和试飞。

从 2004 年度开始，日本空自开始对现有 J－MSIP 型 F－15J/DJ 机体开始进行改装。然而随着日本周边国家空军实力的增强，原改进计划已经落伍，于是空自在原改进计划基础上又推出了新计划，为了区分新旧，将原计划称之为“I 型”，新计划称之为“II 型”。

“近代化改修 I 型”计划从 1997 年开始到 2006 年结束，总共改装了 8 架。主要改装项目包括：换装更先进的 AN/APG－63（V）1 机载脉冲多普勒雷达（更换了发射机、接收机、数据处理器、低压电源和信号数据转换器。在系统能力增强的同时，可靠性提高了近 10 倍，平均维修间隔时间达到 120 小时）、CP－1075C（P）/AYK 中央火控计算机，具备发射日本研制的 AAM－4 型主动雷达制导中距空空导弹的能力；换装 J/APR－4B 雷达告警接收机；更新了发电机，加装了新型制冷设备，取消了座舱右后侧的空调排气口；换装改进型弹射座椅；加装了飞行记录器（俗称“黑匣子”）；用 LAU－128 换装 LAU－114 挂架。

“近代化改修 II 型”计划其实从 2002 年就开始实施，当时“近代化改修 I 型”计划也才刚刚对首架 F－15J 战斗机进行了改装。2006 年，编号 32－8942 的 F－15J 成为首架接受改装者，2007 年 3 月 8 日交付空自岐阜飞行开发实验团进行各项测试和试飞。

“II 型”计划除了纳入“I 型”计划的所有项目之外，主要增加了两项：一是给飞行员配备头盔瞄准具，已决定采用美国的“联合头盔显示系统”(JHMCS)；二是加装多功能信息分发系统低容量终端，其主要功能是将所有数据链平台设施进行联网，并将各类平台所探测到得目标一同显示在输出到战机的多功能液晶显示器，使得飞行员能够实时获得友军、敌军及目标的方位信息，它提高了飞行员任务完成能力、增强势态感知能力和生存几率。

2008 年至 2014 年，日本空自分别获得了 20 架、22 架、12 架、10 架、10 架、10 架和 10 架的改装预算，总计 96 架（包括已经进行了“近代化改修 I 型”改装的 8 架）。

此外，日本空自还制定了适用于现役所有 F-15J/DJ 的改装项目，共三项：一是采用全新的综合电子战系统，包括：雷达告警接收机由原先的 J/APR-4、J/APR-4A 换为 J/APR-4B，电子支援系统由原先的换为 J/ALQ-8J/ALQ-8B，干扰弹发射装置由 AN/ALE-45J 换为 AN/ALE-47J，尾后雷达告警接收机仍为 J/APQ-1。日本空自在 2010 年和 2011 年各安排了 2 架改装预算，但 2013 年又调整为 3 架；二是加装机载红外搜索与跟踪系统(IRST)。2002 年开始研制，2008 年装在编号 12-8929 的 F-15J 上进行测试，2010 年定型并命名为“IRST 装置（F-15）”。空自希望在 2014 年得到机载 IRST 的首批 F-15J/DJ 改装预算；三是为飞行员配备夜视护目镜(NVG)，2014 年安排了 1 架 F-15J 的配备费用。

F-15J/DJ 主要技术性能参数：

机长：19.44 米。

翼展：13.05 米。

机高：5.63 米。

翼面积：56.5 平方米。

空重：12973 公斤。

最大起飞重量：30844 公斤。

翼载：358 公斤/平方米。

最大载弹量：7300 公斤。

最大平飞速度：高空 2.5 马赫、低空 1.2 马赫。

最大航程：4630 公里。

作战半径：1900 公里。

实用升限：19812 米。

爬升率：254 米/秒。

机动过载：+9.0g。

机载雷达：1 部 AN/APG-63（V）或 1 部 AN/APG-63（V）1 雷达。

机载武器：固定武器为1门JM61A1型20毫米机炮。全机共有9个外挂点，可挂载的武器包括美制AIM－9L/M近距格斗导弹和AIM－7F/M中距空空导弹，日本自研的90式近距格斗导弹（AAM－3）、04式近距格斗导弹（AAM－5）和99式主导雷达制导中距空空导弹（AAM－4），MK82型227公斤普通航弹。

三、F－2A/B

在80年代中后期，日本航空自卫队决定发展一种新型对海攻击战斗机，用于替换已落伍的F－1战斗机，来承担日本空中自卫队90年代末乃至21世纪海上反舰作战的重任。

根据新的战场形势及日本特殊的作战需求，日本航空自卫队要求新一代对海战斗机必须要满足以下要求：（1）具有先进的气动布局及优异的飞行性能；（2）强调多用途性；（3）大载弹量，提高攻击力；（4）具有足够远的作战航程，满足远距离海上作战；（5）具有先进而完善的机载电子设备。

针对上述要求，日本防卫厅于1984年就开始了代号为FS－X战斗机的研制计划。但是在采用什么形式发展FS－X战斗机的问题上，日本国内却发生了很大的分歧，先后产生了3种不同意见：第一种意见要求要完全由日本自行研制；第二种意见认为最好直接从国外引进合适机型；第三种就是在现役机型上进行改进。

第一种方式是日本最希望的，加上其已在国内仿制生产了多年的美制F－4E、F－15等先进战斗机，生产制造能力已达到了较高水平，同时在仿制的过程中，日本对现代战斗机的设计理解也有了很大的提高。可以说在80年代中期，日本已具备研制现代先进战斗机的经济、技术能力。但于新一代的FS－X的技术水平要求高，研制风险明显过大，如遇到某项系统设备的研制受挫，将会严重影响到整个FS－X计划的研制进度。

第二种方式最为简单，见效也是最快的。但是现有机型能否满足日本海上作战的要求还很难说，更为主要的是如再以整机方式引进，日本航空制造业的进一步发展将会受到很大影响，日本独立发展自己的航空工业的愿望将无法实现。显然，经过多年在国内仿制美制战斗机的经验，以及研制过的C－1、F－1、T－2等国产军机实践，再次单纯延续仿制之路是日本是无法接收的。

而第三种方式则是前两种方案的折衷，其在研制费用上相对合理。同时改进现役机型也可以降低新机的研制难度，可保证新机计划的顺利进行。

正在日本国内为研制方式争执不休之时，作为日本最主要的军火供应商的美国开始向日本施加压力，提出由美、日共同研制新一代战斗机的方案，以达到继续控制日本的目的，并获得更大的经济利益。为此，美国同时像日本提供了改进 F－16、F/A－18 及 F－15 三种战斗机的改型方案。

面对美国的提意，日本自然知道其中奥妙，但经过深思熟虑后，认为自研面临的经费及技术风险过大，再加上一些重要的基础设施也不具备，而美国拥有世界一流的航空技术及制造工艺，与美国联合将会很方便的获得较为现代化的航空技术及制造工艺，同时日本本国的航空制造业也可参与大部分的设计制造工作，对本国的航空工业也可起到促进作用。因此，日本认为这条联合之路是最切合实际的。1987 年 7 月，日本开始对美国提出的 F－16、F/A－18 及 F－15 三种战斗机的改进方案进行选择。经过深入评估后，日本防卫厅认为 F－15 方案性能最好，但隐身性无法满足要求，并且研制费用过高。F－16 方案在隐身性比 F－15 方案要好一些，研制费用及技术难度最小，但其航程过短、作战能力较低。F/A－18 方案可以说是前两者的折衷，在研制费用上及隐身性能上也可以接受。特别是其原本就是一种具有较强对地攻击力的战斗机，改装对海攻击难度不大；加上采用的是双发动机设计，可靠性高，更符合海上飞行作战的要求，因此日本防卫厅倾向接受该方案。

不过由于美国出于自身利益及最终项目研制费用的原因，使得日本防卫厅最终选择了性能最低，但费用也是最低的 F－16 方案。1988 年 2 月，以美国 F－16C Block40 战斗机为原型的 FS－X 战斗机研制计划开始。不过，刚一上路的 FS－X 计划就由于美、日两国在战斗机技术转让方面上发生分歧，致使整个计划停滞了近 2 年时间，直到 1990 年 11 月，双方才就研制细节签定了协议。至此，日本新一代 FS－X 战斗机才直正开始研制。

FS－X 于 1991 年完成了细节设计，同年 5 月完成了第一架木制模型的制造；1994 年 2 月开始第一架原型机的研制；1995 年 1 月 12 日，第一架原型机在日本三菱重工小牧南工厂下线，并进行了 38 分钟的首飞。第二架原型机于 1995 年 12 月试飞，1996 年 2 月和 4 月，第三架和第四架原型机也试飞成功。除此之外，还有 2 架原型机用于地面静力试验，结果表明 FS－X 的机体寿命达到以了 6000 小时以上，是第一代 F1 战斗机的近 2 倍。虽然在试飞中发现 FS－X 的机翼强度不够，电子设备的兼容性不佳和机体超重等问题，但经改进设计，这些问题在生产型上都已基本解决。1996 年 3 月，日本正式将 FS－X 投入批量生产（包括 83 架单座型机和 47 架双座的型机）美国公司负责 30% 零部件的设计生产任务，其余 70% 则由日本厂家完成，批生产的 FS－X 正定命名为 F－2 战斗机（单座型为 F－2A、双座型为 F－2B）。

从 1996 年到 2007 年，三菱重工为日本空自生产了 62 架单座型 F－2A 和 32 架双座型 F－2B，总计 94 架；平均单价高达 119 亿日元（约 1.16 亿美元）。目前，空自现役 F－2A/B 共 93 架。

由于F-2是以F-16C Block40战斗机为原型，所以其在外形上与F-16基本相同，即同样采用了单发、单垂尾、腹部进气、大边条翼、梯形中单翼、全空战襟翼、翼身融合体常规式气动布局；同时还采用了高过载座舱、电传操纵系统、放宽静稳定度等最新技术。机身为常规半硬壳结构，但在机身结构、机翼、蒙皮、垂尾及尾翼上采用了大量碳纤维强化复合材料（占结构重量的20%以上，比F-16的8%多了2倍多）。这样一来，不仅有利于减轻机体结构重量，同时还可有效的提高飞机的载弹量。

F-2采用前三点式起落架，主起落架呈外八字向机身收起，前起落架向前收入进气道内。由于F-2的机长比F-16长，因此原F-16上所出现的由于前轮与主轮纵轴距离较短，恢复力臂小，在起降时很容易产生跳跃的现象在F-2上已经消除。飞机的正常使用过载范围+9g~ -3g，极限条件下可达到+10g。

虽然F-2与F-16极为相似，但在机体设计上日本也根据自己的特殊要求作了改进，所以两者还是有一些不同，主要表现在以下几方面：

（1）F-2的机身截面基本与F-16相同，但为增加内部容量，机身中段增加了0.4米，增大机内空间，为安装新型航空电子设备提供空间；增加机内载油量，以增加作战半径及航程（这也是为满足日本对F-2远程海作战的要求）。（2）机头雷达罩加大，以安装更先进、更大的机载雷达。（3）安装日本研制的全新航空电子设备。（4）强化机体的隐身能力。（5）换装推力更大的发动机，提高飞机机动性。（6）重新设计了座舱风档。F-16所采用的整体式无框气泡风档虽视野极佳，但由于制造工艺的原因，其结构强度较低，抗鸟撞能力不如一般有框风档。而日本由于特殊的地理环境，各种海鸟对飞机的飞行安全造成很大的威胁，因此F-2选择了更为坚固的两片式风档。

F-2战斗机所使用的新技术中最引人注目的就要数其在机翼制造中所应用的“共同固化”技术（美国研制的第四代战斗机FA-22和F-35也采用了这项技术），其是在自动调温炉内完成重合材料机翼的整体成型和加工，而无需再由人工参与。采用这一新技术所加工的机翼，表面非常光滑、没有常规机翼蒙皮制造中所出现的接缝，不仅机翼强度高，能在飞行中减小气流干扰及飞行阻力；同时还可同改善飞行的气动性能，并有效的减轻机翼的整体重量，有利于提高飞机载重量及载油量。由于重新设计了机翼，因此F-2的机翼面积达34.84平方米，比F-16增加了25%，翼展也比F-16的9.45米增加了1.30米，达到10.8米。这为其增加外挂点及载弹量提供了便利的先天条件。

F-2所采用的气动布局使其具备了较好的中低空机动性和飞行的敏捷性，飞机操纵灵活。两侧的边条翼使F-2的大迎角飞行能力较佳，最大可达到28

度，与 F－16C 不相上下。由于机翼面积的增加，飞机的翼载荷也比 F－16C 有所下降，飞机的盘旋性能更好。其海平面稳定盘旋角速度达到 17 度/秒，瞬时盘旋角速度为 27 度/秒。这两项性能也比 F－16C 稍高一些。受到相对简单的固定式进气道的限制，其高速性同 F－16C 一样略有不足，最高飞行速度只有 2 马赫，但低空的最大速度可达 1370 公里/小时，对低空快速突防很有好处。借助 Fl10－GE－129 发动机强劲的动力及先进的气动布局，F－2 的亚、跨音速机动飞行性能都较为出色，在海平面状态下的最大爬升率为 290 米/秒，加速性及垂直机动性方面也达到了三代机中的较高水平。

F－2 所采用的航电系统有近 60% 是全新研制的，其性能明显优于 F－16C 上的同类装备。飞行控制系统采用的是一套与 F－16C 类似的 4 余度数字式电传操纵系统，另有一模拟式备份系统作为应急使用；同时还应用了 HOTAS 技术（双手不离杆操纵）。F－2 是世界上第一种采用大型液晶显示器的战斗机，从而使飞机的座舱实现了全电子化。在座舱内，三台大型多功能液晶显示器呈“品”字形布置在座舱内，上方为一广角平视显示器。座舱内没有其他常见的模拟式仪表作为备份，充分显示日本研制的新型液晶显示设备的可靠性已非常高，无需像采用阴极射线管显示器那样为保证可靠性而必须另配一些基本的飞行仪表。F－2 装备有日本自行研制的激光惯性导航系统、AN/APX－113（V）敌我识别系统、J/ASW－20 数据链、J/ARC－26 无线电台、J/ARC－701 超短波/特高频电台。此外，为加强电子战能力，机上还安装了雷达告警接收机、J/ASQ－2 综合电子战系统，并由专用的计算机进行综合管理。

F－2 所装备的航电中最引人注目的就是由三菱电机公司研制的 J/APG－1 多功能相控阵雷达，其采用了先进的有源相控阵技术，具有抗干扰能力强、功能多、探测能力强、可靠性高的特点。而当时美国为 FA－22 所研制的同类雷达还在研制中，由些可见日本在航空电子设备方面所具有的强大研制能力。J/APG－1 相控阵雷达天线由 800 多个高功率发射/接收（T/R）模块组成，通过计算机对波束进行相位控制，可快速运转和变换，避免了传统机械雷达所存在的问题。

J/APG－1 机载雷达具有 27 种对空/对地工作模式。其对雷达反射截面积为 5 平方米的典型战斗机目标的探测距离为 60 公里，对驱逐舰这样的大型海上目标的探测距离在 185 公里以上。雷达可同时搜索跟踪 20 个目标，并能同时引导导弹攻击其中的 6 个。

F－2 最初还打算采用由日本自己研发的直接力控制技术，这样可使 F－2 具有很强的非常规飞行能力。不过到了 F－2 详细设计阶段后，发现该项技术过于复杂，研制难度过大。虽然在此技术上日本已有一定的基础，但离实际使用还有一段距离。如果硬要采用的话，可能将会严重拖延 F－2 战斗机的研制进度。加之研制费用有限，所以日本最终只能取消该技术在 F－2 上的应用，以技术储备的形式在一架由 T－2 改装的试验机上进行着各项飞行试验。

F－2 的动力装置为 1 台通用电气公司 Fl10－GE－129 加力式涡扇发动机，具有很高的可靠性、耐用性及可维护性。发动机重 1809 公斤，推重比为 8.1，涵道比为 0.76。压缩段为 9 级，总增压比为 32，静推力 75.2 千牛，最大加力推力 131.23 千牛。另外，Fl10－GE－129 涡扇发动机还采用了平衡梁式可调喷管和 5 个单元体结构，从而保证了其具有性能好，重量轻，维护更换方便的特点。是现今一种性能十分优良的一种大推力涡扇发动机。从上面的数据我们可以看出，由于该发动机的涵道比较高（相对战斗机发动机，涵道比越高，耗油率就越低），推力大，即使 F－2 的重量比 F－16C 增加了近 600 公斤，但凭借 Fl10－GE－129 强大的推力，其机动性并不比 F－16C 差。Fl10－GE－129 发动机所使用的数字式控制系统可保证油门在飞行包线内没有任何使用约束，并可自动控制发动机的工作状态。发动机由慢车状态到最大推力状态只需要 6 秒，到加力推力也只需 7.5 秒，加速性能极佳。美国在 1993 年提供了 8 台发动机供日本 4 架原型机使用，随后，日本引进全套生产线在日本石川岛播磨公司进行许可生产。

F－2 的主要任务是对海攻击为主，除了可使用 80 式空舰导弹外，最主要的反舰武器换为了射程更远、精度更高、性能更好的 93 式空舰导弹。该型导弹与 80 式导弹的外形基本相同，但 93 式对弹体结构、弹翼与舵面等都采取了隐身措施，提高了突防能力。动力装置改为了小型涡喷发动机，并采用高密度的高能燃料，使导弹射程达到了 150 公里，可以在水面舰艇的对空防御范围外发起攻击，从而大大提高了载机的安全。93 式反舰导弹的制导系统采用惯导＋主动雷达/红外成像复合制导，有很强的抗干扰能力，相应的也提高了突防能力与命中精度。除反舰之外，F－2 还可以使用空空导弹执行对空任务，或换装 TER－9/B 挂架来挂载 MK82 航弹、91 式制导炸弹、JDAM 炸弹执行对地支援任务。

F－2 的固定武器为装在机身左侧的一门 JM61A1 型 20 毫米 6 管机炮，备弹量与 F－16C 一样为 511 发。在执行主要的对海攻击任务时，标准的外挂方式是 2 枚 AAM－3 近距空空导弹、4 枚 93 式空舰导弹、2 个 2271 升副油箱，在此状态下，以高－低－高飞行剖面，其作战半径可达近 900 公里；如采用低－低－低飞行剖面，作战半径也可达到 550 公里。如果只外挂 2 枚 93 式空舰导弹，身下还可增加一个 1136 升副油箱，此时高空作战半径则可达到 1000 公里以上。在执行远程防空作战时，标准外挂方式为 4 枚 AAM－3 或 AIM－9L/M 格斗空空导弹、4 枚 AIM－7M/F 中距空空导弹及 3 个副油箱（2 个 2270

升副油箱、一个1140升副油箱），在采用高空巡航速度的最大作战半径可达到1200公里以上，执行紧急防空任务时的作战半径也在650公里以上。在进行空中巡逻时，其可在距离基地300公里的空域处巡逻飞行3小时，使用中近程空空导弹可对各类空中目标进行有效的拦截。

在进入21世纪后，日本航空自卫队被周边国家新型战斗机数量迅速增加所刺激，于是在F-2A/B还在生产的2004年，就决定对该型机进行技术升级，强化对地和对空作战能力，使其变身为多用途战斗机。为此，日本空自给2004年之后生产的23架进行了火控系统升级，使它们能够投掷美制JDAM卫星制导炸弹的能力；给2005年之后生产的18架增加了由三菱电机研制生产的J/AAQ-2前视红外吊舱。该吊舱的性能类似于以色列拉斐尔公司和美国诺斯罗普·格鲁曼公司联合研制的莱特宁导航和目标指示吊舱，能够提供夜间低空导航和目标指示。这样一来，F-2A/B就具备了很强的昼夜、全天候对地攻击能力。

2009年和2010年，日本国会又分别为12架和35架F-2A/B安排了改装使用JDAM的预算。2011~2014年，分别有12架、20架、11架、4架完成改装。再算上此前的23架，则能够投掷JDAM的F-2A/B总数达到了70架。与此同时，2004年之前生产的F-2A/B还陆续开始增加J/AAQ-2前视红外吊舱。

2009年，日本空自提出为应对周边国家三代和三代半战斗机，必须提升F-A/B的超视距空战能力。为此，日本国会在2010年、2011年、2014年分别批准了改装4架、36架、30架的预算，使总数70架F-2A/B具备发射99式主导雷达制导中距空空导弹（AAM-4）的能力。在2010年、2011年、2012年、2013年、2014年，三菱重工分别完成1架、3架、12架、12架、12架具备发射99式主导雷达制导中距空空导弹的F-2A/B改装任务。而在2010年，日本空自还提出为F-2A/B继续增加发射04式近距格斗导弹（AAM-5）的能力需求，从2013年开始进行相关地面试验。

2013年8月，日本空自决定从美国采购“狙击手”XR前视红外吊舱，以使F-2A/B具备投掷加装激光导引头的JDAM炸弹的能力。“狙击手”XR是美国洛克希德·马丁公司研制的新一代前视红外吊舱，长2.39米，直径0.3米，重181公斤，包括转接器在内重量只有200公斤。其光学头部采用了独特的楔形设计，避免了球形头部和空腔有可能因气流诱导而产生的声音振动（特别是在超速飞行状态下），并且在一定程度上降低雷达反射截面积，增强载机的隐身性能。为了减小气动压力的影响，楔形头部采用4块蓝宝石，平时装在复合材料保护罩内。这种蓝宝石非常硬，足以抗强烈撞击。试验表明，在速度为315公里/小时的花岗岩岩片和速度为240公里/小时的金属螺帽的撞击下，头部仍安然无恙。

“狙击手”XR 吊舱内部由高分辨率前视红外、CCD 电视摄像机、激光测距器/照射器、激光点跟踪器和激光指示器等组成，所有装置均安装在一个由 6 个减振器支撑的光学基座上，可以确保在无抖动的情况下有效地瞄准目标，从而获得稳定的图像。核心部件——前视红外传感器采用了 640 × 512 元的锑化铟凝视焦平面阵列，工作波段在 3 – 5 微米，背景辐射噪声较小，有利于获得远距离高分辨率图像。与莱特宁吊舱采用的红外传感器相比，这种前视红外技术不仅可以获得一个完整图像，而且不容易受到夜间炸弹爆炸或者白天掠过太阳辐射所引起的“光学干扰”，还能探测到穿透烟幕、灰尘和烟雾的红外波长。

“狙击手”XR 有 4 度宽视场和 1 度窄视场，并具有电子变焦能力。前视红外传感器产生的座舱显示图像在质量上与黑白照片相当，可以通过专门的二维图像处理算法得到增强。飞行员可以选择光学变焦或电子变焦来探测、识别、跟踪和瞄准位于 160 公里距离之外的固定或者活动目标，从而实现了防区外能力。

除此之外，日本空自还计划从 2017 年 2 月开始为 F – 2A/B 换装新一代敌我识别装置，同时增加空中加油能力，使其具备远程攻击能力。

F – 2A/B 战斗机主要技术性能数据：

机长：15. 52 米。

翼展：10. 8 米。

机高：4. 96 米。

机翼面积：34. 84 平方米。

空重：8570 公斤。

正常起飞重量：12000 公斤。

最大起飞重量：22100 公斤。

机内燃油：4750 升。

载弹量：8000 公斤。

最大飞行速度：2 马赫。

最大使用过载：+9— –3 g。

最大爬升率：290 米/秒（海平面）。

推重比：1. 06/1. 27（正常/作战）。

最大航程：4000 公里（外挂副油箱）。

作战半径：833 公里（带 2 枚 ASM – 2 反舰导弹、2 枚 AAM – 3 格斗空空导弹、2 具 2600 加仑副油箱）。

机载武器：固定武器为 1 门 20 毫米 JM61A1 “火神” 6 管机炮。全机共

13 个外挂点（两侧翼尖各 1 个、两侧机翼下各 5 个、机腹中心线 1 个），可挂载的武器包括美制 AIM－9L/M 近距格斗导弹和 AIM－7F/M 中距空空导弹，日本自研的 90 式近距格斗导弹（AAM－3）、04 式近距格斗导弹、99 式主导雷达制导中距空空导弹（AAM－4），80 式和 93 式空舰导弹，MK82 型 227 公斤普通航弹，GBU－87/B 集束炸弹，日本自研的 227 公斤红外制导炸弹，美制 227 公斤 GBU－38/B 型 JDAM 炸弹。

第四节 日本航空自卫队预警机

亚洲国家空中力量里，日本航空自卫队是最早建立起系统的空中预警指挥能力的部队，在相当长的时间里也是日本争夺东亚空中优势的核心。目前，日本航空自卫队现役预警机为 13 架 E－2C 和 4 架 E－767。

一、E－2C

日本在冷战期间被美国作为封锁苏联在亚洲军事行动的桥头堡，依靠日本列岛地理条件将苏联驻亚洲的主要海、空军基地封闭在大陆上。为此，日本在 20 世纪 70 年代沿海岸呈环形配置了 40 多个地面雷达站和 9 个监听站，能对 2 万米高空目标进行探测，并对周边空域实施昼夜不停地警戒监视，范围包括苏联、中国大陆和台湾地区、朝鲜半岛、东南亚地区。

尽管日本的地理条件对苏联军事力量的战略封锁有着先天的优势，但是日本列岛横向展开并接近苏联本土同样给日本带来了很大的军事危险——苏联航空兵的攻击机只需要很短的时间就可以飞到日本。特别是随着苏联攻击机低空飞行性能和作战半径的加强，留给日本空自依靠地面雷达对空中目标进行搜索的防空体系的反应时间就更短，甚至无法做出反应。1976 年 9 月 6 日别连科驾驶低空飞行性能不佳的米格－25 叛逃日本的过程中，日本整个防空体系对米格－25 的突防几乎没有任何有效措施。直到米格－25 在日本函馆机场着陆后，日本航空自卫队才最终确认了目标的位置。如果把米格－25 换成苏－22 或苏－24，则日本的防空系统等同于漏勺。这次事件，使日本深感自己的防空 C3I 系统远不能抵御苏联航空兵的突击。

为了能够填补低空雷达盲区和扩展雷达侦察范围，日本航空自卫队在 1979 年向美国提出引进空中预警机来加强防空 C3I 系统，但因为当时美国空军缺乏可靠的空中预警指挥飞机，日本航空自卫队只好引进海军为航母编队防空发展的 E－2C“鹰眼”预警机。1982 年到 1984 年，日本共从美国购买了

8 架 E－2C，1989～1990 年追加购买 5 架，使总数达到 13 架，平均采购单价 86 亿日元（约 8399.26 万美元）。这些 E－2C 在 20 世纪 90 年代中期全部交付日本空自，全都部署于本州岛的三泽空军基地，并在国土北、中、西部设立了 3 个空中巡逻区。地基雷达站与空中的“鹰眼”预警机一道为日本建立起全方位、多层次和大纵深的防空预警网，能够自动地探测、跟踪及识别飞越日本及其周围海域的空中目标，可为防空拦截武器系统提供足够的预警信息，并与舰载“宙斯盾”作战系统结合，可完成拦截作战。

E－2C 预警机是美国格鲁曼公司（现诺斯罗普·格鲁曼公司）从 1968 年开始为美国海军研制的，原型机 YE－2C 完成首次试飞。1973 年 11 月，首批 11 架生产型 E－2C 预警机正式装备美国海军。

E－2C 的外形结构与之前的 E－2A、E－2B 没有太大区别，只是尺寸稍大。该型机采用悬臂式梯形上单翼，机翼前缘有充气的防冰套，内侧机翼前缘可打开以便维护发动机和操纵系统。机翼后缘分三段，外侧为副翼，中段和内侧为襟翼。水平尾翼有 11 度的上反角。大部分外段机翼以液压作动力，做 90 度的旋转后可以向后折叠（一般舰载飞机多采用向上折叠的方式），原来伸展时的翼展长达 24.56 米，折叠后就只有 8.94 米，不到原来的一半。在飞机的水平尾翼上安装了 4 个垂直翼面。外侧的两个垂直翼面延伸到平尾以下；中间两片则固定在水平安定面之上，没有下延。之所以采用这么多垂直翼面，主要是受前方雷达天线罩和支架尾流的影响，使垂尾的气动效率降低的缘故。经过理论计算和实验表明，在保证飞机方向安定性的前提下，实现横侧操纵只需要 3 个舵面就能够了，所以在左侧的第二个垂直翼面上没有活动的方向舵。为了不影响雷达工作，4 个垂直翼面（包括发动机螺旋桨）的大部分都使用了玻璃钢材料。

机背雷达天线罩呈圆形薄煎饼状，直径 7.3 米，最大厚度 0.79 米，内装雷达天线和敌我识别天线，由液压马达驱动，每分钟旋转 6 圈。雷达天线罩还可以通过液压控制升高或降低，停机时最大的下降高度可达 0.64 米，有利于在航母上存放。雷达天线为“八木”端射式天线阵，敌我识别天线阵与之背对背安装，它所获得的雷达和敌我识别信号，通过一个三通道的旋转同轴耦合器向飞机内部设备传送。飞机使用前三点收放式起落架。

E－2C 的主要机载电子设备包括雷达、数据处理、数据显示和控制、敌我识别、通信、导航和无源探测 7 个子系统，通过由 2 台 L－304 计算机组成的 QL－77/ASQ 中央数据处理系统链接成一个整体，实时计算和控制来自雷达、通信、导航、敌我识别等系统的数据，完成监视、探测、截获、测高、目标识别、分类、跟踪、数据显示、威胁判断、武器选择、截击引导和数据传送及控制等诸多任务。

日本采购的13架是采用AN/APS-125型雷达的E-2C Group 0型。AN/APS-125雷达工作在P波段，采用双延时线固定目标对消技术，抗干扰能力较强，具有海面下视和有限的陆上下视能力，对战斗机的探测距离为408公里，对水面舰船的探测距离为360公里。

日本后来追加采购的5架E-2C Group 0预警机换装了更先进的AN/APS-138型合成孔径雷达，并对数据处理系统进行了升级。AN/APS-138型合成孔径雷达是AN/APS-125型雷达的改进型，采用低瓣天线（全辐射孔径控制天线）和较好的信号处理技术，提高了对水面和陆地上空目标的探测和跟踪能力，以及抗电子干扰能力，能够对1250万立方公里范围内的空中目标实施远距离探测、自动跟踪和信息的高速处理，可在260公里的范围内探测到来袭的低空飞行目标，对水面上空飞行的巡航导弹一类目标的探测距离达185公里，并可对水面舰艇及陆上车辆活动进行监视，其阵列跟踪处理机能自动同时跟踪超过600个目标，引导和控制超过40批飞机进行拦截作战。

AN/APS-138雷达开机后需要约15分钟预热才能达到额定功率，所以一般E-2C起飞时雷达已经在通电预热。由于该型雷达的平均功率很高，因此在使用要求上严禁在1600米以下高度使用，否则可能会引起地面金属物体产生电磁感应，进而产生火花，危及油库等地面设施的安全。

E-2C预警机上安装有3个AN/APA-172型数据显示控制台，控制台备有光笔与控制键盘。通信系统包括柯林斯无线电公司的AN/ARC-182甚高频/特高频电台、AN/ARQ-158特高频电台、AN/ARQ-34短波电台以及4号和11号数据链、AN/USC-42卫星通信系统和AN/AIC-14A机内通话设备等，用于向己方飞机传送数据，还可向地面指挥控制中心传送情报数据；导航系统采用利顿公司的ASN-92/50型惯性导航系统和AN/APN-153多普勒导航仪、CP1085/AS大气计算机、塔康战术导航系统等；信息处理使用L-304计算机；敌我识别系统包括OL-483/AP问询机和APX-100应答机；高级飞行控制系统（AFCS）为ASW-15。由于机载电子系统增多、性能提升，所以E-2C还采用了10吨级冷却系统。

E-2C不但能监视空中的各种目标并指挥己方战斗机作战，还能直接通过数据链、卫星通信系统、无线电台与地面部队、其他战舰交换信息。E-2C装备的数据链还能使其他飞机可以关闭雷达隐蔽自己，仅依靠数据链传来的信息获知敌机的情况，抢占有利位置，率先发起对敌机的攻击。E-2C整个机腹遍布着上述设备的天线，机身上方还有一根拉至尾翼处的短波天线，机身内还有一根长达50米的可收放拖曳短波天线。如果降落时飞行员忘记将此天线收回，只要尾钩（日本采购的E-2C上仍然保留）放下，天线立即被自动切断以确保安全。雷达员依靠两个按钮控制天线收放，两个按钮一齐按可切断天线。

此外，E－2C还装有利顿公司的AN/ALR－59无源探测系统，能在预警雷达关闭的情况下探测到敌方目标的无线电辐射，从而测算出其位置等信息。ALR－59的天线阵列位于机头、机尾和平尾两端，分4个频带由计算机控制同时自动扫描，能通过对比信号强度精确测出信号源方向。该系统的有效探测距离比机背搭载的探测雷达要远两倍，而且自身不需要发射出雷达波，隐蔽性很好，但是探测精度比机载雷达要差。

在一般条件下，E－2C预警机搭载5名机组人员，前面机舱是驾驶舱，正副驾驶员各一名，后面机舱依次是雷达、敌我识别设备和计算机柜，飞行机械师/雷达操作员（FT/RO）、作战情报中心官员（CICO）和空中控制官员（ACO）各一名，其中作战情报中心官员是飞机的指挥官。虽然这三名任务系统人员各司专职，但也可以相互支援，三人都可以执行搜索、指挥及管制舰载飞机的任务。在执行长时间巡逻飞行时，可多带一名空勤人员以便轮流休息。

E－2C的机舱内安装有空调，机身后部还有一个小厕所，但总的来说舱内的工作环境相当糟糕，三名任务系统人员背对机窗而坐（飞机起降时则将座椅转90度面对机首），虽然每人后面都有三个小窗户，然而工作时为了保持监视屏幕的清晰总是拉上窗口的，因此舱内一片漆黑。机舱里发动机发出的巨大噪音、电子仪器产生的高频率噪音、冷气机的噪音会聚在一起，只能靠隔音耳机应付。此外，机身振动非常剧烈，空间又很狭窄，机组人员几个小时任务下来都会疲惫不堪。所以一架E－2C预警机往往要编两到三个机组，以便轮班连续不断的执行飞行任务。

2005年，日本空自开始实施对E－2C的升级改装计划，使现役E－2C Group 0升级到“鹰眼”－2000的标准。后者是E－2C“鹰眼”预警机家族的第五代飞机，被誉为天空中的“超级计算机”和“以太网”，机载雷达系统采用洛·马公司研制的AN/APS－145型雷达，并着重加强了通信和网络能力。换句话说，“鹰眼”－2000预警机以任务计算机升级（MCU）、先进控制显示设备（ACIS）、协同作战能力（CEC）、卫星通信、新型导航和飞行控制系统、蒸汽循环冷却系统为主要性能特征，以适应21世纪空中战场的多威胁环境。

从外形上看，“鹰眼”－2000与之前的E－2C预警机的差别主要体现在三方面：一是螺旋桨由原先的四叶改为由数字控制和全复合材料制成的八叶NP－2000型，具有更低的维护和保养费用；二是机身下方中部安装了一个直径1.37米的可控圆形抛物面天线，其实质就是一个全方位的能与地/海面指挥中心和舰队海上战斗单位联系的无线电收发机，配置在机身下方是为避免机内、机外的传感器相互干扰；三是在旋转雷达天线罩顶部加装了一个圆锥形的卫星通信接收天线。

机载任务计算机升级工程使用雷神公司改进的 DEC 2100 型 64 位处理系统的 Model 940 计算机，与美国空军的 E－8C“联合监视目标攻击系统”飞机使用的硬件设备相近，它基于开放的先进商业现成技术（COTS），拥有比 L－304 型计算机更强大的记忆功能、更快的处理能力和数据传输能力，但其所占空间仅是原来计算机的一半，重量仅为原来的 1/3。先进控制显示设备也采用了先进商业现成技术，结合由 3 个工作台组成 AN/UYQ－70 型显示系统工作站，其自动化程度更高，使多个任务系统操作员能各自独立自由地完成各项任务。英国 BARCO 显示系统公司于 1998 年 9 月被洛·马公司选中，为“鹰眼”－2000 飞机的显示控制系统生产高性能图片控制器。

采用新型升级计算机后释放出来的空间正好容纳协同作战能力（CEC）系统，由协同作战处理器（CEP）、数据分发系统（DDS）及天线阵列组成，可使“鹰眼”－2000 型预警机实现实时作战管理，综合和分发各种来源如卫星、舰载雷达、本身机载雷达等的信息，将战术图片传送到作战网络中最需要的地方。在整合协同作战能力系统之后，E－2C“鹰眼”－2000 预警机就成为网络中心战的重要信息支点，同时还能成为战区弹道导弹防御体系当中的一个重要组成部分。

“鹰眼”－2000 增加了卫星通信（SATCOM）系统，安装在前部的设备舱中，并把 ARC－210 甚高频/特高频通信机集成到飞机上。由于“鹰眼”－2000 加装了大量电子设备，因此冷却系统十分重要，它采用 15 吨级增强型蒸汽循环冷却系统，使容量增大，在极其炎热的天气条件下能冷却最大 37400 瓦航空电子热负荷。

近几年来，随着日本防卫重点转向西南方向，日本空自在冲绳那霸基地新组建了飞行警戒监视群第 603 飞行队，装备有 4 架 E－2C 预警机。

E－2C 预警机主要技术参数：

机全长：17.54 米。

翼展：24.56 米。

机高：5.58 米。

翼面积：65.03 平方米。

翼载荷：355 公斤/平方米。

空重：17210 公斤。

最大起飞重量：24721 公斤。

动力装置：2 台 T56－A－427 型涡桨发动机，单台功率 5100 马力。

最大速度：625 公里/小时。

巡航速度：505 公里/小时。

转场航程：2708 公里。

实用升限：10576 米。

二、E－767

13 架 E－2C 使日本航空自卫队建立了较为系统的空中预警监视网络，从根本上提高了日本航空自卫队应付低空高速目标攻击的能力。但 E－2C 最初毕竟是为了满足海军舰载航空兵使用所开发的机型，在结构和性能上存在空间紧张、指挥人员和设备不足、飞行高度和续航时间短以及对地面目标跟踪性能差的问题。

对设计上针对航母战斗群编队空中雷达警戒任务的 E－2C 来说，日本航空自卫队的空中防御范围和指挥引导工作量更大，能够满足航母需要的 E－2C 在弹丸之地的以色列都显得能力不足，对于面对苏联/俄罗斯和中国的日本来说问题显得更加严重。日本防卫厅最初引进的 E－2C 都是采用 AN/APS－125 的 Group0 标准，这些早期型 E－2C 的预警雷达系统适合在海上探测飞机和部分水面目标，但其只能在海岸线附近的近海有限程度上发现低空飞行的目标，对于地面上空进行低空高速飞行的目标缺乏有效的搜索能力。日本群岛的地理条件看起来比较适合 E－2C 这种雷达的工作环境，但是因为日本列岛和苏联本土之间的海域直线距离很小，所以执行低空突防任务的飞机很容易穿透 E－2C 的雷达警戒线，进入海岸线后的攻击机就超出了当时 E－2C 能够满足的警戒条件。美国海军航空母舰战斗群不可能过于靠近海岸线行动，所以 E－2C Group0 的雷达系统可以基本满足主要的任务要求，但日本的 E－2C 却是承担着自卫队航空兵空中指挥引导的雷达情报中心，对美国海军算不上问题的问题对日本则成为关系重大的问题。此外，E－2C 机体尺寸太小，导致指挥引导人员设备和功能少，难以引导数量较多的战斗机。

鉴于 E－2C 性能不能很好满足需要，日本航空自卫队在 1991 年开始寻找 E－2C 的后继型预警机。由于当时日本国内的航空和电子技术不具备自行发展大型预警机的能力，因此想要获得比 E－2C 更好的大型预警机，只能继续从美国引进，而美国空军装备的性能先进和技术成熟的 E－3A 是日本当时唯一的选择。可是当日本定下引进 E－3A 的决心后发现，E－3A 的载机平台——波音 707 因为缺乏定货已经停产。波音公司表示，如果单纯为日本重新启动波音 707 的生产线，那么 E－3J（即日本计划采购的 E－3A）的单机采购价格将要上涨 1.5 倍左右，达到 6.1 亿～7.7 亿美元。

采购成本的大幅提高，使日本防卫厅开始考虑新的载机平台，而日本对新平台的考虑恰恰与波音公司当时的市场推广活动不谋而合。实际上，波音公司在波音707停产之前就开始考虑E－3的后续平台问题，主要针对的市场就是欧洲和日本这样有需求的大客户。1991年，波音公司宣布利用波音767－200ER作为预警机平台的研究项目，并在1992年完成了对使用CF6－80C2的波音767－200ER的改进设计。

波音公司向日本政府推荐的平台就是当时最新的波音767平台，搭配E－3预警机的雷达电子系统，而这种新组合就是E－767预警机。1992年，日本政府决定向波音公司采购4架E－767预警机，这也使得日本航空自卫队成为波音767军用特种平台的启动用户。日本国会在1993年11月批准了首批2架采购预算1139.61亿日元（每架569.8亿日元，约5.565亿美元），1994年10月又批准了第二批2架采购预算1080.96亿日元（每架543.48亿日元，约5.31亿美元）。日本防卫厅文件显示，美国空军E－3A采购单价为296亿日元（约2.89亿美元），可见E－767的平均采购单价几乎是E－3A的2倍。

虽然表面上看，日本引进E－767投入的规模要比美国空军的E－3A大得多，但是单机成本价格并不比重开生产线生产新的波音707装配的E－3J高，以波音767为载机的E－767在日本的维护条件也比已经退出市场的707更好，应该说日本选择E－767在当时的各种因素下是个合理而且科学的方案。

空自从1998年开始从美国接收E－767并建立维护和保障系统。到1999年3月，4架E－767全部服役，编号分别为64－3501、64－3502、74－3503和84－3504。

波音767作为中、远程宽体飞机本身就是用来取代波音707的，在体积、载荷和航程等技术指标方面具备全面超越波音707的能力。而波音767－200ER在改造为E－767时，在机体结构上的修改幅度并不算大，主要是对后机身46处和地板部分9处的结构进行了调整和加强，以便在后机身安装大尺寸的雷达天线罩和支撑结构；同时用4台150千瓦发电机取代了波音767－200ER的2台90千瓦发电机。作为E－767平台的波音767－200ER直接在民用飞机生产线上生产，制造过程中只进行了部分结构加强这样不影响生产线运转的小改动，完成机体生产的波音767－200ER会转到波音另外的工厂去进行后续改进。

波音767－200ER体量大，依靠机载燃料就能够获得10370公里的实用航程，这使得以其为平台的E－767预警机可在距离基地1850公里处的持续巡逻时间为9.5小时，采用550公里近距离巡逻时在工作空域的持续飞行时间可达13小时，进行空中加油后的续航时间可以延长到22小时左右。日本航空自卫队的防空预警空域距离基地的直线距离不大，因此E－767在一个架次中的巡逻时间比较长。

E－767采用了电子显示系统和自动驾驶仪共同构成的自动化飞行控制系

统，因此只需要2名机组就可以保证飞机的正常飞行，而E－3A为了操纵飞机则需要安排4名机组人员才能够满足需要。E－767机组乘员数量少于E－3A，不但节省人力还有利于飞行安全，较大的机舱内部空间可以布置足够的操作设备和19名任务人员，相比E－3A的14人的任务分配条件和工作合理性较高。E－767在使用CF6－80C2发动机的完整配置条件下的最大起飞重量为174.63吨，安装全套E－3A的雷达电子系统和显控装置后还有很多空余空间，多余的空间和载荷可以提供后续改进的需要并提高乘员的工作环境，提高机组和工作人员持续长时间执行任务时的工作舒适性。日本航空自卫队装备4架E－767后，在理论上只能够维持一个方向的持续工作，但E－3A在海湾战争期间通过增加任务操作员的数量和利用空中加油，有效地延长了预警机在工作空域的持续工作时间，空自如果增加E－767的工作人员并利用KC－767提供空中加油，完全可以在理论上只使用两架E－767就构成一个完整的空中预警系统。另外，E－767较充裕的内部空间在乘座品质和乘员舒适性上也比E－3A有优势，更适应利用空中加油延长航时的要求。

E－767装备有AN/APY－2预警雷达和IBM公司的CC－2数字式计算机，安装有战术情报/敌我识别系统和彩色显示/控制装置。机身内部设置有设备舱、工作舱和休息/勤务舱三大部分。设备舱主要安装有AN/APY－2雷达系统所需要的控制和动力设备，工作舱里为18名设备操作员设置了工作设备，后机身的休息和勤务区为乘员准备了休息空间和厨房、储藏室。

E－767采用了厚度1.82米和直径达9.15米的大型旋转雷达天线罩，包括AN/APY－2雷达组件和支撑结构在内的重量为5900公斤。性能先进的AN/APY－2雷达是E767机载指挥引导系统的中心信息源，同时弥补了E－3A预警机AN/APY－1雷达不能有效探测海上低空飞机以及E－2C预警机AN/APS－125雷达不能有效探测陆上低空目标的缺点，具备良好的对地/海面低空小目标的探测能力，理论上对大型空中目标的最大探测距离可达740公里，对低空小反射面积的巡航导弹的探测距离也接近上百公里。不仅如此，AN/APY－2雷达对水面目标和地面目标也有较好的探测能力。机载CC－2E计算机相比E－3A使用的CC－1的运算能力有很大提高，主存系统容量增加了5.8倍，数据处理的速度相比CC－1的74万次/秒也提高了一倍。尽管CC－2E机载计算机的技术数据现在看起来实在是没有什么出奇之处，运算速度相比现有的军用计算机甚至可称得上比较原始，但在E－3C和E－767刚刚问世时却是世界上最好的机载预警雷达任务计算机。

由于日本在作战使用的软件和系统配合上缺乏美国空军那样的环境支持，因此E－767的很多功能都因为日本航空自卫队装备上的限制而无法得到发挥。而且日本引进的E－767缺乏美国E－3A持续改进的条件，长时间缺乏改进的 E－767 随着技术的发展开始落后，这也使日本装备的 E－767 在整体性能和功能作用上遭受着不断的削弱。另外，日本引进的 E－767 在引进时虽然是世界一流技术标准，但是美国向日本输出 E－767 时就已经取消了不少 E－3A 上的功能，E－767 交付后也没有随美国空军 E－3 进行技术改进和软件更新。例如美国空军在海湾战争中使用 E－3A 时发现其无法有效探测低空直升机（超低空低速飞行的直升机信号即使在沙漠地区都会被杂波淹没，而超低空悬停状态的直升机更是当时的 E－3 所无法发现的目标），于是花了很长时间才有效解决这个问题，但目前没有发现日本的 E－767 有进行类似改进的迹象，根据航空自卫队的 E－767 外部设备条件和 E－3 系列进行对比和分析，可以发现很多在 E－3 上采用的设备和天线并没有出现在 E－767 上。

总体来看，日本空自引进 E－767 主要是纯粹意义上的雷达预警和指挥引导，并没有美国那样完善的作战体系支持。

2006 年、2007 年、2009 年、2010 年，日本空自以一年一架的方式对 4 架 E－767 进行了性能升级，主要是改进了配电盘配线，换装了新型中央数据处理计算机，改进了机载雷达天线、通信设备和操控台，提高了探测和识别能力，同时还为联合战术信息分发系统（JTIDS）增加了 16 号数据链。

2013 年 9 月，日本国防安全会议提出对 E－767 进行新的升级，主要是换装更先进的中央数据处理计算机、敌我识别系统、电子战系统等。目前已经确定的升级项目是采用 8 部 AN/UPX－40 敌我识别系统、8 部 AN/APX－119 敌我识别应答机和 4 部 KIV－77 敌我识别询问机，升级预算为 9.5 亿日元（约 927.8 万美元）。

E－767 预警机主要技术参数：

乘员：飞行员 2 人，机载任务设备操作员 19 人。

机全长：48.51 米。

翼展：47.57 米。

机高：15.85 米。

翼面积：283.3 平方米。

空重：132903 公斤。

最大起飞重量：174635 公斤。

最大着陆重量：144242 公斤。

动力装置：2 台通用电气 CF6－80C2B6FA 发动机，单台功率 273.6 千牛（27900 公斤）。

最大速度：800 公里/小时。

巡航速度：722 公里/小时。

航程：13700 公里。

实用升限：10360～12222米。

第五节　日本航空自卫队侦察机

日本航空自卫队现役侦察机为9架RF－4E和5架RF－4EJ，全部装备在唯一的侦察单位——驻百里基地的侦察航空队第501飞行队（队训是“见敌必摄”）。

RF－4E是美国为其盟友研制的战术侦察机，所以只用于出口，美国空军并不装备。日本航空自卫队于1972年决定引进14架RF－4E侦察机，用于取代老旧的RF－86F侦察机。1974年12月3日到1975年6月8日，14架RF－4E全部服役。在40年的使用过程中，有2架坠毁、3架退役，所以现役只剩9架。

RF－4E的光学侦察设备采用完全内置的方式，为此还取消了机头的M60A1型20毫米6管机炮及炮弹舱，所以自身没有任何攻击和自卫能力。该机的机舱内共装有三种侦察照相机，分别是KS－87B型前方侦察照相机、KA－91B型高度全方位侦察照相机、KS－127A型远距离侦察照相机。其中KS－87B型是一种可将镜头焦距设在3英寸、6英寸、12英寸、18英寸的侦察照相机，这种相机采用宽为5英寸、全长为500英寸的底片系统，该机集中了自动曝光控制和前置补偿，每秒钟可拍摄6张照片。KS－87系统是世界上使用量最大的侦察相机，KS－87B型可作前方倾斜、垂直侧倾方向拍照。KA－91B型是一种镜头焦距为91英寸的全方位侦察相机，使用宽为5英寸、长为500英寸的底片，可拍摄出大范围的广角照片，适用于中高空侦察照相任务使用。KA－91B型采用模块化设计以简化维修，这种相机的最大优点是能作区段扫瞄，可设定不同的横跨跟踪扫瞄角度，能左右自由摄影或作60度至93度的拍摄。照相机并且具有内建式滚动稳定装置以保障底片的质量，为了减少载机运动时所导致照片影像模糊，KA－91B型还使用特殊的传动镜头前置补偿装置。KS－127A型是一种装置在侦察机机舱内并且特别适用在远距离倾斜照相任务的侦察相机，可选用照相底片或光电感测器工作。KS－127A型的镜头焦距为66英寸，使用宽为5英寸，长为1000英寸的底片，具有主被动稳定、自动对焦和影象稳定等特点。配备KS－127A型相机的侦察机通常在35000英尺执行任务，至少可拍摄到35公里以外的目标区。为了执行夜间侦察任务，RF－4E在后机身还安装了照明弹发射器。

除了光学侦察设备外，RF－4E还装备有AN/APQ－99型前视雷达、

AN/APD－10型侧视雷达、AN/AAS－18A型红外探测装置。其中APQ－99前视雷达用于地形跟踪和测绘，APD－10侧视雷达用于记录航路两侧地形的高分辨率雷达图，AAS－18A用于夜间侦察地面情况。这些雷达、红外侦察系统以及前面所提的光学侦察系统均由RF－4E后座飞行员控制。RF－4E的其他机载设备还包括AN/ASN－55型惯性导航装置、J/APR－2型雷达警告装备等。该机后来经过性能升级，用具备图像处理能力的AN/APQ－172前视雷达取代了原来的AN/APQ－99型雷达，并以J/APR－5型雷达预警装置取代原来的J/APR－2型。

RF－4EJ是日本空自以弥补RF－4E的损失而自行以RF－4EJ改战斗机为基础改装的侦察机。但是RF－4E只损失了2架，但是追加补充的RF－4EJ却有5架（原计划改装17架，后削减到15架，再后来又取消了10架的改装预算）。

RF－4EJ的改装工作从1990年开始，1992年首飞成功，1993年全部15架改装完成。RF－4EJ机载侦察设备全部采用外挂吊舱形式，所以在外形上与RF－4E很容易区分。之所以如此，主要是因为战术侦察机的任务危险性和技术难度较高，机上除了照相设备外还需配备监视雷达、精密导航系统、红外探测装置和电子干扰装置等，执行全天候侦察照相任务，并保障任务的安全。但也有资料显示，日本可能没有掌握F－4E战斗机完整的气动数据资料，不敢盲目采取“开膛破肚”的改装，所以采取了不影响原有气动性能的侦察吊舱形式。

RF－4EJ在进行侦察改装时曾确定了两种模式，其中2号机到8号机为限定改装型，只具备挂载LOROP远距离倾斜光学侦察吊舱的能力；1号和9至15号为量产改装型，除了挂载LOROP以外，还具备挂载战术侦察（TAC）和战术电子侦察（TACER）吊舱，并且换装了更先进的J/APR－6A雷达警告接收机。不过，所谓的限定改装型后来也继续进行了升级，具备了与量产改装型相同的挂载多种侦察吊舱的能力。需要强调的是，由于机体内部没有修改，所以RF－4EJ保留了原F－4EJ改在机头所装的M61A1机炮以及机内火控系统（机载雷达换装为AN/APQ－172型，并且换装了新型数字化导航、平显和下显等），具备很强的空战能力。

RF－4EJ可根据任务需要使用三种侦察吊舱，执行任务时这些吊舱通常挂载于侦察机的机腹中线位置。

第一种吊舱是战术侦察（TAC）吊舱，内装3部照相机，分别是KS－153A型低空侦察照相机、KA－95B型高空侦察照相机和D－500型中低空夜间侦察照相机。KS－153A型装设在吊舱的前段位置，它装有3个焦距80厘米的镜头，对侦察机前斜方目标进行照相。KA－85B型是一种结构紧凑的全方位照相机，它装有一个12英寸镜头，并使用5英寸底片，可拍摄出最大覆盖角度190度的大范围广角照片。这样相机最大优点是区段扫瞄，最多能设定6种横跨跟踪扫描角度，并采用模块化设计，具有易于维修的优点。D－500型是一种红外直线扫瞄器（1RLS），是由AN/AAD－5型1RLS发展而来，可用广角式窄角模式拍摄地面的红外连续画面，并且拍摄时能在－20度至+20度范围的滚动中作电子自动修正。

第二种是远距离侦察（LOROP）吊舱，内装有KS－146B型照相机，吊舱中段两侧各装有一个照相观景窗。KS－146B型照相机装有一个对焦距高达1650厘米和超长镜头，由飞行员控制对目标区进行高空远距离左右斜向照相。这种照相机具有极高的分辨率，侦察机在30000英尺以上高度飞行时，具有对18.5公里至92.6公里范围内长度为1米目标的识别能力。最新的EDKS－146型照相机已改用CCD感应阵列取代传统的照相底片，能即时将侦察影像以数字方式传送到地面接收站，或是以机上的数字式录音带作记录。

第三种是战术电子侦察（TACER）吊舱，它采用RP222780－G01型电子侦察装置，能够大范围探测并接收各种电波，经识别后判定其发射位置，同时也能传送到地面接收站进行处理。在配备了战术电子吊舱后，RF－4EJ便可执行电子情报汇集任务。

除侦察吊舱外，RF－4EJ在执行任务时通常还挂载AN/ALQ－131机载干扰吊舱，以提高生存能力。

第501飞行队的作战范围覆盖全日本。在执行侦察任务时，通常会有C－130H运输机伴随，C－130H主要是携带两种可移动式方舱，一种是对胶片显像和放大，一种是对侦察照片进行判读。这两种方舱使用的电源及水源需要外部供应。

但是，RF－4和RF－4EJ的机体都已经使用了30多年，尽管进行延寿也难以再继续使用多年。为此，日本防卫省在2009年发出“侦察机接班”需求招标，内容是邀请民间厂商参与将空自未经中期寿命升级（MSIP）的F－15J战斗机改装成RF－15J战术侦察机，以顶替RF－4E和RF－4EJ的位置。经过竞争，东芝以123亿日元（约合1.3亿美元）的底价中标，负责为F－15研制J/USD－1光学及红外成像传感器，它具备侦察图像实时传输功能，可以“摄读一体化”，有效提高情报的翻新率。2010年，东芝在开发中遇到传感器与F－15J飞机机体集成上的难题，9月22日向防卫省提出交货延期申请，没想到防卫省突然在10月1日宣布解约，理由是东芝提供的J/USD－1样品在高温和低温环境下都不达标，还要求东芝支付18亿日元（约合1200万美元）的违约金。对于防卫省的变卦，见过世面的东芝高层当然不肯善罢甘休，索性一纸诉状告上法庭，反诉防卫省违约，理由是对方没有把成像器材的极端气象环境使用要求写进在合同里，因此要求防卫省赔偿原合同标的金额（即123亿日元）。

有分析称，东芝和防卫省在这起官司里都有过错。首先，东芝坚称合约里未提及J/USD－1系统的高低温条件下的工作指标，但以常识论，供战斗机搭载的光学/红外成像系统考虑极端气温下的使用效能是理所当然的。因为战机主要采取“快进快出”的突袭式侦察方式，为躲避对方攻击，超音速飞行和急速改变高度的状况会经常出现，而在急速飞行中，外露的机载摄像头势必承受与空气摩擦产生的高温，同时也要适应因高度急剧上升而出现零下几十摄氏度的低温环境。过去，东芝只为空自YS－11FC飞行验证机（用慢速涡桨客机改装）提供过红外成像设备，它主要供导航和考察地面塔台设备之用，飞机只需保持平飞状态来拍摄沿途情况即可，因此东芝显然是在缺乏高速战术侦察机基本知识的情况下草草投标的，进而导致技术不过关。

然而，防卫省也存在过错。由于军品开发的特殊性，防卫省不敢像普通公共项目那样签署一般委托合同，而是与了解底细、有相关业内知名度的厂商合作，说白了就是“熟客生意”。在日本，像战斗机、坦克、潜艇一类特殊军品领域，基本是某一家企业垄断的局面，防卫省的选择面并不大。例如，三菱重工以外的日本企业造不了战斗机，而没有了日本制铜，就没有人会造坦克了，潜艇也一样，除了川崎和三菱，即便是造了日本现役最大吨位水面战舰“日向”号的IHI也造不了。

同样的道理，东芝在军用传感器领域也处于领军地位，不仅像81式、91式、03式地空导弹的导引头，还有陆上自卫队基干连队的野战数据链等等装置全是由它一家独揽，而且东芝开发的红外干扰装置（IRCM）已应用在日本空自的C－1运输机上，堪与美军运输机上的紫外线干扰技术（UVCM）媲美。正是出于在侦察搜集技术方面的自信，所以东芝认为开发战斗机用光学/红外成像传感器也没有问题，而防卫省也想当然地以为只有东芝才能承接该项目，于是在双方都以为对方“都明白”的情况下，项目匆匆上马了。等到出问题时，防卫省不是本着“同舟共济”的原则，而是急着从东芝手里捞取违约金，还援引《武器输出三原则》不允许东芝把未完成的技术成果转交第三方企业继续研发下去，这些情况显示出日本军工合作体制还存在严重问题。

第六节　日本航空自卫队电子战机

电子战机是现代空军作战的重要支援力量，与预警机一样有着“力量倍增器”的美誉。日本航空自卫队对于电子战机的发展虽比美、俄等国晚，但得益于其先进的电子技术，所研制的电子战机性能相当优异。目前。日本空自现役的电子战机包括2架YS－11EA电子战训练机（编号12－1162、12－1163）、4架YS－11EB电子情报搜集飞机（编号82－1155、92－1157、02－1159、02－1161）和1架EC－1电子战训练机（编号78－1021）。

一、YS－11系列

YS－11最早是三菱重工领衔，富士重工、川崎航空机（现川崎重工航空宇宙公司）、新明和工业（前身是二战时期的川西飞机公司）、昭和飞行机、日本飞行机、住友金属、岛津制作所、日本电气、东京芝浦电气、三菱电机、东京航空计器制造所以及其他数十家企业共同参与，在20世纪50年代末开始研制的一种运输机。

从外形上看，YS－11融合了日本二战时期自研运输机的特点，但同时也参考了美国C－46和C－47的设计特点，采用流线型机身，机头上部为3～4人驾驶舱，悬臂式下单翼，两侧内翼前缘对称装两台涡轮螺桨发动机，尾翼由悬臂式中平尾和单垂尾组成，采用可收放前三点式起落架，起飞后收在发动机短舱内。由于当时日本国内尚无合适的发动机型，因此YS－11选用了2台英国罗尔斯·罗伊斯公司“达特”Mk542－10涡桨发动机（单台功率3062马力），安装在机翼上的短舱内，用以驱动两部四叶螺旋桨。就当时的技术水平而言，“达特”Mk542－10涡桨发动机具备油耗较低、可靠性较高等优点，属20世纪60年代先进的涡桨发动机。至1974年，YS－11总共生产了182架（包括2架原型机）。

日本航空自卫队总共采购13架YS－11，包括4架人员运输型YS－11P、1架人员/货物运输型YS－11PC、7架货物运输型YS－11C、1架飞行试验型YS－11FC。而随着更大、运输能力更强的美制C－130H运输机的引进，YS－11的运输作用大减。于是航空自卫队先后对YS－11进行了改造，其中2架被改装为YS－11EA、4架被改装为YS－11EB。

1976年3月和1979年2月，2架YS－11C分别被改造为YS－11E电子战训练机，外形特征是在机腹装上了2个大型刀状天线、在机身上方从前向后增加了5个大小不一的刀状天线、在机身尾部两侧增加了2个容纳冷却装置的鼓包。1991年和1999年，航空自卫队又将2架YS－11E改造为YS－11EA电子战训练机，外形上没有什么变化，但对内部的电子战训练设备进行了技术升级。

1983年和1991年4月，又有2架YS－11C分别被改造为YS－1EL电子侦察机，外形特征是在前机身上方增加了1个内装电子侦察设备的鼓包、在机腹增加了 2 个内装电子侦察设备的鼓包、在机身后上方增加了 2 个刀状天线、在机腹鼓包前增加了 2 个大型刀状天线、在机身尾部两侧增加了 2 个容纳冷却装置的鼓包。该机的主要任务是在中高空飞行，搜集周边国家的各类电子信号情报。在 1997 年和 1998 年，这 2 架 YS－11EL 又被升级为 YS－11EB，外形特征是在机身上方增加了一个内装电子侦察设备的鼓包，并且对机上原有电子侦察设备进行了升级。

1995 年，YS－11PC 被改造为 YS－11EB 电子侦察机。1997 年，又有 1 架 YS－11C 被改造为 YS－11EB 电子侦察机。

YS－11 主要技术性能参数：

机全长：26.3 米。

翼展：32 米。

机高：8.98 米。

空重：15.4 吨。

最大起飞重量：24.5 吨。

最大燃油量：7270 升。

巡航速度：470 公里—480 公里/小时。

最大航程：2200 公里。

实用升限：6982 米。

二、EC－1

EC－1 是日本空自在 C－1 运输机基础上改装的电子战机，最明显的特征是机头有一个扁圆的黑色天线罩（俗称“香肠嘴”），里面装有电子监听设备。为了给工作中的电子设备降温，天线罩下方还有一个冷却空气进气口。另外，在 EC－1 的机身两侧还各有两个黑色鼓包——电子设备整流罩，里面装有电子支援和电子干扰设备。

第七节　日本航空自卫队空中加油机

获得空中加油机是日本从 20 世纪 70 年代末就开始的梦想，但由于当时日本自卫队的作战思想受“专守防卫”政策的制约，再加上国际上和日本国内舆论的强烈反对，使得日本航空自卫队一直未能实现装备空中加油机的愿望。然而在苏联解体、冷战结束后，日本开始突破“专守防卫”政策的限制，逐渐将其空中武力向海外投放。特别是 20 世纪 90 年代中期以后，随着日本政治日益右倾以及《日美安保防卫指针》的不断修订，日本终于抛弃了“专守防卫”政策，转而提出了“海上歼敌”和“洋上防空”的作战思想。在此情况下，采购加油机的计划开始重新提上议事日程。

日本航空自卫队在20世纪末对加油机的性能要求是：1架加油机可为8架F－15J/DJ战斗机进行空中加油，同时还能运送200名人员、装载6个标准集装箱或4辆军用卡车；在机舱内载重30吨的情况下航程要达到6500公里以上。当时能够满足日本空自需求的大型加油机有美国波音公司的KC－767A和欧洲空中客车公司的A－310MRTT。经过比较，日本空自最终选择了KC－767A。其实这个选择倒也没有什么意外，因为日本空自的装备本身就是以美式装备为主，而且KC－767A与日本当时采购的E－767采用的平台相同，从而可以减轻后勤维护的复杂度和成本。

2001年12月，日本空自做出了采购美国波音公司新研制的KC－767加油机的决定。2002年12月与波音公司签订了正式采购合同，数量为4架，型号名称也随之改为KC－767J，采购单价为223亿日元（约2.0165亿美元），具体采购事务交由伊藤忠商事代理。

KC－767J加油机是波音公司在20世纪90年代中期以波音767－200ER客机为基础发展而来。波音767是目前世界上最优秀的客机之一，于1978年开始研制，基本型波音767－200于1981年9月首飞，一年后进入美国航空公司投入运营。该型客机能运送200人，航程为7000公里。1983年后，波音公司又推出了增程改进型客机767－200ER（正式编号为波音767－200C）。该型机在波音767－200基础上增加了机体重量、扩大了机翼油箱容积，所以在保持载客200人的基础上，航程猛增至12300公里。波音767－200ER于1984年3月首飞，1985年投入商业运营。正因为波音767可靠性好、运载量大，所以波音公司在为新型加油机选择基础机型时，一眼就相中了它。正如波音公司加油机项目副总经理鲍勃·高沃尔所说：“我们考察了所有的大飞机和小飞机，觉得波音767是最合适的选择”。

由于波音767－200ER是民用飞机，所以改为军用机时首先要做的工作就是对机体结构进行加强。为此，KC－767J的机体材料采用了高强度铝合金、碳纤维和凯夫拉复合材料，具有强度大、耐腐蚀、重量轻、寿命长等特点。

在加油系统方面，波音公司为意大利空军采购的KC－767A安装有4套加油设备，即在两侧机翼下方靠近翼尖的机翼3/4处各装有一个加油吊舱，通过插头套锥式软管加油设备给飞机加油；在机身后部下方有一套伸缩套管式硬管加油设备；在机身中部下方装有一套插头套锥式软管加油设备。而日本的KC－767J没有采用硬管加油设备，只装备3套插头套锥式软管加油设备。其中机翼加油吊舱的加油速度为400加仑/分，机身软管加油设备的加油速度为600加仑/分。KC－767J与意大利采购的KC－767A还有一处不同，就是前者在机身内装有1个辅助油箱，增大了载油量，但是载货量不如KC－767A，而且只能在上部货舱装货。

KC－767J加油机在发动机吊架、机翼加油吊舱、机身加油套管处都装有战术照明灯，方便作战飞机在夜间加油。未来还将在加油设备上装氙光灯，这样在夜间加油就更加方便了。KC－767J可以在任何情况下给多种飞机加油，而且在执行任务过程中无需为自己进行加油。在最大起飞重量下，KC－767J只需1220米的跑道即可起飞。

KC－767J的座舱为先进的两人制玻璃化座舱，并装有史密斯宇航公司提供的任务控制系统（与加油系统独立工作），这套任务控制系统是由民用波音737上的飞行管理系统发展而来的。飞行员任务显示屏（PMD）和空中加油操作控制显示屏（AROCD）由因诺维特联合公司提供。机上的通信和导航设备由罗克韦尔·柯林斯公司提供，凯撒电子－光学公司（罗克韦尔·柯林斯公司的一部分）则负责提供空中遥控加油时的油量显示系统。此外，KC－767A还将装备军用航电设备、导航设备和通信设备等。

为了避免在战区执行加油任务时遇到敌方防空火力的攻击，KC－767J还加装了许多自卫设备，如雷达告警接收机、电子干扰系统、箔条/红外干扰弹等。如果感觉面临的威胁较大时，KC－767J还可加装更多、更好的自卫系统，如拖曳式诱饵。

与美军现役KC－135E/R加油机相比，KC－767J的最大起飞重量虽然多30余吨，而且发动机也减为两台，但巡航速度却只减小了0.05马赫（KC－767J巡航速度为0.8马赫，KC－135E/R为0.85马赫）。

所有KC－767J所用的基础机型波音767－200ER都由华盛顿州埃文莱特飞机厂生产，然后由威奇塔技术发展和改装中心完成改装。

按照原计划，第1架KC－767J（编号87－3601）应该在2007年2～3月交付，但因波音公司的试验延迟以及取得美国联邦航空局（FAA）适航证的时间延迟，第1架KC－767J到2007年7月才生产出来，为此伊藤忠商事还被迫每天上交1100万日元罚款。到2008年2月29日交机时，伊藤忠商事应交的罚款已超过日本防卫省合同规定的上限，受不了的伊藤忠商事只好请求减免。第2架KC－767J（编号87－3602）于2008年3月交付，第3架KC－767J（编号97－3603）于2009年3月9日交付，第4架KC－767J（编号07－3604）于2010年1月8日交付。

对于采购KC－767J加油机的目的，日本防卫省的官方解释为“KC－767J加油机可延长航空自卫队战斗机的训练和空中警戒待机时间，防止飞行事故的发生；解决航空自卫队基地周边的噪音问题；帮助航空自卫队战斗机和运输机迅速展开，以便执行国际维和任务”。但是对于这些解释，别说周边国家心存疑虑，就连日本国内的军事专家也觉得过于牵强。如日本军事专家小林健就对此提出质疑，“要解决噪音问题和延长空中警戒待机时间，可以通过其他方法来解决，不一定要花费巨资来组建一支惹人怀疑的加油机部队。如果自卫队是为了防范日本海方面的俄军或北韩（朝鲜）的威胁而引入加油机，那就根本没有必要，因为在相对狭小的日本海上空，加油机本身就是一个容易被锁定的目标，战斗机从地面基地起飞反而更加安全且更省时间。”

KC－767J 加油机部队的成立，将使日本战机的作战范围和在战区的留空时间大幅增加，从而使日本对周边地区的军事威慑能力达到空前的高度。如日本前陆上自卫队干部学校教官高井三郎曾撰文指出，由于钓鱼岛与日本本土相距远达 1000 公里，一旦钓鱼岛“有事”，来自本土的 F－15J 战斗机就算到了钓鱼岛上空，也无法长时间执行作战任务。而自卫队没有制空权，驻那霸的第 5 航空群的 P－3C 反潜巡逻机就无法升空执行反潜/反舰任务，日本的“保钓”作战也就无从谈起。然而，随着 F－15J 前进部署至冲绳甚至是下地岛，特别是加油机部队的成立，这些困扰日本航空自卫队远程作战的问题将迎刃而解。

冲绳距离钓鱼岛约 400 公里，以 F－15J 战斗机的速度，往返飞行约需 1 个小时。而有了 KC－767J 加油机后，自冲绳那霸基地起飞的 F－15J 在经过一次空中加油后可在钓鱼岛上空滞留近 2 个小时。4 架 KC－767J 在理论上将使日本有能力全天候 24 小时在钓鱼岛上空保持战机在空待命。再加上 E－767 预警机等远程侦察、控制系统的配合，日本空自在该东海地区的作战能力得到了极大增强。

KC－767J 加油机主要技术参数：

机全长：48.51 米。

机身宽：5.03 米。

翼展：47.57 米。

机高：15.90 米。

货舱长：33.93 米。

货舱宽：4.72 米。

最大起飞重量：179.17 吨。

最大着陆重量：136.08 吨。

载油量：机翼油箱 72.94 吨、机身附加油箱 18.615 吨，可满足 15 架 F－15J/DJ 战斗机的加油需求，是空自最初计划要求的 1 倍。

动力装置：2 台通用电气公司 CF6－80C2B7FA 涡扇发动机，单台功率 273.6 千牛（27900 公斤）。

巡航速度：0.8 马赫。

最大航程：12325 公里。

巡航高度：11550 米。

除了从美国采购 4 架 KC－767J 大型加油机之外，日本空自还在 2006 年将一架编号 85－1080 的 C－130H 改装为 KC－130H 加油机。该机在机身内部增加了 1 个 13627 升可拆卸油箱，两侧机翼下各装 1 个插头套锥式加油吊舱以及战术照明灯，可同时为 2 架战机加油，加油速度为 1136 升/分。

第八节　日本航空自卫队运输机

日本航空自卫队现役运输机分别是 26 架国产 C－1 中型运输机、15 架从美国引进的 C－130H 中型运输机、2 架从美国引进的波音 747－400 大型客机。另外，日本空自正发展 XC－2 大型运输机。

一、C－1 运输机

日本航空自卫队在 20 世纪 60 年代中期提出发展一型双发中型战术运输机，也就是后来的 C－1，用于取代美国在战后提供给日本的 C－46 军用运输机。日本空自对 C－1 的设计要求是具备短距起落能力和全天候飞行能力，能够运送人员、货物和小型车辆，以及能够实施空投、空降等。

C－1 的设计工作交给了防卫厅技术研发本部和日本航空机制造株式会社。在生产方面，原本是想以三菱重工为主承包商，但由于三菱重工当时已被赋予了生产 T－2 高级教练机的任务，没有更多的精力再承担 C－1 的生产任务，于是改由川崎重工为 C－1 的主承包商，日本航空机制造株式会社的另外四家企业——富士重工、新明和工业、昭和飞行机、日本飞行机负责协助生产，而总装工作则在川崎重工岐阜工厂完成。不过，三菱重工也并没有置身事外，因为其承担着 C－1 的动力装置——JT8D－M－9 涡扇发动机的生产。

C－1 于 1966 年开始设计，1967 年 9 月基本完成设计工作。第一架原型机于 1969 年夏开始制造，1970 年 8 月完工，1970 年 11 月 12 日进行了首飞；第二架原型机在 1969 年秋开始制造，1971 年 1 月进行了首飞。C－1 运输机的整个研发费用为 45 亿日元。

1972 年 3 月，日本防卫厅与川崎重工签订了首批 2 架生产型 C－1 的采购合同。1973 年 12 月 13 日，第一架量产型 C－1 进入航空自卫队入间基地第 402 飞行队进行实际使用实验。1976 年 1 月 1 日，C－1 正式在航空自卫队投入使用。至1981年停产，C－1总共生产了31架（包括2架原型机）。

C－1在设计上明显参考了美国空军C－141大型运输机，只是机身比C－141短得多，形似胖头鱼。而C－141是战后世界上第一种完全基于货运设计的大型喷气式军用运输机，因此模仿C－141的C－1也同样具备了现代军用运输机的典型特点，包括悬臂式上单翼（由于机身短，所以比C－141布置得更加靠前）、悬臂式高置T形尾翼、多轮式主起落架、翼吊式喷气发动机、可收放式装卸坡道和蚌式尾门等。

采用上单翼的好处是可以让发动机有足够的离地高度，防止吸入异物，保证飞机在土跑道上安全起降；使货舱地板尽量靠近地面，腾出翼下空间，方便物资装卸。但在C－1设计时，还没有出现超临界翼型，因此采用的是传统的临界翼型，在高亚音速飞行时阻力较大。C－1的机翼为后掠式，前缘后掠角为20°，并且应用了前缘缝翼及外吹式襟翼系统等增升装置。

高置T形尾翼的优点是平尾位置较高，这样可以避开机翼下洗气流的冲击，特别是发动机向后喷出的气流干扰，因此有较高的气动效率；而且高平尾更方便运输机装卸大尺寸货物、装备以及进行空投、空降。另外，这种设计使平尾相当于垂尾的端板，因此还能使垂尾的气动效率提高。在C－1的T形尾翼中，垂直尾翼与机身连接处向前伸有小背鳍，后端是嵌入式单片方向舵；平尾为全动式，后缘为升降舵。

液压可收放前三点式起落架，其中前起落架为双轮，主起落架为4轮。前起落架向前收入机身，主起落架向前收入机身两侧整流罩内。

C－1的货舱设计对于工作人员来说相当方便。在运送车辆这类带轮子的货物时，可以使用平坦的货舱地板，并且地板上有系留装置；在运送集装箱或其他货物时，可以换成带有滚轴的地板，方便装卸；在运送人员的时候，C－1可在舱壁上加装临时座椅，也可在地板上加装座椅。为了操作人员和搭载人员的舒适性，C－1的货舱采用增压货舱设计，并且装有空调。

C－1的最大载重能力为8吨，通常载重能力6.5吨，这个运量在同类运输机中属于最低的。在运输车辆时，货舱内最多可容纳3辆吉普车之类的小型车辆；在运输人员时，可搭载60名士兵或50名伞兵；在执行救护任务时，货舱内可容纳36副担架。

C－1的机组乘员为5人，包括正副驾驶员各一名、飞行工程师两名、装卸员一名。

C－1的动力装置——2台JT8D－M－9轴流式涡扇发动机是由美国普拉特·惠特尼公司在J52涡喷发动机基础上研制的，由三菱重工按许可证生产。JT8D－M－9属于小涵道比涡扇发动机，涵道比为0.96～1，单台推力64.5千牛。由于动力强劲，因此C－1具备极佳的短距起降能力，最短起飞距离460

米，最短着陆距离600米。但是，JT8D－M－9发动机噪声较大，在C－1投入使用后，部署基地周边的居民就不断对其噪声扰民进行投诉，甚至还发起了“抗飞”运动。不仅如此，C－1的机组乘员也对噪声和机身振动满腹怨言。有鉴于此，日本航空自卫队只好尽量减少C－1的飞行频率，特别是夜间飞行频率。

C－1最大的缺点航程短。作为一款最大起飞重量38.7吨的中型运输机，空载情况下的最大航程仅仅2400公里，刚好是比C－1稍晚服役、基本同吨位的苏联安－72运输机的一半（安－72最大起飞重量34吨，空载航程4800公里），甚至不如苏联更小、更早服役的安－26涡桨运输机（最大起飞重量24吨，空载航程2550公里）。如果与西方中型运输机相比，C－1的航程指标就更悲催了。像意大利与C－1同期发展的G222涡桨运输机最大起飞重量28吨，空载航程却达到了4663公里。虽说涡桨发动机比涡扇发动机省油，但从同样采用涡扇发动机的安－72比C－1大得多的航程情况看，C－1航程短的根子不在采用涡扇发动机上。实际上，日本在设计之初只要求C－1能以岐阜为中心，向北至北海道、向西南至九州进行往返即可，这是由于日本自知有“二战”的侵略历史，不得不考虑到亚洲各国的反应，所以在航程指标上不敢定得太高。此外，当时冲绳还在美国全权控制下，没日本什么事儿，所以日本也无法考虑让该机的航程满足从本土飞到冲绳。结果，C－1不能装载较多燃油，航程也就成了世界上中型运输机里最短的。

对在日本本土运输来说，C－1航程短不算什么大问题，但是当美国在1968年将小笠原群岛治权交还日本，在1971年6月17日与日本签订《冲绳返还协定》并于1972年5月15日正式将冲绳治权交还给日本之后，C－1航程不足的弱点开始变得令航空自卫队无法忍受，因为该机无法搭载货物在本土与冲绳之间进行往返，也不够在冲绳与小笠原群岛中的硫磺岛之间进行往返。然而，当时的日本政府和国会还有一大堆其他事情需要处理，政坛内斗也很激烈，基本顾不上解决C－1航程短的问题。

到20世纪70年代末，日本才对最后5架生产型进行了增加航程的改装，主要是扩大机内货舱增加了一个载油4730升的附加油箱，使空载航程提高到了3000多公里。但这只是没有办法的办法，因为增加附加油箱后，有效载重量大幅降低，这意味着C－1在执行本土与冲绳以及冲绳与硫磺岛之间的运输任务时效用太低。后来随着美制C－130H在20世纪80年代的引进，日本航空自卫队才基本解决了本土与冲绳之间的空运问题。

1983年，川崎重工还将一架垂尾编号78－1051的C－1（量产型21号机）改装为EC－1电子战训练/支援飞机。机头雷达整流罩变成了“香肠”状，尾部货舱门也改装为鼓起的雷达整流罩。此外，机身两侧前后也各鼓起了两个整流罩。在这些改装的整流罩内以及机身内装有大量机载电子信号收集设备、日本自研的J/ALQ－5电子干扰系统以及通信设备等。此外，川崎重工还将C－1的1号原型机改为C－1FTB空中试验平台，用来测试各种航空新设备以及进行发动机的空中飞行试验。

目前，日本航空自卫队保有的C－1运输机数量为26架（有3架在服役期间坠毁，1架在入间基地因事故受损而遭废弃。为弥补损失，2号原型机被改造为量产型加入现役）。

C－1运输机的主要技术参数：

乘员：5人。

机长：29米。

翼展：30.6米。

机高：9.99米。

翼面积：120.5平方米。

货舱尺寸：10.8×3.6×2.55米。

货舱容积：73.8立方米。

坡道式尾门尺寸：2.67米×2.7米、离地高度1.25米。

空重：23.32吨。

最大起飞重量：38.7吨。

最大载重量：8吨。

载运人员数：步兵60人或空降兵50人。

最大平飞速度：815公里/小时。

巡航速度：657公里/小时。

海平面爬升率：17.8米/秒。

实用升限：11580米。

航程：2400公里（空载）、1700公里（载重2.6吨）、1500公里（载重6.5吨）或1300公里（载重8吨）。

最短起飞距离：460米。

最短着陆距离：600米。

二、C－130H运输机

20世纪80年代初期，日本航空自卫队决定从美国引进C－130H运输机，以弥补国产C－1运输机运量小、航程短的缺点。从1984年到1998年，日本总共从美国引进了16架C－130H，其中编号85－1080的C－130H在2006年开始被改装为KC－130H加油机，所以空自现役完全承担运输任务的C－130H为15架。

C－130 是著名的美国洛克希德公司（现洛克希德·马丁公司）“臭鼬工厂”在 20 世纪 50 年代初研制的一款中型运输机，采用高单翼、四发动机、尾部大型货舱门的机身布局。这一布局奠定了战后中型运输机的设计“标准”，此后绝大多数中型运输机都没有跳出这个框框。

C－130 在设计上最大的特点是其设计彻底的力求满足战术空运的实际要求，因此它非常适合执行各种空运任务。铝合金半硬壳式结构机身大型的尾部货舱门就是一个好例子。这一设计起源于二战中的军用滑翔机，运输机中 C－123 是第一种采用这种设计的型号，但是把这一设计完善并推而广之的是 C－130。该机的货舱门采用了上下两片开启的设计，能在空中开闭；在空中舱门放下时是一个很好的货物空投平台，尤其是掠地平拉空投的时候，在地面又是一个很好的装卸坡道，而且该舱门也是整机气密结构中的重要一环。

C－130 的主起落架舱也设计得很巧妙，起落架收起时处在机身左右两侧旁突起的流线型舱室内，这个设计使得起落架舱不会占用宝贵的主机身空间，大大方便了货舱的设计，且使得主机身的结构能够连续而完整，强度大。另外一个好处是这种设计左右主轮距较宽，在不平坦的简易跑道上稳定性好。当然缺点也很明显：突起的起落架舱增大了飞行阻力，但总体上利大于弊，因此这一设计也为之后的各种运输机沿袭。C－130 起落架舱内还装有用于启动四台主发动机的辅助动力装置，在战地条件下不需要地面设备的帮助就可以起飞或移动。

高单翼也是 C－130 的一大特点，当然此布局第一次被采用不是在 C－130 上。“二战”时高单翼的设计并不流行，因为中低翼布局能令起落架的高度缩短，且制造上较为简易。但随着运输机吨位体积的不断飙升，中低翼设计的缺点越来越突出：增大的螺旋桨使得机翼离地的距离必须增大，但这样的话沉重的机身离地距离也增大了，对机身强度、起落架的要求更高了，装卸货物也很麻烦。因此高单翼在这个时候就很可贵了：即可留出足够离地距离给螺旋桨（也包括翼吊式喷气式发动机），又使得机身能贴近地面。战后大量运输机采用了高单翼布局。C－130 机翼的技术参数为：翼根翼型为 NACA64A318，翼尖翼型 NACA 64A412，上反角 2°30′，安装角翼根 3°，翼尖 0°，1/4 弦线后掠角 0°。全金属双梁受力蒙皮结构，机械加工的整体加强变厚度蒙皮壁板，长度 14.63 米。副翼由普通铝合金制成。串联式液压助力器，由两套独立的液压系统供压。副翼上有调整片。富勒式铝合金后缘襟翼，机翼前缘用发动机引气防冰。

C－130H 是在 20 世纪 60 年代中期定型的，属于 C－130 系列运输机中最重要的改进型，不但是美国空军目前主要的战术空运运输机，同时也是主要的出口型号（先后出口到世界 50 个国家和地区）。该机与之前的型号相比，

C－130H 显著改善了高海拔高温性能，并且降低了燃油消耗率。从 1974 年起，C－130H 运输机换装了新型辅助动力装置和空调系统。

C－130H 运输机主要技术参数：

乘员：6 名。

机全长：29.79 米。

翼展：40.41 米。

机高：11.66 米。

翼面积：162.1 平方米。

货舱尺寸：12.19×3.02×2.74 米。

空重：34360 公斤。

最大起飞重量：79360 公斤。

最大载重量：19050 公斤。

载油量：36416 升（机内＋机翼下副油箱）。

动力装置：4 台美国阿里逊公司 T56－A－15 涡桨发动机，单台功率 4910 马力。

最大速度：620 公里/小时。

巡航速度：550 公里/小时。

最大航程：约 4000 公里。

实用升限：10060 米（空重状态）、7077 米（最大载重状态）。

起飞滑跑距离：约 400—1300 米。

三、波音 747－400 客机

1987 年，日本从美国波音公司引进了 2 架波音 747－400 大型运输机，1991 年交付，总计费用 360 亿日元（约 3.516 亿美元）。这两架波音 747－400 虽然装备给空自，但主要用途却是作为日本政府专用飞机，执行日本政府分派的日本皇室和首相远距离出访专机、政府要人专机、政府层面的运输、海外撤侨等任务。

四、XC－2 运输机

在 C－1 全部服役以及引进了 16 架美制 C－130H 运输机之后，日本航空自卫队的空运能力比以前有了很大提高。但是随着日本自卫队实力的不断增长，无论是 C－1 还是 C－130H 运输机都已不能满足需要，于是寻求运输能力更强、航程更远的大型运输机也就被提上议事日程。实际上，早在 20 世纪 70 年代初中曾根康弘担任日本防卫厅长官时，就曾提出要发展大型军用运输机，并以其作为发展空中预警机和空中加油机的平台。但是中曾根的建议遭到了防卫厅另一位重要官员海原治和当时势力较强的左翼在野党——日本社会党（1996年改组为社会民主党）的强烈反对，结果不了了之。

1991年4月，日本派遣海上自卫队的扫雷艇赴海湾地区，参加多国部队的扫雷作业。这是第二次世界大战结束后，日本首次向国外派兵。1992年6月9日和15日，日本国会参众两院先后通过了《协助联合国维持和平活动法案》，即PKO法案，为日本自卫队在战后40年来走向海外提供了法律依据。同年9月，日本自卫队就开始向柬埔寨派出了维和部队。随后，日本自卫队又向莫桑比克、卢旺达、东帝汶甚至中东的戈兰高地派出了维和人员。日渐频繁的海外派兵，让日本自卫队深感空运的重要。而现役的C-1运量和航程都太小，在海外部署方面发挥不了任何作用，而C-130H的运输量虽然能达到16吨以上（最大可达19吨），但是由于货舱高度和宽度所限，只能装载轻型车辆，无法运送类似日本96式轮式装甲车这样尺寸较大的装备，而且在载重5吨的情况下航程也不过3800公里，同样无法满足远程空运的要求。因此，日本向海外派兵不得不求助美国，甚至租借俄罗斯的安-124。对于这种状况，日本显然很不满意，开始寻求为航空自卫队采购大型运输机。至于是从美国直接购买还是自行研制，日本国内一直存在争议，但是日本最终还是决定自主研发，以提升自己航空工业的实力。

2000年初，日本防卫厅正式提出发展C-1的后继机C-X计划。按照防卫厅最初的意思，是想让C-X和同期计划发展的P-X反潜机共用机身和发动机，也就是两种飞机当做一种飞机来设计。因为如果同时研制这两种飞机，不但技术复杂程度会增加，同时经费负担也会比较重，而如果让这两种新型飞机共用机身和发动机，则可大大降低研发成本和技术难度。

但是，对于C-X和P-X能否共用机身和发动机等问题在日本国内引发了争论。日本海上自卫队认为，从基地设备、鱼雷、反舰导弹、声纳等方面来看，P-X最好采用下单翼布局，机身应该细长以减少空气阻力，全机重量不用太大，有个60吨就够了。而且海自还认为应该装备专门研制的涡扇发动机，这样会带来两个好处，一是能够在很短时间内高空高速飞达目的地；二是可以在搜索海域长时间低空低速飞行。另外出于安全性考虑，P-X最好采用四发。但是日本航空自卫队认为，C-X将来用于战术运输或参加联合国维和、紧急救援等行动，考虑到有可能在不平整或设施不齐全的机场起降，并且要装卸大尺寸装备和货物以及运输空降部队，主张C-X继续沿用C-1的气动布局，机体应该宽大，全机重量要在140吨以上。发动机方面，空自认为C-X在途中不需要变更飞行高度和速度，巡航速度与民用飞机大致相同，因此主张装备民用飞机的大推力涡扇发动机，而且有两台就够了。

为了探讨P-X反潜机和C-X运输机到底有没有共用机身的技术可能

性，日本防卫厅在2000年5月3日委托日本航空宇宙工业会（SJAC）进行两种飞机共用机身的可行性研究。同年7月10日，日本航空宇宙工业会向防卫厅提出了中期研究报告，结论是：从寿命周期成本来看，如果共用机身，则会在燃料消费和装备等方面产生许多浪费，反而会导致出现一种低效率、高耗费的机型。因此，最好是研制适合各自任务的C－X和P－X，实现一部分机身结构和装备共用化，尽可能一起实验各种数据。这样一来，既可以提高效率，又可以比单独研制这两种机型节省近一半的资金。

据此，日本防卫厅决定同时研制C－X和P－X，并将一部分机身结构和装备共用化。共用部分包括：驾驶舱风挡、机翼外段、水平尾翼、综合显示器、飞行控制计算机、惯性导航装置、防撞灯、辅助动力装置（APU）等，总共可以节省250亿日元的研制经费。根据日本防卫厅制定的研制计划，C－X和P－X的研制经费总共约为3400亿日元。

在确定同时研制C－X和P－X以后，日本防卫厅决定采用民间研制体制，要求相关企业提供设计方案，并对其能力进行调查。2001年7月31日，共有7家日本航空企业向防卫厅提交了设计方案。经过审查，日本防卫厅在同年11月26日最终确定以川崎重工为C－X和P－X的主承包商，三菱重工、富士重工、日本飞行机为次承包商的研制模式。

单就C－X而言，设计工作由川崎重工和防卫厅技术研发本部共同负责。生产方面，川崎重工负责生产前机身和平尾，三菱重工负责生产中部和后部机身，富士重工负责生产机翼和垂尾。总装工作由川崎重工岐阜工厂完成。另外还有多家企业参与C－X的生产工作，如东芝负责生产控制装置、神钢电机负责生产机载自卫系统、岛津制作所负责生产空调系统、住友精密工业负责生产起落架等。

C－X的气动布局在2001年确定，2002年进行部分基本设计和细节设计工作。而防卫厅则在2002年开始对美国通用电气公司的CF6－80C2、普·惠公司的PW4000及英国罗·罗公司的遄达500进行考察，以从中确定一款作为C－X的动力装置。

2003年6月12日，C－X的设计图纸通过审核。至此，基本设计阶段已经结束。据统计，参与C－X设计的技术人员总计达1800人。此后，参加协助设计的企业的技术人员将计划图带回原企业，开始进入试制阶段，其中地面试验用的静强度试验机开始制造。同年8月8日，日本防卫厅装备审查会议决定采用美国通用电气公司的CF6－80C2K1F大涵道比涡扇发动机作为C－X的动力装置，每台CF6－80C2发动机的采购价格为1000万美元。

2004年12月2日，日本防卫厅在川崎重工岐阜工厂向外界公开展示了C－X和P－X的全尺寸木制模型。

2005年5月6日，供地面试验用的C－X的疲劳强度试验机开始制造。由于其造价高达15.36亿日元，因此受到外界的格外关注。2006年3月15日，C－X的静强度试验机交付给防卫厅。2007年7月，川崎重工岐阜工厂举行了C－X首架原型机的下线典礼。但由于静强度试验机在6月7日和7月30日的两次强度试验中出现机体结构强度不足的问题（当对静强度试验机加载载荷时，平尾从机身上翘，主起落架也发生弯曲并且接触到机身），所以原定在12月初的首飞被推迟。同时因为上述问题，刚刚升格的日本防卫省还停止了原定从2008财年开始的生产机身的预算。

之后两年，技术研发本部和川崎重工对C－X的结构强度进行了重新计算和试验，最终解决了机身强度不足的问题。在对首架原型机的机身和平尾进行结构补强之后，首架原型机于2010年1月26日在日本航空自卫队岐阜基地成功进行了首飞，同时该机被赋予XC－2的型号编号。在2010年12月出台的《中期防卫力整备计划》中，确定为空自采购10架。2011年1月27日，第二架XC－2原型机也在岐阜基地进行了首飞。

日本国会在2011年和2012年分别批准了2架量产型XC－2，计划在2013年开始部署到设在鸟取县境内的航空自卫队美保基地。然而，鸟取县知事平井伸治在2011年11月指出，只有该机安全性得到确认才允许部署到该县境内。于是，日本防卫省在2012年4月5日决定将XC－2的研发试验周期再延长一年。这样，XC－2进入服役的时间也因此而推迟。

在2013年和2014年，日本国会又分别批准了2架XC－2的采购预算。日本空自计划在2014年服役1架、2015年服役3架、2016年服役2架。届时，XC－2也将正式改称C－2。

XC－2的气动布局与C－1基本相同，也是短粗机身、悬臂式上单翼、悬臂式高置T形尾翼、多轮式主起落架、两台翼吊式喷气发动机、尾部可收放式装卸坡道、前缘缝翼及外吹式襟翼系统等增升装置等。但是C－2比C－1大得多，例如机长、翼展、机高、空重、最大起飞重量分别是C－1的1.51倍、1.45倍、1.42倍、2.5倍和3.75倍。而且C－2也不是完全是C－1的放大设计，存在着许多细节上的不同，主要有：

XC－2的翼型（是指机翼的横截面形状，也称翼剖面）就是新的超临界翼型。与C－1的临界翼型相比，超临界翼型前缘钝圆，上表面平坦，下表面在后缘处有反凹，且后缘较薄并向下弯曲。超临界翼型能提高机翼的临界马赫数，使机翼在高亚音速时阻力急剧增大的现象推迟发生，从而提高巡航速度。不仅如此，超临界翼型还能减轻飞机结构重量；垂直尾翼与机身连接处取消了向前伸出的小背鳍；尾部的两片扰流片面积更大并且向下，可以起到腹鳍的作用；机头、尾端均装有导弹告警系统（MWS）和雷达告警系统

(RWR)；方向舵为两片分割式；液压可收放前三点式起落架中，前起落架为双轮，主起落架为6轮。而且前起落架向后收入机身，主起落架旋转90°向里收入机身两侧整流罩内；主起落架附近增装了辅助动力装置；机身截面呈向上方收缩的梨形。

XC－2还有许多外表看不到的变化：驾驶舱实现玻璃化，采用了综合航电系统和战术运输飞行管理系统，可自动进行航路规划并将路线轨迹显示给驾驶员，并能针对航线上的威胁告警迅速规避航线。由于XC－2的自动化程度远远超过C－1，因此取消了2名飞行工程师，机组乘员减少到3人（正驾驶1名、副驾驶1名、装卸员1名）；采用线传飞控系统；机头整流罩内装有新型导航/气象雷达；机体采用了大量复合材料；货舱内的地板、舱壁进行了全新设计，换装了许多新设备，更有利于装卸车辆和货物。

XC－2的大块头带来的就是运输能力和航程的巨大提升。其货舱尺寸为16×4×4米，可以容纳日本陆上自卫队除主战坦克、155毫米自行榴弹炮等之外的绝大部分装备。XC－2的最大载重量达30吨左右，比C－130H多了10吨。XC－2的可收放式装卸坡道由液压控制，长5.5米。

XC－2所用的CF6－80C2K1F涡扇发动机推力达273.5千牛，2台可提供547千牛的总推力，是C－1所用的2台JT8D－M－9涡扇发动机的4.24倍。再加上超临界翼型的帮助，因此XC－2虽然比C－1大得多，但巡航速度却能达到C－1的1.35倍。

XC－2的转场航程高达10000公里，在载重12吨时航程也可达6500公里。这么大的载重航程远非C－130H可比，更是C－1望尘莫及的，这意味着C－2将使日本自卫队具备强大的战略投送能力。

XC－2运输机的主要技术参数：

乘员：3人。

机长：43.9米。

翼展：44.4米。

机高：14.2米。

空重：60.8吨。

正常起飞重量：120吨。

最大起飞重量：141.4吨。

最大载重量：约30吨。

巡航速度：890公里/小时。

实用升限：12200米。

最短起飞距离：500米。

第九节　日本航空自卫队教练机

教练机是培训飞行员的基本航空装备。日本航空自卫队现役教练机包括49架T－7初级螺旋桨教练机、204架T－4中级教练机、13架T－400多机种教练机和1架由YS－11C改装的YS－11NT导航教练机。

一、T－7初教

20世纪90年代中期，日本航空自卫队提出研制新型初级教练机，以取代20世纪70年代开始服役的T－3A初级教练机。日本富士重工自行开发了KM－2F原型机，在1999年进行了首飞，后被命名为T－5。但因富士重工职员向防卫厅官员行贿的丑闻败露，这项自研方案搁浅。为公正起见，日本防卫厅采用公开招标的方式向全球征集设计方案，而富士重工则与瑞士皮拉蒂斯飞机公司联手，以后者的PC－7 MK2投标。2000年9月，富士重工中标，成为新型初级教练机T－7的承包商。

T－7初教于2002年7月9日首飞，2003年4月开始装备日本航空自卫队防府北基地第12教育航空团。2005年末，静滨基地的第11教育航空团也开始换装T－7。此外，岐阜基地的飞行开发实验团以及滨松基地的第一术科学校也装备有T－7。至2008年停产时，T－7总共生产了49架，单价约2.3亿日元（约224.6万美元）。

T－7保留了许多T－3的设计，两者有不少零部件可以通用，但T－7的机体有所加长，同时T－7也借鉴了瑞士PC－7 MK2的许多设计。该机采用悬臂式下单翼；带长桁、隔板和铝合金蒙皮的全金属半硬壳式结构，玻璃纤维加强塑料整流罩；尾翼为悬臂式全金属结构，方向舵和升降舵带配重，由钢索作动。右侧半升降舵上有调整片，方向舵上装调整/反补偿片，它们都带配重并用电气调整；起落架为液气减震液压收放前三点式起落架，正常及应急均用液压操纵。液压驱动前轮转向。

T－7的动力装置为一台美国阿里逊公司250－B17F涡轮螺桨发动机，最大功率450马力，驱动一部3叶恒速全顺桨带整流罩螺旋桨。两机内油箱位于机翼前缘，燃油系统包括一位于前座舱之前的机内特技飞行油箱，容量12升，允许倒飞60秒钟。翼下中心外挂点可挂两个小型副油箱。

座舱为纵列双座布局，内装两个弹射座椅。后座比前座高15厘米。座椅可在零高度和112公里/小时速度下穿盖弹射。单块座舱盖向右开启，加热通风，座舱盖除雾。

主要电气系统包括30伏、200安起动/发电机和一组24伏、40安小时蓄电池；两台静变流器提供115/26伏400赫交流电。备有地面电源插口。皮托管、静压口和攻角传感器的电热除冰系统是标准装置。氧气系统可从两舱的仪表板上独立选择和控制。

由于T－7是初级教练机，所以机载设备比较简单，包括基本的计算机操纵仪表系统，单套或复式甚高频/特高频/高频电台以及必要的导航和机内通信系统等。

T－7初教主要技术参数：

乘员：2名。

机全长：8.59米。

翼展：10.04米。

机高：2.96米。

最大起飞重量：1585公斤。

最大巡航速度：376公里/小时。

升限：7620米。

二、T－4中教

为了取代老旧的美制T－33和富士重工的T－1A/B，日本防卫厅在1981年制定了“次期中等教练机计划”（MT－X），并向日本国内企业进行招标。1981年9月，川崎重工的设计方案被选中。于是，以川崎重工为主承包商、三菱重工、富士重工和石川岛播磨重工为分包商，开始正式进行研制工作，机型暂定名为XT－4。

1982年，设计工作全部完成。次年开始转入原型机的制造阶段。1985年7月29日，XT－4首架原型机进行了首飞。之后，川崎重工又制造了3架原型机，交给航空开发实验团用于试验和试飞。1988年7月28日，日本防卫厅确认T－4可以投产。同年9月，首架量产型T－4交付日本航空自卫队。至2003年停产时，T－4量产型总共生产了208架。在过去的使用过程中，T－4共有4架坠毁（其中2架是在空中相撞）、4架因2011年“3·11”大地震引发的海啸淹没而损毁，所以目前在役204架（包括4架原型机）。

T－4中级教练机采用悬臂式中单翼，超临界翼型，翼根处相对厚度10.3%，翼尖处7.3%。翼根下反角7°，安装角0°。1/4弦线后掠角27°30′。外翼段弦长加长形成前缘锯齿。机翼主结构为铝合金，具有裂纹扩展速度慢的特点。铝合金双缝后缘襟翼；副翼为平面铰接式，由液压作动筒驱动。无调整片。这种中等后掠角、带锯齿前缘及新的跨音速翼型的机型，以使飞机具有良好的亚、跨音速性能。

机身为常规半硬壳式破损安全结构，主要采用铝合金，在关键部位采用少量钛合金，机身后部有两个减速板。尾翼采用悬臂式结构，所有翼面均有后掠角；平尾采用铝合金梁、肋、蒙皮和 Nomex 蜂窝夹芯结构，全动式有下反角，安装在后机身中部；平尾后缘、垂直安定面和方向舵均为碳纤维加强塑料结构，方向舵和水平安定面由助力器液压操纵。

该机采用液压收放油 - 气减震前三点起落架，均为单轮。主起落架采用本迪克斯公司机轮、刹车和住友公司防滑装置。主轮胎尺寸为 22 ×5.5 ~13.8，压力为 19.31 ×105 帕（19.7 公斤/厘米 2）。主轮向内前方收入机身；萱场公司可转向前轮向前收入机身。前轮胎尺寸为 18 ×4.4 ~11.6，压力为 12.76 ×105 帕（13 公里/平方厘米）。

动力装置采用两台石川岛播磨重工 F3 - IHI - 30 双轴涡扇发动机，推力 16.37 千牛（1669 公斤），推重比 5，耗油率 0.7 公斤/公斤推力·小时，并列安装在中机身。机内载油 2241 升，单点压力加油口在左发动机进气道外壁上。翼下两外挂点可挂 450 升的副油箱。滑油容量为 5 升。

T - 4 采用带圆弧风挡和单片向右开启座舱盖的双座串列加压、空调座舱。双重操纵体制，后座比前座高 27 厘米。弹射座椅为斯坦塞尔公司 SIIIS - 3ER，由大日化学工业公司按许可证生产。座舱带有岛津制作所空调、座舱加压系统；带卢卡斯公司动压杆力器的飞行控制系统；带机上制氧系统。

机载设备包括凯塞公司的平显，霍尼韦尔公司大气数据计算机、姿态航向传感器，特里达因电子公司选择识别系统。这些系统均由日本按许可证生产。日本自产的机载设备包括三菱电机生产的超高频电台、日本电气公司的塔康和日本长野无线电公司的机内通信系统。

T - 4 没有装备固定武器，但翼下有 4 个外挂点，机腹还有 1 个外挂点，可挂副油箱、靶标拖曳设备或电子对抗/干扰物投放器/大气取样吊舱等。进行武器训练时，外挂架可挂机炮吊舱、3 - 4 颗 227 公斤普通航弹或红外制导的近距格斗空空导弹。

T - 4 中级教练机主要技术参数：

乘员：2 名。

机全长：13.02 米（机头空速管长 1.02 米）。

翼展：9.94 米。

机高：4.2 米。

翼弦：3.11 米（翼根）、1.12 米（翼尖）。

机翼展弦比：4.7。

平尾翼展：4.4 米。

翼面积：21 平方米。

主轮距：3.2 米。

前主轮距：5.1 米。

空重：3650 公斤。

正常起飞重量：5500 公斤。

最大起飞重量：7650 公斤。

最大翼载：3.5 千牛/平方米。

最大平飞速度：0.91 马赫。

巡航速度：0.75 马赫。

最大爬升率：50.8 米/秒（海平面）。

实用升限：15240 米。

起飞滑跑距离：549 米。

着陆滑跑距离：670 米。

地面最小转弯半径：9.45 米。

航程：内部燃油 1297 公里（0.75 马赫巡航）；1668 公里（带两个 450 升副油箱）。

转场航程：2600 公里。

过载：+7.33/－3g。

三、T－400 多机种教练机

T－400 是日本空自在 1992 财年从美国采购的“比奇喷气”400T，性能与美国空军使用的 T－1A“樫鸟鹰”双发喷气教练机基本相同，总共 13 架，1994 年交付。该机主要用于培训 KC－767、E－767、YS－11EB、C－130H 等支援飞机的飞行员。

T－400 的原型“比奇喷气”400A 是一种 8 座公务机，在改为军用教练机 T－1/400T 的时候，除个别地方被适当改动外，最大限度地保留了它的全部特征和设计。两者在外观上最明显的区别是 T－400 的舷窗由“比奇喷气”400A 的 12 个减少到 8 个（美国 T－1A 为 6 个）。内部变化包括：加大了燃料的携带量；机翼前缘和挡风玻璃按照军用标准得到了加强；为了减少维护需求，飞机上配单点加油系统；机头的航空电子设备被移至座舱内。

T－400 采用尾吊双发、下单翼、T 形尾翼的常规布局。卵形横截面的机身长 13.15 米，采用了半硬壳式破损安全耐疲劳增压结构。带有上反角的悬臂式下单翼采用三菱重工业公司计算机设计的翼型。1/4 弦线后掠角 20°，展弦比为 7.8，净面积达到 22.43 平方米；相对厚度在翼根处为 13.2%、翼尖处 11.3%；翼根安装角 3°，机翼负扭转角 6°30′。机翼被设计成化学铣切的铝合金蒙皮结构。每个机翼有两个腹板式盒形主梁，形成一个整体油箱。机翼后缘是几乎全翼展的富勒襟翼，在其前端有几乎与其等长的窄弦扰流板，用于滚转操纵，也可作为减速板使用。每个后缘襟翼的外侧有一个小型副翼。机翼前缘有热空气防冰装置，在靠近翼根处有一小型翼刀。具有较大后掠角的垂直尾翼前缘为小型背鳍，与其圆滑过渡，方向舵上有可调调整片。高置可变安装角的平尾翼展 5 米，与垂直安定面形成悬臂式 T 形尾翼。其形状、结构与机翼基本类似，只是后掠角更大。机身尾部靠近垂尾处有一对细小的边条，尾锥下面有一狭长带切角的腹鳍。

T－400 采用液压可收放的前三点式起落架，主轮距 2. 84 米，前主轮距 5. 86 米。前、主起落架均为单轮结构并带油－气减震器，安装有固特异公司机轮和刹车装置。主起落架向内收入机身，可转弯操纵的前起落架向前收起，有应急自由下落放起落架的装置。因起落架支柱较短，使机身在地面停放时距地面较近，可方便地勤人员日常维护。

T－400 的动力装置为 2 台普·惠 JT15D－5F 涡扇发动机，单台推力 12. 9 千牛（1315 公斤）。

T－400 多机种教练机主要技术参数：

机全长：14. 76 米。

翼展：13. 26 米。

机高：4. 24 米。

空重：4558 公斤。

最大起飞重量：7303 公斤。

最大平飞速度：0. 78 马赫。

实用升限：12495 米。

航程：3135 公里。

第十节　日本航空自卫队的其他飞机

除了战斗机、预警机、侦察机、教练机、运输机等作战和支援飞机之外，日本航空自卫队还拥有一些其他用途的飞机，分别是 3 架 U－125 导航设备检查飞机、23 架 U－125A 搜救飞机、5 架 U－4 多用途支援飞机。

一、U－125 和 U－125A

U－125 和 U－125A 的原型都是英国 BAE 系统公司民用飞机分公司研制

的 BAe125－800 型双发公务机。日本航空自卫队在 1994 年引进装备，其中 U－125A 原有 25 架，但有 2 架在 2011 年“3·11”地震海啸中被淹而损毁，所以目前在役 23 架。

U－125 和 U－125A 机体结构相同，主要特点如下：

机身为全金属圆截面半硬壳式破损安全结构。

机翼为悬臂式下单翼，英国航宇公司翼型，相对厚度翼根处 14%、翼尖处 8.35%；上反角 2°，安装角翼根处 2°5′42″、翼尖处－3°5′49″；1/4 弦线后掠角 20°。全金属双梁破损安全结构，可卸前缘。手操纵质量补偿副翼，带随动调整片。液压操纵四位置双缝襟翼。机翼上、下表面有减速板，采用联动操纵。前缘由液态系统防冰或除冰。

尾翼为悬臂式全金属结构，带固定安装角的平尾装在垂尾上面。较大的背鳍。手动操纵面。方向舵和升降舵上有随动调整片。平尾前缘有液态防冰或除冰系统。

起落架为液压可收放前三点式，双轮结构，前起落架向前收起，主起落架向内收入机翼。油－气减震器。前起落架可转弯操纵。邓禄普公司主轮，轮胎尺寸 23×7－12。前轮无内胎轮胎，尺寸 18×4.25－10。三盘式液压刹车系统，主轮带有防滑装置。

动力装置为 2 台加雷特公司 TFE731－5R－1H 涡扇发动机，安装在后机身两边的短舱内，单台推力 19.13 千牛（1951 公斤），可选用德·哈维兰公司研制的反推力装置。发动机进气道由发动机引气防冰。两个机翼整体油箱，总油量 4820 升。后部机身下部有一油箱，载油量 854 升。机腹油箱有单点压力加油装置。每个翼尖附近有加油口。

驾驶舱完全隔音、隔热，并且装有空调，舱内载两名飞行员，双操纵系统。客舱标准布局可载 8 名乘客。前后均有一行李舱。机上还设有厨房、衣柜和厕所。每个座位还配有阅读灯、通风口和氧气面罩。带登机梯的舱门位于左前方，右侧机翼上方有一应急出口。电加热风挡防冰。

机上液压系统压力 186～207×105 帕（190～211 公斤/厘米 2），用于操纵起落架、襟翼、扰流片、前轮转弯、主轮刹车和防滑装置。两个蓄压器由发动机引气增压，一个用于主系统供压，另一个在主系统发生故障时提供机轮刹车压力。直流电源系统包括两台 30 伏 12 千瓦由发动机驱动的起动/发电机和两个 24 伏 23 安小时镍镉电池。交流电源系统包括两台 1.25 千伏安静态变流器，一台 250 伏安备用静态变流器和两对用于风挡防冰、由发动机驱动的 208 伏 7.4 千伏安交流发电机。另外，机上还装有加雷特公司 GTCP－30－92 辅助动力装置。

机载设备为美国柯林斯公司标准数字式电子设备，包括：两部 VHF－22A

通信电台、一部628T－3HF通信电台、两部VIR－32导航雷达接收器、两部ADF－60B、两部AHS－85姿态和航向测定系统、两部DME－42测距设备、两台TDR－90空中交通管制应答器、一部WXR－300气象雷达、两部APS－82大气数据系统、APS－85自动驾驶仪、两套EFIS－85B－2电子飞行仪表系统、ALT－55无线电高度表、惯性和GPS导航系统。此外，机上还装有环球公司GNS－1000飞行管理系统。

U－125主要是进行导航设备检查，机上装有自动飞行导航检查系统。

U－125A主要用于空中对地面和海面进行搜索和救援，为此机身两侧设有专门的救生用品投放口。该机最关键的搜索设备是装在机腹整流罩内的APQ－2搜索雷达，该雷达实际上是美国雷神公司和东芝公司合作生产AN/APS－134LW雷达，其中雷神公司空间和机载系统部负责提供接收机－激励器－同步器处理机和天线支座，东芝公司负责提供发射机和天线反射器，同时雷声公司还负责供应备件，提供维修和技术支持。AN/APS－134LW能够360度全向扫描，可提供高性能的空中导航、气象探测、远距离小目标搜索和探测能力，这是日本航空自卫队执行搜索和救援任务所要求的。该机的另一种重要的搜索设备是一台三菱电机制造的前视红外系统，装在机身下方的一个可收回容器内。此外，该机还携带有搜救所需的灯光/浮标，同时还在机身两侧分别设有6个供目视搜索用的舷窗。

U－125和U－125A主要技术参数：

机组人员：7名（其中飞行员2名、任务人员5名）。

机全长：15.59米。

翼展：15.66米。

机高：5.37米。

空重：7350公斤。

最大起飞重量：12750公斤。

最大速度：980公里/小时。

航程：5560公里。

实用升限：43000英尺。

二、U－4

U－4的原型是美国湾流公司生产的“湾流”4型公务机，日本航空自卫队在1995年引进装备了5架，主要用作日本首相中短距离出访的专机、政府要人专机、灾区巡视等。

“湾流”4的机翼采用悬臂式下单翼轻金属结构，副翼和扰流片由碳纤维材料制成，先进的平屋顶式压力分布翼型，NSA翼梢小翼，简单副翼、液压操纵带恢复手控装置，单缝富勒后缘襟翼，在每个机翼的上表面12%弦长处紧接后缘襟翼前有3个扰流片，差动副翼用于横滚操纵，也可作为减速板使用，左副翼上有可调的调整片，前缘由发动机引气防冰。机身为全金属半硬壳轻合金破损安全增压结构，座舱地板和驾驶舱由碳纤维材料制成。尾翼为悬臂式轻合金T型尾翼，方向舵和平尾的某些构件由碳纤维材料制成，平尾和垂尾均为后掠构型，方向舵和升降舵上有可调调整片，液压操纵带恢复手控装置。

动力装置为2台罗尔斯－罗伊斯公司斯贝MK611－8涡扇发动机，单台推力5500公斤。驾驶舱装有先进的阴极射线管显示器和数字式电子设备。

U－4主要技术参数：

乘员：2名。

载员：14－19名。

机全长：26.9米。

翼展：23.7米。

机高：7.44米。

翼面积：88.29平方米。

空重：16100公斤。

最大起飞重量：33203公斤。

最大速度：943公里/小时。

巡航速度：943公里/小时。

航程：7820公里。

实用升限：13715米。

第十一节　日本航空自卫队的直升机

对于日本航空自卫队来说，直升机的作用在于搜救和短距离运输。目前，日本空自现役的直升机包括36架UH－60J搜救直升机和15架CH－47J（LR）运输直升机。

一、UH－60J

1988年，日本航空自卫队决定从美国引进搜救直升机，选中了西科斯基公司在UH－60“黑鹰”通用直升机基础上衍生的HH－60A“铺路鹰”搜救直升机，但要求对其进行改进，这就是UH－60J。其基本可以视作美国后来发展的 HH－60G“铺路鹰”的简化型日本版。

按照美日签订的合同，日本三菱重工按许可证生产 UH－60J，以取代自卫队的川崎－伏托尔 KV－107“海骑士”。该机的 T700 发动机则由石川岛播磨重工按许可证生产。

1991 年初，三菱重工向日本空自交付了首架自行生产的 UH－60J，1992 年形成作战能力。至 2010 年，三菱重工共向空自交付了 42 架 UH－42J。截至 2014 年 2 月，42 架中有 1 架因事故坠毁、5 架在 2011 年“3·11”地震海啸中被淹而损毁，1 架在 2014 年 2 月退役，因此现役数量为 36 架。而空自采购 UH－60J 的动作仍在继续，所以未来该机的数量还会增加。

UH－60J 与通用型“黑鹰”在机体结构上区别不大，为单旋翼带尾桨结构。主旋翼采用 4 片桨叶的铰接式旋翼，桨叶采用在低速和高马赫数时能满足升力要求的高升力翼型（SC－1095），相对厚度 9.5%。为了避免前行桨叶在巡航飞行时产生气流分离，桨叶中段翼面的前缘下垂，后缘有调整片。从桨根到桨尖扭转 18°，桨尖后掠 20°。每片桨叶由中空钛合金椭圆形大梁、Nomex 蜂窝芯、石墨后缘和桨根、玻璃钢/环氧树脂蒙皮、塑料前缘配重以及钛合金前缘包条、凯夫拉桨尖等组成。桨叶的设计使用寿命无限，可抵御 23 毫米炮弹打击。充压并装有气压表保证整片桨叶结构完整和破损安全。桨毂用钛合金整体锻造而成，桨毂上采用弹性轴承，不需润滑，减少了零件数量，维护工作量减少 60%。桨毂顶上装有双线减摆器。桨叶可人工折叠。旋翼主轴可放低，以便存放和空运。尾桨采用碳纤维复合材料制成，安装在尾斜梁之后的垂尾右侧，安装角相对轴线向左倾斜 20°。尾桨有 4 片桨叶，其翼型与主旋翼桨叶相同。旋翼和尾桨的每片桨叶前缘都有电加温防冰覆盖层。

UH－60J 安装两台石川岛播磨重工许可生产的 T700－IHI－701A 发动机，单台最大功率 1800 轴马力，持续功率 1662 轴马力。主减速器由三个单元体组成：两个伞齿轮单元体和一个游星齿轮单元体。每个单元体都有各自独立的润滑系统和故障报警系统。发动机输出功率通过两个伞齿轮单元体传递到游星齿轮单元体并车。由于采用单元体结构形式，简化了维护工作，在外场条件下，用普通扳手即可更换。整个传动系统可在无润滑条件下干运转 30 分钟。中间减速器和尾减速器用滑油润滑。

UH－60J 与机身比较扁平，为半硬壳式轻合金抗坠毁结构。4 条纵向龙骨梁和 4 个主要承力框连接在一起。直升机坠毁后，乘客生存率达 85%，驾驶舱可承受垂直坠毁速度为 11.5 米/秒。机身也同时能承受向前 20g 和向下 10g 的碰撞。驾驶舱门、座舱罩、整流罩和发动机外壳都使用玻璃纤维等复合材料。

平尾面积较大，可改变迎角，其操纵系统可感受空速、总距杆位置、俯仰姿态变化率以及横向加速度的变化。直升机悬停时，平尾迎角为 +34°，自转下滑时迎角为 -6°。平尾有两套电驱动装置和一套人工操纵的备用装置。尾梁可迅速从尾斜梁前面向右折叠，以便运输和停放。

UH-60J 与通用型“黑鹰”在外观上的主要区别是前者在机体两侧配备了上翘的直到外部油箱系统（ETS）、外部救援绞车，机头安装了日本制造的搜索雷达和前视红外吊舱，同时还安装了气泡式侧窗。机舱可内置 4 副担架。编号 48-4579 之后的 UH-60J 加装了导弹接近告警系统（MAWS），并改进了航电设备。为了与之前的 UH-60J 区别，这些改进型称为 UH-60J（SP）。涂装方面，UH-60J 最初是黄白相间，现改为蓝色为主调的海洋迷彩。进入 21 世纪后，日本空自还给编号 98-4588 的 UH-60J 加装了空中受油探杆。另外，日本空自还陆续在 UH-60J 机体两侧舱门处加装 5.56 毫米口径米尼米机枪。

2010 年 11 月 5 日，日本防卫省和三菱重工联合发布了 UH-60J+ 生产计划，在 20 年内生产 40 架，逐步取代 UH-60J。UH-60J+ 的最大变化是采用了新型航电设备，座舱实现了玻璃化，并且全部加装空中受油探杆以及新型自卫系统。

UH-60J 主要技术参数：

乘员：5 名。

机全长：19.76 米。

机身宽：2.36 米。

旋翼直径：16.36 米。

机高：5.13 米。

空重：4819 公斤。

正常起飞重量：9900 公斤。

最大起飞重量：11100 公斤。

最大速度：265 公里/小时。

巡航速度：235 公里/小时。

转场航程：2200 公里（带 2 具副油箱）。

正常航程：1295 公里。

实用升限：4000 米。

二、CH-47J（LR）

在 20 世纪 80 年代中后期，日本陆上自卫队和航空自卫队都选择了美国波音公司的 CH-47D“支努干”重型直升机作为运输之用。按照美日签订的合同，日本川崎重工将许可生产 CH-47D 的改进型，称为 CH-47J。但与陆自 CH－47J 不同的是，空自的 CH－47J 提高了后机轮的姿态与液压控制能力，以利搜救任务。

就外观而言，CH－47J 很好辨认，因为它的纵列双旋翼与众不同。CH－47J 的两个纵列旋翼安置在机身上方，两台发动机则外置在机身后部，发动机通过一条安装在机身顶部的传动轴驱动前旋翼。这种设计意味着 CH－47J 的的机舱和外挂点不受机体结构影响，机舱长而平直，三个外挂点也容易布置。在 CH－47J 机尾处有一个可放倒的跳板式机舱门，装载货物非常简便。小型车辆可通过这扇门自由进出机舱。另外机上还有两个大尺寸的侧门。纵列双旋翼的另外一个好处是不像其他直升机那样需要一个尾桨来平衡旋翼的扭矩，动力效率高。但也有一些缺点，如两个旋翼必须同步避免互相间的碰撞。而且因为 CH－47J 尺寸较大，加上两个旋转翼展达 20 米的旋翼，整架飞机起降时影响到的范围达 100 米。而最大的缺点在于旋翼重叠，产生的气流相互干扰，导致较大幅度的功率损失，因此至今也只有极少数直升机采用了这一布局。

CH－47J 两副纵列反向旋转的 3 片桨叶旋翼由协调轴驱动，以保证每一台发动机都能驱动两副旋翼。前面的一副旋翼反时针旋转（从上往下看）。玻璃钢旋翼桨叶，其翼型为波音直升机公司 VR7 和 VR8，前缘弯曲，由 D 形玻璃钢大梁和 Nomex 蜂窝芯与交叉铺设的玻璃纤维层形成的蒙皮构成。旋翼桨叶一旦被 23 毫米穿甲燃烧弹和高爆燃烧弹射中后，直升机仍能安全返回基地。所有桨叶能由 4 人在 40 分钟内折叠好。桨毂为全铰接式。所有轴承完全浸没在滑油中。可选装旋翼刹车装置。旋翼转速为 225 转/分。

机身正方形截面半硬壳式结构。驾驶舱、机舱、后机身和旋翼塔基本上为金属结构。机身为等截面，下半部分为水密隔舱，能在水上起降。

CH－47J 采用不可收放的四轮式起落架，两个前起落架均为双轮。两个后起落架为单轮，可以自由转动 360°，但动力操纵转向装置只装在右起落架上。所有起落架全装有油－气减震支柱。所有机轮都装有起落架刹车装置，每个后起落架上有液压刹车，刹车片为三块，前起落架的每个轮子上也有单盘液压刹车，主要用于停机刹车，也可用于滑行刹车。

两台由川崎重工许可生产的 T55－K－712 涡轴发动机，安装在后旋翼塔两侧的发动机短舱内。单台发动机连续功率为 3149 轴马力，应急功率为 4600 轴马力。机身两侧的整流罩内各有一个自密封压力加油抗坠毁油箱，总燃油量为 3914 升。滑油量为 14 升。

驾驶舱可坐两名驾驶员，备有两套操纵装置，另有一副折叠椅供机长或战斗指挥员使用。驾驶舱两侧舱门可以抛掉。根据座位的排列，主机舱内可乘坐 33－55 名武装士兵，或载 24 副担架及两名护士，或装载车辆及货物。

典型装载方案是一个炮兵排，包括人员和弹药。挤压镁合金地板能承载 14.36 千牛/平方米均布载荷，沿轮道部位的承载能力每轮为 11.14 千牛。地板上有 83 个能承力 22.26 千牛的系留环和 8 个能承力 44.52 千牛的系留环。后货舱门跳板可以全部或部分打开，也可以拆掉，以便运输特别长的货物和用降落伞投放或自由投放货物或装备。右前方的主舱门分为两段，上段带有铰链，飞行中可以打开，下段附有台阶，下段是可抛的。机上有 3 个外部吊钩。中央吊钩能吊运的最大载荷为 11793 公斤（当挂吊单一样货物的时候必须使用这一挂钩），另两个分别在机身前部和后部的吊钩各吊运 7711 公斤或前后吊钩共同吊运 10433 公斤。后货舱门跳板可以动力收放，防水挡板可使该跳板放在水面上；此外，还有前后货钩，转场用油箱，外部救援绞车，以及风挡雨刷等装置。

该机标准的航空电子设备包括：ARC－199 高频电台、柯林斯公司 ARC－186 超高频/调幅调频电台、ARC－164 超高频/调幅通信电台；C－6533 机内通话器；AN/APX－100 敌我识别器；APN－209 雷达高度表；AN/ARN－89B 无线电罗盘；AN/ARN－123 伏尔/下滑信标台/指点标接收机和 AN/ASN－43 陀螺磁罗盘。仪表飞行用的标准飞行仪表有 AN/AQU－6A 水平位置指示器，多余度自动飞行控制系统。任务设备包括：AN/APR－39A 雷达告警接收机；ALQ－156 导弹告警设备；M130 箔条/曳光弹发射器。标准设备有用于救援和吊运货物的液压绞车、后视反射镜、维护工作用的工作平台和脚踏板；可选装拆卸大部件用的固定拉绳和吊杆。

初期型 CH－47J 由于机内燃油量较低，航程较短；后期型在机货舱内加装了 3 个辅助长航程油箱，每个油箱容量为 3028 升，使最大燃油总量（包括机内油箱和辅助油箱）达到了 12998 升，显著提高了航程，所以改称 CH－47J（LR），即远程型 CH－47J。另外，CH－47J（LR）还换装了新的惯性和 GPS 导航系统，机头加装了气象雷达，可选装前视红外系统和飞行员夜视镜，使得夜间飞行能力大幅增强。在进入 21 世纪后，日本空自逐渐淘汰了 CH－47J，目前在役的只有 15 架 CH－47J（LR）。

CH－47J（LR）主要技术参数：

机全长：30.18 米。

机身长：15.54 米。

机身宽：3.78 米。

旋翼直径：18.29 米。

旋翼面积：260 平方米。

机高：5.68 米。

空重：10184 公斤。

最大起飞重量：22680 公斤。

最大速度：315 公里/小时。

巡航速度：265 公里/小时。

正常航程：750 公里。

转场航程：2060 公里。

实用升限：5640 米。

第十二节　日本航空自卫队机载武器

由于日本航空自卫队被严格限制拥有远程攻击能力，因此其战机挂载的武器主要是空空导弹、空舰导弹；对地武器只有炸弹和火箭弹，没有导弹。

一、空空导弹

日本空自所有型号战斗机均可使用空空导弹进行近距格斗空战或者中距拦截空战，现役空空导弹种类较多，包括美制 AIM－9L/M 近距格斗导弹、AIM－7F/M 半主动雷达制导中距空空导弹、AIM－120B/C5 主动雷达制导中距空空导弹，日本自研的 90 式近距格斗导弹（AAM－3）、04 式近距格斗导弹（AAM－5）和 99 式主导雷达制导中距空空导弹（AAM－4）。日本自研的空空导弹都是由三菱电机公司主持设计的，同时日本防卫省下属的技术研究本部也参与了研制工作。

1. AIM－9L/M 格斗空空导弹：

AIM－9“响尾蛇”导弹是世界上第一种红外寻的格斗空空导弹。该弹采用鸭式气动布局，舱面与弹翼前后呈 X－X 形配置；全弹由制导控制舱、引信与战斗部、动力装置、弹翼和舵面组成。除 AIM－9X 之外的各型号“响尾蛇”导弹在气动布局和结构组成上均无改变，主要是结构尺寸稍有变化以及元器件性能的改进。

制导控制舱内装导引头，主要包括位标器、电子组件和伺服组件三部分。红外位标器是由陀螺光学装置、电磁线圈、致冷器等组成，用于探测目标位置信息；电子组件由电子元件、连接件和固态电路组成，用其将目标信息转换成跟踪和制导指令信号；伺服组件主要包括燃气发生器、气缸、活塞、摇臂、电磁线圈等，用其把制导电信号转换成控制舵的操纵力矩。

引信由目标探测器——红外或激光近炸引信、触发引信、安全和解除保险装置等组成，可在导弹接近或命中目标时适时引爆战斗部。

战斗部采用普通装药的破片杀伤战斗部，用来摧毁目标。

动力装置采用一台微烟固体火箭发动机，为导弹提供前进的推力。

弹翼为4个梯形弹翼，呈X型配置在弹身尾部。每个弹翼的后部外侧都装有一个防滚陀螺舵，其作用是对导弹的滚动进行阻尼，以保持导弹稳定。

舵面为4个三角形的控制舵，呈X型配置于制导控制舱后部，可产生控制力，使导弹按控制指令飞向目标。

AIM-9L/M是“响尾蛇”家族的第三代。它们的共同战术特点是能全方向、全高度、全天候作战。共同技术特点包括：导引头用了氩致冷的锑化铟探测器，从而提高了探测距离和灵敏度；采用固态电子组件，从而提高了可靠性；舵面形状改为双三角形，弹翼加大翼展，改善横滚稳定性能，显著提高机动性能；改善了引信性能，提高了炸点精确度；采用微烟固体火箭发动机，提高了发射隐蔽性。

两者的区别在于：AIM-9M将AM-9L的主动红外引信换为主动激光近炸引信，控制炸点的精确度更高；导引头换为红外/紫外双色导引头，能辨别敌机发动机尾管温度与热焰弹的差别，提高了抗红外干扰能力，具备在复杂背景中追击目标的能力；固体火箭发动机的排烟量更小。此外，AIM-9M还具备雷达瞄准能力，即载机可先用雷达锁定目标机，导弹从雷达接收目标数据之后，飞行员即可发射导弹。此时，AIM-9M会根据刚刚自发射载机上所接收的数据朝目标的大致方向飞去。待接近目标时，再自行以本身的红外导引头搜索目标，所以具备初步的视距外攻击能力。

AIM-9L/M“响尾蛇”导弹作战使用过程可分为载飞、发射、攻击三个阶段。

载飞阶段：由载机电源通过发射装置给导弹供电；起动座舱中的致冷开关，在最佳温度范围内给红外探测器连续致冷。进入空战状态时，驾驶员起动导弹发射电路。当识别、显示出目标时，位标器电锁打开，开始跟踪目标；连续跟踪目标后，准备发射导弹。

发射阶段：按预定发射程序进行。发射时，先起动弹上的热电池组，给引信中的目标探测器供电，使其开始工作；使伺服组件开始工作；最后把热电池组的电压加到火箭发动机点火器上点火并接通引信电路。

攻击阶段：当导弹飞离载机达到安全距离时，引信解除保险；在制导系统的作用下飞向目标；到达目标近前，引信作用，使战斗部引爆来打击敌机。

目前，日本空自AIM-9L/M空空导弹共有4514枚，可由空自F-15J/DJ、F-4EJ改和F-2A/B战斗机挂载。

AIM-9L/M导弹主要技术参数：

弹长：2.87米。

弹径：127 毫米。

翼展：0.64 米。

弹重：87 公斤。

战斗部重：9.5 公斤高爆破片式（AIM－9L）、12 公斤高爆破片式（AIM－9M）。

最小射程：500 米。

最大射程：17.7 公里。

迎头射程：7.5 公里。

最大飞行速度：2.5 马赫。

最大机动过载：35g。

最大使用高度：25000 米。

最大跟踪角速度：22 度。

最大离轴发射角：28 度。

2. 90 式格斗空空导弹：

该导弹是日本三菱电机公司在引进的美国 AIM－9L“响尾蛇”导弹基础上研制的，因此两者在结构及外形上很相似。但是，作为 AIM－9L 的仿制改进型，90 式也有一些自己的独特之处。最明显的区别是 90 式空空导弹的 X 字型鸭式舵面的根部前缘有尖锐的狗牙形边条，其作用是为了减小激波对鸭翼的影响，从而改善鸭翼的操纵效率；吸取了法国“魔术”R550 在气动外形布局上的优点，尾部弹翼呈小翼展矩形，并取消了 AIM－9L 尾舵后缘的陀螺舵。

90 式空空导弹采用大长细比弹体，鸭式气动布局，弹翼与尾翼前后呈 X－X 形配置。全弹从前到后分为导引头舱、控制舱、战斗部舱、动力舱。其中导引头舱装有日本电气公司（NEC）研制的红外/紫外双色导引头，有良好的抗背景干扰和红外干扰弹的能力。控制舱装有电子组件、电池、伺服组件（主要包括燃气发生器、气缸、活塞、摇臂、电磁线圈等，用其把制导电信号转换成弹翼的操纵力矩），在控制舱外有脐带电缆；战斗部舱装有小松制作所研制的重达 39 公斤的破片式杀伤战斗部、NEC 公司研制的主动激光近炸引信/触发引信、保险解除及点火装置（发射后，导弹向弹体斜前方发射激光束，当侧面的传感器接收到反射波后即引爆战斗部。同时该引信装备大量传感器进行激光束的发射和接收，可以精确测定目标象限，从而保证战斗部可以定向打击目标）；动力舱装有一台由石川岛播磨公司研制的高能微烟固体火箭发动机，燃烧时间约 2 秒。

与 AIM－9L“响尾蛇”空空导弹相比，90 式空空导弹的作战包线得到扩展，转弯速度提高，离轴发射角增大，抗红外干扰能力和命中概率也有所提高，杀伤威力更是大大超过 AIM－9L。但是，战斗部重量的大幅增加使得发动机燃料相应明显减少，因此最大射程大大小于 AIM－9L。日本研制 90 式空空导弹的主要目的就是为了取代 AIM－9L，目前该导弹服役数量为 1936 枚，配备于日本空自 F－15J/DJ、F－4EJ 改以及 F－2A/B 战斗机。

90 式空空导弹主要性能参数：

弹长：3.1 米。

弹径：127 毫米。

舵面翼展：0.587 米。

弹翼翼展：0.43 米。

弹重：90.7 公斤。

最大射程：5000 米。

最小射程：300 米。

最大速度：2.5 马赫。

最大使用高度：15000 米。

最大使用过载：35g。

3. 04 式格斗空空导弹：

该导弹是日本航空自卫队为了取代 90 式空空导弹而研制的，其外形与欧洲的 IRIS－T 新型格斗空空导弹很相似。但实际上 04 式与日本研制的其他空空导弹一样，也非全新设计，而是在 90 式空空导弹基础上发展的。因为 04 式基本沿用了 90 式的弹体结构，只是采用了正常式气动布局。弹翼与尾翼前后呈 X－X 形配置，其中 4 片弹翼布置在弹体中后部，外形结构是类似于 IRIS－T 那样的边条翼（既提高机动过载，又起加强筋的作用）；4 片全动尾翼形状为切角矩形。04 式空空导弹的弹体尾部采用了类似美国 AIM－9X 的设计，装有推力矢量装置。

04 式空空导弹采用了 NEC 公司研制的凝视焦平面阵红外成像导引头，有很强的探测和识别目标能力，并有很高的抗自然和人工红外干扰能力。此外，该导弹还装有环形激光陀螺，使得导弹的转弯速度提高，离轴发射角增大，平衡环由两轴（方位角和仰角）增加到三轴（方位角、仰角和横滚），确保导引头能够向任何方向作大角度转动，扩大了视界，并且具备发射前锁定和发射后锁定的功能，可对目标实施全向攻击。当该导弹采用发射后锁定时，初段和中段采用指令＋惯性制导，末段改为红外成像自动寻的；当导弹采用发射前锁定时，全程都采用红外成像制导。

04 式空空导弹的战斗部为小松制作所研制的定向高爆破片式杀伤战斗部，配用 NEC 公司研制的新型激光近炸引信/触发引信；发动机为新型高能微烟固体火箭发动机，燃烧时间比 90 式导弹的发动机时间长，使射程提高到了 35 公里，具备了一定的超视距攻击能力。

与90式空空导弹相比，04式空空导弹在大离轴角发射能力、全向攻击能力、制导能力、机动过载、射程等方面都有了飞跃性的提高，整体技术性能与AIM－9X、IRIS－T、“阿斯拉姆”等不相上下，是世界第四代格斗型空空导弹的佼佼者。性能先进，价格自然也就不菲。据介绍，每枚04式空空导弹的生产单价高达6000万日元（58.6万美元）。另外，要想充分发挥04式空空导弹的性能，日本航空自卫队还必须为飞行员配备头盔瞄准具。为此，日本岛津制作所自行研制了供F－15J/DJ战斗机飞行员使用的头盔瞄准具（F－2A/B战斗机目前还无法使用04式空空导弹。为此，日本航空自卫队提出将对04式做进一步改进，以便让该导弹最终能挂载到F－2A/B战斗机上）。

空自目前实际装备04式格斗空空导弹110枚，并计划再采购400枚以上，配备F－15J/DJ战斗机使用。

04式空空导弹主要性能参数：

弹长：2.86米。

弹径：126毫米。

翼展：0.44米。

弹重：83.5公斤。

最大速度：3马赫。

最大射程：35公里。

4. AIM－7F/M中距空空导弹：

AIM－7“麻雀”空空导弹是美国雷神公司从20世纪40年代末开始研制的，到60年代初发展成熟并开始投入装备。在半个多世纪的发展期内，AIM－7的外形从初始型号到最终型号变化很大，但是到使用最广泛的AIM－7E/F/M型之后逐渐稳定。其弹体为细长圆柱弹体，头部呈尖卵形，有4个全动式十字形三角弹翼位于弹体中部，4个固定的三角形舵面位于弹体尾部。全动弹翼和舵面在弹身上的配置为串联X－X型。弹体内部从前到后依次为：雷达半主动导引头舱、自动驾驶仪舱、舵机舱、战斗部和引信保险执行舱，最后是火箭发动机舱。

AIM－7F是在20世纪70年代初开始改进的，1976年开始服役，其动力段配备了新的MK58 Mod.2双推力固体火箭发动机，可以让导弹达到更远的射程；导引控制端由固态电子元器件组成，可靠性有了提高；此外还换装了大威力战斗部。但AIM－7F有个缺点，就是对从地面反射的雷达信号抵抗力低，在低空进行下视下射时尤为如此。

AIM－7M是AIM－7F的改进型，1982年开始服役。该导弹配备了新型逆向单脉冲导引头、无线电近炸引信、数字控制电路，弹体也做了流线型处理以便减少空气阻力，导弹的低空作战性能有了很大改进。该型导弹参加过

1991年的海湾战争，在战争中表现优异，击落了多架伊拉克空军的战机。

日本空自现役AIM－7F/M中距空空导弹数量为3098枚，配备于日本空自F－15J/DJ、F－4EJ改以及F－2A/B战斗机。

AIM－7F/M空空导弹主要性能参数：

弹长：3.66米。

弹径：203毫米。

弹翼翼展：1.02米。

舵面翼展：0.81米。

弹重：231公斤。

战斗部：39公斤MK71高爆破片式（AIM－7F）、40公斤WDU－27/B定向高爆破片式（AIM－7M）。

最大速度：4马赫。

最大射程：70公里。

5. AIM－120B/C5中距空空导弹：

AIM－120是由美国空海军于1976年9月提出需求报告，1977年提出招标方案。1978年12月选定休斯飞机公司（现并入雷神公司）的设计方案，1982年进入全面研制阶段。经过近10年的研制和试验，终于在1991年装备美国空军，2年后装备美国海军。到现在为止，AIM－120已经发展了AIM－120A/B/C三种改进型号，正在发展AIM－120D。

AIM－120弹长3.65米、弹径178毫米、翼展（A型）635毫米。由于高速飞行时的升力主要由弹体产生，所以AIM－120采取了大长径比弹体，使得其高速飞行性能较好；AIM－120的弹翼和尾翼均为三角形，而且弹翼翼展比老式AIM－7“麻雀”减小了48%，保证了低速飞行时有良好的机动性。AIM－120B/C为增加载机挂弹量，对弹翼和尾翼进行了切尖设计。

AIM－120采用初中段惯性制导、末段主动雷达制导的复合制导方式，结构上都分为制导舱、战斗部舱、发动机舱和控制舱。其中AIM－120B的制导舱型号为WGU－41/B，AIM－120C5的制导舱型号为WGU－44/B，里面装有一部直径114毫米的高频平板阵列雷达导引头，用于发射和接收射频信号，主动作用距离20公里。该导引头具有发射功率高、频带宽、工作可靠的特点。正是这种主动雷达导引头的出现，使得AIM－120具有了“发射后不用管”的能力。不仅如此，制导舱内的电子组件包括可擦写的预编程存储器（EPROM）、数字处理器，如果要提升性能，只要改变软件即可，大大节省了时间和费用。电子组件主要作用是为导引头产生激励信号，惯性基准装置根据机载雷达测得的目标数据，在发射初段和中段对导弹进行指令修正。

AIM－120B的战斗部为WDU－33/B型定向高爆预制破片战斗部，重23

公斤，内装高能炸药、MK44 Mod1 预制成型弹丸（198 颗）、FZU－49/B 型主动雷达近炸引信和 4 根天线，可对目标进行定向打击；AIM－120C5 的战斗部为 WDU－44/B 定向高爆预制破片战斗部，重量减轻到 18 公斤，并采用了可编程引信，杀伤准确性更高。

AIM－120B/C5 的动力装置为一台 MK52 Mod2 型双推力固体微烟火箭发动机，重量为 70.3 公斤，它使导弹的速度可以达到 4 马赫。

日本空自现役 AIM－120B/C5 中距空空导弹数量为 125 枚，配备于日本空自 F－15J/DJ 战斗机。

AIM－120B/C5 中距空空导弹主要技术参数：

弹长：3.66 米。

弹径：178 毫米。

弹翼翼展：0.533 米（AIM－120B）、0.447 米（AIM－120C5）。

舵面翼展：0.635 米（AIM－120B）、0.447 米（AIM－120C5）。

弹重：157 公斤。

最大速度：4 马赫。

最大射程：50－70 公里（AIM－120B）、105 公里（AIM－120C5）。

6. 99 式空空导弹：

该导弹是日本自行发展的第一种中距空空导弹。尽管该导弹在外形上与美国的 AIM－120C 很相似，但实际上 99 式空空导弹并没有借鉴 AIM－120 的设计，而是在日本航空自卫队现役装备的美制 AIM－7F“麻雀”半主动基础上改进发展来的。这样做的好处是既可降低研制风险，又可充分利用现有的 AIM－7F 弹体组件和悬挂发射装置，另外还能使导弹与载机的整合工作大大简化。

99 式空空导弹采用大长细比、小翼展、尾部控制的正常式气动外形布局。弹翼与尾翼前后呈 X－X 形配置，其中布置在弹体中部的全动弹翼采用与 AM－120C 相似的切尖三角形（其中一对弹翼可差动偏转，起横滚稳定作用），起纵向稳定作用的全动尾翼采用梯形。全弹从前到后分为导引头舱、战斗部舱、控制舱和动力舱。

导引头舱内装小型弹载主动毫米波雷达、电子组件、惯性基准装置、电池组、线束以及结构部件等；战斗部舱内装小松制作所研制的定向破片杀伤战斗部、激光近炸引信/触发引信、保险解除及点火装置（带 1 个安全离机距离测定装置）。弹载计算机利用导引头获得的目标距离和接近速度等信息，计算出最佳引爆延迟时间，输给引信引爆战斗部装药，以获得最佳杀伤效果；控制舱装有陀螺仪、弹载计算机、电池、伺服组件和数据链天线，并通过螺栓与火箭发动机尾裙上的钢制壳体相连；动力舱装有一台由石川岛播磨公司研制的新型高能微烟双推力固体火箭发动机，延长了燃烧时间，同时通过搭载装备的小型化相对增加了燃料舱的容积，再加上阻力最小的弹体结构设计和飞行控制方式，从而使射程得到了大幅提高。

99 式空空导弹的制导体制采用惯性制导 + 数据链 + 主动雷达末制导相结合的复合制导，提高了导弹的有效发射距离，并获得发射后不管和多目标攻击能力。

尽管该导弹在 1999 年定型，但是其整体性能与美国的 AIM－120C 相比并不占什么优势，特别是 99 式导弹挂载时不但需要 MIL－STD－1553B 数据总线支持，还需要装备专用的信号发送装置，而能同时满足这两个要求的只有少量经过 MSIP（多阶段改进计划）改进的 F－15J/DJ 战斗机。

日本空自现役 99 式空空导弹中距空空导弹数量为 440 枚，单价 6000 万日元（58.6 万美元）。日本空自计划再采购 200 枚以上，均配备于日本空自 F－15J/DJ、F－2A/B 战斗机。

为了继续提高 99 式空空导弹的性能，并拓展其应用范围，当时的日本防卫厅从 2004 年起开始实施一项"搭载主动雷达寻的导弹研究"的项目，总投资约 28 亿日元。在此改进项目中，99 式空空导弹的主要改进之处包括：提高主动雷达导引头的自导距离；开发先进的信号处理技术，并改善中段制导性能，以提高导弹对大离轴目标的反应及攻击能力；提高抗干扰能力；改善弹体结构，使导弹能更好的对付大机动目标；降低导弹的杀伤低界，使其能够拦截巡航导弹；提高信号发送能力，扩展挂载的载机范围；进一步降低成本等。这种经过多项改进的 99 式空空导弹被命名为 99 改（AAM－4B），目前已经完成性能试验及在 F－2A/B 战斗机上的挂载试验。据日本防卫省介绍，新的 99 改空空导弹的生产单价约 8000 万日元（83.3 万美元）。

99 式空空导弹的主要性能参数：

弹长：3.667 米。

弹径：203 毫米。

翼展：0.8 米。

弹重：222 公斤。

战斗部重：40 公斤。

最大速度：4－5 马赫。

最大射程：100 公里。

二、空舰导弹

反舰作战是日本空自的一项重要任务。目前日本空自用于反舰作战的平台主要是 F－2A/B，其反舰武器是 80 式和 93 式亚音速空舰导弹。另外，日本还在研制 ASM－3 超音速空舰导弹。

1. 80 式空舰导弹：

该导弹也称 ASM－1，是由三菱重工业公司和防卫厅技术研究部联合研制的亚音速近距空舰导弹，也是战后日本自行研制的第一型反舰导弹。

80 式空舰导弹的正式研制工作开始于 1973 年，1977 年完成第一批样弹的空中发射试验；1978 年由日本防卫厅在东京西部约 300 公里处进行了第二批样弹发射试验，由 T－2 教练机搭载发射（共发射 8 枚，2 枚为无制导弹、6 枚为制导弹）。1979 年 3 月的海上目标发射试验共试射了 11 枚导弹，攻击海上固定目标；同年 6 月又发射 10 枚导弹并转入作战发射试验，1979 年 8 月正式定型并于 1980 年初投入批量生产，三菱重工（该项目的主承包商）以每年 20－30 枚导弹的慢速度组织生产。1981 年装备部队，军用编号为 80 式空射反舰导弹，日本防卫厅在 1978 财年共订购 158 枚 ASM－1 导弹，当时的单价为 38.5 万美元（1984 年单价 43.8 万美元）。至 1996 年停产时为止，总产量约 350 枚。

80 式空舰导弹采用正常式气动布局，4 片前缘后掠大三角形稳定弹翼位于弹体中部，4 片前缘后掠小三角形控制舵面位于弹体尾部。弹翼和尾舵呈 X 形配置，处于同一平面。弹体头部带半圆形整流罩，两侧各有 1 个内装各舱段电气连接导线的长边条，尾部呈平底形。整个外形几乎就是美国“鱼叉”反舰导弹的翻版。弹体内部采用模块化舱段结构，从前到后分为 4 个舱段：导引头舱、控制舱、战斗部舱和发动机舱。导引头舱内装三菱电子公司的单脉冲主动雷达导引头；控制舱内装日本航空电子设备公司的惯性导航系统、日本无线电公司的 ANV－7 调频连续波无线电高度表以及自动驾驶仪和电池组；战斗部舱内装 200 公斤平头式半穿甲爆破战斗部，配用触发延时引信和近炸引信；发动机舱段内有 1 台固体火箭发动机，在尾喷管周围装有电动舵机系统。

80 式空舰导弹最大特点在于其良好的通用性，日本航空自卫队的 F－4EJ 改、F－2 战斗机和海上自卫队 P－3C 反潜巡逻机等现役飞机都能挂载。当 F－2 飞机挂载 ASM－1 执行反舰任务时，其攻击程序与马岛战争时阿根廷战机使用空舰型“飞鱼”导弹攻击英国舰艇的程序大体相同。海上自卫队的 P－3C 反潜巡逻机或者航空自卫队的 E－2C“鹰眼”预警机发现敌舰后，将目标数据送给 F－2 等战斗机。F－2 接到攻击敌舰的命令后，挂 2 枚 80 式空舰导弹和 900 升副油箱立即起飞，一般采用“高－低－高”航线。从高空到低空的下降时间根据敌舰的探测能力来改变。起飞后的 F－2 战斗机利用机载导航系统从高空进入战区，超低空接近目标，距目标约 60 公里时，为捕捉目标迅速跃升。一旦机载雷达将取得的目标信息输入导弹后，80 式空舰导弹即可发射。发射后，导弹下降到掠海高度 15 米，按惯性制导方式巡航飞行，接近目标后主动雷达开机，完成目标搜索和跟踪，进行最后的弹道微调，在突破敌舰的电子干扰、箔条云和近防武器系统弹幕后命中目标。日本自卫队宣称，80 式空舰导弹的命中概率很高，基本可达 90%。

在 80 式空舰导弹进入现役 5 年后，航空自卫队责成三菱重工开发射程更远的改进型。1986 年，三菱重工开始增程型 ASM－1C 空舰导弹的研制工作，在保持基本气动外形不变、导引头和战斗部完全相同的情况下对导弹结构进行了优化设计，使其发射重量由 ASM－1 的 600 公斤降低到 510 公斤，射程达到了 65 公里。1992 年 ASM－1C 设计定型并开始服役，航空自卫队赋予其军用编号 91 式空射反舰导弹。由于 ASM－1C 和 ASM－1 采用完全相同的固体火箭发动机，动力性能并没有实质性改善，因此射程增加有限，从分代上说它仍属于日本第 1 代反舰导弹。

80 式空舰导弹主要技术参数：

弹长：4 米。

翼展：1.19 米。

弹径：350 毫米。

发射重量：610 公斤。

战斗部装药重：150 公斤高爆装药。

制导方式：中段惯性＋末段主动雷达制导。

发射高度：760－3048 米。

巡航高度：15 米。

最大射程：50 公里。

速度：0.9 马赫。

2. 93 式空舰导弹：

由于 80 式和 91 式的性能不能完全满足空自需求，因此三菱重工、防卫厅技术研究本部又合作研制了全新的 ASM－2 空舰导弹。研制工作于 1988 年全面铺开，1990 年－1993 年进行了全面试验，1994 年正式投产，1995 年开始装备航空和海上自卫队，可供空自 F－2、F－4EJ 改战斗机和海自 P－3C 巡逻机使用，军用编号 93 式空舰导弹。其中航空自卫队装备 243 枚。

93 式空舰导弹与 80、91 式相比，总体性能要好得多。首先是以 TJM－2 涡喷发动机取代原来的固体火箭发动机，其进气口位于弹体下部，新的动力系统使导弹最大射程增至 170 公里，优于美国“鱼叉”导弹。其次是以红外热成像导引头取代原来的主动雷达导引头，该导引头采用红外照相机和图像处理系统，以图像来识别目标与诱饵，同时跟踪预定的瞄准点，因此具有很强的抗电子干扰能力。战斗部采用塑料粘性炸药 PBX，爆炸力增强。此外，

93 式导弹的弹翼采用复合材料的隐身结构制造，弹体和弹翼涂有吸波材料，具备一定的隐身能力。在进入 21 世纪后，日本空自又为 93 式空舰导弹增加了 GPS 制导系统，并将这种改进型称为 93 改（ASM－2B）。

93 式空舰导弹主要技术参数：

弹长：3.98 米。

弹径：350 毫米。

翼展：1.19 米。

弹重：530 公斤。

巡航速度：0.9 马赫。

制导方式：中段惯性＋末段红外成像制导（93 式）、中段惯性/GPS＋末段红外成像制导（93 改）

3. ASM－3 空舰导弹：

在 1997 年后，日本开始第三代空舰导弹的预研工作。新型导弹的研制工作仍然由三菱重工承担，尽管目前日本官方对这方面的公开资料极少，整个研制工作尚在帷幕之后，但根据各个渠道透露出的信息，我们仍可以总结出日本新一代反舰导弹的特点。

显然，新型反舰导弹的开发根据发射平台的不同分为两种型号：ASM－3 超音速空舰导弹和 SSM－2 亚音速岸舰导弹，分别满足空自和陆自的需求。基于远射程、高速度的要求，新一代反舰导弹的动力系统将有革命性的变化。原来的固体火箭发动机和涡喷发动机都将被摈弃，新的动力系统将在冲压发动机和速度可控的高推力陶瓷涡喷发动机之间做出选择。日本一直在与美国国防部合作研制新型冲压发动机，而速度可控的高推力陶瓷涡喷发动机的研制工作已经取的重大进展。日本希望凭借新的动力系统可以使 SSM－2 岸舰导弹的射程达到 250 公里，ASM－3 超音速空舰导弹射程超过 100 公里（组合循环式火箭发动机加速，冲压发动机巡航）。在制导技术方面，目前日本防卫省正在为这种新导弹考察各种具有抗被、主动干扰能力的制导方案，其中包括主动雷达制导、被动雷达寻的和红外成像导引头。新型反舰导弹的战斗部采用高冲击型贯穿战斗部，增强了对目标重要部位的破坏能力。

ASM－3 超音速空舰导弹项目从 1998 年开始拨款，1998 年度列入日本防卫厅技术研究本部有关导弹武器的研究开发项目共 10 项，经费总额约为 340 亿日元（约 3.32 亿美元）。目前，ASM－3 仍处于试验阶段。日本空中自卫队打算用 ASM－3 装备 F－2A/B 支援战斗机，海上自卫队则将用 ASM－3 装备 P－3C 反潜巡逻机。

三、空地武器

日本空自现役的空地武器包括 JM－117 和 MK82 普通航弹、CBU－87/B

集束炸弹、日本自研的227公斤红外制导炸弹、美制227公斤GBU－38/B型JDAM炸弹、70毫米火箭弹。

JM－117是日本仿制的美国M－117型炸弹。该炸弹于20世纪50年代装备，长2.06－2.16米，弹径0.408米，重340公斤，内装183公斤特里托纳尔高能炸药。日本空自给JM－117选择的载机是F－4EJ改。由于该炸弹过于老旧，目前正在退役。也有消息说，JM－117现在已经全部退役。

MK82是美国在20世纪40年代末开始研制的低阻炸弹，弹体呈流线型，弹长2.22米，弹径273毫米，重227公斤，内装87公斤特里托纳尔高能炸药。由于该炸弹性能较好且价格低廉（单价仅268.5美元），因此被世界许多国家采购。日本空自现役的F－4EJ改、F－2A/B、F－15J/DJ战斗机均可挂载MK82。

CBU－87/B集束炸弹即“综合效应弹药”（CEM），是由美国航空喷漆通用公司和霍尼韦尔公司在20世纪80年代研制成功的。该集束炸弹长2.33米，弹径0.4米，重430公斤，弹体内装一个SUU－65B撒布器、12种时间选择模式的引信和202个BLU－97/B综合效应子弹药。每个子弹药有饮料罐大小，内装有数百个预制破片，爆炸杀伤半径为25米。作战时，载机投下CBU－87/B，在高度100－1000米左右单体外壳打开，接着撒布器抛撒子弹药，然后子弹药打开小降落伞能保持前部朝下。集束炸弹抛洒子弹药时的转速、高度、速度决定子弹药覆盖范围，一般可形成约200米×400米的杀伤区域。

227公斤红外制导炸弹是日本防卫厅技术研究本部在1985年根据航空幕僚监部的要求研制的，1991年定型。该炸弹实际上是在美制MK82炸弹上加装日本自研的91式制导套件（包括红外导引头、控制尾翼）而成，性能比较先进。该炸弹的装备，使空自具备了精确对地攻击能力。日本空自现役F－4EJ改、F－2A/B、F－15J/DJ战斗机均可挂载该炸弹。

GBU－38/B是美国波音公司在MK82炸弹基础上研制的一种227公斤JDAM，装有KMU－572/B制导舱和尾翼套件。其中制导舱内装有惯性/GPS制导系统，使命中精度达到了10米以内。2003年9月18日，美国空军B－2A战略轰炸机在尤他靶场进行了投放80枚GBU－38/B的试验，轰炸目标为长度不到1609米的模拟小型机场。试验中，每枚GBU－38/B以不同的攻角和航向，各自攻击预定目标，许多炸弹直接命中目标，试验效果非常令人满意。从2005年开始，美空军开始正式装备GBU－38/B。日本航空自卫队是在2010年左右引进GBU－38/B的，主要配备给F－2A/B战斗机。目前，日本空自还计划引进美国GBU－54/B小直径炸弹，以取代CBU－87/B集束炸弹。

70毫米航空火箭弹是日本许可生产的美制“九头蛇”，主要是用于打击地面集群目标。日本空自现役F－4EJ改、F－2A/B、F－15J/DJ战斗机均可使用70毫米火箭弹。

第十三节 日本航空自卫队地面防空系统

日本航空自卫队十分重视地面防空系统建设，认为这是实现防空作战的核心力量。从1968年到1978年，日本历时十年之久研制成功了“巴其”防空自动化指挥系统，就是采用甚高频、特高频通信线路将全国28个雷达站、航空总队的作战指挥所和各航空方面队防空管制与作战指挥所连成一个整体。另外，该系统还配备1套机载数据传输线路，供空地通信使用。一旦发现入侵目标，该系统可指挥当时的F－4EJ战斗机在3.5分钟内投入空战。20世纪80年代后期，日本又研制成功了新“巴其”系统，主要由40个雷达站、13架E－2C组成，与中央指挥所、E－2C预警机及作战飞行部队和防空导弹部队的指挥系统连为一体，实现了情报、通信、控制等全自动实时处理。

之后，日本空自不断对“巴其”系统进行更新，融入了新的地面对空雷达和E－767的发型预警机，使整体预警能力有了飞跃性的提升。在J/FPS－5雷达部署之前，日本空自装备地面对空雷达包括11部J/FPS－2、7部J/FPS－3/3改、6部J/FPS－4以及10多部许可生产的美制AN/FPS－6（日本称J/FPS－6）、AN/FPS－20（日本称J/FPS－20S）固定式雷达，数量不详的J/TPS－101（M－3D改）、J/TPS－102等机动式雷达。这些雷达在探测距离、多目标处理、抗干扰等能力方面居于世界一流水平。

在部署方面，各型远程对空雷达沿日本海岸成环型配置，对周边海空域实施24小时警戒监视，对2万米高空目标探测距离为650公里；对1万米高空目标探测距离为390—460公里；对3000米中空目标探测距离为180—240公里；对1000米低空目标探测距离为120公里。另外，空中的E－767和E－2C能够对300—450公里的战斗机目标实现预警，特别是对低空巡航导弹的探测距离提高了一倍，并能引导己方数十架战斗机实施拦截。整个新“巴其”系统可自动综合处理预警系统所获得空情，从发现目标到发出战斗指令，整个过程仅需7—10秒。

不过，“巴其”系统对弹道导弹的预警能力较弱。而日本认为周边国家的弹道导弹力量在20世纪90年代之后有了巨大提升，对日本的安全“构成了巨大威胁”。以此为借口，日本一方面提升海自“宙斯盾”舰的战区反导能力，另一方面是为空自地面防空系统研制导弹预警雷达。从2008年开始，日本空自开始部署最新研制成功的J/FPS－5大型陆基相控阵雷达。到2012年初，日本空自分别在鹿儿岛县下甑岛、新泻县佐渡、青森县大凑、冲绳与座岳分别部署了一部 J/FPS－5 雷达，形成了对弹道导弹的陆基预警雷达网。

J/FPS－5 雷达采用相控阵天线，雷达主体呈六棱形，高度达到了 34 米，三面装有 3 面雷达天线，主天线阵面直径达 18 米，最远探测距离超过 1200 公里。

近两年，日本空自还开始部署新的 J/FPS－7 雷达，以提高对隐身飞机、巡航导弹等低可探测目标的探测能力，同时作为 J/FPS－5 雷达的协作者来进一步提升对弹道导弹的探测能力。其中第 1 部 J/FPS－7 雷达于 2012 年在冲永良部岛开始阵地建设，第 2 和第 3 部 J/FPS－7 雷达于 2013 年分别在高畑山及宫古岛开始阵地建设，第 4 部 J/FPS－7 雷达于 2014 年开始在见岛开始阵地建设。日本空自计划 4 部 J/FPS－7 雷达能够在 2016 年全部投入使用。此外，日本空自还从美国引进 AN/TPY－2 型 X 波段机动式导弹预警雷达，进一步提高对周边国家弹道导弹的预警能力。

AN/TPY－2 是美国“战区高空区域防御系统”（THAAD）的火控雷达，主要负责目标探测与跟踪、威胁分类和弹道导弹的落点估算，并实时引导拦截弹飞行及拦截后毁伤效果评估。AN/TPY－2 雷达探测距离远、分辨率高，战略战术机动性好，既可单独部署成为早期弹道导弹预警雷达（前置部署模式），也可和 THAAD 系统的发射车、拦截弹、火控和通信单元一同部署，充当导弹防御系统的火控雷达（末端部署模式）。

AN/TPY－2 雷达由美国雷神公司研制，组成部分包括天线、电力系统、冷却系统和主动力系统。雷达天线面积为 9.2 平方米，发射/接收阵元数为 25334 个，阵元峰值功率可达 16 瓦，雷达平均功率约 60－80 千瓦。由于该雷达采用波长较短的 X 波段和巨大的雷达阵面，雷达波束非常窄，其分辨率非常高，对弹头具有跟踪和识别能力，能识别假弹头，能将目标从诱饵或弹体碎片中识别出来。该雷达的探测距离最远可达 2300 公里（目标雷达反射截面积为 100 平方米），对 1 平方米雷达反射截面积的目标探测距离达 1700 公里。高分辨率和超远的探测距离使 AN/TPY－2 雷达成为世界上最大、性能最强的陆基机动弹道导弹预警雷达。

防空武器方面，日本航空自卫队现役装备有美制“爱国者” PAC－2/3 防空导弹系统、日本自研的 81 式和 11 式防空导弹系统、91 式便携式防空导弹、M167 型小口径高炮。其中“爱国者” PAC－2/3 主要装备 6 个高射群，负责要地防空和反导；81 式、11 式近程防空导弹系统、91 式和 91 式改便携式防空导弹，小口径高炮负责航空自卫队基地的防空。

1.“爱国者” PAC－2/3：

“爱国者” PAC－2 系统是美国雷神公司和洛克希德 · 马丁公司联合研制

的中远程防空导弹系统，主要由“爱国者”PAC－2导弹及其发射车、AN/MPQ－53多功能相控阵雷达、AN/MSQ－104交战与火力控制站（FCS）和其他支援设备（如电源车）等组成。“爱国者”PAC－2以连为基本火力单元，包括1部AN/MPQ－53多功能相控阵雷达、1个AN/MSQ－104交战与火力控制站（FCS）、1辆天线车、5－8部四联装导弹发射架和1辆EPP－III电源车。

“爱国者”PAC－2导弹采用无翼式气动布局，弹体为圆柱形，头部为尖锥形，控制翼面呈十字形配置，位于弹体底端，前缘后掠，后缘平直。战斗部为90公斤高爆破片式（每个破片重45克，共有700个破片），引信为M818E2近炸式（该引信有双锥波束：窄波束用于对付飞行速度较快的导弹目标，宽波束用于对付飞行速度较慢的飞机目标），动力装置为一台双推力固体火箭发动机。“爱国者”PAC－2导弹在中段飞行中采用惯性加指令修正制导，末段采用TVM制导。“爱国者”PAC－2导弹的四联装发射架装在1辆M901型拖车上，发射架上的发射箱外形为长方形，有多道垂直于射向的加强箍，前方有液压杆支撑，发射角固定为38度。拖车由1辆M977高机动卡车牵引。

“爱国者”PAC－3导弹系统虽然仍沿用了“爱国者”的名号，但其包括雷达、火控软件、交战与火力控制站、导弹都与“爱国者”PAC－2明显不同。主要表现在：对AN/MPQ－53相控阵雷达应用了新的行波管和激励器，使其变成了AN/MPQ－65，探测距离几乎提升了1倍，并且能生成更多的波形。随着新的分类、分辨和识别技术的改进，雷达能够捕获小目标，并从诱饵和碎片中分辨出真实的导弹战斗部；改进通信系统，增加联合信息分发系统使用能力；升级交战与火力控制站，使控制站与发射车之间的最大允许距离增加到30公里，从而显著增加了火力单元防御面积；新型火控软件可执行雷达的所有改进功能，可使导弹系统识别出弹道导弹发射点，并传送给战区指挥官；“爱国者”PAC－3导弹长径比更大，体积和重量大为减小，使原来“爱国者”PAC－2导弹的四联装发射架容弹量猛增至16枚（即每个发射箱容纳4枚），火力强度得到了飞跃性提升；发射拖车换为M902型。所以，严格意义上讲，“爱国者”PAC－3是一种全新的防空导弹系统。

“爱国者”PAC－3导弹是世界上第一种动能武器，具有很强的机动性，机动过载达100g，专用于反导，也可以用于拦截攻击导弹阵地的高速反辐射导弹。“爱国者”PAC－3导弹由一级固体助推火箭、制导设备、雷达导引头、姿态控制与机动控制系统和杀伤增强器等组成。它没有战斗部，而是动能杀伤目标，可以更有效地拦截速度更快、射程更远的弹道导弹，尤其是对射程1000公里内的战术弹道导弹和化学弹头有良好的拦截能力。制导方式采用C波段半主动＋Ka波段全主动雷达制导。

日本航空自卫队是从1989年开始引进美制“爱国者”PAC-2导弹系统的，至1996年引进完毕，装备了所有6个高射群，共24个高射队（相当于导弹连），每个高射队是一个标准的火力单元，包括1部AN/MPQ-53多功能相控阵雷达、1个AN/MSQ-104交战与火力控制站（FCS）、1辆天线车、5部四联装导弹发射架和1辆EPP-III电源车。

2004年，日本空自以朝鲜弹道导弹发展迅速对日本本土安全构成严重威胁为由，从美国开始采购“爱国者”PAC-3来增强反导能力。2007年3月30日起，日本空自陆续装备“爱国者”PAC-3导弹系统。到2014年4月为止，日本空自6个高射群中，第1高射群4个高射队（第1、2、3、4高射队）、第2高射群4个高射队（第5、6、7、8高射队）、第4高射群4个高射队（第12、13、14、15高射队）、第5高射群的2个高射队（第17、18高射队）、第6高射群的第21高射队、高射教导队的2个教导队（第1、2教导队）及第2术科学校均换装了“爱国者”PAC-3导弹系统，总计18个火力单元、90部四联装发射架。按每部发射架装填16枚“爱国者”PAC-3导弹计算，那么导弹总数达1440枚。

在2013年12月日本内阁决定的《中期防卫力整备计划》（平成26年度-平成20年度，即2014年—2018年）中，日本还将为空自引进更先进的“爱国者”PAC-3 MSE导弹，以提高拦截射程更远、速度更快的中远程弹道导弹的能力，拦截距离增加到35公里。此外，日本空自还酝酿引进美国THAAD战区反导系统。

“爱国者”PAC-2/3主要技术参数：

弹长：5.8米（“爱国者”PAC-2）、4.8米（“爱国者”PAC-3）。

弹径：410毫米（“爱国者”PAC-2）、250毫米（“爱国者”PAC-3）。

翼展：0.84米（“爱国者”PAC-2）、0.51米（“爱国者”PAC-3）。

弹重：900公斤（“爱国者”PAC-2）、320公斤（“爱国者”PAC-3）。

作战高度：24000米（“爱国者”PAC-2）、15000米（“爱国者”PAC-3）。

射程：对飞机160公里（“爱国者”PAC-2）、对导弹20公里（“爱国者”PAC-2）、对导弹20公里（“爱国者”PAC-3）、对导弹35公里（“爱国者”PAC-3 MSE）。

最大飞行速度：5马赫（“爱国者”PAC-2）、6-7马赫（“爱国者”PAC-3）。

2. 81式防空导弹系统：

在20世纪60年代初，日本防卫厅技术研究本部与东芝公司联手为日本陆自研发的用于低空近程防空的新型防空导弹系统，1981年定型，命名为81

式。1983 年，日本空自也采购了 81 式，用于基地防空。

一套 81 式近程防空导弹系统由导弹、两辆发射车和一辆火控雷达车组成，人员编制 15 人。两种车辆均由 73 式 6×6 卡车改装。其发射装置为 4 联装发射架。发射车通常配置在离火控车约 300 米半径范围内。火控车用 100 米长电话线与发射架相连。

配有相控阵雷达的火控车是 81 式火控和制导系统的核心。其相控阵雷达是一部多功能、多目标的脉冲多普勒三坐标雷达，既能电子扫描，又能机械扫描。它能同时跟踪 6 个目标，攻击其中 2 个目标。81 式导弹属红外近程防空导弹，按最大射程 6000 米、最大速度 2.4 马赫的性能要求，采用普通制导方式足矣。它却要用探测距离比射程远数倍的相控阵雷达制导，让人觉得很奢侈。其实，日本防卫厅此举另有用意。81 式相控阵雷达不单可给 81 式导弹进行火控制导，还能为其他防空武器指引目标，乃至利用它的机动性能去充当"救急雷达"，成为低空补盲雷达网的"活动"部分。81 式系统是世界上第三种投入实用的相控阵防空导弹系统，也是第一个并且是唯一在近程防空导弹系统上运用相控阵技术的。

81 式系统组成为导弹、发射车和火控车，以排为火力单元，每个导弹排装备两辆导弹发射车和一辆火控车，总人数为 15 人。作战时，发射车通常配置在离火控车周围 300 米半径范围内，火控车用 100 米长的电话线与发射架相连，互相传递信息和通话联络。

81 式导弹采用正常式气动布局，弹体为一细长的圆柱体，气动布局采用无前翼常规式，在弹体中后部装有 4 个后掠角非常大的弹翼，控制翼在导弹尾部。弹翼均按十字形配置，并处在同一平面上。虽然东芝公司嘴上说 81 式导弹是自行研制的，但从弹体结构上看，明显仿英国"轻剑"导弹的布局，仅将头锥改为圆形，以便于装红外导引头。

81 式导弹平时放在充氮气的包装箱内密闭保存，只有装填导弹时才打开。动力为一台单级固体火箭发动机，最大推力为 8400 公斤。战斗部重 9.7 公斤，最初杀伤方式为连续杆式，后来改为破片杀伤式以提高对高速作战飞机的杀伤概率。出于保险考虑，战斗部在使用无线电近炸引信的同时，还有备份的触发引信，近炸状态的有效杀伤半径为 5－15 米。按设计指标，导弹在 10 年内不必开箱检查。

81 式导弹的导引头为 4.1 微米波长的被动红外导引头，与美国"毒刺"导弹类似，采用了宽视场探测器和旋转调制盘，旋转频率为 1－3 千赫。另外还装有噪声抑制器，以便消除探测器接收的噪声、调制盘自身产生的噪声和背景噪声对红外导引头的影响。导弹发射前，红外导引头扫描宽度由地面火控计算机进行程序控制，将扫描带宽缩的非常窄，这样可以避免阳光干扰，

81 式导弹受阳光干扰的平均死角约为 1.5 度。

81 式的雷达－导弹控制回路采用了瞄准线指令制导体制，这种制导体制非常适于近程低空防空导弹，其优点是弹上的制导系统构成简单，弹道算法外推复杂程度比其他形式低，由此弹上设备量也可以下降，便于实现多传感器复合制导。当 81 式导弹发射后由弹上自动驾驶仪按预定飞行程序控制先爬升飞行，同时相控阵雷达也为导弹提供目标信息，当导弹具备一定高度速度后，红外导引头启动开始捕捉目标，当跟踪上目标后，由导引头提供信息，另外相控阵雷达的信息也输入到自动驾驶仪中进行数据融合，最后得出目标的真实方位。

81 式防空导弹主要技术参数：

弹长：2.7 米。

弹径：160 毫米。

翼展：0.6 米。

弹重：100 公斤。

作战高度：3000 米。

射程：7000 米。

最大飞行速度：2.4 马赫。

3. 11 式近程防空导弹：

1999 年，日本防卫省技术研究本部开始研制 81 式近程防空导弹的后继型号，研制阶段称为"短 SAM（改 II）"。在审批 2011 年度财政预算时，该导弹以"11 式近程防空导弹"的名称出现在防卫省的预算申请表上，外界始知其确切名称。

有关该导弹的技术性能，目前鲜有资料介绍。只知其将火控雷达和发射装置集成到了一辆车上，其中陆自采购的 11 式用 73 式军卡作为平台，而空自采购的则用高机动车作为平台。在 2011 财年和 2012 财年，日本航空自卫队分别采购了 1 套和 4 套。

4. 91 式和 91 式改便携式防空导弹：

该导弹由防卫省技术研究本部和东芝公司联手研制，用于取代美制"毒刺"便携式防空导弹，它也是世界上第一种采用红外成像制导的防空导弹。

91 式导弹外形犹如一根细棍，头部为卵圆形。导弹从前向后以此是导引头舱、制导舱、战斗部舱、发动机舱和助推器。气动布局采用鸭式布局，弹体前部有 4 片折叠式活动翼面，导弹出筒后展开。弹尾有 4 片控制尾翼。

导弹平常封装在筒内，发射筒集成有瞄准具、发射机构、电池和敌我识别天线（单片式，类似于方形下水道井盖）。

91 式的导引头采用红外/电视双模导引头，提高了抗红外干扰能力。

2002年，东芝公司又开始研制91式的改进型，以便对付低可视、机动性更好的低空目标，2007年定型投产，称为91式改，研制费用26亿日元（约2540万美元）。

与91式相比，91式改的最大不同是采用了凝视红外成像导引头，具备极强的夜间作战能力、抗红外干扰能力和全向攻击能力。战斗部采用定向高爆战斗部，杀伤能力很强。引信为触发引信。发动机为一台改进的小型微烟固体火箭发动机。

91式便携式防空导弹主要技术参数：

弹长：1.43米。

弹径：80毫米。

系统全重：17公斤。

弹重：9公斤。

射程：5公里。

射高：1.5公里。

最大速度：1.9马赫。

5. 小口径高炮：

日本空自装备的小口径高炮型号为M167型，其实就是将美制M61型76倍口径20毫米6管加特林机炮与光电火控系统集成在一起而成，对空射速3000发/分，对地面目标1000发/分，初速1030米/秒，有效射程1200米，有效射高900米，高低射界－5°—＋80°，方向射界360°。

第六章
日本防卫政策变迁

“二战”之后，影响和决定日本防卫政策的关键因素是两大法律体系：《日本国宪法》与“日美安保条约”。《日本国宪法》第9条规定：“日本国民衷心谋求基于正义与秩序的国际和平，永远放弃作为国家主权发动的战争、武力威胁或使用武力作为解决国际争端的手段。为达到前项目的，不保持陆海空军及其他战争力量，不承认国家的交战权”。正是由于这一条的存在，《日本国宪法》也被称为和平宪法。按照宪法规定，日本不能拥有正式军队，而且不得行使集体自卫权，当然也就更谈不上什么向海外派兵了。然而“日美安保条约”却要求日本协助美军行动，用日本的资源为美国的战略目的服务。也就是说，日本宪法第9条是明确日本不能做什么，明确了其防卫政策的基本原则，如“专守防卫”、“无核三原则”等；而“日美安保体制”却要求日本应该做什么。因此，两大法律体系实际上是相互矛盾、相互排斥的。

由“日美安保条约”形成的日美安保体制对日本战后的防卫所起的作用是根本性的、实质性的，它甚至动摇了和平宪法对日本战后防卫所做的种种限制。日美安保体制的一个最主要的原则就是日美双方相互合作并相互提供防卫，日本承担相应的增强军备的义务。由于美国的根本目的并不是要扮演保卫日本本土安全的“卫士”，而是要利用日本作为对抗苏联的冷战前沿阵地，这就注定了美国将利用这个体制对日本提出要求、开发日本潜在资源的发展趋势。

表面上看，日美安保体制将日本的军事行为限定在了日美同盟关系的框架下，但与宪法第九条的严格限定相比，日本反而在这个安全同盟的框架内找到了发展自己防卫力量的空间。与美国保持合作、维护与美国的同盟关系成了日本扩大军事力量、发展军事技术“理所当然”的借口。日本在防卫问题上的种种突破，其法理根源并不在于宪法赋予它这样的权力，但其之所以敢进行扩大性解释，并一再突破防卫禁区，就在于有“日美安保条约”为依据。也就是说，“和平宪法”与“日美安保法”这两个法律体系之间存在的互相排斥的张力，使战后日本的防卫政策悄然发生着演变乃至蜕变。

尽管这两个法律体系在构建之初并非出自日本人的自主选择，而是美国出于自身战略需要的产物，但到目前它已逐渐被大多数日本人所认可。这两个法律体系之间的矛盾既反映了美国对日政策的两重性，也反映了日本国内保守与革新势力的对立。因此，在战后60多年来日本的防卫决策过程中始终存在着一个规律性的现象，就是每一项防卫政策的出台都伴随着激烈的辩论，最后以政府统一解释的形式得出一个结论，并在法理上找到一个能够游刃于这两个法系之间的解释。这种反复无常的自我辩解在世界上恐怕也是独一无二的。

和平宪法诞生至今实际上走的是一条螺旋式蜕变的轨迹，从“自卫队合宪论”到“自主防卫论”，宪法第9条不断地被任意扩大解释。冷战结束后，由日本读卖新闻社成立的“宪法问题调查会”更是将“修宪”的讨论推向公开化，和平宪法对日本在防卫问题上的影响力正逐步被架空。而与之形成鲜明对比的是，日美安保体制却在不断地得到加强。尽管1960年《新日美安保条约》签订时曾在日本掀起了全国规模的群众性抗议活动，但日美安保体制给日本战后经济的复兴与发展所带来的实惠在后来逐步显现，因而也获得了大多数日本国民的认可，日本的领导阶层更是将“日美安保”视为其对外战略的核心。这一切恰恰就是在日美安保体制的框架中实现的。

如果说这两个法系在冷战时期还是相互制约、彼此平衡的话，那么到冷战后，两者之间的关系已发生明显的倾斜，“日美安保条约”已经俨然凌驾于和平宪法之上。一方面是和平宪法的制衡作用被不断削弱，另一方面是日美安保框架下的种种突破又都“有法可依”，从而可以使日本的民众渐进接受此类变化，国内的舆论阻力越来越小。

日本在冷战后的所有“新举动”都是在这种潜移默化中完成的，而到现在人们才猛然发现，日本的防卫轨迹早已偏离了原有的方向：防卫力量从被解除武装发展到拥有陆海空三军的自卫队；防卫内容已从单纯的领土防卫发展到包括军事、经济、环境等安全在内的综合安全保障；防卫范围从本国领土延伸到周边地区……在战后的半个多世纪里，日本从一个战败国摇身变成了一个事实上的军事大国。

第一节　被占领时期的防卫政策

所谓被占领时期，是指日本自1945年9月2日正式投降至1952年4月28

日《旧金山和约》正式生效使日本“复国”的这段日本被盟国——其实主要是美国军事占领的时期。

“二战”结束后，美国为了防止日本军国主义东山再起，对日本实行了严厉的制裁措施，责令日本按照美国的要求进行民主改革，并且在1947年“帮助”制定了一部日本国宪法。

日本政府与美国占领当局进行了反复的交涉，使美国放弃了对日本实行直接军事统治的原定方案，改为通过日本政府进行间接统治，并且将天皇制这一国体成功地保留下来。关于日本“放弃战争”问题，日本政府希望只将其写入前言，但驻日盟军总部坚决要求将“放弃战争”单独作为一章写入宪法，而关于放弃的战争问题，日本希望仅指侵略战争而言，而不包括自卫战争。但是麦克阿瑟的修宪三原则规定日本应放弃作为解决国家纷争之手段的战争，“甚至是维护本身安全的战争”也要放弃。由此可见，战后初期美国并不关心日本的安全问题，而是考虑如何根除日本军国主义势力基础。后来由于美国军方内部意见不一，再加上日本的多方努力，最后制定的宪法第9条虽然规定“日本国民衷心谋求基于正义与秩序的国际和平，永远放弃作为国家主权发动的战争、武力威胁或使用武力作为解决国际争端的手段。为达到前项目的，不保持陆海空军及其他战争力量，不承认国家的交战权”，却未明确规定日本放弃自卫战争。

战后日本以日美基轴为核心的安全战略是在吉田茂时期形成的。1946年4月组阁之后，吉田茂即开始制定复兴日本国家的战略，其核心思想是“重经济，轻军备”，将日本经济的复兴作为首要目标。在安全方面，吉田认为战败后的日本无国家地位可言，且经济濒于崩溃，又被解除了武装，只能依附于某个大国并在其扶植下谋求恢复与发展，而这个大国只能是美国。1948年以后，随着美苏冷战局势的日趋激化和中国人民解放战争的迅速进展，美国日益感到日本在其亚洲安全战略中的重要性，因而决定与日本实现单独媾和，对日本实行相对宽大的政策。对此吉田茂认为，在东西方冷战的世界格局中日本无法实现无防卫的、中立的全面媾和的设想，只有追随美国的媾和政策，才有可能于冷战的格局中在美国的核保护伞下求得日本经济的复兴，进而取得政治上的独立。吉田很好地抓住了历史机遇。1949年美国国务院制定了对日媾和草案，其目的在于将日本纳入西方阵营，并使日本恢复独立和主权。由于朝鲜战争的促进作用，日美加速了媾和的进程，美国于1950年9月发表了《对日媾和七原则》。

1951年9月，旧金山对日媾和会议如期召开，9月8日，除苏联、波兰、捷克斯洛伐克外的49个国家在《旧金山对日和约》上签了字。这样，日本在美国的支持下以最快的速度取得了恢复国家主权独立的战略目标，为战后日本重返国际社会和重整军备奠定了基础。作为代价，日本牺牲了一部分国家主权，可以说日本是在以牺牲一部分安全为代价来换取另一部分安全。同一天，《日本国和美利坚合众国之间的安全保障条约》（简称“旧日美安保条约”）也被签署，它和《旧金山对日和约》及翌年签订的《美日行政协定》一同构成了美日安全保障体系，依此建立了美日安全同盟关系，美国将日本置于自己的安全战略轨道之下，日本虽然得到了美国的核保护，但同时也承受了一些不平等的条款，如美国有在日本本土驻军的权力等。

在此期间的另外一件大事是，日本以朝鲜战争为契机建立了国家警察预备队（后来改称保安队），为日本重整军备打开了第一步。1950 年 7 月 8 日，麦克阿瑟在致吉田茂的书简中要求日本政府创建 75000 人的警察预备队，海上保安厅增员 8000 人。关于成立警察预备队是否违反宪法《战争放弃》之条款，吉田茂认为宪法所禁止的是“以战力作为国际纷争的手段”，而非禁止自卫手段的战力，故日本此举不在军备范围之内，从而将修宪之争转为释宪之争，在事实上确立了警察自卫队与宪法第九条并存的局面。但日本只希望利用朝鲜战争之机加紧发展经济，并以战后初期国力不佳、百废待兴为由拒绝派兵入朝。

第二节　冷战初期和中期的防卫政策

自 1952 年日本独立至 1976 年日本国会通过《防卫计划大纲》，是日本防卫政策变迁的第二个阶段。这一阶段日本的国家安全战略仍表现出对美国极大的依赖性，同时也逐步表现出一定的自主性，把目光投向美国以外的其他地区。在这一阶段，日本政府在国家安全战略方面采取了许多重大举措。1954 年日美签订了《日美共同防御条约》（简称 MSA 协定），同年 6 月日本政府据此通过了防卫二法，即《防卫厅法》和《自卫队法》，据此保安队改组为陆上自卫队和海上自卫队，增设航空自卫队，保安厅改名为防卫厅。日本陆、海、空自卫队由此诞生，标志着日本在重整军备的道路上又迈进了一步。1957 年 5 月日本政府通过了《国防基本方针》（以下简称《方针》），决定“根据国力和国情，在自卫所需限度内，逐步发展有效的防卫力量。”

《方针》表明日本对美国仍有很大程度的依赖，同时也表现出日本政府重整军备的野心，即日本的防卫力量发展不是以外部存在的侵略威胁为依据，而是以日本国家综合实力的发展为依据，从而使日本军备随着经济的不断发展而迅速扩充。依据《方针》，日本政府自 1958 年至 1976 年先后四次推行扩军计划。1970年10月，日本防卫厅首次正式公布《防卫白皮书》，提出“我国的防卫以专守防卫为宗旨”，根据日本防卫厅的解释，“专守防卫”是“战略守势”的同意语。

在日美同盟关系方面，20世纪50年代初形成的日美安保体制继续发挥着作用，日美基轴依然是日本安全战略的核心。但日本国内反对旧“日美安保条约”的呼声越来越高，日本政府遂向美国提出修约的要求，1960年1月19日两国在华盛顿签署了《日本国和美利坚合众国共同合作及安全保障条约》(简称“新日美安保条约”)，其主要内容为：(1) 增加了日美经济合作的条款和日美军事同盟的内容，使日美两国在政治、经济及安全保障方面的关系进一步明确。(2) 明确了美国对日本的防卫义务，规定美国有援助日本防卫的义务。(3) 明确规定条约的有效期为10年，期满后一方可单独宣布终止条约。(4) 突出了日美双方的对等性，明确规定驻日美军的配备、重要装备的变更及为了采取战斗行动而使用日本的设施和区域时，须与日本政府事先协议。(5) 删除了驻日美军可以镇压日本内乱和不经美国同意日本不得将基地和基地有关权利等给与第三国的规定。

通过“新日美安保条约”，日本与美国取得了一定的对等地位，进一步发展了日美同盟关系，同时也明确了该条约与《联合国宪章》之间的联系，实现了“新日美安保条约”与《联合国宪章》之间的衔接。“新日美安保条约”在日本国内引起了巨大的反响，以社会党为首的进步势力和广大人民掀起了反抗浪潮。

为了营造更好的安全环境，日本又在美国以外的历史舞台积极活跃，主要表现为同苏联和亚洲各国恢复和发展外交战略关系。对于苏联，鸠山一郎在1954年出任日本首相后便决定同苏联复交，以争取早日加入联合国。尽管美国和以吉田茂为首的亲美派坚决反对，加之日苏之间尚存在战俘和领土纠纷等诸多问题，鸠山一郎还是于1956年10月抱病访问了莫斯科，10月19日双方发表了《日苏共同宣言》，日苏宣布终止外交状态，恢复邦交，苏联支持日本加入联合国，放弃对日本的战争赔偿要求，同意将齿舞群岛、色丹岛归还给日本。

通过日苏复交，日本避免了在美苏冷战对峙的格局中充当马前卒的危险，为本国经济发展赢得了较好的安全环境，同时日本也在加入联合国的道路上向前迈进了一大步。1956年12月，日本加入联合国，“迈出了争取实现与美欧等国平等的重要一步 。”在同亚洲各国（尤其是东南亚各国）的交往方面，日本先后同东南亚许多国家恢复和建立了外交关系，其目的是确保东亚南各国对其所需战略资源的供应，以及日本从中东进口石油等战略资源的海上交通线的畅通。

第三节　冷战后期的防卫政策

进入20世纪70年代以后，随着中曾根康弘《自主防卫五原则》出台和《防卫计划大纲》的制定，日本进入了自主防卫阶段，这一阶段一直延续到美苏冷战结束。

20世纪70年代初，美国因卷入越战等原因而实力衰弱，而日本的经济实力则迅速上升，日本开始为摆脱对美国的依赖，发展自主防卫力量而努力。事实上，日本的自主防卫构想早已有之，它和依赖美国的防卫是相互联系的，只是在不同时期二者的比重不同而已。1970年，时任日本防卫厅长官中曾根康弘提议以“自主防卫五原则”取代“国防基本方针”。同年10月，日本政府首次发表《防卫白皮书》，其中第一次提出建立“自主而独立的防卫力量”，这些思想最终被《防卫计划大纲》所贯彻。

1976年10月，三木武夫内阁以国防会议和内阁决议的方式通过了《防卫计划大纲》（以下简称《大纲》），其核心是所谓“基础防卫力量构想”，它的突出特征是对军事力量规模的限定，强调质量建军和统合战力的观点，将自己视为西方阵营的一员，并从西方阵营一体化防卫构想出发去设计日本和军事防卫力量。《大纲》提出日本防卫力量的目标是“具备平时足够的警备力量”和应付“有限的小规模侵略”，特别是强调自卫队要为解决地区冲突而发挥作用，这是战后日本第一次明确自卫队的防卫目标，也表现出了日本政府自主防卫和地区防卫的思想。1981年日本进一步明确其“防卫”范围为“日本周围海域几百海里，海上运输线1000海里。”

1983年日本颁发《防卫白皮书》，公开宣称所谓“海上运输线防御战略”，将日本防卫区域标定为关岛以西、菲律宾以北的1000海里的海上航线以及日本周围数百里海域。

日本安全战略在这一阶段最重要的发展是在20世纪70年代末推出了综合安全保障战略，它是战后日本第一个具有全局观点和长远考虑的国家总体战略。1978年11月大平正芳在竞选演说中提出了综合安全保障战略的基本思路，认为日本的安全保障只有在整备防卫力量的同时，把经济力量、外交力量、文化创造力量等本国具有的全部力量都综合地集聚起来，才能得到保证。

1980年7月，综合安全保障研究组向日本政府提交了《综合安全保障战略报告书》，报告从国家安全高度对战略的主导思想、基本措施等进行了全面论述，是系统阐述80年代日本国家安全战略调整的重要文件，它标志着综合安全保障战略正式形成。其主要内容是：（1）力求构筑一个面向世界的、开放式的具有庞大目标指向的防卫体系；（2）当代国家安全必须是基于军事与经济双重意义上的，经济安全应提升到与军事安全同等的高度加以考虑；（3）在防卫手段上，主张建立起政治、经济、军事等多种手段的综合并用、西方联合的战略防卫体系。综合安全保障战略的针对目标主要是苏联，该战略体现了日本把自己视为西方一员的全球性战略思想，以及对美国势力衰弱的关注。

关于日美同盟关系在这一阶段的主要发展是 1978 年 11 月双方制定了《日美防卫合作指导方针》，该方针主要是针对苏联的威胁而制定的，《方针》开章明义地指出："这指针是以日美安保条约及其相关规定为基础"，又指出"对日本武力攻击或感到具有上述威胁时的诸问题"，以及由以上问题以外"而使日本的安全受到重大影响时的诸问题"，日美应"顺利地采取共同对付行动"。该《方针》强调"防患于未然"，扩大了日本防卫的范围，即无论任何世界局势变化，只要日本认为对其安全构成威胁，日本均可采取行动。

这一时期，日本的军备也在逐年扩充，并最终突破了军费总额不超过 GDP 的 1% 限制。

第四节　冷战之后的防卫政策

1991 年苏联解体，美苏冷战对峙格局结束以后，国际局势发生了新的变化，美国成为唯一的超级大国但出现衰弱趋势，日本、西欧经济实力有所上升，以中国为代表的第三世界国家迅速崛起，世界越来越呈现出多极化趋势，国际秩序进入新的探索阶段。在这种格局下，日本积极投身于国际政治与安全事务，希望在政治、军事方面发挥大国"应有的"作用。在继续维持日美安全同盟的前提下，日本积极同周边国家开展双边和多边对话，提倡建立多边安全机制，并争取多边安全合作的主导权。与此同时，日本还尝试让自卫队走出国门。

1992 年日本国会通过了《关于对联合国维持和平行动的合作法案》（简称《PKO 合作法案》），并向柬埔寨派出了 1810 名自卫队员参加维和行动，日本自卫队"名正言顺"地跨出国门，走向世界各个角落。该法案使自卫队在"联合国维和"的名义下走出国门，实现战后日本防卫史上具有重大转折意义的突破。

1995 年 11 月，日本政府通过了新的《防卫计划大纲》，重新确认了日美安保体制，明确了日本的长期防卫政策。与旧的《防卫计划大纲》相比，其特点是突出强调了对日本以外“周边事态”的对应方针，并将日美安保体制的作用定位于地区安全与国际安全，重新定位了日美安全同盟。与旧《大纲》一样，新《大纲》也强调“防止对我国的侵略于未然”。

1996年4月，时任美国总统比尔·克林顿访日，双方发表了联合声明，对日美安全关系进行了重新定义。

1997年9月又出台了新的“日美防卫合作指针”，并在其中第一次引用了“周边事态”的概念。可以说，这是日美安全关系的一次重大转折，其实质变化在于日美安保体制已由过去的日本“有事”时美国保卫日本，变成了日本周边“有事”时日本协助美国保卫所谓“周边”。而且矛头也由过去的对付苏联转而对付朝鲜和实际对付所谓的中国“潜在威胁”。

1998年，日本小渊政府使国会通过了新“日美防卫合作指针”的相关三法案。由于“周边事态”概念的出现，为日本“有事法制”进程的加快提供了基本的前提。

1999年5月，日本国会通过了《周边事态法》，为海外派兵制造了新的“法律依据”，也是冷战后日本“有事法制”具有实际意义的第一步。

2001年“9·11”事件后，日本搭乘美国的反恐便车，加快了“有事法制”的立法进程。同年10月，日本国会以反恐为名，通过了《反恐怖特别措施法案》、《自卫队法修正案》和《海上保安厅法修正案》。这三个法案的出笼，标志着“有事法制”的进程迈出了决定性的一大步。日本多年要突破的三大限制这次终于解决了。

首先是突破了海外派兵地域上的限制。《PKO法》只允许向联合国维和地区派兵，《周边事态法》也只限周边范围，但这次的法案设定日本舰队可以在太平洋和印度洋间往来并可驻扎在阿富汗邻国，自卫队的活动范围扩大到公海领域、上空和当事国陆地，换言之，美军到哪儿，日本就到哪儿。

其次是突破了战时向海外派兵和自卫队所用武器的限制。《PKO法》强调向海外派兵的非战斗性，而且对武器也严加限制，此次法案不仅突破了战时派兵，同时自卫队也可以携带或使用迫击炮之类的重武器。在日本周边更可以使用武器进行自卫或攻击。如果说1999年3月发生的不明船只入侵事件为日本制定“有事法制”提供了口实的话，那么2001年12月又一艘不明国籍船只被日本追至公海击沉就成了“有事法制”的一次实践。

再次是突破了国会对政府的限制。《PKO法》规定，参与维和行动要得到国会的批准，《周边事态法》要求派兵支援美军时应向国会报告，但这次法案规定可以在做出派兵决定后20天内获得国会的“事后承认”。这就使日本政府有了“先斩后奏”、独断专行的权力。

2002年4月16日，日本政府又通过了《自卫队法修正案》、《武力攻击事态法案》和《安全保障会议设置法修正案》等“有事法制”的三法案。法案规定，日本首相将拥有“在紧急事态下”，不经过由外相、防卫厅长官等组成的安全保障会议而直接下令调动自卫队的权力，同时可以越俎代庖行使本属于地方自治体的权力。扩大首相权限，增加对国民的限制与惩罚条款，成为这三项法案的主要特点。如果说，《反恐怖特别措施法案》等是为自卫队“解套”，这次的三法案则实现了首相和内阁的彻底“松绑”。

2003年，日本国会通过法案，认定首相在危急时刻可不经国会就能实施“先发制人”的打击。同年，日本首次向处于战争状态的伊拉克派出地面部队，实现了“二战”后最大的海外军事行动，自卫队行动性质由此发生了质变。

2004年，日本国会正式通过所谓的“有事三法制”，使日本基本完成了走向军事大国的立法程序。同年年底，日本国会又通过《新防卫计划大纲》，明确提出把自卫队的海外行动升为“本来任务”。

2005年，日本新版《防卫大纲》首次把“岛礁防卫”列入自卫队任务目标，防卫厅甚至把与邻国存在争端的岛屿都纳入既定作战计划内。

2006年5月，日本参议院通过《防卫厅设置法修正案》，增设了装备本部。同年11月30日，日本众议院在自由民主党、公明党以及最大在野党的联合支持下，通过让日本首相安倍晋三内阁的防卫厅升格为防卫省，成为中央一级单位。12月15日，日本参议院在自民党、公明党、民主党、国民新党的联合支持下，又通过同一项议案。根据日本法律，防卫厅长官之名在升格为省后，即更名为防卫大臣。

2007年1月9日，日本防卫厅正式升格为防卫省，成为日本中央一级单位。

2010年12月17日，日本内阁安全保障会议正式通过了防卫省新《防卫计划大纲》与《中期防卫力整备计划》（2011至2015年度）。新大纲将成为今后10年日本防卫整备的指南，首次指出中国的军事动向“是地区和国际社会的担忧事项”，明确表示将转向“机动防卫”来应对恐怖袭击、朝鲜导弹等各种事态。新大纲还决定加强应对能力以防备西南诸岛的岛屿被侵犯，防御的重点转向日本西南海域。为应对中国海军在东海的“频繁活动”，日本政府在新防卫大纲中决定，日本海上自卫队的潜艇数量由16艘增至22艘，提高在日本西南海域周边的“监视能力”。日本航空自卫队那霸基地的战斗机团（拥有战机数量18架），也将由1个团增加为2个团，预防别国战机对日本领空的“侵犯”。在“距中国最近”的与那国岛部署“沿岸监视队”，并能够利用雷达设备对侵入“日本领海”的别国舰艇，飞机进行探测，同时在相关地区还决定部署陆基反舰导弹。此外，新大纲中还写入了为修改“武器出口三原则”留有余地的表述、以及日美在黑客攻击等领域加强合作巩固同盟等方针。

2012年底，安倍晋三第二次上台执政后，对日本防卫战略提出了一系列修改设想，包括成立国家安全保障会议、修改新《防卫计划大纲》和“武器出口三原则”、解禁集体自卫权等。

2013年7月，日本防卫省出台了新《防卫计划大纲修正案》的相关报告，主要内容包括四项：第一、为了加强对包括尖阁诸岛（即中国钓鱼岛）在内的“西南离岛”的防卫，决定强化自卫队的“海军陆战队的机能”。报告指出：“根据事态的发展，为了保证部队的迅速展开，确保机动展开力量和水陆两用机能，拥有像美军海军陆战队一样的机能是重要的。”第二、为了加强对中国海军和空军动向的监视，强化尖阁诸岛（即中国钓鱼岛）的防空力量，有必要购置“全球鹰”无人侦察机，并在与那国岛新设电子侦察基地。第三、重新检讨统合幕僚监部（总参谋部）的机能，新设立“中央指挥组织”，强化海陆空三军的统一指挥和运营。第四、为了应对敌方有可能对日本实施导弹袭击，报告提出：“有必要充实综合的对应能力”，表示将拥有对敌方基地的攻击能力。但是没有明确提出“对敌方基地先行攻击”的理念。

2013年12月5日，日本国家安全保障会议正式成立。时隔一月，即2014年1月7日，日本内阁官房又新设了国家安全保障局。

2014年4月1日，日本政府对已经实施了47年的“武器出口三原则”作出全面修改，通过了“防卫装备转让三原则”，具体规定包括：妨碍国际和平与安全时不能出口武器；武器出口必须保持透明度、严格审查；在目的外使用、向第三国转让时，必须进行妥善管理，符合三项条件方可出口武器。尤其值得关注的是，新原则的禁运对象还删除了“国际纷争当事国”，这就意味着日本政府对外出口武器的限制条件大幅放宽，标志日本战后和平国家理念发生重大转折。如果再联系到日本一直试图解禁集体自卫权，可以看出日本的防卫政策基本摆脱了和平宪法的束缚，变得越来越具有攻击性。

相关链接一：

日本冷战后防卫政策的三个基本取向

一、地缘安全战略的基本取向：遏制大陆，进取海洋

在各国的军事安全战略中，地缘因素往往发挥着强烈的导向作用，直接影响该国战略威胁的判断、军事力量的发展及运用等。因此，“二战”结束以来日本防卫政策演变的背后是日本地缘安全理念的嬗变，而其嬗变的基本取向则是“抑陆向海”。1972年，执政的自民党海空技术

调查会发表大型研究报告《海洋国家日本的防卫》。该文集从地缘战略角度，“总结”了太平洋战争的“教训”，提出日本应作为海洋国家筹划防卫政策、扩充军备。但是，冷战期间的日本，外受两极格局的制约，内受和平宪法以及“革新政党势力”的钳制，只能采取内向型的安全战略。防卫政策重在“抑陆”，即配合美国在西太平洋对苏联进行海上围堵，海洋扩张的一面并不突出。冷战后，随着上述内外制约因素的消解，日本防卫政策的外向性逐渐凸显，不仅着眼于遏制中国等大陆国家走向大洋，更要谋求新的海洋扩张。

近年来，日本政治家多次在声称要摆脱陆地“小国”概念，树立海洋“大国”意识。2005 年秋，日本经济团体联合会向政府提交《海洋和日本——21 世纪海洋政策建议》，并在国内官、产、学、军界引发强烈反响。该建议以“海洋日本”立论，要求政府从国策高度重视海洋利益，呼吁制定海洋基本法，设立海洋相关阁僚会议、海洋担当大臣等。而该建议主张的日本国土、领海和管辖海域，不仅把同邻国尚存争议的部分全部算在内，连根据联合国海洋法公约规定不具备岛屿资格的“冲鸟礁”也纳入其中。

2005 年，日本政府还明确把该报告主张的管辖海域范围列入《防卫白皮书》，并提出“洋上阻止”等概念，表明谋求海洋空间、资源的扩张已上升为日本的国策。当今日本“抑陆”之目的，已大大超出冷战时期的遏制范畴，还含有同大陆邻国争夺海洋空间的重要目的。其海上防卫范围已从冷战时期的“线”（如 1000 海里海上航道）拓展为“面”（日本“周边”地区包括远洋航道在内的大片海域）。尤其是控制争议领土及大片争端海域已成为其安全战略的重要目标。近年来，日本与中、韩、俄领土及海洋争端的升温，根本因素就在于日本国策变化催生的这种扩张性海洋战略。

二、军备发展运用的基本取向：海空优先，由防到攻

近代以来，日本成为军事大国，主要是通过兵力规模的膨胀实现的。但是在“二战”之后，日本由于战败被禁止拥有正规军事力量，只能打着自卫队的旗号重建军力。在种种制约因素之下，日本不可能再像“二战”之前那样通过扩大兵力规模来重建军事大国，于是日本便走上了质量求强之路。特别是冷战之后新军事变革的兴起，使得技术因素在提升军力的重要性日益凸显，使得日本越发坚定了质量建军的决心。

冷战结束后，日本自卫队兵员及装备总规模都相对稳定，并未出现传统扩军常见的快速膨胀现象。但是，自卫队的军事能力却通过兵力结

构调整、信息化改革等措施在迅速增强，实现了从“存在型”（注重“威慑效果”）向“功能型”（注重“反应能力”）、从“内向型”向“外向型”的转换。2004 年 10 月，日本安全保障与防卫力量恳谈会发表报告，强调日本应该建立“多功能弹性防卫力量”，使自卫队拥有控制本国周边海空域及岛屿、特种作战、海外干预、反导等多种功能。

当前，日本自卫队正以信息化和弹道导弹防御系统建设为牵引，以具备海外干预能力为目标，加紧进行军事资源、体制的调配整合。海、空自卫队已成为日本的建设重点，其实力尤其是远洋作战能力在迅速增强。海上自卫队虽然舰艇总数略减，但总吨位持续增加，装备的大型化、远洋化、高技术化速度非常快。直升机航母、新型驱逐舰、新型常规潜艇、濒海战斗舰等现代化舰艇或已列编，或在积极发展。就整体实力来看，日本海上自卫队已经超过了英国皇家海军；航空自卫队正通过大规模装备引进和技术改造增强信息化和远程作战能力。除了从美国采购 42 架 F－35 隐身战斗机之外，航空自卫队还对现役的 F－15J/DJ、F－2A/B 战斗机进行现代化改进；陆上自卫队在规模压缩的同时，“特种化”、“海军陆战队化”的动向也十分明显；日本自卫队弹道导弹防御系统也已进入快速装备阶段，主要组成包括陆基大型相控阵预警雷达、“爱国者”PAC－3 反导导弹、海基“宙斯盾”系统和“标准”－3 反导导弹。值得一体的是，日本的反导系统不仅可防御中近程弹道导弹袭击，而且其本身集信息化技术之大成，将对日本自卫队海空战力的整体提升产生重大影响。

三、对美同盟政策的基本取向：强化合作，追求自主

多年来，强化日美安全合作已成为日本防卫政策调整的最突出特征。自 20 世纪 90 年代中期开始，日美军事同盟关系就持续增强，日本对美的防卫合作的力度不断加大。小泉执政后，日本同美国的安全战略对话与合作进展非常迅速，实现了从美国“消极的被保护者”向“积极的合作者”的历史性转变。伊拉克战争中，日本自卫队海外迈步之大、对美军事襄助力度之大更是空前。

近年来，日本在加强日美军事一体化方面态度十分积极。2004 年 12 月，日本政府公布 2005～2009 年《中期军事力量发展计划》（以下称《中防计划》）。新的《中防计划》首次明确肯定业已开始的战略对话，表示要“继续维持（驻日）美军的遏制力”，增加了“继续推进弹道导弹防御系统合作”、“在国际社会加强在全球及地区安全领域的合作”等新内容。2006 年 5 月 1 日，日本同美国达成关于调整驻日美军的协议。

通过该协议，日美军将扩大情报共享，实现基地共享、一体化作战。这表明日美防务合作的“系统化整合”达到了新的高度。至此，日本防卫政策“贴身”挺美、走向全球的取向已大体确定。

对日本来说，“防卫自主”的本质意义并不是建立完全独立于美军的防卫体系，而是获得制定和实施本国安全战略、政策的自主性。日美强化合作虽然会加深日本对美国的防务依从，乃至有人担心将来“离开美国什么也干不成”；但另一方面，合作的深入也意味着日本在日美同盟中的发言权扩大，战略主体性增强。同时，日美防务合作的强化过程，实际上也是双方明确责任范围的过程。而正是责任范围的明确，才使得日本决策者能够在不引起美国猜疑情况下，通过新《防卫计划大纲》规定本国军事力量是国家安全的“最终保证”——这实际在暗示自卫队将最终承担起本国除应对核威胁之外的主要防卫责任。另外，日本还可通过日美军事一体化合作，摆脱和平宪法对军力发展运用的限制，学到难得的实战经验，扩大自主防卫的实力基础。因此，日美走向军事一体化的过程，也是两国军事关系从单向依存走向双向依存的过程。从长远看，这个过程对日本实现“防卫自主”总体上是有利的。

相关链接二：

促成日本防卫政策调整的基本要素

一、美国的纵容和鼓励

半个多世纪以来，日本始终把美国视为维护自身安全的主要国际后盾，安全政策一贯以日美安保为轴心。冷战结束后，美国为降低霸权成本，希望日本采取适度扩张性的军事安全政策。在克林顿政府时期，美国就通过修订《日美防卫合作指针》增加了日本的防务合作责任。但当时克林顿对日本行使集体自卫权问题尚态度谨慎，仍希望其在“和平宪法”框架内行事。然而，布什政府成立后，一直试图把日本变成“亚洲的英国”，对日防务合作要求进一步扩大。2000 年 10 月，美国国防大学战略研究所（INSS）发表题为《日美更加成熟的伙伴关系》的特别报告（又称《阿米蒂奇报告》）。该报告提出，日美同盟要从分担责任向分担力量转换，并暗示日本修改宪法，改变安全政策，拥有集体自卫权等。该报告的主要撰写成员后多在布什政府中获任要职，上述观点也得以政策化，实际上成为导演后来美日强化防务合作的剧本。

2001年5月，兰德公司发表题为《美国与亚洲：探索美国的新战略和兵力态势》的报告，其中很多建议也被美国政府采纳。该报告称美亚洲战略的选择应是“在维护美国的领导地位的同时，将尽可能与美国的盟国分担责任”。为此，美国“应支持日本争取逐渐成为一个正常国家的努力，主要包括允许日本参加集体自卫，将其安全范围扩大到领土防御之外，以及允许日本获得支援联盟行动所需要的适当能力”。

基于上述思考，阿米蒂奇等美国政要更是极力鼓动小泉政府“果敢”行动，甚至表示日决策者“作为领导层没必要追随舆论”。美国一些防卫专家还强调《日美防卫合作指导方针》“只是日美责任、任务分担的底线，而非上限”。小布什在连任后，又通过确立日美共同战略目标、推动军事一体化等手段，积极鼓动日本在军事上作为。

2008年，美国已被数年之久的阿富汗、伊拉克战争拖得疲惫不堪，而金融危机的爆发更是雪上加霜，致使美国的实力已独力难支全球战略。为此，美国开始进一步借重盟国的力量来分担压力。特别是在亚太地区，美国对快速发展的中国表现出了越来越大的担忧，为此美国在奥巴马上台之后逐渐开始加大对中国的遏制力度。2011年，美国正式提出“重返亚太”战略，遏制中国的意图愈发公开，而这就让日本在美国心目中的分量进一步加大。有鉴于此，美国对日本在军事发展方面的约束越来越松，日本正好趁机开始在实现军事大国的道路上飞奔。

二、日本生产投资的全球化

近年来，日本财界中越来越多的人支持政府采取扩张性防卫政策，其主要背景则是日本企业生产的全球化。

冷战时期，日本虽为世界经济大国，但长期奉行“一国繁荣主义”。直到20世纪80年代前期，几乎所有的日本公司都是国内生产、对外出口，且出口市场以欧美为主。在此背景下，日本财界的防卫视野主要集中于国土安全和中东地区的能源供应，而这些又由拥有强大海权的美国提供保护。因此，财界对自卫队发展及海外派遣态度并不十分急切；在财政资源分配上，倒更倾向于从政府扩大社会公共投资中渔利而不是增加军费。

20世纪80年代中期，日本和欧美的贸易摩擦加剧，日元被迫大幅升值。日本企业为摆脱升值带来的压力，开始扩大对外投资。随着日本企业特别是大企业生产的全球化，财界已不满足于冷战时期日美安保体制向日本提供的本土及石油航线安全保障；进而希望调整、拓展日美安全合作范围，以保护其遍布全球的生产投资；乃至支持日本发展、运用军事力量，直接为本国海外企业提供保护。日本财界还希望通过扩张性防卫政策，消除通向国际军工市场的体制障碍。

日本军工企业虽然科技基础和生产潜力雄厚，但在“专守防卫”战略下，自卫队的装备采购需求毕竟有限；对外出口又受“武器出口三原则”的限制，不能开拓海外军工市场。冷战时期，日本企业由于民品市场长期看好，故对国际军工市场并不十分在意。但冷战结束后，日本经济长期不振，民品市场萎缩。很多拥有军工生产基础的企业急于开拓国内外军工市场获取利润，摆脱困境。例如在2004年，日本经团联向政府提出关于今后军事力量发展的建议书，以加强日美防卫合作为由头，提出发展军工产业，放宽“武器出口三原则”。同年10月，以东京电力会社顾问荒木浩为召集人的首相咨询机构防卫政策与安全保障恳谈会向小泉提交报告，再次提出修改“武器出口三原则”、扩大海外派兵等建议。由此可见，日本近些年之所以在防卫政策上表现出越来越明显的攻击性，以及现在全面修改“武器出口三原则”，日本财界的推手作用“居功至伟”。

三、政治现实主义与“总保守化”

战后日本对外战略长期实行“经济现实主义”，即在国际关系中以追求现实的经济利益为主要目标，同时又将经济视为国际政治权力角逐的主要手段。但以海湾战争为转折点，在日本政治家对国际权力政治的考量中，军事等强权因素开始快速上升。2002年11月，依照时任首相小泉纯一郎指示成立的，由政、军、学知名专家组成的“对外关系特别工作组”向内阁提交题为《21世纪日本外交的基本战略》的研究报告。该报告在开篇即强调“当代国际社会正发生重大变化，第一是经济及社会结构的全球化；第二是国际军事力量显著发展，对国际关系的作用更加强有力；第三是中国经济快速膨胀”；“此前日本没有充分理解外部世界，日本应正视世界，积极参与世界”。该报告的出笼表明日本决策层已摆脱经济现实主义与和平主义，试图从强权政治的视角解读国际现实，并准备运用军事强权来应对这个“现实”。

1993年，日本政坛长期存在的“保革”朝野对立格局彻底瓦解。此后，经过多次分化组合，坚持和平主义路线的左翼骨干政党社会党不复存在，公明党等中道政党在政界倾轧中，为谋生计纷纷向保守势力靠拢。至2005年，日本保守政党已控制了众议院95%、参议院90%以上的议席，政治的总体保守化成为事实。虽然，日本民主党作为政界第二大党与自民党朝野对峙，但自民党也好，民主党也罢，尽管在许多政策主张上存在分歧，但在发展军备问题上却常有共鸣。保守势力主宰朝野的现实，为日本强化安全政策提供了政治基础。比如，近年来通过、修改防卫法规已成为日本国会的家常便饭，军事立法的节奏之快、效率之高，世界少见。这些军事法规为日本自卫队强军、“出海”提供了体制保障。而其频繁快速出台，说明日本政坛各派保守势力在安全战略上的一致性——绝大部分法案在国会都是以绝对多数通过的。

四、右倾、民族主义思潮与“海洋日本论”

半个多世纪以来，随着国家走向繁荣和富裕，日本民众逐渐形成了对日美同盟的依赖心理，也习惯了自卫队的存在，大多数国民仍希望通过日美安保+自卫队的模式维护国家安全。冷战结束后，日本国内民族主义思潮涌起，右翼势力抬头，希望日本自主防卫、发挥国际军事影响的民众增多。同时，日本国民基于被害者立场产生的和平主义，面对右翼民族主义思潮的冲击，显得消极而脆弱，对民众的说服力、吸引力明显下降。特别是冷战之后发生的数场局部战争都是以美国等西方国家的绝对胜利告终。日本作为美国的盟国之一，国民感受不到历史记忆中战争的残酷，又深受西方战争舆论的熏染，逐渐从害怕、讨厌战争转变为必要时行使武力是必不可少的，“不能一味把行使武力看作是不好的东西”。这些都为日本执政者实施上述安全战略调整提供了社会基础。

而自20世纪90年代以来，日本社会思潮的另一明显变化是“海洋日本论”盛行并逐渐政治化。时下日本国内流行的“文明的海洋史观”、“海洋国家日本论”、“海洋亚洲论”等学说的背后均隐含有一个共同性——主张日本的安全战略取向应面向海洋，和海洋国家联合，防范遏制中国等大陆国家向海洋方向的“扩张”。日本防卫大学学者平间洋一表示，“自‘黑船事件’以来，日本每当和海洋国家合作时就能走向繁荣，每和大陆国家交接就会遭遇苦难”。因此，“日本作为大陆边缘地带国家，应在美国的霸权之下，和美国共同分担维护世界和平与安全的责任”，“维持强化‘基于海洋价值观’的世界秩序”。

“海洋日本论”无视当今世界经济全球化和区域集团化现实，忽视恐怖主义等非国家行为体对国际安全的冲击，核心观点仍局限于传统地缘政治学的陆、海权对抗理论，存在很多破绽。但是，该论抓住了日本人作为岛国国民对海上安全尤其是海上通道安全的敏感心理，在社会、政界引起了广泛共鸣。其兴起不仅有利于执政者为强化日美防务合作制造舆论，而且为日本采取以海洋为取向的扩张性防卫政策提供了理论依据。

附录一
日本的军事地理

军事地理是与国防建设和军事活动有关的地理事实、地理现象和地理知识的统称，是国家和军队统帅与总参谋部以及各级司令部必须研究的内容，中国古代称“地利”。军事地理对于一个国家的军事战略、军队建设、装备发展等都有着重要影响，中国成语“一夫当关，万夫莫开”就是对地理因素影响军事行动极为生动的概括。近现代以来，虽然战争已经从二维平面走向了三维立体，远程空中打击武器更是可以跨越地理障碍对敌方的纵深战略目标实施精确打击，但是地理因素在军事方面的影响仍然很明显。对中国人来说，了解一衣带水的日本军事地理情况，对于剖析其军事战略、自卫队建设和装备发展非常有助益。

一、扼守海上要冲的四峡两岛

日本是位于亚洲大陆东岸的太平洋岛国，本土由北海道、本州、四国、九州四大岛组成，另有琉球群岛、小笠原群岛等3000多个小岛，东西宽300公里、南北长达3500公里，陆地面积37万多平方公里。西面隔东海与中国相望；西北隔对马海峡、日本海与韩国相望，隔日本海与朝鲜相望；北面隔日本海、鄂霍次克海与俄罗斯相望。

整个日本列岛构成一道由东北向西南延伸的狭长弧形，横置在俄罗斯远东东南部、中国与韩国东部沿海海区的正面，既可扼制中国、韩国、俄罗斯等国东出太平洋的通路，又能控制美国通向朝鲜的海、空航线，也对中国东部沿海地区和朝鲜半岛的安全有重要影响，因此战略地位十分重要。特别是4条海峡（宗谷海峡、津轻海峡、对马海峡、大隅海峡）和2个海岛（北海道和冲绳岛），扼守着中国、韩国、俄罗斯东出太平洋的海上咽喉。

宗谷海峡，也称拉彼鲁兹海峡，位于日本北海道与俄罗斯萨哈林岛（库页岛）之间，连接鄂霍次克海和日本海，是俄罗斯太平洋舰队北出鄂霍次克海，前出太平洋与白令海的必经之地。海峡南北最窄处约43公里，水深约

30—60 米，最深处约 118 米。南岸地势低平，岸线平直，北岸地势陡峻。宗谷海峡有 2 股海流，一是来自日本海的对马暖流分支从海峡南岸流出；一是从鄂霍次克海南下的寒流沿海峡北岸流入日本海。

宗谷海峡冬季多流冰，冬春多大风，夏季有浓雾，航行条件较差，但海峡西宗谷湾内的稚内为不冻港，可停泊巨型轮船和舰艇；海峡阿尼瓦湾北岸的科尔萨科夫是俄罗斯远东良港之一，也是俄罗斯极为重要的海空军基地。

津轻海峡位于日本本州岛与北海道岛之间，东西走向，长约 130 公里，南北宽 18—75 公里。海峡中间开阔、两端狭窄，东端宽约 20 多公里，西端宽只有 18 公里。海峡岸线曲折，多岬角和港湾。东深西浅，西部最浅处 133 米，东部最深处 449 米。中央水道一般水深 200 米，最深处 521 米。海峡横向海底也是高低悬殊，如从龙飞崎到白神岬间，延伸着两个突起部分，其间为深度 280 米、350 米、450 米的 3 个海底洼地。日本海同太平洋间海水通过津轻海峡进行交换。日本海中暖流汇集于津轻海峡然后流出。从海峡流出的海流同来自白令海的寒流在外海相遇，使海峡附近不仅有从海中深处带至表层的营养盐类，而且有来自热带性和寒带性的浮游生物，为重要的渔业基地。

由于津轻海峡西连日本海，东通太平洋，因此对日俄两国都显得非常重要。对日本来说，津轻海峡是日本东部沿海航行到西部的必经之地。由津轻海峡北上，直通鄂霍次克海及阿留申群岛；对俄罗斯来说，津轻海峡是俄罗斯太平洋舰队前出太平洋的捷径，南下就是夏威夷群岛和太平洋。峡口两岸设有侦测监视网。南岸有大凑军港和青森港；北岸有函馆港。函馆港为日本海上自卫队基地队驻地。

津轻海峡全年不封冻，是日本海北部唯一不冻的海峡。在 1988 年之前，北海道与本州之间的交通主要靠龙飞崎与白神岬间的轮渡。但是津轻海峡的复杂地形造成了汹涌波涛，严重影响日本两个最大岛屿间的交通运输。于是日本自 1971 年开始修建穿过津轻海峡的青函隧道（Aomori Hakodate Tunnel）工程，南起青森今别町，北至函馆知内町，隧道全长 53. 85 公里，海底部分 23. 3 公里。隧道高 9 米，宽 11 米，顶部至水面垂直距离 240 米，为世界上最长的海底隧道。1988 年 3 月，青函海底隧道通车运营，将本州与北海道连为一体，不但大大提高了日本南北交通运输能力，而且对于增强日本北部防御能力具有特别大的意义。

对马海峡，广义称朝鲜海峡，位于日本列岛西南端，对马岛与壹岐岛之间的水域，连接黄海、东海与日本海，是东亚海上交通要冲，俄罗斯太平洋舰队南下印度洋以及前出太平洋的咽喉要道。海峡呈东北、西南走向，全长 222 公里，最窄处 41 公里，水深 50—100 米，最深可达 131 米。海峡中部的对马岛将海峡分为东西两条水道，东水道为对马海峡，西水道为朝鲜海峡。

东岸有日本海上自卫队佐世保基地，西岸有韩国釜山、镇海海空军基地。

对马海峡大陆架十分发育，峡底比较平缓。在水深30—50米和90—120米之间有两个平坦面，平坦面上多为砾石，特别是壹岐附近的深平坦面上砾石分布广泛。海底大部分为砂质堆积物，可采集到新生代的贝化石。对马岛与九州岛岸都是沉降式海岸，曲折蜿蜒，礁石、岛屿、港湾星罗棋布，有下关、福冈、北九州等天然良港。其中北九州规模最大，是西日本主要国际贸易港，与中国贸易往来频繁。黑潮的一支海流对马暖流从东海经海峡北上进入日本海，势力很强，使海峡气候温暖。

大隅海峡位于九州岛南部，连接太平洋与东海，是美国第7舰队经常通行的海上要道。日本领海法规定该海峡为特定海域，领海宽3海里，中央为国际航道。海峡呈东北、西南走向，全长约24公里，宽约33公里，水深约80—150米。

2个海岛是北海道岛和冲绳岛。其中北海道岛是日本仅次于本州岛的第二大岛，位于日本列岛的北部，南北宽420公里，东西长540公里，面积7.8万平方公里。北海道北扼宗谷海峡，南控津轻海峡，是日本北部国防前哨，素有"日本北门锁钥"之称。岛上有千岁、丘珠、函馆等重要军事基地，而且日本陆自唯一的装甲部队——第7装甲师团也部署在北海道。

冲绳岛是琉球群岛最大的岛屿，位于琉球群岛的中部，整个琉球群岛自日本九州岛往西南延伸约1100公里到中国台湾东北，岛与岛之间的海峡是中国海军进入太平洋的重要通道。随着日本将战略重点向西南方向转移，作为琉球群岛中枢的冲绳岛战略位置越来越重要。

二、优势与劣势同样突出

日本列岛中包括大岛在内的岛屿面积都比较小，内陆地方距海岸基本上不超过100公里，纵深短浅。各岛屿为水所隔，易受分割、封锁，基本上无纵深可守。日本山脉纵横，山脉呈带状分布于日本国土的中央，将日本国土分割为太平洋一侧和日本海一侧。在本州北部的山脉大多南北走向，构成军队南北机动的障碍。山地和丘陵面积约占总面积的71%，北部地区有些地方还分布了沼泽和湿地，森林覆盖率为67%。

日本的平原一般为冲积平原，主要分布在河流的下游近海一带，平原地幅狭小，人口密集、经济发达。其中有战略意义和便于军事行动的关东、浓尾、大阪、越后、石狩等平原和北九州地区，是日本政治、经济、文化和军事中心，是战时影响战局的必争之地。同时，由于日本国土城市化程度高，抵御轰炸的能力十分脆弱。太平洋战争后期，美军就是看准了这一点，对日本进行了时间短但猛烈的战略轰炸，严重削弱了日本继续战争的能力。

在日本数千个岛屿中，法律认定的有人岛屿已达到327个。这些岛屿大多面积狭小，经济性和社会性价值较低。虽然有人居住的岛屿上有大小港湾或机场，但与本土之间存在一定距离，构成了日本领域最外围的边境线。这些外海岛屿及专属经济区对日本发挥着十分突出的战略作用：一是连接韩国、中国、俄罗斯等国的前哨阵地，可以为情报搜集、警戒监视网建设、防御阵地或据点部署提供保障。二是构成拓展防卫纵深的缓冲地带。通过小笠原群岛及最东端的南鸟岛、冲之鸟礁同本土间扩充近2000公里的纵深地带；通过西南群岛最西端的与那国岛、琉球和萨南群岛同本土间构筑1000公里以上的防御纵深；即使在北日本，通过散落在日本海的岛屿群，也可同本土间建立近500公里较浅防御纵深。三是形成应对紧急事态的前沿基地，特别是应对“周边有事”时防御作战及后勤支援的重要据点。四是确保周边大陆架资源开发及安全的重要据点。但这些岛屿和礁石由于远离本土，在安全保障上也存在着极大的脆弱性。特别是除了冲绳本岛以外的离岛，基本上都没有什么防御能力。

日本的河流大多发源于中部山地，向东向西两侧流入太平洋和日本海，河流短和急促。日本拥有3万余公里的海岸线，海岸线十分复杂。西部日本海一侧多悬崖峭壁，港口稀少，东部太平洋一侧多入海口，形成许多天然良港，有利于建立海军基地和驻屯兵力。总体上，日本列岛缺少低缓而平坦的沙质海岸，适合登陆的地段只有20多处。但因海岸线太长，难以组织严密的海岸防御。日本沿海小岛及明暗礁石星罗棋布，对舰船航行有一定影响，成为登陆作战先期必须克服的障碍。日本近海海水较深，便于登陆输送工具向岸运动和火力支援舰艇的活动，但海岸气象条件较为复杂，有的季节有台风袭击，对实施登陆作战有较大影响。

日本四面环海的地理特点使其在军事上存在两大致命弱点：一是战略资源和产品市场严重依赖国外。日本99%的进出口依靠海上运输，原油进口通道自霍尔木兹海峡起经由印度洋、马六甲海峡、南海和台湾海峡，面临着潜艇攻击、海峡封锁、海盗袭击等许多危险；二是工业区高度密集。日本的“太平洋带状工业地带”东起东京湾东侧的鹿岛，向西经千叶、东京、横滨、静冈、名古屋、大阪、神户，直达北九州一线，长达1000余公里，占全国面积的24%，却拥有全国人口和工厂总数的60%，工业产值75%，大型钢铁联合企业设备能力95%，重化学工业产值80%以上，这种状况不利于战时生存、生产和保障持久作战。

日本自然对其军事地理情况心知肚明，因此在军力建设上采取了着重加强海空兵力的方式，目的是利用海空兵力机动性强、反应快、作战威力大、不受地形限制的优势来弥补军事地理上缺乏战略纵深的弱点。

经过数十年的努力，现在的日本海上自卫队已经是世界上仅次于美国海军的海上力量，其主战水面舰艇是清一色的驱逐舰，而且实现了导弹化、电子化、信息化和全燃气化，具有极强的海上反潜、防空和反舰能力，特别是金刚级“宙斯盾”驱逐舰现在还具备了海上区域反导能力。潜艇数量虽然只有16艘，但全部是排水量3000吨以上的大型常规潜艇，最新的苍龙级还装有不依赖空气动力装置（AIP）。海自的航空兵装备有75架P－3C反潜巡逻机，并且还开始装备日本自研的新一代P－1反潜巡逻机，航空反潜能力位居世界第二。此外，日本海自还拥有世界第一的扫雷兵力。

日本航空自卫队则以美制F－15J/DJ重型战斗机作为争夺制空权的主力，同时以自研的F－2A支援战斗机作为空中反舰主力。此外，日本空自还部署了数座大型远程预警雷达站，并引进了大量美制“爱国者”PAC－3导弹，连同海自“宙斯盾”驱逐舰上的“标准”3反导导弹，初步构建起了防御弹道导弹攻击的反导体系。

日本陆上自卫队则强调机动防御作战，根据日本海岸线漫长、岛屿之间相互隔离的特点，日本陆自的主战坦克在设计上非常强调机动性。因为只有具备较好的机动性才能在山地间灵活机动，才能在漫长的海岸线上快速机动作战。另外，各岛屿间的桥梁或隧道在战时容易被摧毁，坦克主要通过空运或海运进行驰援，这样也需要降低坦克的重量来达到便于运输的目的。有鉴于此，日本的坦克都比较小巧，重量也比较轻，即使是90式坦克的战斗全重也比同时期的欧美坦克低5－15吨。日本坦克的另一个明显特点是都采用液气悬挂装置，因为液气悬挂可以增大火炮的俯仰角，有利于坦克在山地间作战，而且行走的平稳性也好于扭杆弹簧。此外，液气悬挂还可以通过降低车高来变相提高坦克的防护能力。

冷战结束后，日本在北面面临的登陆威胁大减，于是陆自的作战重点便转向了西南方向。除北海道的4个师旅团之外，其他地方的师旅团都开始向着快速反应能力转变，以便于运输的轻型装甲车和高机动车为主要装备，并且开始组建用于离岛作战的两栖部队。

附录二
日本的军工企业

按照日本的和平宪法，日本不能拥有军队，自然也就不应有军工企业的存在。于是日本采取了一套“寓军于民”、“以民促军”的军工生产体制，规避掉了宪法的约束。也就是说，日本在国家层面并不设立专门生产武器装备的兵工厂，而是通过防卫省（以前是防卫省）以合同方式将武器装备的研制和生产委托民间企业完成。

一、政府主导　军民一体

日本的企业分为大企业、中型企业、小企业和小微企业。日本防卫省经常与经济产业省联手干预军工市场，将武器研发和生产的任务交给少数几个大企业，而后这些大企业又会将任务分包给中小企业。例如制造一辆 90 式坦克要有 1200 家企业合作，一架 F－15J/DJ 战斗机要有 1400 家企业合作，一艘村雨级驱逐舰更多达 1900 家企业合作。由此一来，日本军工产业便形成了以少数大企业为核心、垂直一体化的军工产业群。这种以防卫省为代表的政府部门主导建立的垂直一体化生产模式最大优势是给每个企业参与的机会。

日本政府对军工产业的主导，最明显的体现之处是军工采购方面。与美、英、法等国以市场化军工采购模式不同，日本军工产品的采购具有高度的计划性，通常的市场经济原理在日本军工领域基本上不适用。每年防卫预算中军工产品的订货，主要是由防卫省直接指定生产厂家生产，而不是由防卫省公开招标，各家公司投标竞争。具体而言，防卫省采购合同由防卫省契约本部负责，合同主要分为三种形式：

（1）一般竞争合同：即具备一定资格的业界成员均可投标竞争，防卫省“与提出对国家最为有利条件者签订合同”的方式，常用于采购医疗器械、工程机械、电源装置等。

（2）指名竞争合同：从具备一定资格的业界成员中，选定符合条件者，让其进行投标竞争，从中选定采购对象。这种方式常用于燃料的采购。

（3）指定采购合同："在不适合竞争投标的场合。因紧急需要无法进行竞争投标的场合，以及其他由法律规定的场合，在一定条件下与特定业者们签合同的方式"，这种方式被用于坦克、飞机、军舰、枪支等的采购。

由于武器装备是一支军事力量的物质基础，对任何国家来说都占采购总额的90%以上，所以在日本防卫省每年签订的军工生产合同中，绝大部分都是指定采购合同。也就是说，日本主要的军品订货，并不是基于市场竞争原则所确定，而是由政府主导计划指定。

由于指定采购不存在竞争者提出各自价格这一程序，因此指定采购的定价是由防卫省主导的，防卫省管理局（而非负责签订合同的防卫省"契约本部"）下属的专门机构——"原价计算部"负责装备价格的计算。这一过程非常复杂，除计入直接材料费、劳务费、间接经费、加工经费外，还要考虑执行合同的难易、采购数量多少、执行合同时间长短等因素，并给予企业适当的利润——最终的采购价格基本以该部计算价格为基准。这种政策消除了企业通过价格手段进行市场竞争的可能，大大弱化了市场竞争。

日本防卫省的指定生产也并非始终指定单一企业，而是轮流指定多家企业生产同一类型的装备，以使更多企业具备该项军工生产能力。例如，海上自卫队的潜艇长期以来保持一年一艘的速度换装，其生产由三菱重工和川崎重工轮流负责。驱逐舰的建造则由三菱重工、石川岛播磨重工、三井造船等几家公司轮流承担。这将可能由一家企业垄断的军工生产交由更多企业分担，从而分散了军工生产的集中度。

在一个市场竞争较为充分的市场中，专业企业在产品成本、研发、销售等方面都具有优势，生产的集中和专业分工的出现是必然的。因此，美、英、法等国均出现了一批专业军工企业。日本军工产业之所以能够保持一批低军工依存度的企业，根本原因就在于政府主导下的弱竞争和分散生产。简单地说，日本没有出现防卫依存度超过50%的企业，是因为防卫省通过指定生产，将本来可以由一家企业完成的工作分给了三家、四家甚至更多。防卫省施行这一政策的核心目的，是为了确保战时日本的工业动员能力，保证战争潜力的基础。日本防卫省称之为确保"军工生产技术基盘（注）"。

为了扶植本国的军工产业，防卫省一般不轻易从外国直接采购武器装备的成品，而是从国外引进许可证生产或者自行研制生产。虽然这两种做法会导致武器装备的单价比直接采购贵得多，却能维持本国企业的军工生产能力、保留至关重要的军工人才、积累丰富的生产经验，所以日本政府宁愿多花"冤枉钱"。

日本军工产业的利润率为5%—8%，并不比整个民品制造业的平均利润高多少。但是，来自防卫省的订单稳定可靠，不受市场景气变动的影响；而且，日本政府往往对同一承包商连续订货，从而保证流水线持续运转，有效地利用有关的生产设备。而许多装备的日常维修也多半由生产厂商负责。例如1架F-15J/DJ战斗机的造价为101.56亿日元（约9919万美元），而每年维修的费用通常要占造价的20%左右，这对生产F-15J/DJ的三菱重工来说也是一笔相当可观的收入。

值得一提的是，日本防卫省为了维持本国军工产业，往往不是从自卫队的实际需要，而是从维持生产线的正常运转的最低限度需要出发，确定每年的武器采购数量。例如，海上自卫队现有16艘潜艇，为了确保生产潜水艇的生产线不至于关闭，每年更新1艘潜艇。因此，海上自卫队的潜艇舰龄在全世界是最年轻的。

就是在这样一种政府主导、军民一体的体制下，日本的军工产业逐渐壮大起来，成为支撑日本军事力量的重要支柱。

二、互相协作、专业分工

日本制造业的一大特点是根据不同企业的实力大小和专长优势实行专业化分工，这个特点在军工产业上也体现的非常明显。例如，F-15J/DJ战斗机和SH-60J/K直升机由三菱重工业公司生产，P-3C、P-1反潜巡逻机由川崎重工生产。但是，这些固定翼飞机和直升机所采用的发动机都是定点由石川岛播磨重工生产。

就是同一种武器，其生产流程也往往由不同的厂家协作完成。以F-15J/DJ战斗机为例，虽然主承包商是三菱重工，但它也只是生产该机前部和中部机身，并且完成最后的总装。而该机的其他零部件和机载装备则分给了其他十多家大企业：后部机身、机翼、垂直尾翼、水平尾翼由川崎航空工业公司生产；发动机由石川岛播磨重工业公司生产；前起落架由富士重工生产；主起落架由住友精密工业生产；机载雷达、机载电台、大气数据计算机由三菱电机生产；机载气象雷达由岛津制作所生产；20毫米航炮由日特金属工业株式会社（现属于住友重工）生产；空空导弹由日本飞行机公司生产；塔康系统由日本电气公司（NEC）生产；惯性导航装置由东京芝浦电气公司生产；副油箱由新明和工业生产；敌我识别系统由东洋通信机械生产；机载数据链由日立制作所生产；雷达告警装置由东京计器制作所承担。而这十多家大企业又把其承担的部分层层分包或转包给更多的中小企业，使得最终参与生产F-15J/DJ的企业总数达到了1400家。

专业化分工有利于提高质量和生产效率，同时也使承担军工生产的企业得以将它们擅长的民用技术迅速推广和运用到武器装备的擅长中。例如，以擅长磁带见长的TDK公司研制出来的特殊涂料可以大大减少雷达的反射波，使飞机、导弹等具有隐身功能，这种技术在 F－2A/B 支援战斗机的生产中就得到了应用。再如原本用于制造球拍的碳纤维技术也被运用于生产 F－2A/B 战斗机的机翼。正是通过这种专业化生产模式，日本逐步发展出一套独有的、由民用技术转用于军事领域的“转入”（spin－on）体制，这和美欧等国将军事技术推广到民用市场的“转出”（spin－off）体制形成了鲜明对照。

三、军工大鳄　隐于民间

在日本政府的精心培育下，日本的民间大企业逐渐成为军事工业的骨干。而随着日本修改武器三原则为防卫装备转移三原则之后，日本军工产业将会迎来更大的发展机遇，这些大企业的军工潜力将得到巨大的释放。

1. 军用航空装备方面的企业：

日本的军用航空产品大致分为飞机和直升机、发动机、机载设备、舰载武器四类。形成了以三菱重工业株式会社、川崎重工业株式会社、富士重工业株式会社、石川岛播磨重工业株式会社、新明和工业株式会社、JAMCO、昭和飞行机工业、日本飞行机等 8 家飞机、发动机制造和修理企业，以及萱场（KAYABA）工业、关东航空仪表、小系制作所、岛津制作所、神钢电机、住友精密工业、帝人制机、大金工业、东京航空仪表、TOKIMEC、日本航空电子工业、三菱电机、三菱精密、横河电机、横河电子机器、横滨橡胶等 16 家机载设备研发企业为主体的航空工业生产体系。

日本的飞机、直升机和发动机的研制、生产，主要集中在三菱重工、川崎重工、富士重工和石川岛播磨重工 4 家企业内。其中，三菱重工航空航天部门的规模在日本居首位，石川岛播磨重工业株式会社是日本最大的航空发动机制造企业。这 4 家企业是日本政府和防卫省首选的主承包商。例如，三菱重工是 F－2 的主承包商，川崎重工、富士重工、新明和工业、日本飞行机等企业都是它的子承包商，在它们之下还有数以千计的专业供应商。另一方面，在其他机型上，三菱重工也是其他企业的子承包商。

在飞机方面，三菱重工以研制和生产战斗机为主，同时研制、生产直升机以及运输机、民用飞机部件，并参与联合研制生产航空发动机；川崎重工以研制和生产直升机、运输机、反潜巡逻机为主，同时生产教练机，维修 E－767 和E－2C 预警机、C－130H 运输机，也生产 F－2 战斗机和民用飞机部件，并参与联合研制生产航空发动机；富士重工以研制、生产教练机、直升机为主，同时研制、生产无人机和靶机，也生产 F－2 战斗机和其他军用飞机部件、民用飞机部件；新明和工业以水上飞机为主，也生产民用飞机部件。

三菱重工、川崎重工、富士重工、新明和工业及川崎的子公司 Nippi 一起，共同组成了称为日本飞机工业公司（JAI）的非正式协会。为了将日本各航空制造商的力量聚集在一起，共同促进日本航空工业的发展，成立了日本航空机开发协会（JADC），以前称民用运输机发展公司，为非营利机构。

在航空发动机方面，石川岛播磨重工、三菱重工和川崎重工联合起来，组建了日本航空发动机公司（JAEC）。

日本在航空工业领域最具优势的技术是复合材料和航空电子。复合材料方面，日本在设计、制造 F－2 时就应用了当时世界上最先进的共固化整体复合材料机翼技术。在将技术转让给美国之前，日本是世界上唯一掌握这一生产工艺并实际应用的国家。日本开发复合材料一体化成型技术并没有大量应用美国所采用的计算机模拟技术，而是以最为基础的实验手段作为生产工艺开发的重点，将计算机模拟技术作为与实验工作并行的辅助手段。完成先进的复合材料一体成型部件的生产，日本所依靠的是高素质的生产人员和严格系统的工艺流程，并通过严格的技术检验手段，可以将成品率达到一个非常高的标准。美国企业在 20 世纪 90 年代初期复合材料部件废品率为 2%—3%，而日本完成同样的部件生产时，废品率只有 0.4%。另外，川崎重工经过 20 年的努力，在世界上率先研制出可供使用的、直升机全复合材料无轴承主旋翼系统，并将其成功应用在 OH－1 直升机上。

近年来，凭借着在复合材料结构设计及制造领域的技术实力，日本一直以世界级飞机结构供应商的角色活跃在世界航空工业舞台上。日本的东丽工业株式会社、东邦机械工业株式会社，以及美国的赛泰克、赫克塞尔 4 家大公司控制了世界 80% 的航空复合材料原料市场。例如东丽是波音 787 主承力结构用复合材料的最大供应商，供应的材料牌号是 Torayca 3900 系高度韧化的由碳纤维增强的第三代环氧预浸带。而像川崎重工制造的中机身段以及机身舱隔框，富士重工制造的中央翼盒，三菱重工制造的主翼及翼盒的蒙皮、桁条及梁，其他公司制造的部分机身段、尾翼主承力结构、非增压的后机身蒙皮及桁条、客舱门、货舱门及检查口盖等都应用了东丽公司的预浸带。

航空电子方面，日本在高性能电子元件的小型化和低成本生产方面处于世界领先水平。例如古野电气株式会社生产的含有 GPS 的电子地图产生器，可以在 145 毫米×145 毫米的彩色液晶显示器上以 60 次/秒的超高速生成图像。其主要功能是：（1）GPS 接收机。8 个通道接收，高精度定位及速度测量；同时向 8 个卫星扫描以计算位置，从而保证了连续测位，卫星信号被山脉等阻断也不受影响。（2）地图生成器。可显示高于飞机飞行高度的危险区；平滑的图像滚动；可以显示的数据有，海岸线、海拔高度、河流、公路、铁路、地名、机场、山脉的名字和方位、用户自已输入的标记、飞机本身的标记、航线、航程、助航系统的位置及经纬度等。

岛津制作所为 F－15J/DJ 战斗机、F－4EJ 改、T－4、AH－1S、T－

2CCV、F－2 等飞机提供了各种平显。此外，岛津制作所还为 T－2 超音速高级教练机、T－2CCV、F－4EJ 改、F－2 等飞机提供了性能优异的大气数据计算机。

横河电子机器株式会社的主要产品有导航设备、飞行指引系统、飞控系统、发动机仪表及传感器、燃油指示系统、电控系统、多功能显示系统等。例如为 F－2 研发的各种尺寸规格的有源矩阵彩色液晶平板显示器，具有高质量画面、阳光下可读性及较高的维护性和可靠性。

目前，最能体现日本航空电子技术水平的是 P－1 反潜巡逻机上采用的光传操纵（FBL）系统。该系统以光导纤维为传输介质，在计算机与远距离终端（如舵机）之间传输指令和反馈信息，从而实现对飞机的控制。其最突出的优点就是具有良好的抗电磁干扰性能，并且整个操纵系统的重量和体积都更小，极大提高了飞机的稳定性和可操纵性。与现役的 P－3C 相比，P－1 对潜艇的探测能力将有成倍的提高。该机配备的潜艇探测设备包括雷达、声纳系统、红外探测系统和磁探仪。其中的主动相控阵雷达共有 3 个天线，分别装在机头和前起落架舱门两侧。P－1 上装备有比现在更为先进的声纳系统，配备有高性能声纳浮标，具有很强的浅海探测能力。P－1 的机载反潜指挥系统具有高速大数据信息处理能力，能对截获的各种信息进行一体化、智能化处理，快速发现目标并立即发动攻击。

2. 海军武器装备方面的企业：

从地理位置上看，日本的造船业以东京、横滨、大阪、神户和长崎为中心，主要分布在九州、四国等地区。在所有船厂中，能够制造军用舰艇的有三菱重工、日本海事联合公司（原石川岛海洋联合造船公司）、川崎重工、日本钢管公司、日立造船公司、富士重工、三井造船公司、住友重工等 8 家企业 11 个船厂。

2002 年，为增强造船工业的竞争力，日本将造船工业重组为三菱重工、住友重工两大造船重工集团和万国造船公司、石川岛海洋联合造船公司（现日本海事联合公司）、川崎造船公司、三井造船公司 4 家造船企业。尽管这几家企业在数量上仅占日本船厂总数的 3% 左右，但造船能力和造船产量占到了日本舰船工业的 50% 以上。

除上述著名的造船企业外，日本还拥有近千家船用配套设备生产厂以及近千家从事小型内燃机修理和船舶电气安装业务的小型工厂。日本国土交通省海事局公布的数据显示，日本船用配套产品产值连续 5 年递增。其中，1 万马力及以上的大型船用柴油机，1000—10000 马力的中型机，1000 马力以下的小型机同比增长均超过 13% 以上。以三菱重工为例，它起家于船舶和舰艇制造，目前仍有“船舶·海洋事业本部”，下属三大造船厂——三菱重工长崎造船厂、三菱重工神户造船厂、三菱重工下关造船厂，日本海上自卫队几乎一半的潜艇和三分之一的驱逐舰都出自这里。

近些年，日本造船厂将大量资金投入R&D（研究与发展）项目和新型生产设备。目前日本大中型造船企业大量运用CAD、CAM和CIMS技术，并采取精度管理，目的是要保证产品质量、性能、生产进度与降低成本。大量现代化设备越来越多的引入生产领域，因此生产效率不断提高，生产成本逐步下降，财务状况逐渐好转，这使它在市场竞争中能够处于相对主动的地位。在此情况下，日本军用舰艇的建造技术和建造能力也得以逐年提升，而且军用舰艇的建造周期和建造质量都达到了世界最先进水平。

（1）舰艇建造。日本的几家大型造船公司均为海上自卫队建造舰艇。潜艇建造主要集中在三菱重工和川崎重工；驱逐舰的建造主要集中在三菱重工、日本海事联合公司、三井造船、住友重工和日立造船；猎/扫雷艇、鱼雷快艇及其他各种军辅船则主要集中在日本钢管、日立造船、三菱重工；导弹快艇，由三菱重工下关船厂建造。

（2）动力装置的生产。日本船用动力工业有200多家公司，其中经日本防卫省批准，有资格为海上自卫队服务的只有20家左右。然而，从历年实际配套情况看，真正获得合同的主机配套厂都是像三菱重工、川崎重工、石川岛播磨重工这类大企业。

从品种看，蒸汽轮机主要由石川岛播磨重工、日立造船和三菱重工生产；燃气轮机主要是由川崎重工生产的；柴油机主要是由三菱重工、三井造船、川崎重工、石川岛播磨重工等公司生产的。

（3）舰载武器和电子设备生产。相关企业见下表：

产品类型	主要生产企业
舰炮	住友重工
导弹	三菱电机
鱼雷及发射装置、扫雷器具	三菱重工、日本电气、日立造船
声纳	日本电气、冲电气等
雷达、通信和其他电子设备	三菱电机、日本无线电、国际电气等
导航仪表	日本电气、东京计器、三菱电机等
光学器材	日本光学
磁力器材	三波工业
反潜直升机的机体	三菱重工
反潜直升机的发动机	石川岛播磨重工

3. 陆军武器装备方面的企业：

与海自和空自武器装备相比，陆自武器装备的种类要多得多，因此相关企业数量也明显要多。具体如下：

坦克生产商：三菱重工。

装甲车辆、军用车辆生产商：三菱重工、丰田汽车、日野汽车、五十铃、小松制作所。

反坦克导弹、岸舰导弹、防空导弹生产商：三菱重工、川崎重工、东芝。

火炮、迫击炮、火箭炮、无后坐力炮生产商：三菱重工、神户制钢所、住友机械、日本制钢所、石川岛播磨重工、丰和工业。

炮弹生产商：大金工业、小松制作所。

机枪和步枪生产商：住友重工、丰和工业、日本工机。

手枪生产商：美蓓亚株式会社。

枪弹生产商：旭精机。

雷达生产商：三菱电机、东京计器。

军用弹道计算机生产商：三菱电机。

军用通信产品生产商：三菱电机。

装甲防弹钢板生产商：三菱制钢。

火控生产商：三菱电机、日本电气。

火药生产商：日本油脂、日本工机、旭化成。

引信、火工品生产商：理光、细谷火工、日本电子机器。

激光测距仪生产商：日本电气。

四、官方机构　技术支持

尽管日本没有官方的军工企业，但这不意味防卫省只是“甩手掌柜”，完全把武器装备的研制和生产交给民间企业去做。实际上，防卫省有一个专门的武器装备研发部门——技术研究本部（TRDI），负责与日本国内民间企业合作，共同研制新型武器装备。

技术研究本部的总部地址在东京都新宿区市谷本村町 5－1，编制总人数 1084 人，其中技术人员 517 人、行政人员 282 人、陆上自卫队人员 122 人、海上自卫队人员 84 人、航空自卫队人员 71 人。2012 年的研制经费开始突破 1000 亿日元，达到 1068 亿日元（约 10.43 亿美元）；2013 年高达 1660 亿日元（约 16.21 亿美元）；2014 年经费略有下降，为 1607 亿日元（约 15.69 亿美元）。

技术研究本部下设总务部、技术企划部、事业监理部、研究开发评价官、4 个技术开发官（分别负责航空器、舰艇、地面装备和制导武器四个领域）、4 个研究所、1 个研究中心和 3 个试验场，从事海、陆、空武器装备和动力系统的研究、开发与试验。

技术研究本部的技术开发官主要是负责武器装备研制项目的实际推进，

其中负责地面装备的技术开发官主管地面火炮、弹药、战斗车辆、指挥、管制、通信、情报等武器装备研制的实际推进；负责舰艇的技术开发官主管驱逐舰、潜艇等舰艇设计以及舰载武器、设备研制的实际推进；负责航空器的技术开发官主管航空器及机载设备研制的实际推进；负责制导武器的技术开发官主管制导武器（实际上就是包括空空导弹、反舰导弹、反坦克导弹、防空导弹、反潜导弹在内的各类战术导弹）研制的实际推进。

在4个研究所中，航空装备研究所（位于东京都立川市荣町1－2－10）主要负责固定翼飞机（包括有人和无人机）及机载设备、各类导弹的理论研究、方案论证及试验评估。该所下设系统研究部、航空器技术研究部、制导武器技术研究部、土浦支所（位于茨城县稻敷郡阿见町挂马1970，负责飞行环境试验、燃烧试验、经年变化试验、炮弹和枪弹发射药性能试验等）、新岛支所（位于东京都新岛村字水尻，主要负责战术导弹的发射试验）。该所拥有低速风洞、机体强度试验室、发动机试验间和飞机、导弹试验场等科研设施。数十年来，该所对飞机、导弹、发动机、机载设备和材料进行了广泛的研究和试验，在仿制美国军用航空器和发动机，自行研制F－1和F－2支援战斗机、C－1和C－2运输机、P－1反潜巡逻机等军用飞机以及各类战术导弹的过程中，均发挥了极其重要的作用。

陆上装备研究所（位于神奈川县相模原市中央区渊野边2－9－54）主要负责火器、火工品、防弹材料、防爆机构、车辆及车载设备、工程设备的理论研究、方案论证及试验评估。该所下设系统研究部、弹道技术研究部、机动技术研究部。

舰艇装备研究所（位于东京都目黑区中目黑2－2－1和神奈川县横须贺市长濑3－13－1）主要负责舰艇、舰用动力、水中武器、声纳、磁性器材、扫/猎雷具的理论研究、方案论证及试验评估。该所下设系统研究部、航行技术研究部、探测技术研究部、川崎支所（位于神奈川县川崎市宫前区菅生丘10－1，负责磁性器材和水下电位的研究）。

电子装备研究所（位于东京都世田谷区池尻1－2－24）主要负责通信、情报收集与处理、电子和光学探测、指挥控制系统、电子战系统的理论研究、方案论证及试验评估。该所下设系统研究部、情报通信研究部、传感器研究部、电子对抗研究部、饭冈支所（位于千叶县旭市大字塙字三番割，负责大气传输、目标反射与放射、电磁环境等方面的研究）。

先进技术推进中心（位于东京都世田谷区池尻1－2－24和东京都目黑区中目黑2－2－1）主要负责建模与模拟（M&S）、核生化及放射性防护、人机工程方面的理论研究、方案论证及试验评估。

札幌试验场（位于北海道千岁市驹里1032）主要负责航空器及导弹发动

机的性能、空中出力性能试验，以及各类原型武器装备的寒区、积雪地、泥地适应性能试验。该试验场拥有燃烧风洞装置及控制室、高空性能试验装置、三音速风洞等试验设施。

下北试验场（位于青森县下北郡东通村大字小田野泽字荒沼18）主要负责火器（包括榴弹炮、坦克炮、迫击炮、火箭炮等）、炮弹、导弹、枪弹的弹道性能和威力性能试验。

岐阜试验场（位于岐阜县各务原市那加）主要负责固定翼飞机及机载设备、机载武器的性能试验。

附表：　　防卫省技术研究本部2014年3月时的各部门负责人

官职		姓名
本部长		
本部长	技　官	渡边秀明
副本部长	事务官	筒井和人
总务部		
总务部长	技　官	镰形将人
总务课长	事务官	小波功
人事管理室长	事务官	斋藤裕
会计课长	事务官	熊田昭一
技术企划部		
技术企划部长	事务官	川崎方启
企划课长	技　官	水田敏也
技术情报课长	技　官	志村明彦
事业监理部		
事业监理部长	技　官	山口弘
管理课长	技　官	髙原雄儿
计划官	技　官	三岛茂德
研究开发评价官		
研究开发评价官	技　官	千叶昌孝
上席评价管理官（事业）	技　官	佐久间俊一
上席评价管理官（制度）	技　官	国重博史
技术开发官（负责地面装备）		
技术开发官	陆　将	岩崎亲裕
副技术开发官	技　官	村越信雄
总括室长	一等陆佐	白井一弘

续表

官职		姓名
技术开发官（负责舰艇）		
技术开发官	海　将	藏迫兼志
副技术开发官	海将补	佐藤直人
副技术开发官	技　官	筱原研司
首席主任设计官	技　官	佐久间俊
主任设计官（驱逐舰）	一等海佐	佐佐木司
主任设计官（轻型舰艇）	技　官	笠原昭夫
主任设计官（潜艇）	一等海佐	佐藤哲
总括室长	一等海佐	木下治信
技术开发官（负责航空器）		
技术开发官	空　将	小城真一
副技术开发官	技　官	市桥孝浩
总括室长	一等空佐	木俣康之
新型固定翼反潜机·新型输送机开发室长	技　官	中泽裕
技术开发官（负责制导武器）		
技术开发官	技　官	饭野稔
副技术开发官	技　官	键和田元
总括室长	一等陆佐	白田正俊
舰载制导武器系统开发室长	技　官	太田启
航空装备研究所		
航空装备研究所长	技　官	酒田威志
研究企划官	技　官	泉头悦郎
研究计划调整官	技　官	田中利幸
管理部长	事务官	村上喜仁
总务课长	事务官	石井薰
系统研究部长	技　官	伊藤真
航空器技术研究部长	技　官	吉田昭彦
制导武器技术研究部长	技　官	山冈建夫
土浦支所所长	技　官	山根秀公
新岛支所所长	二等陆佐	上田真巳
陆上装备研究所		
陆上装备研究所长	技　官	小林松男

续表

官职		姓名
研究企划官	技　官	高杉政彦
研究计划调整官	技　官	福山明
总务课长	事务官	中野稔彦
系统研究部长	技　官	佐藤佑司
弹道技术研究部长	技　官	有泽治幸
机动技术研究部长	技　官	荒木完
舰艇装备研究所		
舰艇装备研究所长	技　官	山北和之
研究企划官	技　官	吉武宣之
研究计划调整官	技　官	小出俊辅
总务课长	事务官	安川彰彦
系统研究部长	技　官	吉武宣之
航行技术研究部长	技　官	金子博文
探测技术研究部长	技　官	须藤恭史
川崎支所所长	技　官	冈村寿洋
电子装备研究所		
电子装备研究所长	技　官	黑泽正树
研究企划官	技　官	泽佐博行
研究计划调整官	技　官	村上荣一郎
总务课长	事务官	结城裕
情报通信研究部长	技　官	田中幸一
传感器研究部长	技　官	上田和宏
电子对抗研究部长	技　官	小松胜彦
饭冈支所所长	技　官	和田英男
先进技术推进中心		
先进技术推进中心所长	技　官	小口芳生
总括研究管理官	技　官	原岛正治
上席特别研究官	技　官	久保朗
特别研究官	技　官	井上幸夫
特别研究官	技　官	木村茂
特别研究官	技　官	杉井正克
技术交流调整官	技　官	田中利幸

续表

官职		姓名
企划业务室长	事务官	田中义春
研究管理官（M&S 先进技术）	技　官	土志田实
研究管理官（CBRN 防护技术）	技　官	杂贺凉
研究管理官（负责人机工程技术）	技　官	渡边芳人
试验场		
札幌试验场长	技　官	赤城正弘
下北试验场长	二等陆佐	高根德通
岐阜试验场长	一等空佐	泷泽义和

除了防卫省技术研究本部之外，日本文部科学省的宇宙航空研究开发机构（JAXA）、经济产业省的工业技术院（JMI）等也都是为日本民间军工企业提供技术支持的重要官方科研机构。

宇宙航空研究开发机构是在2003 年10 月1 日由3 个与航空、航天事业有关的政府机构——文部省航空宇宙技术研究所（NAL）、宇宙科学研究所（ISAS）、宇宙开发事业团（NASDA）统合而成。其中 NAL 是日本最大的航空航天科研机构，成立于1955 年7 月，原名航空技术研究所，1956 年划归科学技术厅（2001 年并入文部科学省）领导，1963 年改为现名。该所的职责为进行一些有长远目标的预研工作，解决飞机、发动机在仿制生产和自行研制过程中出现的难题。该所现主要从事垂直/短距起降飞机、超音速/高超音速运输机、数值模拟技术以及航天运载系统等领域的研究。该所下设管理、空气力学、结构学、热流体力学、气动力性能、数值解析、飞机机体、发动机控制、飞行实验等10 个部，新型飞机和宇宙等2 个研究组，还有一个计算机中心和角田分所。该所现有大型研究试验设备80 多套，拥有包括超高音速风洞在内的各种速度的风洞以及突风风洞等20 多座风洞，飞机实验设备130 多套，发动机试验设备180 多套，自动控制和计测设备10 余套，火箭设备140 多套。

工业技术院是日本工业方面的科学技术管理机构和综合性研究机构，成立于1948 年。院部设有总务部、标准部，附属机构为日本工业标准调查会，另设机械技术研究所、电子技术综合研究所、微生物工业技术研究所、纤维高分子材料研究所、名古屋工业技术研究所等。

注：“生产基盘”一词在日本防卫省和军工产业团体的官方文件经常出现，国内文献常常译为“生产基础”。实际上，它不仅说明生产能力，而且还体现了生产规模以及动员能力，同时具有“数量”和“质量”的概念。在防卫省历年的防卫白皮书中多次强调，

要确保、充实“军工生产技术基盘”。“军工产业是对我国安全保障起重要作用的产业。为了‘在短时间内便宜地获得装备’，我国必须在平时就确保具备装备设计、制造、维护能力的军工生产技术基盘。”由防卫省协调召开的“军工生产技术基盘研究会”则指出：“（为了实现诸多防卫目标）一般的工业生产能力是不够的，还必须有将其转化为防卫装备产品的能力，也就是说，军工产业技术基盘是必要的。”

针对军工生产可能出现的集中趋势，日本军工产业团体指出：“枪炮、坦克装甲车辆、舰艇、飞机、制导武器等主要装备领域的生产，正在向1－4家企业或集团集中，在有些领域，一家企业的退出就会直接导致我国防卫产业的技术基盘受到损失。由于防卫领域需要特殊的技术和设备，一旦失去其基盘，其恢复过程需要很长的时间和高额的费用。”而防卫省分散生产的政策，就是为了避免军工生产向个别企业集中，使大部分企业退出军工生产市场的情况发生。

附录三 日本的核能力

日本到底拥有什么样的核底牌？它的技术和原料存货能确保“短期核武装”的需要吗？这些长期以来都是外界热议的话题。具体地说，日本有很强的发展核武器的潜力，但要把这种潜力变成事实却非一蹴而就。

一、战后“日本核武装论”的推动者

早在“二战”时期，日本就曾试图研制核武器，终因缺乏核材料而未能成功。战后初期，日本在美国的严管之下蛰伏了 10 年，未敢有什么非分之想。但是到 20 世纪 50 年代中期开始，日本政要的拥核之心又开始蠢蠢欲动。1957 年 5 月，时任日本首相岸信介就明确表示，为了自卫，日本不排除拥有核武器。

而据已解密的美国政府文件：1961 年 11 月，当时的日本首相池田勇人对美国国务卿腊斯克“透露”：“尽管是少数派，日本也有核武装必要论者。在我的内阁里就有。”而后来中曾根康弘表明，这“少数派”正是池田本人。池田访问法国，与采取独立核政策的戴高乐总统见面后，曾向中曾根表示“日本不能没有核武装。”

1964 年 10 月，中国成功地进行了第一次核试验。12 月，准备于两星期后访美的日本首相佐藤荣作，对美国驻日大使赖肖尔表明：“（英国）威尔逊首相说，别人有了核武器，自己也得有，这是常识。我也有同感。”他说：“（日本）国民还没有思想准备，有必要进行教育。但是年轻人已经显示出向这一方向前进的有希望的征兆。”关于成本和技术，佐藤表示：“核（武器）比一般人所想象的要便宜。日本的科学、产业已经完全达到可以制造（核武器）的水平了。”

佐藤荣作所称的日本有能力研制核武器的话令美国总统林登·约翰逊极为震惊。1965 年 1 月 12 日，约翰逊对来访的佐藤荣作单刀直入：“日本不必持有核武器。因为我们有了。如果日本为了防卫而有核遏制的必要的话，美国将履行承诺提供之。”据认为，这是日美首脑之间首次明言“核保护伞”。佐藤不动声色地表示：“这正是我想听到的。但是请不要公开发表。”当然，约翰逊对日本许诺提供“核保护伞”，并不只是由于佐藤的“核武装”言论，还在于美国防止核扩散委员会（通称“吉尔帕特里克委员会”）受命对可能开发核武器的国家所进行的秘密调查分析报告。这个委员会的大多数成员都认为，到20世纪70年代末，世界上将出现20－30个核持有国。在近年来解密的该委员会报告中，当时被列为将有可能实行核武装的就有印度、以色列和日本。委员会认为，这些国家即使不马上开发核武器，也已经具备了开发所需的技术力量。而一旦印度、日本等国家决定制造核武器，就将引起周边国家的效仿。这就是后来被称为“核多米诺”的理论。报告中最让约翰逊瞠目的结论是：日本的核能力不但有可能在亚洲超过中国，而且将在10－15年后，具有给予美国以重大打击的能力。该委员会于最终报告中指出：为了防止日本走核武装的道路，美国应该强化美日同盟。也正如其成员所说：“美国为日本提供‘核保护伞’，是为了让日本打消核开发的念头。”

但是，佐藤并没有因为约翰逊的警告放弃核武装想法，相反还在1966年下令秘密开始日本的“核武装研究”。这项研究是由当时的内阁官房内阁情报调查室出面的，秘密招集军事、国际政治、原子能等各方面的专家，从1966年底开始每月举行一次研究会议。据当时负责这项研究的内阁情报调查室调查官志垣民郎称，研究的着眼点在于：日本持有核武器，作为一项国策，是否明智；技术上是否可行；需要多少费用，等等。当时参加研究成员发言：“原子弹和制造炸弹一样，有了原料，就不费什么事了。”“必须制造可以装载在导弹上的，轻量小型化的。不过，日本目前的水平，不是不可能。”这一研究报告提出，日本如果制造少量的以钚为原料的核弹是可能的（1966年7月，位于茨城县东海村的日本第一座核电站开始运转。当时日本还没有掌握浓缩铀技术，但是利用核电废料提取钚的计划却正在进行中），并列出了建立核弹连续生产系统所需的人员配备：科学家500人；技术人员1300人；制造50枚导弹的第一线工人19000名……

然而，美国对日本的核武装戒心越来越强，施压力度也越来越大。1967年11月，佐藤荣作再次访美。美国迫使日本签署核不扩散条约，而日本则要求美国在“无核”的前提下，归还冲绳。12月11日，佐藤在国会答辩中提出了日本对核武器“不持有、不允许进入”的政策。后加上“不制造”，成为“无核三原则”。

佐藤因恐怕束缚以后的政府发展核武器的手脚，原来打算“三原则”只适用于他自己一届内阁（注意“无核三原则”是有时间限制的）。但一经宣布，出乎预料地得到国民的热烈支持，以至于竟“事与愿违”地成为日本的

“国是”。而实际上是“核武装论”者的佐藤荣作，也竟因提出“无核三原则”而被授予1974年诺贝尔和平奖。

1968年和1970年，日本的核武装研究会分别提出了两份题为“有关日本核政策的基础研究”报告。后者还加了一个副题：独立核战力的战略、外交、政治诸问题。总共只印刷了60份，分发有关人员，其中包括佐藤荣作。报告的结论是：日本如果进行不充分的核武装的话，万一核遏制失败，日本就可能遭到中国的核攻击。在日本狭窄的国土上，就连一枚氢弹都是经受不住的。同时，国土狭窄，要进行地下核试验也是不可能的。报告指出：“认为拥有核武器才是成为大国的条件的时代已经过去了。”曾任这一研究计划座长的上智大学名誉教授蜡山道雄指出：“如果日本进行核武装，结果就是与强烈反对这一计划的美国为敌，也将成为亚洲所有国家的敌人。被孤立的日本是无法生存下去的。”

1975年8月，美国总统福特与日本首相三木武夫发表共同文件：“（美国）总统对（日本）总理大臣明确表示，不管是核兵力还是常规兵力，只要日本受到武力攻击，美国都将根据防卫日本的相互合作及安全保障条约的誓言而保卫日本。”这样，日本正式进入了美国的“核保护伞”下。

二、20世纪90年代以来“拥核”的日本政要

冷战后期，日本政要虽然没有在核武装方面公开发表言论，但日本在民用核技术方面却进行了非常大的努力，核技术水平迅速跨入世界一流，而这也给了日本政要们拥核的巨大底气。随着冷战结束，日本政要的拥核言论此起彼伏。更值得注意的是，日本民间支持拥核的声音也在不断增强。

1994年，时任日本首相羽田孜毫不隐讳地说：“日本确实有能力拥有核武器”。

1995年，日本著名的《宝石》杂志披露“日本能在183天内制造出原子弹”。

1999年，时任日本防卫厅长官的西村真悟发表了“日本不考虑拥有核武器使得日本在国际体系中任人宰割”的言论。

2002年，自民党党首小泽一郎表示“日本制造核武器非常简单，我们的核电厂里拥有足够的钚元素，足以制造三四千枚核弹头，日本一夜之间就可以拥有上千枚核弹头。”

小泉上台以后，在日本政界，认为日本应该拥有核武器的言论不断升级。安倍晋三和福田康夫在2002年都发表了“拥有核武器”的言论。他们不但没有因此受到影响，相反都先后做了日本首相。

2002年5月13日，小泉内阁官房副长官安倍晋三在早稻田大学发表的一次讲演中声称，“如果是小型核武器，日本拥有原子弹也没有问题”。

2002 年 6 月初，时任小泉内阁官房长官福田康夫在会见记者时声称，“从理论上讲，日本可以拥有核武器”。他说：“如果是专守防卫，日本就可以拥有核武器。日本不能拥有核武器是没有道理的。”他还说：“关于洲际导弹一类的核武器，无论是从日本国宪法还是从法理论的角度看，都没有注明日本不能拥有核武器。”在对日本无核三原则作解释时，福田说，“现在，日本正处于将要修改宪法的时代，如果国际形势变化的需要并且国民认可日本可以拥有核武器的话，说不定将会对宪法进行修改。”

2003 年，日本大选产生的 480 名众议院议员中，17% 的人都认为日本应研究核武器（其中包括安倍晋三和麻生太郎）。

2006 年 9 月，时任首相的安倍晋三就表示“不应该死守无核三原则”。

2006 年 11 月 30 日，日本外相麻生太郎表示：日本拥有制造核武器的技术能力，只是没有着手制造核武器的近期计划。他甚至宣称：和平宪法并没有禁止日本拥有用于防卫用途的核弹。

2006 年 12 月 25 日。日本前首相中曾根康弘在日本保守派月刊《正论》中刊文指出：日本不能完全依赖美国。他认为“拥有专守防卫的核武器并不违反宪法”。

2007 年 6 月，时任日本防卫相久间章生宣称，美国 1945 年向长崎和广岛投原子弹是“出于无奈之举”，意在企图打破长期以来的日本拥核禁区。正如《朝日新闻》社论所指出的：同意过去使用核武器乃无奈之举的说法，意味着在必要时也可以使用核武器。

2011 年 3 月 9 日，也就在大地震来临前两天，所谓日本政坛“第三极”政治势力的代表人物、东京都知事石原慎太郎在接受英国《独立报》采访时表示，日本应该发展核武器，以应对快速崛起的中国的威胁。他还表示，日本可以在一年之内制造出核武器。石原在采访中说：“所有我们的敌人：中国、朝鲜、俄罗斯，所有的近邻们，都有核武器。世上还能找出一个别的国家活在这种情形下吗?”石原认为，核武器就意味着在外交上讨价还价的能力，所有的联合国安理会常任理事国都拥有核武器，因此他建议，日本应该废除制造和出售武器的限制。

2012 年 12 月 16 日，日本众议院大选期间，石原慎太郎又发表演讲称，为确保在外交上的影响力，日本有必要保持军事威慑力，主张日本应具有“核威慑力”。

从目前情况看，随着日本右翼势力的抬头，谋求核武器的思想已经不再是极少数右翼分子或部分政客的诉求，而越来越成为日本社会的渴求。早在 2006 年的一项民调就显示，6805 名受访者中有 3549 人认为日本应该发展核武器，比例达到一半以上。

三、站在核门槛上

俗话说：“巧妇难为无米之炊”。要发展核武器，没有核材料是不行的。而日本是个绝大多数资源都极其缺乏的岛国，尤其是核材料。为了解决核材料问题，日本对发展核电以及储存核材料表现出了异乎寻常的热情。据不完全统计，日本平均每10年左右就从世界各地采购氧化铀矿石20万吨，并且冈山县、青森县和宫崎县等地建立了铀浓缩工厂。特别是日本耗资2.2万亿日元在青森县六所村建的核燃料再处理工厂采用离心法获得浓缩铀，设计能力高达1500吨SWU（分离功单位）。

但是，高浓缩铀只能用来制造“枪法”原子弹。由于这种原子弹威力较小，且不能用于引爆氢弹，所以外界认为日本不可能对这种原子弹感兴趣，最有可能研究的还是既能单独使用、又可用作氢弹引爆器的“内爆”式原子弹。而由于“内爆”式原子弹需要钚239作为裂变材料，所以有关日本对钚材料的储存情况就成为包括国际原子能机构（IAEA）在内的国际社会关注的焦点。

要想准确了解日本钚材料的储存量是很困难的，因为日本的钚材料不仅是从国外进口，而且还从国内的商业核电站反应堆获取，例如一座1000兆瓦的典型轻水核反应堆每年就能产生70公斤钚，其中70%是易裂变的钚239和钚241。而六所村核燃料再处理工厂每年从核废料中提取的钚可达4吨。但是现在的《核不扩散条约》仍依赖于所有无核国家的当事国的主动申报，这就使得IAEA的监控存在漏洞，即它只是寄希望于当事国慑于被发现的危险而不去违规，却不是采取实际行动去制止违规。

正是由于这种漏洞，一些有心发展核能力的国家获取钚材料并非如外界想象中那么难。例如在1991年海湾战争之后，根据联合国安理会687号决议授权，IAEA对伊拉克进行了远超原有制度的重新核查，发现伊拉克不仅在秘密发展核武器而且还取得了进展。而在这之前，伊拉克一直处于IAEA的监控之下。据外界估计，日本现在储存的钚材料可能在85吨以上。理论上，1吨钚可以制造120枚原子弹，那么可见85吨以上钚材料对于发展核武器是个什么概念。

日本的核技术在世界上名列前茅，这点从日本建成“文殊”快中子增殖反应堆以及拥有全世界惟一的大型螺旋核聚变实验装置就可见一斑。总体来看，日本具备发展核武器的一切要素：首先，原子弹和氢弹的原理早已公开化；其次，日本的核材料能够支撑其核武器发展需要；第三，日本对于浓缩铀的三种方法——离心机分离提纯、化学铀浓缩以及激光铀浓缩都进行过尝试，对钚材料的提纯更是深有心得；第四，日本拥有超高速计算机，可以模拟核试验；第五，日本的材料技术、固体火箭技术都处于世界一流水平，能够解决核弹头的搭载平台问题；第六，也是最重要的一点，日本拥有设施齐全、设备先进的核研究所和技术人员（日本原子力学会拥有7000名会员）。

四、短时间内难实现

但是，具备发展核武器的要素并不意味着日本能够像许多人认为的那样在一年内就制造出核武器。换句话说，日本要把发展核武器的潜力变成实际能力还有很长的路要走。例如未经核试验的核武器可靠性如何？在没有相应海空投射平台的情况下，核力量的生存力如何？另一个技术问题仍然是核材料。核大国早就以氢弹和中子弹等先进核武器为主，日本虽然在制备聚变材料（氘化锂-6或氚化锂-6）方面不存在太大技术障碍，但氢弹的原理是用原子弹来引爆聚变材料，远比原子弹的核裂变复杂，日本仅靠理论研究和单纯的计算机模拟（一般而言，模拟核试验需要实际通过实际核试验来提供相关技术参数，如此才能使模拟更贴近真实情况，但其他核大国都不可能向日本提供此类高度敏感的技术参数）能够掌握真正的氢弹技术吗？

日本如果确定进行核武装，最佳的选择就是发展水下核力量，因为像日本这样人口密集、面积狭小的国家，陆基和空基核力量很容易遭到对方摧毁。但是发展水下核力量并不容易，尽管日本海上自卫队经营着高效的常规潜艇舰队，但它在核动力潜艇、潜射弹道导弹方面完全是空白。即便日本有能力解决这些技术难题，但耗时之长是可以预期的。也有人提出，日本海上自卫队可以在核潜艇和潜射弹道导弹发展成功之前，先部署类似美国海军的老式岸基发射巡航导弹（TLAMNS）或携带核弹头的“战斧”巡航导弹，像海自的常规潜艇可通过鱼雷发射管或经简单改装后由垂直发射管发射这种导弹，从而迅速形成战斗力。但美国军事专家詹姆斯·霍姆斯对日本防卫省选择这条道路持怀疑态度。原因很简单，巡航导弹的速度太慢了，且不说容易被对方的防空系统打掉，更严重的是可能还没到达对方目标区，日本本土就可能先被对方的核弹道导弹摧毁了。

附录四
2014 年之后防卫计划大纲要旨

类别			现状（2013 年末）	未来
陆上自卫队	常备自卫官定员		15.1 万人	15.1 万人
	即应预备自卫官人数		8000 人	8000 人
	骨干部队	机动运用部队	中央即应集团 1 个装甲师团	3 个机动师团 4 个机动旅团 1 个装甲师团 1 个空挺团 1 个水陆机动团 1 个直升机团
		地域配备部队	8 个师团 6 个旅团	5 个师团 2 个旅团
		地对舰导弹部队	5 个地对舰导弹连队	5 个地对舰导弹连队
		地对空导弹部队	8 个高射特科群/连队	8 个高射特科群/连队
海上自卫队	骨干部队	驱逐舰部队	4 个护卫队群 （8 个护卫队） 5 个护卫队	4 个护卫队群 （8 个护卫队） 6 个护卫队
		潜艇部队	5 个潜水队	6 个潜水队
		扫雷部队	1 个扫雷队群	1 个扫雷队群
		反潜巡逻机部队	9 个航空队	9 个航空队
	主要装备	驱逐舰	47 艘 （其中“宙斯盾”舰 6 艘）	54 艘 （其中“宙斯盾”舰 8 艘）
		潜艇	16 艘	22 艘
		固定翼反潜机和反潜直升机	170 架	170 架

续表

类别			现状（2013 年末）	未来
航空自卫队	骨干部队	航空警戒管制部队	8 个警戒群 20 个警戒队 1 个警戒航空队 （2 个飞行队）	28 个警戒队 1 个警戒航空队 （3 个飞行队， 已经改编完成）
		战斗机部队	12 个飞行队	13 个飞行队
		航空侦察部队	1 个飞行队	—
		空中加油/运输部队	1 个飞行队	2 个飞行队
		航空运输部队	3 个飞行队	3 个飞行队
		地对空导弹部队	6 个高射群	6 个高射群
	主要装备	作战飞机	340 架	360 架

附录五
2014—2018 年中期防卫力整备计划整备表

军种	种类	整备规模（采购数量）
陆上自卫队	8×8 轮式机动战斗车	99 辆
	10 式坦克	44 辆
	96 式装甲车	24 辆
	AAV7A1 两栖装甲车	52 辆
	CH－47JA 重型运输直升机	6 架
	MV－22“鱼鹰”倾转翼飞机	17 架
	中程地对空导弹	5 个中队
	12 式岸舰导弹	9 个中队
	99 式 155 毫米自行榴弹炮	31 辆
海上自卫队	驱逐舰	5 艘（其中“宙斯盾”驱逐舰 2 艘）
	潜艇	5 艘
	其他舰艇	5 艘
	P－1 反潜巡逻机	23 架
	SH－60K 反潜直升机	23 架
	舰载多用途直升机	9 架
航空自卫队	新型早期警戒（管制）机（预警机）	4 架
	F－35A 战斗机	28 架
	F－15J/DJ 现代化升级	26 架
	新型加油/运输机	3 架
	C－2 大型运输机	10 架
	“爱国者”PAC－3 性能升级（PAC－3 MSE）	2 个群及相关的教学机构
联合部队	长航时无人机	3 架